吉林统计年鉴

JILIN STATISTICAL YEARBOOK

1998

（总第12期　NO. 12）

吉林省统计局编

Comiled by
Jilin Statistical Bureau

中国统计出版社
China Statistical Publishing House

（京）新登字 041 号

图书在版编目（CIP）数据
吉林统计年鉴　1998：中英文对照/吉林省统计局编
北京：中国统计出版社，1998.8
ISBN　7-5037-2712-8

Ⅰ. 吉…
Ⅱ. 吉…
Ⅲ. 统计资料-吉林-1998-年鉴-汉、英
Ⅳ. C832.34-54
中国版本图书馆 CIP 数据核字（98）第 10997 号

中国统计出版社出版
Published by China Statistical Publishing House
（中国·北京三里河月坛南街 75 号　100826）
（75 Yuetan Nanjie, Sanlihe, Beijing 100826, P. R. China）
南京人民印刷厂印刷
*
787×1092 毫米　16 开本　31 印张　30 彩页　80 万字
1998 年 8 月第 1 版　1998 年 8 月第 1 次印刷
印数：1—2000
*
定价：168 元

吉林名牌产品专栏

吉林化学工业股份有限公司化肥厂

厂长致词

厂长兼党委书记：刘荣华

吉林化学工业股份有限公司化肥厂是我国“一五”期间兴建的第一个最大的化肥生产基地，1957年建成投产。经过40年的发展建设，拥有固定资产原值11.9亿元，净值4.9亿元。97年，随着全国生产规模扩大、投资21亿元的丙烯腈及其配套装置建成投产，工厂形成了合成氨、丁辛醇、联碱、复混肥、丙烯腈生产系统，成为生产化肥、无机化工、有机化工、军工及工业气体等五大类45种产品的现代大型综合化工企业。

40多年来，我们先后荣获“国家质量管理奖”、“国家一级企业”及“全国用户满意企业”等数十种荣誉称号，累计向国家上缴利税43.6亿元，居全国同行业前列。

党的十四大以来，我们坚持以邓小平理论为指导，坚定地推进改革，扩大开放，不断推进企业的制度创新，管理创新和技术创新，不失时机的加快发展现代企业制度框架初步确立，经济运行质量显著提高；不断加强企业党的建设、思想政治工作和精神文明建设，取得了丰硕成果，企业进入了一个新的发展时期。值此《吉林名牌产品》专栏出刊之际，我代表全体职工向全国人民问好，向多年来关心和支持我们的各界朋友表达诚挚的谢意，愿我们携手并肩，同舟共济，为振兴我国的化肥事业开拓前进！

厂调度指挥中心

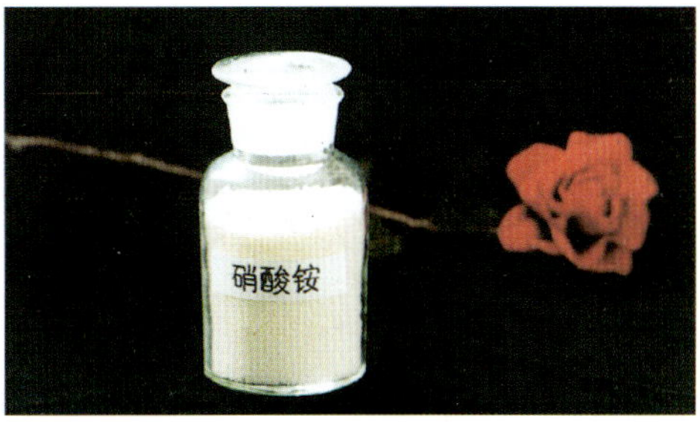

吉林名牌产品专柜

吉林化学工业股份有限公司化肥厂

吉林化学工业股份有限公司化肥厂是国家第一个五年计划期间兴建156项重点工程之一，1954年开工建设，1957年竣工投产。经过四十年的发展建设，截止96年末，拥有固定资产原值11.9亿元，净值4.9亿元。97年，随着投资21亿元的年产6.6万吨丙烯腈及其配套装置的建成投产，工厂形成了合成氨、氨加工、丁辛醇、联碱、丙烯腈系统，成为生产化肥、无机化工、有机化工、军工及工业气体等5大类45种产品的现代大型综合化工企业。

工厂主要产品的年生产能力为：合成氨30万吨、硝酸铵54万吨、尿素12万吨、复混肥10万吨、辛醇5万吨、丙烯腈6.6万吨、浓硝酸10万吨、精甲醇6万吨。40多年来，工厂始终坚持质量第一的方针共有17种产品获国家、省、部优质产品奖，产品质量在全国同行业中居于领先水平，工厂曾获“国家质量管理奖”、“国家一级企业”、“全国用户满意企业”等数十个光荣称号，并于95年通过了GB/TI9002—ISO9002质量体系认证。

厂长兼党委书记：刘荣华
地　　址：吉林省吉林市龙潭区合肥路27号
邮　　编：132021
电　　话：(0432)3971425
传　　真：(0432)3971356

工厂全貌

吉林名牌产品专柜

中国第一汽车集团公司专用车厂

该厂是中国第一汽车集团公司的直属专业生产厂，地处长春市东郊长吉公路北线5.5公里处，工厂占地面积32万m^2，现有职工3200余人，具有专业职称的工程技术管理人员400余人，固定资产9000万元，现有各类设备700余台，拥有三条汽车装配线，一条后桥装配线，具有较强的锻造、机加、热处理生产体系以及先进齐全的检测手段，工厂拥有二级设计权，可根据用户的不同需求，开发设计各种改装车和专用车。具有年生产各种改装车、专用车1.5万辆、后桥及车架1.3万辆份、汽车配件60万只、农机齿轮100万只的生产能力。

汽车生产形成三大系列共82个车型，中型车系列是国家优质产品，该厂自行研制开发的CA43102五吨自卸车系列在1995年第三届中国科技之星国际博览会上被评为金奖。同时被评为吉林省名牌产品。9吨、16吨平头柴油车、30吨半挂牵引车填补了一汽重型车生产的空白。

汽车零部件的生产形成四大总成系列，即：车架总成、空气管总成、中后桥总成、自卸车操纵阀总成、换向阀总成的齿轮半轴系列。

该厂以质量为根本，全面推行奥迪特评审，具有健全的销售网络，完善的售后服务体系。

该厂全面推行精益生产方式，1991年通过国家一级企业验收，1996年底通过ISO9000系列标准质量体系认证。工厂的宗旨是：**造名牌汽车，创一流服务。**

厂长：杜泽臣

厂　　长：杜泽臣
地　　址：吉林省长春市长吉公路北线5公里
邮　　编：130102
电　　话：（0431）4592561－9转2171、2355
电　　挂：2114

总装车间一角

CA3140PKLT$_2$

CA3110K$_2$-10A

CA1140PK$_2$L$_8$T$_2$

吉林名牌产品专柜

★中国第一汽车集团公司吉林轻型车厂★

厂长兼党委书记、高级工程师：王少华

吉林轻型车厂是中国第一汽车集团公司直属专业厂，是生产“解放牌”一吨级轻型载货车和11座厢式客车及“吉林牌”微型车系列产品的国家大型企业。吉林轻型车下设12个专业厂，内设28个职能处室，共有职工1万余人，工厂占地近85万m^2，工厂建筑面积24万m^2，企业固定资产原值8.39亿元，净值5.12亿元。93年轻型载货车投入生产，96、97二年共生产汽车54006辆，完成工业总产值56亿元，上交税金2.5亿元。CA6440、CA1026两大系列产品均达到和超过国家规定指标，继CA1020系列载货汽车获“吉林名牌”产品称号后在1997年度国家对19个轻型车厂家质量统检中，CA6440车在国产车中排名第一。

CA1026LF 轻型货车

为了提高产品质量，增强产品市场竞争力，实现与国际贯例接轨，除认真执行国际质量评审方法(AodiT)外，又在1996年底通过了GB/TI9001-ISO9001国际质量标准认证，为降低整车成本，降低费用支出，提高产品质量，在激烈的市场竞争中立于不败之地打下坚实的基础。

吉林轻型车厂为了满足用户需要，在开发了半高顶豪华厢式车的基础上，又相继开发了专用车、农用车、普通型厢式车、经济型卡车、一排半驾驶室载货车等 十几个品种，得到了行业专家的肯定。他们评论说：小解放专用车设计合理，采用了先进的生产技术和质量保证，特别是运钞车、多功能勘察灯车等是同高科技结合的结晶，用户一致评价：小解放专用车性能价格比较合理，适用面广泛，买小解放值，人民公安报96年9月 12日 载文：一汽小解放专用车是您理想的选择。

奖状

授予中国第一汽车集团公司吉林轻型车厂
解放牌 CA1020系列汽车 产品
为“吉林名牌”产品称号（有效期
一九九六年五月至一九九九年五月）。

吉林省人民政府

吉林轻型车厂在取得经济效益的同时，精神文明建设也结出累累硕果，被评为省、市文明单位。

现在，全厂职工正为实现物质文明和精神文明的双丰收而努力奋斗。

CA6440 豪华厢式车

厂长兼党委书记、高级工程师：王少华

地　　址：吉林省吉林市吉林大街泰山路12号

邮　　编：132011

电　　话：(0432) 4661970

传　　真：(0432) 4661616

解放牌 CA6440 厢式客车生产线

吉林名牌产品专柜

★ 中国第一汽车集团公司吉林轻型车厂 ★

CA5020XXC 宣传车

CA5020XQC 囚车

CA5020XKC 勘察车

CA5020XZH 指挥车

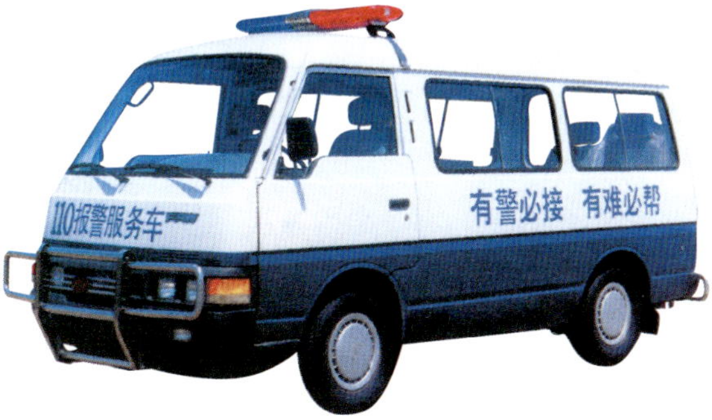

CA5020XGH 干货厢式车

CA5020XJB 警备车

CA5025XYC 防弹运钞车

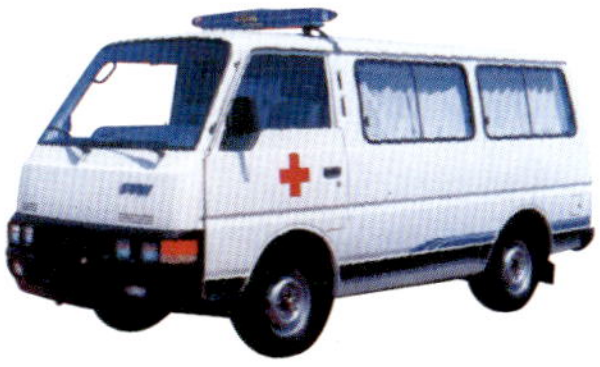

CA5020XJH 救护车

CA5020XJZ 工程车

吉林轻型车厂生产的系列小解放专用车产品

吉林名牌产品专栏

★通化大泉源酒业有限责任公司★

总经理：高义兴

通化大泉源酒厂始建于清光绪十年（1884）年，97年10月转换经营机制成立了通化大泉源酒业有限责任公司。公司现有职工700人，占地3.6万m^2，固定资产1627万元，年生产纯高粱优质白酒5000吨，公司下设有酒厂、销售公司、包装公司、养殖公司、十三个科室，管理人员54人、专兼职技术人员45人，企业先后被评为省级先进企业，通化市明星企业、通化市百户重点挂牌企业、省“三好”企业、省“精神文明建设先进单位”，1997年被中华酒文化研究会评选为“全国酒行业明星企业”，酿酒用水是1988年通过国家地矿部鉴定为含氡、锶、偏硅酸的重碳钙酸镁型矿泉水。产品选用东北优质红高粱、传统工艺、固体发酵、优质矿泉水勾调、精酿而成，具有清香纯正、绵甜柔和、不上头、不刺喉等特点。大泉源酒先后荣获“关东名酒”“中国食品博览会金奖”、“吉林名牌”等称号。

制酒车间一角

总 经 理：高义兴
地　　址：吉林省通化大泉源乡
邮　　编：134115
电　　话：（0435）5771992
传　　真：（0435）5771355

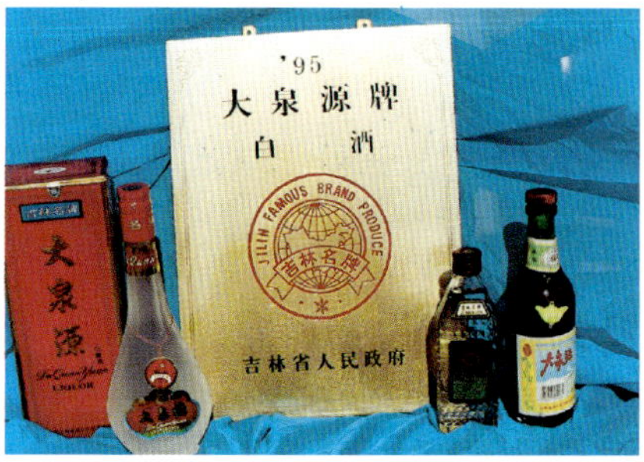

吉林名牌产品专柜

★吉林纸业股份有限公司★

吉林纸业股份有限公司位于北国江城松花江畔。公司始建于1940年，现有员工4482人，固定资产原值4.85亿元，年生产新闻纸能力11万吨，1997年，销售收人45991万元，产值29108万元，产值29108万元，利税总额13161万元，是吉林省利税大户，曾连续六年进人中国500家最大工业企业行列，1996年又被国家确定为重点扶持的300家企业之一。

厂区一角

鹿牌新闻纸是吉林省吉林纸业股份有限公司的主导产品之一，该产品严格按照高于国家标准的企业内控标准QJ/JZ02、04－96组织生产，以杨木、桦木为主要原料，采用不同制浆方法，合理配浆，经长网纸机抄造制成。该产品具有定量稳定，白度高，强度大，纸面平滑细腻，印刷适应性好。适用于高速轮转印刷机印刷报纸、杂志。

其主要性能指标：

指标名称	单位	规定	
定量	g/m^2	45 ± 1.5	49 ± 2.0
裂断长	m	3200	3200
平滑度	s	40	40
白度	%	52.0	50.0

生产车间

鹿牌新闻纸1979年获国家银质奖，1987年经复评确认，1992－1993年被评为全国新闻纸用户满意单位，1994－1997年获得吉林省名牌产品称号。公司自1979年推行全面质量管理以来，始终坚持"质量第一，用户至上"的经营宗旨，不断完善质量体系，早在1986年获吉林省质量管理奖，1988年获轻工业部质量管理奖，1995年通过GB/T9002－1994idtISO9002:1994标准的质量体系认证，同年，计量检测体系采用ISO10012.1标准也获确认，公司的质量保证能力得到进一步加强和提高，更加适应社会主义市场经济和参与国际贸易的需要。

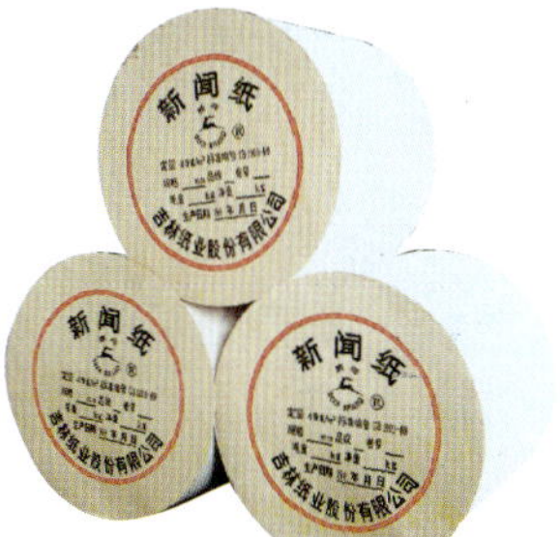

公司经理：高绍盛
地　　址：吉林省吉林市林荫路9号
邮　　编：132002
电　　话：(0432) 2772883
传　　真：(0432) 2772858

鹿

DEER BRAND

吉林名牌产品专栏

★石　岘　造　纸　厂★

石岘造纸厂是国家二级企业，始建于1936年，现有职工6300多人，企业经过60余年的不懈努力，生产工艺，规模、科技水平不断提高，现已发展成为国家大型一档制浆造纸综合性企业，年综合生产能力近20万吨，是我国制浆造纸基地之一。

厂长：刘怀

石岘造纸厂占地面积216万平方米，建筑面积26万平方米，在过去几年里，在纸业市场形势极为严峻的情况下，全厂职工迎难而上，团结拼搏，坚持“市场导向、质量在先、效益至上、成本为主的企业管理指导思想，解放思想，真抓实干，把“以质取胜，以质增量，以质增效”的工作原则贯穿工作始终。战胜了市场冲击所带来的困难，经济运行质量得到了提高，完成工业总产值53,231万元，产品产量195,656吨，销售收入54,044万元，利税总额实现5,073万元，全员劳动生产率实现83,368元/人年。

石岘造纸厂主要产品有新闻纸、胶版纸、商品浆和综合利用产品等17种产品，其中“白麓牌”低定量胶印新闻纸为国家银牌产品，从90年到96年连续7年被国家评为“用户满意单位”，并捧回唯一的“三连冠”景泰蓝奖杯。

“白麓”牌低定量胶版新闻纸产成品

为了企业不断壮大发展，使产品满足国内外市场的需求，石岘造纸厂拟建设一个年产量13万吨的彩色胶印新闻纸工程，目前，工程项目的评估，可行性研究等前期工作已进行完毕，此项目建成投产后，企业综合年生产能力将达到33万吨，新闻纸生产能力可达到20万吨，扩大生产规模后，石岘造纸厂将以全新的面貌，为延边朝鲜族自治州乃至吉林省的经济发展做出更大的贡献。

厂　长：刘怀
地　址：吉林省图们市石岘镇
邮　编：133101
电　话：（0433）7868254
传　真：（0433）7868254

从奥地利引进的日产200吨新闻纸机

吉林名牌产品专栏

★ 吉化江城化工有限责任公司农药厂 ★

吉化江城化工有限责任公司农药厂是目前国内生产均三氮苯类化学除草剂规模最大、品种最多的厂家。自1978年建成投产以来，经过扩建、改造、兴建和引进，综合生产能力、产品质量和经济效益不断提高，发展成了以生产除草剂、杀菌剂为主，同时生产化工产品和农药中间体为辅的国内几大家农药生产企业之一。多年来，该厂本着“坚持质量第一，满足用户需求，坚持信誉第一，追求质量效益”的质量方针，“品种多剂型，行业站排头，结构常调整，服务全过程”的质量目标，不断加强和完善质量体系，于1995年在同行业中首家通过了ISO9000系列质量保证体系认证，并由北京中质协质量保证中心颁发了“质量体系认证证书”，“吉林省三好企业”“吉林省质量管理奖”，三个产品荣获省优质产品奖，95年主导产品38%莠去津水悬浮剂被评为“吉林名牌产品”，97年主导产品38%莠去津水悬浮剂、丁草胺乳油被评为“吉林省用户满意产品”，同时在全国用户满意工程评比活动中，该厂丁草胺乳油被评为“全国用户满意产品”。在激烈的市场竞争中该厂以一流的产品、一流的质量，一流的服务赢得了广大用户的信赖，为我国农药事业的发展作出了积极贡献。

厂长：卢世礼

奖状

授予吉林江城化工有限责任公司农药厂
吉农 牌 38%莠去津水悬浮剂 产品
为“吉林名牌”产品称号（有效期
一九九六年五月至一九九九年五月）。

目前，该厂生产农药品种31个，化工产品5个，销往全国24个省市自治区和国际市场，其产品质量及技术水平均属同行业先进。主导产品38%莠去津水悬浮剂生产能力已达10000吨／年，丁草胺乳油和乙草胺乳油生产能力已达4000吨／年，新产品40%乙莠合剂和莠合剂生产能力为5000吨／年，96年又开发研制了高渗农药制剂，97年已投放市场。

系列“吉林名牌”产品

该厂国外引进的乙醇胺生产技术，其生产能力为5000吨／年，无论是生产技术还是生产能力均居国内领先水平。

厂　　长：卢世礼

地　　址：吉林省吉林市江北郑州路15－1号

邮　　编：132021

电　　话：（0432）3039677

传　　真：（0432）3035171

指挥调度中心

吉农 注册 JI·NONG 商标

吉林名牌产品专栏

★ 吉林制药集团有限责任公司 ★

吉林制药集团创建于96年5月17日，是经吉改联批1996第2号文件批准设立的。集团核心企业吉林制药集团有限责任公司，注册资金1.25亿元，拥有吉林制药股份有限公司等12户全资、控股子公司，三户参股企业、一户协作企业。占地面积53万平方米，资产总额6.2亿元，现有员工3200多人，集团96年实现产值3.8亿元，实现销售收入3.4亿元，实现利税5162万元，实现利润2226万元，97年被列入国家重点扶持的千户企业前500强之一。

董事长兼总经理：马景

集团公司主要经营政府授权的国有资产，以下项目由子公司生产经营：研制、生产原料药、中西成药、医药设备制造、安装、医药设备零部件加工、医药包装制品制造、加工、交电、百货、中西成药、药品包装物批发兼零售、印刷、广告、汽车维修。

主要产品有阿斯匹林、磺胺脒、安乃近、氨基比林、病毒灵、增效剂、优必达、醋柳愈酯、糖肾平、三唑仑、退热冰、水杨酸、阿斯匹林、苯乙酮等二十余种化学原料药、中间体，年产2万余吨。退热冰，水杨酸、阿斯匹林、苯乙酮生产能力居全国首位。制剂产品170余种，年产片剂30亿片，丸剂7亿粒，胶囊2亿粒，年产纸板桶80万只，氯化石蜡1500吨，生产化学试剂产品100多种，年产1000余吨，生产润滑油20种，年产4000吨，研制开发（移植）新产品48个，其中国家级新药有参芪片、可泰尔、三唑仑、格列喹酮、优必达等，具有美国、日本、德国、瑞士、比利时等国家当代先进水平的制药设备和检测仪器，拥有国、部、省市优质产品14个，其中阿斯匹林系列产品通过美国FDA登记，"宝山牌"商标在美国注册。阿斯匹林、退热冰分获"吉林名牌"产品。三唑仑被国家医药管理局、卫生部确定为定点生产厂。主导产品阿斯匹林、退热冰、水杨酸、增效剂、磺胺脒等，分别以英国药典BP93和美国药典USP23版(双版)标准出口美国、日本、东西欧、东南亚国家和地区。自1992年起，阿斯匹林连续4年保持全国同类产品销量创汇额的全国第一。集团将恪守"质量第一、为人类健康服务"的方针，依靠雄厚的技术力量和科技实力组织生产，全部产品市场抽检合格率保持100%。

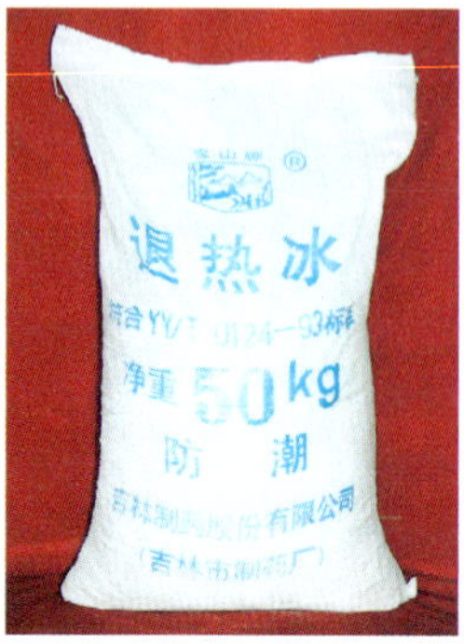

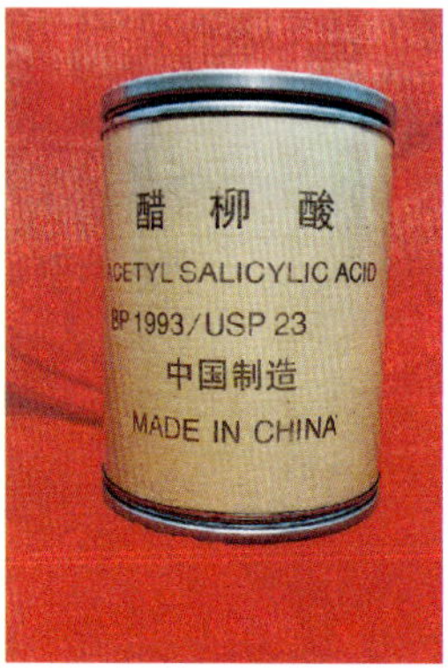

集团承担国家"八五"转"九五"期间唯一的化学合成原料药基地，正以"大公司、大集团"为发展战略，坚持奉行"高起点、快节奏、增效益、创一流"的企业精神。通过"二次创业"到本世纪末工业总产值超8亿元，实现销售收入超8亿元，利税超1.5亿元，发展成为多种经营、跨地区、跨行业、跨所有制的大型企业集团。

董事长兼总经理：马景田
地　址：吉林省吉林市长春路99号
邮　编：132012
电　话：(0432)4848861
传　真：(0432)4841728

吉林名牌产品专柜

吉林省皇封参股份有限公司

吉林省皇封参股份有限公司，创建于1956年7月，1992年改组为全国参业系统第一家股份制企业，总股本5200万元，总资1.55亿元，现有员工1076人，其中专业技术人员181人，具有高级技术职称8人，中级职称56人，35岁以下具有高中及中专以上的学历的员工467人。

董事长、总经理：穆乃翰

包装车间一角

公司为省级先进企业，省级文明单位和国家级星火明星企业，市级重合同守信用先进企业，为吉林省政府授予的标准化股份公司。

公司实行集团化经营，下设人参种植场、皇封参厂、药厂、西洋参场、经销公司及多种经营场六个子公司，是集栽培、系列产品加工、包装装潢、科研、营销于一体的较大规模的参业集团，现拥有低残毒皇封参和西洋参栽培基地50万m^2，长白山中药材种植基地每年5万m^2，拥有较大型的，工艺技术领先的皇封参和西洋参加工生产线，拥有符合GMP标准的现代化药厂及包装装潢公司，药厂具备提取、胶囊、片剂、冲剂、口服液五种剂型的常规生产能力。

皇封参是公司的主产品，自1987年问世以来先后获省优、部优、农业部科技进行一等奖，全国人参产品行业第一名，第39届尤里卡世界金奖等近20项国内外大奖，1994年和1997年两度被评为“吉林名牌”产品。皇封参在壮阳补阴、降血脂、抑血糖、理神经、活经络、增记忆、强筋骨、防癌抗衰、滋润皮肤等方面均有显著功效，其医疗保健功能别具一格，若干功能优于高丽参，强于西洋参。

'94
皇封牌
红参
JILIN FAMOUS BRAND PRODUCE
吉林名牌
吉林省人民政府

系列皇封参产品

皇封参系列产品有红参、白参、参茶、药品、饮品及功能型食品6大系列120个规格。销往 全国二十多个省(市、区)及美国、日本、俄罗斯、东南亚各国及港台地区。

随着高科技发展，皇封参在营养药剂 、滋补膳食、高级饮料、绿色食品及日用化妆品等生活领域得到广泛应用。

企业发展趋势：实现两个根本性转变，提高企业整体素质，加大科技投入，实施名牌战略，开拓国内外市场。本世纪末实现经济跨跃发展，股票上市 ，解决融资投资问题，利用融通资金进行技术改造，年产值实现5亿元，下个世纪初，实现产业化跨国经营，年产值要达到10亿元，建成集团化股份制企业。

合作意向：西洋参二醇组皂甙注射液项目

总投资1085万元，其中固定资产投资685万元，流动资金317万元，年产值6000万元，利税2400万元，本项目已获市计委批准立项开发，欢迎合作。

林参药持续开发项目

总投资5738万元，年产值4375万元，利税3750万元，项目已获省计委批准立项并开始建设，欢迎合作，

人参单体皂甙项目

投资规模2000万元，年产值4600万元，利税1800万元，欢迎合作。

鹿花盘水溶性制剂项目

总投资500万元，年产值 800万元，利税256万元，已完成立项批复，欢迎合作。

公司办公大楼

董事长、总经理：穆乃翰
地　　址：吉林省靖宇县
邮　　编：135200
电　　话：(0439) 7908213
传　　真：(0439) 7225253

吉林名牌产品专栏

吉林省集安新开河人参有限责任公司

集安新开河人参有限责任公司组建于1995年4月，是产、供、销一体化，科、工、贸一条龙的国际上规模最大的人参专业国营中型企业。

总经理：毕旭东

公司拥有员工157人，其中高、中级以上专业科技人员80人，拥有固定资产2168万元，年创利税近千万元，公司下设7个部、室及一个加工厂和一个产销公司，现拥有国内外先进的生产、加工设备154套和160万m^2的人参生产基地，使人参生产、加工的质量监控和自动化程序得以保证和逐渐提高，高科技发展步伐大大加快。

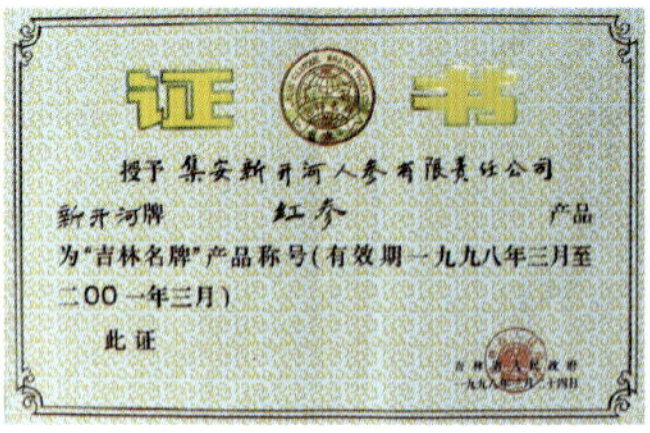

公司生产产品为新开河人参系列产品，其中新开河红参1984年被吉林省列为长白山开发科研重点项目，该项课题的研究发明成果获得1986年国家科技发明奖，产品新开河红参先后荣获“吉林省优质产品奖”、“七五全国星火计划成果博览会金奖”等几十项国内外大奖，1994年又被评为吉林省名牌产品，“新开河”商标被评为中国驰名商标，产品不仅畅销全国，而且还远销东南亚及港、澳、台等地区，十几年出口创汇1200万美元，每年销售额达8000余万元。

随着改革开放的不断深化和市场经济的迅速发展，公司在商品经济的大潮中，始终坚持“用户至上”的原则，依靠科技力量，不断改进工艺，提高产品质量，在管理上采用国际ISO9000质量管理标准，逐渐与国际接轨，使企业在市场竞争的大潮中不断发展壮大，使公司的产品为人民的健康、长寿带来了福音。目前，公司正进行全面的企业形象塑造工程，旨在提高企业的竞争力，努力造就一个成功的、优秀的公司。充满自信地进入更加美好的二十一世纪。

包装车间一角

总经理：毕旭东

地　址：吉林省集安市建设北街7号

邮　编：134200

电　话：（0435）6224139

传　真：（0435）6222997

公司办公楼

吉林名牌产品专栏

吉林省西洋参集团公司

董事长兼总经理：王刚

吉林省西洋参集团公司是于1996年经省体改委、经贸委等部门批准的企业集团，1997年被省政府列为全省农业产业化的重点企业，1998年2月，正式改组为股份制企业，几年来，公司立足西洋参产业优势，依靠科技，加快产业发展步伐，现已形成了以西洋参种植、加工、制药、经济动物养殖、科学技术研究、新产品开发和市场营销为一体的产业化企业集团。公司西洋参面积已达80万平方米，年产西洋参水参30万公斤，西洋参种子5000公斤，已成为全国最大西洋参种植、加工和种源基地。同时公司充分发挥基础产业优势，加强参药的结合，走资源型、开发型、效益型产业化发展之路。公司先后开发了“靖诚牌”活性西洋参、活性西洋参胶囊、精制西洋参、洋参利脑神等为主的六大系列20多个品种，深受广大消费者青睐。96年“靖诚牌”西洋参系列产品被评为吉林名牌。

工人正进行活性西洋参胶囊药品生产

在企业经营上，采取“集团带乡镇、集团带农户”的发展战略，推动农村经济发展。同时公司大力开发高科技、高附加值的新产品，为企业发展增加后劲。公司发展目标是：到本世纪末，使公司经济效益有大的飞跃，力争实现产值2亿元，利税3000万元，成为吉林省医药业的骨干企业，并力争成为上市公司，到2005年，使 公司发展成为国内有一定影响、国际上有一定知明度的大型企业集团，实现跨国经营。

董事长兼总经理：王刚

地　　址：吉林省靖宇县将军路248号

邮　　编：135200

电　　话：（0439）7229398、7229399

传　　真：（0439）7224502

活性西洋参胶囊生产线设备之一

'95

靖　诚　牌

西洋参系列产品

JILIN FAMOUS BRAND PRODUCE

吉林名牌

吉林省人民政府

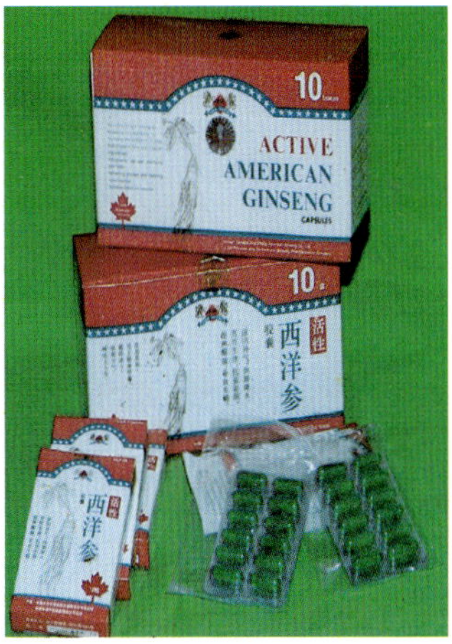

开发的新药靖诚牌活性西洋参胶囊

吉林名牌产品专栏

★ 吉林工业大学东丰县联合钢板弹簧厂 ★

总经理：

吉林工业大学东丰县联合钢板弹簧厂始建于1958年，是一家以生产汽车钢板弹簧为主的生产企业。该厂属国家中型企业。厂区占地面积2.5万平方米，建筑面积0.8万平方米，生产面积0.46万平方米，全厂生产设备总计291台套，年销售额达3500万元，年产值4000万元，该厂技术力量雄厚，设备工艺先进，设有汽车弹簧研究所，专门从事各种汽车弹簧的设计、研制和开发工作。

东弹集团公司办公及厂区大楼

该厂主导产品分别为变截面钢板弹簧和汽车扭杆弹簧，年产量分别为1万吨和5万件。

目前，该厂能够生产50多种变截面钢板弹簧和十多个扭杆弹簧新品种。主要产品有CA1046、ZQ6450、CA120FD后、CA620后汽车钢板弹簧和HFJ1010汽车钢板弹簧及扭杆弹簧。其中CA1046型变截面汽车钢板弹簧1994年获吉林省“优秀新产品奖”，1995年被评为“吉林名牌”产品，1994年CA1046、ZQ6450变截面汽车钢板弹簧被中国质量管理协会用户委员会、中国汽车工业协会商品委员会评为首批全国汽车配件“推荐商品”。各种产品主要为中国一汽集团的长春轻型车厂、吉林轻型车厂、哈尔滨轻型车厂及石家庄汽车厂、哈尔滨飞机制造公司等汽车厂家配套。

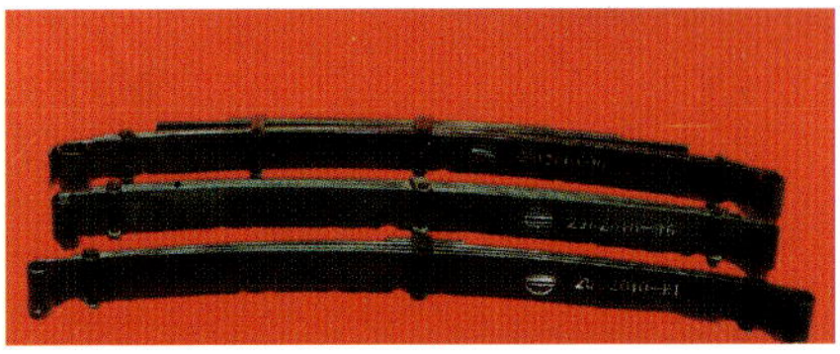

“吉林名牌产品”系列汽车钢板弹簧

该厂始终支持“质量第一、用户至上”的方针，严格按标准模式进行企业管理，并通过了中国质量保证协会GB/T19002-1994idt ISO9002:1994模式标准的认证，为以后的发展奠定了结实而又牢固的基础，也迈向了与国际管理接轨的新路途。

回顾过去，展望未来，我们有充分理由，板簧人将优质的产品、热情的服务、可靠的信誉竭诚为用户服务，并致力于繁荣和发展中国的汽车工业。

总经理石忠华先生热烈欢迎各界朋友的惠顾。

总 经 理：石忠华
地　　址：吉林省东丰县东丰镇东风路57号
邮　　编：136300
电　　话：(0437) 6223041
传　　真：(0437) 6222703
电　　挂：8888

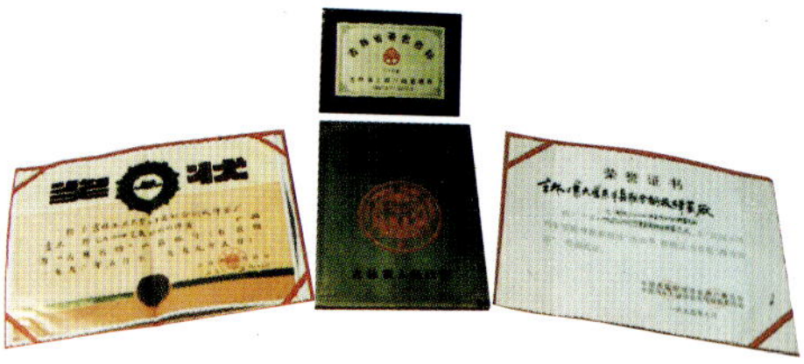

吉林名牌产品专栏

★ 吉林省辽源市塑料一厂 ★

厂长：彭林春

辽源市塑料一厂始建于1982年，是全国聚氨酯泡沫塑料行业的重点生产企业之一，现有固定资产880万元，年生产泡沫塑料片材能力可达3000吨，泡沫复合材料200万平方米、高阻燃泡沫塑料300吨，泡沫成型座垫250吨，企业管理水平为国家二级企业。产品荣获首批“吉林名牌”产品称号，在省内外市场享有很高的信誉，并成为一汽、长春铁路客车、沈阳金杯等国有大型企业质量信得过的配套产品。

企业坚持从严治厂，积极转换经营机制，全方位实施名牌发展战略。全厂职工进一步强化了质量意识和发展意识，坚持用户至上、信誉第一的宗旨，以市场为导向，依托大工业用户，充分发挥企业技术优势，不断开发新产品，形成产品系列化，拓宽企业发展空间，抢占市场制高点，保持名牌产品的技术领先水平，使企业在激烈的市场竞争中，又有新的发展。

1997年完成工业总产值1488万元，完成销售收入910万元，实现利税50万元。

厂　　长：彭林春
地　　址：吉林省辽源市向阳大街52号
邮　　编：136200
电　　话：（0437）3513489

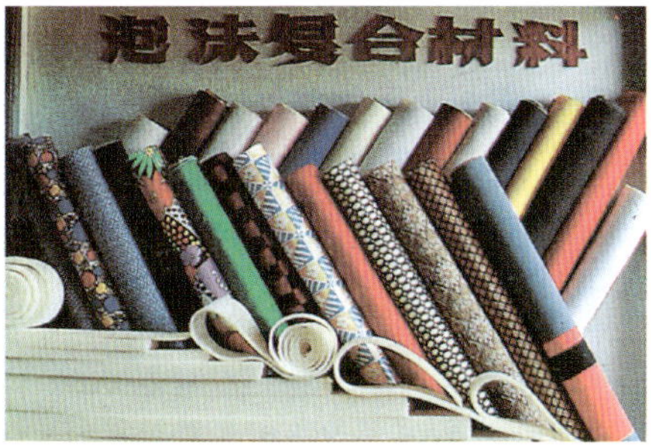

吉林名牌产品专柜

★ 吉林白山参花塑料股份有限公司 ★

吉林白山参花塑料股份有限公司系国家二级企业，省级先进企业，国家轻工部农膜定点生产厂家，职工人数1080人，下设四个分厂，七个车间，年生产聚乙烯农膜能力一万吨。

厂区一角

总经理：宋协智

该公司主要产品有PE地膜、PE无滴大棚膜、PE耐老化长寿膜、PE韭菜膜、彩印包装、塑料中空制品等共计十八个品种，六十多种规格“参花”牌聚乙烯系列农膜获国家轻工部优质产品称号，1995年被吉林省政府命名为“吉林名牌”产品称号。主导产品“参花”牌聚乙烯大棚模选用独特配方，采用国际标准JIS-6781及国际先进工艺制成，具有无滴期长，防尘及透光性能好等优点，与普通棚模相比可提高蔬菜产量20%-30%，是应用于各种蔬菜作物温室和大棚覆盖的最佳塑料材料，1997年1月被授予“吉林省农民信得过产品”荣誉称号。

“加大科技含量，积极开发新产品，满足用户要求”是该公司的宗旨，从1990年开始该公司不断进行技术改造和新品开发，对塑料中空成型制品，PE特种膜，彩印、包装制品、螺杆进行改造，同时研制完成水稻育秧膜，PE防滴保温棚膜，聚乙烯长寿膜（人参膜），98年研制完成高保温无滴膜，光转换大棚膜。

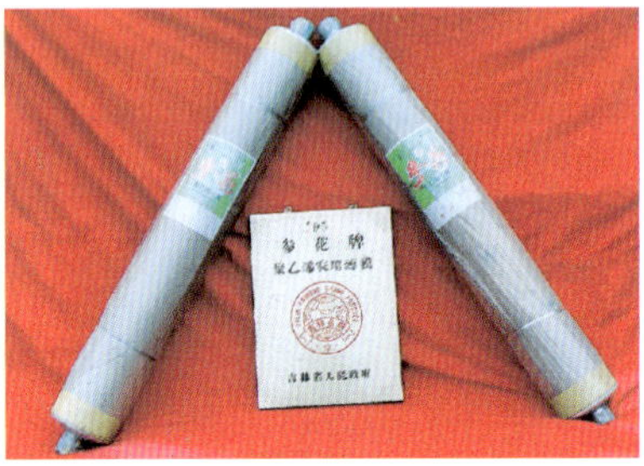

在企业经营机制的改革上，公司借鉴邯钢的管理办法，根据企业自身的特点，形成一系列完善的公司管理制度，在生产，经营原材料及能源配备等方面，实行“成本倒逼”方法，在营销方面本着“用户第一，质量第一，服务第一，信誉第一”的宗旨，使公司在市场经济中具备强大竞争实力。

总 经 理：宋协智

地　　址：吉林省白山市八道江区浑江大街259号

邮　　编：134300

电　　话：（0439）3223575

传　　真：（0439）3223692

公司利用各种条件，宣传企业形象，提高市场竞争能力

公司主导产品“参花”牌聚乙烯大棚膜生产车间一角

吉林名牌产品专柜

吉林松江水泥（集团）股份有限公司

董事长、总经理：王家勤

吉林松江水泥（集团）股份有限公司是吉林省最大的综合性建材企业，主业水泥年生产能力达90万吨，是全国68家重点水泥企业之一。

公司生产的“江城牌”水泥，以425#矿渣硅酸盐水泥、525#普通硅酸盐水泥为主，兼有425R、525矿渣硅酸盐水泥、425、525R普通硅酸盐水泥和525抗渗普通硅酸盐水泥 。先后获得省优质产品、省首批免检产品和吉林名牌产品殊荣，并相继经中国商检质量认证中心和中国产品质量认证委员会严格审核，荣获质量体系注册证书和产品质量认证证书。

三号窑框架夜景

“江城牌”水泥按GB175-92、GB1344-92组织生产，其标准水平和实物质量水平均达到国际先进水平。在1989年全国物理检验大对比中，名列全国重点水泥企业第三，在1991年及1995年全国两千六百余家水泥企业化学分析大对比中，被授予“三十佳单位”及“五十佳单位”称号。

“江城牌”425矿渣硅酸盐水泥 的3天、7天、28天抗压强度分别达到20Mpa、31Mpa、52Mpa，初凝在100-130分钟，终凝不超过3小时10分钟，明显优于GB1344-92的规定，为建筑部门缩短工期创造了良好条件，525普通硅酸盐水泥3天抗压强度达到30Mpa，初凝在80-110分钟，终凝不超过2小时50分钟，优于GB175-92的规定，深受广大用户欢迎，应用于北京地铁、连云港码头、吉长高速公路、长春和哈尔滨机场、丰满电厂大坝等国家和省市重点工程，被广大用户美誉为现代建筑之“**精粮**”。

董事长、总经理：王家勤

厂　　址：吉林省吉林市和平路30号

邮　　编：132002

电　　话：(0432) 2738544、2738006

传　　真：(0432) 0086－432－2733641

电　　挂：3136

工厂全貌

吉林名牌产品专柜

吉林亚泰集团双阳水泥有限公司

董事长兼总经理：徐德复

DINGLU 鼎鹿

吉林亚泰集团双阳水泥有限公司(原长春双阳水泥厂）是国家“八五”期间重点建设项目，设计能力日产熟料2000吨，年产525#水泥70万吨。这条生产线消化吸收国内外最新技术成果19项，具有工艺先进，自动化程度高，设备大型化，环保设备达标等优点，生产过程采用集散式计算机控制，被国家建材局誉为“中国第一线”。

花园式厂区

公司位于吉林省中部，具有得天独厚的自然资源优势，石灰石Cao含量平均在54%以上，Mgo含量小于0.2%，均为东北地区罕见的大型优质水泥原料矿床。

公司成立于1990年，现有员工2428人，总资产为92630万元，1996年总产值为10725万元，完成销售额为17798万元，实现利税5218万元。

鼎鹿牌硅酸盐水泥是吉林亚泰集团双阳水泥有限公司生产的系列产品，现有Pc425#、Po525#、P II 525#低碱水泥，道路水泥，A级O型油井水泥等品种。

公司年产量100万吨，第二条生产线正在建设之中，建成后，年产量可达到 180万吨。

鼎鹿牌水泥产品自93年投放市场以来，以其早期高，后期强度稳，包装质量好，售后服务优等特点很快占领东北市场，并打入深圳，上海等南方市场，96年荣获吉林省名牌产品，吉林省用户满意产品等称号，并于97年获得自营企业进出口经营权，96年在东北水泥行业中率先通过了质量体系认证。

公司郑重向广大用户承诺：信誉第一，用户至上，为商家尽心竭力奉献，为用户全心全意服务。

用鼎鹿水泥　建万年基业

董事长兼总经理：徐德复
地　　址：吉林省长春市双阳区山河街
邮　　编：130617
电　　话：(0431) 4352201
传　　真：(0431) 4351999

吉林亚泰集团双阳水泥有限公司全貌

吉林名牌产品专栏

★ 吉 林 省 石 岭 水 泥 厂 ★

厂长：王明满

吉林省石岭水泥厂始建于1958年，现拥有两条现代化的水泥窑外分解生产线，形成年产40万吨水泥的生产规模，是国有中型一档企业，省属建材骨干企业之一。该厂现有职工1104人，占地面积45万平方米，固定资产净值6000万元，该厂始终坚持以经济效益为中心，狠抓管理，苦练内功，取得了较好的经济效益，近五年来（93－97）实现利税总额5287万元，95、96年连续两年被省政府评为省级三好企业。

该厂始终坚持科技兴厂的发展战略，现有专业技术人员157人。水泥煅烧窑外解技术获全国科技大会奖。由于产品质量的提高，取得了较好的信誉。近几年来，先后被省质协评为“吉林省用户满意产品”。被四平市政府评为“产品质量信得过企业”。生产的425#矿渣硅酸盐水泥已取得“产品质量认证证书”，“质量体系认证证书”，94、97年两次获“吉林名牌”产品称号，96年取得省技术监督局的质量免检证书。

该厂始终坚持“质量第一，信誉至上”的原则，为广大新老用户提供优质的产品和满意的服务。

厂　　长：王明满
地　　址：吉林省梨树县石岭镇
邮　　编：136505
电　　话：(0434) 5462211
传　　真：(0434) 5463561

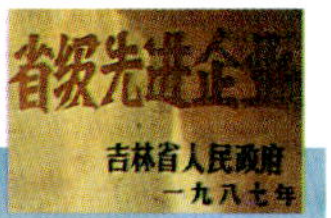

七十年代我国第一条φ2.4×40m水泥煅烧窑外分解生产线和八十年代国内先进水平的φ3×48m700l/u熟料的窑外发解窑。

吉林名牌产品专栏

通化白山水泥总厂

通化白山水泥总厂是全国500家最大建材工业企业之一，国家大型二档企业，拥有两条国内先进的带余热发电回转窑生产线。下设水泥机械厂、发电厂、纸塑制品厂、矿业开发公司等10个分厂。主导产品是425#、525#普通硅酸盐水泥，年设计生产能力61.4万吨。全厂现有员工总数1892人，其中主要技术人员154人，总资产2.4亿元，占地面积28万m²。

通化白山水泥总厂秉承“质量第一，信誉第一”的宗旨，依靠技术进步和管理进步，狠抓产品，沿着质量效益型的道路不断发展，1993年产品获国家质量认证，1995年“山泉”牌水泥被省政府命名为“吉林名牌”产品，1996年质量管理体系通过认证，产品享受出口免检，以优良的产品质量赢得用户的赞誉，广泛销往大庆、哈尔滨、长春、沈阳等地。1997年该厂成功地研制出低碱水泥、大坝水泥、道路水泥。满足了机场、道路桥梁、水利设施等建设要求，该厂立足现有技术、产品、资源优势，拟对外寻求合作，建设年产35万吨特种水泥项目，为用户提供更加满意的产品和服务。

国内先进的带余热发电回转窑生产线

厂　　长：李国昌
地　　址：吉林省通化市二道江区鸭园镇东热
邮　　编：134004
电　　话：(0435) 3721516、3721517
传　　真：(0435)3721018

CIB QA

质量体系注册证书

Certificate of Registration for Quality System

证书号 Certificate No. 2200/96292

兹证明

通化白山水泥总厂

吉林省通化市二道江区水洞

在“山泉”牌水泥方面建立的质量体系，按照如下质量体系标准评审合格，特发此证。

ISO9002－1994

This is to certify that the registered firm produces goods and/or provides services in accordance with above mentioned quality assurance standards.

发证日期 Date of Issue 1996年12月

有效期 Duration of Validity

中国商检质量认证中心

CCIB Quality Certification Centre

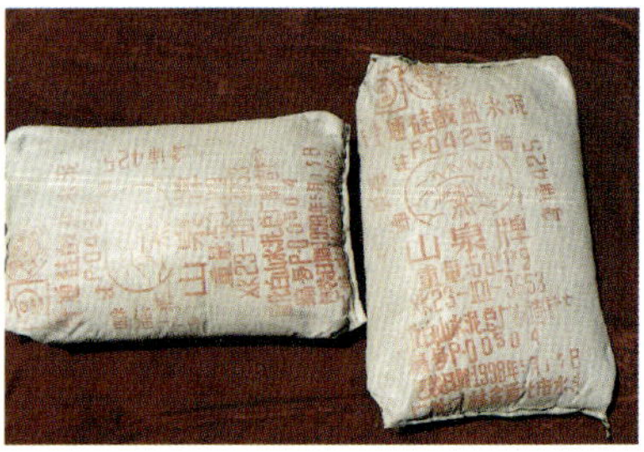

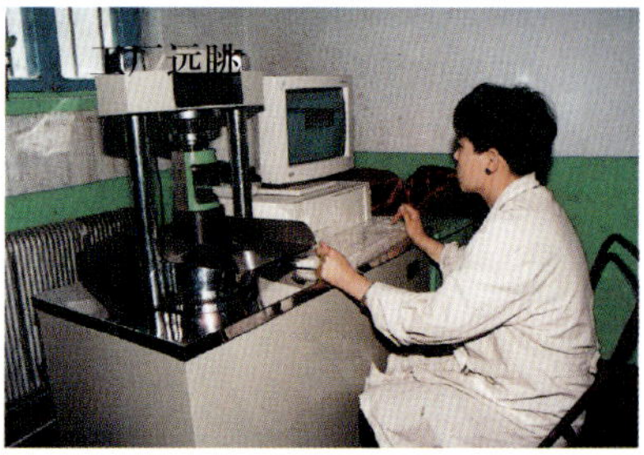

微机检测产品质量

吉林名牌产品专栏

吉林省吉双实业集团

董事长：

吉林省吉双实业集团组建于1996年12月，（它的前身是双阳县石棉水泥瓦厂始建于1986年7月）。1996年被农业部确认为国标中一型企业。集团拥有固定资产5650万元，占地69万平方米，建筑面积2.9万平方米，有职工1560人，具有中、高级技术职称的35人，初级技术职称的125人，技术骨干478人，十几年来，在市场经济大潮的磨炼中，企业由一个石棉水泥瓦厂发展成为具有12个公司，一个厂；由生产单一产品到农、工、商、贸为一体多种经营现代企业集团。

集团通过资本运营，先后兼并、租赁、合资六家企业，使集团资本优化重组，促进企业上规模上水平，企业先后被长春市人民政府和吉林省人民政府命名为“最佳企业、明星企业、省级规模大、效益好企业”，被农业部命名为“国家级乡镇企业集团”、“全国文明乡镇企业集团”、农业部表彰的全国500家乡镇企业之一。

高层换代产品——塑钢窗

集团主要产品：“吉双”牌石棉水泥小波瓦在市优、省优、部优的基础上、被农业部命名为“中国名牌”、被吉林省人民政府命名为“吉林名牌”，“吉双”牌塑钢门窗、“吉双”牌塑料编织袋，“吉双”牌散热器来回弯伸缩器分别被命名为吉林乡企名牌和长春乡企名牌，被吉林省消费者协会命名为用户满意产品、产品覆盖东北、内蒙古、新疆、宁夏、青海等省区，28个地市，378个经销单位，产品销售始终保持旺盛的势头。

集团核心企业拥有国内最先进的生产设备和工艺，是吉林省规模最大，产量最高，质量最优的石棉水泥瓦生产企业，计划在近期内组建吉林省石棉水泥瓦集团。

1997年实现销售收入1.21亿元，产值1.40亿元，创利税1256万元，

全国企业家、吉林省优秀企业家、集团董事长薄贵同志竭诚与各界同仁积极合作。

鹿业有限责任公司一角

董 事 长：薄贵
地　　址：吉林省长春市双阳区长岭乡
邮　　编：130651
电　　话：（0431）4371383

塑料包装袋生产线

吉林名牌产品专栏

★吉林明城钢铁总厂★

厂长：王德仁

吉林明城钢铁总厂系吉林市直属的国有大二型企业，位于吉林省磐石市明城镇内，1969年8月建厂，固定资产21000万元，占地面积91万m^2，现有职工2980人，其中各类专业技术人员256人。主要产品有生铁、钢坯、散热器、水泥、高硅复合肥。主导产品《明城牌》铸造生铁采用ASTMA43-80国际先进标准组织生产，产品质量优、性能好、信誉高，被评为吉林省名牌产品。多年来，广泛用于冶金、机械、建材、汽车、化工、石油等行业，不仅畅销吉林、黑龙江、辽宁、天津、内蒙古、江苏、浙江、上海等省市，而且远销日本、南朝鲜、印度、香港等国家或地区，受到国内外用户的好评。

厂办公楼

企业技术力量雄厚，工艺设备先进，管理工作扎实。1990年被评为省级先进企业。1994年被列为吉林省百强企业，1994年开始，连续三年被评为吉林省"三好企业"。

目前年产30万吨烧结矿的24m^2环形烧结机已经投产，新建的150m^3高炉今年6月投产，到本世纪末，吉林明城钢铁总厂将达到年产20万吨铁、20万吨钢、18万吨材的生产能力。

"明城牌"铸造生铁

厂　　长：王德仁

地　　址：吉林省磐石市明城镇明城大街127号

邮　　编：132301

电　　话：(0432) 5714042

传　　真：(0432) 5712074

工厂夜景

吉林名牌产品专栏

长春市灯泡电线厂

长春市灯泡电线厂是国有大型企业，是全国500家最大电气机械和器材制造企业之一，是全国质量效益型先进企业，工厂占地面积8.0万m^2，现有固定资产1.3亿元，职工3560人，主要生产电光源和汽车电线束两大门类，十六个系列的产品，年产值3亿元，出口创汇150万美元。

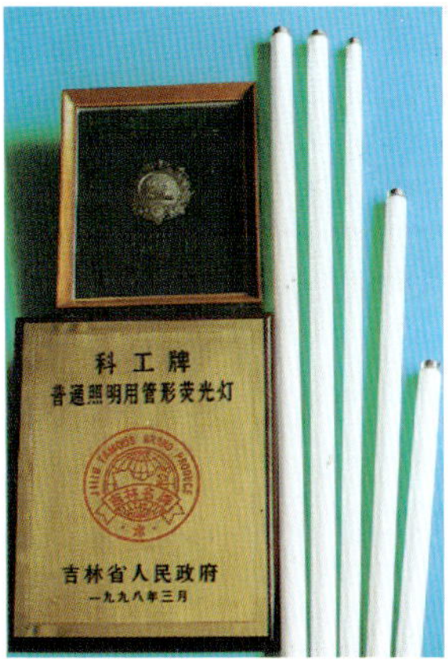

工厂生产的电光源系列产品，年产量6000万支，采用最先进的技术和设备，推行高效能的科学管理，使技术质量水平居全国同行业的领先地位，产品分别获国家及省的优质产品奖，特别是与中科院联合制造的"科工"牌高光效、长寿命荧光灯，技术指标全部达到国际标准，荣获国家灯类产品最高奖银质奖及中国质量管理协会用户委员会命名的"全国用户满意产品"称号。

汽车电线束

工厂自中国一汽生产第一台解放牌汽车开始至今一直为其配套汽车电线束，通过三次重大技术改造，先后引进了日本、德国、瑞士、韩国等先进设备、技术和管理方法，使制造技术、装备水平和产品质量均达到当代国际水平。成为中国首家出口汽车电线束的生产厂，并被国家计委和中汽总公司确定为"高起点、大批量、专业化汽车电线束生产基地"。

现年产80万辆份，工厂按ISO9000标准实施科学管理，获得了中国方圆标志认证委员会和德国公司的认证，同时进入一汽集团公司、一汽大众公司、一汽轿车公司A级供货商行列。长明牌轿、轻、卡车电线束系列产品分别于1994和1998年荣获"吉林名牌"称号。

工厂现有专业技术人员200多名，试验、检验装备先进齐全，具有较强的开发能力，可根据客户要求设计制造各种行走机械用电线束。工厂具有完善的服务体系和高素质的售后服务人员，坚持质量第一，充分满足客户要求的宗旨。汽车电线束产品及科工牌荧光灯等系列光源产品，远销广东、海南、福建、山东、陕西、河北、辽宁、黑龙江等几十个省市及南韩、西德、日本、东南亚等国家，工厂愿以优秀的品牌，极佳的质量，优良的服务，赢得国内外用户的信赖！

厂　长：孙玉德
厂　址：吉林省长春市开运街40号
邮　编：130012
电　话：(0431)5955591
传　真：(0431)5951467

证书

授予 长春市灯泡电线厂

科工牌 普通照明用管形荧光灯 产品

为"吉林名牌"产品称号(有效期一九九八年三月至二00一年三月)

此证

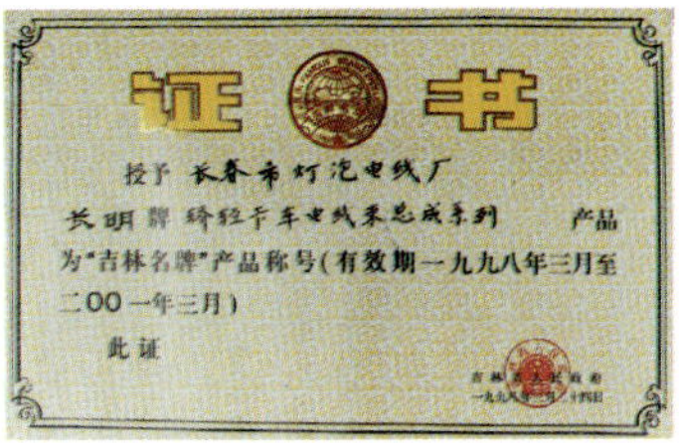

证书

授予 长春市灯泡电线厂

长明牌 轿轻卡车电线束总成系列 产品

为"吉林名牌"产品称号(有效期一九九八年三月至二00一年三月)

此证

工厂一角

吉林名牌产品专栏

★ 吉林华星电子集团有限公司 ★

董事长兼总经理：夏增文

吉林华星电子集团有限公司是大型国有独资公司，其前身是吉林市半导厂（创建于1965年）。被国家确定为生产半导体功率器件的重点企业，自90年夏增文同志担任厂长以来，锐意改革，开拓进取，通过技术引进与创新，科学管理，资本运营，企业各项经济指标连年翻番，持续增长，从一个仅有固定资产300万元的地方小厂迅速发展壮大成为在国内颇具知名度的集团公司，固定资产达3亿元，公司现已成为集生产、制造、科研、进出口贸易、服务等多种行业为一体的现代化大型企业集团。是国家级66户重点高新技术企业之一，企业现有职工183人，各类专业技术人员231人，占地面积6.37万平方米，总资产达5.65亿元。

企业拥有雄厚的技术力量，先进的技术设备，具有很强的技术开发能力，企业主要产品为黑白、彩色电视机，节能灯及其它工业自动化设备配套的大功率晶体管，产品性能均达到国际同类产品水平。目前企业已拥有五大类上百个品种，形成了种类多、品种全、系列化的生产格局，是国内生产半导体器件实力最强的企业，产品产量、质量及国内市场占有率均居国内同行业之首。产品销往国内外上百个电视机及节能灯厂家，其中长虹、康佳 、熊猫等几大集团均采用该公司产品。

企业十分注重质量管理，建立了完善的质量保证体系，通过了质量体系论证，生产的硅低频大功率晶体管先后被评为“吉林省优等品”、“吉林省名牌”、“电子部优等品”，并被中质协用户委员会评为“产品服务质量用户双满意”和“全国用户满意产品”等称号，深受用户的欢迎和好评。企业相继荣获“吉林省三好企业”、“质量效益型企业”及“全国信誉度最佳企业”等称号。

董事长兼总经理：夏增文

地　　址：吉林省吉林市丰满区长江街100号

邮　　编：132013

电　　话：（0432）4662099

传　　真：（0432）4671533

光刻 Photoetching

吉林名牌产品专栏

吉林正大实业有限公司

吉林正大实业有限公司是吉林省第一家中外合资企业，公司成立于1984年，现已由最初的一座饲料厂发展到现在拥有两座饲料厂，一座超级混合饲料厂和一座父母代种鸡场，投资额近2亿元，公司的主要产品有各种畜禽和水产的全价料、浓缩料和超级混合饲料，以及商品代肉鸡苗，每年可向社会提供配合饲料36万吨、超级混合饲料2万吨、优质商品代肉鸡苗800万只。

公司依靠先进技术和科学管理，坚持把质量管理放在首位，十分注重产品质量和服务，吉林正大饲料系列先后获得吉林省人民政府命名“吉林名牌”产品等一系列荣誉，产品深受广大用户的信赖，公司赢得了社会各界的普遍赞誉。

截止到1997年末，吉林正大饲料系列产品已累计销往东北及内蒙等地达百万吨、鸡苗近2亿只、实现销售收入20多亿元、实现利税近2亿元、出口创汇500多万美元、形成固定资产2亿元，投资回报 率在正大集团国内投资企业中位居前列。

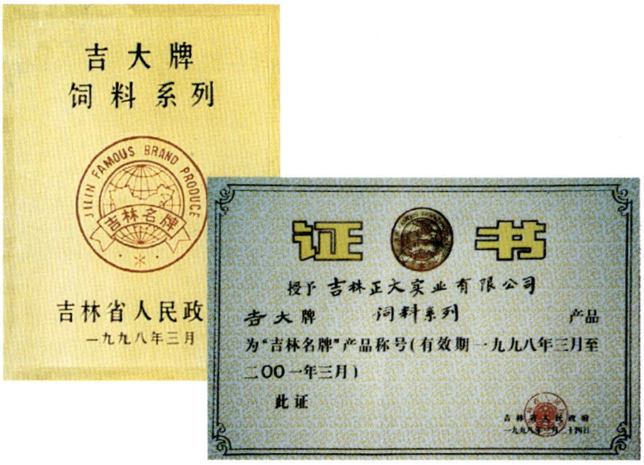

放眼未来，吉林正大将始终坚持“质量第一、服务第一、信誉第一、客户第一”的经营宗旨，向社会提供更多更好的名牌产品，全心全意为广大用户服务，为繁荣畜牧，促进地区经济快速发展做出新的贡献！

地　　址：吉林省长春市西朝阳路23－1号　　邮　　编：130061　　电　　挂：9182
传　　真：（0431）8583628　　电　　话：（0431）8583258（行销部）4642448（超混料部）

吉林名牌产品专栏

吉林省柳河华龙实业集团总公司

总经理：蒋照军

吉林省柳河华龙实业集团总公司于1993年1月1日组建，它是以发展肉鸡为主导产业，集养殖加工、机械制造、交通运输、粮食加工、饮食服务、商贸工农一体化，产供加销一条龙的综合性，多功能实业集团。年产值4.1亿元，利税3200万元，在1996年吉林省大型骨干企业中排名39位，畜牧企业中名列第2位。华龙集团下属企业29个，总占地面积62万平方米，建筑面积13.7万平方米，有员工3000人。公司生产的鸡系列名牌产品均符合商检与出口要求，在消费者中有较高的知名度，在国内外市场占有一定份额。

集团以“追卓、效益、科技、发展”为方针，立足于内部管理，最大程度满足客户的数量与质量要求，公司加农户龙型产业化经营特色，为集团发展带来了勃勃生机。华龙集团诚挚希望与国内外同行建立业务联系，互相促进发展并在其它领域进行广泛合作。

总 经 理：蒋照军

地　　址：吉林省柳河县城华龙大街1号

邮　　编：135300

电　　话：（0448）7224034

传　　真：（0448）7233746

生产车间

公司总部办公楼

吉林名牌产品专栏

★ 通榆榆香食品实业有限公司 ★

法人代表：唐家雨

通榆榆香食品实业有限公司是1993年2月30日国营通榆县粮油加工厂与香港吉林实业有限公司共同兴办的中外合资企业。现有职工416人，固定资产4371万元人民币，流动资金3000万元人民币，占地面积28万平方米，有铁路专用线936延长米，年加工能力为5万吨。主要产品：葵花仁、葵花油、葵花粕、大豆油、大豆粕、雪白白瓜籽等，年产葵花仁5000吨，食用油8000吨，雪白白瓜籽500吨。95年公司生产的瀚海珠牌葵花仁荣获首批“吉林名牌”产品称号。

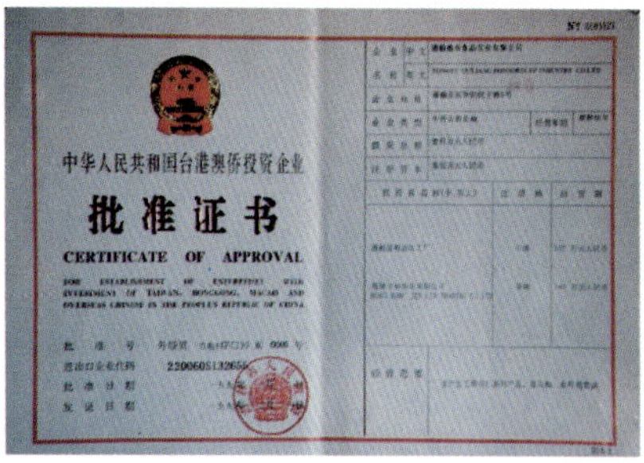

由于该公司是中外合资企业，有产品出口权，并在大连建立了分公司，设立了美元帐户，可直接报关、报检、报验、审评、制单、结汇，将公司生产的产品直接销往国外，自93年起至98年5月末，共生产销售葵花仁7417吨，雪白白瓜籽500吨，出口美国、德国、英国、荷兰、叙利亚等国家，累计创汇800万美元。

葵花籽仁

真诚希望海内外的各界朋友到公司来，共聚财源，以求共同发展。

法人代表：唐家雨
总公司地址：吉林省通榆县开通镇兴华街民主路5号
邮　　编：137200
电　　话：(0436)4223885
传　　真：(0436)4223885
手　　机：1394364580

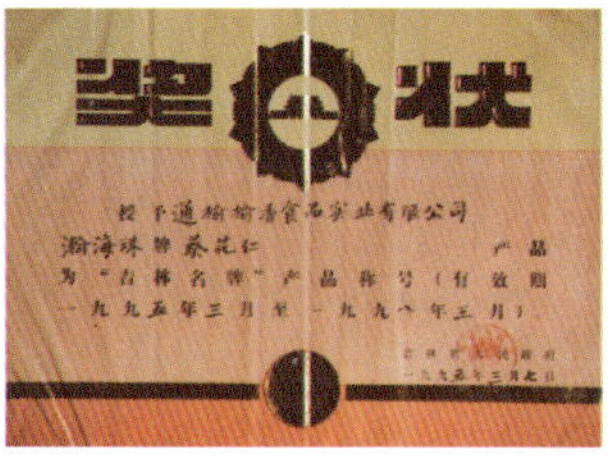

瀚海珠
han hai zhu

厂办公楼

吉林名牌产品专栏

★吉 林 省 交 通 水 泥 厂★

厂长：杨盛

吉林省交通水泥厂建于1971年，系吉林省直属国有中型水泥生产企业，隶属于吉林省交通厅，为吉林省公路桥梁建筑定点水泥生产厂家，现有两条回转窑生产线。分别是φ2.5×42m五级旋风回转窑，φ3×48m强化型预热器回转窑，并配有粉磨设备9台，厂区占地面积为13.5万平方米，职工1421人，总资产15963万元，年产水泥25万吨。

主要产品有矿渣硅酸盐水泥系列、复合硅酸盐水泥系列、硅酸盐、普通硅酸盐水泥系列、石灰石硅酸盐水泥系列和道路水泥等。

工厂始终坚持视质量为生命，视用户为上帝的质量方针，以严格的质量管理和严肃的工艺纪律保证为用户提供一流产品和一流服务。

虹桥牌水泥在省内外享有较高信誉，连续通过中国产品质量认证，吉林省质量免检，吉林名牌产品，吉林畅销产品和吉林省用户满意产品，质量体系符合GB/TI9002-1994idt9002:1994标准，虹桥牌商标经吉林省国有资产管理局确认价值1701万元（为首家建材企业）。被评为吉林省著名商标，其中525#硅酸盐水泥用于长平、长吉和长营高速公路桥梁建筑工程及双辽电厂、四平天桥等高强度大跨度高质量工程。并以其早期强度快，脱模早和耐磨耗，干缩小，抗折抗冻强度高等特点盈得盛誉。企业评为吉林省AAA级信誉企业，吉林省用户满意企业，被评为中国500家最大建筑材料工业企业之一。

吉林省交通水泥厂位于梨树县郭家店镇，有水泥生产自然资源优势，工厂自有矿山，交通便利，并通过联营兼并改造、改组逐步向集团化规模发展，总厂在99年达到年产水泥30万吨，工厂发展前景广阔，现正研究与缅甸联合经营年产50万吨水泥厂，同时也热诚欢迎各界人士以各种方式来厂投资联合。

厂　　长：杨盛
地　　址：吉林省梨树县郭家店镇
邮　　编：136502
电　　话：(0434)5510296
传　　真：(0434)5510625

吉林名牌产品专栏

★吉林省交通水泥厂★

厂区一角

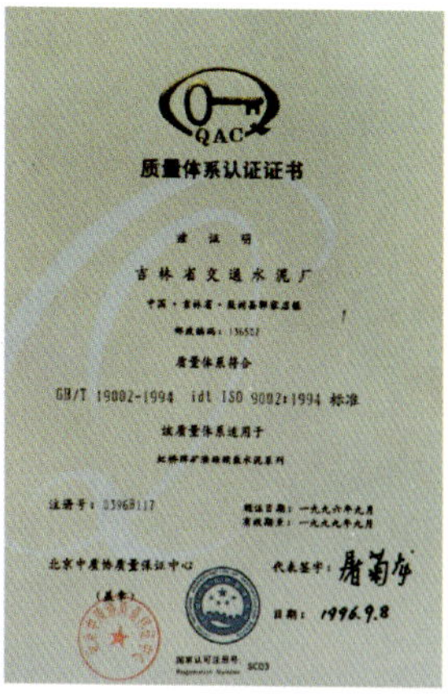

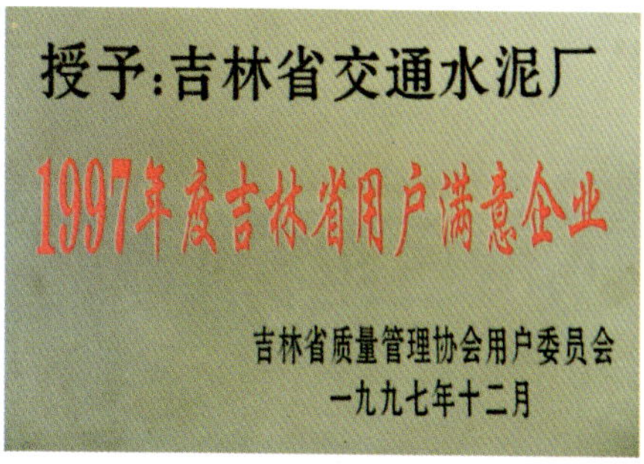

∮2.5×42m五级旋风回转窑和∮3×48m强化型预热器回转窑生产线

《吉林统计年鉴》编委会和编辑出版人员

A List of Editoral Board and staff

编　者　说　明

一、《吉林统计年鉴—1998》(首版中英文对照)是一部全面反映吉林省经济和社会发展情况的资料性年刊。本书收录了全省、各市(州)和县(市)1997年经济和社会各方面大量的统计数据,以及改革开放二十年来的主要统计数据。

二、全书分为四个部分,(一)、特载;(二)、全省和各市(州)统计资料;(三)、县(市)主要经济指标排序;(四)、企业排名榜。全省和各市(州)统计资料共分19个部分,即1、行政区划和自然资源;2、综合;3、人口;4、从业人员和职工工资;5、固定资产投资;6、能源和原材料消费;7、财政;8、物价;9、人民生活;10、市政公用事业;11、农业;12、工业;13、交通运输和邮电通讯业;14、建筑业;15、批发零售贸易和餐饮业;16、对外经济贸易和旅游业;17、金融和保险;18、教育、科技和文化事业;19、体育、卫生和其他事业。另附:东北三省国民经济主要指标和主要统计指标解释。

三、本年鉴大部分资料来自定期统计报表,部分资料来自抽样调查。

四、资料中所使用的度量衡单位均采用国际统一标准计量单位。

五、本年鉴中所使用的价值量指标及构成,除已注明外,均按当年价格计算,发展速度按可比价格计算。

六、本年鉴中的符号使用说明:"…"表示数据不足本表最小单位数;"空格"表示该项指标数据不详或无该项数据;"#"表示其中的主要项。

《吉林统计年鉴》编辑部

一九九八年七月十七日

Preface

Ⅰ. Jilin statistical yearbook 1998 is annual statistics publication, which cover very comprehensive data series for 1997 and some selected date series for historically important years and since reform and opening twenty years in whole province, cities (pretectare) and counties and therefore, reflects various aspects of social and economic development.

Ⅱ. The book is organized into four parts. 1. Special reports; 2. Statistics data of whole province and cities (prefecture); 3. Arrangement of main social and economic indicators of counties (cities); 4. A list of arrangement seats of enterprises. The statistics data is separated into nineteen parts, ie. 1. Administrative Division and Natural Resources; 2. General Survey; 3. Population; 4. Employment and wage; 5. Investment in Fixed Assets; 6. Production and consumption of Energy; 7. Public Finance; 8. Price Indices; 9. Peopleis Linelihood; 10. General Survey of cities; 11. Agriculture; 12. Industry; 13. Construction; 14. Transportation, postal and Telecommunications services; 15. wholesale, Retail trade and Food services; 16. Foreign Economy trade and internati onal Tourism; 17. Banding and Insurance; 18. Education, science and culture; 19. Sports, social and economic indicators of JiLin, LiaoNing and HeliongJiang and, Explanatory note for mojor indicators

Ⅲ. The major data Sources of this publication are annual staristical reports, and some from sampling surveys.

Ⅳ. The units of measurement used in this book are internationally standard measurement units

Ⅴ. The value indicators and composition used in this book are at current price except notes have made and growth rate is calclaled by constant price.

Ⅵ. Explanatory notes for notations used in this book: "…" mot large enough to be rounded in to the least unit, " " data not available. "#" of which: major item.

JiLin statistical yarbook editorial department

July 17 1998

目　录
CONTENTS

三、人　　口
CHAPTER 3 POPULATION

四、从业人员和职工工资
CHAPTER 4 EMPLOYMENT AND WAGE

五、固定资产投资

CHAPTER 5 INVESTMENT IN FIXED ASSETS

六、能源和原材料消费

CHAPTER 6 PRODUCT ION AND CONSUMPTION OF ENERGY

七、财　　政
CHAPTER 7 PUBLIC FINANCE

八、物　　价
CHAPTER 8 PRICE

九、人民生活
CHAPTER 9 PEOPLES LIVE LIHOOD

十一、农　业
CHAPTER 11 AGRICULTURE

十二、工　业

CHAPTER 12 INDUSTRY

十三、交通运输和邮电通讯业

CHAPTER 13 TRANSPORTATION，POSTAL AND TELECOMMUNICATIONS SERVICES

十四、建筑业
CHAPTER 14 CONSTRUCTION

十五、批发零售贸易业和餐饮业
CHAPTER 15 WHOLESALE,RETAILSALES AND CATERING TRADE

十六、对外经济贸易和旅游业

CHAPTER 16 FOREIGN ECONOMY TRADE AND INTERNA TIONAL TOURISM

十七、金融和保险

CHAPTER 17 BANKING AND INSURANCE

十八、教育、科技和文化事业

CHAPTER 18 **EQUCATION,SCIENCE AND CULTURE**

十九、体育、卫生和其他事业

CHAPTER 19 SPORTS,PUBLIC HEALTY AND OTHERS

县(市)主要经济指标排序

THE ARRANGEMENT OF THE MAIN SOCIAL AND ECONOMIC INDICATORS BY COUNTY(CITY)

企业排名榜

ORDINAL NUMBEY OF ENTERPRISES

特　载

SPECIAL REPORT

吉林省第一次全国基本单位普查办公室关于吉林省第一次全国基本单位普查结果的公报

（1998年3月14日）

经国务院批准，第一次全国基本单位普查于1996年组织实施，普查的标准时点为1996年12月31日，普查的对象和范围为我国除农户和个体户以外的所有从事社会经济活动的法人单位和产业活动单位〔注〕。至1997年6月底，我省数据已全部上报到国家统计局全国基本单位普查办公室，并一次性通过质量验收审核。现将有关数据公布如下：

一、全省单位的总体情况

普查结果表明，1996年末，我省除农户、个体户以外，共有法人单位80120个，其中，企业法人为39024个，事业法人为17155个，社会团体法人为662个，行政法人（国家机关和政党机关）单位6288个，社区管理型机构（居委会和村委会）为16991个。

如果按照活动的性质和地点来划分，全省共有113368个产业活动单位。在这些产业活动单位中，营利性单位为59019个，行政及党政机关为9817个，社会团体为720个，事业活动单位为26821个，社区管理型单位为16991个。

二、全省基本单位的结构情况

（一）行业结构

1、三次产业单位的比例关系：

1996年末，全省除农户、个体户以外的各类法人和产业活动单位从事第一、二、三产业的比例分别如下：

法人单位为：1.7％，24.5％，73.8％

产业活动单位为：1.8％，20.2％，78.0％

2、行业分布情况

（1）企业和营利性产业活动单位构成了我省行业的主体

在全部法人单位和产业活动单位中，企业法人为39024个，占整个法人单位的48.7％，面向市场的营利性产业活动单位为59019个，占整个产业活动单位的52.1％。企业法人主要集中在制造业和批发零售贸易及餐饮业两大产业类别中。这两个行业的企业法人占全部 企业法人的比重为76.5％；其他行业的企业法人所占比重相对较小，其中较大的有社会服务业（4.5％），建筑业（4.2％）和采掘业（3.5％）。营利性产业活动单位的行业分布与企业法人相近。

另外，在“卫生、体育和社会福利业”、“教育、文化艺术及广播电影电视业”、“科学研究和综合技术服务业”三个行业门类中，改革开放以前几乎完全是由事业单位构成的状况已经发生改变。现在属于这些行业的企业法人已经达到370个，营利性产业活动单位也达到1944个。（见表1）

表1　　　　　　　企业法人和营利性产业活动单位按行业分组情况

行业(门类)	企业法人单位数(个)	比例(%)	营利性产业活动单位数(个)	比例(%)
总　计	**39024**	**100.0**	**59019**	**100.0**
农、林、牧、渔业	1072	2.7	1671	2.8
采掘业	1370	3.5	1655	2.8
制造业	16182	41.5	18028	30.5
电气水的生产和供应业	298	0.8	1129	1.9
建筑业	1658	4.2	2046	3.5
地质勘查业、水利管理业	17	0.04	70	0.1
交通运输、仓储及邮电通信业	785	2.0	2438	4.1
批发和零售贸易、餐饮业	13613	35.0	20322	34.4
金融、保险业	1275	3.3	6070	10.3
房地产业	433	1.1	506	0.9
社会服务业	1738	4.5	2686	4.6
卫生、体育和社会福利业	25	0.06	1350	2.3
教育、文化艺术及广播电视业	99	0.3	344	0.6
科学研究和综合技术服务业	246	0.6	250	0.4
其他行业	183	0.4	475	0.8

(2)事业单位在我省行业中亦占有重要地位

在全部产业活动单位中,事业活动单位为26821个,占整个产业活动单位的23.7%,这些事业活动单位分布在除行政机关、社会团体和社区管理型机构以外的其它各行各业中,其主要分布的行业类别为"教育、文化艺术及广播电影电视业","卫生、体育和社会福利事业","农林牧渔业"和社会服务业。上述行业集中了全省85.3%的事业单位。(见表2)

表2　　　　　　　　　事业活动单位按行业分组情况

行业(门类)	事业活动单位数(个)	比例(%)
总　计	**26821**	**100.0**
农、林、牧、渔业	5279	19.7
地质勘查业、水利管理业	1254	4.7
交通运输、仓储及邮电通讯业	305	1.1
房地产业	524	2.0
社会服务业	1508	5.6
卫生、体育和社会福利业	2776	10.3
教育、文化艺术及广播电影电视业	13411	50.0
科学研究和综合技术服务业	956	3.6
其他行业	808	3.0

(二)地区分布情况

从地区分布上看,全省有42.8%的法人单位和40.2%的产业活动单位集中于长春、吉林两地区。其中,长春地区所拥有的法人单位和所拥有的产业活动单位，分别为全省之最。我省各类单位在地理上的分布主要是受经济发展状况、城市化水平、人口密度和行政区划设置等因素的影响。(见表 3)

表 3　　**按地区分组情况**

地　区	法人单位数（个）	比例　(%)	产业活动单位数（个）	比例　(%)
总　计	**80120**	**100.0**	**113368**	**100.0**
长春市	18126	22.6	23812	21.0
吉林市	16194	20.2	21752	19.2
四平市	7358	9.2	10335	9.1
辽源市	4197	5.2	5952	5.3
通化市	8051	10.0	11850	10.4
白山市	4932	6.2	7051	6.2
松原市	5694	7.1	8229	7.3
白城市	5827	7.3	8868	7.8
延边州	9741	12.2	15519	13.7

(三)经济类型结构

在全部企业法人中，国有和集体企业法人占主体地位，其数量合计达到 34163 个，占总体比例的 87.5%；私营企业法人个数为 2403 个，占总体比例的 6.2%；外商、港澳台投资企业法人单位数为 1514 个，占总体比例的 3.9%；股份制企业法人 876 个，占总体比例的 2.2%。(见表 4)

表 4　　**企业法人按经济类型分组情况**

经济类型	企业法人单位数（个）	比例　(%)
总　计	**39024**	**100.0**
国有经济	12196	31.2
集体经济	21967	56.3
私营经济	2403	6.2
联营经济	68	0.2
股份制经济	876	2.2
外商及港澳台投资经济	1514	3.9
其他经济	0	0

(四)从业人员规模结构

我省企业法人单位绝大多数是从业人数较少的小型和中型企业。在全部企业法人中，50 人以下的企业 26558 个，占企业法人总数的比重为 68.1%；51—500 人的企业有 11287 个，比重为 28.9%；1000 人及以上企业 485 个，占

总体比重只有 1.2%。(见表 5)

表 5 **企业法人按从业人员规模分组情况**

从业人员规模	企业法人单位数（个）	比例 (%)
总　计	**39024**	**100.0**
8 人以下	8034	20.6
9—50 人	18524	47.5
51—100 人	5323	13.6
101—500 人	5964	15.3
501—1000 人	694	1.8
1000 人以上	485	1.2

(五)营业规模结构

我省企业法人的营业规模结构。主要是由年营业收入在 10 万元以上的企业构成。这部分企业单位数为 27340 个,占总体的比重为 70.1%以上。其中 51—500 万元的企业有 12851 个,占总体比重的 32.9%,501 万元以上企业 4202 个,占总体的比重为 10.8%。(见表 6)

表 6 **企业法人按营业收入规模分组情况**

营业收入规模	企业法人单位个数（个）	比例 (%)
总　计	**39024**	**100.0**
5 万元以下	8720	22.3
6—10 万元	2964	7.6
11—50 万元	10287	26.4
51—100 万元	4944	12.7
101—500 万元	7907	20.2
501 万元以上	4202	10.8

(六)已实现的就业岗位情况

普查数据显示,1996 年末,全省各类法人单位共计吸纳从业人员 5552684 人,其中企业法人吸纳了 4308517 人,事业法人吸纳从业人员 908712 人,社会团体法人吸纳了 3562 人,行政法人吸纳了 240085 人,其它法人吸纳了 91808 人。

从行业分布上看,38.1%的从业人员集中于制造业,11.2%,9.7%和 7.9%的从业人员分布在批发零售贸易及

餐饮业、采掘业和教育、文化艺术及广播电影电视业等行业中，上述四个行业类别共计吸纳了66.9%的从业人员。(见表7)

表7　从业人员按行业(门类)分组的情况

行业(门类)	从业人员人数(人)	比例 (%)
总　　计	**5552684**	**100.0**
农、林、牧、渔业	186040	3.4
采掘业	541325	9.7
制造业	2113085	38.1
电气水的生产和供应业	93117	1.7
建筑业	369531	6.6
地质勘查业、水利管理业	33274	0.6
交通运输、仓储及邮电通信业	270254	4.9
批发和零售贸易、餐饮业	624248	11.2
金融、保险业	105652	1.9
房地产业	35298	0.6
社会服务业	145482	2.6
卫生、体育和社会福利业	147541	2.7
教育、文化艺术及广播电影电视业	437060	7.9
科学研究和综合技术服务业	56678	1.0
国家机关、政党机关和社会团体	352713	6.4
其他行业	41386	0.7

三、普查的数据质量

第一次基本单位普查的数据上报国家之前，吉林省第一次基本单位普查办公室，组织各市(州)、县(市、区)的普查机构，与工商、技术监督、民政、编制委员会等部门的有关数据，以及1993—1996年开展的第三产业普查、工业普查和专业年报的有关数据进行了反复核对。此外，吉林省第一次基本单位普查办公室还组织对部分市、县的质量抽查。质量检查结果显示，第一次基本单位普查的单位漏报率为2.4‰，普查指标的错填率为2.3‰，普查数据质量达到预期目标。

〔注〕第一次全国基本单位普查按照统一的单位划分标准及统计分类标准，对全国各类单位进行清理和调查。其中，关于单位划分标准参照国际上通行的关于基本单位的划分标准，并结合我国的实际情况，将全社会的单位划分成两大类：

1、法人单位(INSTITUTIONAL　UNIT)：指依法成立，有自己的名称、组织机构和场所，能独立承担民事责任；独立拥有和使用(或授权使用)资产，有权与其他单位签订合同；会计上独立核算，能够编制资产负债表的单位。

2、产业活动单位(ESTABLISHMENT)：指在一个场所从事一种或主要从事一种社会经济活动；相对独立组织生产或业务活动；能够掌握收入和支出等业务资料的单位。

THE NATIONAL FIRST GENERAL SURVEY OF UNITS REPORT THE OFFICE IN JILIN PROVINCE OF THE NATIONAL FIRST GENERAL SURVEY OF UNITS

March 14 1998

After the state council approved, the first General Survey of Basic Units of the whole country was be carried out in 1996. It began at Dec. 31 1996. The object and scope of the General survey were all units * which taking up social economic activities except for farmers and self — employeds. By the end of June, 1997. The data of our province had already been checked in the office of the basic unit of G. S. B. U. of the national statistic agency and pass the quality checking and defining immediately. Now, some related data were issued as follow:

一. The General Situation of the Units All Over Our Province

The results of G. S. B. U. shows, by the end of 1996, there were 80,120 units except for farmers and self—employeds. It contained 39,024 enterprises, 17,155 public affairs, 662 social organization'n parties, 6288 government/administrative institutions and 16,991 civil communities(ie. neigborhood community and village community).

If we differtiating it according to feature and place of activity, there were 113,368 units of industrial active. Among them, there are 59,019 profitable units, 9,817 government/administrative institutions, 720 social parties, 26,821 public affairs, 16,991 civil communities

二. The Structure of Basic Units In Our Province

(一)The structure of industry

1. The proportion of Three main industry units:

By the end of 1996, all units including producing enterpeises which take up the first, second and the third industry except for farmers and self—employeds, the proportion as follow:

Industry activity units: 1.8% 20.2% 78.0%

Other units: 1.7% 24.5% 73.8%

2. The distribution of industry

(1) Enterprises and profitable industry units were main body of industry in our province

Among these, all industry activity units and others, The quantity of producing enterprises were up to 39,024, which were 48.7% of the whole units, 59,019 for Market and profitable industry units were 52.1% of the whole units. The producing Enterprises mainly concentrated on manufacturing, whole sale or retailing and food or drinking. This fields accounts for 76.5% of all enterprises, and the others were small, a little larger was social services (4.5%), building industry (4.2%), and extractive (3.5%). The profitable units were very similar with the distributing of producing enterprises.

Additions of, in the field of health, social welfare, education, arts and broadcasting (ie. radio, tv. film etc.), and also science research and development, comprehensively technique support, the public affairs used to control(run) this field completely before reforming and the opening door policy. But now there have been some changed already, for instance, 370 enterprise and also 1,944 profitable units have been involving in this field. (See table 1)

Table 1

Industry (category)	institu-tional units	%	profitable units	%
Total	**339024**	**100. 0**	**59019**	**100. 0**
Agriculture, forestry, liestockbreading, fishing	1072	2. 7	1671	2. 8
Extractive industry	1370	3. 5	1655	2. 8
Manufactural industry	16182	41. 5	18028	30. 5
Water, gas, and electric produce/supply	298	0. 8	1129	1. 9
Building industry	1658	4. 2	2046	3. 5
Geological prospective and water conservey management	17	0. 04	70	0. 1
Transportation, storage, telecommunication	785	2. 0	2438	4. 1
Wholesale/retail, food'n drinking	13613	35. 0	20322	34. 4
Banking, insurance	1275	3. 3	6070	10. 3
Real estate industry	433	1. 1	506	0. 9
Social service	1738	4. 5	2686	4. 6
Sanitary, health/sports, social welfare	25	0. 06	1350	2. 3
Education, arts and broadcasting	99	0. 3	344	0. 6
Science development, technical support	246	0. 6	250	0. 4
Others	183	0. 4	475	0. 8

(2) Public affairs are also playing an important part in all of industry activities of Jilin province There are 26,821 public affairs, accounting for 23. 7% of the whole industry activities. These public affairs have distributed in all fields except for government institutions, social parties, and civil communities. Especially in education, arts and broadcasting; Sanitary, health/sports, social. welfare; agriculture, forestry, divestockbreading, fishing; and social services. These fields, there concentrates 85. 3% of all public affairs in. (See table 2)

Table 2

Category of industry	amount of public affairs	%
Total	**26821**	**100. 0**
Agriculture, forestry, fishing, divestockbreading	5279	19. 7
Geological prospecting and warter conserancy management	1254	4. 7
Transportation, storage, telecommunication service	305	1. 1
Real estate industry	524	2. 0
Social service	1508	5. 6
Sanitary, sports and public welfare	2776	10. 3
Education, arts and broadcasting	13411	50. 0
Scientice development and comprehensive support of technology	956	3. 6
Others	808	3. 0

(二)The distribution of all units according to places

From this view, there are 42.8% institutional units and 40.2% establishment units concentrating in region of Changchun, Jilin city. And Changchun owns the largest quantity establishment units. The main effective reasons includs the condition of economic, the level of citylization, density of population, and government division (See table 3)

Table 3

Region (city)	quantity of institutional units	%	establishment units	%
Total	**80120**	**100.0**	**113368**	**100.0**
Changchun	18126	22.6	23812	21.0
Jilin	16194	20.2	21752	19.2
siping	7358	9.2	10335	9.1
Liaoyuan	4197	5.2	5952	5.3
Tonghua	8051	10.0	11850	10.4
Baisan	4932	6.2	7051	6.2
Songyuan	5694	7.1	8229	7.3
Baicheng	5827	7.3	8868	7.8
Yanbian	9741	12.2	15519	13.7

(三)The type and structure of economic

From the all units, state-owned ,collective-owned units playing the leadingship, and the amount ups to 34,163. account for 87.5 of it; There are 2,403 private-owned units account for 6.2% of it; The enterprises of foreign-owned, Hong Kong and Macao invested in our province are 3.9 % of it; There are 876 co-operative enterprises and it was 2.2% of it. (See table 4)

Table 4

	Type of economic	quantity of units
Total	**39024**	**100.0**
State-owned	12196	31.2
Collective-owned	21967	56.3
Private-owned	2403	6.2
Jointventure	68	0.2
Co-operative	876	2.2
Foreigner, Hong Kong, Macau,Taiwan invested	1514	3.9
Others	0	0

(四)The scale and structure of employees

In our province, most of the units are small caps and middle caps which employed a few employees in it. From all units. There are 26,558 enterprises under the line of 50 persons in it. account for 68. 1% of all units; There are 11,287 enterprises on the line of 51—500 persons, account for 28. 9%; There are 485 enterprises on or over the line of 1000 persons, And it was 1. 2% of all units (See table 5)

Table 5

The scale of employees	quantity of units	%
Total	**39024**	**100. 0**
Below 8 persons	8034	20. 6
9—15	18524	47. 5
51—100	5323	13. 6
101—500	5964	15. 3
501—1000	694	1. 8
above 1000	485	1. 2

(五)The scale and structure of managing

The scale and structure of managing in Jilin province primally compose of the enterprises whose income at or over 100 thousand RMB, and the figure is 27,340. It accounts for over 70. 1% of all. Among them, there are 12, 851 enterprises whose incomes at 0. 51—5. 00 million RMB. Accounting for 32. 9% of all; 4,202 ones'income at or above 5. 01 million, for 10. 8% of all. (See table 6

Table 6

The income scale (RMB)	quantity of units	%
Total	**39024**	**100. 0**
below 50 thousand	8720	22. 3
60—100 thousand	2964	7. 6
110—500 thousand	10287	26. 47
510 thous. —1. 00 million	4944	12. 7
1. 01—5. 00 million	7907	20. 2
above 5. 01	4202	10. 8

(六)Condition of realized employment.

The data of G. S. B. U. shows that, By the end of 1996, there are 5,552,684 persons have been employed. Among them, There are 4,308,517 persons are employed by enterprises; 908,712 persons work for public affairs; 3,562 persons work for social parties; 240,085 persons for government institutions; 91,808 by others . From the view of distribution of industry, at first, there are 38. 1% employees working for manufacturing industry; 11. 2% in comercial; 9. 7% in food/drinking, extrective and 7. 9% in public affairs. (See table 7)

Table 7

Industry (category)	quantity of employees	%
Total	**5552684**	**100. 0**
Agriculture, forestry, liestockbreading, fishing	186040	3. 4
Extractive industry	541325	9. 7
Manufactural'industry	2113085	38. 1
Water, gas, and electric produce/supply	93117	1. 7
Building industry	369531	6. 6
Geological prospective and water conservey management Management	33274	0. 6
Transportation, storage, telecommunication	270254	4. 9
Wholesale/retail, food'n drinking	624248	11. 2
Banking, insurance	105652	1. 9
Real estate industry	35298	0. 6
Social service	145482	2. 6
Sanitary, health/sports, social welfare	147541	2. 7
Education, arts and broadcasting	437060	7. 9
Science development, technical support	56678	1. 0
Government institutions, social parties	352713	6. 4
Others	41368	10. 7

三、The quality of information from the G. S. B. U.

Before the first General Survey figures of Basic Units reported to the central government. The G. S. B. U. offices organized each city/country/town's survey agencies. With the data from industry/commercial combine commities, supervision of technical. public state, community administration's concerned figures and soon also obtained the figures of The Third industry, enterprises survey, major yearly report's in 1993—1796. Checked quality appeared the percent of less reporting is 2. 4 ppm. , of mistaken filling is 2. 3ppm. The quality of G,S. B. U. has reached the target of respect.

* the first General Survey of national Basic Units according to the standard of unit classify and unit audit. all kinds of units has been checked and investigated . additionally, The standard of unit classify respects the international generally dose and based on Chinese practical. As to divide all of units into two parts in our society as follow:

1. Industry activity units: named the unit at one place engages one kind or mainly engages one kind of social economical activity; Related independent organized producing or operation and can keep the data of incomes or outcomes which involving into its own operating.

2. Other units: To be founded by low, and own it's name, structure of organization and location . Can stand civil responsibility independently, to own and use property independently and who has the right to sign contracts with the other unitto calculate in accounting independently ,to make property lists in debts.

吉林省农业普查办公室
关于吉林省首次农业普查结果的公报

第1号

根据国务院的决定，第一次全国农业普查自1994年开始，经过三年精心准备，于1997年1月正式实施了农业普查登记。在全省各级人民政府的高度重视和统一领导下，在有关部门和社会各界的积极参与和大力支持下，经过全省各级普查机构和16万普查人员夜以继日的辛勤工作，我省顺利完成了农业普查的前期准备、入户登记、质量检查和主要指标数据快速汇总等阶段的工作，取得了大量的第一手资料。虽然全部大规模的数据处理工作正在紧张进行，但事后质量抽查和主要数据分析评估的结果表明，我省第一次全国农业普查工作是认真、扎实、高效的，所取得的数据是科学、可信、可贵的，实现了高标准、高质量的目标要求，已经取得了圆满成功。通过首次农业普查，基本搞清了我省农业和农村经济的家底，进一步了解了农村社会经济的运行状况。经省政府批准，现将普查数据快速汇总主要结果发布如下：

一、农业生产单位的数量和结构

(一)农村住户的规模及结构

改革开放以来，我省农村经济发生了很大的变化。随着农村产业结构的调整，农业产业化进程的加快，农村住户的结构也发生了很大的变化。农业户所占比重下降，非农业户所占比重提高。纯农业户所占比重下降，兼业户所占比重提高。

1996年末，全省从事生产经营活动的农村住户数为337.9万户。根据事后质量抽样调查随机抽选的1 712个农村住户资料计算，在全部农村住户中，农业户所占比重为90.9%，非农业户占9.1%。在全部农业户中纯农业户占85.2%，农业为主兼营非农业的户占7.0%，非农业为主兼营农业的户占3.0%。

(二)非农村住户类农业生产经营单位的规模与结构

改革开放以来，农村出现了公有制经济为主导，多种经济成分竞相发展的局面。就非农村住户类农业生产经营单位来看，公有制单位(即国有加集体)占主导地位的格局没有改变。在坚持和发展公有经济为主体的前提下，各地积极鼓励了个体经济、私营经济、外资经济的发展，在有条件的地方逐步推进了适度规模经营。1996年末，全省非农村住户类农业生产经营单位6 048个，其中国有1 360个，集体4 137个，两者占总量的90.9%；私营、个体单位490个，占8.1%；外商、港澳台单位9个，占0.1%；联营单位52个，占0.9%。

从经营类别看，在全省非农村住户类农业生产经营单位中，经营种植业为主的单位有2 788个，畜牧业为主的单位有905个，林业为主的单位有2 027个，渔业为主的单位有328个。这些单位虽然从业人数较少，但经营的农业用地面积和牧业数量则较多(见表1)。

表1：　　全省非农村住户类农业生产单位经营规模

	数　量	平均每个单位
从业人员(人)	271 088	44.82
耕地面积(公顷)	114 356	18.91
园地面积(公顷)	9 029	1.49
有林地面积(公顷)	4 766 612	788.13
牧草地面积(公顷)	184 919	30.58
渔业养殖面积(公顷)	144 855	23.95
大牲畜年末存栏数(头)	92 168	15.24
猪年末存栏数(头)	196 892	32.55
羊年末存栏数(只)	129 242	21.37

从东中西部地区来看，非农村住户类农业生产经营单位中部地区较多，达 3 044 个，占全省总数的 50.3%，东部地区 2 324 个，占 38.4%，西部地区较少，只有 680 个，占 11.3%。各地公有制单位(即国有加集体)均占主导地位，私营、个体和联营的单位基本呈均匀分布，外商和港澳台办的单位均分布在东中部地区(见表 2)。

表 2： **东中西部地区非农村住户类农业生产经营单位类型结构**

	东部地区		中部地区		西部地区	
	数量（个）	比重（%）	数量（个）	比重（%）	数量（个）	比重（%）
合　计	**2 324**	**100**	**3 044**	**100**	**680**	**100**
国　有	540	23.23	557	18.30	263	38.67
集　体	1579	67.94	2178	71.55	380	55.88
私　营	21	0.90	13	0.43	7	1.04
个　体	148	6.37	274	9.00	27	3.97
联　营	29	1.25	20	0.66	3	0.44
外　商	5	0.22	1	0.03	—	—
港澳台	2	0.09	1	0.03	—	—

(三)非农乡镇企业的规模与结构

我省农村的乡镇企业，坚持了以农村集体经济为主体，多种经济成分共同发展的原则。自改革开放以来，乡镇企业的发展出现了"异军突起"的局面，成为农村经济的重要支柱和国民经济的重要组成部分。1996 年末，全省非农乡镇企业的总个数达 9 619 个，其中，乡镇办 3 246 个，村办 4 083 个，联户办和户办 2 290 个。乡镇办和村办的企业占总数的 76.2%。乡镇企业从业人员 36.98 万人，平均每个企业从业人数为 38.45 人。

从行业类别看，在全省非农乡镇企业中，工业企业最多，批零贸易业、建筑业也占有一定的比重，交通运输业、社会服务业和其他第三产业较少(见表 3)。

表 3： **全省非农乡镇企业行业类别结构**

	数　量（个）	比　重（%）
合　计	**9 619**	**100**
工业	8 054	83.73
建筑业	411	4.27
交通运输业	87	0.90
批零贸易餐饮业	777	8.08
社会服务业	124	1.29
其他行业	166	1.73

从东中西部地区来看，非农乡镇企业中、东部地区大体相当，中部地区达 4 659 个，占全省总数的 48.5%；东部地区 4 147 个，占 43.1%；西部地区较少，为 813 个，占 8.4%。各地区乡、村组织兴办的集体所有制的企业均占主导地位，联户办企业东中西部地区的比重相近，户办企业的比重从东到西呈下降趋势(见表 4)。

表 4： **东中西部地区非农乡镇企业结构分布情况**

	东部地区		中部地区		西部地区	
	数量(个)	比重(%)	数量(个)	比重(%)	数量(个)	比重(%)
合　计	**4 147**	**100**	**4 659**	**100**	**813**	**100**
乡镇办	1 420	34.24	1 469	31.53	357	43.91
村　办	1 606	38.73	2 178	46.75	299	36.78
联户办	99	2.39	106	2.28	23	2.83
户　办	1 022	24.64	906	19.44	134	16.48

二、农村从业人员

(一)农村从业人员

改革开放以来，随着农村人口的增长，农村经济的全面发展和产业结构的调整，从事生产经营活动的农村住户的从业人员增加，非农业从业人员比重提高，劳动力流动的范围扩大。

1、农村从业人员总量及行业结构

1996 年末，全省农村从业人员为 803.96 万人。按从事生产经营的农村户数 337.9 万户计算，户均从业人员数为 2.4 人；其中，从事农业人员为 706.10 万人，占 87.8%；从事非农业人员 97.86 万人，占 12.2%。从东中西部地区来看，东部地区共有农村从业人员 242.46 万人，占全省总数的 30.2%；中部地区 437.09 万人，占 54.4%；西部地区 124.41 万人，占 15.4%。由于中东部地区农村经济发展快于西部地区，而表现在从事非农业人员所占比重，西部地区偏低(见表 5)。

表 5： **东中西部地区农村从业人员行业结构**

	从事农业人员(万人)	占从业人员比重(%)	从事非农业人员(万人)	占从业人员比重(%)
东部地区	205.33	84.69	37.13	15.31
中部地区	384.27	87.92	52.82	12.08
西部地区	116.50	93.64	7.91	6.36

2、农村从业人员性别、劳动年龄结构

根据全省事后质量抽样调查随机抽选的 1 712 个农村住户资料计算，在劳动年龄内的农村从业人员占农村从业人员总数的 93.3%，其中，男性占 52.4%，女性占 40.9%；超过或低于劳动年龄的从业人员占全省农村从业人员的 6.7%，其中，低于劳动年龄(15 岁及 15 岁以下)的占 0.4%，超过劳动年龄(男性 60 岁及 60 岁以上，女性 55 岁及 55 岁以上)的占 6.3%。劳动年龄外的从业人员主要从事农业生产的辅助劳动。

3、农村从业人员的从业地区和流向

现有农村从业人员的从业地区主要在当地乡村，但离开本乡到县内、省内和省外从业的人员也占一定的比重，农村的就业问题已不只在农业和农村内部。全省农村从业人员中，在本乡内从事劳动的从业人员为 756.85 万人，占从业人员总数的 94.1%；在本乡以外从事劳动的从业人员为 47.11 万人，占 5.9%；其中，在本县外乡从事劳动的为 24.74 万人，在本省外县从事劳动的为 13.97 万人，在外省从事劳动的为 8.40 万人。

分东中西部地区来看，由于东、中部地区农村经济较为发达，在本乡以外从业人员数量较多，流动人员所占比例较高；西部地区农村从业人员流动数量较少，流动人员所占比例较低（见表 6）。

表 6：　　东中西部地区在本乡（镇）及以外地区从业的人员比重

	在本乡从业（万人）	占从业人员比重（%）	在本乡以外从业（万人）	占从业人员比重（%）
东部地区	224.61	92.64	17.85	7.36
中部地区	410.63	93.95	26.46	6.05
西部地区	121.61	97.75	2.80	2.25

（二）农业科技与专业人员

随着科技兴农事业的发展，农村造就和培训了一批农业科技人员和专业人员，他们为农业持续稳定增长做出了应有的贡献。1996 年末，全省农村农民科技人员达 54 703 人，占全省从事农业劳动人员总数的 0.8%。其中，种植业科技人员 43 418 人，牧业科技人员 8 119 人，林业科技人员 1 936 人，渔业科技人员 1 230 人。农民专业人员 46 832 人，平均每个村委会 4.5 人，其中，农机员 24 462 人，水管员 5 187 人，电管员 17 183 人。

为了提高科技水平，广大农民积极参加各种培训。1996 年，农村参加过农业技术培训的人员达 62.98 万人，占全省从事农业劳动的人员总数的 8.92%。其中，参加作物栽培技术培训的人员 41.07 万人，果木园艺培训的 4.0 万人，畜牧饲养培训的 9.52 万人，林业技术培训的 0.92 万人，渔业养殖培训的 0.67 万人，农业机械培训的 6.8 万人。

我省还有一批在农村的农业事业单位中从事科技工作的人员。1996 年，在农村各种农业事业单位工作的人员中具有初级以上技术职称的人员 2.68 万人。这批技术力量，为科教兴农发挥了骨干作用。

三、主要农业机械

全省农业机械化水平进一步提高。1996 年末，全省农村拥有的六种主要农业机械（大中型拖位机、小型拖拉机、联合收割机、机动脱粒机、农用运输车、农用载重汽车）总量 51.83 万台（辆）。平均每万名从业人员拥有 644.70 台。按六种主要农业机械类别来看，其中，大型拖拉机 2.04 万台，小型拖拉机 32.47 万台，联合收割机 104 台，机动脱粒机 9.99 万台，农用运输车 6.64 万辆，农用载重汽车 0.69 万辆。

分东中西部地区来看，中部地区人均耕地多，土地平整，便于机械作业，农机具数量较多，装备水平较高，六种主要农业机械总量达 23.26 万台（辆），占全省总量的 44.9%。西部地区与中部地区有些相似，但由于经济发展水平相对较低，农机装备水平居中，六种主要农业机械总量为 15.87 万台（辆），占全省 30.6%。东部地区人均耕地少，地块小，山坡地多，农机具数量较少，装备水平相对较低，六种主要农业机械总量为 12.70 万台（辆），占全省 24.5%。各地区在六种主要农业机械中，小型拖拉机均占主导地位，这也体现了农村家庭经营的特点（见表 7）。

表 7：　　东中西部地区 5 种主要农业机械拥有量

	东部地区	中部地区	西部地区
大中型拖拉机（台）	5104	8832	6476
小型拖拉机（台）	68734	132240	122751
联合收割机（台）	39	22	43
机动脱粒机（台）	30703	50480	18738
农用运输车（辆）	18927	37306	10031
农用载重汽车（辆）	3492	2642	680

四、农村镇区规模及其社会经济状况

（一）镇区规模

改革开放以来，农村小城镇有了大的发展，乡个数减少，镇个数增加，镇区呈一定规模，农村城市化水平提高。1996年末，全省农村镇(不包括城关镇)346个，占乡镇个数的42.7%；每个镇镇区平均占地面积为2.24平方公里，平均人口3 322人，平均非农业人口1 513人；镇区非农业人口占总人口的比重为45.6%。

从地区分布看，东中部农村小城镇发展水平快于西部地区。东中西部地区镇个数分别为156个、138个、52个，占东中西部地区乡镇个数的比重分别为45.1%、39.9%、15%；镇区总人口、非农业人口在总量和平均量上，从东到西呈减少趋势(见表8)。

表8：　　　　**镇区占地面积和人口数量**

	镇区占地面积(平方公里)		镇区总人口(人)		其中非农业人口(人)	
	总量	平均每镇	总量	平均每镇	总量	平均每镇
全　　省	**779**	**2.24**	**1 149 285**	**3 321.6**	**523 557**	**1 513.2**
东部地区	311	1.99	580 601	3 721.8	262 121	1 680.3
中部地区	329	2.38	417 069	3 022.2	197 572	1 431.7
西部地区	139	2.67	151 615	2 915.7	63 864	1 228.2

(二)镇区的企业数量与结构

镇区企业状况是决定镇区社会经济规模的重要因素。1996年末，平均每个镇区的企业为12.5个、企业从业人数为461人。企业从业人数占镇区总人口的比重为13.9%，占非农业人口的比重为30.4%以上。从地区分布来看，镇区企业个数、从业人数和企业规模东部地区明显高于中西部地区(见表9)。

表9：　　　　**镇区企业数和企业从业人员数**

	企业个数(个)		企业从业人员(人)	
	总量	平均每镇	总量	平均每镇
全　　省	**4 325**	**12.5**	**159 340**	**461**
东部地区	2 151	13.8	83 197	533
中部地区	1 761	12.8	62 200	451
西部地区	413	7.9	13 943	268

从企业经济类型看，国有、集体、私营企业在农村小城镇经济发展中起着举足轻重的作用。国有、集体、私营企业个数占企业总数的98.7%，从业人数占企业从业人员总数的98.5%(见表10)。

表10：　　　　**镇区企业的经济类型**

	企业(个)	比重(%)	从业人数(人)	比重(%)
国　有	503	11.63	64 471	40.46
集　体	1 826	42.22	78 705	49.40
私　营	1 940	44.85	13 824	8.68
联　营	50	1.16	2 202	1.38
外　商	1	0.02	20	0.01
港澳台	5	0.12	118	0.07

从企业的行业构成看，工业与批零贸易餐饮业占的比重较大，是吸纳劳动力较多的行业；交通运输、建筑业和其它第三产业占的比重较小。镇区工业和批零贸易餐饮业企业数占企业总数的72.9%，从业人数占企业从业人员总数的82.1%(见表11)

表11：　　　　　　　　　　　　镇区企业的行业构成

	企业(个)	比重(%)	从业人员(人)	比重(%)
工业	2 035	47.05	112 846	70.82
建筑业	146	3.37	5 089	3.19
交通运输业	444	10.27	2 766	1.74
批零贸易餐饮业	1 117	25.83	17 993	11.29
其它行业	583	13.48	20 646	12.96

(三)农村镇的集市数量和结构

改革开放以来，随着商品经济的发展，农村集市贸易有了大的发展。1996年末，在农村镇所辖范围内，由镇直接管理、经工商部门批准、具有固定场所的集贸市场为752个，其中：综合市场581个、占77.3%，专业市场171个、占22.7%；平均每个镇有2.2个集贸市场，其中：1.7个综合市场、0.5个专业市场。

从地区分布看，中部地区市场发育较好，集贸市场分布的密度较大，东西部地区密度较小(见表12)。

表12：　　　　　　　　东中西部地区农村镇集市数量和结构

	集贸市场(个)		综合市场(个)		专业市场(个)	
	总量	平均每镇	总量	平均每镇	总量	平均每镇
东部地区	284	1.8	207	1.3	77	0.5
中部地区	350	2.5	279	2.0	71	0.5
西部地区	118	2.3	95	1.8	23	0.4

THE AGRICULTURE GENERAL SURVEY OFFICE OF JI LIN PROVINCE COMMUNIQUE OF RESULT OF THE FIRST AGRICULTURE GENERAL SURVEY OF JI LIN PROVINCE

NUMBER ONE

The first Agriculture General Survey (A. G. S) all over the country had started from 1994 according to the decision of State Council. Through three years' delicate preparation, the register of Agriculture Survey was carried out on Jan 1997. Under the due attention and centralized leadership of people's government at all level of whole province, joined by the related department and various circles of society and fully support, Through all levels' survey institutions and personnel of General Survey hard working all day and all night, our province has finished the job of A. G. . S' s pre—preparation, "enter door's" registration, check over for quality and the gathering of principal indicated data, and attained a lot of first—hand information. Although the job of the enormous mass of dealing with the data is under the tension, the result of quality sample survey afterwards and analyzing and estimation of principal data proved that the first A. G. S was careful, steadfast and sufficient, and the data made was scientific, reliable and valuable. Our hard working satisfied the needs of the aim of high level, perfect quality, and achieved the fully success. Through the first A. G. S, we have made a further step to understand the circulation of rural social economic. We now take the result of A. G. I. S has show as follow per the Government' s approve.

一、THE STRUCTURE AND QUANTITY OF AGRICULTURAL PRODUCING UNITS

1. SCALE AND STRUCTURE OF RURAL DWELLERS

Since the Reformation and Open—door policy, rural economy has changed a lot inour province, with the adjustment of rural set—up of production, the progress of rural industrialization get quicker, the structure of rural dwellers also has changed a lot. The proportion of rural dwellers got decrease, that of non—rural dwellers get raised. The proportion of pure—rural dwellers got decrease, and that of double—rural dweller got raised.

By the end of 1996, the number of dwellers who engaged in producing and managing in the whole province is up to 3, 379 thousand. According to sample survey, among the whole dwellers, the proportion of the rural dwellers is 90. 9%, that of non—rural dwellers is 9. 1%. Among the whole rural dwellers, the proportion of pure—rural dwellers is 85. 2%, that of the rural dwellers who give priority to agriculture is 7. 0% that of the rural dwellers who give priority to non—agriculture is 3. 0%.

2. THE SCALE AND STRUCTURE OF NON—RURAL DWELLERS PRODUCING AND OPERATING UNITS OF AGRICULTURE

Since the Reformation and Open—door policy, public ownership units has been the leadership of production economy and at the same time multi—economy elements flourish and development as well. As to the units of non—rural dwellers producing and operating, the pattern of public affairs as the nucleus place does not change. To adhere and develop public ownership of means of production. Every country actively encouraged the development of self—owned economy, private—owned economy, and foreign capital—owned economy. The proper scale of management was carried out gradually in conditional country. By the end of 1996, the number of non—rural dwellers producing and operating units of agriculture was 6,048. Among that the number of state—owned units was 1,360, that of collective units was 4,137, the proportion of the two was 90. 9% of the whole; The number of private—owned and self—owned units was 490, which occupied 8. 1% of the whole. The nine units which was operated by businessperson from foreign country and Hong Kong, Macao and Taiwan occupied 0. 1%. The number of co—operating units was 52, which occupied 0. 9%.

From the view of the scope of operation, among the units of non—rural dweller agricultural production and operation, the number of the units which give priority to plantation was 2,788;That of the units which give priority to livestock breeding was 905; That of the units which give priority to forestry was 2,027; That of the units which give priority to fishery was 328. Although few employees were in these units, the quantity of managing agricultural land and livestock breeding were higher.

LIST 1 **The scale of operation of Non—agriculture dwellers producing units**

	Mea. unit	Amount	Average of every unit
Employees	per person	271 088	44.18
Cultivated area size	hectare	114 356	18.91
Garden area size	hectare	9 029	1.49
Timberland area size	hectare	4 766 612	788.13
Grassing area size	hectare	184 919	30.58
Fishing cultivation area size	hectare	144 855	23.95
The amount of livestocd on hand of hog this year		92 168	15.24
The amount of livestocd on hand of pigs this year'		196 892	32.55
The amount of livestocd on hand of sheeps this year		129 242	21.37

From east to west districts in Jinlin, there were more non—rural dwellers agricultural producing and operating units in central district, the number of units was 3,044 that was 50.3% of whole province. The number of units in the east was 2,324, which was 38.4% of the total amount. That in the west was 680, which was 11.3% of the total amount. Public owned—units in each district take the nucleus place. The units of private—owned, self—owned and co—operation distributed equally. The units, which were operated by businessperson from foreign country, Hong Kong and Taiwan all, distributed in the east and central district.

LIST 2. **The pattern of nonagricultural dwellers' producing and operating unit**

	East		Centre		West	
	quantity	proportion%	quantity	proportion%	quantity	proportion%
Total amount	**2 324**	**100.00**	**3 044**	**100.00**	**680**	**100.00**
State—owned enterprise	540	23.23	557	18.30	263	38.67
Collective—owned enterpriz	1 579	67.94	2 178	71.55	380	55.88
Private enterprise	21	0.90	13	0.43	7	1.04
Self—owned enterprise	148	6.37	274	9.00	27	3.97
Jointventure enterprise	29	1.25	20	0.66	3	0.44
Foreign enterprise	5	0.22	1	00.3	—	—
Enterprise by Hongkong, Macao, Taiwan	2	0.09	1	00.3	—	—

3. THE SCALE AND STRUCTURE OF NON—RURAL TOWN ENTERPRISES

The rural town enterprises in our province adhered to the policy of taking the rural collective economy as the nucleus place; multi—economic elements all developed at the same time. Since the Reformation and Open—door policy, the development of town enterprises appears the situation of "new force suddenly coming to the fore". The appearance consisted of the main surport of rural economy and the most important elements of national economy.

By the end of 1996, the total number of non—rural town enterprises was up to 9,619, including the quantity of enterprises run by members in the rural villages and town was 3,246. The quantity of enterprises run by members in the villages was 4,083. The quantity of enterprises run by co—operated family and household was 2,290. The proportion of the first two ones was 76.2% of the total amount. The quantity of employees in enterprises run by members in the rural villages and town was 369.8 thousand; there were 38.45 employees in each enterprise.

Taking the view of the pattern of industry, among the non—rural town enterprises in our province, the quantity of industrial enterprises was the largest. Retailing and whole—selling trade and building industry also take the certain percentage, the proportion of industry of traffic and transportation, social service and the other tertiary were lower.

LIST 3. **he structure of industry of nonagriculture**

	quantity	Proportion %
Total	**9 616**	**100.00**
Industry	8 054	83.73
Building industry	411	4.27
Traffic'n transportation	87	0.90
Retail'n wholesale, Fooding'n drinking, other trades	777	8.08
Social service	124	1.29
Others	166	1.73

Taking the view of east, middle and west district, among the non—rural town enterprises, the quantity of enterprises in central district was up to 4,659, which was 48.5% of the total amount. The quantity of enterprises in east was up to 4,147, which was 43.1% of the total amount. The quantity of enterprises in west was up to 813, which was 8.4% of the total amount. The collective enterprises run by villages of every district take the nucleus place. The enterprises run by co—operated family distributed equally from the east to the west. The proportion of the enterprises run by family got decrease from the east to the west.

LIST 4. **The distribution situation of nonagriculture town enterorise in west—east and middle region**

	East		Centre		West	
	quantity	porprotion%	quan.	proption%	quan.	proption%
Total	**4 147**	**100.00**	**4 659**	**100.00**	**813**	**100.00**
Enterprise by Town	1 420	32.24	1 469	31.53	357	43.91
Enterprise by Village	1 606	38.73	2 178	46.75	299	36.78
Co—operated enterprise	99	2.39	106	2.28	23	2.83
Enterprise by family	1 022	14.64	9.6	19.44	134	16.48

二、RURAL EMPLOYEES

1. RURAL EMPLOYEES

Since the Reformation and Open—door policy, with increasing of rural population, development of rural economy and the adjust of industrial structure, the number of employees belong to the rural dwellers who engaged in producing and operating activities have increased, the proportion of non—rural employees has raised, the outline of labor flowing has been enlarged.

A. THE TOTAL AMOUNT OF RURAL EMPLOYEES AND STRUCTURE OF INDUSTRY

By the end of 1996, the quantity of rural employees was 8039. 6 thousand in our province. According to the amount of rural family which engaged in production andoperation was 3,379. 0 thousand, there were 2. 4 employees in every rural family. In it, the quantity of employees who engaged in agriculture were 7,061. 0 thousand, which was 87. 8% of the total amount. The quantity of employees who engaged in non—agriculture was 978. 6 thousand, which was 12. 2% of the total amount.

Taking the view from the east to the west region, the quantity of rural employees in the east was up to 2,424. 6 thousand, which was 30. 2% of the total amount. That of rural employees in the central district was up to 4, 370. 9 thousand, which was 54. 4% of the total amount. That of rural employees in the west was up to 1,244. 1 thousand, which was 15. 4% of the total amount. Owing to the rural economic development in the central region was faster than that in the west. The proportion of employees who engaged in non—agriculture was lower in the west region.

LIST 5. **The structure of rural employees in the west—east and middle region**

	Amount of persons who engaged in agriculture (million)	Account for all employees (%)	Amount of persons who engaged nonagriculture (million)	Account for all employees(%)
East	2. 05	84. 69	0. 37	15. 31
Centre	3. 84	87. 92	0. 53	12. 08
West	1. 17	93. 64	0. 08	6. 36

B. THE STRUCTURE OF RURAL EMPLOYEES SEX AND LABOURING AGE

According to rural dwellers' information of quality sample survey at random after the case to figure out the rural employees on laboring age taking 93. 3% of the total amount. In it, male was 52. 4% of the total amount and female was 40. 9%. The quantity of employees whose age beyond or under laboring age was 6. 7%. In it, the quantity of employees whose age was under the laboring age (fifteen and under fifteen) was 0. 4%, that of employees whose age was beyond the laboring age (male: sixty and beyond sixty, female: fifty—five and beyond fifty—five) was 6. 3%. They mainly engaged in auxiliary job of agricultural production.

C. THE WORKING PLACE AND FLOWING TENDENCY OF RURAL EMPLOYEES The working place of rural employees mainly distributed in local country at present, but the proportion of employees who departed their country to county, inner—province and outer—province occupied a certain place. The matter of employment in the country was not only lie in agriculture and inner—country. Among the rural employees of the whole province, there was 7568. 5 thousand employees, which was 94. 1% of the total amount of employees. The quantity of employees who worked in outer country was up to 471. 1 thousand, which was 5. 9% of all. In it, the quantity of employees who worked in the other country of their own county was 247. 4 thousand, the quantity of employees who worked in the other county of our province was 139. 7 thousand, the quantity of employees who worked in the other province was 84. 0 thousand.

Taking the view from east to west, owing to rural economy was getting more flourishing in the east and central region, the amount of employees who worked out of their own country was more, the proportion of flowing employees was higher. On the contrary, the proportion of flowing employees in the west was lower than that in the east.

LIST 6. **The proportion of persons worked at outside of their own town in west－east and middle region**

	Amount of persons who worked in their own hometown (million)	Account for all emloyees (%)	Amount of persons who worked in other places (million)	Account for all employees (%)
East	2.25	92.64	0.18	7.36
Centre	4.11	93.95	0.26	6.05
West	1.22	97.75	0.03	2.25

2. AGRICULTURAL SCIENCE AND FARMING TECHNIQUE AND PROFESSIONALS

With the development of flourishing agriculture by science and technology, the countryside trained a lot of agricultural science and farming technique professionals who devoted themselves to the constant increasing of agriculture. By the end of 1996, The number of agricultural science and farming technique professional who came from country was 54,703, which was 0.8% of the total amount of employees who engaged in agricultural working. In it, the amount of science and technique professionals who engaged in plantation was 43,418, that of science and technique professionals who engaged in livestock breeding was 8,119, that of science and technique professionals who engaged in forestry was 1,936, that of science and technique professionals who engaged in fishery was 1,230. The amount of the professionals who came from country was 46,832; there were 4.5 professionals in every countryside. In it, the amount of professionals of mastering agricultural farm machinery was 24,462, and that of professionals of mastering water supply was 5,187, and that of professionals of mastering electrician were 17,183.

Massive peasants took active part in various training in order to raise the level of science and technique. By the end of 1996, 629.8 thousand peasants took part in the training of farming technique, which was 8.92% of the total amount of rural employees. In it, there were 410.7 thousand person who took part in the training of cultivation technique, 40 thousand person who took part in the training of fruit tree－horticulture, 95.2 thousand person who took part in the training of raising livestock or poultry, 9.2 thousand person who took part in the training of forestry technique, 6.7 thousand person who took part in the training of fishery cultivation, and 68 thousand person who took part in the training of agriculture machinery.

There were many scientific staffs in the countryside public institution of our province. By the end of 1996, the amount of the professionals who possessed at least primary titles for technical personnel was 26.8 thousand. These personnel played the role of a vanguard.

三、MAIN AGRICULTURE MACHINERY

The level of agriculture mechanization has been raised. By the end of 1996, the total amount of six kinds of main agriculture machinery (large－scale tractors, mini tractors, combine harvester, mobile thresher, agro－transporter, agro－heavy lorry) was 518.3 thousand lathes, there were 664.70 lathes in every ten thousand－ employees. According to six kinds of main agriculture machinery, there were 20.4 thousand lathes large－scale tractor, 324.7 thousand lathes mini－tractor, 104 lathes combine harvester, 99.9 thousand lathes mobile thresher, 66.4 lathes agro－transporter, and 6.9 thousand lathes agro－heavy lorry.

According to the regional disparities, because of the more amount of farmland percapita, the level off the arable land, it was easy of mechanized farming, so there were more agriculture machinery. In addition, the level of mechanization was higher. The total amount of six kinds of main agriculture machinery in the central district was up to 232.6 thousand lathes, which was 44.9% of that in the whole province. The natural conditions in the west was similar to that in the central area, but because of the lower level of economic development, so the level of mechanization in the west was lower than that in the east. The total amount of six kinds of main agriculture machinery in the west was 158.7 thousand lathes, which was 30.6% of that in the whole province. Because of a small amount of farmland percapita and mountainous district, so the amount of agriculture machinery was the smallest, the level of mechanization was the lowest. The total amount of six kinds of main agriculture machinery in the east was 127.0 thousand lathes, which was 24.5% of that in the whole province. The leadership position of mini tractors marked the feature of household operation.

LIST 7. **The ownership condition of 6 kinds of main agriculture machine**

	quantity		
	east region	middle region	west region
Large and middle scale tractor	5104	8832	6476
Baby tracter	68734	132240	122751
Combine harvester	39	22	43
Mobile thresher	30703	50480	13738
Agro—transporter	18927	37306	10031
Agro—heavy lorry	3492	2643	680

四、THE SCALE OF THE COUNTRYSIDE TOWN AND IT'S SOCIAL ECONOMIC CONDITION

1. THE SCALE OF THE COUNTRYSIDE TOWN

The small countryside town has been developed rapidly since the Reformation and Open—door policy. The amount of country got decreased; the amount of town got increased. The urbanization of village has been raised. By the end of 1996, the amount of countryside town was 346, which was 42.7% of that in the whole province. The average of floorspace was 2.24 kilometers, that of population was 3322, that of nonagricultural population was 1513, the proportion of nonagricultural population in the town was 45.6%.

According to the regional disparities, the level of development of small countryside town in the mid—eastern was faster than that of small countryside town in the western. The amount of town in the eastern was 156, that in the central district were 138, that in the western were 52. The proportion of them was individually 45.1%, 39.9%15%. It appears a tendency of decreasing by degrees in the total amount and average of the population in town and that of nonagriculture population from the east to the west.

LIST 8. **Floorspace and population of towns**

	Floorspace of towns (square kilometers)		Total amount of populationof town		The nonagriculture population account for	
	Total	Average per town	Total	Average per town	Total	Average per town
Whole province	799	2.24	1149285	3321.6	523557	1513.2
East region	311	1.99	580601	3721.8	262121	1680.3
Center region	329	2.38	417069	3022.2	197572	1431.7
West region	139	2.67	151615	2915.7	63864	1228.2

2. THE AMOUNT OF ENTERPRISES IN TOWN AND IT'S SYSTEM

The condition of enterprises in town was the most important determinant factor of society and economy. By the end of 1996, the average of enterprise in every town was 12.5 and that of employees was 461. The proportion of enterprise employees was 13.9% of the total amount population in town, and which was beyond 30.4% of the amount of nonagriculture population. According to the regional dispersion, the amount of enterprise, employee and the scale of enterprise in the eastern were obviously higher than that in the western.

LIST 9. **The amount of enterprises in town and employees**

quanrtity	The amount of enterprises		The amount of employees involving	
	total	average per town	total	average per town
Whole province	4325	12.5	159340	461
East region	2151	13.8	83197	533
Center region	1761	12.8	62200	451
West region	413	7.9	13943	268

According to the economic structure, the stated—owned enterprises, collective enterprises and private enterprises hold decisive position on the economic development of small countryside town. The total amount of the three was 98.7% of that of all. The amount of employees in the three kinds of enterprise was 98.5% of that of enterprise employees.

LIST 10. **Economic model of town enterprises**

	enterprises	proportion (%)	employees involving	proportion(%)
State—owned	503	11.63	64471	40.46
Collective—owned	1826	42.22	78705	49.40
Private—owned	1940	44.85	13824	8.68
Joinventure	50	1.16	2202	1.38
Foreign—owned	1	0.02	20	0.01
Hongkong, Macau, and Taiwan—owned	5	0.12	118	0.07

According to the scope of operation, the proportion of industry and industry of retailing and wholesale trade and fooding or drinking was higher , they can attracted more labor. The proportion of traffic and transportation and the other tertiary industry was lower. The enterprise's amount of industry of town and industry of retailing and whole selling was 72.9% of the total amount of enterprise, and the amount of employees was 82.1% of the total employees of enterprises.

LIST 11. **Industrial profiles of enterprises on town**

	enterprises	proportion%	employees	proportion%
Industry	2035	47.05	112846	70.82
Building industry	146	3.37	5089	3.19
Traffic'n transportation	444	10.27	2766	1.74
Retail'n wholesal, food'n drinking	1117	25.83	17993	11.29
Others	583	13.48	20646	12.96

3. THE AMOUNT OF RURAL FAIR AND IT'S STRUCTURE

With the development of commodity economy, the rural fair has developed rapidly since the Reformation and Open—door policy. By the end of 1996, there were 752 rural fairs which was operated directly by town government and was approved by the industrial and business sector . In it, the amount of comprehensive market was 581, which was 77. 3% of the total amount. The amount of special market was 171, which was 22. 7 of the total amount. The average of every town was 2. 2. In it, the average of comprehensive market was 1. 7, and that of special market was 0. 5. According to regional disparities, the rural fair in the central district was the best among the whole province and the density of rural fair distribution is more higher in center region than in west—east region

LIST 12. **The amount of rural fairs and its structure**

quantity	rural fairs		comprehensive market		special market	
	total	average per town	total	average per town	total	average per town
East	284	1. 8	207	1. 3	77	0. 5
Center	350	2. 5	279	2. 0	71	0. 5
West	118	2. 3	95	1. 8	23	0. 4

全省和各市(州)统计资料

STATISTICS ON THE WHOLE PORVINCE AND CITIES(REGION)

行政区划和自然资源 1

ADMINISSTRIVE DIVISION AND NATURAL RESOURCES

1—1 全省行政区划(1997年末)
ADMINISTRATIVE DIVISIONS IN WHOLE PROVINCE (END OF 1997)

单位:个 Number

地级市(州) city of prefectures	县(市)合计 Number of counties	县级市 cities	县 counties	自治县 autonomous counties	城市街道办事处 street agency	村民委员会 Residents' committee	市辖区 Districts under city administration
全 省 Total	**41**	**20**	**18**	**3**	**255**	**10 255**	**19**
长春市 Chanchun	4	3	1		67	1 691	6
吉林市 Jilin	5	4	1		66	1 621	4
四平市 Siping	4	2	1	1	22	1 207	2
辽源市 Liaoyuan	2		2		14	542	2
通化市 Tonghua	5	2	3		18	1 137	1
白山市 Baishan	5	1	3	1	9	576	1
松原市 Songyuan	4		3	1	10	1 139	1
白城市 Baicheng	4	2	2		20	908	1
延边州 Yanbian	8	6	2		29	1 434	

1—2 自然状况和资源(1997)
NATURAL CONDITIONS AND RESOURCES(1997)

项目 Item		单位 unit	绝对数 Number
土地	**Land**		
土地面积	surface area of land	万平方公里(10 000sq. km)	18.74
各类土地所占比重	By topogrphic feature		
山地	Mountains	%	36.0
丘陵	Hills	%	5.8
平原	Plain	%	30.0
台地及其他	Tableland and others	%	28.2
森林	**Forest**		
有林地面积	Forest area	万公顷(10 000 ha)	788.2
#用材林	Timber forest	万公顷(10 000 ha)	638.1
经济林	Economic forest	万公顷(10 000 ha)	12.3
防护林	shelter forest	万公顷(10 000 ha)	104.2
疏林地面积	Area of sparse woods	万公顷(10 000 ha)	14.9
森林蓄积量	Forest growing stock	亿立方米(100 000 000 cu. m)	8.18
森林覆盖率	Forest cover rate	%	42.1
草原	**Praivie**		
草原面积	praivie area	万公顷(10 000 ha)	295.90
#可利用草原	Useable area	万公顷(10 000 ha)	137.7
水文、水利	**Hydrology and water conservancy**		
河川年径流总量	Annual flow of river	亿立方米(100 000 000 cu. m)	208.35
#第二松花江	Secondary songhuajiang	亿立方米(100 000 000 cu. m)	100.23
图们江	Tumenjiang	亿立方米(100 000 000 cu. m)	37.83
鸭绿江(干流)	Yalujing	亿立方米(100 000 000 cu. m)	12.37
浑江	Hunjing	亿立方米(100 000 000 cu. m)	21.06
牡丹江	Mudanjing	亿立方米(100 000 000 cu. m)	19.92
拉林河	Lalin river	亿立方米(100 000 000 cu. m)	7.38
淡水总面积	Inland water area	万公顷(10 000 ha)	64.0
#江河	Rivers	万公顷(10 000 ha)	37.3
矿产资源	**mineral resources**		
煤保有储量	coal reserres	亿吨(100 000 000 tn)	21.38
铁矿石保有储量	Iron ore reserves	亿吨(100 000 000 tn)	4.56
石灰岩保有储量	Limestone reserves	亿吨(100 000 000 tn)	18.19
硅灰石保有储量	Silica reserves	万吨(100 000 000 tn)	5 401.6
油页岩保有储量	Oilshale reserves	亿吨(100 000 000 tn)	174.49

综　合　2

GENERAL SURVEY

2—1 企业法人单位数(1996年末)
NUMBER OF ENTERPRISES LEGAL PERSON(END OF 1996)

单位:个

		单位数 Number	占总计的比重(%) Propor－tion (%)
总计	**Total**	**39 024**	**100.00**
按经济类型分	Group by ownership		
国有经济	State owned	12 196	31.2
集体经济	Callective ownecl	21 967	56.3
私营经济	Private	2 403	6.20
联营经济	Share holding	68	0.20
股份制经济	Joint owned	876	2.20
外商及港澳台投资经济	Foreilgn funded and HongKony Marao and taiwan funded	1 514	3.90
其他经济	Other		
按从业人员规模分	Grouped by size of employment		
8人以下	1～8persons	8 034	20.60
9—50人	9～50persons	18 524	47.50
51—100人	51～100persons	5 323	13.60
101—500人	101～500persons	5 964	15.3
501—1 000人	501～1 000persns	694	1.80
1 000人以上	1 000 over	485	1.20
按营业状况分	Owned by size of business		
5万元以下	Below 50 000 yuan	8 720	22.30
6—10万元	60 000～100 000 yuan	2 964	7.60
11—50万元	110 000～500 000 yuan	10 287	26.40
51—100万元	510 000～1 000 000 yuan	4 944	12.70
101—500万元	1 010 000～5 000 000yuan	7 907	20.20
501万元以上	5 010 000 over	4 202	10.80
按行业门类分	Grouped by sector		
农、林、牧、渔业	Farming forestry animal husbandry and fishery	1 072	2.70
采掘业	Exavation	1 370	3.50
制造业	Manufacturing	6 182	41.50
电力、蒸汽、热水的生产和供应业	Electric power and water production and supply	298	0.80
建筑业	Construction	1 658	4.20
地质勘察业、水利管理业	Geological prospecting and water conservancy	17	0.04
交通运输、仓储及邮电通信业	Transportation storage postal and telecommuni cation services	785	2.00
批发和零售贸易、餐饮业	Wholesale,retail trade and food services	13 613	35.00
金融、保险业	Banking and insurance	1 275	3.30
房地产业	Real estate	433	1.10
社会服务业	Social services	1 738	4.50
卫生、体育和社会福利业	Health care,sports and social welfare	25	0.06
教育、文化艺术及广播电影电视业	Education,culture and social welfare	99	0.30
科学研究和综合技术服务业	Scientific research and polytechnical services	246	0.60
其他行业	Other sectors	183	0.40

2—2 全部法人、产业活动单位数(1996年末)

单位:个

项目	Item	法人单位数 合计 Total
总计	**Total**	**80 120**
按经济类型分	Grouped by ownership	
国有经济	State—owned	34 583
集体经济	Collective—owned	23 633
私营经济	Private	2 412
联营经济	Joint—owned	69
股份制经济	Share holding	879
外商投资经济	Foreign funded	1 131
中外合资经济	Joint venture	757
中外合作经济	Cooperative operation	109
外商独资经济	Sole investment	265
港澳台投资经济	Overseas chinese from Hongkong Macao and Taiwan funded	385
港澳台与大陆合资经济	Joint venture	279
港澳台与大陆合作经济	Cooperative operation	6
港澳台独资经济	Sole investment	100
其他经济	Other	17 028
按地区分	Grouped by region	
长春市	Changchun	18 126
吉林市	Jilin	16 194
四平市	Siping	7 358
辽源市	Liaoyuan	4 197
通化市	Tonghua	8 051
白山市	Baishan	4 932
松原市	Songyuan	5 694
白城市	Baichang	5 827
延边州	Yanbian	9 741
按行业大类分	Grouped by sector	
农、林、牧、渔业	Farming,forestry,animal husbandry and fishery	4 804
农业	Farming	343
林业	Forestry	460
畜牧业	Animal husbandry	460
渔业	Fishery	119
农、林、牧、渔服务业	Services on FFAF	3 422
采掘业	Excavation	1 370

NUMBER OF LEGAL PERSON OR INDUSTRIES UNITS(END OF 1996)

Number of legal person unit		多产业法人单位的产业活动单位数 Branches of multiindustry legal person unit
单产业法人单位 Monoindustry legal person unit	多产业法人单位 Multiindustry legal person unit	
74 383	**5 737**	**38 985**
30 633	3 950	30 066
22 417	12 169	7 845
2 371	41	115
67	2	13
818	61	330
1 116	15	53
746	11	41
108	1	6
262	3	6
376	9	24
273	6	15
6		1
97	3	8
16 585	443	539
17 231	895	6 581
15 047	1 147	6 705
7 048	310	3 287
3 870	327	2 082
7 472	579	4 378
4 532	400	2 519
5 255	439	2 974
5 272	555	3 596
8 656	1 085	6 863
4 597	207	2 353
295	48	225
397	63	342
433	27	174
116	3	49
3 356	66	1 563
1 308	62	347

单位:个 续1

项目	Item	法人单位数 合计 Total
煤炭采选业	Coal mining and processing	413
石油和天然气开采业	Petroleum and natural gas	10
黑色金属矿采选业	Ferrous meteds mining and processing	36
有色金属矿采选业	Nonferrous matals mining and processing	91
非金属矿采选业	Nonmetal minerals mining and processing	744
其他矿采选业	Other minerols mining and processing	7
木材及竹材采运业	Logging and transport of timber and bamboo	69
制造业	Manufacturing	16 189
食品加工业	Food processing	804
食品制造业	Food manufacturing	593
饮料制造业	Beverage manufacturing	760
烟草加工业	Tobacco processing	10
纺织业	Textile industry	368
服装及其他纤维制品制造业	Garments and other fiber products	477
皮革、毛皮、羽绒及其制品业	Leather furs down and related products	200
木材加工及竹、藤、棕、草制品业	Timber processing bamboo cane palm fiber and straw products	1 176
家具制造业	Furniture manufacturing	260
造纸及纸制品业	Paper making and paper products	440
印刷业、记录媒介的复制	Printing and record pressing	863
文教体育用品制造业	Stationery edcational and sports goods	100
石油加工及炼焦业	Petroleum processing and coking products	90
化学原料及化学制品制造业	Raw chemical materials and chemical products	988
医药制造业	Medical and pharmaceutical products	396
化学纤维制造业	Chemical fibers	29
橡胶制品业	Rubber products	201
塑料制品业	Plastic products	684
非金属矿物制品业	Nonmetal mineral products	2 472
黑色金属冶炼及压延加工业	Smelting and pressing of ferrous metals	204
有色金属冶炼及压延加工业	Smelting and pressing of nonferrous metals	90
金属制品业	Metal products	1 001
普通机械制造业	Ordinary machinery manufacturing	1 191
专用设备制造业	Special purpose equipment manufacturing	673
交通运输设备制造业	Tran sporration equipment manufacturing	1 029
武器弹药制造业	Weapon and ammunition manufacturing	5

Number of legal person unit		多产业法人单位的产业活动单位数 Branches of multiindustry legal person unit
单产业法人单位 Monoindustry legal person unit	多产业法人单位 Multiindustry legal person unit	
390	23	73
9	1	16
35	1	6
84	7	12
737	7	64
7	7	3
46	23	173
15 637	552	2 391
764	40	191
566	27	110
743	17	100
9	1	1
348	20	46
465	12	82
189	11	20
1 149	27	370
253	7	26
422	18	53
841	22	102
94	6	13
87	3	12
959	29	123
368	28	87
24	5	7
199	2	16
663	21	58
2 430	42	290
191	13	40
86	4	10
964	37	103
1 155	36	103
651	22	93
980	49	200
2	3	3

单位:个 续2

项目 Item		法人单位数 合 计 Total
电气机械及器材制造业	Electric equipment and machinery	528
电子及通信设备制造业	Electronic and telecommunication	144
仪器仪表及文化、办公用机械制造业	Instruments meters cultural and official machineny	157
其他制造业	Other manufacturing	256
电力、蒸汽、热水的生产和供应业	Electric power steam and hot water production and supply	381
电力、蒸汽、热水的生产和供应业	Electric power steam and hot water proclcction and supper	289
煤气生产和供应业	Gas production and supply	11
自来水的生产和供应业	Tapwater production and supply	81
建筑业	Construction	1 688
土木工程建筑业	Civil engineering construction	1 114
线路、管道和设备安装业	Circuit pipelines and equipment installation	323
装修装饰业	Decoration	251
地质勘查业、水利管理业	Geological prospecting and water conservancy	963
地质勘查业	Geological prospecting	83
水利管理业	Water conservancy	880
交通运输、仓储及邮电通信业	Transportation storage postal and telecommunications services	992
铁路运输业	Railway	7
公路运输业	Highway	338
管道运输业	Pipeline	2
水上运输业	Waterway	7
航空运输业	Air transport	1
交通运输辅助业	Transport subsidiary services	355
其他交通运输业	Other transport	
仓储业	Storage	183
邮电通信业	Postal and telecommunications services	99
批发和零售贸易、餐饮业	Wholesale and retail trade and catering services	13 741
食品、饮料、烟草和家庭用品批发业	Wholesale trade of food drink tobacco and household artiches	3 211
能源、材料和机械电子设备批发业	Wholesale trade of energy materials and electronic equipment	2 973
其他批发业	Other wholesale trade	660
零售业	Retail trade	6 074
商业经纪与代理业	Commercial brokerage and agencies	6
餐饮业	Catering trade	817
金融、保险业	Banking and insurance	1 333
金融业	Banking	1 202

Number of legal person unit		多产业法人单位的产业活动单位数 Branches of multiindustry legal person unit
单产业法人单位 Monoindustry legal person unit	多产业法人单位 Multiindustry legal person unit	
512	16	46
129	15	30
151	6	15
243	13	41
325	56	804
241	48	774
10	1	4
74	7	26
1 560	128	486
1 013	101	339
301	22	95
246	5	52
920	43	404
76	7	33
844	36	371
807	185	1 936
1	6	246
301	37	189
2		1
6	1	4
1		
297	58	372
		3
161	22	74
38	61	1 047
12 407	1 334	7 915
2 795	416	1 172
2 746	227	1 167
571	89	367
5 519	555	4 551
6		2
770	47	656
768	565	5 302
640	562	5 282

单位:个 续3

项目 Item		法人单位数 合 计 Total
保险业	Insurance	131
房地产业	Real estate	780
房地产开发与经营业	Real estate development and management	454
房地产管理业	Real estate management	288
房地产经纪与代理业	Real estate management and agencies	38
社会服务业	Social services	3 101
公共设施服务业	Public services	569
居民服务业	Residential services	479
旅馆业	Hotels	710
租赁服务业	Rentals	28
旅游业	Tourism	86
娱乐服务业	Recreational services	92
信息、咨询服务业	Information and consultancy services	798
计算机应用服务业	Computer auupplied and services	61
其他社会服务业	Other social services	278
卫生、体育和社会福利业	Health care sports and social welfare	2 632
卫生	Health care	1 752
体育	Sports	59
社会福利保障业	Socid welfare	821
教育、文化艺术及广播电影电视业	Education,culture and arts,radio,film and television	5 911
教育	Education	4 457
文化艺术业	Culture and arts	851
广播电影电视业	Radio film and television	639
科学研究和综合技术服务业	Scientific research and polytechnical servieces	1 126
科学研究业	Scientitic research	256
综合技术服务业	Polytechnical serviices	870
国家机关、政党机关和社会团体	Government agencies party agencies and social organizations	23 941
国家机关	Government agencies	5 632
政党机关	Party agencies	656
社会团体	Social organizations	662
基层群众自治组织	Mass organizations	16 991
其他行业	Other sectors	1 168
其他行业	Other sectors	1 168

Number of legal person unit		多产业法人单位的产业活动单位数 Branches of multiindustry legal person unit
单产业法人单位 Monoindustry legal person unit	多产业法人单位 Multiindustry legal person unit	
128	3	20
752	28	278
441	13	50
273	15	225
38		3
2 971	130	1 223
543	26	112
452	27	357
670	40	372
26	2	15
82	4	17
89	3	73
791	7	166
60	1	9
258	20	102
2 589	43	416
1 723	29	339
57	2	6
809	12	71
4 880	1 031	9 881
3 477	980	9 212
801	14	268
602	37	401
1 092	34	208
244	12	33
848	22	175
22 686	1 255	4 842
4 853	779	4 294
642	14	28
640	22	80
16 551	440	440
1 084	84	199
1 084	84	199

2—3 国民经济主要指标及发展速度

指标	Item	单位	Unit	1978
人口与就业	**Population and employment**			
人口	Population			
年底总人口	Population at year—end	万人	10 000 person	2 149.33
市镇人口	Population in urban area	万人	10 000 person	774.0
乡村人口	Population in arural area	万人	10 000 person	1 375.3
就业	Employment			
从业人员数	Employees	万人	10 000 person	645.38
#职工人数	#Staff and workers	万人	10 000 person	324.92
城镇失业人数	Amount of unemployed men	万人	10 000 person	
宏观经济	**Macroeconomy**			
国民核算	Natioal accounting			
国内生产总值	Gross domestic products	亿元	100 000 000 yuan	81.98
第一产业	Primary industry	亿元	100 000 000 yuan	23.98
第二产业	Secondary industry	亿元	100 000 000 yuan	42.96
第三产业	Tertiary industry	亿元	100 000 000 yuan	15.04
支出法国内生产总值	GDP calculated with expenditure Approach	亿元	100 000 000 yuan	
最终消费	Final consumption	亿元	100 000 000 yuan	
资本形成总额	Total capital formation	亿元	100 000 000 yuan	
货物和服务净出口	Net export of goods and services	亿元	100 000 000 yuan	
固定资产投资	**Investment in fixed assets**			
全社会固定资产投资	Total investment in fixed assets	亿元	100 000 000 yuan	18.16
#国有经济	state—owned	亿元	100 000 000 yuan	15.60
集体经济	collective—owned	亿元	100 000 000 yuan	1.85
个体经济	individual	亿元	100 000 000 yuan	0.71
财政	**public finance**			
全口径财政收入	government revenue	亿元	100 000 000 yuan	
#地方财政收入	local goverment revenue	亿元	100 000 000 yuan	16.41
财政支出	government expenditures	亿元	100 000 000 yuan	16.35
物价总指数(上年=100)	**price index(pre year=100)**			
商品零售价格总指数	overall retail price index			100.2
居民消费价格总指数	overall consumer price index			100.1
农产品收购价格总指数	index of purchasing prices for farm products			104.1
利用外资	**utilization of foreign capital**			
签订利用外资协议额	value of foreign capital through signed agreements	亿美元	$100 000 000	
实际利用外资额	value of foreigan copital actuall used	亿美元	$100 000 000	
能源生产与消费	energy production and consumption			
能源生产总量	total energy production	万吨标准煤	standard coal 10 000tn	1 635.6
能源消费总量	total energy consumption	万吨标准煤	standard coal 10 000tn	
产业	**industries**			
农业	agriculture			
耕地面积	cultivated land area	万公顷	10 000 ha	405.08

MAIN INDICATORS OF NATIONAL ECONOMY

绝对数 Number					1997年为下列各年(%) 1997 as percentage of the fellowing year				年平均增长(%) average annual growth rate	
1980	1985	1990	1996	1997	1978	1985	1990	1996	1979～1997	1991～1997
2 210.65	2 298.01	2 440.17	2 579.14	2 600.15	121.0	113.1	106.6	100.8	1.0	0.9
853.77	1 421.78	1 888.05	2 257.13	2 275.50	294.0	160.0	120.5	100.8	5.8	2.7
1 356.89	876.23	552.12	322.01	324.65	23.6	37.1	58.8	100.8	−0.7	−7.3
715.30	930.20	1 169.41	1 257.14	1 237.73	191.8	133.1	105.8	98.5	3.5	0.8
373.88	449.51	517.31	513.31	500.89	154.2	111.4	96.8	97.6	2.3	−0.5
	10.45	10.48	9.33	8.76		83.8	83.6	93.9		−2.5
98.59	200.44	425.28	1 337.16	1 446.91	593.4	298.8	200.5	109.2	9.8	10.4
27.24	55.74	124.99	376.01	368.16	396.7	206.5	146.9	99.6	7.5	5.6
52.24	97.21	182.15	543.17	575.43	554.7	300.9	214.3	109.1	9.4	11.5
19.11	47.49	118.14	417.98	503.32	1 078.8	429.1	240.9	117.3	13.3	13.4
			1 340.06	1 468.21				107.9		
			811.44	928.35				111.3		
			600.77	552.28				93.8		
			−72.15	−12.42						
20.88	62.16	93.51	394.57	364.51	2 007.2	586.4	389.8	92.4	17.1	21.5
17.65	37.38	66.94	321.83	295.12	1 891.8	789.5	440.9	91.7	16.7	23.6
1.96	4.40	2.82	24.62	32.89	1 777.8	747.5	1 166.3	133.6	16.4	42.0
1.21	20.38	23.75	48.12	36.50	5 140.8	179.1	153.7	75.9	23.0	6.3
			137.8	157.74				112.7		
14.39	21.67	50.68	76.40	82.85	504.9	382.3	163.5	113.1	8.9	7.3
17.32	34.50	71.67	145.53	167.75	1 026.0	486.2	234.1	111.8	13.0	12.9
106.3	109.7	103.9	105.1	101.8						
105.6	110.3	104.9	107.2	103.7						
109.4	106.0	104.5	105.1	96.0						
	0.25	0.66	7.18	5.39		2 156.0	816.7	75.1		35.0
		0.61	10.03	10.00			1 639.3	99.7		49.1
1 530.3	1 947.2	2 572.3	2 452.0	2 499.5	152.8	128.4	97.2	101.9	2.3	−0.4
		3 523.37	4 032.68	4 177.24			118.6	103.6		2.5
404.40	399.91	393.93	395.85	398.71	98.4	99.7	101.2	100.7	−0.1	0.2

		单位 Unit		1978
农林牧渔业劳动力	Labor force of farming、forestry、animal husbandry and fishery	万人	10 000person	294.6
农林牧渔业总产值	Gross output value of FFAF	亿元	100 000 000 yuan	37.78
主要农产品产量	Output of major farm products			
粮食	Grain	万吨	10 000tn	914.70
油料	Oil—bearing crops	万吨	10 000tn	12.29
甜菜	Beet roots	万吨	10 000tn	45.13
水果	Fruits	万吨	10 000tn	5.65
肉类总产量	Meat	万吨	10 000tn	15.64
水产品	Aquatic products	万吨	10 000tn	1.03
工业	Industry			
主要工业产品产量	Output of major industral products			
布	Cloth	亿米	100 000 000 m	1.23
机制纸及纸板	Machine—made paper and paperboard	万吨	10 000tn	34.00
糖	Sugar	万吨	10 000tn	4.88
家用电冰箱	Refrigerators	台		
电视机	TV sets	万台	10 000	0.21
#彩电	#Color TV sets	万台	10 000	
录音机	Recorders	万台	10 000	
原煤	Coal	万吨	10 000tn	2 060.00
原油	Crude oil	万吨	10 000tn	185.10
发电量	Electricity	亿千瓦小时	100 000 000 kwh	93.24
钢	Steel	万吨	10 000tn	20.10
成品钢材	Rolled steel	万吨	10 000tn	23.60
水泥	Cement	万吨	10 000tn	138.30
独立核算工业企业财务指标	Financial indicators of enterprises with independent accounting system			
年底固定资产原价	Original value of fixed assets at year end	亿元	100 000 000 yuan	
年底固定资产净值	Net value of fixed assets at year end	亿元	100 000 000 yuan	
利润和税金总额	Per—tax profits	亿元	100 000 000 yuan	
交通运输	Transportation			
货运量	Freight traffic	万吨	10 000tn	10 666
铁路	Railways	万吨	10 000tn	5 048

continued

绝对数 Number					1997年为下列各年(%) 1997 as percentage of the fellowing year				年平均增长(%) average annual growth rate	
1980	1985	1990	1996	1997	1978	1985	1990	1996	1979～1997	1991～1997
307.5	399.67	546.58	534.15	521.55	177.0	130.5	95.4	97.6	3.1	−0.7
47.47	85.89	189.09	595.83	584.81	322.6	215.8	153.3	97.9	6.4	6.3
859.60	1 225.26	2 046.52	2 326.60	1 808.3	197.7	147.6	88.4	77.7	3.7	−1.8
26.60	48.36	46.74	21.70	15.93	129.6	32.9	34.1	73.4	1.4	−14.3
117.67	87.69	116.40	70.21	32.90	72.9	37.5	28.3	46.9	−1.6	−16.5
4.45	6.59	13.33	31.06	37.49	663.5	568.9	281.2	120.7	10.5	15.9
24.57	32.02	51.79	184.53	211.50	1 352.3	660.5	408.4	114.6	14.7	22.3
0.84	2.96	7.09	12.08	13.20	1 281.6	445.9	186.2	109.3	14.4	9.3
1.66	1.69	1.97	1.34	1.28	104.1	75.7	65.0	95.5	0.2	−6.0
36.50	48.89	57.02	57.91	45.42	133.6	92.9	79.7	78.4	1.5	−3.2
7.09	7.15	5.84	6.95	6.06	124.2	84.8	103.8	87.2	1.1	0.5
96	23	107 159	50 905	3 596		156倍	3.4	7.1		−38.4
2.52	24.15	28.71	3.08	42.99	205倍	178.0	149.7	14倍	32.3	5.9
	3.22	11.90	3.08	42.99		13倍	361.3	14倍		20.1
	11.70	3.39	2.62	1.58		13.5	46.6	60.3		−10.3
1 807.10	2 311.80	2 610.25	2 599.64	2 676.86	129.9	115.8	102.6	103.0	1.4	0.4
176.40	213.02	356.70	373.60	405.10	218.9	190.2	113.6	108.4	4.2	1.8
111.83	133.76	174.46	293.98	280.03	300.3	209.4	160.5	95.3	6.0	7.0
24.30	37.86	74.60	119.11	139.01	691.6	367.2	186.3	116.7	10.7	9.3
30.65	43.34	61.97	101.57	109.35	463.3	252.3	176.5	107.7	8.4	8.5
179.40	295.57	374.54	608.46	627.12	453.4	212.2	167.4	103.1	8.3	7.6
		469.04	1 477.13	1 710.02			364.6	115.8		20.3
		330.44	1 075.55	1 158.19			350.5	107.7		19.6
		47.33	69.63	80.21			169.5	115.2		7.8
9 249	11 680	23 148	27 604	27 582	258.6	236.1	119.2	99.9	5.1	2.5
5 169	5 762	6 122	6 154	6 483	128.4	112.5	105.9	105.3	1.3	0.8

		单位 Unit		1978
公路	Highways	万吨	10 000 tn	5 602
水运	Waterways	万吨	10 000 tn	16
客运量	Value of passenger traffic	万人	10 000 person	11 875
铁路	Railways	万人	10 000 person	7 790
公路	Highways	万人	10 000 person	4 080
水运	Waterways	万人	10 000 person	3
空运	Civil aviation	万人	10 000 person	2
邮电通信业	Postal and telecommunications			
邮电业务总量	Business revenue of postal and telecommunications services	亿元	100 000 000 yuan	0.39
报刊期发数	Newpapers and magazines distributed	万份	10 000	393
交换机容量	Switchboards capacity	万门	10 000	11.01
电话机	Telephones	万部	10 000	13.02
国内贸易	Domestic trade			
社会消费品零售总额	Total value of retail sales	亿元	100 000 000' yuan	38.56
城乡集市贸易成交额	Transaction value of urban and rural trade market	亿元	100 000 000 yuan	1.65
对外经济贸易和国际旅游	Foreign trade and international tourism			
进出口总额	Total value of exports and imports	亿美元	$100 000 000	0.37
进口额	Imports	亿美元	$100 000 000	0.13
出口额	Exports	亿美元	$100 000 000	0.24
接待旅游人数	Number of tourists	万人	10 000 person	
教育、科技、文化	Education science and technology and culture			
教育	Education			
专任教师数	Full—time teachers			
普通高等学校	Institutions of higher education	万人	10 000 person	0.72
中等学校	Secondary schools	万人	10 000 person	10.17
小学	Primary schools	万人	10 000 person	12.50
在校学生数	Student enrollment			
普通高等学校	Institutions of higher education	万人	10 000 person	2.99
中等学校	Secondary schools	万人	10 000 person	209.10
小学	Prinary schools	万人	10 000 person	342.97
文化	Culture			

continued

绝对数 Number					1997年为下列各年(%) 1997 as percentage of the fellowing year				年平均增长(%) average annual grouth rate	
1980	1985	1990	1996	1997	1978	1985	1990	1996	1979～1997	1991～1997
4 071	5 902	17 005	21 394	21 020	375.2	356.2	123.6	98.3	7.2	3.1
9	19	21	56	79	493.8	415.8	376.2	141.1	8.8	20.8
13 205	17 181	18 731	20 620	21 124	177.9	122.9	112.8	102.4	3.1	1.7
8 380	9 432	7 810	6 781	6 200	79.6	65.7	79.4	91.4	−1.2	−3.2
4 819	7 744	10 889	13 728	14 821	363.3	191.4	136.1	108.0	7.0	4.5
5	4	17	52	47	16倍	12倍	276.5	90.4	15.6	15.6
1	1	15	59	56	28倍	56倍	373.3	94.9	19.2	20.7
0.41	0.89	4.16	29.00	37.51	96倍	42倍	901.7	129.3	27.2	36.9
512	952	384	302	413	105.1	43.4	107.6	136.8	0.3	1.0
12.78	18.56	39.14	318.39	355.19	32倍	19倍	907.5	111.6	20.0	37.0
14.95	21.68	42.15	198.68	229.74	18倍	11倍	545.1	115.6	16.3	27.4
52.83	112.00	198.95	555.57	619.69	16倍	553.3	311.5	111.5	15.7	17.6
2.90	13.65	49.71	358.02	399.68	242倍	29倍	804.0	111.6	33.5	34.7
1.11	5.51	9.53	28.37	25.26	68倍	458.4	265.1	89.0	24.9	14.9
0.45	1.24	2.01	13.33	9.21	71倍	742.7	458.2	69.1	25.1	24.3
0.66	4.27	7.52	15.04	16.05	67倍	375.9	213.4	106.7	24.8	11.4
	2.38	4.61	18.84	20.04		842.0	434.7	106.4		23.4
0.85	1.24	1.48	1.55	1.56	216.7	125.8	105.4	100.6	4.2	0.8
10.34	9.63	10.17	10.99	11.05	108.7	114.7	108.7	100.5	0.4	1.2
13.34	13.45	14.60	15.35	14.94	119.5	111.1	102.3	97.3	0.9	0.3
3.80	5.95	7.28	10.50	11.02	368.6	185.2	151.4	105.0	7.1	6.1
189.29	158.47	140.41	156.82	158.49	75.8	100.0	112.9	101.1	−1.4	1.7
355.29	299.81	276.12	274.91	280.07	81.7	93.4	101.4	101.9	−1.1	0.2

2-3 表 续3

指标	Item	单位	Unit	1978
出版数量	Publications			
图书	Books published	亿册	100 000 000 copies	1.00
杂志	Magazines issued	亿册	100 000 000 copies	0.10
报纸	Newspapers issued	亿份	100 000 000 copies	2.90
家庭、生活、环境	Family people's livelihood and environment			
家庭	Family			
城镇居民平均每户家庭人口	Average households size in urban areas	人	person	
农村居民平均每户家庭人口	Average households size in rural areas	人	person	6.0
居住	Housing			
城镇居民人均居住面积	Per capita floor space of urban residents	平方米	sqm	
农村居民人均居住面积	Per capita floor space of rural residents	平方米	sqm	
生活	People's livelihood			
城镇居民人均可支配收入	Per capita disposabhe income of urban residents	元	yuan	
农村居民人均纯收入	Per capita net income of rural residents	元	yuan	
城乡居民储蓄存款余额	Balance of staff and workers	亿元	100 000 000 yuan	5.86
职工工资总额	Total wages of staff and worker	亿元	100 000 000 yuan	21.44
职工平均工资	Average wage of staff and workers	元	yuan	651
卫生	Health care			
卫生机构数	Number of health instifutions	个		3 889
卫生技术人员	Medical technical personnel	万人	10 000 person	7.36
# 医生	#Doctors	万人	10 000 person	3.03
医疗床位数	Number of houspilal and clinic beds	万张	10 000	6.27
# 医院	Number of houspilal beds	万张	10 000	5.81
环境、灾害	Environment and disaster			
火灾发生数	Number of fire disasters	起	case	1 269
火灾损失	Fire loss	万元	10 000 yuan	725
交通事故发生数	Number of traffic accidents	起	case	3 936
交通事故损失	Lossof fraffic accidents	万元	10 000 yuan	366
农业受灾面积	Areas of agricultural disasters	万公顷	10 000 ba	195.3

continued

绝对数 Number					1997年为下列各年(%) 1997 as percentage of the fellowing year				年平均增长(%) average annual grouth rate	
1980	1985	1990	1996	1997	1978	1985	1990	1996	1979～1997	1991～1997
1.09	2.01	1.39	1.50	1.30	130.0	64.7	93.5	86.7	1.4	−0.1
0.29	0.73	0.44	0.56	0.52	520.0	71.2	118.2	92.9	9.1	2.4
1.30	4.50	3.01	4.7	3.6	124.1	80.0	119.6	76.6	1.1	2.6
4.56	3.89	3.56	3.18	3.12		80.2	87.6	98.1		−1.9
5.8	4.9	4.52	4.02	3.99	66.5	81.4	88.3	99.3	−2.1	−1.8
	5.54	7.18	9.42	9.59		173.1	133.6	101.8		4.2
	11.42	13.42	16.51	18.64		163.2	138.9	112.9		4.8
	562.68	1 127.53	3 805.53	4 190.61		744.8	371.7	110.1		20.6
237.20	413.74	803.52	2 125.56	2 186.29		528.4	272.1	102.9		15.4
10.64	43.96	196.59	955.5	1 071.33	183倍	24倍	545.0	112.1	31.5	27.4
27.57	47.44	95.20	263.70	274.53	13倍	578.7	288.4	104.1	14.4	16.3
763	1 081	1 888	5 370	5 664	870.0	524.0	300.0	105.5	12.1	17.0
4 274	4 568	4 407	3 720	3 663	94.2	80.2	83.1	98.5	−0.3	−2.6
8.57	10.54	12.00	13.42	13.51	183.6	128.2	112.6	100.7	3.2	1.7
3.45	3.98	5.03	5.56	5.63	185.8	141.5	111.9	101.3	3.3	1.6
6.71	7.88	9.21	9.49	9.50	151.5	120.6	103.1	100.1	2.2	0.4
6.07	7.08	8.32	8.75	8.81	151.6	124.4	105.9	100.7	2.2	0.8
1 010	681	3 722	4 132	9 299	732.8	14倍	249.8	225.0	11.1	14.0
620	572	1 388	2 665	5 989	826.1	10倍	431.5	224.7	11.8	23.2
5 741	4 197	3 988	7 938	8 001	203.3	190.6	200.6	100.8	3.8	10.5
630	579	580	3 223	3 507	958.2	605.7	604.7	108.8	12.6	29.3
213.1	261.7	93.4	130.3	377.7	193.4	144.3	404.4	289.9	3.5	22.1

2—4 国民经济主要比例关系
PERCENTAGE OF MAJOR ECONOMIC INDICATORS

		1996		1997	
		绝对数 value	构成(%) proportion	绝对数 value	构成(%) proportion
全部从业人员(万人)	Employment(10 000 person)	1 257.14	100	1 237.73	100
第一产业	Primary industry	562.3	44.7	550.99	44.5
第二产业	Secondary indystry	329.3	26.2	315.52	25.5
第三产业	Tertiary industry	365.5	29.1	371.22	30.0
国内生产总值(亿元)	Gross domestic products (100 000 000 yuan)	1 337.16	100	1 446.91	100
第一产业	Primary industry	376.01	28.1	368.16	25.4
第二产业	Secondary industry	543.17	40.6	575.43	39.8
第三产业	Tertiary industry	417.98	31.3	503.32	34.8
全社会固定资产投资(亿元)	Investment in fixed assets (100 000 000 yuan)	394.57	100	364.51	100
生产性	Productive	265.06	67.2	253.34	69.5
非生产性	Nonproductive	129.51	32.8	111.17	30.5
#住宅	Housing	80.88	20.5	82.01	22.5
乡及乡以上工业总产值(亿元)	Gross industrial output value (100 000 000 yuan)	1 232.57	100	1 355.50	100
轻工业	Light industry	324.97	26.4	342.07	25.2
重工业	Heavy industry	907.60	73.6	1 013.43	74.8
农林牧渔业总产值(亿元)	Gross output value of FFAF	595.83	100	584.81	100
农业	Farming	363.67	61.0	315.45	53.9
林业	Forestry	7.57	1.3	7.99	1.4
牧业	Animal husbandry	216.79	36.4	252.65	43.2
渔业	Fishery	7.80	1.3	8.71	1.5
货运量(万吨)	Freight(10 000 tn)	27 604	100	27 582	100
铁路	Railways	6 154	22.3	6 483	23.5
公路	Highways	21 394	77.5	21 020	76.2
水运	Waterways	56	0.2	79	0.3
客运量(万人)	Passenger traffic(10 000 person)	20 620	100	21 124	100
铁路	Railways	6 781	32.9	6 200	29.3
公路	Highways	13 728	66.6	14 821	70.2
民航	civil aviation	59	0.3	56	0.3
水运	Waterways	52	0.2	47	0.2
社会消费品零售总额(亿元)	Total retail sales of consumer goods (100 000 000 yuan)	555.57	100	619.69	100
批零贸易业	wholesales and retail trade	360.26	64.8	394.32	63.6
餐饮业	catering trade	57.31	10.3	56.74	9.2
制造业	manufacturing	26.62	4.8	28.43	4.6
其他	other	111.38	20.1	140.20	22.6
#农民对非农业居民	peasants to non—peasants	105.31	19.0	132.82	21.4
地方财政收入占国内生产总值的比重(%)	Proportion of government revenue to GDP(%)		5.7		5.7
文教科卫事业费占财政支出的比重(%)	proportion of expenses of the CESP to goverment expenditures(%)		27.8		25.7
固定资产投资占国内生产总值的比重(%)	Proportion of in vestment infixed assets to GDP (%)		29.5		25.2

2—5 按经济类型分的国民经济主要比例关系
PERCENTAGE OF MAJOR ECONOMIC INDICATORS BY OWNERSHIP

指标	Item	1996		1997	
		绝对数 Number	构成(%) Proportion	绝对数 Number	构成(%) proportion
全部从业人员(万人)	Employment (10 000 persons)	1 257.14	100	1 237.73	100
国有经济	State—owned	391.82	31.2	382.23	30.9
城镇集体经济	Collective—owned in Urban areas	108.64	8.6	100.90	8.2
城镇私营及个体经济	Individual in urban areas	108.0	8.6	113.52	9.2
乡村劳动力	Rural laborers	629.05	50.0	616.17	49.8
全社会固定资产投资(亿元)	Total investment in fixed assets (100 000 000 yuan)	394.57	100	364.51	100
国有经济	State—owned	321.83	81.6	295.12	81.0
非国有经济	nonstate—owned	72.74	18.4	69.39	19.0
集体经济	collective—owned	24.62	6.2	32.89	9.0
其他经济	others	48.12	12.2	36.50	10.0
乡及乡以上工业总产值(亿元)	Gross industrial output value(100 000 000 yuan)	1 232.57	100	1 355.50	100
国有经济	state—owned	870.07	70.6	949.86	70.1
非国有经济	nonstate—owned	362.50	29.4	405.64	29.9
集体经济	collective—owned	199.70	16.2	213.43	15.7
其他经济	others	162.80	13.2	192.21	14.2
#三资经济	#Foreign capital	107.14	8.7	107.79	8.0
独立核算工业实现利税(亿元)	Total pre—tax profits of industry(100 000 000 yuan)	69.63	100	80.21	100
国有经济	State—owned	44.12	63.4	50.49	62.9
非国有经济	nonstate—owned	25.51	36.6	29.72	37.1
集体经济	collective—owned	11.21	16.1	12.96	16.2
其他经济	others	14.30	20.5	16.76	20.9
#三资经济	#Foreign coaital	2.34	3.4	2.71	3.4
独立核算工业资产总计(亿元)	Total assets of industry (100 000 000 yuan)	2 529.08	100	2 838.05	100
国有经济	state—owned	1 968.94	77.9	2 200.72	77.5
非国有经济	nonstate—woned	560.14	22.1	637.33	22.5
集体经济	collective—owned	242.36	9.6	252.56	8.9
其他经济	others	317.78	12.6	384.77	13.6
#三资经济	#Foreign capital	209.60	8.3	185.49	6.5
社会消费品零售总额(亿元)	Total retal sales of con—sumer goods (100 000 000 yuan)	555.57	100	619.69	100
国有经济	state—owned	111.32	20.0	102.77	16.6
非国有经济	nonstate—owned	444.25	80.0	516.92	83.4
集体经济	collective—owned	48.70	8.8	50.34	8.1
其他经济	others	395.55	71.2	466.58	75.3
#个体经济	individual	238.05	42.8	275.11	44.4

2－6 按总人口平均的国民经济主要指标

ITEM		单位 UNIT	1978
国内生产总值	Gross domestic product	元 yuan	381
工业总产值	Value added of industry	元 yuan	529
农林牧渔业总产值	Gross output value of FFAF	元 yuan	177.1
主要工农业产品产量	Output of major farm and industrial products		
原煤	Coal	公斤 kg	965.5
原油	Crude oil	公斤 kg	86.8
发电量	Electricity	千瓦小时 kwh	437.0
木材	Timber	立方米 cu·m	0.3
钢	Steel	公斤 kg	9.4
汽车	Motor vehicle	辆/万人 coach/10 000person	27.7
粮食	Grain	公斤 kg	428.7
油料	Oil－bearing crops	公斤 kg	5.8
肉类	Meat	公斤 kg	7.3
水产品	Aquatic products	公斤 kg	0.5
固定资产投资额	Total investmenyt in fixed assets	元 yuan	85.1
社会消费品零售总额	Total retail sales of consumer goods	元 yuan	180.7
对外贸易进出口总额	Total exports and imports	美元 $	1.7
地方财政收入	Local government revenues	元 yuan	76.9
地方财政支出	Local government expenditures	元 yuan	76.6
城乡居民储蓄存款余额	Saving deposits of urban and rural residents	元 yuan	27.3
高等学校在校学生数	Students in institutions of higher education	人/万人 person/10 000person	13.9
中等专业学校在校学生数	students in secondary schools	人/万人 person/10 000person	14.8
报纸出版	Number of newspapers issued	份 pcs	13.6
杂志出版	Number of magazines issued	册 votwme	0.5
图书出版	Number of books published	册 votwne	4.7
医疗卫生床位数	Number of hoospital beds	张/万人 pcs/10 000person	29.2
卫生技术人员	Medical technicdl personnel	人/万人 person/10 000person	34.3
#医生	Doctors	人/万人 person/10 000person	14.1

PER CAPITA MAIN INDICATOR OF NATIONAL ECONOMY

1980	1985	1990	1996	1997
445	868	1 746	5 163	5 504
612.8	1 120.5	2 284.6	5 994.9	6 166.0
216.0	374.9	782.1	2 323	2 258
822.2	1 008.9	1 079.6	1 013.5	1 033.7
80.3	93.0	147.5	145.7	156.4
508.9	583.8	721.6	1 146.1	1 081.3
0.3	0.3	0.2	0.2	0.2
11.1	16.5	30.9	46.4	53.7
30.6	42.6	30.3	90.5	85.7
391.2	534.8	846.4	907.1	698.3
12.1	21.1	19.3	8.5	6.2
11.2	14.0	21.4	71.9	81.7
0.4	1.3	2.9	4.7	5.1
95.0	271.3	386.7	1 538.3	1 407.6
240.4	488.8	822.8	2 166.0	2 392.9
5.1	24.0	39.4	110.6	97.6
65.5	103.5	209.6	297.9	319.9
78.8	150.6	296.4	567.4	647.8
48.1	191.3	767.0	3 725.1	4 137.0
17.2	25.9	29.8	40.7	42.6
19.3	24.4	26.7	51.8	55.7
5.9	19.6	12.4	15.5	13.9
1.3	3.2	1.8	2.2	2.0
5.0	8.8	5.7	6.0	5.0
30.4	34.3	37.8	37.0	36.7
38.8	45.9	49.2	52.0	52.2
15.6	17.3	20.7	21.7	21.7

2—7 国内生产总值
GROSS DOMESTIC PRODUCTS

单位:亿元　　(按当年价格计算)(Absalute number are at current prices)　　unit:100 000 000 yuan

年份 Year	国内生产总值 Gross domestic products	第一产业 Primary industry	第二产业 Secondary industry	工业 industry	建筑业 construction	第三产业 Tertiary industry	#运输邮电 Transportation postal and telecommunication services	商业 commerce	人均国内生产总值(元) per capita GDP (yuan)
1978	81.98	23.98	42.96	40.34	2.62	15.04	4.46	2.69	381
1979	91.12	25.34	49.22	44.56	4.66	16.56	5.13	2.56	417
1980	98.59	27.24	52.24	47.42	4.82	19.11	5.62	2.78	445
1981	111.16	34.31	56.53	51.29	5.24	20.32	4.33	3.88	496
1982	121.67	38.40	60.36	54.21	6.15	22.91	5.19	3.34	538
1983	150.14	56.74	65.38	58.75	6.63	28.02	5.78	6.13	658
1984	174.39	60.04	80.46	72.10	8.36	33.89	6.75	7.54	760
1985	200.44	55.74	97.21	85.29	11.92	47.49	8.25	13.95	868
1986	227.15	64.35	104.30	91.28	13.02	58.50	10.89	18.28	977
1987	297.49	80.57	139.36	123.49	15.87	77.56	15.15	21.01	1 269
1988	368.67	92.59	173.57	155.12	18.45	102.51	18.56	29.98	1 559
1989	391.65	80.53	181.02	164.09	16.93	130.10	22.18	39.47	1 636
1990	425.28	124.99	182.15	163.82	18.33	118.14	21.11	25.47	1 746
1991	463.47	120.47	203.02	181.71	21.31	139.98	25.19	32.26	1 878
1992	558.06	130.82	257.01	227.17	29.84	170.23	30.17	41.63	2 246
1993	717.95	156.05	351.99	308.10	43.89	209.91	39.98	52.81	2 868
1994	936.78	259.40	398.83	354.70	44.13	278.55	54.47	72.61	3 703
1995	1 129.20	303.99	479.46	413.85	65.61	345.75	70.07	93.15	4 414
1996	1 337.16	376.01	543.17	471.34	71.83	417.98	86.27	113.71	5 163
1997	1 446.91	368.16	575.43	495.10	80.33	503.32	110.30	129.92	5 504
长春市 Changchun	541.22	114.24	224.60	194.78	29.82	202.38	35.90	43.88	7 959
吉林市 Jilin	285.82	51.84	113.89	96.87	17.02	120.09	25.37	24.33	6 650
四平市 Siping	148.00	60.86	37.51	30.99	6.52	49.63	7.61	9.63	4 681
辽源市 Liaoyuan	49.11	11.34	16.11	14.31	1.80	21.66	3.50	6.13	3 943
通化市 Tonghua	114.60	27.27	45.72	41.81	3.91	41.61	13.37	10.67	4 919
白山市 Baishan	67.28	14.45	32.10	27.78	4.32	20.73	4.59	5.67	5 116
松原市 Songyuan	117.73	45.81	49.32	45.46	3.86	22.60	5.17	5.14	4 461
白城市 Baicheng	60.64	27.71	14.16	12.43	1.73	18.77	3.90	4.44	3 057
延边州 Yanbian	111.98	18.77	46.55	40.72	5.83	46.66	9.71	13.86	5 127

2—8 国内生产总值增长速度
INDICES OF GROSS DOMESTICPRODUCTS

(以上年为100) (pre year=100)

年份 Year	国内生产总值 Gross domestic products	第一产业 Primary industry	第二产业 Secondary industry	工业 industry	建筑业 construction	第三产业 Tertiary industry	#运输邮电 Transportation postal and telecommunication services	商业 commerce	人均国内生产总值 per capita GDP
1978	12.8	19.7	11.6	10.9	23.4	7.2	14.9	26.8	11.5
1979	5.6	−8.0	10.6	6.5	77.5	10.3	15.0	−4.5	4.0
1980	6.5	−1.2	8.1	8.5	3.7	11.0	9.6	2.8	5.1
1981	5.8	14.7	1.9	2.1	−0.4	4.2	−23.0	35.2	4.7
1982	7.7	11.8	4.5	3.6	14.5	10.1	19.9	−16.3	6.6
1983	21.7	47.4	7.0	6.9	7.7	19.4	11.4	78.3	20.7
1984	12.5	4.3	17.6	17.0	23.2	16.7	15.2	18.0	11.8
1985	6.8	−12.4	12.8	10.7	31.7	26.9	12.9	70.6	6.2
1986	7.3	4.3	3.9	4.4	持平	18.3	31.6	24.3	6.5
1987	18.8	15.3	18.8	19.7	11.6	22.7	38.2	6.1	18.0
1988	15.9	3.3	21.1	23.9	−3.7	19.4	14.9	33.4	14.9
1989	−2.5	−17.3	−4.0	−2.2	−24.0	13.4	7.9	19.2	−3.7
1990	3.4	36.7	−2.1	−2.5	3.0	−9.3	6.7	−43.6	1.6
1991	5.9	持平	5.8	5.5	8.6	13.0	11.6	20.6	4.6
1992	12.2	1.8	18.2	17.4	25.1	14.0	16.7	21.1	11.4
1993	12.8	7.7	17.3	17.0	19.7	10.6	17.2	12.7	12.0
1994	14.3	10.0	15.6	18.3	−5.5	15.9	20.4	21.0	13.0
1995	9.7	5.0	11.6	11.7	10.6	11.1	15.3	12.3	8.5
1996	13.7	16.5	13.3	14.3	3.7	12.0	11.5	10.3	12.3
1997	9.2	−0.4	9.1	10.7	−7.0	17.3	20.8	12.4	7.6
长春市 Changchun	10.3	5.5	10.3	10.6	8.0	13.0	18.9	15.8	9.0
吉林市 Jilin	2.2	12.8	−10.9	−9.8	−18.7	18.6	22.0	16.0	1.9
四平市 Siping	10.8	1.3	9.2	10.2	4.1	24.1	15.9	15.3	9.3
辽源市 Liaoyuan	11.6	−21.8	30.7	29.0	46.0	17.0	28.3	8.2	10.5
通化市 Tonghua	6.4	−5.5	12.3	13.1	3.0	6.7	21.1	3.3	4.9
白山市 Baishan	10.4	6.3	13.4	14.6	6.1	8.0	30.5	15.3	9.2
松原市 Songyuan	−1.0	−17.8	12.5	11.9	18.1	18.1	18.4	19.2	−2.6
白城市 Baicheng	2.3	−8.3	12.3	14.8	−1.2	10.0	15.1	5.4	1.3
延边州 Yanbian	5.1	−7.0	10.0	13.3	−20.2	4.4	12.5	−0.1	4.9

2—9 国内生产总值构成
PROPORTION OF GROSS DOMESTIC PRODUCTS

单位：%　　（按当年价格计算 number are at current prices）　　unit：%

年份 Year	国内生产总值 Gross domestic products	第一产业 Primary industry	第二产业 Secondary industry	工业 industry	建筑业 construction	第三产业 Tertiary industry	#运输邮电 Transportation postal and telecommunication serovces	商业 commerce
1978	100	29.3	52.4	49.2	3.2	18.3	5.4	3.3
1979	100	27.8	54.0	48.9	5.1	18.2	5.6	2.8
1980	100	27.6	53.0	48.1	4.9	19.4	5.7	2.8
1981	100	30.9	50.8	46.1	4.7	18.3	3.9	3.5
1982	100	31.6	49.6	44.6	5.0	18.8	4.3	2.7
1983	100	37.8	43.5	39.1	4.4	18.7	3.8	4.1
1984	100	34.4	46.1	41.3	4.8	19.5	3.9	4.3
1985	100	27.8	48.5	42.6	5.9	23.7	4.1	7.0
1986	100	28.3	45.9	40.2	5.7	25.8	4.8	8.0
1987	100	27.1	46.8	41.5	5.3	26.1	5.1	7.1
1988	100	25.1	47.1	42.1	5.0	27.8	5.0	8.1
1989	100	20.6	46.2	41.9	4.3	33.2	5.7	10.1
1990	100	29.4	42.8	38.5	4.3	27.8	5.0	6.0
1991	100	26.0	43.8	39.2	4.6	30.2	5.4	7.0
1992	100	23.4	46.1	40.8	5.3	30.5	5.4	7.5
1993	100	21.8	49.0	42.9	6.1	29.2	5.6	7.4
1994	100	27.7	42.6	37.9	4.7	29.7	5.8	7.8
1995	100	26.9	42.5	36.7	5.8	30.6	6.2	8.2
1996	100	28.1	40.6	35.2	5.4	31.3	6.5	8.5
1997	100	25.4	39.8	34.2	5.6	34.8	7.6	9.0
长春市 Changchun	100	21.1	41.5	36.0	5.5	37.4	6.6	8.1
吉林市 Jilin	100	18.1	39.9	33.9	6.0	42.0	8.9	8.5
四平市 Siping	100	41.1	25.3	20.9	4.4	33.6	5.1	6.5
辽源市 Liaoyuan	100	23.1	32.8	29.1	3.7	44.1	7.1	12.5
通化市 Tonghua	100	23.8	39.9	36.5	3.4	36.3	11.7	9.3
白山市 Baishan	100	21.5	47.7	41.3	6.4	30.8	6.8	8.4
松原市 Songyuan	100	38.9	41.9	38.6	3.3	19.2	4.4	4.4
白城市 Baicheng	100	45.7	23.3	20.5	2.8	31.0	6.4	7.3
延边州 Yanbian	100	16.8	41.6	36.4	5.2	41.6	8.7	12.4

2—10 国内生产总值项目构成(1997)
STRUCTURE OF GROSS DOMESTIC PRODVCT(1997)

单位:亿元　　unit:100 000 000yuan

项目	Item	增加值 Added value	劳动者报酬 Payment for laborer	固定资产折旧 Deprec－iation infixed assets	生产税净额 Net amount of Production tax	营业盈余 Business surplus
国内生产总值	**Gross domestic products**	**1 446.91**	**893.16**	**237.64**	**165.90**	**150.21**
第一产业	Primary industry	368.16	321.96	11.98	8.69	25.53
第二产业	Secondary industry	575.43	304.55	115.71	116.81	38.36
工业	industry	495.10	259.38	108.50	106.51	20.71
建筑业	Construction	80.33	45.17	7.21	10.30	17.65
第三产业	Tertiary industry	503.32	266.65	109.95	40.40	86.32
农林牧渔服务业	Farming forestry animal husbandry and fishery	2.82	2.54	0.28		
地质勘探业、水利管理业	Geological prospecting and water conservancy	3.54	3.09	0.45		
交通运输、仓储、邮电通讯业	Transportation storage postal and telecommunications	110.30	42.36	40.39	7.60	19.95
批发和零售贸易、餐饮业	Wholesale retail trade and food services	129.92	79.90	17.84	4.39	27.79
金融保险业	Banking and insurance	52.49	12.41	2.86	16.15	21.07
房地产业	Real estate management	23.82	3.17	16.78	1.82	2.05
社会服务业	Social services	36.66	15.94	6.58	5.79	8.35
卫生、体育、社会福利业	Health care,sports and social welfare	20.65	14.59	4.59	0.54	0.93
教育、文艺和广播电影电视事业	Education,culture,art,radio,film and television	41.25	33.39	6.05	0.65	1.16
科学研究和综合技术服务业	Scientific research and polytechnical services	24.31	13.51	4.65	2.52	3.63
国家政党机关和社会团体	Government agencies par－ty agencies and social organization	43.72	36.18	7.54		
其他行业	other	13.84	9.57	1.94	0.94	1.39

2—11 总产出及部门构成
AGGREGATE OUTPUT AND PROPORTION

（按当年价格计算 At current prices）

	总产出 Aggregate output	第一产业 Primary industry	第二产业 Secondary industry	工业 Industry	建筑业 Constr－uction	第三产业 Tertiary industry	#运输邮电 Transpo－rtation postal and telecommu－nication serovces	商业 commerce
绝对数（亿元）								
unit:100 000 000 yuan								
1978	200.26	37.78	126.08	112.87	13.21	36.40	8.20	8.78
1979	227.30	42.02	143.36	125.74	17.62	41.92	10.38	7.74
1980	247.02	47.47	151.77	134.67	17.10	47.78	12.42	9.42
1981	260.58	56.89	152.89	136.64	16.25	50.80	10.28	12.30
1982	286.83	60.58	170.37	148.75	21.62	55.88	12.35	13.90
1983	340.48	78.11	194.03	172.04	21.99	68.34	15.11	21.03
1984	408.35	88.99	236.70	208.84	27.86	82.66	17.98	26.68
1985	495.98	85.89	297.02	256.75	40.27	113.07	23.09	37.35
1986	562.53	98.43	326.80	282.48	44.32	137.30	30.29	46.42
1987	715.35	120.81	413.33	359.46	53.87	181.21	37.07	52.98
1988	894.03	140.91	516.92	454.24	62.68	236.20	43.44	77.35
1989	1 009.12	133.79	586.22	530.36	55.86	289.11	48.40	97.40
1990	1 081.00	189.09	616.05	552.36	63.69	275.86	47.65	83.23
1991	1 202.64	188.38	687.64	614.38	73.26	326.62	60.10	101.44
1992	1 464.92	204.39	865.90	767.81	98.09	394.63	65.45	121.65
1993	1 929.84	243.95	1 201.13	1 033.25	167.88	484.76	85.52	155.32
1994	2 412.60	405.48	1 372.30	1 210.88	161.42	634.82	118.06	209.20
1995	2 901.39	.490.28	1 649.26	1 434.16	215.10	761.85	155.32	275.64
1996	3 421.74	595.83	1 957.83	1 726.13	231.70	868.08	196.71	329.83
1997	3 717.73	584.80	2 043.28	1 813.75	229.53	1 089.65	253.07	406.66
构成（%）								
Proportion								
1978	100	18.9	63.0	56.4	6.6	18.1	4.1	4.4
1979	100	18.5	63.1	55.3	7.8	18.4	4.6	3.4
1980	100	19.2	61.4	54.5	6.9	19.4	5.0	3.8
1981	100	21.8	58.7	52.5	6.2	19.5	3.9	4.7
1982	100	21.1	59.4	51.9	7.5	19.5	4.3	4.8
1983	100	22.9	57.0	50.5	6.5	20.1	4.4	6.2
1984	100	21.8	58.0	51.2	6.8	20.2	4.4	6.5
1985	100	17.3	59.9	51.8	8.1	22.8	4.7	7.5
1986	100	17.5	58.1	50.2	7.9	24.4	5.4	8.3
1987	100	16.9	57.8	50.2	7.6	25.3	5.2	7.4
1988	100	15.8	57.8	50.8	7.0	26.4	4.9	8.7
1989	100	13.3	58.1	52.6	5.5	28.6	4.8	9.7
1990	100	17.5	57.0	51.1	5.9	25.5	4.4	7.7
1991	100	15.7	57.2	51.1	6.1	27.1	5.0	8.4
1992	100	14.0	59.1	52.4	6.7	26.9	4.5	8.3
1993	100	12.6	62.2	53.5	8.7	25.2	4.4	8.0
1994	100	16.8	56.9	50.2	6.7	26.3	4.9	8.7
1995	100	16.9	56.8	49.4	7.4	26.3	5.4	9.5
1996	100	17.4	57.2	50.4	6.8	25.4	5.7	9.6
1997	100	15.7	55.0	48.8	6.2	29.3	6.8	10.9

2—12 总产出增长速度
INDICES OF AGGREGATE OUTPUT

(上年=100 Preceding year=100)

	总产出 Aggregate output	第一产业 Primary industry	第二产业 Secondary industry	工业 Industry	建筑业 Construction	第三产业 Tertiary industry	#运输邮电 Transportation postal and telecommunication serovces	商业 commerce
1978	13.7	19.2	13.7	9.3	79.8	9.2	15.1	13.1
1979	8.7	−3.3	11.1	8.3	36.0	11.9	26.6	−10.4
1980	5.7	4.0	4.9	5.8	−2.2	10.2	19.7	15.3
1981	1.1	7.0	−0.7	1.2	−15.9	2.6	−17.2	26.3
1982	8.4	5.8	9.5	7.4	29.9	7.5	20.1	9.8
1983	17.5	29.2	12.8	14.3	1.7	19.8	22.3	47.2
1984	15.4	10.5	16.8	16.0	23.7	16.6	16.3	21.9
1985	13.5	−8.0	17.4	16.0	28.7	25.1	19.7	27.5
1986	8.6	4.3	6.8	7.4	2.8	17.0	30.9	18.0
1987	18.4	14.4	17.6	18.1	13.8	23.3	22.2	4.8
1988	13.6	5.4	16.3	18.2	1.1	12.5	17.3	21.2
1989	2.2	−11.7	3.2	6.3	−26.1	8.0	11.4	7.7
1990	2.7	26.6	2.4	1.9	9.4	−8.5	−8.0	−17.7
1991	6.1	−0.5	5.9	5.4	9.9	11.6	14.1	16.0
1992	13.9	2.9	17.3	17.2	17.4	14.3	6.4	12.5
1993	15.1	10.0	18.9	19.5	39.0	10.1	15.6	14.7
1994	13.1	10.2	13.4	19.7	−9.7	14.2	21.1	17.3
1995	12.0	5.9	13.4	12.0	24.8	12.5	17.8	15.4
1996	18.3	19.1	19.9	22.3	1.9	14.2	16.7	13.7
1997	8.1	−2.1	6.1	7.6	−6.9	19.5	20.6	15.3

2—13 总消费和总投资
AGGREGATE CONSUMPTION AND INVESTMENT

（按当年价格计算 At current prices）

年份 year	总消费 Aggregate consu－mption	居民消费 Resident consu－mption	#非农业居民 nonagr－icultural residents	社会消费 public consu－mption	总投资 Aggregate investment	固定资产投资 Fixed assets	库存增加 Goods in stock	投资率(%) Inves－tment Rate(%)	消费率(%) Consu－mption Rate(%)
绝对数(亿元) Number(100 000 000yuan)									
1978	57.91	53.02	28.55	4.89	32.77	18.16	14.61	40.0	70.6
1979	69.54	61.86	32.01	7.68	26.68	19.54	7.14	29.3	76.3
1980	76.92	67.76	35.92	9.16	28.96	20.80	8.16	29.4	78.0
1981	85.12	75.13	38.72	9.99	28.02	20.98	7.04	25.2	76.6
1982	94.77	83.49	43.73	11.28	35.65	27.67	7.98	29.3	77.9
1983	112.22	96.66	47.38	15.56	38.59	29.33	9.26	25.7	74.7
1984	131.64	111.76	55.95	19.88	57.17	40.93	16.24	32.8	75.5
1985	145.02	120.53	64.11	24.49	81.15	62.38	18.77	40.5	72.4
1986	165.27	137.86	76.51	27.41	86.83	63.40	23.43	38.2	72.8
1987	196.18	161.49	92.13	34.69	111.93	76.70	35.23	37.6	65.9
1988	242.39	203.47	120.26	38.92	134.61	92.85	41.76	36.5	65.7
1989	266.94	223.29	131.82	43.65	148.26	81.73	66.53	37.9	68.2
1990	279.73	232.73	136.87	47.00	182.67	93.97	88.70	43.0	65.8
1991	308.40	255.85	154.82	52.55	193.05	117.43	75.62	41.7	66.5
1992	364.56	306.32	194.65	58.24	213.10	152.57	60.53	38.2	65.3
1993	436.06	364.91	238.98	71.15	287.05	252.94	34.11	40.0	60.7
1994	577.59	473.63	317.50	103.96	389.93	320.45	69.48	40.2	59.6
1995	703.38	586.17	395.09	117.21	451.02	358.14	92.88	39.9	62.3
1996	811.44	684.50	464.43	126.94	612.77	412.84	199.93	45.8	60.7
1997	928.35	772.85	534.01	155.50	552.28	386.38	165.90	38.2	64.2
构成(%) proportion									
1978	100	91.6	49.3	8.4	100	55.4	44.6		
1979	100	89.0	46.1	11.0	100	73.2	26.8		
1980	100	88.1	46.7	11.9	100	71.8	28.2		
1981	100	88.3	45.5	11.7	100	74.9	25.1		
1982	100	88.1	46.1	11.9	100	77.6	22.4		
1983	100	86.1	42.2	13.9	100	76.0	24.0		
1984	100	84.9	42.5	15.1	100	71.6	28.4		
1985	100	83.1	44.2	16.9	100	76.9	23.1		
1986	100	83.4	46.3	16.6	100	73.0	27.0		
1987	100	82.3	46.9	17.7	100	68.5	31.5		
1988	100	83.9	49.6	16.1	100	69.0	31.0		
1989	100	83.6	49.3	16.4	100	55.1	44.9		
1990	100	83.2	48.9	16.8	100	51.4	48.6		
1991	100	83.0	50.2	17.0	100	60.8	39.2		
1992	100	84.0	53.4	16.0	100	71.6	28.4		
1993	100	83.7	54.8	16.3	100	88.1	11.9		
1994	100	82.0	55.0	18.0	100	82.2	17.8		
1995	100	83.3	56.2	16.7	100	79.4	20.6		
1996	100	84.4	57.2	15.6	100	67.4	32.6		
1997	100	83.2	57.5	16.8	100	70.0	30.0		

2—14 总消费和总投资增长速度
INDICES OF AGGREGATE CONSUMPTION AND INVESTMENT

(上年=100) (per year=100)

年份 year	总消费 Aggregate consumption	居民消费 Resident consumption	农业居民 Agricultural esidents	非农业居民 Nonagricultural residents	社会消费 puhlic consumption	总投资 Aggregate investment	固定资产投资 Fixed assets	库存增加 Goods in stock
1978	6.7	7.9	10.0	6.2	−6.0	72.1	54.5	100.2
1979	11.3	9.3	10.7	8.1	35.8	−19.3	6.7	−51.6
1980	9.3	9.3	6.1	12.0	9.4	8.5	6.4	14.3
1981	7.8	7.4	7.6	7.2	11.7	−8.0	−5.7	−13.7
1982	10.6	9.7	10.0	9.4	18.9	22.3	29.0	2.1
1983	12.3	10.1	19.6	1.3	30.0	6.0	4.7	10.9
1984	14.6	13.0	12.9	13.2	25.2	39.6	27.0	84.5
1985	4.6	2.8	−3.3	9.5	15.9	32.8	42.1	9.9
1986	7.3	5.8	0.8	10.6	15.5	1.6	−3.7	18.5
1987	9.8	9.2	8.8	9.5	13.1	25.0	17.8	43.4
1988	6.3	4.7	1.2	7.8	14.0	11.0	10.1	12.8
1989	−5.7	−6.2	−8.7	−4.0	−3.8	−3.0	−25.2	42.8
1990	1.3	0.8	−1.6	2.8	2.8	22.1	13.1	31.7
1991	4.3	4.1	−0.6	7.4	5.3	4.8	23.6	−15.2
1992	6.4	6.8	3.0	9.3	4.3	0.4	15.2	−22.6
1993	7.2	6.5	3.1	8.6	10.7	16.1	44.0	−47.8
1994	15.0	12.9	7.4	15.9	25.5	10.9	4.3	56.6
1995	7.9	9.1	7.6	9.9	2.2	7.5	4.4	22.0
1996	8.3	9.4	8.9	9.7	3.0	22.1	9.1	63.7
1997	11.3	10.6	4.8	13.4	15.1	−6.2	−7.4	−3.4

2—15 少数民族自治地方人口(1997)
POPUATION IN MINORITY NATIONAL AUTONOMOUS AREAS(1997)

州 、 市 、 县 Prefecture cities counties	总人口(人) Total population	少数民族人口(人) Minority population	少数民族人口占总人口比重(%) Minority population as percentage of population
总 计 Total	**3 270 372**	**1 163 470**	**35.6**
延边州 Yanbian	2 183 771	917 451	42.0
延吉市 Yanji	376 370	230 616	61.3
图们市 Tumen	138 594	81 520	58.8
敦化市 Guohua	477 154	33 990	7.1
龙井市 Longjing	269 943	185 923	68.9
珲春市 Hunchun	208 548	109 351	52.4
和龙市 Helong	229 180	130 203	56.8
汪清县 Wangqing	265 550	90 416	34.0
安图县 Antu	218 432	55 432	25.4
伊通县 Yitong	463 779	180 822	39.0
长白县 Changbai	87 244	15 958	18.3
前郭县 Qianguo	535 578	49 239	9.2

2－16 少数民族自治地方主要社会经济指标 MAIN ECONOMIC INDICATORS OF MINORITY NATIONALITY AUTONOMOVS AREAS

		单位 Unit	1996		1997	
			绝对数 Number	占全省(%) as per－centage of total	绝对数 Number	占全省(%) as per－centage of total
国内生产总值(当年价)	Gross Domestic product	亿元100000000yuan	159.36	11.9	166.96	11.5
第一产业	Primary industry	亿元100000000yuan	45.38	12.1	42.07	11.2
第二产业	Secondary industry	亿元100000000yuan	60.17	11.1	66.20	11.6
第三产业	Tertiary industry	亿元100000000yuan	53.81	12.9	58.69	11.6
耕地面积	Cultivated land areas	千公顷1000ha	498.58	12.3	499.79	12.3
农林牧渔业劳动力	Number of persons engaged in FFAF	万人10000person	62.74	11.7	56.82	10.9
农林牧渔业总产值	Gross output vaeue of FFAF	亿元100000000yuan	70.65	11.9	64.83	11.1
粮食总产量	Output of grain	万吨10000tn	275.04	11.8	191.06	10.6
肉类总产量	Meat	万吨10000tn	13.28	7.2	17.85	8.4
全社会固定资产投资	Total investment infixed assets	亿元100000000yuan	32.05	8.1	35.48	9.7
邮电业务总量	Business revenue of postal and telecommunications	亿元100000000yuan	4.74	16.3	5.81	15.5
社会消费品零售总额	Total retail sales of con－sumer goods	亿元100000000yuan	76.21	13.7	79.45	12.8
地方财政收入	Local government revenues	亿元100000000yuan	6.50	8.5	8.39	10.1
财政支出	Local government expen－ditures	亿元100000000yuan	16.21	11.1	17.25	10.3
外贸进出口总额	Total exports and imports	亿美元$100000000	2.31	8.1	2.59	10.3
实际利用外资	Amount of foreign funded actually utilized	亿美元$100000000	1.3	12.9	1.4	14.0
高等学校在校学生数	Students enrollment in institutions of higher education	人 person	7 709	7.3	8 389	7.6
高等学校专任教师数	Full－time teachers in institutions of higher eductation	人 person	1 453	9.3	1 453	9.3
卫生机构数	Number of hospitals	个	347	9.3	357	9.7
卫生技术人员数	Medical technical pers－onnee	人 person	17 239	12.8	16 323	12.1
少数民族文字的图书	Number of books in min－ority languages	种 kind	1 216	36.5	1 309	40.3
少数民族文字的杂志	Number of magazines in minortity languages	种 kind	20	9.8	20	10.1
少数民族文字的报纸	Number of newspapers in minority languages	种 kind	13	22.4	13	24.1

人 口 3

POPULATION

3—1 户籍户数和人口数
HOUSE HOLDS AND POPULATION

年 份 Year	总户数（万户）Total households (10000)	总人口（万人）Total population (10000)	按性别分 Grouped by sex		按农业非农业分 Grouped by agriculture		按城乡分 Grouped by Residenct	
			男 male	女 Female	农业 agriculture	非农业 No agriculture	市镇 City	乡村 Country
1978	451.52	2 149.33	1 102.30	1 047.03	1 489.79	659.54	773.96	1 375.37
1979	464.43	2 184.60	1 119.03	1 065.57	1 483.40	701.20	810.44	1 374.16
1980	479.59	2 210.65	1 132.06	1 078.59	1 487.40	723.25	853.77	1 356.88
1981	497.67	2 230.94	1 141.43	1 089.52	1 485.20	745.74	871.70	1 359.24
1982	517.62	2 257.61	1 155.13	1 102.48	1 493.95	763.66	893.86	1 363.75
1983	523.15	2 269.50	1 162.34	1 107.16	1 487.36	782.14	877.80	1 391.70
1984	533.43	2 284.50	1 170.70	1 113.80	1 481.88	802.62	1 256.11	1 028.40
1985	546.11	2 298.01	1 177.37	1 120.64	1 461.00	837.01	1 421.78	876.23
1986	558.31	2 315.30	1 186.40	1 128.90	1 458.29	857.01	1 470.69	844.61
1987	572.67	2 336.40	1 196.90	1 139.50	1 452.88	883.52	1 597.63	738.77
1988	589.24	2 357.40	1 208.31	1 149.09	1 448.69	908.71	1 728.62	628.78
1989	612.54	2 395.38	1 228.17	1 167.22	1 464.56	930.83	1 778.27	617.11
1990	637.22	2 440.17	1 248.09	1 192.08	1 488.32	951.85	1 888.05	552.12
1991	648.89	2 459.69	1 258.46	1 201.23	1 493.47	966.22	1 908.31	551.38
1992	661.21	2 474.01	1 265.30	1 208.71	1 488.63	985.38	2 060.16	413.85
1993	678.77	2 496.07	1 276.00	1 220.07	1 474.92	1 021.15	2 126.64	369.43
1994	691.64	2 515.61	1 285.95	1 229.66	1 465.16	1 050.45	2 197.13	318.48
1995	704.13	2 550.86	1 302.77	1 248.09	1 473.06	1 077.80	2 218.75	332.11
1996	717.94	2 579.14	1 315.51	1 263.63	1 484.59	1 094.55	2 257.13	322.01
1997	723.02	2 600.15	1 324.63	1 275.52	1 484.23	1 115.92	2 275.50	324.65
长春市 Changchun	179.73	683.79	347.99	335.80	411.57	272.22	632.02	51.77
#市区 City proper	77.85	278.81	141.35	137.45	75.66	203.15	278.81	
吉林市 Jilin	119.11	427.63	218.00	209.63	223.63	204.00	407.68	19.95
#市区 City proper	40.63	140.81	70.75	70.06	24.70	116.11	140.81	
四平市 Siping	92.66	318.69	162.00	156.69	203.58	115.11	269.88	48.81
#市区 City proper	15.62	45.97	22.85	23.12	8.06	37.91	45.97	
辽源市 Liaoyuan	36.07	124.87	63.91	60.96	67.59	57.28	101.68	23.19
#市区 City proper	13.57	45.39	22.68	22.71	6.07	39.32	45.39	
通化市 Tonghua	64.94	230.05	117.73	112.32	125.73	104.32	206.83	23.22
#市区 City proper	12.59	43.42	21.75	21.67	7.11	36.31	43.42	
白山市 Baishan	41.47	131.68	67.78	63.90	46.29	85.39	121.76	9.92
#市区 City proper	10.47	32.63	16.98	15.65	7.48	25.15	32.63	
松原市 Songyuan	66.17	266.01	135.16	130.85	200.74	65.27	157.18	108.83
#市区 City proper	12.66	49.68	25.22	24.46	19.66	30.02	49.68	
白城市 Baicheng	56.84	199.05	101.94	97.11	120.66	78.39	170.62	28.43
#市区 City proper	14.81	47.01	23.85	23.16	20.13	26.88	47.01	
延边州 Yanbian	66.03	218.38	110.12	108.26	84.44	133.94	207.85	10.53

3－2 按人口规模分组的市数和县数(1997年末) NUMBER OF CITY AND COUNTY BY POPULATION(END OF 1997)

	市 City			县 County		
	个数(个) Number	人口数(万人) Population(10000)	占人口总计(%) Percentage	个数(个) Number	人口数(万人) Population(10000)	占人口总计(%) Percentage
总计 Total	**28**	**1 691.67**	**100.00**	**21**	**908.48**	**100.00**
10万人以下 under 100000				1	8.72	0.96
10－20万人 100000－200000	2	32.68	1.93	1	14.29	1.57
20－30万人 200000－300000	4	94.24	5.57	5	129.60	14.27
30－50万人 300000－500000	13	564.90	33.39	8	296.85	32.68
50－80万人 500000－800000	3	182.84	10.81	4	264.30	29.09
80－100万人 800000－1000000	2	173.33	10.25	1	85.07	9.36
100万人以上 over1000000	4	643.68	38.05	1	109.65	12.07

3－3人口变动情况 BASIC STATISTICS ON POPULATION CHANE

		单位 Unit	全省 Total		市 City		县 County	
			1996	1997	1996	1997	1996	1997
出生人数	Number of Birth	万人10 000	29.58	27.04	18.94	16.62	10.64	10.42
出生率	Birth Rate	‰	11.53	10.44	11.48	9.86	11.64	11.52
死亡人数	Number of Death	万人10 000	12.69	12.51	8.49	8.31	4.19	4.20
死亡率	Death Rate	‰	4.95	4.83	5.15	4.93	4.59	4.64
自然增长人数	Number of Natural Growth	万人10 000	16.89	14.53	10.45	8.31	6.45	6.22
自然增长率	Natural Growth Rate	‰	6.58	5.61	6.33	4.93	7.05	6.88
机械增长人数	Number of mechonical Growth	万人10 000	5.69	4.88	4.89	4.57	0.87	0.32
机械增长率	Mechanical Growth Rate	‰	2.22	1.90	2.93	2.71	0.94	0.36
迁入人数	Number of emigration	万人10 000	57.23	55.31	43.27	39.13	13.96	16.18
迁入率	Emigration Rate	‰	22.31	21.36	26.22	23.22	15.26	17.89
迁出人数	Number of Migration	万人10 000	51.54	50.42	38.44	34.56	13.09	15.86
迁出率	Migration Rate	‰	20.09	19.46	23.29	20.51	14.32	17.53

3－4 全省市辖镇人口(1997年末)
POPULATION OF TOWN UNDER THE ADMINISTRATON OF A CITY(END OF 1997)

市、区 City、area		镇数(个) Number of town	总户数(户) Total of households	总人口(人) Population	按农业、非农业分 Grouped by agriculture 非农业人口(人) No agricultural population	农业人口(人) Agricultural population	平均每户人数(人/户) Number per households
全省	**Total**	**229**	**1 397 928**	**5 211 826**	**1 192 434**	**4 019 392**	**3.73**
长春市	**Changchun**	**58**	**459 388**	**1 833 268**	**180 109**	**1 653 159**	**3.99**
南关区	Nanguan	3	25 517	92 940	23 212	69 728	3.64
宽城区	Kuancheng	2	21 669	85 152	25 548	59 604	3.93
朝阳区	Chaoyang	3	23 483	83 044	17 760	65 284	3.54
二道区	Erdao	3	14 228	55 800	7 247	48 553	3.92
绿园区	Luiyuan	1	6 044	24 085	1 926	22 159	3.98
双阳区	Shuangyuang	4	23 304	87 367	5 187	82 180	3.75
九台市	Jioutai	12	89 189	359 928	30 629	329 299	4.04
榆树市	Yushu	16	142 044	539 955	36 661	503 294	3.80
德惠市	Dehuei	14	113 910	504 997	31 939	473 058	4.43
吉林市	**Jilin**	**42**	**279 489**	**1 036 448**	**256 571**	**779 877**	**3.71**
昌邑区	Changyi	1	4 793	17 412	2 192	15 220	3.63
船营区	Chuangyeng	1	2 505	11 876	6 835	5 041	4.74
丰满区	Fengman	1	5 412	20 162	2 643	17 519	3.73
蛟河市	Jiaohe	8	62 089	221 914	54 366	167 548	3.57
桦甸市	Huadian	8	48 594	170 872	67 252	103 620	3.52
舒兰市	Shulan	9	72 436	273 780	40 926	232 854	3.78
磐石市	Panshi	14	83 660	320 432	82 357	238 075	3.83
四平市	**Siping**	**29**	**203 950**	**776 059**	**182 608**	**593 451**	**3.81**
铁东区	Tie	1	7 936	23 027	5 706	17 321	2.90
公主岭市	Gongzhuling	19	151 365	590 357	146 568	443 789	3.90
双辽市	Tonghua	9	44 649	162 675	30 334	132 341	3.64
通化市	**Tonghua**	**28**	**128 097**	**455 987**	**165 781**	**290 206**	**3.56**
东昌区	Dongchang	1	4 725	15 046	3 266	11 780	3.18
二道江区	Erdaojiang	3	20 472	63 619	42 539	21 080	3.11
梅河口市	Meihekou	14	70 621	256 036	102 831	153 205	3.63
集安市	Jian	10	32 279	121 286	17 145	104 141	3.76
白山市	**Baisan**	**12**	**41 721**	**145 503**	**64 964**	**80 539**	**3.49**
八道江区	Badaojiang	4	16 787	61 263	29 751	31 512	3.65
临江市	Linjiang	8	24 934	84 240	35 213	49 027	3.38
松原市	**Songyuan**	**2**	**9 492**	**48 555**	**4 865**	**43 690**	**5.12**
宁江区	Ningjiang	2	9 492	48 555	4 865	43 690	5.12
白城市	**Baicheng**	**19**	**90 267**	**329 456**	**89 001**	**240 455**	**3.65**
洮北区	Taobei	5	23 823	84 769	20 389	64 380	3.56
洮南市	Taonan	5	26 189	100 769	25 140	75 629	3.85
大安市	Daan	9	40 255	143 918	43 472	100 446	3.58
延边州	**Yanbian**	**39**	**185 524**	**586 550**	**248 535**	**338 015**	**3.16**
延吉市	Yanji	2	4 686	14 972	5 329	9 643	3.20
图们市	Tumen	4	17 154	56 338	30 204	26 134	3.28
敦化市	Dunhua	10	70 398	226 414	94 284	132 130	3.22
珲春市	Hunchun	3	9 076	29 532	7 497	22 035	3.25
龙井市	Longjing	10	47 107	145 994	60 804	85 190	3.10
和龙市	Helong	10	37 103	113 300	50 417	62 883	3.05

3—5 全省县辖镇人口(1997年末)
POPULATION OF TOWN UNDER THE ADMINISTRATION OF A COUNTY(END OF 1997)

市、区 City、area	镇数(个) Number of town	总户数(户) Total of households	总人口(人) Population	按农业、非农业分 Grouped by agriculture 农业人口(人) Agricultural Population	非农业人口(人) No Agricultural Population	平均每户人数(人/户) Number per households
全 省 Total	**217**	**1 641 905**	**5 838 321**	**3 603 228**	**2 235 093**	**3.56**
长春市 Changchun	**14**	**139 954**	**578 831**	**424 813**	**154 018**	**4.14**
农安县 Nongan	14	139 954	578 831	424 813	154 018	4.14
吉林市 Jilin	**15**	**149 476**	**565 412**	**434 650**	**130 762**	**3.78**
永吉县 Yongji	15	149 476	565 412	434 650	130 762	3.78
四平市 Siping	**27**	**249 791**	**826 442**	**559 529**	**266 913**	**3.31**
梨树县 Lishu	18	171 431	557 888	369 244	188 644	3.25
伊通县 Yitong	9	78 360	268 554	190 285	78 269	3.43
辽源市 Liaoyuan	**25**	**163 049**	**562 862**	**398 478**	**164 384**	**3.45**
东丰县 Dongfeng	13	77 971	274 268	177 633	96 635	3.52
东辽县 Dongliao	12	85 078	288 594	220 845	67 749	3.39
通化市 Tonghua	**38**	**218 576**	**769 531**	**462 840**	**306 691**	**3.52**
通化县 Tonghua	12	51 297	176 237	106 165	70 072	3.44
柳河县 Liouhe	12	70 724	262 882	171 716	91 166	3.72
辉南县 Hueinan	14	96 555	330 412	184 959	145 453	3.42
白山市 Baisan	**32**	**223 059**	**703 149**	**223 410**	**479 739**	**3.15**
抚松县 Fusong	12	82 734	268 898	83 812	185 086	3.25
靖宇县 Jingyu	7	34 507	108 864	48 720	60 144	3.15
长白县 Changbai	6	21 149	69 692	34 276	35 416	3.30
江源县 Jiangyuan	7	84 669	255 695	56 602	199 093	3.02
松原市 Songyuan	**35**	**281 376**	**1 074 975**	**754 768**	**320 207**	**3.82**
前郭县 Qianguo	9	66 304	251 836	163 145	88 691	3.80
长岭县 Changling	12	88 146	345 701	251 007	94 694	3.92
乾安县 Qianan	6	45 498	168 708	93 048	75 660	3.71
扶余县 Fuyu	8	81 428	308 730	247 568	61 162	3.79
白城市 Baicheng	**16**	**101 030**	**378 415**	**201 791**	**176 624**	**3.75**
镇赉县 Zhenlai	7	43 033	173 426	89 534	83 892	4.03
通榆县 Tongyu	9	57 997	204 989	112 257	92 732	3.53
延边州 Yuanbian	**15**	**115 594**	**378 704**	**142 949**	**235 755**	**3.28**
汪清县 Wangqing	8	64 018	207 155	74 363	132 792	3.24
安图县 Antu	7	51 576	171 549	68 586	102 963	3.33

3—6 全省家庭户规模(1997)
SCALE OF MEMBERS HOUSEHOLD OF THE WHOLE PROVINCE(1997)

1997年度人口变动情况抽样调查资料 Figures in this table are from the sampling survey in 1997

规 模 Scale	户数(户) Households		占总计的(%) Percent	
	1996	1997	1996	1997
总 计 Total	**11 716**	**11 954**	**100.00**	**100.00**
一人户 One person households	374	352	3.19	2.94
二人户 Two person households	1 578	1 546	13.47	12.93
三人户 three person households	4 530	4 774	38.67	39.94
四人户 four person households	3 170	2 977	27.06	24.91
五人户 five person households	1 337	1 418	11.41	11.86
六人户 six person households	454	554	3.87	4.63
七人户 seven person households	172	197	1.47	1.65
八人及以上户 .over eight person households	101	136	0.86	1.14

3—7全省分年龄育龄妇女生育孩次状况(1997)
BASIC STATISTICS FROM THE SAMPLING SURVEY (1997)

1997年度人口变动情况抽样调查资料 Figures in this table are from the sampling survey in 1997

年龄(岁) Age	出生人数(人) Birth Number	孩次状况 Child Number			生育率(‰) Birth Rate
		一孩(‰) one (‰)	二孩(‰) two(‰)	三孩(‰) three(‰)	
总计 Total	**519**	**35.75**	**4.35**	**0.23**	**40.34**
15—19	1	0.68			0.68
20—24	237	130.24	2.24		132.48
25—29	211	85.10	5.13		90.23
30—34	56	8.85	15.04	0.88	24.78
35—39	13	3.92	2.80	0.56	7.27
40—44	1		0.55		0.55
45—49					

3—8 全省人口年龄构成情况(1997)
POPULATION AND IT'S COMPOSITION (1997)

1997年度人口变动情况抽样调查资料 Figures in this table are from the sampling survey in1997

年龄(岁) Age	人口数(人) Population			占总计的(%) Proportion		
	合计 Total	男 Male	女 Female	合计 Total	男 Male	女 Female
总计 Total	**42 615**	**21 702**	**20 913**	**100.00**	**50.93**	**49.07**
0—4	2 247	1 232	1 015	5.27	2.89	2.38
5—9	3 235	1 746	1 489	7.59	4.10	3.49
10—14	3 416	1 795	1 621	8.02	4.21	3.80
15—19	3 180	1 663	1 517	7.46	3.90	3.56
20—24	3 278	1 603	1 675	7.69	3.76	3.93
25—29	4 796	2 409	2 387	11.26	5.65	5.60
30—34	4 554	2 289	2 265	10.69	5.37	5.32
35—39	3 601	1 823	1 778	8.45	4.28	4.17
40—44	3 719	1 876	1 843	8.73	4.40	4.33
45—49	2 939	1 486	1 453	6.90	3.49	3.41
50—54	1 809	873	936	4.24	2.05	2.20
55—59	1 701	841	860	3.99	1.98	2.02
60—64	1 500	746	754	3.52	1.75	1.77
65—69	1 181	597	584	2.77	1.40	1.37
70—74	760	377	383	1.78	0.88	0.90
75—79	429	212	217	1.01	0.50	0.51
80—84	180	93	87	0.40	0.22	0.20
85—89	67	32	35	0.16	0.08	0.08
90岁及90岁以上 over	23	9	14	0.05	0.02	0.03

3—9 全省15岁及以上人口的婚姻状况(1997)
MARITAL STATUS OF POPULATION AGE 15 AND OVER (1997)

1997年度人口变动情况抽样调查资料 Figures in this table are from the sampling survey in 1997

婚姻状况 Marital status	人口数(人) Population		占15岁及15岁以上人口的(%) Proportion of age 15 and over	
	1996	1997	1996	1997
总计 Total	**32 558**	**33 717**	**100**	**100**
未婚 Unmarried	6 205	6 058	19.06	17.97
初婚有配偶 First married	23 668	24 890	72.69	73.82
再婚有配偶 Second Married	655	655	2.01	1.94
离婚 Divorced	449	435	1.38	1.29
丧偶 Widowed	1 581	1 679	4.86	4.98

从业人员与职工工资 4

EMPLOYMENT AND WAGE

4—1 改革开放以来全省从业人员变化情况
BASIC STATISTICS FOR PERSONS EMPLOYED OF WHOLE PROVINCE SINCE REFORM AND OPEN

单位:万人　　　　unit：10000 person

年份 Year	从业人员合计 Total of persons Employed	按城乡分 Grouped by Urban and Rural						
		城镇 town	国有经济 state—owned	集体经济 collective—owned	联营经济 Joint—owned	股份制经济 share—Holding	外商投资 foreign—funded	港澳台投资 Hong Kong,Macao and Taiwan Funded Economic units
1978	645.38	324.92	250.02	74.90				
1979	671.29	349.40	257.50	91.09				
1980	715.30	377.25	270.50	103.38				
1981	754.52	402.05	282.81	113.67				
1982	849.62	418.82	292.30	118.94				
1983	847.50	432.48	296.87	125.01				
1984	867.25	456.26	293.07	138.19				
1985	930.20	480.19	304.43	144.91				
1986	987.95	501.45	320.78	149.95				
1987	1 032.75	518.00	331.87	154.03				
1988	1 106.22	534.67	343.69	153.54				
1989	1 142.19	547.27	352.74	156.19				
1990	1 169.41	554.98	361.98	154.44				
1991	1 194.69	573.75	371.80	160.03				
1992	1 235.02	588.39	379.27	157.83				
1993	1 237.67	598.85	379.86	152.44				
1994	1 250.24	606.68	392.15	131.42	0.17	8.99	5.28	0.90
1995	1 270.77	622.78	393.69	116.85	0.26	9.90	6.21	1.53
1996	1 257.14	628.09	391.82	108.64	0.31	10.21	7.18	1.72
1997	1 237.73	621.56	382.23	100.90	0.43	15.12	7.35	1.83

年份 Year	其他经济 Other	私营企业 Private enterprises	个体 Individual	乡村 Rural	#乡镇企业 Township and village enterprises	按三次产业分 Grouped by type of industry 第一产业 Primary Industry	第二产业 Secnodary Industry	第三产业 Tertiary Industry
1978				320.46	36.50	318.1	205.0	122.3
1979			0.81	321.89	39.10	318.4	216.3	136.6
1980			3.37	338.05	42.30	329.3	231.7	154.3
1981			5.57	352.47	42.80	349.8	242.0	162.7
1982			7.58	430.80	46.90	413.8	248.0	187.8
1983			10.60	415.02	47.70	410.8	256.9	179.8
1984			15.91	410.99	52.80	401.1	258.6	207.6
1985			21.37	450.01	51.20	421.9	286.2	222.1
1986			21.17	486.50	113.40	432.5	302.6	252.9
1987			22.96	514.75	140.60	465.8	313.9	253.0
1988			28.53	571.55	162.50	511.6	324.9	269.7
1989			29.25	594.92	162.10	549.0	329.7	263.5
1990			29.50	614.43	155.30	564.8	334.4	270.2
1991			31.52	620.94	159.00	572.4	339.2	283.1
1992			38.51	646.63	168.30	590.2	352.6	292.2
1993			46.68	638.82	191.70	572.5	352.5	312.7
1994	0.07	11.85	55.85	643.56	206.10	570.7	343.3	336.2
1995	0.21	14.69	79.43	647.99	213.90	572.1	339.2	359.4
1996	0.20	15.49	92.51	629.05	225.10	562.3	329.3	365.5
1997	0.18	16.65	96.87	616.17	101.18	551.0	315.5	371.2

4—2 各市(州)从业人员数(1997年末)
THE NUMBER OF EMPLOYMENT BY CITIES (PREFECTURE)(END OF 1997)

单位:人 unit:person

市(州) city (prefecture)	从业人员合计 Total of persons Employed	按城乡分 Grouped by Vrban and Rural						
		城镇 town	国有经济 state owned	集体经济 collective owned	联营经济 Joint owned	股份制经济 share holding	外商投资 Foreign funded	港澳台投资 Hong Kong Macao and Taiwan Funded Economic units
长春市 Changchun	3 511 755	1 683 146	974 609	261 147	3 152	38 074	29 910	7 840
吉林市 Jilin	2 018 479	1 108 407	618 893	215 691	251	58 472	4 613	3 727
四平市 Siping	1 298 979	538 882	363 767	95 196		12 913	6 561	376
辽源市 Liaoyuan	606 276	303 310	192 567	55 914		4 923	809	691
通化市 Tonghua	1 030 702	492 632	301 125	83 846	102	5 751	4 445	2 204
白山市 Baishan	539 571	374 919	264 123	43 833		12 273	4 765	1 354
松原市 Songyuan	1 214 973	406 238	258 438	36 972	3 604	2 129	176	193
白城市 Baicheng	850 103	392 849	256 005	55 497		1 700	1 026	259
延边州 Yanbian	1 079 172	687 930	430 819	95 504	820	13 501	19 243	1 688

市(州) City (prefecture)						按三次产业分 Grouped bg type of industry		
	其他经济 Other —owned	私营企业 Private enterprises	个体 Individual	乡村 Rural	#乡镇企业 Township and village enterprises	第一产业 Primary Industry	第二产业 Secondary Industry	第三产业 Tertiary Industry
长春市 Changchun	1 549	59 060	307 805	1 828 609	569 618	1 575 552	811 047	1 125 156
吉林市 Jilin	41	42 682	164 037	910 072	67 652	802 822	629 564	586 093
四平市 Siping		7 696	52 373	760 097	63 274	688 701	254 304	355 974
辽源市 Liaoyuan	43	5 649	42 714	302 966	25 057	246 718	200 150	159 408
通化市 Tonghua		14 184	80 975	538 070	285 651	453 104	277 660	299 938
白山市 Baishan		6 786	41 785	164 652	36 568	135 366	242 887	161 318
松原市 Songyuan		6 366	98 360	808 735	92 035	796 605	168 762	249 606
白城市 Baicheng	4	3 416	74 942	457 254	34 980	462 416	146 256	241 431
延边州 Yanbian		20 690	105 665	391 242	30 154	348 608	380 443	350 121

4－3 全部职工人数
TOTAL STAFF AND WORKERS

单位:人　　　　unit:person

项目	Item	职工人数 Staff and Workers 1996	1997	＃女职工人数 Female Staff and Workers 1996	1997
全　　省	**Total**	**5 133 075**	**5 008 939**	**2 074 204**	**2 026 060**
＃下岗职工	Staff and workers unemployed	414 809	779 489		
按经济类型分	Grouped by ownership				
国有经济	State－owned	3 858 113	3 758 840	1 416 084	1 394 115
集体经济	Collective－owned	1 079 741	1 001 907	564 917	522 129
联营经济	Joint－owned	3 098	4 320	1 142	2 269
股份制经济	Share holding	101 731	150 767	48 143	65 548
外商投资经济	Foreign Funded	71 260	73 036	36 205	34 209
港澳台投资经济	Overseas Chinese from HongKong Macao and TaiWan Funded	17 130	18 239	7 011	7 215
其他经济	Others	2 002	1 830	702	575
按企业、事业、机关分	Grouped by Enterprises institutions and organizations				
企　　业	Enterprise	4 029 401	3 894 267	1 630 846	1 573 429
事业、机关	Institutions organizations	1 103 674	1 114 672	443 358	452 631
按国民经济行业分	Grouped by sector				
1.农、林、牧、渔业	Farming forestry animal hashandry and fishery	205 155	213 215	71 973	74 357
2.采掘业	Excavation	511 158	500 458	151 028	155 329
3.制造业	Manufacturing	1 842 149	1 745 681	836 826	779 230
4.电力、煤气及水的生产和供应业	Electric Power gas and water Produc－tion and supply	88 765	89 704	25 827	26 667
5.建筑业	Construction	318 867	290 820	83 197	76 126
6.地质勘查业、水利管理业	Geological prospecting and water conserancy	37 430	36 454	9 424	9 126
7.交通运输、仓储及邮电通信业	Traasportation storage postal and telecommunications services	287 587	288 377	79 134	83 136
8.批发和零售贸易、餐饮业	Wholesale retail trade and food services	665 874	655 899	311 053	303 947
9.金融、保险业	Bunking and insurance	92 480	93 132	40 661	40 640
10.房地产业	Real Estate management	31 517	30 704	9 337	9 295
11.社会服务业	Social services	153 660	167 126	76 851	80 743
12.卫生、体育和社会福利业	Health care sports and social welfare	144 177	146 235	85 473	87 873
13.教育、文化艺术和广播电影电视业	Education,culture and arts radio film and televisions	403 444	406 668	199 305	202 313
14.科学研究和综合技术服务业	Scientific research and polytechnical services	52 644	53 076	17 692	17 812
15.国家机关、党政机关和社会团体	Government agencies partyagencies and social organizations	256 583	248 341	62 017	59 437
16.其他行业	Others	41 585	43 049	14 406	20 029

4-4 国有和城镇集体经济单位职工人数
STAFF AND WORKERS IN STATE AND COLLECTIVE-OWNED UNITS

单位:人　　unit:person

项目	Item	国有经济 State-owned 1996	国有经济 State-owned 1997	城镇集体经济 Collective-owned 1996	城镇集体经济 Collective-owned 1997
全　省	**Total**	**3 858 113**	**3 758 840**	**1 079 741**	**1 001 907**
#下岗职工	Staff and workers unemployed	264 383	498 421	141 084	255 475
按隶属关系分	Grouped by administrative relationship				
中央	Under central government	766 745	751 051		
地方	Local	3 091 368	3 007 789		
按企业、事业、机关分	Grouped by Enterprises, institutions and organizations				
企业	Enterprise	2 782 672	2 668 651	1 051 552	977 467
事业、机关	institutions organizations	1 075 441	1 090 189	28 189	24 440
按国民经济行业分	Grouped by sector				
1.农、林、牧、渔业	Farming, forestry, animal hasbandry and fishery	190 208	197 048	5 996	4 548
2.采掘业	Excavation	481 959	471 040	28 573	27 783
3.制造业	Manufacturing	1 125 093	1 038 656	597 865	539 374
4.电力、煤气及水的生产和供应业	electric power, gas and water production and supply	84 411	84 696	3 861	4 380
5.建筑业	Construction	199 972	178 757	105 644	98 818
6.地质勘查业、水利管理业	Geological prospecting and water conserancy	36 819	35 960	593	475
7.交通运输、仓储及邮电通信业	Traasportation storage postal and Telecommunications services	240 894	241 767	46 247	45 924
8.批发和零售贸易、餐饮业	Wholesale retail trade and food services	418 813	417 092	206 389	199 226
9.金融、保险业	Bunking and insurance	64 458	63 227	27 097	27 582
10.房地产业	Real Estate management	28 397	28 344	1 004	544
11.社会服务业	Social Services	116 840	131 846	29 744	28 250
12.卫生、体育和社会福利业	Health care sports and social welfare	132 102	133 478	11 934	12 671
13.教育、文化艺术和广播电影电视业	Education, culture and arts radio film and televisions	402 276	405 797	964	840
14.科学研究和综合技术服务业	Scientific research and polytechnical services	50 930	51 634	1 545	1 291
15.国家机关、党政机关和社会团体	Govenment agencies party agencies and Social organizations	255 320	247 232	1 263	1 109
16.其他行业	Others	29 621	32 266	11 022	9 092

4—5 改革开放以来职工工资增长变化情况
WAGE INCREASES FOR STAFF AND WORKERS SINCE REFORM AND OPEN

年份 Year	全部职工平均工资（元）Average annual wage (yuan)	指数（以上年为100）Index (preceding year=100)		国有单位平均工资（元）Average annual wage in state-owned units (yuan)	指数（以上年为100）Index (preceding year=100)		城镇集体单位平均工资（元）Average annual wage in collec-five-owned units (yuan)	指数（以上年为100）Index (preceding year=100)	
		货币工资 Money wage	实际工资 Real wage		货币工资 Money wage	实际工资 Real wage		货币工资 Money wage	实际工资 Real wage
1978	651			712			467		
1979	700	107.5	105.7	753	105.8	104.0	539	115.4	113.5
1980	763	109.0	103.2	827	109.8	104.0	588	109.1	100.5
1981	770	100.9	99.3	840	101.6	100.0	611	103.9	102.3
1982	799	103.8	99.6	863	102.7	98.6	637	104.3	100.1
1983	823	103.0	98.6	881	102.1	97.7	680	106.8	103.7
1984	927	112.6	108.8	1 008	114.4	110.5	751	110.4	106.6
1985	1 081	116.6	105.7	1 175	116.6	105.7	880	117.2	106.3
1986	1 221	113.0	106.6	1 333	113.4	107.0	974	110.7	104.4
1987	1 366	111.9	104.0	1 491	111.9	104.0	1 088	111.7	103.4
1988	1 630	119.3	99.2	1 771	118.8	98.7	1 311	120.5	99.1
1989	1 755	107.7	91.9	1 914	108.1	92.2	1 388	105.9	90.6
1990	1 888	107.6	102.6	2 068	108.0	103.0	1 456	104.9	101.0
1991	2 045	108.3	101.4	2 233	108.0	101.0	1 596	109.6	102.3
1992	2 308	112.9	104.2	2 526	113.1	105.7	1 759	110.2	100.4
1993	2 701	117.0	103.4	2 974	117.7	104.0	1 952	111.0	98.1
1994	3 666	135.7	110.2	3 997	134.4	109.1	2 568	131.6	105.9
1995	4 430	120.8	104.9	4 803	120.2	104.3	3 032	118.1	102.6
1996	5 370	121.2	112.6	5 765	120.0	111.5	3 752	123.7	114.9
1997	5 664	105.5	101.7	6 017	104.4	100.7	3 813	101.6	98.0

4—6 其他从业人员及劳动报酬(1997)
WAGE OF STAFF AND WORKERS IN OTHER ECONOMY UNITS(1997)

分组	Item	年末人数（人）Number at year—end (person)	劳动报酬（万元）Wage (10000 yuan)
总　计	**Total**	**71 521**	**27 707**
按经济类型分	Grouped by ownedship		
国有经济	State—owned	63 482	19 949
集体经济	Collective—owned	7 049	2 961
联营经济	Joint—owned	5	4
股份制经济	Shareholding	444	272
外商投资经济	Foreign Funded	465	4 443
港澳台投资经济	Over seas Chinese from HongKong Macao and Tai Wan Funded	76	79
其他经济	Others		
按企业、事业、机关分	Grouped by Enterprises institutions andorgan izafions		
企业	Enterprise	30 113	17 846
事业、机关	institutions organizations	41 408	9 861
按国民经济行业分	Grouped by sector		
1.农、林、牧、渔业	Farming forestry animal hasbandry and fishery	612	179
2.采掘业	Excavation	3 220	1 868
3.制造业	Manufactutrng	6 488	6 771
4.电力、煤气及水的生产和供应业	electric power gas and water production and supply	130	66
5.建筑业	Construction	3 510	1 628
6.地质勘查业、水利管理业	Geological prospecting and water conserancy	16	16
7.交通运输、仓储及邮电通信业	Tran sportation storage postal and tele communications services	8 395	2 389
8.批发和零售贸易、餐饮业	Wholesale retail trade and food services	1 279	454
9.金融、保险业	Bunking and insurance	4 957	3 288
10.房地产业	Real estate management	270	111
11.社会服务业	Social services	2 061	1 263
12.卫生、体育和社会福利业	Health care sports and social welfare	220	330
13.教育、文化艺术和广播电影电视业	Education culture and arts radio film and televisions	37 341	8 595
14.科学研究和综合技术服务业	Scientific researth and polytechnical services	289	111
15.国家机关、党政机关和社会团体	Govenment agencies partgagencies and Social organizations	2 666	574
16.其他行业	Others	67	62

4—7 全部职工工资总额和平均工资
TOTAL AND AVERAGE ANNUAL WAGE OF STAFF AND WORKERS

分组	Item	工资总额(万元) Total wage (10000yuan)		平均工资(元) Average annual wage(yuan)	
		1996	1997	1996	1997
全　省	**Total**	**2 636 962**	**2 745 277**	**5 370**	**5 664**
按经济类型分	Grouped by ownership				
国有经济	State—owned	2 164 775	2 214 025	5 765	6 017
集体经济	Collective—owned	364 074	353 209	3 752	3 813
联营经济	Joint—owned	1 787	3 173	5 764	7 403
股份制经济	Share holding	54 504	110 779	5 578	7 471
外商投资经济	Foreign funded	41 271	51 093	6 222	7 402
港澳台投资经济	Overseas Chinese from HongKong Macao and TaiWan Funded	9 398	11 840	5 643	6 659
其他经济	Others	1 153	1 158	5 836	6 811
按企业、事业、机关分	Grouped by enterprises institutions organizations				
企业	Enterprise	2 018 159	2 066 349	5 278	5 515
事业、机关	institutions organizations	618 803	678 928	5 692	6 169
按国民经济行业分	Grouped by sector				
1.农、林、牧、渔业	Farming forestry animal hasbandry and fishery and organizations	74 184	80 778	3 711	3 863
2.采掘业	Excavation	246 341	254 651	5 019	5 287
3.制造业	Manufacturing	887 204	874 477	5 140	4 232
4.电力、煤气及水的生产和供应业	Electric power gas and water production and supply	80 355	87 158	9 222	9 893
5.建筑业	Construction	177 318	166 448	5 594	5 730
6.地质勘查业、水利管理业	Geological prospecting and water conserancy	17 618	17 389	4 752	4 826
7.交通运输、仓储及邮电通信业	Traasportation storage postal and Telecommunications services	198 122	216 531	7 168	7 727
8.批发和零售贸易、餐饮业	Wholesale retail trade and food services	246 359	260 067	3 987	4 209
9.金融、保险业	Bunking and insurance	73 500	84 252	7 877	9 127
10.房地产业	Real estate management	17 906	18 302	6 073	6 389
11.社会服务业	Social services	78 494	103 653	5 269	6 383
12.卫生、体育和社会福利业	Health care sports and social welfare	85 152	96 124	5 946	8 424
13.教育、文化艺术和广播电影电视业	Education culture and arts radio film and televisions	234 828	259 776	5 897	6 466
14.科学研究和综合技术服务业	Scientific researnh and polytechnical services	38 437	41 325	7 378	7 834
15.国家机关、党政机关和社会团体	Govenment agencies parthagencies and social organizations	153 386	162 453	6 048	6 591
16.其他行业	Others	27 758	21 893	6 981	5 125

4—8 各种经济类型单位职工工资总额和平均工资

项目	Item	国有经济 State—owned 1996
全　　省	**Total**	**2 164 775**
按企业、事业、机关分	Grouped by Enterprises institutions and organizations	
企业	Enterprise	1 558 379
事业、机关	institutions organizations	606 396
按国民经济行业分	Grouped by sector	
1. 农、林、牧、渔业	Farming, forestry, animal hasbandry and fishery	66 927
2. 采掘业	Excavation	237 810
3. 制造业	Manufacturing	630 896
4. 电力、煤气及水的生产和供应业	Electric power gas and water production and supply	76 838
5. 建筑业	Construction	122 194
6. 地质勘查业、水利管理业	Geological prospecting and water conserancy	17 385
7. 交通运输、仓储及邮电通信业	Traasportation storage, postal and tele—communications services	184 907
8. 批发和零售贸易、餐饮业	Wholesale retail trade and food services	167 639
9. 金融、保险业	Bunking and insurance	54 497
10. 房地产业	Real estate management	16 119
11. 社会服务业	Social services	63 096
12. 卫生、体育和社会福利业	Health care, sports and social welfare	79 648
13. 教育、文化艺术和广播电影电视业	Education culture and arts radio film and televisions	234 102
14. 科学研究和综合技术服务业	Scientific research and polytechnical services	37 532
15. 国家机关、党政机关和社会团体	Govenment agencies Partyagencies and Social organizations	152 610
16. 其他行业	Others	22 575

TOTAL AND AVERAGE ANNUAL WAGE OF STAFF AND WORKERS BY SECTOR

工资总额(万元) Total wage(10000 yuan)					平均工资(元) Average annual wage (yuan)					
	集体经济 Collective－owned		其他经济 Others		国有经济 State－owned		集体经济 Collective－owned		其他经济 Others	
1997	1996	1997	1996	1997	1996	1997	1996	1997	1996	1997
2 214 025	**364 074**	**353 209**	**108 113**	**178 043**	**5 765**	**6 017**	**3 752**	**3 813**	**5 820**	**7 386**
1 547 238	351 692	341 100	108 089	178 011	5 784	5 943	4 575	3 781	520	7 386
666 787	12 382	12 109	24	32	5 718	6 196	4 636	4 999	5 651	7 488
70 632	1 722	1 320	5 535	8 825	3 600	3 644	3 300	3 035	6 318	8 064
244 888	8 328	8 781	202	982	5 099	5 360	3 505	3 803	3 233	6 071
568 620	190 871	179 947	65 437	125 910	5 837	5 636	3 580	3 591	5 830	8 024
82 615	3 043	3 997	473	547	9 261	9 898	8 388	9 951	8 763	8 842
112 411	48 846	46 853	6 277	7 184	5 887	6 038	5 036	5 107	5 056	5 719
17 239	222	133	11	18	4 758	4 846	4 245	2 987	5 700	9 238
202 454	12 986	13 572	229	504	7 867	8 474	3 176	3 342	5 207	7 507
183 207	56 845	53 665	21 874	23 195	4 274	4 639	3 057	2 929	5 504	5 832
62 104	18 282	20 424	723	1 724	8 322	9 928	6 798	7 459	7 755	7 278
16 725	338	236	1 449	1 341	6 100	6 345	3 486	4 468	6 928	7 614
85 446	10 680	11 969	4 708	6 238	5 479	6 565	3 915	4 768	7 228	8 744
89 699	5 380	6 322	124	103	6 069	6 776	4 539	5 032	8 921	12 434
259 238	568	507	158	32	5 896	6 466	5 875	6 035	7 965	10 129
40 434	804	724	100	167	7 452	7 876	5 145	5 747	6 036	10 941
161 713	776	740			6 048	6 591	6 143	6 564		
16 600	4 383	4 019	803	1 273	7 728	5 174	4 558	4 497	8 560	7 511

4—9 各市(州)职工工资总额和平均工资(1997)
TOTAL AND AVERAGE WAGE OF STAFF AND WORKERS BY CITY (PREFECTURE)(1997)

市(州) city(prefecture)	职工工资总额(万元) Total wage (10000yuan)	国有经济 state owned	集体经济 collective owned	其他经济 Others	职工平均工资(元) Average wage (yuan)	国有经济 state owned	集体经济 collective owned	其他经济 Others
长春市 Changchun	907 636	712 310	129 488	65 838	7 052	7 472	5 076	8 382
吉林市 Jilin	513 925	359 787	83 776	70 362	5 767	5 884	3 945	10 445
四平市 Siping	192 008	160 805	23 271	7 932	4 638	4 921	3 350	4 469
辽源市 Liaoyuan	90 037	77 927	10 278	1 832	4 549	4 821	3 315	3 461
通化市 Tonghua	174 806	145 793	24 776	4 237	4 434	4 879	2 968	3 532
白山市 Baishan	136 697	116 053	13 883	6 761	4 366	4 606	3 139	4 001
松原市 Songyuan	175 747	162 051	11 760	1 936	6 097	6 589	3 250	3 170
白城市 Baicheng	116 404	102 626	12 730	1 048	3 769	4 092	2 311	3 499
延边州 Yanbian	262 758	220 088	24 574	18 096	4 744	5 178	2 594	5 306

4—10 城镇失业及就业情况
UNEMPLOYED AND EMPLOYED IN URBAN

单位:人 unit:person

分组	Item	1996	1997
年末实有失业人员数	Person unemployed at yearend	93 338	87 605
失业人员年龄、性别	The age and sex of person unemployed		
16—25岁	16—25	64 320	51 560
#女性	#female	32 321	25 202
26岁及以上	over26	29 018	36 045
#女性	#female	15 381	19 247
失业时间	Time of unemployed		
6个月以下	under six month	38 709	39 454
#女性	#female	20 103	18 087
6个月以上	over six month	54 629	48 151
#女性	#female	27 599	26 362
失业人员文化程度	Educational level of person unemployed		
大专及以上	Over college for professional training	5 253	5 202
#女性	#female	2 235	2 890
中专及高中	Specialized secondary and senior	29 938	27 507
#女性	#female	15 608	13 070
初中及以下	Junior and below	58 147	54 896
#女性	#female	29 859	28 489
失业率(%)	Unemployment rate(%)	1.5	1.4
安置失业人员就业人数		124 868	111 829
(一)企业	Enterprises	81 410	65 431
1.国有企业	State—owned	35 026	27 486
2.集体企业	Collective—owned	25 758	16 205
3.私营企业	Private—owned	10 108	11 819
4.外商投资企业	Foreign funded	3 601	2 387
5.其他经济类型企业	Others	6 917	7 534
(二)事业和机关	Institutions and organizations	2 711	1 792
(三)个体经济组织	Individual Business	23 312	26 433
(四)其他	Others	17 435	18 173

4－11 城乡劳动力资源与分配平衡表
URBAN RURAL LABOR FORCE RESOURCES AND BALANCE SHEET

单位：万人　　　　unit：10 000

项目	Item	1996 城乡合计 Total	1996 城镇 Urban	1996 乡村 Rural	1997 城乡合计 Total	1997 城镇 Urban	1997 乡村 Rural
年末劳动力资源总数	**Total of labor force resources at yearend**	**1 765.3**	**764.9**	**1 000.4**	**1 793.8**	**777.2**	**1 016.6**
#当年新增加的劳动力资源	#Add labor force resources in this year	40.5	18.6	21.9	38.6	17.4	21.2
年末劳动年龄内全部人数	Total of labor force	1 813.5	773.6	1 039.9	1 833.8	782.5	1 051.3
#不计入劳动力资源的人数	#Number of Countless labor force resources	57.3	17.8	39.5	50.9	16.9	34.0
经济活动人口	**Productive labour**	**1 266.4**	**626.5**	**639.9**	**1 246.5**	**621.0**	**625.5**
(一)从业人员	Persons Employed	1 257.1	617.2	639.9	1 237.7	612.2	625.5
1、按经济类型分	Grouped by ownership						
国有经济	State－owned	391.8	384.2	7.6	382.2	375.6	6.6
集体经济	Collective－owned	737.6	106.3	631.3	717.1	99.2	617.9
私营经济	Privately－owned	15.5	15.5		16.6	16.6	
个体经济	Individual－owned	92.5	92.5		96.9	96.9	
联营经济	Joint－owned	0.3	0.3		0.4	0.4	
股份制经济	Share holding	10.3	10.2	0.1	1.8	1.7	0.1
外商投资经济	Foreign funded	7.2	6.4	0.8	7.4	6.7	0.7
港澳台投资经济	Overseas Chinese from HongKong Macao and TaiWan funded	1.7	1.6	0.1	1.8	1.7	0.1
其他经济	Others	0.2	0.2		0.2	0.2	
2、按国民经济行业分	Grouped by sector						
农、林、牧、渔业	Farming forestry animal hasbandry and fishery	562.3	27.2	535.1	551.0	28.6	522.4
采掘业	Excavation	58.0	50.1	7.9	55.6	49.5	6.1
制造业	Manufacturing	212.5	195.4	17.1	203.5	186.2	17.3
电力、煤气及水的生产和供应业	electric power gas and water Production and supply	9.0	8.8	0.2	9.0	9.0	
建筑业	Construction	49.8	31.9	17.9	47.4	29.7	17.7
地质勘查业、水利管理业	Geological prospecting and water conserancy	4.6	3.7	0.9	3.6	3.6	
交通运输、仓储及邮电通信业	Traasportation storage postal and Telecommunications services	49.9	37.9	12.0	51.1	39.0	12.1
批发和零售贸易、餐饮业	Wholesale retail trade and food services	140.7	126.1	14.6	145.4	129.7	15.7
金融、保险业	Bunking and insurance	9.9	9.2	0.7	10.4	9.8	0.6
房地产业	Real estate management	3.2	3.1	0.1	3.1	3.0	0.1
社会服务业	Social services	28.8	28.5	0.3	29.6	29.2	0.4
卫生、体育和社会福利业	Health care sports and social welfare	16.5	14.6	1.9	16.5	14.8	1.7
教育、文化艺术和广播电影电视业	Education culture and arts radio film and televisions	51.0	43.0	8.0	51.9	43.2	8.7
科学研究和综合技术服务业	Scientific researsh and polytechnical services	5.5	5.3	0.2	5.4	5.3	0.1
国家机关、党政机关和社会团体	Govenment agencies partyagencies and social organizations	27.7	25.7	2.0	26.9	25.0	1.9
其他行业	Others	27.7	6.7	21.0	27.3	6.6	20.7
(二)失业人员		9.3	9.3		8.8	8.8	
非经济活动人口	**Nonproductive labour**	**498.9**	**138.4**	**360.5**	**547.3**	**156.2**	**391.1**
#16岁以上在校学生	#Over 16 age students in shcool	64.7	40.6	24.1	60.8	40.9	19.9
家务劳动者	Homework labsur	262.5	69.6	192.9	231.6	63.2	168.4

4—12 职工保险福利费用(1997)

单位:万元

分组	Item	合计 Total
总计	**Total**	**241 192**
国有经济单位	State—owned	219 570
按企业、事业、机关分	Grouped by Enterprises institutions and organizations	
企业	Enterprise	171 228
事业、机关	institutions organizations	48 342
按国民经济行业分	Grouped by sector	
农、林、牧、渔业	Farming, forestry animal hasbandry and fishery	5 515
采掘业	Excavation	20 670
制造业	Manufacturing	95 662
电力、煤气及不的生产和供应业	Electric power, gas and water production and supply	7 306
建筑业	Construction	9 496
地质勘查业、水利管理业	Geological prospecting and water conserancy	2 420
交通运输、仓储及邮电通信业	Transportation storage postal and telecommunications services	10 804
批发和零售贸易、餐饮业	Wholesale retail trade and food services	9 552
金融、保险业	Bunking and insurance	9 731
房地产业	Real estate management	2 444
社会服务业	Social Services	2 794
卫生、体育和社会福利业	Health care sports and social welfare	6 757
教育、文化艺术和广播电影电视业	Education culture and arts radio film and televisions	13 529
科学研究和综合技术服务业	Scientific Research and polytechnical services	5 462
国家机关、党政机关和社会团体	Govenment Agencies Party agencies and socialorganizations	15 005
其他行业	Others	2 423
城镇集体经济单位	Urban collective—owned units	15 849
其他各种经济类型单位	Other ownership units	5 773

LABOR INSURANCE AND WELFARE FUNDS FOR COLLECTION(1997)

unit:10000yuan

医疗卫生费 Medical care	冬季取暖补贴 Subsidies for heating in winter	文体宣传费 Expenses for cultural activities sports and propaganda	集体福利设施及福利补贴 Subsidies for pulic walfare and facilities	其他 Other
103 092	**13 990**	**14 867**	**77 515**	**31 728**
94 675	11 883	12 363	73 534	27 115
66 826	7 563	9 486	68 595	18 758
27 849	4 320	2 877	4 939	8 357
2 310	610	1 065	485	1 045
11 325	732	1 394	3 848	3 371
26 889	2 213	4 212	58 225	4 123
4 517	660	277	1 052	800
4 083	732	1 379	1 256	2 046
1 590	179	110	199	342
6 202	687	763	1 169	1 983
5 520	885	307	1 158	1 682
6 623	681	368	925	1 134
806	139	128	194	1 177
1 350	204	175	484	581
3 578	737	319	520	1 603
6 103	1 395	562	2 230	3 239
3 517	155	445	527	818
9 464	1 684	753	1 071	2 033
798	190	106	191	1 138
5 605	1 742	2 325	2 367	3 810
2 812	365	179	1 614	803

4—13 离退休退职人员人数及保险福利费用(1997) LABOR INSURANCE AND WELFARE FUNDS FOR VCSR,RRSW(1997)

分组		离退休退职年末人数(人) UCSR and RRSW (person)	离休人员 UCSR	退休人员 Retired	领取定期生活费的退职人员 Resigned	保险福利费用合计(万元) welfare funds (10000Yuan)
总计	**Total**	**951 606**	**73 554**	**856 508**	**21 544**	**462 849**
国有经济单位	State—owned units	739 372	66 155	657 661	15 556	408 076
按隶属关系分	Grouped by administrative relationship					
中央	Under central Government	154 540	10 538	141 557	2 445	111 122
省	Province	105 280	12 000	91 210	2 070	73 451
地区	Prefecture	255 560	20 299	229 877	5 384	128 936
县及县以下	County and county below	223 992	23 318	195 017	5 657	94 567
按企业、事业、机关分	Grouped by Enterprises Institutions and organizatiens					
企业	Enterprises	553 675	29 738	511 994	11 943	281 974
事业、机关	Institutions and org—anization	185 697	36 417	145 667	3 613	126 102
城镇集体经济单位	Urban collective—owned units	196 694	6 748	184 239	5 707	46 129
其他各种经济类型单位	Other ownership units	15 540	651	14 608	281	8 644

分组		离休金 Pensions for VCSR	退休金 Pensions for retirement	退职生活费 Resignation allowances for living expenses	医疗卫生费 Medical care	其他 Other
总计	**Total**	**51 834**	**333 438**	**5 026**	**49 422**	**23 129**
国有经济单位	State—owned units	48 882	288 869	2 965	46 444	20 916
按隶属关系分	Grouped by administrative relationship					
中央	Under central Government	8 558	81 364	300	13 052	7 848
省	Province	10 428	46 604	424	12 847	3 148
地区	Prefecture	16 502	90 818	1 058	14 567	5 991
县及县以	County and county below	13 394	70 083	1 183	5 978	3 929
按企业、事业机关分	Grouped by Enterprises Institutions and organizatiens					
企业	Enterprises	23 750	207 799	2 122	33 294	15 009
事业、机关	Institutions and org—anization	25 132	81 070	843	13 150	5 907
城镇集体经济单位	Urban collective—owned units	2 408	38 027	2 008	1 948	1 738
其他各种经济类型单位	Other ownership units	544	6 542	53	1 030	475

固定资产投资 5

INVESTMENT IN FIXED ASSETS

5－1 全社会固定资产投资
TOTAL INVESTMENT IN FIXED ASSETS

单位:万元　　　　unit:10 000 yuan

年份 year	全社会固定资产投资 Total investment	按经济类型分 Groupd by ownership							
		国有经济 Sated — owned	基本建设 Capital construction	更新改造 Technical updates and transformation	其他投资 Others	房地产业 Real estate	集体经济 Collective — owhed	城镇 Urban	农村 Rural
1978	181 631	155 969	135 389	20 580			18 495	1 507	16 988
1979	195 372	172 123	142 929	29 194			15 575	1 334	14 241
1980	208 798	176 463	140 100	36 363			19 574	4 097	15 477
1981	209 790	170 519	91 594	64 812	14 113		22 588	6 713	15 875
1982	275 055	220 784	119 683	82 759	18 342		23 762	8 271	15 491
1983	293 320	219 905	133 050	78 220	8 635		33 907	9 449	24 458
1984	409 334	255 014	144 818	82 339	27 857		21 571	12 675	8 896
1985	621 557	373 829	223 967	121 442	28 420		43 985	19 223	24 762
1986	634 122	421 174	232 483	159 217	29 474		43 798	23 255	20 543
1987	769 970	539 577	269 896	206 065	63 616		63 668	24 424	39 244
1988	930 322	678 053	372 848	254 625	50 580		72 600	37 936	34 664
1989	800 996	581 280	290 737	213 991	76 552		42 792	25 087	17 705
1990	935 080	669 374	291 155	225 695	87 691	64 833	28 236	17 990	10 246
1991	1 139 671	856 280	404 643	254 042	120 297	77 298	59 834	26 912	32 922
1992	1 510 786	1 216 686	620 762	340 093	112 528	143 303	121 667	43 453	78 214
1993	2 535 919	2 076 697	1 068 260	451 247	260 930	296 260	233 622	62 191	171 431
1994	3 024 672	2 494 908	1 372 110	543 772	154 138	424 888	256 935	59 734	197 201
1995	3 418 533	2 797 845	1 670 545	541 280	229 646	356 374	212 110	45 811	166 299
1996	3 945 710	3 218 270	2 040 374	624 301	251 511	302 084	246 240	48 965	197 275
1997	3 645 109	2 951 207	1 808 299	576 833	313 471	252 604	328 929	43 460	285 469

年份 year	个人投资 Individual	城镇 Urban	农村 Rural	按构成分 Grouped by uses of funds			按用途分 Grouped by type of productive		
				建安工程 Construction and installation	设备工具器具购置 Purchase of equipment and instrument	其他费用 Others	生产性 Productive	非生产性 nonproductive	# 住宅 Residential housing
1978	7 167	4 447	2 720	110 853	61 811	8 967	149 582	32 049	19 754
1979	7 674	5 114	2 560	129 980	54 584	10 808	143 822	51 550	34 264
1980	12 761	5 881	6 880	148 578	52 772	7 448	140 360	68 438	49 115
1981	16 683	6 763	9 920	153 595	47 899	8 296	126 030	83 760	57 153
1982	30 509	8 021	22 488	200 499	60 991	13 565	154 441	120 614	82 136
1983	39 508	12 648	26 860	207 339	68 435	17 546	173 754	119 566	74 796
1984	132 749	14 794	117 955	322 621	71 806	14 907	238 187	171 147	118 432
1985	203 743	21 446	182 297	481 529	107 709	32 319	370 440	251 117	172 342
1986	169 150	27 279	141 871	429 468	175 307	29 347	362 757	271 365	182 512
1987	166 725	34 261	132 464	489 975	245 887	34 108	481 527	288 443	220 034
1988	179 669	46 542	133 127	600 742	246 015	83 565	624 970	305 352	203 785
1989	176 924	44 423	132 501	531 282	211 054	58 660	534 925	266 071	190 408
1990	237 470	40 658	196 812	608 594	253 669	72 817	604 996	330 084	241 290
1991	223 557	37 153	186 404	711 498	294 718	133 455	756 293	383 378	275 610
1992	172 433	30 833	141 600	962 770	341 451	206 565	955 493	555 293	368 529
1993	225 600	97 957	127 643	1 619 650	574 362	341 907	1 607 197	928 722	740 171
1994	272 829	133 482	139 347	1 858 118	761 485	405 069	1 930 132	1 094 540	497 648
1995	408 578	105 539	303 039	2 240 811	747 086	430 636	2 189 764	1 228 769	842 257
1996	481 200	116 815	364 385	2 450 260	1 119 624	375 826	2 650 647	1 295 063	808 848
1997	364 973	118 978	245 995	2 375 912	852 032	417 165	2 533 350	1 111 759	820 149

注:国有经济投资中包括其他经济类型投资。

Note:Other fixed assets in included.

5—2 各时期基本建设和更新改造投资额
INVESTMENT IN CAPITAL CONSTRUCTION AND TECHNICAL UPDATES AND TRANSFORMATION

单位:万元 unit:10 000yuan

年份 year	基本建设投资 Investment in capital Construction	按隶属关系分 Administrative relationship		按用途分 Grouped by Uses		新增固定资产 newly increased fixed assets	固定资产交付使用率(%) Rate of fixed assets tramsferred and in use
		中央 Central	地方 Local	生产性 Productive	非生产性 non Productive		
1978	135 389	82 455	52 934	111 803	23 586	72 907	53.9
1979	142 929	85 512	57 417	99 807	43 122	96 794	67.7
1980	140 100	76 416	63 684	91 179	48 921	95 908	68.5
"六五"时期	713 112	417 155	295 957	366 028	347 084	638 519	89.5
1981	91 594	53 084	38 510	52 168	39 426	69 676	76.1
1982	119 683	77 996	41 687	64 591	55 092	80 080	66.9
1983	133 050	86 388	46 662	70 371	62 679	186 407	140.1
1984	144 818	82 524	62 294	72 906	71 912	155 680	107.5
1985	223 967	117 163	106 804	105 992	117 975	146 676	65.5
"七五"时期	1 457 119	776 182	680 937	896 845	560 274	1 200 736	82.4
1986	232 483	122 091	110 392	123 033	109 450	199 115	85.6
1987	269 896	149 363	120 533	176 442	93 454	232 120	86.0
1988	372 848	196 525	176 323	221 189	151 659	296 152	79.4
1989	290 737	154 778	135 959	178 037	112 700	246 010	84.6
1990	291 155	153 425	137 730	198 144	93 011	227 339	78.1
"八五"时期	5 136 320	1 930 849	3 205 471	3 548 514	1 587 806	2 534 602	49.3
1991	404 643	209 901	194 742	275 433	129 210	329 114	81.3
1992	620 762	341 624	279 138	391 451	229 311	231 461	37.3
1993	1 068 260	428 712	639 548	696 350	371 910	531 448	49.7
1994	1 372 110	426 085	946 025	938 610	433 500	741 726	54.1
1995	1 670 545	524 527	1 146 018	1 246 670	423 875	700 853	42.0
"九五"时期							
1996	2 040 374	1 181 096	859 278	1 485 973	554 401	2 358 641	115.6
1997	1 808 299	847 818	960 481	1 353 332	454 967	1 843 316	101.9

年份 year	更新改造投资 Investment in capital Construction	按隶属关系分 Administrative relationship		按用途分 Grouped by Uses		新增固定资产 newly increased fixed assets	固定资产交付使用率(%) Rate of fixed assets tramsferred and in use
		中央 Central	地方 Local	生产性 Productive	非生产性 non Productive		
1978	20 580	4 425	16 155	19 869	711	11 504	55.9
1979	29 194	6 481	22 713	28 765	429	22 033	75.5
1980	36 363	7 879	28 484	30 050	6 313	26 116	71.8
"六五"时期	462 027	109 034	352 993	372 594	89 433	361 137	78.2
1981	78 925	17 859	61 066	53 958	24 967	63 720	80.7
1982	101 101	20 942	80 159	70 971	30 130	80 830	79.9
1983	78 220	24 763	53 457	67 424	10 796	60 142	76.9
1984	82 339	22 019	60 320	70 640	11 699	68 353	83.0
1985	121 442	23 451	97 991	109 601	11 841	88 092	72.5
"七五"时期	1 059 593	220 522	839 071	980 784	78 809	862 067	81.4
1986	159 217	26 961	132 256	144 615	14 602	121 816	76.5
1987	206 065	34 347	171 718	189 236	16 829	159 018	77.2
1988	254 625	41 637	212 988	234 054	20 571	181 725	71.4
1989	213 991	37 935	176 056	199 384	14 607	166 632	77.9
1990	225 695	79 642	146 053	213 495	12 200	232 876	103.2
"八五"时期	2 130 434	661 674	1 468 760	2 030 237	100 197	1 627 118	76.4
1991	254 042	87 154	166 888	238 660	15 382	198 991	78.3
1992	340 093	98 528	241 565	319 994	20 099	272 774	80.2
1993	451 247	153 274	297 973	421 243	30 004	317 910	70.5
1994	543 772	154 551	389 221	524 613	19 159	419 864	77.2
1995	541 280	168 167	373 113	525 727	15 553	417 579	77.1
"九五"时期							
1996	624 301	200 556	423 745	536 744	87 557	466 079	74.7
1997	576 833	171 916	404 917	538 189	38 644	487 864	84.6

5—3 各时期农、轻、重和运输邮电业固定资产投资
CAPITAL CONSTRUCTION INVESTMENT OF FARMING, LIGHT AND HEAVY INDUSTRY,TRANSPOR TATION, POSTAL AND TELECOMMUNICATIONS SERVICES

单位:万元　　unit:10 000 yuan

年份 year	农业 Ahriculture 合计 Total	# 基本建设 capital construction	更新改造 Technical update and transfor — mation	轻工业 light industry 合计 Total	# 基本建设 capital construction	更新改造 Technical update and transfor — mation	重工业 heavy industry 合计 Total
1978	10 561	10 519	42	7 654	5 918	1 736	114 205
1979	12 609	11 499	1 110	9 075	6 141	2 934	115 864
1980	10 955	10 644	311	19 714	13 211	6 503	99 918
"六五"时期	33 930	25 670	8 260	152 503	45 567	106 936	702 999
1981	7 515	5 244	2 271	23 542	11 137	12 405	99 273
1982	9 034	5 699	3 335	28 819	7 644	21 175	132 789
1983	6 490	6 243	247	28 897	7 199	21 698	122 259
1984	4 614	4 043	571	24 849	7 344	17 505	147 483
1985	6 277	4 441	1 836	46 396	12 243	34 153	201 195
"七五"时期	63 517	57 532	5 985	399 108	103 571	295 637	1 658 671
1986	7 694	7 439	255	56 412	11 099	45 313	224 449
1987	12 777	11 438	1 339	92 362	25 433	67 029	322 039
1988	10 893	9 921	972	99 902	26 411	73 491	388 222
1989	10 949	9 137	1 812	70 030	14 731	55 300	356 414
1990	21 204	19 597	1 607	80 401	25 897	54 504	367 547
"八五"时期	217 099	213 235	3 427	929 470	429 951	477 194	4 796 076
1991	164 742	164 429	313	100 682	37 741	62 941	481 761
1992	16 236	14 237	1 999	109 820	29 091	80 729	673 591
1993	17 843	17 487	356	261 505	148 877	112 628	839 795
1994	13 501	12 602	462	202 801	67 902	118 139	1 228 099
1995	4 777	4 480	297	254 662	146 340	102 757	1 572 830
"九五"时期	28 498	26 857	1 641	688 712	397 661	243 543	3 214 655
1996	8 633	7 983	650	336 176	190 447	98 237	1 746 512
1997	19 865	18 874	991	352 536	207 214	145 306	1 468 143

年份 Year	重工业 Heavy Industry # 基本建设 Capital Construction	更新改造 Technical updte anel transfor — mation	# 能源工业 Energy industry 合计 Total	# 基本建设 Capital Construction	更新改造 Technical update and fransfor — mation	运输邮电业 Postal and telecommunication 合计 Total	# 基本建设 Capital Construction	更新改造 Technical update and transfor — mation
1978	98 348	15 857	42 670	34 101	8 569	4 678	2 516	2 162
1979	94 541	21 232	36 035	30 216	5 819	5 923	2 443	3 480
1980	78 127	21 791	30 534	24 143	6 391	7 014	3 201	3 813
"六五"时期	362 105	243 527	350 943	197 033	76 018	80 212	17 558	48 110
1981	44 597	40 563	46 988	22 216	13 482	11 196	1 241	7 499
1982	68 721	45 726	64 942	31 014	19 255	17 140	3 718	9 697
1983	71 844	41 780	70 262	45 422	17 932	12 439	2 941	9 144
1984	72 344	47 282	75 986	41 437	12 264	18 184	3 717	10 469
1985	104 599	68 176	92 765	56 944	13 085	21 253	5 941	11 301
"七五"时期	757 830	648 968	765 723	437 019	132 433	186 375	70 269	72 662
1986	109 681	93 853	89 612	60 311	14 735	27 120	9 504	11 998
1987	152 711	116 086	150 787	83 712	23 959	32 833	9 412	16 386
1988	189 645	456 761	175 851	113 114	34 880	38 492	16 117	13 724
1989	152 749	139 009	158 951	80 641	28 910	38 863	15 222	11 889
1990	153 044	143 259	190 522	99 241	29 949	49 067	20 014	18 665
"八五"时期	3 015 448	1 286 981	2 071 649	1 125 354	326 420	796 564	415 606	270 579
1991	222 241	160 005	253 800	132 041	31 022	58 008	21 644	25 814
1992	373 341	203 774	480 870	196 244	196 197	70 994	28 613	28 622
1993	568 001	252 927	340 722	285 901	36 189	177 324	82 434	79 460
1994	763 020	326 216	556 928	239 431	20 071	265 677	137 791	85 058
1995	1 088 845	344 059	439 329	271 737	42 941	224 561	145 124	51 625
"九五"时期	2 143 390	698 367	1 073 643	615 704	107 152	757 519	520 943	145 497
1996	1 203 976	366 958	490 636	271 712	59 798	421 565	291 800	87 456
1997	933 414	331 409	576 350	343 992	47 354	335 954	229 143	58 041

5—4 按各种分组的固定资产投资
INVESTMENT IN FIXED ASSETS BY TYPE OF COSTRUCTON

单位:万元 unit:10 000 yuan

分组	item	总计 Total		基本建设 Capital construction		更新改造 Technical update and transformation	
		1996	1997	1996	1997	1996	1997
合计	**Total**	**2 965 151**	**2 742 063**	**2 040 374**	**1 808 299**	**624 301**	**576 833**
按隶属关系分	Grouped by adminstrative						
中央	Central Projects	1 416 908	1 028 349	1 181 096	847 818	234 921	171 916
地方	Local projects	1 548 243	1 713 714	859 278	960 481	389 380	404 917
按构成分	Grouped by uses of funds						
建筑工程	Construction	1 455 453	1 406 424	989 650	954 009	232 583	189 021
安装工程	Installation	317 388	238 395	248 123	161 767	55 502	65 887
设备、工具、器具购置	Purchases of equipment and instruments	854 688	718 726	522 279	371 192	286 253	269 649
其他费用	Other	337 622	378 518	280 322	321 331	49 963	52 276
按工程用途分	Grouped by uses of construction						
农、林、牧、渔业用	Farming,forestry,animal husbandry and fishery	15 108	31 998	12 608	19 340	1 331	10 844
工业、建筑业用	Industry and construction	1 813 986	1 731 698	1 164 654	1 024 839	442 437	471 882
商业、运输邮电业用	Commercial management,trans—portation postal and teleco—mmunications services	447 344	430 614	308 589	309 153	92 976	55 463
住宅	Residential housing	279 746	252 354	222 958	208 877	26 734	15 814
其他	Other	408 967	295 399	331 565	246 090	60 823	22 830
按资金来源分	Grouped by source of funds						
国家预算内资金	State appropriations	49 906	60 387	40 157	52 803	6 043	7 321
国内贷款	Domestic loans	710 867	553 009	517 728	397 663	155 798	137 839
利用外资	Foreign investments	485 875	357 742	367 436	231 738	88 058	93 363
自筹	Fundraising	1 307 754	1 320 529	747 746	766 160	346 857	279 481
其他	Others	410 749	450 396	367 307	359 935	27 545	58 829

分组	Item	其他投资 others		城镇集体 Urban callective—owned	
		1996	1997	1996	1997
合计	**Total**	**251 511**	**313 471**	**48 965**	**43 460**
按隶属关系分	Grouped by adminstrative				
中央	Central Projects	891	8 615		
地方	Local projects	250 620	304 856	48 965	43 460
按构成分	Grouped by uses of funds				
建筑工程	Construction	204 741	237 704	28 479	25 690
安装工程	Installation	10 336	8 421	3 437	2 320
设备、工具、器具购置	Purchases of equipment and instruments	32 529	65 144	13 627	12 741
其他费用	Other	3 905	2 202	3 422	2 709
按工程用途分	Grouped by uses of construction				
农、林、牧、渔业用	Farming,forestry,animal husbandry and fishery	1 169	1 814		
工业、建筑业用	Industry and construction	169 702	211 713	37 193	23 264
商业、运输邮电业用	Commercial management transportation Postal and telecommunications services	44 530	63 313	1 249	2 685
住宅	Residential housing	23 149	18 386	6 905	9 277
其他	Other	12 961	18 245	3 618	8 234
按资金来源分	Grouped by source of funds				
国家预算内资金	State appropriations	3 446	263	260	
国内贷款	Domestic loans	21 653	7 606	15 688	9 901
利用外资	Foreign investments	29 408	32 038	973	603
自筹	Fundraising	195 664	253 344	17 487	21 544
其他	Other	1 340	20 220	14 557	11 412

5—5 国民经济各行业固定资产投资

单位:万元

分组 Item		总计 Total	
		1996	1997
合计	**Total of Investment**	**2 965 151**	**2 742 063**
农、林、牧、渔业	Farming, forestry, animal husbandry and fishery	8 640	19 981
工业	Industry	2 082 688	1 871 227
采掘业	Excavation	265 753	275 527
制造业	Manufacturing	1 473 381	1 198 099
电力、煤气及水的生产和供应业	Electric power gas and water production and supply	343 554	397 601
建筑业	Construction	25 136	67 383
地质勘察业、水利管理业	Geologlical Prospecting and water conservancy	6 896	12 921
交通运输、仓储及邮电通信业	Transportation storage Postal and telecommunication services	423 924	343 617
批发和零售贸易、餐饮业	Wholesale retail trade and food service	59 650	54 947
金融、保险业	Banking and insurance	34 338	27 405
房地产业	Real estate management		
社会服务业	Social services	64 111	39 604
卫生、体育和社会福利业	Health care, sports and social welfare	9 983	18 120
教育文化艺术及广播电影电视业	Education culture and arts radio film and television	90 286	109 921
科学研究和综合技术服务业	Scientific research and polytechnical Services	9 003	11 521
国家机关、政党机关和社会团体	Government agencies Party agencies and Social organization	133 743	126 601
其他	Other	16 753	38 815

CAPITAL CONSTRUCTION INVESTMENT BY SECTOR

unit：10 000 yuan

基本建设 Capital construction		更新改造 Technical update and transformation		其他投资 Other		城镇集体 Urban callective－owned	
1996	1997	1996	1997	1996	1997	1996	1997
2 040 374	**1 808 299**	**624 301**	**576 833**	**251 511**	**313 471**	**48 965**	**43 460**
7 983	18 874	650	991	7	116		
1 394 423	1 140 628	465 195	476 715	185 107	229 513	37 963	24 371
58 649	51 927	34 059	22 452	172 197	201 148	848	
1 016 028	722 909	407 328	422 454	12 910	28 365	37 115	24 371
319 746	365 792	23 808	31 809				
20 555	45 489	534	18 489	449	1 392	3 598	2 013
6 896	12 303		54		564		
294 159	236 019	87 456	58 041	42 249	48 770	60	787
32 333	39 993	22 188	6 505	2 951	3 598	2 178	4 851
30 818	20 347	742	1 316	270		2 508	5 742
9 437	31 180	44 827	4 757	7 595	3 667	2 252	
9 406	17 190		800	192		385	130
77 798	98 782	990	3 220	11 498	6 319		1 600
8 728	11 149	275	372				
131 756	122 748	817	1 862	1 170	171		1 820
16 082	13 597	627	3 711	23	19 361	21	2 146

5—6 国民经济各行业新增固定资产

（不含农村集体、个人和房地产投资 Rural investments of collective and individual is not inclued in this table）

单位：万元

项 目	Item	总计 Total 1996
总计	**Total**	**3 026 485**
一、按隶属关系分	Grouped by adminstrative relationship	
中 央	central	1 800 255
地 方	Local	1 226 230
二、按行业分	Grouped by sector	
农、林、牧、渔业	Farming,forestry,animal husbandry and fishery	6 348
工 业	Industry	2 226 957
采掘业	Excavtion	255 407
制造业	Manufacturing	1 785 605
电力、煤气及水的生产和供应业	Electric power,gas and water Production and supply	185 945
建筑业	construction	22 060
地质勘察业、水利管理业	Geological Prospecting and Water conservancy	4 273
交通运输、仓储及邮电通信业	Transportation,storage Postal and telecommunication services	409 475
批发和零售贸易、餐饮业	Wholesale,retail trade food services	51 467
金融、保险业	Banking and Insurance	31 748
社会服务业	Social Services	43 657
卫生、体育和社会福利业	Health Care,Sports and social walfare	8 489
教育、文化艺术及广播电影电视业	Education culture and arts,radio,film and television	55 221
科学研究和综合技术服务业	Scientific research and polytechnical Services	6 176
国家机关、政党机关和社会团体	Government agencies,Party agencies and social orgonizations	143 591
其他行业	Other sectors	17 023

NEWLY INCREASED FIXED ASSETS BY SECTOR

unit:10 000 yuan

	#基本建设 #capital construction		更新改造 Techincal updates and transformation	
1997	1996	1997	1996	1997
2 586 189	**2 358 641**	**1 843 316**	**466 079**	**487 864**
1 161 591	1 670 980	1 067 533	150 552	128 377
1 424 598	687 661	775 783	315 527	359 487
12 886	5 691	12 149	650	687
1 687 279	1 709 657	1 118 667	341 570	390 618
251 194	50 131	30 258	33 539	20 059
1 248 959	1 492 899	895 590	288 713	353 353
187 126	166 627	192 819	19 318	17 206
45 612	21 091	34 625	520	10 987
5 193	4 273	4 575		54
497 024	320 186	372 629	64 934	67 255
37 409	27 586	33 367	23 881	4 042
21 911	31 006	20 595	742	1 316
29 555	12 036	22 131	31 595	3 757
9 398	8 489	8 598		800
84 704	55 133	81 484	83	3 220
8 561	5 993	8 189	183	372
113 410	141 127	111 985	1 294	1 425
33 247	16 373	14 322	627	3 331

5—7 工业行业固定资产投资

单位:万元

	Item	总　计
		1996
总计	**Total**	**2 035 196**
采掘业	Excavation	264 905
煤炭采选业	Coal mining and processing	22 720
石油和天然气开采业	petroleum and natural gas extraction	209 404
非金属矿采选业	non metal minerals mining and processing	437
制造业	Manufacturing	1 426 737
食品加工业	Food processing	19 651
食品制造业	Food production	30 642
饮料制造业	Beverage production	22 121
烟草加工业	Tobacco processing	600
纺织业	Textile industry	19 490
服装及其他纤维制品制造业	Garments and other fiber products	1 332
皮革、毛皮、羽绒及其制品业	Leather fars down and related products	1 780
家具制造业	Furniture manufacturing	
造纸及纸制品业	Papermaking and paper products	13 556
印刷业、记录媒介的复制	printing and record pressing	2 035
文教体育用品制造业	Stationery ,educational and sports goods	134
石油加工及炼焦业	Petroleum processing and coking products	9 937
化学原料及化学制品制造业	Raw chemicalmaterials and chemical products	755 633
医药制造业	Medical and pharmaceutical products	11 423
化学纤维制造业	Chemical fibers	53 810
橡胶制品业	Rubber products	22 632
塑料制品业	Plastic products	1 835
非金属矿物制品业	Nonmetal mineral products	35 187
黑色金属冶炼及压延加工业	Semlting and pressing of ferrous metals	20 165
有色金属冶炼及压延加工业	Semlting and pressing of nonferrous metals	31 346
金属制品业	Metae products	1 814
普通机械制造业	Ordinary machinery manufacturing	5 111
专用设备制造业	Special purposes equipment manufacturing	10 087
交通运输设备制造业	Transportation equipment manufacturing	314 478
电气机械及器材制造业	Electric equipment and machinery	6 965
电子及通信设备制造业	Electronic and telecommunications	17 765
仪器仪表及文化办公用机械制造业	Instrumerts,meters,cultural and official machiner	492
电力、煤气及水的生产和供应业	Electric power,gas and water production and supply	343 554
电力、蒸汽、热水的生产和供应业	Electric power,steam and hot water production and supply	235 880
煤气生产和供应业	Gas produetion and Supply	12 725
自来水的生产和供应业	Top water production and supply	94 949

INVESTMENTIN FIXED ASSETSBY INDUSTRY

unit:10 000 Yuan

Total	#基本建设 Capital construction		#更新改造 Technical up dates and trans formation	
1997	1996	1997	1996	1997
1 820 679	**1 394 423**	**1 140 628**	**465 195**	**476 715**
275 527	58 649	51 927	34 059	22 452
25 420	17 517	19 303	4 889	5 409
212 020	24 500	17 500	26 062	10 211
522			437	522
1 147 551	1 016 028	722 909	407 328	422 454
45 874	13 938	35 224	5 723	10 650
39 253	29 310	32 426	1 332	6 827
17 165	14 254	9 948	7 867	7 217
2 593			600	2 577
45 455	2 850	914	16 640	44 541
722			1 332	722
130		1 780	130	
367				367
3 830	1 227	100	12 329	3 730
771	185	396	1 850	375
			134	
5 461	3 288	1 100	6 649	4 361
471 839	684 955	405 976	70 678	65 863
17 964	2 292	3 072	9 131	14 892
65 776	30 179	61 669	23 631	4 107
265	8 230	50	14 402	215
5 534	647	259	1 188	5 275
24 859	2 361	5 048	32 826	19 811
23 675	320	946	16 464	20 557
11 247	1 294		30 052	11 247
2 611	1 350		464	2 611
5 948	1 559	1 468	3 552	4 480
5 025	1 557	2 197	8 530	2 828
231 831	214 804	156 033	99 674	75 798
9 749		920	6 965	8 829
24 005		1 637	17 765	22 368
2 583		260	492	2 323
397 601	319 746	365 792	23 808	31 809
309 838	220 160	286 906	15 720	22 932
23 624	6 247	19 183	6 478	4 441
64 139	93 339	59 703	1 610	4 436

5—8 工业行业新增固定资产

单位：万元

		总　计
		1996
总计	**Total**	**2 226 957**
采掘业	Excavation	255 407
煤炭采选业	Coal mining and processing	17 941
石油和天然气开采业	petroleum and natural gas extraction	209 404
非金属矿采选业	non metal minerals mining and processing	71
制造业	Manufacturing	1 785 605
食品加工业	Food processing	71 765
食品制造业	Food production	5 845
饮料制造业	Beverage production	4 860
纺织业	Textile industry	12 026
服装及其他纤维制品制造业	Garments and other fiber products	1 332
家具制造业	Furnitrre man	
造纸及纸制品业	Papermaking and paper products	1 559
印刷业、记录媒介的复制	Printing and record pressing	3 684
文教体育用品制造业	Stationery edueational and sports goods	134
石油加工及炼焦业	Petroleum processing and coking products	7 114
化学原料及化学制品制造业	Rew chemical materials and chemical products	1 241 917
医药制造业	Medical and pharmaceutical products	7 935
化学纤维制造业	Chemical fibers	23 087
橡胶制品业	Rubber products	264
塑料制品业	Plastic products	1 785
非金属矿物制品业	Nonmetal mineral products	16 230
黑色金属冶炼及压延加工业	Semlting and pressing of ferrous metals	13 693
有色金属冶炼及压延加工业	Semlting and pressing of nonferrous metals	10 611
金属制品业	Metal products	3 546
普通机械制造业	Ordinary machinery manufacturing	4 383
专用设备制造业	Special purposes equipment manufacturing	5 365
交通运输设备制造业	Transportation equipment manufacturing	306 899
电气机械及器材制造业	Electric equipment and machinery	2 710
电子及通信设备制造业	Electronic and telecommunications	8 558
仪器仪表及文化办公用机械制造业	Instrumerts meters cultural and official machinery	70
电力、煤气及水的生产和供应业	Electric power gas and water production and supply	185 945
电力、蒸汽、热水的生产和供应业	Electric power steam and hot water production and supply	165 277
煤气生产和供应业	Gas produetion and Supply	8 663
自来水的生产和供应业	Top water production and supply	12 005

NEWLINCREASED FIXED ASSETS BY INDUSTRY

unit: 10 000 Yuan

Total	#基本建设 Capital construction		#更新改造 Technical up dates and trans formation	
1997	1996	1997	1996	1997
1 710 179	**1 709 657**	**1 118 667**	**341 570**	**390 618**
251 194	50 131	30 258	33 539	20 059
5 449	12 978	1 483	4 735	3 268
212 020	24 500	17 500	26 062	10 211
270			71	270
1 248 959	1 492 899	895 590	288 713	353 353
20 379	44 720	13 151	27 045	7 228
14 243	4 513	12 392	1 332	1 851
4 537	108	621	4 752	3 916
55 469	1 650	2 650	10 376	52 803
702			1 332	702
367				367
4 678	1 561		6 998	4 678
736		396	3 684	340
			134	
4 619	3 488	1 100	3 626	3 519
277 807	1 185 637	242 236	56 280	35 571
11 030	2 868	692	5 067	10 338
13 692	1 591	9 601	21 496	4 091
265	264	50		215
4 551	647	259	1 138	4 292
14 645	3 283	4 520	12 947	10 125
26 910	320		9 380	26 590
8 196	1 100	946	9 511	7 250
2 595	1 300		2 246	2 595
2 900	1 261	410	3 122	2 490
6 325	1 396	1 959	3 969	4 366
682 509	236 170	600 362	70 729	82 147
4 883		920	2 710	3 963
26 318		1 578	18 858	24 740
160		160	70	
210 025	166 627	192 819	19 318	17 206
179 864	153 757	169 920	11 520	9 944
20 875	2 185	16 434	6 478	4 441
9 286	10 685	6 465	1 320	2 821

5—9 能源工业固定资产投资额
TOTAL INVESTMENT OF FIXED ASSETS IN ENERGY INDUSTRY

(不含农村集体、个人和房地产投资 Rural investments in real estate of collective and individual is not inclued in this table)

单位:万元 unit:10 000 yuan

部门	Sector	固定资产投资 Investment in fixed assets		#基本建设 #capital construction		#更新改造 Techincal updates and transformation	
		1996	1997	1996	1997	1996	1997
总 计	**Total**	**490 636**	**576 350**	**271 712**	**343 992**	**59 798**	**47 354**
煤炭采选业	Coal mining and processing	22 720	25 410	17 517	19 303	4 889	5 409
石油和天然气开采业	Petroleum and natural gas extraction	209 374	212 020	24 500	17 500	26 062	10 211
电力、蒸汽、热水的生产和供应业	Electric Power Steam and hot water Prouction and supply	235 880	309 835	220 160	286 906	15 720	22 932
石油加工及炼焦业	Petroleum Processing and coking Products	9 937	5 461	3 288	1 100	6 649	4 361
煤气生产和供应业	Gas Production and supply	12 725	23 624	6 247	19 183	6 478	4 441
能源投资占固定资产投资比重(%)	Energyinvestment account for Percentage of fixed assets	16.8	21.4	13.3	19.0	9.6	8.2

5—10 基础设施固定资产投资额
TOTAL INVESTMENT OF FIXED ASSETS IN BASIC CONSTRUCTION

(不含农村集体和个人投资 Rural investments mreal state eof collective and individual is not inclued in this table)

单位:万元 unit:10 000 yuan

部门	Sector	固定资产投资 Investment infixed assets		#基本建设 #capital construction		#更新改造 Techincal updates and transformation	
		1996	1997	1996	1997	1996	1997
总 计	**Total**	**774 857**	**765 722**	**618 850**	**618 817**	**113 732**	**94 468**
交通运输、仓储及邮电通信业	Transportation Storage postal and telecommunications Scrvices	423 864	342 830	294 159	236 019	87 456	58 041
#铁路	Railways	79 092	91 003	27 265	44 498	51 827	46 505
公路	Higways	205 175	142 054	200 273	137 884	145	348
水运	Waterways						
航空	Airways	12 111	1 500	12 111	1 500		
仓储业	Storage	2 401	8 802	2 359	6 876	42	1 839
邮电通信	Postal and telecommunications services	75 682	38 252	40 819	28 783	34 109	9 349
电力、蒸汽、热水生产和供应业	Electric Power steam and hot water production and supply	235 880	309 838	220 160	286 906	15 720	22 932
煤气生产和供应业	Gas production and supply	12 752	23 624	6 274	19 183	6 478	4 441
自来水的生产和供应业	Tap water Production and supply	94 949	64 139	93 339	59 703	1 610	4 436
公共服务业	Public services	7 412	25 291	4 918	17 006	2 468	4 618
基础设施投资占固定资产投资比重(%)	Basic construction account for percentage of fixed assets	26.6	28.4	44.2	46.4	18.2	16.4

5—11 更新改造投资和构成
TECHNICAL UPDATES AND TRANSFORMATION INVESTMENT

项　目	Item	1996 绝对数(万元) Number value (10000 yuan)	1996 构成(%) Proportion (%)	1997 绝对数(万元) Number value (10000 yuan)	1997 构成(%) Proportion (%)
总　计	**Total**	**624 301**	**100**	**576 833**	**100**
1、按用途分	Grouped by uses				
生产性建设	Productive construction	536 744	85.9	538 189	93.3
#增产	Increasing Production	208 411	33.4	227 456	39.4
节约措施	Measure of saving	12 149	1.9	16 970	2.9
#节约能源	Energy saving	9 536	1.5	14 330	2.5
增加品种	Increasing Product variety	126 174	20.2	154 158	26.7
提高产品质量	Improving Product quality	41 282	6.6	25 744	4.5
三废治理	Environmental Protection	3 228	0.5	2 039	0.4
非生产性建设	No Productive Construction	87 557	14.1	38 644	6.7
#住宅	Residential housing	26 734	4.3	15 814	2.7
2、按隶属关系分	Grouped by admonistrative relationship				
部直属项目	Central gouerment Projects	200 556	32.1	171 916	29.8
地方项目	Local Projects	423 745	67.9	404 917	70.2
#省属项目	Provincial Projects	85 291	13.7	52 341	9.1
地(市)属项目	Prefecture Projects	229 714	36.8	192 721	33.4
县属和其他项目	County Projects and others	108 740	17.4	159 855	27.7
3、按资金来源分	Grouped by Source of Funds				
国家投资	State aooropriations	6 043	1.0	7 321	1.3
国内贷款	Domestic loans	155 798	24.9	137 839	23.9
利用外资	Foreign investments	88 058	14.1	93 363	16.2
自筹投资	Fundraising	346 857	55.6	279 481	48.5
#企事业自筹	Fundraising of enterpriese and institutions	281 682	45.1	218 713	37.9
其他投资	Others	27 545	4.4	58 829	10.1
4、按农轻重分	Grouped by Farming, Light and Heavy Industry				
#农　业	Farming	650	0.1	991	0.2
轻工业	Light industry	98 237	15.7	145 306	25.2
重工业	Heavy Industry	366 958	58.8	331 409	57.5
5、按构成分	Grouped by uses of funds				
建筑安装工程	Construction and installation	288 085	46.1	254 908	44.2
设备工器具购置	Purchases of equipment and instruments	286 253	45.9	269 649	46.7
其他投资	Other	49 963	8.0	52 276	9.1
6、按建设性质分	Grouped by type of construction				
#新建	New construction	41 087	6.6	80 939	14.0
改建	Expansion	228 648	36.6	238 002	41.3
扩建	Replacement	348 293	55.8	246 031	42.6

5—12 农村个人固定资产投资情况
INDIVIDUAL INVESTMENT IN FIXED ASSETS IN RURAL AREAS

单位:万元　　unit:10 000 yuan

分组	Item	1996	1997
一.本年固定资产投资完成额(万元)	Total investment(10 000 yuan)	364 385	245 995
(一)按资金来源分	Grouped by source of funds		
自有资金	Fundraising	263 619	219 489
银行、信用社贷款	Banking loans	92 706	1 119
借款	Lend money	8 060	25 387
其它	Others		
(二)按投向分	Grouped by the direction for investment		
农业固定资产投资完成额	Investment in agriculture fixed assets	107 505	110 576
#生产用房屋及建筑物	In which:Buildings for production		19 353
役畜及产品畜	Draught animals and animals for livestock products	37 056	34 825
大中型铁木农具	Large and medium wood and iron farm fools	4 109	10 332
农林牧渔业机械	Machinery for farming,forestry,animal husbandry and fishery	66 340	30 643
农田水利基本建设	Capital construction on farm land and water conservancy		
工业固定资产投资完成额	Total of investment in fixed assets in industry		7 768
#生产用房屋及建筑物	In which:building for production		2 375
生产设备	Production facilities		4 753
建筑业固定资产投资完成额	Total of investment in constuction		
交通运输业固定资产投资完成额	Total of investment in tran sportation	40 218	15 898
批零贸易餐饮业固定资产投资完成额	Total of investment in wholesale and retail trade		1 669
社会服务业固定资产投资完成额	Total of investment in social services		
住宅投资完成额	Total of investment in housings	216 662	101 405
其它固定资产投资完成额	Others		8 679
二.本年施工房屋面积(平方米)	Floor space of buildings	7 471 700	6 403 100
#住宅	In which :housings	7 471 700	4 358 300
当年新开工的房屋面积	Newly started buildings	7 471 700	5 404 200
三.本年竣工房屋面积(平方米)	Floor space of buildings completed(1 000slom)	7 471 700	5 905 900
#住宅	In which:housings	7 471 700	4 358 300

5—13 城镇和工矿区私人建房情况
BUILDING CONSTRUCTION BY INDIVIDUALS IN CITY AND TOWN AND IN INDUSTRIAL AND MINING AREAS

项目	Item	单位 unit	总计 Total		#农业户 Peasant households	
			1996	1997	1996	1997
建房户数	Building construction by individuals	户 households	32 766	31 318	13 246	12 812
竣工房屋面积	Floor space of building completed	平方米 sq. m	2 648 831	2 669 888	1 146 125	1 119 811
#住宅	Housing	平方米 sq. m	2 435 392	2 420 898	1 086 494	1 063 022
竣工房屋价值	Value of building completed	万元10 000 yuan	116 815	118 978	37 629	39 328
#住宅	Housing	万元10 000 yuan	104 904	102 352	34 792	36 876
竣工房屋造价	cost of building completed	元/平方米 yuan/sq. m	441	445	328	351
#住宅	Housing	元/平方米 yuan/sq. m	430	422	320	347

5－14 全社会施工和竣工房屋建筑面积
FLOOR SPACE OF BUILDING UNDER CONSTRUCTION AND COMPLETED

单位:万平方米　　　unit:10 000sq. m

项目 Item		施工面积 under construction		竣工面积 completed		竣工率(%) rate of projects completed	
		1996	1997	1996	1997	1996	1997
一、房屋建筑面积	**Floor spcae of builadings**	**2 703.70**	**2 446.05**	**1 912.02**	**1 798.84**	**70.21**	**73.5**
基本建设	Capital construction	810.39	724.64	435.49	440.01	53.73	60.72
更新改造	Technical updates and transformation	144.50	130.15	71.49	81.22	49.47	62.40
其他投资	Others(not incluse collective－owned)	29.69	38.02	28.84	37.01	97.13	97.34
房地产开发	Real estate management	570.89	444.36	281.93	216.83	49.38	48.79
城镇集体	Urban collective－owned	30.19	36.56	20.77	22.12	68.79	60.50
农村集体	Rural collective－owned	105.99	166.02	74.84	144.07	70.61	86.78
城镇个人	Urban individual	264.88	266.99	264.88	266.99	100	100
农村个人	Rural individual	747.17	640.31	733.78	590.59	98.20	92.23
二、住宅建筑面积	**Floor space of housing**	**1 799.54**	**1 369.97**	**1 503.77**	**1 156.63**	**83.56**	**84.42**
基本建设	Capital construction	368.21	336.79	264.66	245.16	71.87	72.79
更新改造	Technical updates and transformation	21.71	21.29	4.81	19.40	22.15	91.12
其他投资	Others(not in cluse collective－owned)	20.53	17.97	19.72	17.97	96.05	100
房地产开发	Real estate management	379.69	282.14	220.99	172.88	58.20	61.27
城镇集体	Urban collective－owned	12.34	15.18	10.61	10.26	85.98	67.58
农村集体	Rural collective－owned	6.35	18.69	5.66	13.05	89.13	69.82
城镇个人	Urban individual	243.54	242.08	243.54	242.08	100	100
农村个人	Rural individual	747.17	435.83	733.78	435.83	98.20	100

5—15 1997年基本建设和更新改造新增生产能力
NEWLY INCREASED PRODVCTION CAPACITY IN 1997

生产能力(或效益)名称	Item	单位 unit	基本建设 Capital Const—ruitiao	更新改造 Technical update and fransf—ormation
原油开采	Petroleum extraction	万吨/年 10 000 tn/year	9	2
发电机组容量	Generating capacity	万千瓦 10 000 kw/year	44	2
输电线路长度(11万伏及以上)	Wire length	公里 Km	269	
变电设备能力(11万伏及以上)	Transformer capacity	万千伏安 10 000 KVA	57	
汽车制造	Motor vehide manufacturing	万辆 10 000	15	
新建公路	New highways	公里 Km	201	
高速公路	Express way	公里 Km	177	
改建公路	Reconstructed highways	公里 Km	120	36
市内电话自动交换机	Urban telephone switchboards	门	1 280	29 000
水库容量	Capacity of reseroir	亿立方米 100 000 000 cu·m	1	
医院病床	Hospital beds	张	1 696	
高等院校学生席位	Student seats of universieies and colleges	个	5 800	
中等学校学生席位	Student seats of middle school	个	15 196	
小学及其他学生席位	Student seats of primary school	个	16 405	

5—16 商品房屋销售与出租情况
SALES AND MANAGEMENT OF COMMERICAL HOVSES

单位:万平方米 unit:10 000 sq.m

		实际销售面积 Floor Space of actually sold		空置面积 Floor Space of empty		实际销售额(万元) Sales Value	
		1996	1997	1996	1997	1996	1997
合计	**Total**	**118.97**	**95.02**	**116.84**	**104.61**	**176 172**	**123 640**
#外销(租)	Sold(rent)	5.10	0.59			13 827	1 000
个人	Individuals	52.52	60.99			67 993	69 837
1.住宅	Housing	95.14	84.11	84.33	72.16	112 641	101 577
#别墅、高档公寓	Villa	0.64		0.93		1 076	
安居工程	Residential housing	25.51	294.2	17.49	21.13	24 641	29 791
#个人	Individuals	50.26	55.24			56 392	59 527
2.办公楼	Office	4.03	3.52	9.52	6.57	6 884	7 849
3.商业营业用房	Building of commerical business	19.18	5.57	20.05	21.79	55 058	11 362
4.其他	Other	0.62	1.82	2.94	4.07	1 589	2 852

5—17 商品房施工、竣工房屋面积及竣工价值
FLOOR SPACE OF BUILDING AND COST OF COMMERICAL HOSEING

单位:万平方米、万元 unit:10 000 sq·m,10 000yuan

		施工面积 Floor space under construction		#新开工 New starting		竣工面积 Floor Space completed		竣工房屋价值 Value of housing completed	
		1996	1997	1996	1997	1996	1997	1996	1997
合计	**Total**	**570.89**	**444.36**	**210.94**	**193.89**	**281.93**	**216.83**	**302 347**	**179 941**
1.住宅	Housing	379.69	282.14	176.64	142.62	220.99	172.88	170 338	131 614
#别墅、高档公寓	Villa	1.85	0.92	1.22	0.92	0.63		870	
安居工程	Residential housing	77.92	94.85	45.66	60.75	44.82	51.97	35 607	43 123
2.办公楼	Office	47.91	40.02	11.42	10.14	17.43	16.3	25 946	19 801
3.商业营业用房	Building of commerical business	112.41	84.42	11.26	33.55	34.35	17.05	91 866	19 831
4.其他	Other	30.88	37.78	11.62	7.58	9.16	10.60	14 197	8 695

能源和原材料消费 6

ENERGY AND MATERIAL

6—1 能源生产总量及构成
TOTAL PRODUCTION AND PROPORTION OF ENERGY

单位:万吨标准煤 unit: 10 000tn of SCE

年份 year	能源生产总量 Total energy production	原煤 coal	原油 crude oil	天然气 Natural gas	水电 Hgdro—power	占能源生产总量的(%) Proportion 原煤 coal	原油 crude oil	天然气 Natural gas	水电 Hgdro—power
1978	1 635.6	1 324.6	264.7		46.3	80.99	16.18		2.83
1979	1 689.4	1 337.4	266.3	20.2	65.5	79.16	15.76	1.20	3.88
1980	1 530.3	1 162.0	252.3	30.5	85.5	75.93	16.49	1.99	5.59
1981	1 493.2	1 111.5	233.4	12.3	136.0	74.44	15.63	0.82	9.11
1982	1 538.5	1 217.3	243.1	11.2	66.9	79.12	15.80	0.73	4.35
1983	1 637.2	1 274.2	254.4	11.1	97.5	77.83	15.54	0.68	5.95
1984	1 787.6	1 373.9	273.7	9.5	130.5	76.86	15.31	0.53	7.30
1985	1 947.2	1 486.5	304.5	10.1	146.1	76.34	15.64	0.52	7.50
1986	2 142.2	1 521.1	338.7	12.4	270.0	71.00	15.81	0.58	12.61
1987	2 201.6	1 505.7	409.7	12.8	273.4	68.39	18.61	0.58	12.42
1988	2 292.4	1 591.4	450.1	12.9	238.0	69.43	19.63	0.56	10.38
1989	2 369.9	1 741.8	488.9	13.5	125.7	73.50	20.63	0.57	5.30
1990	2 572.3	1 864.5	509.6	13.1	185.1	72.48	19.81	0.51	7.20
1991	2 593.3	1 827.7	489.0	16.8	259.8	70.50	18.85	0.65	10.00
1992	2 259.4	1 609.5	491.5	22.4	136.0	71.24	21.75	0.99	6.02
1993	2 248.7	1 558.2	483.5	27.3	179.7	69.30	21.50	1.21	7.99
1994	2 311.1	1 590.8	474.9	23.1	222.2	68.83	20.55	1.00	9.62
1995	2 512.9	1 698.3	489.6	22.3	302.7	67.58	19.48	0.89	12.05
1996	2 452.0	1 671.1	533.7	25.5	221.7	68.20	21.80	1.00	9.00
1997	2 499.5	1 720.7	578.7	35.8	164.3	68.84	23.15	1.43	6.58

6—2 能源消费总量
TOTAL CONSUMPTION OF ENERGY

年份 year	能源消费总量(万吨标准煤) total energy consumption (10000 tn of SCE)	原煤(万吨) coal (10000 tn)	原油(万吨) crude oil (10000 tn)	天然气(亿立方米) natural gas (100000000 cum)	电力(亿千瓦小时) power (10000000 kwh)
1990	3 523.37	3 942.73	470.15	0.98	190.77
1991	3 572.80	4 193.73	453.91	1.26	204.45
1992	3 614.60	4 381.37	490.50	1.68	220.70
1993	3 793.77	4 640.42	484.19	2.05	218.78
1994	3 856.47	4 790.86	463.37	2.16	251.39
1995	2 954.22	4 634.15	493.30	1.83	267.60
1996	4 032.68	4 925.77	532.55	2.10	274.30
1997	4 177.24	4 755.96	659.36	2.95	287.80

6－3 原材料能源消费与库存总值(1997)

单位:万元

行 业	secfor	本年消费总值 Total con－sumption
总计	**Total**	**6 310 512**
能源总值	Total value of energy	1 897 773
原材料总值	Total value of materials	4 412 739
黑色金属材料类	Ferrous metals	778 825
有色金属材料类	Nonferrous metals	91 187
化工类	Raw chemical materials	518 243
建材类	Constructive materials	192 375
木材类	Timber	183 279
金属制品类	Metal products	33 517
一次转移价值的机电产品类	Machinery and electric equipment	1 601 039
其他类	Other	1 014 274
按国民经济行业大类分	Grouped by secter	
工业小计	Industy	5 865 359
采掘业	Excavating	460 439
煤炭采选业	Coal mining and processing	88 985
石油和天然气开采业	Petroleum and natural gas extraction	235 640
黑色金属矿采选业	Ferrous metals mining and processing	842
有色金属矿采选业	Nonferrous metals mining and processing	15 527
非金属矿采选业	Nonmetal minerals mining and processing	4 485
其他矿采选业	Other minerals mining and processing	176
木材及竹材采运业	Logging and transport of timber and bamboo	114 784
制造业	Mamufacturing	4 953 721
食品加工业	Food processing	225 386
食品制造业	Food manufacturing	89 881
饮料制造业	Beverage manufacturing	79 801
烟草加工业	Tobacco processing	61 391
纺织业	Textile industry	136 029
服装及其他纤维制品制造业	Garments and other fiber products	34 774
皮革、毛皮、羽绒及其制品业	Leather,furs,down and related products	9 913
木材加工及竹、藤、棕、草制品业	Timber processing bamboo,cane palmfiber and straw products	59 021
家具制造业	Furniture anufacturing	7 317
造纸及纸制品业	Papermaking and paper products	121 562
印刷业	Printing	22 081

TOTAL ENERGY CONSUMPTION AND STOCK(1997)

unit:10 000 yuan

	#工业生产 Industry	建筑施工 Constr—uction	运输邮电 Transportation post and telecommunication	年末库存总值 Stock at year end
	5 739 818	**341 846**	**167 577**	**844 054**
	1 698 167	28 112	132 689	122 935
	4 041 651	313 734	34 888	721 119
	673 052	90 956	11 536	183 710
	88 485	2 600	35	14 813
	500 307	10 754	1 451	69 512
	70 853	118 307	1 496	14 082
	161 071	18 661	3 065	28 133
	24 798	7 143	1 151	9 215
	1 546 852	38 756	9 731	186 304
	976 233	26 557	6 423	215 350
	5 734 116	65 042	7 087	802 906
	380 271	45 050	1 335	75 593
	78 590	1 910	323	19 765
	183 943	36 641		33 992
	795		47	168
	13 928	27	264	2 481
	4 439			308
	176			70
	98 401	6 472	700	18 809
	4 915 299	15 296	5 704	680 274
	224 664	1	227	77 432
	89 768	30	23	8 771
	79 260	84	121	16 941
	60 392		38	24 301
	135 645		54	15 561
	34 607		27	4 591
	9 892		20	2 402
	58 851	74	29	8 217
	7 311		6	1 781
	117 134	1 311	563	19 522
	22 052		21	3 681

单位:万元 续1

行 业 secfor		本年消费总值 Total con-sumption
文教体育用品制造业	Cultural educational and sports articles	2 393
石油加工及炼焦业	Petroleum processing and coking products	198 909
化学原料及化学制品制造业	Raw chemical materials and products	778 110
医药制造业	Medical and pharmaceutical products	105 565
化学纤维制造业	Chemical fibers	103 493
橡胶制品业	Rubber products	23 633
塑料制品业	Plastic products	63 009
非金属矿物制品业	Nonmetal mineral products	208 842
黑色金属冶炼及压延加工业	Smelting and pressing of ferrous metals	277 875
有色金属冶炼及压延加工业	Smelting and pressing of nonferous metals	92 740
金属制品业	Metal products	36 389
普通机械制造业	Ordinary machinery manufacturing	82 402
专用设备制造业	Special purpose equipment manufacturing	108 600
交通运输设备制造业	Transportation equipment manufacturing	1 827 079
武器弹药制造业	Weapon and ammunition	14 547
电气机械及器材制造业	Electric equipment and machinery	49 710
电子及通信设备制造业	Electronic and telecommunications	102 797
仪器仪表及文化、办公用机械制造业	Instruments,meters,cultural and official machinery	14 076
其他制造业	Other manufacturing	16 394
电力、煤气及水的生产和供应业	Electric power gas and water production and supply	451 198
电力、蒸汽、热水生产和供应业	Electric power steam and hot water production and supply	395 552
煤气生产和供应业	Gas production and supply	38 646
自来水生产和供应业	Top water production and supply	17 001
建筑业	Construction	280 775
土木工程建筑业	Construction	260 334
线路、管道和设备安装业	Line and equipments installation	17 979
装修装饰业	Decoration	2 462
运输邮电业	Transportation post and tele communication	164 379
#铁路运输业	Railways	85 377
公路运输业	Highways	19 399
管道运输业	Pipelines	27 421
航空运输业	Civil avaition	6 207
邮电通信业	Telecommuhicution	25 601

unit:10 000 yuan

#工业生产 Industry	建筑施工 Constr—uction	运输邮电 Transportation post and telecommunication	年末库存总值 Stock at year end
2 389		1	109
196 792	1 064	5	12 436
769 392	6 540	1 938	63 306
105 526		32	22 892
103 005	128	11	21 429
22 961		2	4 000
63 005		2	5 448
206 248	854	866	25 481
271 492	4 784	685	57 538
92 731	1	8	13 062
36 201		17	5 267
81 162	120	30	15 833
106 264	21	205	28 869
1 821 692	266	705	184 440
14 528			6 313
49 593	18	49	10 748
102 740			15 349
13 626			3 365
16 375		18	1 188
438 546	4 696	48	47 039
383 653	3 965	34	38 978
38 633		12	6 504
16 260	731	2	1 557
4 548	273 489	600	29 601
4 448	253 267	483	25 727
100	17 797	80	3 556
	2 425	37	318
1 154	3 315	159 890	11 547
1 154	2 302	81 921	7 413
		19 380	1 605
		27 421	13
		6 207	427
	1 013	24 588	2 003

6—4 主要能源消费和库存量(1997)
TOTAL CONSUMPTION AND STOCK OF MAIN ENERGY(1997)

单位:吨 unit:tn

产品名称 Item		本年消费量 Consumption in this year	#工业生产 industry	#建筑施工 construction	#运输邮电 Trans-portation post and teleco-mmunications	年末库存量 Stock at year end	#工业生产 industry	#运输邮电 Trans-portation post and teleco-mmunications
煤炭	Coal	31 482 852	29 484 175	114 037	1 039 457	4 656 455	41 856	4 457 494
焦炭	Coke	1 928 293	1 927 712	251	62	104 566	41	104 523
焦炉煤气	Other coal gas	70 148	70 148					
(万 m³)(10 000 cu·m)								
其他煤气	Crude oil	283 155	282 965					
(万 m³)(10 000 cu·m)								
原油	Gasoline	6 282 999	6 184 091	21	24 049	253 790		253 790
汽油	Kerosene	224 214	116 398	22 342	73 050	13 453	400	11 160
煤油	Kerosene	28 352	1 818	107	26 427	1 974	3	154
柴油	Dieseloil	283 120	122 646	23 813	130 592	19 432	294	16 364
燃料油	Fuel oil	620 129	605 666	322	19	55 574		55 571
液化石油气	Liquetied Petroleum gas	50 896	41 963			1 440		1 440
炼厂干气	Gas	188 229	166 339					
天然气	Natural gas	28 873	24 842					
(万 m³)(10 000 cu·m)								
热力	Thremo Power	40 952 933	33 724 805	1 744 243	624 299			
(百万千焦)(10 000 Kio-joule)								

6－5 主要原材料消费量(1997)
TOTAL CONSUMPTLON OF MAIN RAW MATERIALS(1997)

单位:吨　　unit:tn

产品名称 item		本年消费量 consumption in this year	#工业生产 industry	#建筑施工 construction	#运输邮电 transpor－tation post and teleco－mmunicution
生铁	PigIron	1 391 407	1 388 177	2 256	101
钢材	Steel	1 432 235	1 107 227	282 085	34 662
#铁道用钢材	Heavy rails	46 531	15 743	4 136	26 421
普通大型钢材	Ordinary rolled－steel large	22 676	18 151	4 344	56
普通中型钢材	Ordinary rolled－steel medium	105 074	80 634	22 845	657
普通小型钢材	Ordinary rolled－steel small	211 016	104 109	101 891	3 608
钢带	Strip steel	29 125	28 715	410	
线材	Wire rod	118 576	30 732	85 588	1 661
特厚钢板	High gauge steel plate	772	646	90	4
中厚钢板	Medium gauge steel plate	221 211	204 430	14 423	399
薄钢板	Low gauge steel plate	272 527	266 100	5 076	399
硅钢片	Silicon steel sheet	5 770	5 701	58	
优质钢型材	High quality section steel	167 925	166 552	723	62
无缝钢管	Seamless steel pipe	114 141	97 962	15 454	93
焊接钢管	Welded steel pipe	49 793	26 441	21 475	1 089
铜	Copper	4 808	4 800	8	
铝	Aluminum	11 283	11 194	79	
铅	Lead	1 359	1 310	42	5
锌	Zinc	3 383	3 371	8	
铜材	Rolled－copper	7 026	6 984	38	4
铝材	Rolled－aluminum	5 676	4 731	938	
硫酸	Sulphuric acid	89 644	89 367	103	16
烧碱	Caustic soda	97 714	97 267	353	26
纯碱	Soda ash	83 695	83 370		239
橡胶	Rubber	9 514	8 352	1 154	8
水泥	Cement	1 841 439	450 565	1 331 240	38 927
平板玻璃(重量箱)	Plate glass(wt cases)	317 011	190 414	108 342	13 088
原木(立方米)	Log(cu·m)	2 828 865	2 749 589	68 681	7 099
#原木直接消费	Direct consumption of log (cu·m)	2 216 289	2 171 496	34 647	7 099
锯材(立方米)	Sawn wood (cu·m)	356 021	234 108	109 359	12 090

6－6 地区能源平衡表(实物量)(1997)

		原煤(万吨) coal (10000 tn)
一、可供本地区消费的能源量	Total energy available for consumption	4 773.06
1.年初库存量	Stock at year begining	597.53
2.一次能源生产量	Primary energy output	2 676.85
3.回收能	Recovery of energy	
4.外省(区、市)调入量	Allocation from outside	2 250.00
5.进口量	Import	
6.我轮、机在外国加油量	Refuelling abroad for our ships and planes	
7.本省(区、市)调出量(－)	Allocation from inside	－76.00
8.出口量(－)	Export	
9.外轮、机在我国的加油量(－)	Refuelling in china for foreign ships and planes	
10.年末库存量(－)	Stock at year end	－675.32
二、加工转换投入(－)产出(＋)量	Output and input in processing and transformation	－2 209.14
1.火力发电	Thermal power	－1 608.42
2.供热	Heating	－508.16
3.洗选煤	Washing coal	－92.56
4.炼焦	Coking	
5.炼油	Petroleum refining	
6.制气	Gas production	
#焦炭再投入量(－)	Reinput for coke	
7.煤制品加工	Coal products processing	
三、损失量	Losses	5.00
#运输和输配损失	Losses for transportation	5.00
四、终端消费量	Final consumption	2 541.82
(一)第一产业	Primary industry	42.95
1.农、林、牧、渔业	Farming,forestry,animal husbandry and fishery	42.95
(二)第二产业	Second industry	1 885.12
1.工业	Industry	1 858.08
#用作原料、材料	Raw material	70.51
2.建筑业	Construction	27.04
(三)第三产业	Tertiary industry	353.15
1.交通运输、仓储及邮电通讯业	Transportation stock post and telecommui ncations	111.74
2.批发和零售贸易业、餐饮业	Whalesale retailsale and covering trade	98.56
3.其他	Other	142.85
(四)生活消费	Residential consumption	260.6
城镇	Urban	194.77
乡村	Rural	65.83
五、平衡差额	Balance	17.1
六、消费量合计	Total consumption	4 755.96

ENERGY SUPPLY AND CONSUMPTION(MATERIAL)(1997)

焦炭(万吨) coke (10000 tn)	原油(万吨) cndeoil (10000 tn)	汽油(万吨) gasoline (10000 tn)	煤油(万吨) kerosene (10000 tn)	柴油(万吨) dieseloil (10000 tn)	燃料油(万吨) fueloil (10000 tn)	液化石油气(万吨) gas (10000 tn)	天然气(亿立方米) naturalgas (100000000 cu·m)	电力(亿千瓦小时) power (100000000 kwh)
38.73	659.36	−64.80	2.75	−64.64	−49.98	3.28	2.95	48.43
10.78	24.43	34.52	0.41	15.83	7.72	0.24		
	405.1						2.95	40.67
39.21	261.04		2.56	5.00		3.25		56.17
		−81.11		−73.04	−48.86			−48.41
−11.26	−31.21	−18.21	−0.22	−12.43	−8.84	−0.21		
154.02	−617.93	157.43	0.08	139.03	97.36	22.91	−0.53	239.37
	−0.03	−0.03		−1.03	−15.67		−0.25	239.37
	−0.57	−0.01		−0.05	−0.22			
112.31								
	−617.33	157.47	0.08	140.1	113.25	22.91		
41.71							−0.28	
								24.95
192.75	41.43	92.63	2.83	74.38	47.38	26.19	2.42	262.85
				33.05				4.69
				33.05				4.69
192.74	39.03	25.85	0.19	18.13	47.38	5.27	2.38	186.38
192.74	39.03	21.93	0.18	15.18	47.33	5.27	2.37	183.1
0.02		3.92	0.01	2.95	0.05		0.01	3.28
0.01	2.4	62.72	2.64	23.20		2.46		26.94
0.01	2.4	19.73	2.64	14.41				6.34
		5.04		2.05		2.46		5.39
		37.95		6.74				15.21
		4.06				18.46	0.04	44.84
		3.95			18.46	0.04	27.27	
		0.11						17.57
192.75	659.36	92.67	2.83	75.46	63.27	26.19	2.95	287.8

6—7 地区能源平衡表(标准量)(1997)

单位:万吨标准煤

		原煤 coal
一、可供本地区消费的能源量	Total energy available for consumption	3 068.12
1.年初库存量	Stock at year begining	384.09
2.一次能源生产量	Primary energy output	1 720.68
3.回收能	Recovery of energy	
4.外省(区、市)调入量	Allocation from outside	1 446.3
5.进口量	Import	
6.我轮、机在外国加油量	Refuelling abroad for our ships and planes	
7.本省(区、市)调出量(—)	Allocation from inside	—48.85
8.出口量(—)	Export	
9.外轮、机在我国的加油量(—)	Refuelling in china for foreign ships and planes	
10.年末库存量(—)	Stock of year end	—434.1
二、加工转换投入(—)产出(+)量	Out put and input in processingand transformation	—1 420.04
1.火力发电	Therma power	—1 033.89
2.供热	Heating	—326.65
3.洗选煤	Washing coal	—59.5
4.炼焦	Coking	
5.炼油	Petroleum refining	
6.制气	Gas production	
#焦炭再投入量(—)	Reinput for coke	
7.煤制品加工	Coal products processing	
三、损失量	Losses	3.21
#运输和输配损失	Losses for transportation	3.21
四、终端消费量	Final consumption	1 633.87
(一)第一产业	Primary industry	27.61
1.农、林、牧、渔业	Farming,forestry,animal husbandry and fishery	27.61
(二)第二产业	Second industry	1 211.75
1.工业	Industry	1 194.37
2.建筑业	Construction	17.38
(三)第三产业	Tertiary industry	227.00
1.交通运输、仓储及邮电通讯业	Transportation stock post and telecommuin cations	71.83
2.批发和零售贸易业、餐饮业	Whalesale retailsale and covering trade	63.35
3.其他	Other	91.82
(四)生活消费	Residential consumption	167.51
城镇	Urban	125.2
乡村	Rural	42.32
五、平衡差额	Balance	11.00
发电、供热效率、消费合计	Total comsumption	

ENERGY SUPPLY AND CGNSUMPTION(STAUDORD)(1997)

unit:10 000 tn of SCE

焦炭 coke	原　油 cndeoil	汽　油 gasoline	柴　油 dieseloil	燃料油 fueloil	液化石油气 gas	天然气 naturalgas	电力 power	合计 (当量值) total
37.62	941.96	-95.35	-94.18	-71.4	5.62	35.82	59.52	4 190.08
10.47	34.9	50.79	23.07	11.03	0.41			523.8
	578.73					35.82	49.98	2 385.21
								110.68
38.09	372.92		7.29		5.57		69.03	2 152.07
		-119.35	-106.43	-69.8			-59.5	-4 039.93
-10.94	-44.59	-26.79	-18.11	-12.63	-0.36			-577.76
149.62	-882.77	231.65	202.57	139.09	39.27	-6.44	294.49	-1 007.12
	-0.04	-0.04	-1.5	-22.39		-3.04	294.19	-767.91
	-0.81	-0.01	-0.07	-0.31				-94.45
								-11.23
109.1								-127.99
	-881.92	231.7	204.14	161.79	39.27			-1.47
40.52						-3.4		
							30.66	33.87
							30.66	33.87
187.24	59.19	136.3	108.39	67.69	44.89	29.38	323.04	3 136.25
			48.16				5.76	81.53
			48.16				5.76	81.53
187.23	55.76	38.04	26.42	67.69	9.03	28.89	229.06	2 323.29
187.21	55.76	32.27	22.12	67.62	9.03	28.77	225.03	2 291.18
0.02		5.77	4.3	0.07		0.12	4.03	32.1
0.01	3.43	92.29	33.81		4.22		33.11	407.69
0.01	3.43	29.03	21.00				7.79	140.94
		7.42	2.99		4.22		6.62	85.22
		55.84	9.82				18.69	181.53
		5.97			31.64	0.49	55.11	323.74
		5.81			31.64	0.49	33.51	259.67
		0.16					21.59	64.07
								11.37
								4 177.24

6—8 分行业产值能耗表

单位:万吨标准煤

		产值能耗(吨/万元) consumption of energy/output value (tn/10000 yuan)
一、工业	Industry	2.92
轻工业	Light industry	1.79
重工业	Heavy industry	3.97
(一)采掘业	Excavating	5.33
煤炭采选业	Coal mining and processing	6.88
石油和天然气开采业	Petroleum and natural gas extraction	12.02
黑色金属矿采选业	Ferrous metals mining and processing	1.59
有色金属矿采选业	Nonferrous metals mining and processing	2.68
非金属矿采选业	Nonmetal minerals mining and processing	2.83
其他矿采选业	Other minerals mining and processing	1.63
木材及竹材采运业	Logging and transport of timber and bamboo	2.83
(二)制造业	Manufacturing	2.51
食品加工业	Food processing	1.07
食品制造业	Food manufacturing	4.81
饮料制造业	Beverage manufacturing	2.35
烟草加工业	Tobacco processing	0.38
纺织业	Textiee industry	1.8
服装及其他纤维制品制造业	Garments and other fiber products	0.48
皮革、毛皮、羽绒及其制品业	Leather,furs,down and related products	0.86
木材加工及竹、藤、棕、草制品业	Timber processing barboo cane palmfiber and straw products	0.68
家具制造业	Furniture manufacturing	0.87
造纸及纸制品业	Paper making and paper products	3.21
印刷业、记录媒介的复制	Printing	0.93
文教体育用品制造业	Cultural educational and sports articles	1.42
石油加工及炼焦业	Petroleum processing and coking products	3.44
化学原料及化学制品制造业	Raw chemical materials and products	5.56
医药制造业	Medical and pharmaceutical products	0.66
化学纤维制造业	Chemical fibers	2.54
橡胶制品业	Rubber products	1.42
塑料制品业	Plastic products	0.63

CONSUMPTION OF ENERGY—OUTPUT VALUE BY STCTOR(1997)

unit:10 000tn of sce

产值(亿元) output value (100000000 yuan)	能源消费合计 total con—sumption of energy	终端消费 final co—nsumption	损失量 losses	加工转换损失合计 losses in prcessing and trans formation
1 098.45	3 205.27	2 946.6	113.91	144.76
274.61	492.38	492.38		
823.84	3 267.87	2 486.06	113.91	114.76
65.93	351.13	329.76	3.21	18.16
15.99	109.97	95.53	3.21	11.23
11.23	134.95	128.02		6.93
1.33	2.11	2.11		
4.56	12.23	12.23		
6.52	18.44	18.44		
0.87	1.42	1.42		
25.43	72.00	72.00		
987.69	2 477.12	2 351.27		125.85
76.35	81.4	81.4		
20.89	100.53	100.53		
28.42	66.8	66.8		
15.22	5.74	5.74		
23.48	42.17	42.17		
14.3	6.81	6.81		
5.72	4.91	4.91		
35.39	24.1	24.1		
4.75	4.13	4.13		
25.95	83.4	83.4		
7.67	7.16	7.16		
0.97	1.38	1.38		
12.43	42.8	32.05		10.75
105.49	596.2	483.17		113.03
47.02	31.07	31.07		
13.98	35.5	35.5		
7.38	10.46	10.46		
18.95	11.85	11.85		

单位:万吨标准煤 续1

		产值能耗(吨/万元) consumption of energy/output value (tn/10000 yuan)
非金属矿物制品业	Nonmetal mineral products	8.61
黑色金属冶炼及压延加工业	Smelting and pressing of ferrous metals	10.88
有色金属冶炼及压延加工业	Smelting and pressing of nonferous metals	5.74
金属制品业	Metal products	0.67
普通机械制造业	Ordinary machinery manufacturing	1.62
专用设备制造业	Special purpose equipmen manufacturingt	0.98
交通运输设备制造业	Transportation equipment manufacturing	0.63
武器弹药制造业	Weapon and ammunition	2.27
电气机械及器材制造业	Electric equipment and machinery	0.63
电子及通信设备制造业	Electronic and telecommunications	0.33
仪器仪表及文化、办公用机械制造业	Instruments,meters,cultural and official machinery	1.34
其他制造业	Other manufacturing	0.38
(三)电力、煤气及水的生产和供应业	Electric power gas and water production and supply	8.41
电力、蒸汽、热水生产和供应业	Electric power steam and hot water production and supply	8.42
煤气生产和供应业	Gas production and supply	8.26
自来水生产和供应业	Top water production and supply	8.44
二、建筑业	Construction	0.31
土木工程建筑业	Construction	0.32
线路、管道和设备安装业	Line and equipments installation	0.14
装修装饰业	Decoration	1.96
三、交通运输、仓储及邮电通信业	Transportation stock post and tele communicution	1.75
铁路运输业	Railways	4.37
公路运输业	Highways	1.39
管道运输业	Pipelines	10.06
水上运输业	Waterways	3.56
航空运输业	Civil avaition	3.16
交通运输辅助业	Transportation sideline production	0.05
其他交通运输业	Other transportation	2.5
仓储业	Stock	1.16
邮电通信业	Tele communicution	0.22

unit:10 000tn of SCE

产值(亿元) output value (100000000 yuan)	能源消费合计 total con-sumption of energy	终端消费 final co-nsumption	损失量 losses	加工转换损失合计 losses in prcessing and trans formation
59.29	510.66	510.66		
39.85	433.64	432.31		1.33
14.66	84.21	84.21		
26.55	1 767	17.67		
22.62	36.73	36.73		
26.57	25.97	25.97		
279.62	175.24	174.51		0.73
4.54	10.3	10.3		
18.33	11.56	11.56		
16.58	5.39	5.39		
3.78	5.06	5.06		
10.94	4.12	4.12		
44.83	376.98	265.54	110.7	0.74
40.29	339.14	228.44	110.7	
2.5	20.66	19.92		0.74
2.04	17.21	17.21		
136.98	42.76	42.76		
121.47	39.28	39.28		
14.75	2	2		
0.76	1.49	1.49		
92.97	162.84	162.84		
19.18	83.82	83.82		
25.89	35.98	35.98		
2.03	20.42	20.42		
0.09	0.32	0.32		
1.23	3.89	3.89		
1.03	0.05	0.05		
0.02	0.05	0.05		
6	9.93	9.93		
37.5	8.37	8.37		

财　　政 7

PUBLIC FINANCE

7—1 地方财政收入和支出
TOTAL GOVERNMENT REVENUE AND EXPENDITURES

单位:亿元　　　　unit:100 000 000yuan

年份 Year	地方财政收入 Government revenue	#企业收入 Revenue of enter-prises	#各项税收 Taxes	财政支出 Expenditure	#基本建设支出 Expenditure on capital construcion	#支援农村生产和各项农业事业费 Expenditures on suporting agricultural production and admini-stration	#文教、科学、卫生事业费 Culture eduction science and health care	#行政管理费 Government administrtion
1978	16.41	3.68	11.87	16.35	5.54	1.89	3.02	1.25
1979	12.65	0.40	11.93	17.88	5.17	2.36	3.40	1.50
1980	14.39	1.30	12.58	17.32	3.13	2.45	4.32	1.70
1981	10.72	−2.24	12.44	15.87	2.21	2.18	4.94	1.76
1982	11.97	−2.17	13.49	17.30	2.25	2.35	5.72	2.06
1983	14.12	−1.83	15.18	19.41	3.02	2.31	6.51	2.44
1984	15.22	−2.75	17.28	23.34	3.41	2.66	7.56	3.09
1985	21.67	−2.16	23.30	34.50	4.90	3.03	9.15	2.99
1986	29.52	1.40	27.18	50.12	5.11	4.24	11.02	3.69
1987	37.52	3.21	32.02	53.23	3.66	3.71	11.25	4.22
1988	43.32	0.97	38.03	61.26	4.47	3.95	13.36	4.99
1989	49.40	−0.79	44.59	67.14	3.80	5.22	15.02	5.81
1990	50.68	−1.58	46.14	71.67	3.51	4.94	16.25	6.50
1991	62.46	0.26	48.76	79.12	4.21	5.12	17.43	5.77
1992	56.99	−0.90	53.01	80.02	4.52	5.82	20.10	7.33
1993	79.82	−1.22	74.51	103.11	6.71	6.89	23.56	9.06
1994	51.27	0.08	41.85	104.59	5.27	7.86	31.89	10.87
1995	63.28	3.06	47.76	120.90	5.71	9.16	35.04	12.04
1996	76.40	1.71	57.76	145.53	7.57	8.90	40.48	14.05
1997	82.85	3.11	63.20	167.75	8.50	10.86	43.15	14.65

7—2 地方分项目财政收入
LOCAL GOVERNMENT REVENUE BY SOURCE

单位:万元　　unit:10 000yuan

项目	Item	1996	1997
收入总计	**Total**	**763 998**	**828 508**
一、工商税收类	Industrial and commerial tax	496 128	559 589
#增值税	Added tax	154 093	174 305
营业税	Business tax	188 097	209 183
个人所得税	Personal income tax	24 538	34 521
土地增值税	Land added tax	97	148
外商投资企业和外国企业所得税	Income tax of foreign funded enterprises	4 597	3 905
城市维护建设税	Tax on city maintenance and constructon	59 500	62 817
房产税	Real estate tax	24 416	28 677
屠宰税	Butcher tax	2 369	3 436
资源税	Resoreces tax	6 161	6 463
城镇土地使用税	Tax on use on urban land	8 183	7 556
工商税收税款滞纳金罚款收入	Fines	2 608	3 300
二、农牧业税和耕地占用税类	Agricultural and cultivated land tax	81 494	72 396
#农牧业税	#Agricultural tax	51 782	40 555
农业特产税	Tax on special products	22 082	24 559
耕地占用税	Tax on occupancy of cultivated—lamd	4 320	3 614
三、企业所得税类	Income taxes on enterprises	68 930	81 024
四、国有企业上缴利润类	Profits on state owned enterpreses	8 098	8 366
五、国有企业计划亏损补贴类	Planed subsidies for the losses Of the state owned enterprisse	—58 792	—57 495
六、基本建设贷款归还收入类	Revenue from the repayment Of capital construction loan	550	625
七、其他收入类	Other revenue	40 265	49 466
#事业收入	Non—business revenus	289	574
外商投资企业其他收入	Other income on foreign funded enterprises	840	487
其他收入	Other income	21 874	30 532
国有土地使用权有偿使用收入	Rent on stafe land used	17 262	17 368
八、所得税退税类	In come drawback	—1 170	—791
九、罚没收入、行政性收费收入类	Penalty and collect fee	96 484	115 328
#工商罚没收入	Penalty for industry and commerce	2 090	1 194
十、其他收入	Other	32 011	

7—3 地方分项目财政支出
LOCAL GOVERNMENT EXPENDITURES BY ACCOUNT ITEM

单位:万元　　unit:10 000 yuan

项目	Item	1996	1997
支出总计	**Total**	**1 455 266**	**1 677 548**
一、基本建设支出类	Expenditures on capital construction	75 673	84 950
二、企业挖潜改造资金类	Innovation funds for enterprises	52 485	49 796
三、简易建筑费类	Simple building expenses	3 517	4 947
四、地质勘探费类	Geological prospecting expenses	1 028	789
五、科技三项费用类	Expenditures for science add technology promotion	44 606	57 661
六、流动资金类	Circulating funds	2 761	4 870
七、支援农业生产支出类	Expenditure for suporting agriculture	26 549	34 904
#小型农田水利和水土保持补助费	Small water conservancy projects and	9 792	17 743
发展粮食生产专项资金支出	Other special funds	6 234	4 343
八、农林水利气象等部门的事业费类	Operating expenses of the departments of farming forestry water conservancy and meteorology	62 417	73 687
#农业事业费	Farming	15 020	19 066
水利事业费	Water conservancy	9 982	11 575
气象事业费	Meteorology	601	825
九、工业交通等部门的事业费类	Administration expenses ofindustry and transportation	29 262	34 299
十、商业部门事业费类	Administration expenses of commerce	10 691	12 894
十一、城市维护费类	City maintenance expenditures	69 719	80 929
十二、文教事业费类	Culture education	304 089	323 529
#文化事业费	Culture	12 810	14 195
教育事业费	Education	251 052	263 019
十三、科学事业费类	Science	16 033	18 050
十四、其他部门的事业费类	Other sectors	103 622	125 493
十五、抚恤和社会福利救济费类	Pensions and relief funds for social welfare	36 455	36 730
十六、国防支出费	National defense	650	1 239
十七、行政管理费类	Government administration	140 450	146 518
十八、武装警察部队支出类	Expenditure for armed police forces	2 647	1 601
十九、公检法支出类	Expenditurc for public security detective	84 578	96 313
二十、价格补贴支出类	Price subsidies	185 118	240 322
#粮食加价款	Funds for the increase of grain prices	1 198	16 281
国家粮油价差补贴	Subsidies to grain and edible oil	2 522	2 500
粮食风险基金	Risk fund for grain	33 069	41 143
国家储备粮油费用补贴	Subsidies for stock grain and oil	96 642	142 906
市镇居民的肉食价格补贴	Subsidies for meat prices	2 366	2 392
国家批准的其他政策性补贴	Other policy subsidies	3 056	4 001
二十一、支援不发达地区支出类	For developing area	1 509	19 317
二十二、其他支出类	Other expenditures	70 361	88 971
二十三、专款支出类	Special expenditures	29 920	
二十四、农业综合开发支出类	Expenditure for comprehensive development of agriculture	16 472	13 799
二十五、卫生经费类	Health care	84 654	89 896
二十六、行政事业离退休经费类	Pensions for retired staff and workers		36 044

7—4 工商税收情况
INDUSTRIAL AND COMMERCIAL TAXES

单位:万元　　　　unit:10 000 yuan

项目	Item	1996 绝对数 value	1996 构成(%) proportion	1997 绝对数 valure	1997 构成(%) proportion
工商税收(地税)	**Industrial and commercial taxes**	**496 128**	**100**	**559 589**	**100**
营业税	Business tax	188 097	37.9	209 183	37.4
个人所得税	Income tax	24 538	5.0	34 521	6.2
土地增值税	Land added tax	97	…	148	…
城市维护建设税	Tax on city maintenance and constraction	59 500	12.0	62 817	11.2
车船税	Tax on use of vehicles and ships	2 547	0.5	2 969	0.5
房产税	Real estate tax	24 416	4.9	28 677	5.1
屠宰税	Butcher tax	2 369	0.5	3 436	0.6
资源税	Resources tax	6 161	1.2	6 463	1.2
城镇土地使用税	Tax on use of land	8 183	1.7	7 556	1.4
印花税	Stamp tax	5 843	1.2	4 945	0.9
固定资产投资方向调节税	Tax on adjustment of investment in fixed assets	13 079	2.6	17 364	3.1
税款滞纳金、罚款收入	Penalty and collect fee	2 608	0.5	3 300	0.6
增值税	Added tax	154 093	31.1	174 305	31.1
外商投资和外国企业所得税	Income tax—for foreign funded enterprise	4 597	0.9	3 905	0.7

物　　价 8

PRICE

8—1 各种物价总指数
OVERALL PRICE INDICES

年份 Year	零售物价总指数 Overall retail price index	居民生活消费价格总指数 Overall consumer price index of residents	城市居民生活消费价格指数 Overall consumer price index of urban residents	农村居民生活消费价格指数 Overall consumer price index of rural residents	农副产品收购价格总指数 Overall farm and sideline products purchasing price index	农村工业品零售价格总指数 Oderall industrial producs rural retail price index	农贸市场农产品成交价格总指数 Overall transaton price index in rural freemarket	工农业商品综合比价指数（以农副产品收购价格总指数为100） Overall industria ard agricultural products price parity index
上年=100								
1978	100.2	100.1	100.1	100.3	104.1	100.2		96.3
1979	101.2	101.7	101.7	101.1	117.5	100.4	97.2	85.4
1980	106.3	105.6	108.6	104.9	109.4	100.8	96.9	92.1
1981	101.7	101.6	101.6	101.2	110.0	101.3	104.0	92.1
1982	103.0	104.2	104.2	101.9	100.5	101.9	104.4	101.4
1983	102.6	104.5	103.0	101.7	102.9	101.6	105.7	98.7
1984	104.2	103.5	103.6	103.3	105.6	102.5	105.2	97.1
1985	109.7	110.3	110.3	107.9	106.0	105.3	118.2	99.3
1986	105.4	106.0	106.0	105.1	109.8	102.1	105.6	93.0
1987	107.5	107.6	108.0	105.3	108.0	104.7	115.9	96.9
1988	119.9	120.3	121.6	117.1	107.0	115.9	123.2	108.3
1989	116.9	117.2	116.9	119.3	118.7	117.1	113.9	98.7
1990	103.9	104.9	103.9	108.2	104.5	106.4	97.3	101.8
1991	105.1	106.8	107.1	105.2	89.5	105.9	99.9	118.3
1992	107.1	108.0	109.3	103.9	99.6	104.8	100.9	105.2
1993	111.3	112.6	113.2	108.8	118.4	111.3	111.3	94.0
1994	119.9	120.6	123.2	117.0	132.8	113.5	126.3	85.5
1995	114.2	115.2	115.1	115.6	126.6	114.2	116.6	90.2
1996	105.1	107.2	107.7	105.8	105.1	105.3	95.8	100.2
1997	101.8	103.7	103.7	103.7	96.0	101.2	96.9	105.4
1978=100								
1979	101.2	101.7	101.7	101.1	117.5	100.4	97.2	85.4
1980	107.6	107.4	110.4	106.1	128.5	101.2	94.2	78.8
1981	109.4	109.1	112.2	107.3	141.4	102.5	98.0	72.5
1982	112.7	113.7	116.9	109.4	142.1	104.4	102.3	73.5
1983	115.6	118.8	120.4	111.2	146.2	106.1	108.1	72.6
1984	120.5	123.0	124.8	114.9	154.4	108.8	113.7	70.5
1985	132.2	135.7	137.6	124.0	163.7	114.6	134.2	65.1
1986	139.3	143.8	145.9	130.3	179.7	117.0	141.7	63.1
1987	149.7	154.7	157.5	137.2	194.1	122.5	164.2	68.3
1988	179.5	186.1	191.6	160.7	207.7	142.0	202.3	67.4
1989	209.6	218.1	224.0	191.7	246.5	166.3	230.4	68.6
1990	218.0	228.8	232.7	207.4	257.6	176.9	224.2	69.8
1991	229.4	244.4	249.2	218.2	230.8	187.3	224.0	81.2
1992	245.7	264.0	272.4	226.7	229.9	196.3	226.0	85.4
1993	273.5	297.3	308.3	246.6	272.2	218.5	251.5	80.3
1994	327.4	358.5	379.9	288.6	361.5	248.0	317.6	68.7
1995	373.9	413.0	432.2	333.6	457.7	283.2	370.3	62.0
1996	393.0	442.7	470.9	352.9	481.0	298.2	354.7	62.1
1997	400.1	459.1	488.3	366.0	461.8	301.8	343.7	65.5

8—2 全省商品零售价格分类指数
RETAIL PRICE INDICES BY CATEGORY OF COMMODITES

(上年=100) (preceding year=100)

类别	Item	全省 Total		城市 Urban		农村 Rural	
		1996	1997	1996	1997	1996	1997
商品零售价格总指数	**Overall Retail Price Index**	**105.1**	**101.8**	**105.1**	**101.7**	**105.0**	**102.0**
一、食品类	Foods	104.3	101.7	104.3	101.4	104.3	102.4
粮　食	Grain	105.3	94.5	106.3	94.1	103.9	95.5
鲜　菜	Fresh Vegetable	109.8	103.6	108.1	101.3	114.3	110.0
肉禽蛋	Meal Poultry and Eggs	99.7	102.6	100.1	102.4	98.4	103.2
水产品	Aquatic Products	98.4	107.2	98.6	107.4	97.2	107.1
其它食品	Other foods	110.3	104.2	110.8	103.8	108.1	105.3
#鲜果	Freshes	102.8	92.9	102.4	91.9	104.0	96.0
二、饮料、烟酒类	Beverages tobacco and liquor	108.2	104.3	108.7	104.6	105.5	103.0
三、服装、鞋帽类	Garments Shoes and hats	108.6	103.9	108.5	104.9	109.1	101.7
四、纺织品类	Textiles	107.3	102.6	107.4	103.0	107.0	101.6
五、中西药品类	Traditional chinese and Western medicines	109.7	103.1	110.5	103.4	105.2	102.3
六、化妆品类	Cosmetices	105.6	101.2	104.5	101.2	108.7	101.3
七、书报杂志类	Newspaper and Magazines	135.0	114.4	135.9	113.6	132.2	116.7
八、文化体育用品类	Stationery and Sports goods	105.5	101.6	105.3	101.2	107.0	103.4
九、日用品类	Daily use articles	106.8	102.8	107.0	102.8	105.9	102.6
十、家用电器类	Household appliances	99.8	95.0	99.3	93.7	101.2	98.6
十一、首饰类	Jewelry	98.6	97.5	98.5	97.6	98.8	97.2
十二、燃料类	Fuels	103.4	104.7	103.4	104.5	103.5	105.5
十三、建筑材料类	Building decoration materials	101.7	99.9	101.6	100.5	102.4	99.3
十四、机电产品类	Meohanical and eleetrical Products	96.9	95.5	95.5	93.6	101.4	99.9
十五、农业生产资料价格指数	Means of agricaltaral Prodcuts	111.5	99.8			111.5	99.8
小农具	Small farm fools	120.0	107.3			120.0	107.3
饲料	Forage grass	108.9	103.1			108.9	103.1
幼禽家畜	Young Livestock and fowls	96.3	133.0			96.3	133.0
大牲畜	Livestock	99.0	105.1			99.0	105.1
半机械化农具	Semi—mechani zed farm equipment	102.9	105.7			102.9	105.7
化学肥料	Chemical fertilizer	116.2	91.9			116.2	91.9
农药及农药械	Medicine and eqnipmment	102.5	101.8			102.5	101.8
化学农药	Chemical medicine	102.6	102.1			102.6	102.1
农药械	Application equipment	101.1	98.2			101.1	98.2
农机用油	Oil for farm mechanized	104.5	111.6			104.5	111.6
其他	Other	116.8	97.8			116.8	97.8

8—3 全省居民生活消费价格指数
RESIDENTS CONSUMER PRICE INDICES

(上年=100) (Preceding Year=100)

项目	Item	全省 Total		城市 Urban		农村 Rural	
		1996	1997	1996	1997	1996	1997
居民生活消费价格总指数	**Overall Residents Consumer Price Index**	**107.2**	**103.7**	**107.7**	**103.7**	**105.8**	**103.7**
一、食品	Food	105.0	101.3	105.4	100.9	104.7	102.3
粮食	Grain	104.2	93.5	105.0	93.0	103.3	94.7
鲜菜	Fresh Vegetables	110.8	101.5	109.9	99.2	114.8	108.1
肉禽及制品	Meal Poultry and Eggs	96.3	108.9	96.5	108.5	94.6	110.0
水产品	Aquatic Products	97.9	108.0	98.5	107.7	96.1	108.8
其它食品	Other food	107.6	108.0	108.2	109.1	106.1	106.5
#鲜果	Freshes	103.7	92.1	103.6	91.4	104.5	95.1
二、衣着类	Clothing	107.4	103.3	107.2	104.1	107.7	101.9
三、家庭设备及用品类	Household facilites articles	105.1	101.8	105.1	101.7	105.5	101.9
耐用消费品	Durahle Consumer Goods	103.0	100.5	103.0	100.0	103.0	101.4
家具	Furniture	106.5	102.2	106.9	101.1	105.3	104.2
家庭设备	Househoid facilities	101.1	99.5	100.9	99.4	102.2	99.7
室内装饰品	interior decorations	102.6	101.0	102.1	102.4	104.1	99.7
床上用品	Bed articals	106.1	101.6	105.3	102.9	108.4	100.3
其他日用品	Other daily use articles	104.9	102.6	104.7	101.9	107.1	104.2
四、医疗保健类	Medicine and medical Services	107.9	102.4	109.0	102.8	104.6	101.8
五、交通和通讯工具	Means Of transportation and Communication	99.8	97.3	99.5	97.7	100.4	96.9
六、娱乐教育文化用品类	Recreation education and Culture articals	111.1	101.5	112.2	101.2	107.7	102.3
七、居住	Residence	117.0	110.6	118.5	111.5	107.7	108.5
住房	Housing	119.2	113.3	122.0	117.4	103.8	105.4
建筑材料	Building materials	103.1	100.1	103.0	100.7	103.1	99.3
水、电、燃料	Water electricity and fuels	116.0	109.3	117.0	109.0	109.7	110.7
房租	Rent for house	129.7	124.4	132.4	127.0	105.9	118.5
八、服务项目类	Services	111.9	116.0	111.9	114.3	111.0	120.2
电讯费	Communication fares	103.4	122.1	102.7	119.1	106.1	128.2
邮电费	Postage	109.9	101.0	109.3	202.4	110.9	196.0
交通费	Transportation fares	118.9	103.5	119.2	103.6	115.7	101.0
洗理美容费	Washing and haircut fares	109.2	107.1	108.1	106.2	114.0	108.3
文娱费	Recreation fares	117.8	110.0	118.0	111.4	111.3	104.2
学杂保育费	Education fares	110.3	115.9	110.2	115.3	111.6	119.2
修理及其他服务费	Repair and other Services	114.4	106.1	116.1	103.9	108.8	109.3
医疗保健服务费	Medicine and medical Services	107.5	132.4	107.1	135.6	110.1	124.7

8—4 农副产品收购价格分类指数
FARM AND SIDELINE PRODUCTS PURCHASING AND TRANSACTING PRICE INDICES ON FREEMARKET BY CATEGORY

(上年=100) (preceding year=100)

类别	Item	1996	1997
农副产品收购价格总指数	**Overall Index**	**105.1**	**96.0**
一、粮食类	Grain	105.8	97.3
二、经济作物类	Industrial grops	112.7	90.2
食用植物油及油料	Edible vegetable oil and oil bearing grops	113.1	98.6
烟　叶	Tobacco	136.7	98.6
糖　料	Sugarcane and beetroots	97.4	86.1
三、竹木材类	Bamboo and timber	87.0	99.6
四、工业用油漆类	Oid and lacquer for industrial use	97.7	129.7
五、禽畜产品类	Livestock products poultry and eggs	92.4	88.9
肉　畜	Livestock for Slaughtering	93.7	92.8
禽　蛋	Poultry and eggs	139.0	71.0
皮　张	Hides and Skins	62.4	87.3
鬃　毛	Bristles	108.0	97.6
六、蚕茧蚕丝类	Silkworn cocoons and Silk	166.7	100.0
七、干鲜果类	Dried and fresh fruits	95.5	95.6
八、干鲜菜及调味品类	Dried and fresh vegetables Comdiments	100.2	95.1
#鲜　菜	#Fresh Vegetabee	99.8	94.7
九、药材类	Raw drugs	78.5	80.5
十、土副产品类	Native products	94.4	105.4
十一、水产品类	Aquatic Prodncts	110.8	111.1

8—5 农贸市场农产品成交价格指数
TRANSACTING PRICE INDICES ON FREE MARKET BY CATEGORY

(上年=100) (preceding year=100)

类别	Item	1996	1997
农贸市场农产品成交价格分类总指数	**Overall Index on Free Market**	**94.3**	**96.9**
粮食	Grain	87.6	82.1
油脂	Oil and Oil brering grops	87.7	98.7
肉禽蛋	Livestock products poultry and eggs	90.7	103.0
水产品	Aquatic products	96.5	107.9
鲜菜	Fresh vegetables	97.7	92.5
干菜	Dried vegetables	97.2	98.3
鲜果	Fresh fruits	105.1	86.6
干果	Dried fruits	105.9	109.0

8—6 工业品出厂价格分类指数
INDUSTRAL PRODUCTS PRODUCER PRICE INDICES

(上年=100) (preceding year=100)

类别	Item	1996	1997
工业品出厂价格总指数	**Overall Index**	**103.79**	**101.41**
轻工业	Light industry	101.38	99.58
以农产品为原料	Raw material for farm products	102.10	100.74
以非农产品为原料	Raw material for nonfarm products	98.27	95.86
重工业	Heavy industry	104.93	102.00
采掘业	Excavation industry	107.25	115.58
原材料工业	Raw materials	103.25	100.82
加工工业	Manufacturing industry	105.72	100.43
生产资料	Means of production	104.59	101.63
采掘业	Excavation industry	107.04	115.57
原材料工业	Raw materials	103.36	99.33
加工工业	Manufacturing industry	105.03	100.47
生活资料	Consumer goods	101.34	100.96
食品类	Food	101.00	102.99
衣着类	Clothing	100.27	95.13
一般日用品	Daily—use articles	101.77	98.87
耐用消费品	Durable consumer goods	104.03	99.56
冶金工业	Metallurgical Industry	100.35	97.47
电力工业	Power Industry	105.34	105.79
煤炭及炼焦工业	Coal and Coke Industry	109.87	115.86
石油工业	Petroleum Industry	103.67	111.95
化学工业	Chemical Industry	103.26	94.93
机械工业	Machine building Industry	104.76	101.14
建筑材料工业	Building materials	105.00	102.73
森林工业	Forestry	106.45	99.89
食品工业	Food manufacturing	101.00	102.45
纺织工业	Textile Industry	93.72	90.93
缝纫工业	Tailoring Industry	92.55	92.37
皮革工业	Leather Industry	115.11	91.10
造纸工业	Paper Industry	116.00	94.06
文教艺术用品工业	Cultural educational handicrafts articles	99.79	100.77
其它工业	Others	104.36	112.43

8—7 主要原材料、燃料、动力购进价格分类指数
MAJOR MATERIALS,FUELS AND POWER PRICE INDICES BY CATEGORY

(上年=100) (preceding year=100)

类别	Item	1996	1997
总指数	**Overall prices index**	**101.65**	**103.86**
燃料动力类	Fuel and power	106.13	110.19
黑色金属材料类	Ferrous materials	97.53	99.08
有色金属材料及电线类	Nonferrous materials	93.13	94.70
化工原料类	Raw chemical materials	96.64	97.04
木材及纸浆类	Timber processing and pulp	102.12	107.88
建筑材料类	Constructing materials	99.63	103.09
非金属矿类	Nonmetal minerals mining	97.48	97.91
农副产品类	Farm and Sideline products	107.16	101.59
纺织原料类	Raw textile materials	94.50	93.73

8—8 固定资产投资价格指数
PRICE INDICES OF INVESTMENT IN FIXED ASSETS

(上年=100) (preceding year=100)

类别	Item	1996	1997
总指数	**Overall prices index**	**102.9**	**104.4**
建筑安装工程	Building installation	105.7	106.4
设备、工器具购置	Purchase of equipment tools and Instrument	98.4	101.1
其他费用	Other	99.2	100.7

人民生活 9

PEOPLE'S LIVELIHOOD

9－1 居民年平均消费水平及增长速度
THE LEVEL AND INDICES OF RESIDENTS CONSUMER

年份 year	居民消费水平(元) Level of consumer	农民 Agricultural residents	非农业居民 Nonagr－icultural residents	居民消费水平指数(上年＝100) Indices of consumer	农民 Agricultural cresidents	非农业居民 nonagr－icultural residents
1978	246	165	427	6.3	8.5	4.0
1979	283	203	449	7.7	11.8	1.4
1980	305	214	491	7.5	5.3	9.0
1981	335	245	513	6.3	7.2	3.9
1982	369	267	564	8.9	10.1	6.5
1983	424	331	599	9.3	19.5	－0.7
1984	487	376	691	12.3	13.1	10.7
1985	522	384	765	2.3	－2.3	5.8
1986	593	420	884	4.9	1.4	7.0
1987	689	476	1 038	8.3	9.1	6.7
1988	860	573	1 316	3.7	1.6	4.8
1989	933	628	1 405	－7.2	－9.0	－6.4
1990	955	649	1 427	－1.0	－3.1	0.4
1991	1 037	678	1 585	2.8	－1.5	5.5
1992	1 233	749	1 958	6.0	3.0	7.4
1993	1 458	850	2 341	5.8	3.8	5.8
1994	1 872	1 062	2 995	11.7	8.2	11.7
1995	2 292	1 291	3 665	8.0	6.9	8.0
1996	2 643	1 488	4 180	8.1	9.0	6.4
1997	2 940	1 609	4 665	9.0	4.5	10.1

9－2 城乡居民储蓄存款余额
DEPOSITS BALANCE OF URBAN AND RURAL RESIDENTS

		1996		1997	
		绝对数 Value	构成(％) Proportion	绝对数 Value	构成(％) proportion
年末余额(万元)	**Balance at yearend (10 000 yuan)**	**9 554 798**	**100.0**	**10 713 260**	**100.0**
定期	Fixed deposits	7 637 327	79.9	2 144 465	20.0
活期	Current deposits	1 917 471	20.1	8 568 795	80.0
每个居民平均(元)	Deposits per capita(yuan)	3 705		4 077	

9—3 城镇居民家庭基本情况
BASIC INDICATORS OF URBAN HOUSEHOLDS FROM SAMPLE SURVEY

		单位 Unit	1996 城镇居民 Urban households	1996 #城市 City	1997 城镇居民 Urban households	1997 #城市 City
调查户数	Households surveyed	户 household	1 350	1 100	1 350	1 100
平均每户家庭人口数	Average persons per households	人 persons	3.18	3.18	3.12	3.12
平均每户就业人口数	Average employees per households	人 persons	1.79	1.78	1.77	1.78
平均每户就业面	Percentage of emplo—yment perhouseholds	%	56.29	55.97	56.73	57.05
平均每一就业者负担人数（含就业者本人）	Persons supported by each employee(inclu—ding the employee himself)	人 person	1.78	1.79	1.76	1.75
平均每人可支配收入	Disposable income per capita	元 yuan	3 805.56	3 910.08	4 190.64	4 375.08
按每人每月可支配收入分组的户数构成	Proportion of house—holds by disposable income per capita	%	100	100	100	100
100元以下	Under100 yuan	%	1.19	1.18	2.41	2.55
100—200元	100—200 yuan	%	22.47	16.96	15.59	14.82
200—300元	200—300 yuan	%	34.33	26.07	27.75	24.45
300—400元	300—400 yuan	%	23.87	20.67	22.49	22.00
400—500元	400—500 yuan	%	11.01	10.07	16.06	17.36
500—600元	500—600 yuan	%	4.53	4.15	7.98	9.64
600—700元	600—700 yuan	%	1.98	1.93	4.01	4.91
700—800元	700—800 yuan	%	0.28	0.30	1.98	2.36
800元以上	Over 800	%	0.34	0.37	1.74	1.91
平均每人消费支出	Living expenditures per capita	元 yuan	3 037.32	3 140.76	3 408.00	3 603.36
食品	Food	元 yuan	1 438.92	1 494.00	1 600.68	1 704.84
#粮食	Grain	元 yuan	259.56	262.56	245.88	255.72
肉禽及制品	Meat poultry and related porducts	元 yuan	308.52	322.20	343.44	363.60
衣着	Clothing	元 yuan	543.24	523.20	572.88	574.56
家庭设备用品及服务	Household facilities artiches and services	元 yuan	161.40	175.80	177.96	192.72
医疗保健	Medincine and medical services	元 yuan	138.00	152.52	160.44	177.36
交通和通讯	Transportation and communications	元 yuan	137.40	152.40	158.88	182.64
娱乐教育文化服务	Recreation education and cultural services	元 yuan	243.24	262.56	308.88	340.92
居住	Residence	元 yuan	253.20	252.00	301.20	301.20
杂项商品及服务	Miscellaneous goods and services	元 yuan	121.92	128.28	127.08	129.12
平均每人居住面积	Per capita floor space of house	平方米 sq. m/person	9.42	8.87	9.59	9.02

9—4 1997年城镇居民家庭基本情况

		单位 unit	总平均 Total average	最低收入户 Lowest income
一、城镇居民家庭调查户数	Households surveyed	户 Households	1 350	135.00
各组户数占总户数比重	Proportion	%	100	10
平均每户家庭人口数	Average persons per household	人 Persons	3.12	3.57
平均每户就业人口数	Average employcee per household	人 Persons	1.77	1.70
平均每户就业面	Percentage of employment per household	%	56.73	47.62
平均每一就业者负担人数	Per supported by each employee	人 Persons	1.76	2.10
（包括本人）	(includingthe employee himself)			
平均每人可支配收入	Disposalle income per capita	元 Yuan	4 190.64	1 943.04
平均每人实际支出	Reality expenditures per capita	元 Yuan	4 012.08	2 136.72
#消费支出	Living expenditures	元 Yuan	3 408.00	1 939.44
二、城市居民家庭调查户数	Urban househalds	户 Households	1 100	110.00
各组户数占总户数比重	Proportion	%	100	10
平均每户家庭人口数	Average persons per household	人 Persons	3.12	3.55
平均每户就业人口数	Average employce per household	人 Persons	1.78	1.71
平均每户就业面	Percentage of employees per household	%	57.05	48.17
平均每一就业者负担人数	Per supported by each employee	人 Persons	1.75	2.08
（包括本人）	(includingthe employee himself)			
平均每人可支配收入	Disposahle income per capita	元 Yuan	4 375.08	2 028.00
平均每人实际支出	Reality expenditures per capita	元 Yuan	4 180.56	2 194.20
#消费支出	Living expenditures	元 Yuan	3 603.36	2 001.12

BASIC INDICATORS OF URBAN HOUSEHOLD INCOME AND EXPENDITURES IN 1997

低收入户 Low income	中等偏下户 Mudium－low income	中等收入户 mudium income	中等偏上户 Mudium－high income	高收入户 High income	最高收入户 Highest income
135.00	270.00	270.00	270.00	135.00	135.00
10	20	20	20	10	10
3.37	3.24	3.11	3.00	2.95	2.65
1.85	1.86	1.79	1.76	1.81	1.50
54.90	57.41	57.56	58.67	61.36	56.60
1.82	1.74	1.74	1.70	1.63	1.77
2 506.32	3 159.84	4 037.52	5 045.88	6 017.40	8 266.32
2 553.60	3 084.00	3 849.72	4 814.64	5 798.40	7 235.28
2 282.28	2 742.48	3 357.72	4 002.12	4 709.88	5 767.56
110.00	220.00	220.00	220.00	110.00	110.00
10	20	20	20	10	10
3.41	3.20	3.13	3.02	2.87	2.68
1.89	1.87	1.83	1.77	1.73	1.54
55.43	58.44	58.47	58.61	60.28	57.46
1.80	1.71	1.71	1.71	1.66	1.74
2 568.36	3 258.48	4 201.92	5 297.88	6 321.48	8 619.36
2 682.12	3 190.44	3 957.60	4 995.48	6 158.88	7 643.52
2 394.00	2 889.72	3 528.84	4 230.48	5 110.80	6 112.44

9—5 城镇居民家庭平均每人消费支出(1997)

单位:元

项目	Item	总平均 Average	最低收入户 Lowest income
消费性支出	**Living expenditures**	**3 408.00**	**1 939.44**
一、食品类	Food	1 600.68	1 129.56
粮食	Grain	245.88	240.24
淀粉及薯类	Starches and tubers	30.00	25.80
干豆类及制品	Beans and bean products	38.16	32.28
油脂类	Oil and fats	59.40	63.00
肉禽及制品	Meat poultry and related products	343.44	222.72
蛋类	Eggs	78.72	62.16
水产品类	Aguatic products	84.12	52.08
菜类	Vegetable	207.36	157.80
调味类	Flavorings	25.32	20.88
糖类	Sugar	20.04	13.32
烟草类	Tobacco	57.84	34.20
酒和饮料	Liquor and beverages	81.24	50.40
干鲜瓜果类	Dried and fresh melons and fruits	131.76	75.24
坚果及果仁	Nuts and grains	21.36	13.44
糕点类	Cake	25.68	16.08
奶及奶制品	Milk and dairy products	31.68	15.84
其他食品	Other foods	32.40	14.52
在外用餐	dining out	85.68	19.08
食品加工费	Food processing service fees	0.60	0.48
二、衣着类	Clothing	572.88	229.44
三、设备用品及服务	House hold facilities articles and services	177.96	65.52
四、医疗保健	Medicine and medical services	160.44	68.04
五、交通和通讯	Transportation and communication	158.88	53.52
交通	Transportation	72.72	22.08
通讯	Communication	86.16	31.44
六、娱乐文教服务	Recreation education and cultural services	308.88	125.16
耐用消费品	Durable consummer goods	59.16	9.48
教育	Education	177.24	92.76
文化娱乐	Cultural recreation	72.48	22.92
七、居住	Residence	301.20	209.52
住房	Housing	95.52	39.48
水、电、燃料、其他	Water electricity fuels and services	205.68	170.04
水	Water	18.00	13.08
电	Electricity	72.36	54.72
燃料	Fuels	95.64	95.76
其它	Other	19.68	6.48
八、杂项商品和服务	Miscellaneous and services	127.08	58.68
个人消费	Personal consumption	103.20	45.48
其他商品	Other commodities	10.80	10.44
其他服务	Other service	13.08	2.76

PER CAPITA URBAN HOUSEHOLD LIVING EXPENDITURES(1997)

unit: yuan

低收入户 Low income	中等偏下户 Medium－Low income	中等收入户 Medium income	中等偏上户 Medium－high income	高收入户 High income	最高收入户 Highest income
2 282.28	**2 742.48**	**3 357.72**	**4 002.12**	**4 709.88**	**5 767.56**
1 304.64	1 406.88	1 603.32	1 733.64	2 026.08	2 305.08
251.28	238.44	236.76	247.56	249.12	279.36
28.44	29.16	30.12	31.08	30.36	36.84
33.84	36.72	35.76	40.44	42.12	51.60
69.24	60.72	57.12	54.96	53.52	60.72
256.20	287.64	346.80	390.00	463.20	505.44
74.40	69.12	80.88	84.96	88.56	99.12
63.36	73.80	84.36	88.32	119.76	129.24
173.64	183.72	204.60	224.40	252.72	292.20
22.92	23.16	24.00	26.28	29.16	36.96
15.12	18.00	20.28	22.20	27.36	26.28
49.08	56.76	58.80	56.04	62.40	100.56
63.24	72.36	81.96	84.48	105.00	131.64
86.88	108.12	137.04	156.00	179.52	202.92
13.92	17.64	21.36	25.56	27.36	34.68
18.60	21.00	25.80	32.76	30.36	37.92
16.68	21.96	34.56	39.96	36.24	65.40
17.64	26.28	36.00	37.56	53.16	46.56
49.80	61.44	86.52	90.60	175.56	166.56
65.16	107.04	144.36	209.88	331.08	482.04
97.32	115.80	138.24	246.96	191.28	296.88
87.96	121.56	153.00	192.48	238.32	330.96
42.72	56.16	69.84	81.96	109.08	164.52
45.24	65.40	83.16	110.52	129.24	166.44
151.56	176.76	289.80	374.76	513.84	745.68
3.12	12.24	48.00	53.88	125.52	276.36
111.72	116.04	181.80	232.08	271.92	282.36
36.72	48.48	60.00	88.80	116.40	186.96
210.24	261.24	293.40	328.80	423.84	457.56
40.68	66.24	78.96	119.76	167.28	216.12
169.56	195.00	214.44	209.04	256.56	241.44
14.16	15.12	19.20	21.12	21.00	23.88
59.28	69.12	72.00	78.84	85.08	92.76
94.20	96.72	99.00	87.72	101.28	98.28
1.92	14.04	24.24	21.36	49.20	26.52
59.64	98.64	124.08	165.00	180.96	235.08
54.00	77.52	104.52	131.04	144.72	193.68
3.84	8.16	9.36	11.16	23.76	14.28
1.80	12.96	10.20	22.80	12.48	27.12

9—6 城镇居民家庭平均每百户年末耐用消费品拥有量(1997)

项目 Item		单位 Unit	总平均 Average	最低收入户 Lowest income
毛皮大衣	Leather coats	件 pcs	63.10	26.07
呢大衣	Woolen coats	件 pcs	188.61	169.19
大衣柜	Wardrobes	个	52.79	52.67
沙发	Sofas	个	152.75	88.54
写字台	Desks	个	47.20	39.03
组合家具	Combined furnifure	套 set	45.92	45.67
沙发床	Soft beds	个	36.56	20.00
自行车	Bicycles	辆 coach	173.06	162.79
缝纫机	Sewing machines	架 unit	49.05	48.42
电风扇	Electric Fans	台 unit	52.06	45.39
洗衣机	Washing machines	台 unit	88.87	79.88
电冰箱	Refrigerators	台 unit	54.87	39.36
摩托车	Motorcycles	辆 coach	2.88	
彩色电视机	Color television sets	台 set	92.46	75.99
普通录音机	Ordinary recorders	台 set	54.74	47.73
照相机	Cameras	架 unit	26.10	15.02
电炊具	Electric cooking utensils	个 set	127.81	111.41

URBAN HOUSEHOLD YEAR-END OWNERSHIP OF MAJOR DURABLE CONSUMER GOODS PER 100 HOUSEHOLDS(1997)

低收入户 Low income	中等偏下户 Medium-low income	中等收入户 Medium income	中等偏上户 Medium-High income	高收入户 High income	最高收入户 Highest income
38.39	53.44	56.92	78.10	93.40	96.24
154.41	171.48	184.84	214.36	218.06	203.12
44.65	51.84	51.78	51.84	56.52	63.16
112.59	160.37	150.43	161.11	179.47	203.08
38.91	42.21	48.87	49.03	58.06	55.83
49.39	48.50	43.66	49.61	41.78	38.79
20.12	30.06	39.92	41.82	50.89	51.01
168.34	179.37	171.09	173.37	175.91	163.84
50.89	43.91	43.52	48.00	65.71	54.61
47.45	47.79	48.54	58.54	59.59	58.39
84.53	87.79	90.89	92.61	90.20	91.46
45.06	49.64	52.09	61.48	68.38	69.47
2.07	2.83	4.82	1.03	4.70	4.70
80.64	87.37	93.22	99.49	100.12	107.69
44.81	58.42	51.54	64.29	53.64	52.71
15.30	18.60	27.29	32.73	33.36	40.12
115.02	125.20	125.08	138.08	133.24	141.74

9－7 城镇居民家庭人均现金收支
CASH INCOME AND EXPENDITURES OF URBAB HOUSEHOLDS PER CAPITA

单位：元 unit：yuan

		1996	1997
城镇居民家庭	**Urban households**		
期初手存现金	Total of cash at year－begining	1 837.08	2 625.72
可支配收入	Disposable income	3 805.56	4 190.64
现金收入	Cash income	4 311.84	4 899.24
(一)实际收入	Real income	3 806.40	4 206.00
1.国有经济单位职工工资	Wages of state－owned staff and workers	2 399.16	2 735.76
2.集体经济单位职工工资	Wages of collective－owned staff and workers	289.80	281.52
3.其他经济单位职工工资	Wages of other－owned staff and workers	31.08	18.96
4.国有集体职工从单位得到的其他收入	Other income from state and collective－owned	146.04	149.16
5.离退休再就业人员收入	Income of retire reemployment	16.08	22.68
6.其他就业者收入	Icome of other employees	3.60	7.68
7.其他劳动收入	Otherwork income	76.56	103.20
8.财产性收入	Property income	18.24	21.36
9.转移收入	Transfer income	672.24	824.04
#离退休金	Pensions	582.84	689.40
10.家庭副业生产收入	Household sideloine income	0.48	0.60
(二)借贷收入	Credit income	505.32	693.24
现金支出	Cash expenditures	4 205.04	4 888.68
(一)实际支出	Real expenditures	3 523.92	4 012.08
1.消费性支出	Living expenditures	3 037.32	3 408.00
2.非消费性支出	Non－living expendiures	485.88	603.24
3.家庭副业生产支出	Household sideline production expenditures	0.84	0.84
(二)借贷支出	Credit expenditures	681.12	876.60
年末手存现金	Total cash at year－end	3 118.44	2 753.52
城市居民家庭	**Households in city urbam**		
期初手存现金	Total of cash at year－beginning	1 937.28	2 901.36
可支配收入	Disposable income	3 910.08	4 375.08
现金收入	Cash income	4 429.80	5 121.24
(一)实际收入	Real income	3 911.04	4 390.20
1.国有经济单位职工工资	Wages of state－owned staff and workers	2 400.84	2 808.48
2.集体经济单位职工工资	Wages of collective－owned staff and workers	299.76	295.92
3.其他经济单位职工工资	Wages of other－owned staff and workers	28.80	13.56
4.国有集体职工从单位得到的其他收入	Other income from state and colleclive－owned	149.88	175.44
5.离退休再就业人员收入	Reemploymend income of retire reemployees	21.24	27.00
6.其他就业者收入	Income of other employees	4.32	12.72
7.其他劳动收入	Part－time income	69.12	105.84
8.财产性收入	Property income	16.80	24.00
9.转移收入	Transfer income	746.40	846.28
#离退休金	Pensions	650.88	756.60
10.家庭副业生产收入	House hold sideline	0.24	0.24
(二)借贷收入	Credit income	518.76	731.04
现金支出	Cash expenditures	4 297.44	5 119.44
(一)实际支出	Real expenditures	3 604.80	4 180.56
1.消费性支出	Living expenditures	3 140.76	3 603.36
2.非消费性支出	Non－living expendtures	463.32	577.08
3.家庭副业生产支出	Household sideline production expenditures	0.84	0.12
(二)借贷支出	Credit expenditures	692.64	938.88
年末手存现金	Total cash at year end	3 525.84	2 923.44

9—8 城镇居民家庭平均每人购买的主要商品数量
URBAN HOUSHOLD PER CAPITA PURCHASES OF MAJOR COMMODITIES

	单位 Unit	1996		1997	
		城镇居民 Urban Households	#城市 # City	城镇居民 Urban Households	#城市 # City
粮　食 Grain	公斤 kg	90.12	89.88	93.96	96.58
鲜　菜 Fresh vegetable	公斤 kg	136.96	138.84	130.13	133.62
油脂类 Edible vegetable oil	公斤 kg	7.08	7.32	7.58	8.14
猪　肉 Pork	公斤 kg	13.08	13.20	11.50	11.90
牛羊肉 Beef and mutton	公斤 kg	3.96	4.08	5.13	5.49
家　禽 Poultry	公斤 kg	2.40	2.28	3.57	3.76
蛋　类 Fresh eggs	公斤 kg	9.24	9.48	12.37	13.00
鱼　虾 Aquatic products	公斤 kg	6.72	6.60	5.31	5.48
食　糖 Sugar	公斤 kg	1.32	1.32	1.39	1.40
卷　烟 Cigarettes	盒 case	22.56	22.32	26.96	27.80
酒和饮料 Liquor and drink	公斤 kg	14.04	14.28	16.73	18.27
#啤 酒 #Beer	公斤 kg	8.40	8.40	9.68	10.47
鲜　奶 Milk	公斤 kg	1.56	1.92	2.25	2.81
棉　布 Cotton cloth	米 m	0.45	0.45	0.42	0.40
化纤布 Chemical fiber cloth	米 m	0.62	0.50	0.44	0.40
呢　绒 Woolen fabric	米 m	0.13	0.13	0.10	0.10
绸　缎 Silk and satin	米 m	0.16	0.20	0.13	0.16
皮　鞋 Leather shoes	双 pairs	0.89	0.88	0.87	0.88

9－9 农民家庭基本情况
BASIC INDICATORS OF RURAL HOUSEHOLDS

		单位 unit	1996	1997
调查户数	Households surveyed	户 household	1 600	1 600
调查户人口	Residents surveyed	人 person	4.02	3.99
常住人口	Permanent residents in the households surveyed	人 person	6 426	6 385
平均每户常住人口	Average permanent residents per households	人 person	4.02	3.99
平均每户整、半劳动力	Average full－time and part－timelar	人 person	2.66	2.63
平均每个劳动力负担人口	Average persons supported by each laborer including the laborer him self and her self	人 person	1.51	1.52
平均每人全年收入	Average per capita annual income			
总收入	Total revenue	元 yuan	3 349.64	3 291.52
纯收入	Net income	元 yuan	2 125.56	2 186.29
现金收入	Cash income	元 yuan	2 970.17	2 616.38
按人均纯收入水平分组的户数构成	Percentage of households by per capita annual Net income			
100元以下	Under 100 yuan	%	0.25	0.13
100－200元	100－200 yuan	%	0.25	0.38
200－300元	200－300 yuan	%	0.50	0.88
300－400元	300－400 yuan	%	0.50	1.00
400－500元	400－500 yuan	%	1.10	1.38
500元以上	Over 500yuan	%	97.4	96.23
调查户居住情况	Residence surveyed			
平均每户年内新建房屋间数	Rooms newly built with in the year per household	间 roon	0.10	0.08
平均每户年内新建房屋面积	Floor space newly built per household	平方米 sqm	2.38	1.65
人均住房面积	Per capita floor space of houses	平方米 sqm	16.51	18.64
年内新建每间房屋价值	Value per room newly built	元 yuan	6 023.49	5 658.33

9—10 农民家庭平均每人纯收入
NET INCOME OF PEASANT HOUSEHOLD PER CAPITA

单位:元　　　　unit :yuan

项目	Item	1996	1997
平均每人纯收入	**Net income per capita**	**2 125.56**	**2 186.29**
按收入来源分	Grouped by source		
一、劳动者的报酬收入	Reward of labours	279.02	267.95
在集体组织中劳动得到的	Collective organizes	52.10	44.95
在企业劳动中得到的	Enterprises	168.50	165.26
(1)乡村企业	Township enterprises	38.76	44.32
(2)个体企业	Individual enterprises	35.88	32.50
(3)其他企业	Other enterprises	93.86	88.44
在其他单位劳动得到的	In other units	58.42	57.74
二、家庭经营纯收入	Household business revenue	1 777.96	1 850.33
1.种植业收入	Farming	1 502.65	1 391.63
2.林业收入	Forestry	6.30	13.73
3.牧业收入	Animal husbandry	114.30	248.34
4.渔业收入	Fishery	4.40	5.14
5.手工业收入	Handicraft	7.92	12.86
6.采集捕猎收入	Gathering and hunting	37.89	66.97
7.工业收入	Industry	11.87	12.03
8.建筑业收入	Construction	8.14	24.03
9.运输业收入	Transportation	23.35	28.97
10.商业收入	Commerce	8.15	6.52
11.饮食业收入	Food services	3.87	4.92
12.服务业收入	Services trade	1.83	2.89
13.其他家庭经营收入	Other	47.29	32.30
三、转移性收入	Transfer income	32.25	29.16
1.在外人口寄回和带回	Send back and take back from outside	7.47	5.04
2.农村外部亲友赠送收入	Present as a gift from relatives	6.63	5.77
3.保险赔款	Insurance reparations	0.55	1.12
4.救济金	Relief funds	0.40	0.12
5.救灾金	Provide disaster relief funds	0.11	
6.退休金	Retirement paid	0.38	0.36
7.抚恤金	Pension	0.46	0.22
8.五保户的供给	Wubaohupersion		
9.奖励收入	Rewards	0.52	0.90
10.土地征用补偿收入	Subsidies for use land	2.82	1.51
11.其他转移收入	Other	12.91	14.12
四、财产性收入	Property income	36.33	38.85
1.利息收入	Interest income	1.78	3.59
2.股息收入	Dividends	0.01	0.01
3.租金收入	Rent	5.64	1.44
4.出让特许权收入	Sell equity	0.09	0.06
5.集体财产收入	Collective property income		
6.其他财产收入	Other property income	28.81	33.75
按收入性质分	Grouped by type of income		
生产性纯收入	Productive income	2 055.15	2 115.39
非生产性纯收入	Non productive income	70.41	70.90

9—11 农民家庭平均每人生活消费支出
LIVING EXPENDITURES OF PEASANT HOUSEHOLD PER CAPITA

单位:元 unit:yuan

		1996	1997
生活消费支出合计	**Total living expenditures**	**1 513.19**	**1 623.83**
一、食品	Food	803.38	895.12
主食	Grain	327.43	367.63
副食	Non-staple food	309.69	369.57
其他食品	Other food	132.98	130.22
在外饮食	Dining out	22.28	17.57
食品加工费	Food processing fees	11.00	10.13
二、衣着	Clothing	159.43	145.82
服装	Garments	74.54	70.49
衣着材料	Clothing materials	21.82	17.39
鞋袜帽类	Shoes and hats	52.75	47.20
衣着加工修理费	Tailoring and laundering service fees	1.47	1.46
其他	Other	8.85	9.28
三、居住	Residence	176.97	199.72
住房	Housing	113.18	90.19
电费	Electricity fees	23.20	22.41
燃料	Fuel fees	35.56	83.50
其他	Other	5.03	3.62
四、家庭设备、用品及服务	Houshold facilities articles and service	68.19	68.65
耐用消费品	Durable	15.10	14.18
室内装饰品	Interior decorations	0.38	0.79
床上用品	Beds	4.28	4.43
家庭日用杂品	Daily use household articles	45.64	46.85
家俱材料	Furniture	0.85	0.81
设备用品加工修理费	Repair services	0.54	0.47
其他	Other	1.41	1.12
五、医疗保建	Medicine and medical services	66.18	75.90
医疗卫生保健用品	Medical facilities	43.15	50.10
医疗保健服务费	Medical services	22.52	25.07
其他	Other	0.51	0.73
六、交通和通讯	Transportation and communications	58.27	52.67
交通工具	Transportation	32.73	23.43
通讯工具	Gommunications	0.66	1.84
交通费	Traffic fees	21.34	22.03
邮电费	Postal fees	1.56	2.98
交通、通讯工具修理费	Repair services	1.98	2.39
七、文教娱乐用品及服务	Recreation education and cultural services	144.14	154.70
文化教育娱乐用品	Durable consumer goods for recreational use	53.93	50.55
文化教育娱乐服务	Cultural recreation service	90.21	104.15
八、其他商品和服务	Other commodity and services	36.63	31.25
商品性支出	Commodity expenditures	11.74	10.63
服务支出	Services expenditures	24.89	20.62

9—12 农民家庭平均每人现金支出
CASH EXPENDITURES OF PEASANT HOUSEHOLD PER CAPITA

单位:元 unit:yuan

		1996	1997
年内现金支出合计	**Total of cash expenditures**	**2 678.06**	**2 516.60**
一、生产费用支出的现金	Production expenditures	938.54	755.24
1.家庭经营费用支出的现金	Business expenditures household	835.72	683.57
(1)种植业生产支出	Farming	696.26	513.97
(2)林业生产支出	Forestry	0.97	3.30
(3)牧业生产支出	Animal husbandry	93.48	107.81
(4)渔业生产支出	Fishery	2.24	0.33
(5)手工业生产支出	Hardicraft	24.79	39.50
(6)工业生产支出	Industry	3.23	3.03
(7)建筑业支出	Construction	1.12	3.05
(8)运输业支出	Transportation	8.64	6.84
(9)商业支出	Commerce	0.77	1.23
(10)饮食业支出	Food services	1.86	0.53
(11)服务业支出	Service trade	1.39	2.74
(12)其他现金支出	Other	0.98	1.24
2.购置生产用固定资产支出	Expenditures for purchasing fixedassets	102.81	71.67
二、缴纳税金	Taxes	57.02	57.91
第一产业的税金	Premary industry	56.00	57.41
第二产业的税金	Secondary industry	0.03	0.05
第三产业的税金	Tertiary industry	0.99	0.45
三、上交集体承包任务现金	Payments to collectives	45.16	48.11
四、集体提留和摊派	Collective preserve and apportion	49.28	46.51
五、生活消费支出的现金	Living cash expenditures	1 192.73	1 142.51
六、其他非借贷性支出	Other non—loan expenditures	148.69	167.61
1.寄给和带给在外人口的	Send ontside others	9.18	6.23
2.赠送亲友的现金	Send to relatives	113.04	125.57
3.利息支出	Interest expenditure	1.36	2.08
4.租金支出	Rent expenditure	0.13	0.06
5.支付保险费支出	Insurance expenditure	0.75	0.36
6.购买特许权支出	Equity expenditure	0.17	0.34
7.土地有偿使用费支出	Expenditure for land used	3.70	5.23
8.罚款	Fines	1.50	3.12
9.其他现金支出	Other expenditure	18.86	24.62
七、储蓄借贷现金支出	Saving and loan expenditures	246.64	298.71

9—13 农民家庭平均每人现金收入
CASH INCOME OF PEASANT HOUSEHOLD PER CAPITA

单位:元 unit:yuan

		1996	1997
年内现金收入	**Total of cash income**	**2 970.17**	**2 616.38**
一、劳动者的报酬收入	Reward of labours	278.94	267.95
1.在集体组织中劳动得到的报酬	Collective orgarizes reward	52.08	44.95
2.在企业劳动得到的报酬	Enterprises reward	168.45	165.26
3.在其他单位劳动得到的报酬	Other reward	58.42	57.74
二、家庭经营现金收入	Cash income of househeld business	2 063.07	1 706.48
1.出售产品的现金	Saling products	1 932.50	1 560.58
2.工业加工费的现金收入	Industry	15.10	15.06
3.建筑业的现金收入	Construction	9.26	27.11
4.运输业的现金收入	Transportation	32.98	35.81
5.商业的现金收入	Commerce	8.92	7.75
6.饮食业的现金收入	Food services	5.73	5.45
7.服务业的现金收入	Service trade	3.22	5.64
8.其他家庭经营的现金收入	Other	55.37	49.08
三、转移性收入	Tramsfer and property income	64.26	64.97
1.在外人口寄回和带回	Send back from out side	7.47	5.04
2.亲友赠送收入	Present as a gift from relatives	31.10	35.17
3.调查补贴	Subsides	7.81	6.66
4.保险赔款	Insurance reparation	0.55	1.12
5.救济金	Relief funds	0.40	0.12
6.救灾款	Provide disaster relief funds	0.11	
7.退休金	Retirememt pension	0.38	0.36
8.抚恤金	Pension	0.46	0.22
9.五保户的供给	Wubaohupension		
10.奖励收入	Rewards	0.52	0.90
11.土地征用补贴收入	Subsidies for use land	2.82	1.51
12.其他转移性收入	Other	12.65	13.87
四、财产性收入	Property income	49.19	67.75
1.利息收入	Interest income	1.78	3.59
2.股息收入	Dividends	0.01	0.01
3.租金收入	Rent	5.64	1.44
4.出让特许权收入	Sell equity	0.09	0.06
5.出售财物的收入	Sell property income	33.09	28.90
6.集体财产收入	Coll ecctive property income		
7.其他财产收入	Other property income	8.57	33.75
五、储蓄借贷现金收入	Saving and credit income	514.71	509.23
1.银行信用社得到的贷款	Loan from bank	64.52	53.00
2.借入款	Debt revenue	314.78	293.38
3.收回借出款	Principal and interest	110.68	128.50
4.从银行信用社取回存款	Draw money from bank	24.66	34.35
5.转让股票收入	Sell stock		
6.收回投资款	Dividend	0.07	

9—14 农民家庭平均每百户年末耐用消费品拥有量
RURAL HOUSEHOLD YEAR—END POSSION OF MAJOR DURABLE CONSUMER GOODS PER 100 HOUSEHOLDS

	单位 unit	1996	1997		单位 unit	1996	1997
自行车 Bicycles	辆 coach	126.25	125.81	电视机 TV sets	台 set	99.56	99.38
缝纫机 Sewing machines	台 set	69.69	69.63	#彩电 Color TV sets	台 set	25.81	33.06
收音机 Radio	台 set	30.38	30.38	电风扇 Eleetric fans	台 set	6.00	7.81
收录机 Recorders	台 set	40.13	36.19	洗衣机 Washing machines	台 set	45.75	44.19
钟表 Clocks	只 pcs	220.19	221.75	电冰箱 Refrigerators	台 set	2.63	4.50
#手表 Watches	只 pcs	130.56	127.31	摩托车 Motorcycles	辆 coach	5.81	8.19

9—15 农民家庭平均每人主要消费品消费量
RURAL HOUSEHOLD PER CAPITA CONSUMPTION ON MAJOK CONSUMER GOODS

		单位 unit	1996	1997
粮食(原粮)	Grain	公斤 kg	281.47	239.17
#稻谷	Wheat and rice	公斤 kg	120.29	122.69
蔬菜	Fresh vegetable	公斤 kg	149.05	135.13
植物油	Edible vegetable oil	公斤 kg	4.22	5.00
动物油	Animal oil	公斤 kg	1.13	0.86
猪油	Pork	公斤 kg	9.86	8.32
牛羊肉	Beef and mutton	公斤 kg	0.82	1.12
家禽	Poultry	公斤 kg	1.87	2.36
蛋类	Eggs	公斤 kg	5.32	6.30
鱼虾	Fish and shrimp	公斤 kg	3.74	3.29
食糖	Sugar	公斤 kg	0.81	0.75
水果	Fruit	公斤 kg	10.00	21.42
糕点	cake	公斤 kg	1.76	1.70
卷烟	Tobacco	盒 case	24.63	23.00
酒类	Liquor	公斤 kg	11.43	12.63
棉布	Cotton clothing	米 m	0.44	0.34
化纤布	Chemical fiher cloth	米 m	1.68	1.48
呢绒	Woolen fabric	米 m	0.05	0.02
绸缎	Silk and satin	米 m	0.01	
毛线及毛线织品	Kitting wool ad knitwear	克 g	185.54	170.00
胶鞋、球鞋、皮鞋	Rubber shoes gymshoes and leather shoes	双 pairs	1.09	0.91
肥皂	Soap	块 lump	1.68	1.44
洗衣粉	Synthetic detergents	公斤 kg	1.21	1.07

9—16 按农民人均纯收入分组的农民家庭基本情况(1997)
BASIC INDICATORS OF RURAL HOUSEHOLDS BY NETINCOME PER CAPITA(1997)

项目	Item	单位 unit	总平均 overall average	0—100元 yuan	100—200元 yuan	200—300元 yuan	300—400元 yuan	400—500元 yuan	500—600元 yuan
调查户数	Households	户 household	1 600	2	6	14	16	22	18
平均每户常住人口	Average permanent resi— dents per household	人 person	3.99	3.50	4.00	4.14	4.38	4.45	4.44
调查户常住人口	Residents surveyed	人 person	6 385	7	24	58	70	98	80
平均每户整半劳动力	Average Full—time and part—time laborers per household	人 person	2.63	2.0	2.30	2.57	3.06	2.50	2.83
平均每个劳动力负担人口	Average persons supp— orted by each laborer	人 person	1.52	1.75	1.74	1.61	1.43	1.78	1.57
平均每户年内新建房屋间数	Rooms nowly built within the year per houshold	间 roon	0.80			0.21			0.44
平均每户年末使用房屋间数	Rooms lived per household at year end	间 room	3.03	3.00	3.33	2.79	3.25	3.00	2.94
平均每人年末使用房屋面积	Per capita living space	平方米 sq. m	18.64	19.29	14.96	14.16	15.31	13.10	14.38
#居住面积	Living space	平方米 sq. m	18.64	19.29	14.96	14.16	15.31	13.10	14.38
平均每户经营耕地面积	Area of cultivated land per household	亩 ha	18.80	18.00	24.50	18.98	22.66	25.14	22.04

9—16 续表 1
continued 1

项目	Item	单位 unit	600—800元 yuan	800—1000元 yuan	1000—1200元 yuan	1200—1300元 yuan	1300—1400元 yuan	1500—1700元 yuan	1700—2000元 yuan
调查户数	Households	户 howsehold	70	77	98	68	104	113	166
平均每户常住人口	Average permanent resi— dents per household	人 person	4.56	4.03	4.31	4.50	4.26	4.15	4.07
调查户常住人口	Residents surveyed	人 person	319	310	422	306	443	469	676
平均每户整半劳动力	Average Full—time and part—time laborers per household	人 person	2.99	2.60	2.76	2.90	2.75	2.61	2.65
平均每个劳动力负担人口	Average persons supp— orted by each laborer	人 person	1.53	1.55	1.56	1.55	1.55	1.59	1.54
平均每户年内新建房屋间数	Rooms nowly built within the year per houshold	间 room		0.04	0.09	0.06	0.15	0.02	0.05
平均每户年末使用房屋间数	Rooms lived per household at year end	间 room	3.27	2.96	2.93	3.21	3.14	3.04	3.02
平均每人年末使用房屋面积	Per capita living space	平方米 sqm	14.83	15.93	14.95	16.15	15.60	16.43	16.57
#居住面积	Living space	平方米 sqm	14.83	15.93	14.95	16.15	15.60	16.43	16.57
平均每户经营耕地面积	Area of cultivated land per household	亩 ha	21.62	18.81	17.50	18.60	18.35	16.43	18.15

9—16 续表2
continued2

项目	Item	单位 unit	2000—2500元 yuan	2500—3000元 yuan	3000—3500元 yuan	3500—4000元 yuan	4000—4500元 yuan	4500—5000元 yuan	5000元以上 over 5000 yuan
调查户数	Households	户 houshold	290	175	138	74	45	31	73
平均每户常住人口	Average permanent resi— dents per household	人 person	3.87	3.87	3.70	3.84	3.64	3.32	3.32
调查户常住人口	Residents surveyed	人 person	1 123	677	510	284	164	103	242
平均每户整半劳动力	Average Full—time and part—time laborers per household	人 person	2.61	2.59	2.49	2.49	2.62	2.16	2.37
平均每个劳动力负担人口	Average persons supp— orted by each laborer	人 person	1.48	1.49	1.49	1.54	1.39	1.54	1.40
平均每户年内新建房屋间数	Rooms nowly built within the year per houshold	间 room	0.11	0.06	0.07	0.09	0.07	0.16	0.15
平均每户年末使用房屋间数	Rooms lived per household at year end	间 room	3.06	2.94	2.89	3.04	3.27	3.06	2.90
平均每人年末使用房屋面积	Percapita living space	平方米 sqm	38.10	17.24	17.34	18.20	19.27	20.19	20.61
#居住面积	Living space	平方米 sqm	28.10	17.24	17.34	18.20	19.27	20.19	20.61
平均每户经营耕地面积	Area of cultivated land per household	亩 ha	17.47	17.94	19.40	21.08	20.79	19.40	22.0

市政公用事业 10

GENERAL SURVEY OF CITIES(PREFECTURE)

10－1 市政公用事业基本情况
BASIC STATISTICS ON URBAN PUBLIC UTILITIES

		单位	Unit	1996	1997
自来水全年供水总量	Annual supply of tap water	万吨	10 000tn	142 585	144 224
#生活用水量	Residential consumption	万吨	10 000tn	33 633	36 567
人均生活用水	Per capita	升	litre	142.67	151.41
用水普及率	Population with access to tap water	%		82.63	82.95
公共车辆(汽车、电车)总数	Public transportation vehicles (buses and trolly buses)	辆	coach	4 604	5 539
平均每万人拥有	Vehicles per 10 000 papulation	标台	coach	5.67	6.11
铺装道路长度	Length of paved road	公里	km	3 412	3 644
平均每万人拥有	Length of paved road per 10 000 population	公里	km	4.5	475
铺装道路面积	Area of paved road	万平方米	10 000sq. m	3 511.29	3 719.94
平均每万人拥有	Area of paved road per 10 000 population	万平方米	10 000sq. m	4.7	4.86
排水管道长度	Length of sewer pipelines	公里	km	3 045	3 165
平均每万人拥有	Length of sewer pipelines per 10 000 population	公里	km	4.1	4.1
公用煤气、液化气	Coal gas supply				
人工煤气全年供气量	Annual coal gas supply	万立方米	10 000cu. m	17 394	16 299
# 家庭用量	Residential use	万立方米	10 000cu. m	13 847	12 931
煤气管道长度	Length of gas pipelines	公里	km	1 701	1 763
液化气家庭用量	Residential consumption of liquefied gas	吨	tn	86 934	120 079
用气普及率	Population with access to gas	%		59.39	61.84
城市绿化	Landscaping in cities				
绿地面积	Public green areas	公顷	ha	16 198	19 082
平均每万人拥有	Public green areas per 10 000 population	公顷	ha	21.6	24.9
公园、动物园个数	Number of parks and zoos	个		61	64
公园、动物园面积	Area of parks and zoos	公顷	ha	1 697	1 794
环境卫生	Sanitation and hygiene				
清运垃圾	Garbage disposal	万吨	10 000tn	550.74	572.19
清运粪便	Disposal of night soil	万吨	10 000tn	142.74	176.50
每万人拥有公共厕所	Public restrooms per 10 000 population	座		9.4	9.6

10—2 城市自来水情况
BASIC STATISTICS ON CITY TAP WATER

项目	Item	单位	Unit	1996	1997
年末自来水生产能力	Production capacity of tap water	万立方米	10 000cu. m	624. 97	651. 96
年末自来水管道长度	Length of water supply pipelines	公里	km	4 127	4 950
全年供水总量	Total annual volum of water supply	万立方米	10 000cu. m	142 585	144 224
#生活用水	Residential use	万立方米	10 000cu. m	33 633	36 567
生产用水	Productive use	万立方米	10 000cu. m	99 776	97 911
用水人口	Residents with access to tap water	万人	10 000person	645. 84	661. 69
#非农业用水人口	No—agriculture population to tap water	万人	10 000person	619. 69	635. 37
人均生活日用水量	Daily percapita tap water consumption	升	litre	124. 60	151. 41

10—3 城市市政设施情况
BASIC STATISTICS ON URBAN PUBLIC FACILITIES

项目	Item	单位	Unit	1996	1997
道路	Road				
铺装道路长度	Length of paved road	公里	km	3 412	3 644
铺装道路面积	Area of paved road	万平方米	10 000sqm	3 511. 29	3 719. 94
人行道面积	Area of sidewalk	万平方米	10 000sqm	1 384. 78	1 416. 78
桥梁	Bridges				
桥梁座数	Number of bridges	座		410	401
#立交桥	Fly—over bridges	座		33	34
路灯盏数	Street lights	盏		76 234	84 066
排泄污水能力	Disposal capacity of sewage				
污水年排放量	Total waste water discharged	万立方米	10 000cum	107 920	110 388
排水管道长度	Length of pipelines discharged	公里	km	3 044. 70	3 164. 58
污水处理厂	Waste water freamented factories	座		5	10
污水处理厂能力	Treamented waste water of factories	万立方米/日	10 000cum/day	21. 80	22. 08

10—4 城市集中供热情况
BASIC STATISTICS ON CITY HEAT SUPPLY

	单位 unit		1996	1997
供热能力 Supply capacity				
蒸 汽 Steam	吨/小时	tn/h	2 977	3 141
热 水 Hot water	兆瓦	1 000 000kw	5 085	6 045
供热总量 Volume suppied				
蒸 汽 Steam	万吨	10 000tn	567	406
热 水 Hot water	百万千焦/年	1 000 000 000 jouhe/year	5 020	6 236
管道长度 Length of pipelines				
蒸 汽 Steam	公里	km	227	234
热 水 Hot water	公里	km	2 134	2 455
供热面积 Area served	**万平方米**	**10 000sq. m**	**6 268. 57**	**6 873. 00**

10—5 城市公共交通
BASIC STATISTICS ON CITY PUBLIC TRAFFIC

		单位 Unit	1996	1997
公共汽车	**Buses**			
营运车辆	Operation vehicles	辆 coach	4 604	5 539
营运线路网	Operation routes			
长度	Length of routes	公里 km	1 510	1 856
客运总量	Passenger carried	万人次 10 000persons times	74 728	72 673
小公共汽车	**Small buses**			
营运车辆	Operation vehicles	辆 coach	2 884	3 635
客运总数	Passergers carried	万人次 10 000persons times	26 831	26 456
出租汽车	**Taxis**	**辆 coach**	**28 698**	**39 184**

10—6 城市园林绿化情况
BASIC STATISTICS ON PARK GARDENS AND GREEN AREAS

		单位 unit		1996	1997
城市园林绿地面积	Total area of parks gardens and green areas in cities	公顷	hectares	16 198	19 082
＃公共绿地面积	Public green areas	公顷	hectares	2 823.31	3 193.56
公园个数(含动植物园)	Number of parks	个		61	64
公园面积	Area of park	公顷	hectares	1 696.75	1 793.92
年游人量	Visitos to parks and zoos with in a year	万人次	10 000 persons times	1 138	1 032
苗圃面积	Trees planted	公顷	hectares	1 224.35	1 236.27

10—7 城市环境卫生情况
BASIC STATISTICS ON URBAN SANITATION

		单位 unit		1996	1997
清运垃圾粪便工作量	Residential disposal cleared and night soil disposal				
实际清扫面积	Area cleared	万平方米	10 000sq. m	6 286.26	6 648.31
生活垃圾清运量	Residential disposal cleared	万吨	10 000tn	550.74	572.19
清运粪便	Night soil disposal	万吨	10 000tn	142.79	176.50
处理垃圾粪便	Residential and night soil treament	万吨	10 000tn	196.5	267.37
大中型环卫机械	Large and medium facilities				
扫路车	Clearing vehicle	辆	coach	56	17
冲洗车	Watering vehicle	辆	coach	35	34
垃圾车	Darbage vehicle	辆	coach	1 199	1 243
粪便车	Grawing night soil vehicle	辆	coach	217	204
环境卫生设施	Environmental sanitation equipment				
公共厕所	Pblic restrooms	座	coach	7 062	7 316
垃圾无害化处理厂	Garbage heap treatment plant	座	coach	13	14
粪便无害化处理厂	Night soil treatment plant	座	coach	5	6
垃圾无害化处理能力	Capacity of garbage heap treatment plant	吨/日	tn/day	4 804	5 826
粪便无害化处理能力	Capacity of night soil treatment plant	吨/日	tn/day	431	739
环卫职工人数	Staff and workers	人	persons	20 039	18 228

10—8 城市房屋建筑及住房情况
BASIC STATISTICS ON CITY BULIDINGS AND HOUSING

		单位 unit		1996	1997
年末实有房屋建筑面积	Total floor space of buildings (year end)	万平方米	10 000sq. m	18 233	19 126
#直管房	#Direct management buildings	万平方米	10 000sq. m	1 402	1 411
私房	Individual buildings	万平方米	10 000sq. m	4 210	4 652
年末实有住宅建筑面积	Total floor space of residential housing (year end)	万平方米	10 000sq. m	10 838	11 437
#直管房	#Direct management housing	万平方米	10 000sq. m	1 071	1 075
私房	Individual housing	万平方米	10 000sq. m	3 672	4 171
年内新建房屋竣工面积	Total floor space of new buildings compleled (year end)	万平方米	10 000sq. m	939. 34	1 066. 01
#住宅面积	#Floor space of buildings	万平方米	10 000sq. m	609. 20	696. 66
年内房屋减少面积	Floor space of housing decreased (year end)	万平方米	10 000sq. m	123. 95	173. 01
#住宅面积	#Floor space of housing	万平方米	10 000sq. m	84. 77	97. 62
年末住宅居住面积	Total living space of residental housing (year end)	万平方米	10 000sq. m	5 507. 77	5 914. 22
人均居住面积	#Living space per capita	平方米	sq. m	7. 21	7. 70
解决缺房户	Number of homeless house holds acquiring housing	户	howsehold	22 144	40 072

10—9 城市燃气设备能力
CAPACITY OF CITY GAS FACILITIES

		单位 unit		1996	1997
液化石油气	Liquefied petroleum gas				
储气能力	Gas tank	吨	tn	3 075. 00	5 970. 00
管道长度	Capacity of gas tank	公里	km	0. 37	
天然气	Natural gas				
储气能力	Capacity of gas tank	万立方米	10 000cum	2. 00	2. 00
管道长度	Length of pipelines	公里	km	230. 00	260. 80
煤气	Coal gas				
储气能力	Capacity of gas tank	万立方米	10 000cum	52. 80	45. 30
管道长度	Length of pipelines	公里	km	1 561. 60	1 621. 40

10—10 城市燃气用气户数和供气总量
BASIC STATISTICS ON CITY GAS

		用气户数(户) households with access to gas flowseholds		供气总量(吨、万立方米) total gas supply (10000cu. m)	
		1996	1997	1996	1997
液化石油气	Liquefied petroleum	791 067	808 470	111 372	155 989
#家庭用量	#For civil use	751 460	804 555	86 934	120 079
天然气	Natural gas	80 582	109 630	6 639	6 856
#家庭用量	#For civil use	78 562	109 200	1 925	2 660
煤气	Coal gas	382 909	402 539	17 934	16 299
#家庭用量	For civil use	381 073	400 550	13 847	12 931

10－11 环境保护系统基本情况
PERSONNEL IN ENVIRONMENTAL PROTECTION AGENCIES

单位：人 unit：person

	1996	1997
年末实有人数 Total	3 689	3 859
行政人员 Administrative personnel	998	796
科技人员 Scientific and technical personnel	2 051	2 317
科研人员 Scientific research personnel	162	157
监测人员 Monitor personnel	1 088	967
工人 Workers	640	746

10－12 企事业污染治理情况
TREATMENT OF POLLUTION BY ENTERPRISES AND INSTITOTIONS

		单位 unit	1996	1997
汇总工业企业数	Number of enterprises	个	176	156
本年安排污染治理项目	Projects of pollution treated	个	148	174
治理废水	Waste water	个	45	52
治理废气	Waste gas	个	83	89
治理固体废物	Waste residue	个	4	4
治理噪声	Noise abatement	个	12	13
治理其他	Other	个	4	16
污染治理项目本年完成投资	Investments of pollution treated	万元10 000yuan	55 633.7	21 510.9
治理废水	Waste water	万元10 000yuan	40 902.3	14 281.6
治理废气	Waste gas	万元10 000yuan	11 994.8	3 030.1
治理固体废物	Waste residue	万元10 000yuan	2 264.0	2 394.6
治理噪声	Noise abatement	万元10 000yuan	270.9	171.6
治理其他	Other	万元10 000yuan	201.7	1 633.0

10—13 工业废水、废气、废渣排放及处理情况
TREATMENT OF WASTE WATER GAS AND REIDUE

		单位 unit	1996	1997
工业废水排放及处理	**Waste water discharged and treated**			
工业废水排放量	Total waste water discharged	万吨10 000tn	43 738	43 127
# 经过处理的	#Treated	万吨10 000tn	40 916	41 701
符合排放标准的	Reaching discharge standards	万吨10 000tn	26 193	26 925
#通过处理达标的	#Reaching discharge standards after treatment	万吨10 000tn	14 025	14 928
工业废水处理率	Ratio of waste water treated	%	73.9	77.2
工业废水达标率	Rotio of treatment reaching standards	%	59.89	64.7
工业废水中有害物质	Harmful material in waste water			
汞	Hg	吨 tn	0.1	0.01
六价铬	Cr	吨 tn	5.73	7.41
铅	Pb	吨 tn	1.21	0.60
氰化物	Cyanide	吨 tn	24.13	16.60
石油类	Petroleum	吨 tn	2 115.63	1 594.93
砷	As	吨 tn	2.40	1.81
化学耗氧量	Oxygen consumption	万吨1 000tn	25.85	25.86
悬浮物	Suspended substance	万吨1 000tn	13.73	15.55
硫化物	Sulphide	吨 tn	207.39	227.48
工业废气排放及处理	**Waste gas discharged and treated**			
工业废气排放总量	Total volume of waste gas emission	亿立方米100 000 000cu. m	3 347.90	3 357.6
生产工艺过程中废气排放量	Total volume of waste gas emission in production	亿立方米100 000 000cu. m	932.23	1 033.0
#经过净化处理	Treated	亿立方米100 000 000cu. m	411.56	518.9
燃料燃烧过程中废气排放量	Total volume of waste gas emission from fuel	亿立方米100 000 000cu. m	2 415.67	2 324.6
#经过消烟除尘	Soot and dust removed	亿立方米100 000 000cu. m	2 272.12	2 167.0
废气中二氧化硫	Sulphur dioxide discharged	万吨10 000tn	19.86	22.24
工业粉尘及废渣的排放和处理	**Industrial dust and waste residue** discharged and treated			
工业粉尘排放量	Industrialdust retrieved	万吨10 000tn	12.44	17.49
工业粉尘处理量(回收量)	Industrial waste residue produced	万吨10 000tn	105.77	122.04
工业废渣产生量	Waste residue produced	万吨10 000tn	1 661.30	1 698.4
#已处理量	Waste residue treated	万吨10 000tn	110.32	91.7
已综合利用量	Waste resideu used	万吨10 000tn	789.98	779.9
历年工业废渣堆存总量	Total volume of waste resideu dumps	万吨10 000tn	18 561.09	19 208.6

农　业 11

AGRICULTURE

11－1 农村基层组织情况
BASIC RURAL UNITS

年份 Year	乡政府(个) Village Government	镇政府(个) Town Government	村民委员会(个) Village Committees	乡村总户数(万户) Housholds (10000)	乡村人口数(万人) Population (10000 persons)
1978	898		9 733	295.20	1 481.50
1979	902		9 907	299.65	1 477.64
1980	928		10 104	303.90	1 477.70
1981	932		10 146	310.10	1 480.40
1982	930		10 163	315.00	1 479.50
1983	936		10 126	314.20	1 477.50
1984	933		10 162	317.10	1 479.30
1985	656	263	10 144	317.84	1 464.15
1986	646	265	10 163	317.70	1 449.97
1987	640	294	10 190	320.58	1 446.91
1988	641	290	10 299	325.26	1 447.35
1989	641	288	10 273	331.46	1 453.58
1990	641	288	10 300	340.93	1 465.79
1991	638	289	10 297	344.02	1 475.71
1992	560	366	10 288	347.76	1 477.36
1993	530	396	10 305	348.35	1 466.15
1994	482	438	10 299	348.40	1 445.04
1995	475	443	10 234	348.82	1 434.54
1996	468	444	10 139	351.10	1 436.90
1997	466	445	10 112	353.99	1 430.00
长春市 Changchun	74	71	1 707	102	427.8
吉林市 Jilin	58	57	1 624	52	204.6
四平市 Siping	52	56	1 215	51	201.2
辽源市 Liaoyuan	20	25	543	17	64.7
通化市 Tonghua	49	66	1 014	31	121.5
白山市 Baishan	26	44	544	10	38.5
松原市 Songyuan	69	37	1 147	44	186.0
白城市 Baicheng	67	35	907	27	109.9
延边州 Yanbian	51	54	1 411	21	75.8

11－2 乡村劳动力
RURAL SOCIAL LABOR FORCE

单位:万人 unit:10 000 person

项目	Item	1996	1997
乡村劳动力	**Total**	**629.1**	**616.2**
按性别分	Grouped by sex		
男劳动力	Male force	366.3	359.5
女劳动力	Female force	262.8	256.7
按行业分	Grouped by Sector		
农、林、牧、渔业	Farming,forestry,animal husbandry and fishery	534.2	521.6
工业	Industry	21.3	20.2
建筑业	Construction	16.5	16.6
交通运输和邮电业	Transportation post and telecommunication	11.2	11.6
批发零售贸易、餐饮仓储业	Whloesals retail sale food Services and Storage	13.1	14.2
金融保险业	Banking and insurance		
其他非农行业	Non－agricultueal sector	32.8	32.0
#外出合同临时工	#Outside temporary workers	17.8	10.1

11－3 各市(州)乡村劳动力(1997)
RURAL SOCIAL LABOR FORCE BY CTIES(PREFECTURES)(1997)

单位:万人 unit:10 000 persons

市、州 Cities	乡村劳动力 Total	#农林牧渔业 Farming forestry animal Husbandry and fishery	工业 Industry	建筑业 Construction	交通运输和邮电业 Transport post and telecomm unitcatiom	批发零售贸易餐饮仓储业 Wholiesales retail sale food Services and Storage	其他非农行业 Non－agricul tueal sector
全省 Total	**616.2**	**521.6**	**20.2**	**16.6**	**11.6**	**14.2**	**32.0**
长春市 Changchun	182.9	153.2	6.2	6.5	3.7	3.9	9.3
吉林市 Jilin	91.0	76.7	2.6	2.3	1.7	2.1	5.6
四平市 Siping	76.0	64.7	2.4	2.1	1.6	1.6	3.6
辽源市 Liaoyuan	30.3	24.1	1.3	1.2	0.9	0.8	2.0
通化市 Tonghua	53.8	43.4	2.4	1.7	1.2	1.8	3.3
白山市 Baisan	16.5	12.1	1.5	0.6	0.6	0.7	1.0
松原市 Songyuan	80.9	72.8	1.7	1.2	0.8	1.5	3.0
白城市 Baichang	45.7	42.3	0.7	0.5	0.4	0.6	1.3
延边州 Yanbian	39.1	32.3	1.5	0.5	0.8	1.2	2.8

11－4 农林牧渔业总产值
GROSS OUTPUT VALUE OF FARMING FORESTRY ANIMAL HUSBANDRY AND FISHERY

单位：万元 unit：10 000 yuan

年份 Year	农林牧渔业总产值 Total	农业 Farming	林业 Forestry	牧业 Animal husbandry	渔业 Fishery
1978	377 802	322 304	8 689	46 053	756
1979	420 165	349 935	11 345	58 045	840
1980	474 714	355 633	24 685	93 921	475
1981	568 851	448 089	19 613	99 659	1 490
1982	605 821	489 451	25 438	88 291	2 641
1983	781 074	654 232	20 991	102 799	3 052
1984	889 892	728 135	35 481	122 327	3 949
1985	858 946	639 086	33 162	181 240	5 458
1986	984 291	760 681	29 426	185 824	8 360
1987	1 208 072	931 445	29 281	234 506	12 840
1988	1 409 127	1 064 075	28 374	294 988	21 690
1989	1 337 893	915 159	34 563	362 535	25 636
1990	1 890 862	1 406 693	41 878	414 219	28 072
1991	1 883 833	1 357 374	44 185	451 642	30 632
1992	2 043 897	1 460 004	51 028	500 181	32 684
1993	2 439 490	1 746 325	51 014	603 514	38 637
1994	4 054 784	2 708 102	85 391	1 201 396	59 895
1995	4 902 775	3 014 416	82 828	1 733 154	72 377
1996	5 958 265	3 636 702	75 679	2 167 898	77 986
1997	5 848 077	3 154 540	79 901	2 526 521	87 115
长春市 Changchun	1 768 181	939 554	7 370	808 084	13 173
吉林市 Jilin	793 504	451 485	11 024	315 914	15 081
四平市 Siping	981 354	463 783	3 544	510 131	3 896
辽源市 Liaoyuan	197 233	94 124	2 887	98 313	1 909
通化市 Tonghua	455 845	212 877	13 884	222 567	6 517
白山市 Baishan	223 179	146 961	12 253	61 750	2 215
松原市 Songyuan	661 076	386 769	7 801	251 852	14 654
白城市 Baicheng	478 457	269 214	7 775	174 832	26 636
延边州 Yanbian	289 248	189 773	13 363	83 078	3 034

注：本表按当年价格计算.
Note：This tabhe is based on carrent prices.

续表
continued

单位:万元 unit:10 000 yuan

年份 Year	农林牧渔业总产值 Total	农业 Farming	林业 Forestry	牧业 Animal husbandry	渔业 Fishery
按1970年不变价格计算 Based on price in 1970					
1978	344 719	293 961	8 034	42 141	583
1979	333 228	276 582	8 942	47 230	474
1980	346 632	277 959	14 927	53 248	498
1981	371 044	299 969	16 135	54 165	775
按1980年不变价格计算 Based on price in 1980					
1981	531 500	420 121	29 194	80 579	1 606
1982	562 169	440 958	31 037	88 291	1 883
1983	726 192	607 413	31 204	85 392	2 183
1984	802 132	667 511	36 412	95 592	2 617
1985	738 071	570 990	37 015	126 454	3 612
1986	770 190	607 888	32 199	125 477	4 626
1987	881 313	722 321	30 588	122 822	5 582
1988	928 648	749 571	30 715	141 163	7 199
1989	820 386	627 513	30 667	154 166	8 040
1990	1 039 045	840 536	26 428	163 253	8 828
按1990年不变价格计算 Based on price in 1990					
1990	2 069 034	1 566 775	61 307	414 952	26 000
1991	2 057 663	1 515 327	62 094	451 428	28 814
1992	2 117 863	1 536 296	62 106	489 151	30 310
1993	2 330 128	1 673 993	60 232	560 651	35 252
1994	2 568 513	1 735 378	63 796	731 593	37 746
1995	2 721 266	1 690 012	59 221	932 215	39 818
1996	3 241 411	1 987 760	55 944	1 154 003	43 704
1997	3 172 098	1 714 824	60 362	1 349 198	47 714
长春市 Changchun	907 227	456 208	5 621	438 422	6 976
吉林市 Jilin	421 524	238 446	8 398	166 981	7 699
四平市 Siping	530 021	246 471	2 539	278 661	2 350
辽源市 Liaoyuan	101 467	49 178	2 132	49 146	1 011
通化市 Tonghua	246 866	121 177	10 687	111 565	3 437
白山市 Baishan	143 346	100 031	9 483	32 521	1 311
松原市 Songyuan	377 516	227 618	5 557	134 971	9 370
白城市 Baicheng	276 097	162 556	5 978	93 462	14 101
延边州 Yanbian	168 034	113 139	9 967	43 469	1 459

11—5 农林牧渔业总产值指数
GROSS OUTPUT VALUE INDICES OF FARMING FORESTRY ANIMAL HUSBANDRY AND FISHERY

(以上年为100) (Per—Year=100)

年份 Year	农林牧渔业总产值 Total	农业 Farming	林业 Forestry	牧业 Animal Husbandry	渔业 Fishery
1978	119.3	124.8	76.4	100.0	76.1
1979	96.7	94.1	111.3	112.1	81.3
1980	104.0	100.5	166.9	112.7	105.1
1981	107.0	107.9	108.1	101.7	155.6
1982	105.8	105.0	106.3	109.6	117.2
1983	129.2	137.7	100.5	96.7	115.9
1984	110.5	109.9	116.7	111.9	119.9
1985	92.0	85.5	101.7	132.3	138.0
1986	104.4	106.5	87.0	99.2	128.1
1987	114.4	118.8	95.0	97.9	120.7
1988	105.4	103.8	100.4	114.9	129.0
1989	88.3	83.7	99.8	109.2	111.7
1990	126.7	133.9	86.2	105.9	109.8
1991	99.5	96.7	101.3	108.8	110.8
1992	102.9	101.4	100.0	108.4	105.2
1993	110.0	109.0	97.0	114.6	116.3
1994	110.2	103.7	105.9	130.5	107.1
1995	105.9	97.4	92.8	127.4	105.5
1996	119.1	117.6	94.5	123.8	109.8
1997	97.9	86.3	107.9	116.9	109.2
长春市 Changchun	101.2	92.2	151.6	112.1	111.5
吉林市 Jilin	112.2	107.9	137.1	118.0	109.3
四平市 Siping	98.0	76.0	113.0	131.5	111.1
辽源市 Liaoyuan	87.2	68.1	310.7	115.2	131.3
通化市 Tonghua	98.9	86.5	112.5	115.4	103.4
白山市 Baisan	106.3	106.5	102.4	106.4	111.8
松原市 Sengyuan	79.6	66.4	88.5	115.4	109.7
白城市 Baicheng	98.3	90.6	82.3	115.3	107.3
延边州 Yanbian	97.2	94.9	91.7	104.8	108.7

11—6 农林牧渔业总产值构成

PROPORTION OF GROSS OUTPOT VALUE OF FARMING, FORESTRY ANIMAL HUSBANDRY AND FISHERY

单位：%　　　　unit：%

年份 Year	农林牧渔业总产值 Total	农业 Farming	林业 Forestry	牧业 Animal Husbandry	渔业 Fishery
1978	100	85.3	2.3	12.2	0.2
1979	100	83.3	2.7	13.8	0.2
1980	100	74.9	5.2	19.8	0.1
1981	100	78.8	3.4	17.5	0.3
1982	100	80.8	4.2	14.6	0.4
1983	100	83.6	2.7	13.3	0.4
1984	100	81.8	4.0	13.7	0.5
1985	100	74.4	3.9	21.1	0.6
1986	100	77.3	3.0	18.9	0.8
1987	100	77.1	2.4	19.4	1.1
1988	100	75.5	2.0	20.9	1.6
1989	100	68.4	2.6	27.1	1.9
1990	100	74.4	2.2	21.9	1.5
1991	100	72.1	2.3	24.0	1.6
1992	100	71.4	2.5	24.5	1.6
1993	100	71.9	2.6	24.0	1.5
1994	100	67.6	2.5	28.5	1.4
1995	100	61.4	1.7	35.4	1.5
1996	100	61.0	1.3	36.4	1.3
1997	100	53.9	1.4	43.2	1.5
长春市 Changchun	100	53.1	0.4	45.7	0.8
吉林市 Jilin	100	56.9	1.4	39.8	1.9
四平市 Siping	100	47.3	0.4	51.9	0.4
辽源市 Liaoyuan	100	47.7	1.5	49.8	1.0
通化市 Tonghua	100	46.7	3.1	48.8	1.4
白山市 Baishan	100	65.8	5.5	27.7	1.0
松原市 Songyuan	100	58.5	1.2	38.1	2.2
白城市 Baicheng	100	56.3	1.6	36.5	5.6
延边州 Yanbian	100	65.6	4.6	28.7	1.1

11－7 农林牧渔业分项产值
GPOSS OUTPOT VALUE OF FARMING FORESTRY ANIMAL HUABANDRY AND FISHERY

单位:万元　　　　unit:10 000 yuan

指标	Item	1996	1997
农林牧渔业总产值	**Total**	**5 958 265**	**5 848 077**
农业产值	Farming	3 636 702	3 154 540
种植业	Planting	3 431 644	2 921 672
主产品产值	Main product	3 280 509	2 809 643
粮食作物	Grain grops	2 708 436	2 185 155
#谷物	Cereals	2 377 745	1 909 999
其他作物	Other grops	33 260	40 905
副产品产值	Sideline product	151 135	112 029
粮食作物	Grain grops	148 428	110 525
#谷物	Cereals	142 040	104 840
其他作物	Other grops	2 707	1 504
其他农业	Other farming	205 058	232 868
林业产值	Ferestry	75 679	79 901
营林	Afforestation and its added－value	45 859	47 460
林产品	Forest Product	5 056	5 999
村及村以下竹木采伐	Lumbering in village and below	24 764	26 442
牧业产值	Animal husbandry	2 167 898	2 526 521
牲畜	Domestic animals	1 335 525	1 542 868
家禽饲养	Poultry raising	369 556	447 599
活的畜禽产品	Live animal and Poultry Products	434 181	500 331
捕猎	Hunting	3 184	2 679
其他动物及产品	Other	25 452	33 044
渔业产值	Fishery	77 986	87 115

11—8 农林牧渔业中间消耗及构成
INTERMEDIATE CONCUMER AND PROPORTION OF FARMING,FORESTRY,ANIMAL HUSBANDRY AND FISHERY

项目	Item	1996	1997
农林牧渔业生产中间消耗	**Intermediate concumer of FFAF**	**2 198 139**	**2 166 482**
农业中间消耗合计	Total of intermediate concumer of farming	1 104 273	988 066
种植业中间消耗	Intermediate Concumer of Planting	1 070 757	952 023
中间物质消耗	Material Consumer	1 006 261	903 254
对非物质生产部门劳务支出	Services Consumer	64 496	48 769
其他农业中间消耗	Intermediate consumer of other farming	33 516	36 043
中间物质消耗	Material Consumer	26 617	26 316
对非物质生产部门劳务支出	Services Consumer	6 899	9 727
林业中间消耗合计	Total of Intermediate Consumer of farming	25 932	22 759
中间物质消耗	Material Consumer	21 299	18 715
对非物质生产部门劳务支出	Services Consumer	4 633	4 044
牧业中间消耗合计	Total of Intermediate Consumer of animal husbandry	1 038 912	1 125 858
中间物质消耗	Material Consumer	1 013 858	1 099 986
对非物质生产部门劳务支出	Services Consumer	25 054	25 872
渔业中间消耗合计	Total of Intermediate Consumer of fishery	29 022	29 799
中间物质消耗	Material Consumer	24 743	25 635
对非物质生产部门劳务支出	Services Consumer	4 279	4 164

11—9 农林牧渔业商品产值和商品率
GROSS OUTPUT VALUE AND COMMODITY RATE OF FARMING FORESTRY ANIMAL HUSBANDRY AND FISHERY

		商品产值(万元) Value (10000 yuan)		商品率(%) Commodity rate(%)	
		1996	1997	1996	1997
农林牧渔业商品产值	**Total of ualve**	**4 252 949**	**4 231 991**	**71.4**	**72.4**
农业商品产值(含其他农业)	Farming	2 337 627	1 980 752	64.3	62.8
林业商品产值	Forestry	26 407	29 434	34.9	36.8
牧业商品产值	Animal husbareby	1 817 818	2 152 292	83.9	85.2
渔业商品产值	Fishery	71 097	69 513	91.2	79.8

11—10 耕地面积
AREAS UNDER CULTIVATION

年份 Year	年未实有耕地面积（千公顷） Cultivated areas at year — end (1000 ha)	# 旱地 Dry fields	当年减少的耕地面积（千公顷） Decrease in Cultiuated area (1000 ha)	# 国家基建占地 Capital Construction	集体基建占地 Village Cellective Construetion	农民个人建房占地 Peasant Construction	平均每一农业人口占有耕地（公顷） Cultivated areas per rural Population (ha)
1978	4 050.8	3 751.9	26.8	2.6	1.7		0.27
1979	4 051.9	3 769.6	31.4	3.0	1.5		0.27
1980	4 044.0	3 788.5	23.5	2.5	3.1		0.27
1981	4 055.0	3 799.5	25.4	1.2	1.1		0.27
1982	4 049.5	3 788.5	22.7	1.3	1.0		0.27
1983	4 059.7	3 791.1	27.9	1.3	0.6		0.27
1984	4 039.1	3 753.7	70.0	1.7	1.7		0.27
1985	3 999.1	3 679.3	60.7	1.9	0.6	1.7	0.27
1986	3 973.3	3 630.3	43.6	3.4	0.8	2.5	0.27
1987	3 960.5	3 594.8	27.0	2.1	0.4	1.3	0.27
1988	3 951.3	3 576.0	24.3	1.7	0.2	0.5	0.27
1989	3 935.5	3 540.2	26.7	1.7	0.5	0.3	0.27
1990	3 939.3	3 520.7	16.5	1.5	0.3	0.3	0.26
1991	3 937.9	3 504.8	12.1	1.1	0.4	0.2	0.26
1992	3 931.6	3 476.2	16.0	1.9	0.6	0.3	0.26
1993	3 937.8	3 504.2	11.3	4.0	2.1	0.4	0.27
1994	3 955.4	3 538.6	12.9	2.9	2.7	0.6	0.27
1995	3 953.2	3 528.0	19.5	2.9	1.8	0.7	0.27
1996	3 958.5	3 516.6	13.8	3.4	0.6	0.6	0.27
1997	3 987.1	3 538.9	18.1	3.7	1.5	0.6	0.27
长春市 Changchun	1 099.3	999.0	2.1	0.4	0.8	0.2	0.27
吉林市 Jilin	386.3	275.5	1.3	0.5	0.5	0.1	0.17
四平市 Siping	605.4	556.4	1.7	1.0	0.1	0.1	0.30
辽源市 Liaoyuan	145.4	129.2	0.5	0.1	0.1		0.22
通化市 Tonghua	195.5	141.3	0.3	0.1			0.16
白山市 Baishan	55.5	53.4	1.2				0.12
松原市 Songyuan	739.0	706.5	0.2	0.1	0.1		0.37
白城市 Baicheng	539.2	501.8	9.3	1.5			0.45
延边州 Yanbian	221.5	175.8	1.5	0.1			0.26

11—11 主要农作物播种面积
TOTAL SOWN AREAS OF MAJOR FARM CROPS

单位：千公顷 unit：1 000 ha

年份 Year		农作物总播种面积 Total sown Area	粮食作物 Grain crops Sonn area	#谷物 Cereal	#水稻 Rice	小麦 Wheat	玉米 Corn	高粱 Sorghum	豆类 Soybeans
1978		4 053.1	3 603.1	3 019.1	278.1	176.1	1 520.1	281.9	584.1
1979		4 060.5	3 600.1	3 023.5	260.5	168.4	1 595.6	281.9	576.6
1980		4 057.0	3 524.3	2 967.8	252.5	137.5	1 681.9	234.0	556.5
1981		4 074.8	3 509.3	2 904.0	253.7	123.7	1 551.3	275.5	605.3
1982		4 065.6	3 555.2	2 968.2	260.4	105.1	1 605.5	313.1	587.0
1983		4 069.6	3 586.5	3 086.7	266.3	80.7	1 714.9	302.7	499.7
1984		4 079.8	3 501.7	3 104.6	284.7	81.0	1 854.8	276.2	397.1
1985		4 063.9	3 283.5	2 805.3	322.5	71.1	1 679.6	199.8	478.1
1986		4 036.8	3 469.5	2 980.4	348.5	49.7	1 989.9	163.9	489.1
1987		4 036.9	3 485.7	2 999.6	367.5	37.4	2 122.2	135.4	486.1
1988		4 035.2	3 422.5	2 877.6	379.6	33.3	1 987.3	152.5	544.9
1989		4 021.4	3 430.9	2 893.6	389.7	50.4	1 983.1	150.3	537.3
1990		4 039.8	3 525.9	3 062.1	418.4	60.3	2 219.1	124.3	463.8
1991		4 065.9	3 542.0	3 110.8	433.4	71.4	2 280.1	107.5	431.2
1992		4 048.7	3 536.9	3 099.4	442.4	80.9	2 234.0	118.3	437.5
1993		4 050.7	3 526.7	2 832.1	427.7	113.6	2 039.0	140.6	606.7
1994		4 059.6	3 566.7	2 870.1	416.5	100.9	2 100.2	159.9	604.2
1995		4 059.8	3 576.9	3 051.3	424.1	80.4	2 344.1	128.4	435.9
1996		4 063.0	3 624.5	3 198.5	434.1	76.7	2 481.3	150.3	341.0
1997		4 067.4	3 592.1	3 133.1	453.1	63.5	2 454.2	111.5	368.6
长春市	Changchun	1 122.8	986.0	893.5	98.2	24.6	741.1	22.7	61.6
吉林市	Jilin	392.8	348.1	282.5	112.7		166.3	1.8	59.4
四平市	Siping	612.7	539.7	511.5	48.9	19.7	426.8	10.9	16.3
辽源市	Liaoyuan	147.5	135.7	118.1	16.3	0.1	99.9	1.5	13.0
通化市	Tonghua	201.4	178.9	145.5	55.5	0.2	87.4	0.9	25.7
白山市	Baishan	62.1	49.0	30.3	2.1	0.6	25.9		17.1
松原市	Songyuan	755.1	694.8	641.5	36.8	7.0	550.4	31.7	39.2
白城市	Baicheng	550.4	477.9	413.5	37.9	8.2	309.8	42.0	57.5
延边州	Yanbian	222.4	182.0	96.6	44.8	3.1	46.7		78.7

续表
Continued

单位：千公顷 unit：1 000 ha

年份 Year	油料 Oilbearing crops	#葵花籽 Sunflower seeds	甜菜 Beetroots	麻类 Hemp crops	烤烟 Tobacco	园参 Flwesuree ginseng	蔬菜 Vegetables
1978	106.2	90.9	52.3	34.1	7.5	1.4	171.7
1979	118.9	92.7	51.5	33.4	6.7	1.7	172.6
1980	186.3	148.3	61.1	32.4	6.0	3.2	164.2
1981	232.3	196.1	60.1	25.3	6.9	3.4	162.7
1982	192.5	174.9	55.3	19.1	9.4	4.6	160.2
1983	175.3	133.1	59.1	10.3	6.1	5.7	164.0
1984	287.9	240.3	49.7	8.8	6.9	6.9	165.2
1985	437.4	296.1	69.3	11.0	8.1	8.4	162.3
1986	272.8	181.3	42.6	6.2	7.5	10.1	160.8
1987	241.4	161.4	55.3	8.5	8.7	13.2	168.3
1988	248.7	168.5	75.8	9.3	15.4	15.7	183.0
1989	232.7	131.9	53.4	7.9	25.4	13.3	178.7
1990	200.9	118.9	58.6	2.4	17.9	10.0	164.3
1991	187.5	131.9	57.4	3.7	29.0	3.3	180.9
1992	154.1	108.9	42.0	3.2	39.1	3.0	181.0
1993	153.3	91.2	43.9	2.1	24.2	4.5	185.0
1994	154.1	86.6	42.8	2.8	14.1	2.3	186.4
1995	151.1	91.1	43.2	1.9	12.0	1.5	195.4
1996	119.8	73.4	29.5	1.7	22.6	0.6	198.8
1997	112.4	69.9	18.9	0.8	32.2	6.2	230.5
长春市 Changchun	19.2	11.5	1.9	0.5	3.3		89.3
吉林市 Jilin	5.5	0.9	0.9	0.1	2.2	0.1	24.3
四平市 Siping	2.9	2.8	1.8		0.4		57.5
辽源市 Liaoyuan	0.1	0.1	0.5		1.0		8.5
通化市 Tonghua	1.4	0.9	0.1		1.1	2.0	14.1
白山市 Baishan	1.1	0.8				3.2	6.2
松原市 Songyuan	38.6	22.2	5.5		0.5		10.1
白城市 Baicheng	39.2	29.0	7.7	0.1	9.8		9.6
延边州 Yanbian	4.5	1.7	0.6		13.8	0.9	11.0

11—12 主要农产品产量
OUTPUT OF MAJOR FARM CROPS

单位:万吨 unit:10 000 tn

年份 Year		粮食作物合计 Grain	#小麦 Wheat	高粱 Sorghum	玉米 Corn	水稻 Rice	油料 Oil—Bearing Cropb	甜菜 Beet roos	烤烟 Fluecured tobacco
1978		914.70	19.89	81.53	489.49	121.15	12.29	45.13	1.97
1979		903.34	17.82	71.79	533.77	101.77	14.22	56.94	1.39
1980		859.60	16.80	67.59	506.90	107.40	26.60	117.66	1.28
1981		921.91	15.64	69.93	527.32	112.58	34.52	90.28	1.30
1982		1 000.04	15.65	62.23	589.23	144.62	29.27	67.89	2.10
1983		1 477.98	14.63	105.67	941.02	151.27	39.23	95.07	1.10
1984		1 634.46	15.38	99.05	1 103.75	190.84	59.78	68.00	1.70
1985		1 225.26	10.33	56.84	793.13	183.66	48.36	87.69	1.54
1986		1 397.71	6.70	43.74	1 016.42	174.29	38.85	59.76	1.07
1987		1 675.81	6.30	45.83	1 231.58	222.75	35.26	69.00	1.52
1988		1 693.25	5.15	61.09	1 220.97	224.38	35.43	129.60	2.61
1989		1 351.29	8.58	45.65	983.90	185.58	34.80	66.00	3.82
1990		2 046.52	12.75	55.72	1 529.55	289.42	46.74	116.40	3.36
1991		1 898.87	14.52	46.01	1 400.13	306.30	43.54	109.56	4.38
1992		1 840.30	22.10	50.70	1 326.60	303.00	35.82	91.81	5.54
1993		1 900.90	30.80	57.50	1 344.60	289.00	28.62	97.19	3.99
1994		2 015.70	22.00	78.80	1 439.40	292.70	28.68	97.56	2.15
1995		1 992.40	19.10	57.50	1 478.50	296.90	25.55	83.64	1.72
1996		2 326.60	20.60	74.80	1 753.40	347.40	21.70	70.21	3.88
1997		1 808.30	13.00	46.30	1 260.30	376.20	15.93	32.90	4.79
长春市	Changchun	649.2	6.6	12.8	508.0	90.3	4.41	3.55	0.69
吉林市	Jilin	214.9		0.5	100.4	97.0	0.52	1.37	0.51
四平市	Siping	356.9	3.8	3.5	299.2	43.2	0.19	3.96	0.06
辽源市	Liaoyuan	71.1		0.4	54.6	12.0	0.61	0.82	0.13
通化市	Tonghua	100.5		0.2	44.1	50.0	0.26	0.10	0.16
白山市	Baishan	20.6	0.1		15.7	1.3	0.16		
松原市	Songyuan	303.4	1.6	12.2	244.9	35.4	4.37	7.76	0.12
白城市	Baicheng	204.9	1.9	16.0	138.5	28.9	5.53	14.20	1.30
延边州	Yanbian	60.6	0.4		19.1	26.0	0.47	1.16	1.82

11－13 主要农产品产量及单位面积产量
OUTPUT OF MAJOR FARM CROPS AND PERHECTARE

项目 Item		产量（万吨）Output (10000tn)		单位面积产量（公斤/公顷）Output per hectare	
		1996	1997	1996	1997
粮食作物合计	Total of grain	2 326.6	1 808.3	.6 419	5 034
1、谷物	Cereal	2 211.9	1 707.2	6 916	5 449
#水稻	Rice	347.4	376.2	8 003	8 302
玉米	Corn	1 753.4	1 260.3	7 067	5 135
高粱	Sorghum	74.8	46.3	4 977	4 152
谷子	Millet	7.6	5.0	2 804	2 127
2、豆类	Soybeans	74.9	73.7	2 196	1 999
#大豆	Soy	63.4	62.6	2 141	2 022
3、薯类	Tubers	39.8	27.4	4 682	3 027
油料	Oil－bearing crops	21.7	15.9	1 812	1 417
#葵花籽	Sunflower seeds	14.3	9.0	1 953	1 290
麻类	Hemp crop	0.2	0.1	1 037	1 332
甜菜	Beet roots	70.2	32.9	23 776	17 434
烟叶	Tobacco crops	5.8	7.2	1 818	1 682
#烤烟	Flue cured tobacco	3.9	4.8	1 715	1 488
园参	Ginseng	1.4	1.3	6 705	7 418
蔬菜	Vegetable	587.6	642.4	29 563	27 870
水果	Fruit	31.1	37.5	3 157	3 816

注：本表粮食作物产量为抽样调查数.
Note: Figures in this table are from sample surveys.

11—14 农业生产条件
AGRICUTURAL PRODUCERS CONDITION

项目	Item	单位 unit	1996	1997
一. 主要农业机械拥有量	**Number of agricultural machinery**			
农业机械总动力	Total power of agricultural machinery	万千瓦10 000kw	718.76	773.21
大中型拖拉机	Large and Medium tractors	混合台 units	28 239	31 223
小型拖拉机	Mini—tractors	台 units	265 423	288 529
大中型机引农具	Large and medium tractor—toing farm machinery	台 units	42 414	45 892
联合收割机	Combine harvesters	台 units	136	125
机动收割机	Motorized harvesters	台 units	84	39
机动脱粒机	Thresher sheller	台 units	120 642	120 034
机动水稻插秧机	Rice transplanter	台 units	3 512	3 703
碾米机磨面机	Rice mill and wheat mill	台 units	92 942	92 269
榨油机	Oil presses	台 units	2 860	3 042
农用载重汽车	Trucks for agricultural use	辆 units	8 102	8 624
大中型拖车	Trucks for agricultural use	辆 units	21 093	25 035
二. 农业机械作业面积	**Operation area of agricultural use**			
机耕面积	Area of machinery cultivated land	千公顷1 000ha	1 871.1	1 928.6
占耕地面积比重	Area of proportion	%	47.3	48.4
机播面积	Area of macchinery seeded land	千公顷1 000ha	2 149.9	2 279.1
占播种面积比重	Area of proportion	%	54.3	56.0
机收面积	Area of machinery gathered land	千公顷1 000ha	21.9	23.3
占播种面积比重	Area of proportion	%		0.6
三. 农村用电量	**Electricity consumption in yural**			
农村用电量	Electricity consumption in agriculture	万千瓦小时 km/h	220 845	226 889
每公顷用电量	Electricity consumption per hectrares	千瓦小时 km/h	557.9	566.4
四. 农田水利	**Irrigation and water conservancy**			
农用排灌机械	Irrigating machinery	台 units	240 429	260 959
农用水泵	water pump	台 units	237 187	264 765
喷灌机械	sprinkler	套 sets	6 156	6 550
有效灌溉面积	Effectinely irrigated area	千公顷1 000ha	936.0	1 078.0
占耕地面积比重	as proportion of cultivated land	%	23.6	27.0
机电灌溉面积	Irrigated areas by power	千公顷1 000ha	799.3	943.5
占有效灌溉面积	as proportion of irrigated hand	%	85.4	87.5
五. 农业化学化	**Agricultural chemistry**			
化肥施用量(实物)	Consumption of chemical fertilizers	万吨10 000tn	283.90	282.70
氮肥	Nitrogenous fertilizer	万吨10 000tn	196.10	192.10
磷肥	Phosphate fertilizer	万吨10 000tn	34.00	34.46
钾肥	Potash fertilizer	万吨10 000tn	12.05	13.14
复合肥	Compler fertilizer	万吨10 000tn	41.75	42.98
每公顷化肥施用量	Comsumption perhectrare	公斤 kg	717	709

11－15 各市(州)主要农业机械拥有量(1997)
AGRICULTURAL MACHINERY POSSESSED (1997)

市、州 city	农业机械总动力(万千瓦) Total power (kw)	大中型农用拖拉机(混合台) Large and medium tracfors (units)	农用小型及手扶拖拉机(台) Minitractors (units)	大中型机引农具(部) Large and medium tractor－towing farm machinery (units)	农用排灌动力机械(台) Irrigating machinery (sets)	磨面机碾米机(台) Rice and wheat mills (units)
全　省 Total	**773.22**	**31 223**	**288 529**	**45 892**	**260 959**	**92 269**
长春市 Changchun	184.71	6 625	62 368	15 309	79 499	23 535
吉林市 Jilin	102.18	1 490	32 416	1 023	41 075	14 631
四平市 Siping	99.66	4 611	36 249	8 586	43 396	13 466
辽源市 Liaoyuan	25.84	812	8 024	1 587	10 099	5 390
通化市 Tonghua	52.61	1 411	14 466	1 261	11 601	7 419
白山市 Baishan	18.65	334	2 749	201	1 857	4 120
松原市 Songyuan	121.28	9 030	56 755	11 011	29 875	11 227
白城市 Baicheng	114.11	3 857	55 380	5 291	38 683	7 853
延边州 Yanbian	54.18	3 053	20 122	1 623	4 874	4 628

11－16 各市(州)农业现代化水平(1997)
LEVEL OF AGRIULTURAL MODERNIZING BY CITIES(1997)

市、州 city	机耕面积(千公顷) Area of machinery cultivated land (kha)	机播面积(千公顷) Area of machinery seeded land (k ha)	农村用电量(千千瓦小时) Electrical consumption in agriculture (1000kw/h)	有效灌溉面积(千公顷) Effectively irrigated area (k ha)	配套机电井(眼) Electrical machinery well	化肥施用量(实物量)(吨) Consumption of chemical fertilzers (tn)	#氮肥 Nitrogenous fertilzers	磷肥 Phosphate fertilizer
全　省 Total	**1 928.6**	**2 279.1**	**2 268 892**	**1 078.00**	**77 719**	**2 826 808**	**1 920 980**	**344 613**
长春市 Changchun	641.8	706.7	545 618	194.86	7 268	817 194	609 887	80 489
吉林市 Jilin	198.0	176.0	327 880	159.77	5 087	343 467	257 325	12 611
四平市 Siping	2 192	497.2	365 450	105.31	6 474	495 082	328 281	49 707
辽源市 Liaoyuan	47.8	76.6	94 259	25.85	1 459	101 990	71 487	9 800
通化市 Tonghua	82.0	33.8	226 115	87.40	1 319	172 330	135 397	7 372
白山市 Baishan	14.7	4.6	46 852	5.53	555	23 424	13 305	803
松原市 Songyuan	401.8	516.5	148 874	155.34	8 541	515 269	294 807	130 004
白城市 Baicheng	216.0	186.2	290 926	270.12	43 810	271 726	153 666	47 553
延边州 Yanbian	137.3	81.5	222 918	73.82	3 206	86 326	56 825	6 274

11—17 畜牧饲养、畜禽和水产品产量
NUMBER OF LIVESTOCK, OUTPUT OF LIVESTOCK PRODUCTS AND AQUATIC PRODUCTS

年份 Year	年底大牲畜数（万头） Large animals (year end) (10000 head)	年底猪数（万头） Hogs (year end) (10000 head)	年底羊数（万只） Sheapard goats (year end) (10000 head)	肉类总产量（万吨） Output of meat (10000 tn)	# 猪牛羊肉 output of pork, beef, mutton	禽蛋（万吨） Poultry eggs (10000 tn)	绵羊毛（吨） Sheep wool (tn)	水产品（万吨） Total aquatic pheducts (10000 tn)
1978	231.62	581.64	123.77	15.6	15.64	3.94	3 470	1.03
1979	234.27	585.73	149.28	21.3	20.47	3.61	3 951	0.81
1980	236.76	592.89	170.90	24.6	24.57	4.41	4 812	0.84
1981	231.83	547.95	167.94	25.1	25.11	5.12	5 209	1.30
1982	234.44	518.94	161.11	28.3	28.29	7.36	4 916	1.54
1983	245.71	413.54	152.48	26.3	26.33	7.38	5 109	1.79
1984	279.59	411.99	152.61	26.2	26.22	15.70	5 215	2.14
1985	294.59	496.98	151.17	32.0	29.93	17.55	5 137	2.96
1986	284.89	481.17	142.90	37.5	34.46	18.12	4 975	3.83
1987	274.52	416.08	151.88	38.1	34.31	17.42	5 323	4.51
1988	281.90	446.30	193.09	41.0	34.96	20.50	6 557	5.81
1989	292.17	494.13	223.01	45.1	38.39	22.92	7 956	6.61
1990	309.07	507.50	233.64	51.8	43.38	25.00	8 487	7.09
1991	318.55	522.61	228.69	57.0	46.78	27.44	9 124	7.86
1992	341.12	544.76	227.56	64.0	50.12	30.49	9 042	8.49
1993	359.26	567.85	241.89	76.7	57.94	32.73	9 869	9.79
1994	424.03	666.03	271.47	101.0	74.77	40.41	10 972	10.50
1995	498.66	764.36	336.95	134.5	96.66	48.89	12 178	11.06
1996	572.20	847.39	391.79	184.5	130.85	56.50	15 373	12.08
1997	602.96	940.60	430.00	211.5	150.00	66.50	17 405	13.20
长春市 Changchun	149.0	252.3	37.2	73.7	43.9	21.7	1 294	1.9
吉林市 Jilin	106.6	122.7	14.6	26.3	20.5	8.4	104	2.1
四平市 Siping	91.8	200.0	59.0	53.4	42.1	15.6	2 404	0.7
辽源市 Liaoyuan	31.8	33.4	5.3	8.9	7.1	2.4	96	0.3
通化市 Tonghua	49.9	68.4	14.9	21.4	12.8	3.8	210	0.9
白山市 Baishan	21.8	23.7	10.6	4.7	4.2	2.4	36	0.4
松原市 Songyuan	59.0	107.5	118.6	19.3	15.5	7.1	7 039	2.6
白城市 Baicheng	54.8	93.4	152.9	13.2	9.9	3.3	5 821	3.9
延边州 Yanbian	44.5	32.0	14.5	5.5	5.0	1.8	401	0.4

11—18畜牧业生产情况
BASIC STATISTICS ON LIVESTOCK

项目 Item		单位 unit	1996	1997
大牲畜年末头数	Large animals (year end)	万头10 000 head	572.2	602.9
牛	Cattle and Buffalo	万头10 000 head	457.6	494.4
#奶牛	Cows	万头10 000 head	10.2	6.9
马	Horses	万头10 000 head	76.3	70.9
驴	Donkeys	万头10 000 head	16.7	16.6
骡	Mules	万头10 000 head	21.7	21.1
肉类总产量	Meaf	万吨10 000 tn	184.5	211.5
#猪肉	Prok	万吨10 000 tn	102.52	115.00
牛肉	Beer	万吨10 000 tn	25.74	32.00
羊肉	Mutfon	万吨10 000 tn	2.59	3.00
肉猪出栏头数	Slaughtered fattend hogs	万头10 000 head	1 069.2	1 209.4
猪年末头数	Hogs	万头10 000 head	847.4	940.6
#能繁殖母猪	Sow	万头10 000 head	79.8	94.9
羊年末只数	Sheep and coats (year end)	万只10 000 head	391.8	430.0
山羊	Coats	万只10 000 head	53.1	60.9
绵羊	Sheep	万只10 000 head	338.7	366.9
鹿年末只数	Deer	万只10 000 head	16.2	18.0
养蜂	Honey	箱 case	6.3	7.2
牛奶	Cow milk	吨 tn	112 792	129 545
羊奶	Goat milk	吨 tn	6 485	8 698
绵羊毛	Sheep wool	吨 tn	15 373	17 405
#细羊毛	Fine woel	吨 tn	13 389	14 968
蜂蜜	Honey	吨 tn	2 021	2 692
禽蛋	Poulty	万吨10 000tn	56.5	66.5
鹿茸	Pilose anther	公斤 kg	65 261	75 785

11—19 林业、渔业和其他生产情况
BASIC STATISTICS OF FORESTRY,FISHERY AND OTHER PRODUCTION

项目 Item		单位 unit	1996	1997
造林面积	Areas of afforestation	千公顷1 000ha	64.5	62.9
#用材林	Commercial forest	千公顷1 000ha	24.3	22.7
经济林	Economic forest	千公顷1 000ha	22.1	19.4
防护林	Shelter forest	千公顷1 000ha	16.2	19.7
零星植树	Odd pieces of planting	万株10 000	2 745	2 531
年末实有育苗面积	Areas of growing seedings	千公顷1 000ha	4.0	2.2
水产品产量	Total aquatic products	吨 tn	120 756	132 040
#养殖产量	output artificially cultured	吨 tn	86 862	94 415
养殖面积	Areas of artificial culturing	千公顷1 000ha	223.8	222.7
水果总产量	Output of fruit	吨 tn	310 614	374 949
年末实有水果面积	Orchards at year end	千公顷1 000ha	98.4	98.3
蚕茧产量	Silkworm cocoons	吨 tn	863	1 128

11—20 各市(州)水产、特产情况(1997)
BASIC STATISTICS ON AQUATIC AND SPECIAL LOCAL PRODUCT(1997)

市、州 Cities	水产品产量(吨) Dutput of aquatic proclucts(tn)	水果产量(吨) Output of fruit(tn)	鹿茸产量(公斤) Output of pilose antler(tn)	蜂蜜产量(吨) Honey(kg)	木耳产量(公斤) Edible fungus(kg)	蚕茧产量(公斤) Silkworn(kg)
全　省 Total	**132 040**	**374 949**	**75 785**	**2 692**	**670 337**	**1 128 190**
长春市 Changchun	18 849	32 936	27 605	186	1 000	
吉林市 Jilin	21 390	123 044	15 955	1 220	115 766	490 100
四平市 Siping	6 526	67 200	12 425	32		70 000
辽源市 Liaoyuan	2 807	12 613	6 428	76	898	63 740
通化市 Tonghua	9 092	23 041	3 838	133	57 413	4 350
白山市 Baishan	3 593	14 161	1 169	209	95 126	
松原市 Songyuan	26 030	38 286	411	48		
白城市 Baicheng	39 170	1 804	815	86		
延边州 Yanbian	4 057	61 864	7 139	702	400 134	500 000

11－21 农业事业机构和气象台站
AGRO－INSTITUTIONS AND METEOROLOGICAL OB SERVATION STATIONS

单位：个

	1996	1997
农业技术推广站 Agricultural technical market	1 041	1 986
畜牧兽医站 Vetevinary station	918	1 087
国营良种(原种)场 Seed multiplication farm	56	46
气象台、站 Meteorological observatories and stations	62	62
气象台 Meteorological obser vatories	9	9
气象站 Meteorological stations	53	53

11－22 自然灾害受灾和成灾面积
AREAS COVERED AND AFFECTED BY NATURAL DISASTER

单位：万公顷 unit：10 000 ha

	1996	1997
受灾面积 Areas covered	130.3	377.7
＃旱灾 Drought	62.0	273.3
水灾 Flood	35.4	0.6
风雹灾 Disaster caused by hail	20.9	52.4
霜冻灾 Frost	8.0	6.5
病虫害 Plant diseases and insect pests	4.0	4.3
成灾面积 Areas offected	96.3	309.6
＃旱灾 Drought	54.2	231.1
水灾 Flood	22.9	0.5
风雹灾 Disaster caused by hail	11.8	36.0
霜冻灾 Frost	5.1	5.9
病虫害 Plant diseases and insect pests	2.3	3.4

11－23 商品粮基地县基本情况(1997)
BASIC STATISTICS FOR COMMODITIE GRAIN COUNTY BASED(1997)

市、县 Cities (counties)		农业人口(万人) Agricltwral population (10000)	耕地面积(万公顷) Area of cultivated land (10000 hectrare)	农林牧渔业总产值(现价万元) Value of FFAF, corrent prices (10000yuan)	粮食播种面积(公顷) Grain grops sown area (hectrare)	粮食总产量(万吨) Output of grain (10000tn)	每公顷粮食产量(公斤) Output of grain per hectrare(kg)
总计	**Total**	**1 126.68**	**314.28**	**4 576 753**	**2 868 136**	**1 688.29**	**5 886**
九台市	Jioutai	63.84	15.96	168 512	144 242	74.22	5 146
榆树市	Yushu	105.00	29.07	442 922	265 891	205.50	7 729
农安县	Nongan	92.17	29.10	519 534	273 380	195.71	7 159
德惠市	Dehuei	74.90	21.23	353 122	182 131	112.58	6 181
桦甸市	Huadian	24.25	4.51	111 288	41 514	27.00	6 504
蛟河市	Jiaohe	29.37	4.97	105 076	42 394	25.19	5 942
永吉县	Yongji	62.61	11.46	176 953	104 076	59.10	5 678
舒兰市	Shulan	46.39	8.28	181 173	77 252	56.50	7 313
磐石市	Panshi	36.31	6.48	128 437	61 204	34.21	5 589
公主岭市	Gongzhuling	67.20	21.94	398 094	163 291	139.40	8 537
梨树县	Lishu	65.28	18.59	319 315	182 158	106.53	5 848
伊通县	Yitong	37.55	8.76	140 557	85 991	58.15	6 762
双辽市	Shuangliao	25.49	9.97	104 465	96 962	46.05	4 749
东丰县	Dongfeng	29.44	7.37	93 310	70 165	34.52	4 920
东辽县	Dongliao	32.08	6.64	92 041	62 732	35.79	5 705
梅河口市	meihekou	35.45	6.36	170 815	58 593	35.00	5 974
辉南县	Heinan	22.13	3.94	52 359	36 930	25.50	6 905
通化县	Tonghua	18.03	2.75	58 932	25 046	12.62	5 039
扶余县	Fuyu	65.45	22.61	231 665	203 077	127.25	6 266
洮南市	Taonan	27.66	12.38	117 340	119 297	64.00	5 365
大安市	Daan	27.19	9.17	85 414	74 098	20.09	2 711
镇赉县	Zhenlai	21.65	9.72	92 223	92 727	36.54	3 940
长岭县	Changling	51.69	18.29	149 900	165 954	70.12	4 225
前郭县	Qianguo	43.29	18.42	189 992	187 744	70.02	3 729
敦化市	Dunhua	22.26	6.31	93 314	51 287	16.70	3 256

11—24 乡镇企业单位数
TOWNSHIP AND VILLAGE ENTERPRISES

单位:个

年份 Year	合计 Total	农业 Agriculture	工业 Industry	建筑业 Construction	交通运输业 Transportation	商业饮食业 Commerce and Food service	其他 Other
1978	18 009	7 387	9 242	262	126		992
1979	17 283	6 967	8 517	409	263		1 127
1980	17 716	6 134	8 708	544	447		1 883
1981	18 243	6 210	8 548	591	732		2 162
1982	18 995	5 935	8 847	642	1 193		2 378
1983	18 480	5 232	8 469	762	1 422		2 595
1984	22 897	4 597	10 892	1 236	1 942	2 901	1 329
1985	21 489	4 188	11 435	1 028	994	631	3 213
1986	315 894	4 759	127 234	13 072	69 216	81 865	19 748
1987	411 189	5 313	150 583	26 101	97 002	107 452	24 738
1988	471 198	6 041	168 611	30 943	116 715	127 423	21 465
1989	477 588	6 456	163 827	33 997	121 378	133 226	18 704
1990	464 568	6 186	153 828	32 241	120 792	133 272	18 249
1991	467 477	6 088	154 581	30 393	124 589	134 266	17 560
1992	496 552	7 471	154 686	36 096	133 810	143 193	21 296
1993	557 991	8 395	168 839	40 125	148 553	168 313	23 766
1994	632 562	8 722	186 261	45 241	167 931	197 972	26 435
1995	657 813	8 364	164 854	46 192	178 711	229 498	30 194
1996	703 163	7 861	168 120	48 144	196 477	48 231	234 330
1997	725 531	4 231	178 535	49 675	202 727	290 137	226
长春市 Changchun	125 392	1 238	34 387	11 309	38 917	39 402	139
吉林市 Jilin	4 570	295	2 429	221	492	1 133	
四平市 Siping	1 494	190	1 037	31	72	154	10
辽源市 Liaoyuan	2 188	219	1 319	70	5	574	1
通化市 Tonghua	18 286	239	5 334	1 124	4 561	7 028	
白山市 Baishan	1 479	325	867	64	50	173	
松原市 Songyuan	17 958	521	2 336	519	2 505	12 011	66
白城市 Baicheng	4 087	663	1 591	66	84	1 680	3
延边州 Yanbian	1 505	541	831	25	6	102	

11—25 乡镇企业职工人数
PERSONS EMPLOYED BY TOWNSHIP AND VILLAGE ENTERPRISES

单位:万人 unit:10 000 person

年份 Year	合计 Total	农业 Agriculture	工业 Industry	建筑业 Construction	交通运输业 Transportation	商业饮食业 Commerce and Food service	其他 Other
1978	36.50	8.20	25.40	1.60	0.30		1.00
1979	39.10	9.10	25.80	2.40	0.50		1.30
1980	42.30	8.80	27.60	3.40	0.50		2.00
1981	42.80	8.50	27.80	3.70	0.70		2.10
1982	46.90	7.70	30.50	5.40	1.20		2.10
1983	47.70	7.00	30.60	6.30	1.20		2.60
1984	52.80	6.20	33.20	8.40	1.60	2.40	1.00
1985	51.20	5.20	34.10	8.60	0.80	0.50	2.00
1986	113.40	5.70	60.60	17.00	12.60	13.90	3.60
1987	140.60	6.30	71.00	22.70	17.40	18.90	4.30
1988	162.49	7.50	80.60	26.59	20.80	23.60	3.40
1989	162.10	7.50	78.60	26.90	21.50	24.60	3.00
1990	155.26	7.37	73.14	25.22	21.28	25.57	2.68
1991	159.04	7.60	75.55	25.43	21.67	26.05	2.74
1992	168.34	8.14	78.26	26.73	23.32	28.54	3.35
1993	191.66	8.14	86.11	30.46	26.97	35.70	4.28
1994	206.09	8.73	92.93	32.78	28.28	39.43	3.94
1995	213.90	8.40	89.60	32.30	30.70	47.60	5.30
1996	225.00	8.10	94.60	32.20	32.40	13.60	44.10
1997	235.51	5.32	102.12	33.73	33.93	60.16	0.25
长春市 Changchun	56.96	2.01	25.71	9.99	7.97	11.24	0.04
吉林市 Jilin	6.76	0.24	5.06	0.69	0.16	0.61	
四平市 Siping	6.33	0.23	4.67	0.24	0.18	1.01	0.01
辽源市 Liaoyuan	2.51	0.11	2.04	0.26	0.01	0.09	
通化市 Tonghua	9.25	0.28	5.74	0.78	0.78	1.65	
白山市 Baishan	3.66	0.74	2.59	0.11	0.01	0.21	
松原市 Songyuan	9.20	0.42	3.04	0.75	1.15	3.80	0.04
白城市 Baicheng	3.50	0.78	1.91	0.29	0.06	0.46	
延边州 Yanbian	3.01	0.52	2.11	0.11	0.01	0.26	

11—26 乡镇企业总产值
GROSS VALUE OF TOWNSHIP AND VILLAGE ENTERPRISES

单位:万元 unit:10 000 yuan

年份 Year	合计 Total	农业 Agriculture	工业 Industry	建筑业 Construction	交通运输业 Transportation	商业饮食业 Commerce and Food service	其他 Other
1978	71 088	9 682	56 725	2 063	560		2 058
1979	86 904	12 958	65 311	3 362	1 376		3 897
1980	90 879	15 556	61 664	4 658	1 682		7 319
1981	99 276	16 519	64 525	5 548	2 208		10 476
1982	126 112	17 038	78 115	11 855	4 040		15 064
1983	149 496	20 230	84 315	20 113	5 909		18 929
1984	221 506	26 210	124 106	39 192	9 879	16 724	5 395
1985	242 146	22 478	156 848	42 778	5 391	3 525	11 126
1986	548 898	31 181	299 572	88 812	71 421	57 912	
1987	858 338	46 686	466 284	131 513	118 602	95 253	
1988	1 220 013	63 178	648 603	186 751	173 410	148 071	
1989	1 441 527	62 795	779 689	210 043	210 336	178 664	
1990	1 525 378	64 851	837 215	207 851	230 880	184 581	
1991	1 612 569	73 444	852 233	233 215	245 322	208 355	
1992	2 110 733	93 387	1 115 801	306 202	313 493	281 850	
1993	3 312 959	131 928	1 782 929	478 196	453 620	466 286	
1994	4 977 166	201 452	2 709 892	635 728	662 331	767 763	
1995	6 418 765	255 541	3 423 962	702 990	913 408	1 122 864	
1996	8 545 204	323 958	4 359 282	1 035 891	1 179 990	1 476 174	169 909
1997	11 072 007	236 385	5 724 539	1 391 822	1 556 065	2 163 196	

注:本表按当年价格计算。
Note:Based on current prices in thistable.

11—27 乡镇集体企业分行业基本情况(1997)
BASIC STATISTICS FOR TOWNSHIP AND VILLAGE ENTERPRISES BY SECTOR(1997)

行业 Item	企业个数(个) Enterprises		从业人员(人) Employees(person)		总产值(万元) Grossoutput value(10000yuan)	
	绝对数 Number	占全部乡镇企业% as percentage of all	绝对数 Number	占全部乡镇企业% as percentage of all	绝对数 Number	占全部乡镇企业% as percentage of all
合计 Total	**13 347**	**7.54**	**436 568**	**43.15**	**2 395 500**	**30.91**
农业 Agricalture	4 231	100	53 232	100	236 385	100
工业 Industry	7 441	14.84	320 939	60.72	1 757 743	45.55
交通运输业 Transportation	146	0.31	2 314	2.23	11 306	1.04
建筑施工业 Construction	350	2.61	34 563	26.14	201 249	21.45
商品流通业 Commerce	909	1.91	21 736	15.63	157 166	14.26
旅游饮食业 Tourist and food service	266	1.81	3 718	6.86	31 651	6.47
其他 Other	4	1.83	66	7.47		

11－28 乡镇集体企业出口创汇情况
BASIC STATISTICS ON EXPORT OF TOWNSHIP AND VILLAGE ENTERPRISES

单位:万元 unit:10000yuan

行业 Item	出口产品交货总额 Total of export		直接出口 Direct export		间接出口 Indirect export	
	1996	1997	1996	1997	1996	1997
合计 Total	**119 383**	**92 612**	**47 021**	**40 844**	**72 262**	**51 768**
化工 Chemicals products	16 281	10 907	6 029	4 508	10 252	6 399
机械 Machinery	7 937	5 615	1 520	1 780	6 417	3 835
矿产 Mineral products	12 633	11 487	6 638	3 484	5 995	8 003
轻工 Light industry	18 910	13 874	5 513	5 873	13 297	8 001
食品 Food products	10 892	8 601	4 168	3 441	6 724	5 160
土产 Local products	8 395	8 475	5 139	3 071	3 256	5 404
畜产 Animal products	4 800	3 580	2 100	1 191	2 700	2 389
纺织 Textile	1 181	2 878	601	991	580	1 887
服装 Clothing	10 925	4 494	2 515	1 546	8 410	2 948
工艺品 Art products	5 983	4 143	2 436	3 037	3 547	1 106
丝织 Silk fabrics	1 266		1 186		80	
其他 Others	20 180	18 558	9 176	11 922	11 004	6 636

11－29 乡镇企业主要产品产量
OUTPUT OF MAJOR PRODUCTS IN TOWNSHIP AND VILLAGE ENTERPRISES

	单位 unit	1996	1997
发电量 Electricity	万千瓦10 000kwh	9 201	10 000
原煤 Coal	万吨10 000tn	1 304	1 218
农用化肥 Chemical fertilizers	吨 tn	15 003	20 000
砖 Bricks	万块10 000	905 994	1 090 000
机制纸及纸板 Machine－madepaper and paperboard	吨 tn	60 234	70 000
服装 Chothing	万件10 000pcs	875	431
水泥 Cement	万吨10 000tn	58	51
水泥预制构件 Cement	万平方米10 000sqm	54	51
白酒 Liquor	吨 tn	78 884	50 000
啤酒 Beer	吨 tn	334 252	240 000
饮料 Beverage	吨 tn	74 144	63 581

工　业 12

INDUSTRY

12—1 各种经济类型工业企业单位数和总产值
ENTERPRISES AND GROSS OUTPUT VALUE OF INDUSTRY BY OWNERSHIP

项目	Item	1996 绝对数 value	1996 构成(%) proportion	1997 绝对数 value	1997 构成(%) proportion
企业单位数(个)	**Number of enterprises**	**189 889**	**100**	**185 270**	**100**
国有工业	State—owned enterprises	3 017	1.6	2 681	1.5
集体所有制工业	Collective—owned enterprises	17 800	9.4	13 301	7.2
#村办工业	#Township enterprises	7 565	4.0	4 199	0.2
城镇合作经营工业	Joint urban enterprises	555	0.3	541	0.3
城乡个体工业	Indivedual—owned enterprises in unrban and rural	168 164	88.5	168 105	90.7
城镇个体工业	Vrban areas	37 407	19.7	37 580	20.3
农村个体工业	Rural areas	130 757	68.9	130 525	70.4
其他经济类型工业	Other ownership enterprises	908	0.5	1 183	0.6
工业总产值(万元)	**Gross output value of industry (10 000 yuan)**	**15 377 000**	**100**	**15 967 684**	**100**
国有工业	State—owned enterprises	8 700 742	56.6	9 498 597	59.5
集体所有制工业	Collective—owned enterprises	3 185 225	20.7	3 054 102	19.1
#村办工业	#Village enterprises	1 185 169	7.8	899 544	5.6
城镇合作经营工业	Joint urban enterprises	25 334	0.2	20 267	0.1
城乡个体工业	Individual—owned enterprises in urbun and rural	1 866 110	12.1	1 492 887	9.4
城镇个体工业	Urban areas	442 364	2.9	353 891	2.2
农村个体工业	Raral areas	1 423 746	9.2	1 138 996	7.2
其他经济类型工业	Other ownership enterprises	1 624 923	10.6	1 922 098	12.0

12—2 乡及乡以上工业企业单位数和总产值

单位：万元

项目 Item		企业单位数（个） Number of enterprises	
		1996	1997
总　　计	**Total**	**13 605**	**12 425**
一．按经济类型分			
国有经济	State owned	3 017	2 681
集体经济	collective owned	9 680	8 561
其他经济类型	other	908	1 183
二．按轻重工业分	Group eed by light and heary in dustry		
轻工业	Light industry	6 394	5 765
以农产品为原料	Using farm products as Raw materials	4 632	4 181
以非农产品为原料	Using non farm products as Raw materials	1 762	1 584
重工业	Heavy inchustry	7 211	6 660
采掘工业	Excavation	824	781
原料工业	Raw materials	1 633	1 517
加工工业	Manufacturing	4 754	4 362
三．按企业规模分	Grouped by size of enterprises		
大型企业	Large	173	168
中型企业	Medium	495	447
小型企业	Small	12 937	11 810
四．按工业行业分	Groupeclby sector		
煤炭采选业	Coal mining and processing	237	226
石油和天然气开采业	Petroleum and natural gas extraction	6	15
黑色金属矿采选业	Ferrous metals mining and processing	23	22
有色金属矿采选业	Non－ferrous metals mining and processing	89	83
非金属矿采选业	Non metal minerals mining and processing	413	375
其他矿采选业	Other minerals mining and processing	5	5
木材及竹材采运业	Logging and transport of timber and bamboo	51	55
食品加工业	Food processing	735	640
食品制造业	Food manufacturing	512	432
饮料制造业	Beveraelg manufacturing	546	496
烟草加工业	Tobacco processing	10	9

NUMBER OF INDUSTRIAL ENTERPRISES BY TOWNSHIP AND OVER

unit:10 000 yuan

工业总产值 Gross output value			
1990年不变价格 at 1990 constant prices		当年价格 at current prices	
1996	1997	1996	1997
9 321 114	**10 728 879**	**12 325 721**	**13 554 986**
6 109 965	7 070 578	8 700 742	9 498 597
1 799 054	1 985 945	1 996 897	2 134 291
1 412 095	1 672 356	1 628 082	1 922 098
2 711 329	3 054 645	3 249 672	3 420 730
2 110 791	2 343 268	2 604 280	2 676 901
600 538	711 377	645 392	743 829
6 609 784	7 674 234	9 076 049	10 134 256
632 439	690 478	1 132 399	1 268 439
2 187 340	2 613 490	3 470 790	4 076 441
3 790 006	4 370 265	4 472 860	4 789 377
5 203 987	6 001 237	7 319 663	8 068 109
1 239 449	1 285 453	1 671 758	1 644 152
2 877 677	3 442 189	3 334 300	3 842 726
131 119	136 453	227 328	243 985
136 027	153 117	404 649	477 021
8 843	13 093	10 251	16 093
36 887	41 400	61 030	65 056
68 425	71 131	73 050	76 554
890	903	1 066	973
250 249	274 381	355 027	388 758
471 746	601 995	759 246	825 176
166 299	192 380	215 159	216 131
235 237	247 625	286 050	301 190
134 417	149 935	98 948	93 121

12-2 续表

单位:万元

项目	Item	企业单位数(个) Number of enterprises 1996	1997
纺织业	Textile industry	325	286
服装及其他纤维制品制造业	Garments and other fiber products	391	343
皮革、毛皮、羽绒及其制品业	Leather furs down and related produets	169	146
木材加工及竹、藤、棕、草制品业	Timber processing bamboo cane palm fiber and straw products	875	809
家具制造业	Furniture manufacturing	207	186
造纸及纸制品业	Papermaking and paper products	378	351
印刷业、记录媒介的复制	Printing and record pressing	732	702
文教体育用品制造业	Stationery educational and sports goods	101	87
石油加工及炼焦业	Petroleum processing and chemical products	80	78
化学原料及化学制品制造业	Raw chemical materials and chemical products	779	745
医药制造业	Medical and pharmaceutical products	379	356
化学纤维制造业	Chemical fibers	19	20
橡胶制品业	Rubber products	144	135
塑料制品业	Plastic products	509	466
非金属矿物制品业	Nonmetal mineral products	1 635	1 495
黑色金属冶炼及压延加工业	Smelting and pressing of ferrous metals	162	136
有色金属冶炼及压延加工业	Smelting and pressing of nonferrous metals	82	69
金属制品业	Metal products	840	755
普通机械制造业	Ordinary machinery manufacturing	755	716
专用设备制造业	Special purposes equiment manufacturing	513	470
交通运输设备制造业	Transportation equipmenf manufacturing	782	718
武器弹药制造业	Weapon and qmmunition manuf acturing	4	4
电气机械及器材制造业	Electric equipment and machinery	424	377
电子及通信设备制造业	Electronic and telecommunications	84	75
仪器仪表及文化、办公用机械制造业	Instriments meters cultural and official machinery	113	102
其他制造业	Other mamfacturing	200	162
电力、蒸汽、热水的生产和供应业	Electruic power steam and hot water production and supply	197	188
煤气生产和供应业	Gas production and supply	15	15
自来水的生产和供应业	Top water production and supply	84	75

continued

unit:10 000 yuan

工业总产值 Gross output value			
1990年不变价格 at 1990 constant prices		当年价格 at current prices	
1996	1997	1996	1997
197 873	217 686	245 321	249 528
82 896	81 326	86 712	86 453
31 549	24 686	36 652	30 522
193 446	227 440	199 583	232 018
31 780	51 796	32 876	53 102
209 760	183 733	279 323	223 660
62 483	73 236	71 117	82 149
7 085	8 300	8 089	9 616
103 462	113 574	246 130	287 359
1 103 706	1 395 140	1 630 170	2 115 580
438 087	480 777	425 863	449 488
124 802	139 182	138 879	140 226
53 348	39 099	50 001	37 363
147 926	153 797	173 302	165 813
475 387	517 851	605 709	639 574
370 617	375 138	581 523	556 621
120 522	128 226	157 685	155 589
131 513	168 572	152 985	179 678
203 687	219 347	231 781	238 931
217 574	209 459	261 642	236 359
2 561 512	3 105 938	3 092 038	3 432 254
40 554	39 347	50 236	48 596
157 683	137 823	164 376	141 534
138 450	200 501	68 842	136 508
33 785	45 989	33 005	44 624
42 953	44 290	35 596	37 553
359 797	427 014	691 783	743 250
21 070	21 557	33 795	37 218
17 669	15 641	48 906	59 767

12－3 工业总产值
GROSS OVTPUT UALVE OF INDUSTRY

单位:万元　　unit:10 000 yuan

年份	工业总产值 total	#乡及乡以上 town and over	按经济类型分 grouped by ownership			
			国有经济 state owned	集体经济 collective owned	城乡个体 individual owned	其他经济 other ownership
1978	1 128 650	1 128 650	890 656	237 994		
1979	1 257 448	1 257 448	992 089	265 359		
1980	1 346 714	1 346 714	1 059 418	286 470		826
1981	1 366 359	1 366 359	1 070 304	294 530		1 525
1982	1 487 482	1 487 482	1 153 829	331 247		2 406
1983	1 720 398	1 720 398	1 332 461	383 942		3 995
1984	2 088 429	2 088 429	1 584 651	497 343		6 435
1985	2 567 505	2 411 264	1 913 800	585 423	66 133	2 149
1986	2 824 802	2 630 571	2 062 506	666 207	95 073	1 016
1987	3 594 639	3 282 855	2 580 523	849 206	160 040	4 870
1988	4 542 440	4 083 753	3 209 410	1 080 306	243 801	8 923
1989	5 303 646	4 732 549	3 700 465	1 265 127	324 627	13 427
1990	5 523 601	4 917 204	3 886 736	1 244 443	375 167	17 255
1991	6 143 789	5 529 852	4 394 739	1 335 634	387 196	26 220
1992	7 678 118	6 864 053	5 357 029	1 576 103	504 964	240 022
1993	10 332 517	9 063 870	6 758 356	2 073 396	769 780	730 985
1994	12 108 787	10 847 931	7 586 463	2 361 120	1 127 299	1 033 905
1995	14 341 587	12 335 438	8 905 322	2 632 355	1 237 434	1 566 476
1996	15 377 000	12 325 721	8 700 742	3 185 225	1 866 110	1 624 923
1997	15 967 684	13 554 986	9 498 597	3 054 102	1 492 887	1 922 098

续表 1 CONTINUED

单位:万元 unit:10 000 yuan

年份 Year	按轻重工业分 grouped by light and heavy industry						
	轻工业 light	以农产品为原料 material for agricultural products	以非农产品为原料 material for non agriultural products	重工业 heavy	采掘工业 excavation	原料工业 raw materials	制造工业 manfacturing
1978	447 540			681 110			
1979	464 557			792 891			
1980	539 697			807 017			
1981	587 105			779 254			
1982	633 416			854 066			
1983	700 147			1 020 251			
1984	818 150			1 270 279			
1985	974 824			1 592 681			
1986	1 142 555			1 682 247			
1987	1 448 991			2 145 648			
1988	1 894 571			2 647 869			
1989	2 235 122			3 068 524			
1990	2 313 296			3 210 305			
1991	2 448 399			3 695 390			
1992	2 726 616			4 951 502			
1993	3 176 379			7 156 138			
1994	3 975 953	2 973 895	1 002 058	8 832 834	1 134 324	2 978 979	4 719 531
1995	4 720 829	3 668 104	1 052 725	9 620 759	1 198 638	3 596 424	4 825 697
1996	4 866 917	3 695 957	1 170 962	10 510 081	1 423 508	3 513 811	5 572 762
1997	4 705 024	3 543 799	1 161 225	11 262 660	1 497 504	4 110 292	5 654 865

续表 2 CONTINUED

单位:万元 unit:10 000 yuan

年份 Year	工业总产值 total	#乡及乡以上 town and over	按经济类型分 grouped by ownership 国有经济 state owned	集体经济 collective owned	城乡个体 individual owned	其他经济 other ownership
按1970年不变价格计算 at 1970constant prices						
1978	1 176 078	1 176 078	924 782	251 296		
1979	1 274 054	1 274 054	1 005 191	268 863		
1980	1 348 179	1 348 179	1 062 061	285 271		847
1981	1 363 982	1 363 982	1 065 306	297 060		1 616
按1980年不变价格计算 at 1980constant prices						
1981	1 382 255	1 382 255	1 081 078	299 665		1 512
1982	1 483 908	1 483 908	1 149 442	332 172		2 294
1983	1 695 504	1 695 504	1 315 445	376 228		3 831
1984	1 966 991	1 966 991	1 474 195	486 408		6 388
1985	2 281 448	2 151 738	1 646 487	566 615	66 133	2 213
1986	2 449 157	2 254 926	1 717 810	635 408	95 073	866
1987	2 891 775	2 648 583	2 014 894	748 316	124 832	3 733
1988	3 416 872	3 059 826	2 320 391	901 326	190 562	4 593
1989	3 632 725	3 188 269	2 379 266	995 381	252 641	5 437
1990	3 701 444	3 217 976	2 392 590	1 000 623	299 113	9 118
按1990年不变价格计算 at 1990 constant prices						
1990	5 553 790	4 935 265	3 897 361	1 257 330	382 670	16 429
1991	5 853 625	5 250 151	4 128 365	1 320 027	380 598	23 635
1992	6 862 336	6 061 540	4 657 842	1 052 028	496 733	655 733
1993	7 993 202	7 008 083	5 048 399	1 812 075	595 500	537 228
1994	8 630 084	7 901 795	5 091 797	1 984 972	793 966	759 349
1995	9 665 352	8 143 487	5 632 260	2 050 796	875 720	1 106 576
1996	11 762 137	9 321 114	6 109 965	2 748 756	1 492 888	1 410 528
1997	12 659 037	10 728 879	7 070 578	2 721 749	1 194 309	1 672 401

续表 3 CONTINUED

单位:万元 unit:10 000 yuan

年份 Year	按轻重工业分 grouped by light and heavy industry						
	轻工业 light	以农产品为原料 material for agricultural products	以非农产品为原料 material for non agricltural products	重工业 Heavt	采掘工业 excavation	原料工业 raw materials	制造工业 manfacturing
按1970年不变价格计算 at 1970 constant prices							
1978	468 003	297 821	170 182	708 075	98 437	198 742	410 896
1979	475 998	336 363	139 635	798 056	103 508	269 084	425 464
1980	537 460	374 601	162 859	810 719	102 543	281 997	426 179
1981	590 930	412 010	178 920	773 052	100 369	282 375	390 308
按1980年不变价格计算 at 1980constant prices							
1981	595 242	430 921	164 321	787 013	127 904	293 467	365 642
1982	632 071	458 962	173 109	851 837	134 807	315 245	401 785
1983	679 361	489 221	190 140	1 016 143	139 933	395 541	480 669
1984	789 287	559 904	229 383	1 177 704	154 244	429 968	593 492
1985	929 849	675 192	254 657	1 351 599	164 533	471 780	715 286
1986	1 058 048	767 274	290 774	1 391 109	169 929	519 096	702 084
1987	1 224 122	870 273	353 849	1 667 653	185 787	583 838	898 028
1988	1 479 391	1 045 336	434 055	1 937 481	204 246	635 890	1 097 345
1989	1 599 853	1 068 915	530 938	2 032 872	216 465	668 147	1 148 260
1990	1 652 151	1 178 225	473 926	2 049 293	232 869	685 295	1 131 129
按1990年不变价格计算 at 1990 constant prices							
1990	2 390 935	1 801 827	589 108	3 162 855	487 196	1 206 037	1 469 622
1991	2 462 166	1 857 827	604 339	3 391 459	477 969	1 279 323	1 634 167
1992	2 692 986	2 013 024	679 962	4 169 350	518 556	1 428 036	2 222 764
1993	2 862 479	1 985 679	876 800	5 130 723	590 950	1 592 552	2 947 221
1994	2 945 032	2 188 818	756 214	5 685 052	686 264	1 790 619	3 208 170
1995	3 427 564	2 596 588	830 976	6 237 788	662 001	1 954 762	3 621 025
1996	4 005 128	2 984 136	1 020 992	7 757 009	865 326	2 221 757	4 669 927
1997	4 082 080	3 036 786	1 045 294	8 576 957	873 730	2 640 570	5 062 656

12－4 工业总产值指数
INDICES OF GROSS OUTPUT VALUE OF INDUSTRY

(上年＝100) (preceding year＝100)

年份 Year	工业总产值 total		按经济类型分 grouped by ownership				按轻重工业分 grouped by light and heavy industry	
		#乡及乡以上 town and over	国有经济 state owned	集体经济 collective owned	城乡个体 individual owned	其他经济 other ownership	轻工业 light	重工业 heavy
1978	109.28	109.28	109.21	109.51			104.75	112.49
1979	108.33	108.33	108.69	106.99			101.71	112.71
1980	105.82	105.82	105.66	106.10		100.00	112.91	101.59
1981	101.17	101.17	100.31	104.13		190.79	109.95	95.35
1982	107.35	107.35	106.32	110.85		151.72	106.19	108.24
1983	114.26	114.26	114.44	113.26		167.00	107.48	119.29
1984	116.01	116.01	112.07	129.29		166.74	116.18	115.90
1985	115.99	109.39	111.69	116.49	100	34.64	117.81	114.77
1986	107.35	104.80	104.33	112.14	143.76	39.13	113.79	102.92
1987	118.07	117.46	117.29	117.77	131.30	431.06	115.70	119.88
1988	118.16	115.53	115.16	120.45	152.65	123.04	120.85	116.18
1989	106.32	104.20	102.54	110.44	132.58	118.38	108.14	104.92
1990	101.89	100.93	100.56	100.53	118.39	167.70	103.27	100.81
1991	105.40	106.38	105.93	104.99	99.46	143.86	102.98	107.23
1992	117.23	115.45	112.83	79.70	130.51	2 774.42	109.37	122.94
1993	116.48	115.62	108.38	172.25	119.88	81.93	106.29	123.06
1994	107.96	112.75	100.85	109.54	133.33	141.35	102.88	110.80
1995	112.00	103.05	110.61	103.32	110.30	145.73	116.38	109.72
1996	121.69	114.46	108.48	134.03	170.48	127.47	116.85	124.36
1997	107.63	115.10	115.72	99.02	80.00	118.57	101.92	110.57

12－5 工业产品产量
OUTPUT OF MAJOR INDUSTRIAL PRODUCTS

项目	Item	单位	unit	1996	1997
化学纤维	Chemicalfibers	吨	tn	54 027	63 792
纱	Yarn	吨	tn	46 704	50 697
布	Doth	万米	10 000 m	13 355	12 788.67
＃纯棉布	Pure cottencloth	万米	10 000 m	5 306	4 709.47
毛线	Knitting wool	吨	tn	1 055	811
呢绒	Woolen	万米	10 000 m	451	486.9
麻袋	Gunny sacks	万条	10 000	2 494	3 034.5
丝	Silk	吨	tn	12	6
机制纸及纸板	Machine－made paper and paper board	万吨	10 000 tn	57.91	45.42
表	Watches	万只	10 000	66.61	5.76
＃手表	Wristwatches	万只	10 000	66.28	5.76
钟	Clocks	万只	10 000	3.33	1.81
日用搪瓷制品	Housbold enamelware	吨	tn	267	16
日用精铝制品	Fine daily use aluminum products	吨	tn	443	481
灯泡	Lightbulbs	万只	10 000	6 151	4 353.66
合成洗涤剂	Syntheticdetergents	吨	tn	31 153	38 456
肥皂	Soap	吨	tn	5 389	3 884
糖	Sugar	万吨	10 000 tn	6.95	6.06
卷烟	Cigarettes	万箱	10 000 cases	59.10	59.53
罐头	Canned food	万吨	10 000 tn	0.77	0.95
饮料酒	Alcoholicbeverage	万吨	10 000 tn	89.92	95.37
＃啤酒	Beer	万吨	10 000 tn	75.87	82.58
乳制品	Dairy products	吨	tn	3 080	2 993
味精	Monosodium glutamate	吨	tn	1 363	4 835
食用植物油	Edible vegetable oil	万吨	10 000 tn	20.81	15.04
化学原料药(24大类药品)	Chemicalpharmaceuticals	吨	tn	10 734	10 635
中成药	Chinese medicine	吨	tn	12 118	13 534
塑料制品	Plastic produets	吨	tn	115 050	99 267
鞣制皮革(折牛皮)	Leather	万张	10 000 pcs	5.86	5.0
皮鞋	Leathershese	万双	10 000	174.62	131.44
家用电冰箱	Refrigerators	台 unit		50 905	3 597
电视机	TV sets	部		30 756	429 926
＃彩色电视机	Color TV sets	部		30 756	429 926
收录放音机	Recorders	万部	10 000	2.62	1.58
原煤	Coal	万吨	10 000 tn	2 599.64	2 676.86
原油	Crude oil	万吨	10 000 tn	373.60	405.10
发电量	Electricity	亿千瓦小时	100 000 000 kwh	293.98	280.03
＃水电	Hyropower	亿千瓦小时	100 000 000 kwh	60.91	40.67
铁矿石	Iron mining	万吨	10 000 tn	351.63	333.77

项目	Item	单位	unit	1996	1997
生铁	pig iron	万吨	10 000 tn	1 171.1	146.79
钢	steel	万吨	10 000 tn	119.11	139.01
成品钢材	steel produets	万吨	10 000 tn	101.57	109.35
铁合金	ferroally	万吨	10 000 tn	34.93	32.75
炭素制品	carbon products	万吨	10 000 tn	14.32	12.33
焦炭	coke	万吨	10 000 tn	143.79	154.02
#机制焦炭	#machine made colke	万吨	10 000 tn	143.79	154.02
水泥	cement	万吨	10 000 tn	608.48	627.12
平板玻璃	plate glass	万重量箱	10 000 nt cases	178.13	105.21
木材	timber	万立方米	10 000 m3	590.67	565.47
#原木	#log	万立方米	10 000 m3	541.12	529.66
硫酸	sulphuric acid	吨	tn	136 415	129 697
浓硝酸	concentrated nitril acid	吨	tn	90 298	84 996
纯碱	sodaash	吨	tn	39 887	36 618
烧碱	caustic soda	吨	tn	102 530	86 188
合成氨	synthetic ammoyia	万吨	10 000 tn	55.70	44.79
农用化肥	chemical fertilizers	万吨	10 000 tn	33.33	27.53
#氮肥	#nitrogen	万吨	10 000 tn	33.17	27.26
磷肥	phosphate	万吨	10 000 tn	0.16	0.27
化学农药	chemical pesticidos	吨	tn	4 861	4 426
乙稀	ethylene	吨	tn	172 281	309 502
电石(折合量)	calciumcarhide	吨	tn	87 182	68 544
塑料	plastics	吨	tn	105 135	192 319
合成橡胶	synthetic rubber	吨	tn	88 274	97 316
轮胎外胎	tires	万条	10 000	100.46	54.06
矿山设备	mining equipment	吨	tn	5 945	5 181
石油设备	petroleum equigment	吨	tn	15 200	17 962
化工设备	chemtcal indasty equipment	吨	tn	4 405	3 747
变压器	transformer	万千伏安	10 000 kva	143.94	139.43
交流电动机	alternate matoos	万千瓦	10 000 kw	20.89	22.94
金属切削机床	metal cutling machines	台	unit	658	547
汽车	motor vehicles	辆	coach	232 213	221 918
#载重汽车	#trucks	辆	coach	116 613	88 228
摩托车	motorcycles	辆	coach	136 748	167 058
滚动轴承	ball bearings	万套	10 000	1 012.00	1 095.80
拖拉机(14.7千瓦及以上)	tractors	台	unit	1 639	961
小型拖拉机	mini tractors	台	unit	62 693	28 547
联合收割机	combine haruesters	台	unit	1 562	1 571
机动脱粒机	moterized thrashers	台	unit	6 751	7 788
铁路客车	raiway passenger coaches	辆	coach	1 160	1 056

12－6 各市(州)主要工业产品产量(1997)
OUTPUT OF MAJOR INDUSTRIAL PRODUCTS BY CITIES(1997)

市、州 Cities perfecture	纱 (吨) Arn (tn)	布 (万米) Ccloth (10000 m)	机制纸及纸板 (万吨) Machine made paper and paper board (10000 tn)	合成洗涤剂 (吨) Synthetc detergents (tn)	糖 (吨) Sugar (tn)	化学纤维 (吨) Chemical fibers (tn)	电视机 (部) TV set	饮料酒 (吨) Alcohodic beverages (tn)
长春市 Chang Chun	13 783	3 178.61	3.00	190			393 638	219 638
吉林市 Ji Lin	8 118	74.00	11.38	139	9 975	47 984		165 034
四平市 Si Ping	3 256	581.61	2.72	37 147	25 575	9 422		256 419
辽源市 Liao Yuan	2 381	1 078.05	0.96	840		6 168		57 814
通化市 Tong Hua	1 462	440.10	5.75	28		218	36 288	85 977
白山市 Bai Shan	4 205	1 074.00	3.94					31 834
松原市 Song Yuan		24	0.66					26 489
白城市 Bai Cheng	9 808	4 384.40	3.79		25 048			26 885
延边州 Yan Bian	7 684	1 953.90	13.23	112				83 628

续表 CONTINUED

市、州 Cities perfecture	原煤 (万吨) Coal (10000 tn)	钢 (吨) Steel (tn)	钢材 (吨) Steel produets (tn)	铁合金 (吨) Ferro alloys (tn)	焦炭 (吨) Coke (tn)	硫酸 (吨) Sulfuric acid (tn)	纯碱 (吨) Sodaash (tn)	合成氨 (吨) Synthetic ammonia (tn)
长春市 Chang Chun	125.29	83 483	22 315	150	382 840	4 864		15 169
吉林市 Ji Lin	703.22	43 710	33 052	272 436	200 070	97 489	33 581	272 987
四平市 Si Ping	50.90	42 997	101 307			16 022		
辽源市 Liao Yuan	539.07	3 179		24 074				
通化市 Tong Hua	191.71	1 204 446	927 645	14 211	912 485			76 854
白山市 Bai Shan	615.68	609		5 411	44 842			
松原市 Song Yuan						9 615	3 037	82 844
白城市 Bai Cheng	36.63		175	662		1 707		
延边州 Yan Bian	414.36	11 666	9 002	10 563				

12—7 全部独立核算工业企业主要经济指标(1997)

单位:万元

项目	Item	企业单位数(个) number of enterprises
总计	**Total**	**11 831**
按经济类型分	Gropwped by ownership	
国有经济	State owned	2 380
集体经济	Callective owned	8 281
私营经济	Individual	292
联营经济	Joint owned	22
股份制经济	Share holdng	220
外商投资经济	Foreign funded	512
中外合资经营企业	Joint venture	383
中外合作经营企业	Cooperative joint venture	31
外资企业	Sole investment	98
港、澳、台投资经济	Overseas chinese from Hong Kong Macaoand Taiwan funded	118
其他经济	Other	6
按轻重工业分	Gropwped by light and heavy industry	
轻工业	Light industry	5 475
重工业	Heavy industry	6 356
按企业规模分	Gropwped by size of enterprises	
大型企业	Large	168
中型企业	Medium	447
小型企业	Small	11 216
按工业行业分	Gropwped by sector	
煤炭采选业	Coal mining and processing	214
石油和天然气开采业	Petroleum and natural gas extraction	15
黑色金属矿采选业	Ferrous metals mining and processing	22
有色金属矿采选业	Nonferrous metals mining and processing	74
非金属矿采选业	Non metal minerals mining and processing	363
其他矿采选业	Other minerals mining and processing	4
木材及竹材采运业	Logging and transport of timber and bamboo	29
食品加工业	Food processing	535
食品制造业	Food manafacturing	395
饮料制造业	Beverage manufacturing	473

ECONOMIC RESULTS INDICATORS OF INDUSTRIAL ENTERPRISES WITH INDEPENDENT ACCOUNTING SYSTEMS(1997)

unit:10 000 yuan

亏损企业 loss making enterprises	工业总产值（当年价格新规定） gross output value of industry (at current prices)	工业总产值（1990年不变价格新规定） gross output value of industry (at 1990 constamt prices)	工业增加值（生产法） added value of industry	工业销售产值（新规定） sales output value of industry
3 261	**13 176 308**	**10 409 268**	**3 724 287**	**12 646 240**
1 046	9 404 789	6 993 234	2 540 606	9 187 041
1 766	2 106 473	1 963 136	652 380	1 905 913
52	76 601	73 416	29 245	73 737
11	8 626	7 158	1 798	8 255
74	757 389	643 862	290 650	703 714
261	631 845	554 961	157 588	581 133
186	560 356	487 612	136 486	522 745
18	29 186	24 477	8 114	22 631
57	42 304	42 872	12 988	35 757
48	189 811	172 757	51 796	185 830
3	774	744	224	617
1 733	3 097 121	2 785 701	944 340	2 867 432
1 528	10 079 187	7 623 567	2 779 947	9 778 808
52	8 068 109	6 001 237	2 141 451	7 913 343
237	1 644 152	1 285 453	518 058	1 559 988
2 972	3 464 047	3 122 578	1 064 778	3 172 910
43	238 744	134 353	86 307	233 963
2	477 021	153 117	323 224	475 509
5	16 093	13 093	5 991	11 002
13	64 374	40 758	21 937	62 723
45	74 378	68 886	24 251	67 321
	918	848	333	851
	383 367	269 216	166 674	366 725
157	528 258	358 619	127 646	476 861
116	212 931	189 454	47 943	201 680
126	298 652	245 398	103 782	279 076

单位:万元 续1

项目	Item	企业单位数（个） number of enterprises
烟草加工业	Tobacco processing	9
纺织业	Textile industry	282
服装及其他纤维制品制造业	Garments and other fiber products	333
皮革、毛皮、羽绒及其制品业	Leather、furs、down and related products	146
木材加工及竹、藤、棕、草制品业	Timber processing bamboo cane pailm fiber and straw products	701
家具制造业	Furniture manufacturing	178
造纸及纸制品业	Papermaking and paper products	345
印刷业、记录媒介的复制	Printing and record pressing	680
文教体育用品制造业	Stationery educatioal and sports goods	83
石油加工及炼焦业	Petroleum processing and coking products	77
化学原料及化学制品制造业	Raw chemical materials and chemical procducts	733
医药制造业	Medical and pharmaceutical products	327
化学纤维制造业	Chemical fibers	20
橡胶制品业	Rubber products	132
塑料制品业	Plastic products	460
非金属矿物制品业	Nonmetal mineral products	1 445
黑色金属冶炼及压延加工业	Smelting and pressing of ferrous metals	134
有色金属冶炼及压延加工业	Smelting and pressing of nonferrous metals	67
金属制品业	Metal products	745
普通机械制造业	Ordinary machinery manufacturing	709
专用设备制造业	Special purpose equipment manufacturing	459
交通运输设备制造业	Transportation equipment manufacturing	680
武器弹药制造业	Weapon and ammunition manufacturing	4
电气机械及器材制造业	Eqlectric equipment and machinery	369
电子及通信设备制造业	Electronic and telecommunicutions	75
仪器仪表及文化、办公用机械制造业	Instruments meters、cultural and official machinery	102
其他制造业	Other manufacturing	158
电力、蒸汽、热水的生产和供应业	Electric power steam and hot water production and supply	168
煤气生产和供应业	Gas prochucts and supply	14
自来水的生产和供应业	Tap water produetion and supply	72

unit：10 000 yuan

亏损企业 loss making enterprises	工业总产值（当年价格新规定） gross output value of industry (at current prices)	工业总产值（1990年不变价格新规定） gross output value of industry (at 1990 constamt prices)	工业增加值（生产法） added value of industry	工业销售产值（新规定） sales output value of industry
2	93 121	149 935	53 601	96 120
120	249 464	217 612	60 486	223 219
90	86 100	80 993	21 293	81 538
51	30 522	24 686	8 917	27 584
159	214 154	208 845	62 636	197 945
65	52 586	51 308	16 323	47 361
130	223 582	183 656	67 063	208 635
209	78 471	69 796	27 276	74 819
20	7 478	6 552	2 491	7 605
16	287 341	113 554	61 797	277 247
191	2 113 114	1 393 643	347 471	2 064 448
115	440 748	471 283	193 365	388 578
5	140 226	139 182	36 464	136 376
34	37 363	39 099	10 035	35 313
144	165 549	153 556	49 792	159 484
299	633 016	511 924	179 339	584 479
34	556 581	375 098	131 562	528 654
18	155 543	128 189	42 461	151 359
217	177 518	166 399	46 264	163 294
184	238 257	218 674	66 476	224 560
118	235 280	208 398	59 432	218 910
189	3 420 466	3 094 635	830 904	3 349 092
2	48 596	39 347	9 441	49 636
117	141 089	137 429	40 982	131 197
26	136 508	200 501	20 129	124 975
41	44 624	45 989	11 887	39 807
46	37 098	43 835	10 363	33 210
67	741 228	424 504	326 490	749 224
6	37 184	21 523	−2	38 481
39	58 768	15 379	21 463	57 381

续表 1

单位:万元

项目	Item	成品产销存 年初库存价值 stock at year begining
总计	**Total**	**1 440 805**
按经济类型分	Gropwped by ownership	
国有经济	State owned	908 217
集体经济	Callective owned	281 341
私营经济	Individual	7 797
联营经济	Joint owned	1 897
股份制经济	Share holdng	119 205
外商投资经济	Foreign funded	99 650
中外合资经营企业	Joint venture	83 402
中外合作经营企业	Cooperative joint venture	6 938
外资企业	Sole investment	9 310
港、澳、台投资经济	Overseas chinese from Hong Kong Macaoand Taiwan funded	22 372
其他经济	Other	326
按轻重工业分	Gropwped by light and heavy industry	
轻工业	Light industry	562 641
重工业	Heavy industry	878 164
按企业规模分	Gropwped by size of enterprises	
大型企业	Large	594 656
中型企业	Medium	302 992
小型企业	Small	543 157
按工业行业分	Gropwped by sector	
煤炭采选业	Coal mining and processing	26 791
石油和天然气开采业	Petroleum and natural gas extraction	8 189
黑色金属矿采选业	Ferrous metals mining and processing	1 251
有色金属矿采选业	Nonferrous metals mining and processing	3 117
非金属矿采选业	Non metal minerals mining and processing	10 083
其他矿采选业	Other minerals mining and processing	145
木材及竹材采运业	Logging and transport of timber and bamboo	41 034
食品加工业	Food processing	102 072
食品制造业	Food manafacturing	21 760
饮料制造业	Beverage manufacturing	49 532

contined 1

unit:10 000 yuan

Value,sales and stock of products			半成品、在制品期末期初差额 balance of semi products and producing at begining and end period	对外加工费收入 revenue of external processing
生产价值 production value	销售价值 sales values	年末库存价值 stock at year end		
12 622 628	**12 175 710**	**1 867 633**	**86 796**	**259 384**
9 109 548	8 900 205	1 107 895	39 046	128 989
1 915 191	1 757 303	432 295	28 698	112 592
75 433	72 302	10 631	248	826
8 397	7 553	2 577	1	92
727 830	676 418	169 297	8 508	7 995
599 986	578 419	119 704	8 919	6 639
545 433	526 968	100 311	4 360	5 993
17 701	17 166	7 500	207	253
36 852	34 286	11 894	4 351	393
185 509	182 930	24 752	1 339	2 249
735	579	482	37	2
2 952 207	2 774 683	718 445	33 212	71 374
9 670 422	9 401 027	1 149 188	53 584	188 010
7 854 546	7 743 256	705 484	19 705	88 103
1 544 947	1 484 143	356 180	13 246	33 301
3 223 136	2 948 311	805 969	53 845	137 980
215 446	205 594	36 150	5 681	2 402
468 164	464 918	11 671	548	8 303
10 124	9 745	1 630	2 175	3 945
59 122	55 949	6 290	1 055	3 930
71 378	64 406	17 051	775	1 510
918	831	232		
369 434	354 283	56 185	1 673	6 883
508 952	459 518	151 272	6 074	9 053
205 942	195 106	30 151	395	1 830
282 168	287 940	43 129	1 425	802

单位:万元 续1

项目	Item	成品产销存 年初库存价值 stock at year begining
烟草加工业	Tobacco processing	6 189
纺织业	Textile industry	54 076
服装及其他纤维制品制造业	Garments and other fiber products	18 032
皮革、毛皮、羽绒及其制品业	Leather、furs、down and related products	10 145
木材加工及竹、藤、棕、草制品业	Timber processing bamboo cane pailm fiber and straw products	39 135
家具制造业	Furniture manufacturing	8 399
造纸及纸制品业	Papermaking and paper products	47 384
印刷业、记录媒介的复制	Printing and record pressing	12 129
文教体育用品制造业	Stationery educatioal and sports goods	1 645
石油加工及炼焦业	Petroleum processing and coking products	13 158
化学原料及化学制品制造业	Raw chemical materials and chemical procducts	97 932
医药制造业	Medical and pharmaceutical products	126 301
化学纤维制造业	Chemical fibers	12 363
橡胶制品业	Rubber products	13 601
塑料制品业	Plastic products	36 840
非金属矿物制品业	Nonmetal mineral products	74 996
黑色金属冶炼及压延加工业	Smelting and pressing of ferrous metals	60 933
有色金属冶炼及压延加工业	Smelting and pressing of nonferrous metals	25 013
金属制品业	Metal products	43 680
普通机械制造业	Ordinary machinery manufacturing	73 153
专用设备制造业	Special purpose equipment manufacturing	53 720
交通运输设备制造业	Transportation equipment manufacturing	258 257
武器弹药制造业	Weapon and ammunition manufacturing	12 613
电气机械及器材制造业	Eqlectric equipment and machinery	39 265
电子及通信设备制造业	Electronic and telecommunicutions	15 343
仪器仪表及文化、办公用机械制造业	Instruments meters、cultural and official machinery	10 332
其他制造业	Other manufacturing	5 570
电力、蒸汽、热水的生产和供应业	Electric power steam and hot water production and supply	1 704
煤气生产和供应业	Gas prochucts and supply	4 773
自来水的生产和供应业	Tap water produetion and supply	153

unit:10 000 yuan

Value,sales and stock of products			半成品、在制品期末期初差额 balance of semi products and producing at begining and end period	对外加工费收入 revenue of external processing
生产价值 production value	销售价值 sales values	年末库存价值 stock at year end		
91 925	94 857	3 257	114	1 196
241 612	223 928	69 773	5 064	2 599
77 659	74 394	21 359	1 369	5 947
27 621	25 373	12 363	525	1 708
201 564	186 970	52 629	1 787	7 316
48 554	46 212	10 896	1 817	581
218 969	205 177	50 582	379	3 062
66 813	65 157	13 858	3 082	6 835
7 317	6 869	2 113	47	86
286 291	271 857	27 827	345	667
2 094 682	2 051 109	140 964	6 302	8 036
416 951	366 544	174 446	5 167	11 880
136 269	132 974	15 657	−191	3
36 406	34 557	15 384	167	644
154 789	145 329	46 837	1 345	8 785
616 929	569 107	121 034	5 006	4 958
516 113	515 082	61 616	3 902	6 735
146 406	142 597	27 300	207	8 777
164 881	152 682	55 982	5 103	5 001
214 862	201 603	84 871	4 571	15 367
217 855	202 134	66 808	4 130	11 529
3 337 270	3 272 047	332 934	5 586	78 382
40 947	43 932	9 628	1 881	5 439
133 897	126 707	45 184	2 922	3 006
131 280	124 180	23 600	4 257	1 132
40 099	36 674	12 497	1 728	2 796
35 675	32 209	9 009	364	6 768
631 785	632 971	389		11 415
37 184	37 378	4 832	22	
58 379	56 813	245		79

续表 2

单位:万元

项目	Item	工业中间投入合计 intermediate inputs
总计	**Total**	**10 062 350**
按经济类型分	Gropwped by ownership	
国有经济	State owned	7 328 693
集体经济	Callective owned	1 522 320
私营经济	Individual	51 583
联营经济	Joint owned	7 227
股份制经济	Share holdng	510 310
外商投资经济	Foreign funded	494 132
中外合资经营企业	Joint venture	442 915
中外合作经营企业	Cooperative joint venture	21 574
外资企业	Sole investment	29 644
港、澳、台投资经济	Overseas chinese from Hong Kong Macaoand Taiwan funded	147 529
其他经济	Other	555
按轻重工业分	Gropwped by light and heavy industry	
轻工业	Light industry	2 276 211
重工业	Heavy industry	7 786 139
按企业规模分	Gropwped by size of enterprises	
大型企业	Large	6 332 199
中型企业	Medium	1 208 890
小型企业	Small	2 521 261
按工业行业分	Gropwped by sector	
煤炭采选业	Coal mining and processing	166 791
石油和天然气开采业	Petroleum and natural gas extraction	200 272
黑色金属矿采选业	Ferrous metals mining and processing	10 679
有色金属矿采选业	Nonferrous metals mining and processing	43 489
非金属矿采选业	Non metal minerals mining and processing	52 171
其他矿采选业	Other minerals mining and processing	646
木材及竹材采运业	Logging and transport of timber and bamboo	224 957
食品加工业	Food processing	405 513
食品制造业	Food manafacturing	172 474
饮料制造业	Beverage manufacturing	212 839

contined 2

unit:10 000 yuan

本年应付工资总额 total of payable wages	本年应付福利费总额 total of welfare costs	全部职工（从业人员）年平均人数（人） staff and workers (annual average)	资本金合计 total of capital assets	国家资本金 state owned	外商资本金 foreign funds
1 363 063	**186 859**	**2 368 812**	**6 266 596**	**4 427 111**	**588 335**
1 033 804	143 069	1 518 959	4 297 840	3 939 045	137 268
215 613	27 324	654 300	685 185	20 038	42 996
6 104	1 283	13 143	21 130	1 996	278
1 083	135	2 957	5 222	1 404	
54 185	6 398	98 112	470 641	250 036	4 006
43 058	4 750	64 686	638 495	151 543	361 281
36 787	3 945	54 067	557 955	141 181	294 316
1 774	226	3 687	23 634	10 165	11 531
4 498	579	6 932	56 907	198	55 434
9 146	3 892	16 277	147 215	63 049	42 506
71	8	378	868		
281 025	42 831	692 476	1 713 639	929 189	239 676
1 082 038	144 029	1 676 336	4 552 957	3 497 923	348 659
811 475	114 544	915 375	3 606 769	3 130 257	207 464
194 295	25 675	440 940	914 667	654 555	41 211
357 294	46 641	1 012 497	1 745 161	642 299	339 660
83 511	9 241	178 686	197 303	183 984	
89 065	10 376	42 005	361 811	339 755	175
1 183	78	2 467	4 142	2 321	
14 501	1 767	23 374	37 301	29 508	
7 185	733	23 888	15 113	5 222	402
255	21	504	2 488	2 259	
87 776	15 567	207 656	257 088	241 425	96
24 040	2 887	57 821	186 327	143 946	18 749
13 006	1 547	39 969	130 351	70 842	27 026
24 714	2 645	55 819	257 285	59 754	90 670

单位:万元 续1

项目	Item	工业中间投入合计 intermediate inputs
烟草加工业	Tobacco processing	50 509
纺织业	Textile industry	194 378
服装及其他纤维制品制造业	Garments and other fiber products	66 975
皮革、毛皮、羽绒及其制品业	Leather、furs、down and related products	22 167
木材加工及竹、藤、棕、草制品业	Timber processing bamboo cane pailm fiber and straw products	158 736
家具制造业	Furniture manufacturing	36 843
造纸及纸制品业	Papermaking and paper products	168 550
印刷业、记录媒介的复制	Printing and record pressing	55 064
文教体育用品制造业	Stationery educatioal and sports goods	5 217
石油加工及炼焦业	Petroleum processing and coking products	237 300
化学原料及化学制品制造业	Raw chemical materials and chemical procducts	1 838 150
医药制造业	Medical and pharmaceutical products	274 009
化学纤维制造业	Chemical fibers	110 568
橡胶制品业	Rubber products	29 376
塑料制品业	Plastic products	120 104
非金属矿物制品业	Nonmetal mineral products	479 584
黑色金属冶炼及压延加工业	Smelting and pressing of ferrous metals	444 723
有色金属冶炼及压延加工业	Smelting and pressing of nonferrous metals	117 966
金属制品业	Metal products	135 511
普通机械制造业	Ordinary machinery manufacturing	183 457
专用设备制造业	Special purpose equipment manufacturing	182 251
交通运输设备制造业	Transportation equipment manufacturing	2 742 240
武器弹药制造业	Weapon and ammunition manufacturing	41 095
电气机械及器材制造业	Eqlectric equipment and machinery	106 760
电子及通信设备制造业	Electronic and telecommunicutions	121 169
仪器仪表及文化、办公用机械制造业	Instruments meters、cultural and official machinery	35 125
其他制造业	Other manufacturing	27 800
电力、蒸汽、热水的生产和供应业	Electric power steam and hot water production and supply	507 474
煤气生产和供应业	Gas prochucts and supply	38 356
自来水的生产和供应业	Tap water produetion and supply	41 063

unit:10 000 yuan

本年应付工资总额 total of payable wages	本年应付福利费总额 total of welfare costs	全部职工(从业人员)年平均人数(人) staff and workers (annual average)	资本金合计 total of capital assets	国家资本金 state owned	外商资本金 foreign funds
7 237	7 537	7 565	49 216	48 785	
33 986	5 724	105 232	137 944	84 355	28 245
11 863	1 360	38 515	35 770	-12 250	5 525
3 036	358	14 728	23 809	6 519	1 804
25 034	3 320	81 475	189 802	42 927	82 728
4 381	381	15 347	19 953	5 692	7 544
26 110	3 354	61 433	112 393	90 202	2 941
13 604	1 703	37 478	30 539	14 802	1 068
879	94	5 391	3 906	1 420	251
10 200	1 427	11 335	69 405	64 983	269
138 130	19 515	173 725	840 260	626 859	37 791
34 836	4 529	62 934	253 898	97 127	13 966
15 391	2 155	18 893	69 781	69 611	
6 785	719	16 712	16 720	9 306	542
13 193	1 488	38 152	76 551	15 553	12 306
76 845	9 025	185 468	315 684	187 808	41 058
52 584	6 377	80 114	242 269	176 045	3 188
14 051	1 844	21 540	60 841	50 391	
20 220	2 847	63 616	75 020	30 322	9 161
41 321	5 829	97 316	118 662	73 241	8 240
33 004	4 478	77 829	95 207	63 135	4 883
263 408	40 407	275 583	925 716	630 183	174 967
10 351	1 429	17 685	29 979	29 979	
19 876	2 312	47 107	78 935	52 323	2 594
10 943	1 624	22 054	56 022	43 979	10 354
10 478	1 105	24 730	32 731	28 013	457
3 417	322	14 637	9 856	2 933	1 334
97 897	8 701	61 964	683 753	628 887	
6 382	724	42 615	62 665	62 618	
12 386	1 309	15 450	100 102	97 848	

续表 3

单位:万元

		流动资产合计 Total circalating funds
总计	**Total**	**11 960 362**
按经济类型分	Gropwped by ownership	
国有经济	State owned	8 676 155
集体经济	Callective owned	1 428 639
私营经济	Individual	49 603
联营经济	Joint owned	12 732
股份制经济	Share holdng	1 027 871
外商投资经济	Foreign funded	588 238
中外合资经营企业	Joint venture	520 321
中外合作经营企业	Cooperative joint venture	28 273
外资企业	Sole investment	39 644
港、澳、台投资经济	Overseas chinese from Hong Kong Macaoand Taiwan funded	175 982
其他经济	Other	1 143
按轻重工业分	Gropwped by light and heavy industry	
轻工业	Light industry	3 293 192
重工业	Heavy industry	8 667 170
按企业规模分	Gropwped by size of enterprises	
大型企业	Large	6 921 711
中型企业	Medium	1 994 817
小型企业	Small	3 043 834
按工业行业分	Gropwped by sector	
煤炭采选业	Coal mining and processing	255 533
石油和天然气开采业	Petroleum and natural gas extraction	750 879
黑色金属矿采选业	Ferrous metals mining and processing	10 926
有色金属矿采选业	Nonferrous metals mining and processing	37 829
非金属矿采选业	Non metal minerals mining and processing	38 322
其他矿采选业	Other minerals mining and processing	2 749
木材及竹材采运业	Logging and transport of timber and bamboo	251 325
食品加工业	Food processing	437 890
食品制造业	Food manafacturing	185 178
饮料制造业	Beverage manufacturing	269 674

contined 3

unit：10 000 yuan

损益及分配 Loss，profit and distribution					
#存货 Stock	产成品 Finished products	流动资产年平均余额 Average balance circulating funds	长期投资 long－term investment	固定资产合计 fixed assets	固定资产原价合计 originalvalue of fixed assets
3 898 254	**1 577 853**	**11 251 658**	**909 159**	**14 383 770**	**17 100 224**
2 749 444	1 011 265	8 203 517	730 193	11 885 282	14 235 749
598 100	326 075	1 350 349	55 719	935 690	1 146 820
20 315	8 756	48 243	477	31 323	31 688
4 847	2 042	12 712	19	14 550	17 756
241 705	112 930	858 957	103 858	646 793	715 756
231 508	91 164	610 375	17 129	684 856	734 525
191 435	72 066	547 726	15 179	570 173	617 089
14 441	9 913	11 622	1 643	30 902	34 777
25 632	9 185	51 027	307	83 782	82 659
51 743	25 129	166 524	1 764	184 565	217 119
592	493	981		711	812
1 176 987	559 706	3 055 463	196 994	2 761 951	3 171 129
2 721 267	1 018 147	8 196 195	712 166	11 621 819	13 929 095
2 087 111	688 208	6 533 053	704 598	9 875 738	11 746 222
669 155	305 988	1 870 959	121 391	2 015 822	2 461 594
1 141 989	583 657	2 847 646	83 171	2 492 211	2 892 408
68 867	25 422	252 780	13 023	491 286	642 309
66 463	18 496	587 593	25 989	714 114	1 146 967
3 851	1 678	10 250	309	15 398	17 332
14 481	4 316	32 943	2 920	91 482	114 109
13 165	9 738	32 627	1 236	36 666	40 745
643	224	2 741	68	974	924
89 034	48 057	253 394	29 114	418 847	571 132
203 216	96 739	374 722	9 872	324 286	390 369
50 239	25 412	197 987	3 202	214 094	246 819
98 310	33 945	248 132	18 553	384 909	413 497

单位:万元 续1

		流动资产合计 Total circalating funds
烟草加工业	Tobacco processing	81 093
纺织业	Textile industry	302 852
服装及其他纤维制品制造业	Garments and other fiber products	66 190
皮革、毛皮、羽绒及其制品业	Leather、furs、down and related products	45 081
木材加工及竹、藤、棕、草制品业	Timber processing bamboo cane pailm fiber and straw products	174 372
家具制造业	Furniture manufacturing	31 630
造纸及纸制品业	Papermaking and paper products	275 792
印刷业、记录媒介的复制	Printing and record pressing	65 920
文教体育用品制造业	Stationery educatioal and sports goods	5 525
石油加工及炼焦业	Petroleum processing and coking products	114 770
化学原料及化学制品制造业	Raw chemical materials and chemical procducts	1 277 580
医药制造业	Medical and pharmaceutical products	623 507
化学纤维制造业	Chemical fibers	117 467
橡胶制品业	Rubber products	59 066
塑料制品业	Plastic products	181 118
非金属矿物制品业	Nonmetal mineral products	601 924
黑色金属冶炼及压延加工业	Smelting and pressing of ferrous metals	492 735
有色金属冶炼及压延加工业	Smelting and pressing of nonferrous metals	125 426
金属制品业	Metal products	183 001
普通机械制造业	Ordinary machinery manufacturing	425 234
专用设备制造业	Special purpose equipment manufacturing	386 129
交通运输设备制造业	Transportation equipment manufacturing	2 959 041
武器弹药制造业	Weapon and ammunition manufacturing	83 935
电气机械及器材制造业	Eqlectric equipment and machinery	258 392
电子及通信设备制造业	Electronic and telecommunicutions	151 258
仪器仪表及文化、办公用机械制造业	Instruments meters、cultural and official machinery	71 813
其他制造业	Other manufacturing	28 853
电力、蒸汽、热水的生产和供应业	Electric power steam and hot water production and supply	431 990
煤气生产和供应业	Gas prochucts and supply	56 618
自来水的生产和供应业	Tap water produetion and supply	41 746

unit:10 000 yuan

损益及分配 Loss,profit and distribution					
#存货 Stock	产成品 Finished products	流动资产年平均余额 Average balance circulating funds	长期投资 long－term investment	固定资产合计 fixed assets	固定资产原价合计 originalvalue of fixed assets
12 812	2 529	86 443	5 956	75 067	81 019
134 490	75 370	292 814	14 975	315 937	357 244
33 758	17 693	61 770	1 523	46 677	55 702
20 437	10 635	46 112	1 510	38 353	39 023
74 928	45 920	162 024	5 453	167 233	190 424
17 481	9 255	27 957	1 471	24 981	30 037
103 940	45 814	244 362	35 043	270 611	323 520
24 692	11 670	61 151	2 750	51 304	67 497
2 800	1 311	5 325	53	4 564	6 261
36 838	17 682	106 406	2 801	106 386	175 109
353 743	124 419	1 226 543	65 089	3 145 844	2 845 756
169 765	98 411	560 031	39 494	270 660	302 911
47 868	13 344	115 646	15 336	161 773	197 091
25 529	14 717	59 712	6 423	94 410	103 716
64 033	42 564	151 899	5 078	112 015	134 517
198 153	95 614	567 168	18 677	629 311	752 503
179 328	51 930	490 825	8 458	538 236	639 407
58 485	29 225	117 134	12 476	176 896	207 137
78 073	39 723	229 151	5 701	160 592	188 383
211 808	78 552	338 386	12 625	252 876	295 939
143 920	50 929	365 997	3 868	195 518	262 374
1 029 889	343 913	2 890 954	483 105	2 332 042	2 734 774
35 284	12 368	77 330	11 733	68 843	102 979
78 097	40 871	240 880	15 079	145 677	164 165
56 690	20 059	125 009	12 651	112 560	126 117
25 440	11 281	65 814	2 261	112 192	124 788
10 100	5 349	28 265	626	18 353	21 649
54 492	2 594	421 980	8 863	1 794 622	2 674 654
4 740	18	53 069	5 352	116 968	131 009
2 376	68	38 336	444	151 214	180 316

续表 4

单位:万元

		累计折旧 Cumulative depreciation
总计	**Total**	**4 679 428**
按经济类型分	Gropwped by ownership	
国有经济	State owned	4 048 940
集体经济	Callective owned	284 166
私营经济	Individual	8 065
联营经济	Joint owned	3 770
股份制经济	Share holdng	195 420
外商投资经济	Foreign funded	98 315
中外合资经营企业	Joint venture	87 653
中外合作经营企业	Cooperative joint venture	4 642
外资企业	Sole investment	6 020
港、澳、台投资经济	Overseas chinese from Hong Kong Macaoand Taiwan funded	40 629
其他经济	Other	122
按轻重工业分	Gropwped by light and heavy industry	
轻工业	Light industry	719 161
重工业	Heavy industry	3 960 267
按企业规模分	Gropwped by size of enterprises	
大型企业	Large	3 422 414
中型企业	Medium	640 256
小型企业	Small	616 758
按工业行业分	Gropwped by sector	
煤炭采选业	Coal mining and processing	176 161
石油和天然气开采业	Petroleum and natural gas extraction	481 341
黑色金属矿采选业	Ferrous metals mining and processing	2 719
有色金属矿采选业	Nonferrous metals mining and processing	30 118
非金属矿采选业	Non metal minerals mining and processing	7 025
其他矿采选业	Other minerals mining and processing	182
木材及竹材采运业	Logging and transport of timber and bamboo	161 835
食品加工业	Food processing	80 013
食品制造业	Food manafacturing	47 905
饮料制造业	Beverage manufacturing	74 300

contined

unit:10 000 yuan

损益及分配 Loss,profit and distrihution					
#本年折旧 Depreciation at this year	固定资产净值年平均余额 Average balances net value of fixed assets	无形及递延资产合计 Total intangible assets and deferred assets	#无形资产 intangiel assets	资产总计 Total assets	流动负债合计 Total circulating liabilites
799 463	**11 581 896**	**856 423**	**389 580**	**28 380 512**	**12 993 927**
654 278	9 252 874	629 545	271 953	22 007 248	9 804 448
43 618	832 279	56 401	18 774	2 525 646	1 572 796
1 383	24 225	6 671	1 333	88 616	50 530
409	13 976	702	308	28 100	23 556
54 385	680 762	67 655	47 319	1 873 951	692 777
32 320	600 172	92 484	48 341	1 457 509	630 550
29 439	493 230	80 057	40 815	1 248 490	546 905
250	26 000	4 196	3 512	67 926	33 020
2 631	80 943	8 231	4 014	141 093	50 626
13 039	177 030	2 883	1 470	397 440	217 702
31	577	82	82	2 002	1 569
134 938	2 312 825	255 710	91 200	6 672 807	3 730 983
664 525	9 269 071	600 712	298 380	21 707 706	9 262 944
605 445	7 626 130	466 831	250 109	18 032 633	7 207 228
92 253	1 598 603	182 661	51 232	4 396 799	2 350 561
101 765	2 357 163	206 931	88 239	5 951 080	3 436 138
15 502	464 253	35 679	241	797 929	302 610
79 803	775 576	3 724	350	1 496 946	706 840
614	13 259	366	38	27 059	14 272
3 500	81 589	2 188	58	134 830	43 670
798	30 560	2 240	160	80 132	41 772
15	741	77		3 868	3 409
18 768	375 335	7 835	489	721 013	312 263
8 472	288 052	24 843	9 262	807 989	599 259
10 247	188 562	8 309	4 181	426 594	268 292
17 288	332 107	35 936	5 350	728 069	382 522

单位:万元 续1

		累计折旧 Cumulative depreciation
烟草加工业	Tobacco processing	12 727
纺织业	Textile industry	73 777
服装及其他纤维制品制造业	Garments and other fiber products	14 114
皮革、毛皮、羽绒及其制品业	Leather、furs、down and related products	6 187
木材加工及竹、藤、棕、草制品业	Timber processing bamboo cane pailm fiber and straw products	39 528
家具制造业	Furniture manufacturing	6 106
造纸及纸制品业	Papermaking and paper products	89 018
印刷业、记录媒介的复制	Printing and record pressing	19 636
文教体育用品制造业	Stationery educatioal and sports goods	1 989
石油加工及炼焦业	Petroleum processing and coking products	74 025
化学原料及化学制品制造业	Raw chemical materials and chemical procducts	638 357
医药制造业	Medical and pharmaceutical products	64 509
化学纤维制造业	Chemical fibers	53 684
橡胶制品业	Rubber products	12 229
塑料制品业	Plastic products	31 664
非金属矿物制品业	Nonmetal mineral products	184 853
黑色金属冶炼及压延加工业	Smelting and pressing of ferrous metals	152 754
有色金属冶炼及压延加工业	Smelting and pressing of nonferrous metals	44 420
金属制品业	Metal products	43 120
普通机械制造业	Ordinary machinery manufacturing	92 053
专用设备制造业	Special purpose equipment manufacturing	77 626
交通运输设备制造业	Transportation equipment manufacturing	699 151
武器弹药制造业	Weapon and ammunition manufacturing	37 468
电气机械及器材制造业	Eqlectric equipment and machinery	62 395
电子及通信设备制造业	Electronic and telecommunicutions	27 608
仪器仪表及文化、办公用机械制造业	Instruments meters、cultural and official machinery	25 122
其他制造业	Other manufacturing	5 264
电力、蒸汽、热水的生产和供应业	Electric power steam and hot water production and supply	960 161
煤气生产和供应业	Gas prochucts and supply	22 571
自来水的生产和供应业	Tap water produetion and supply	45 714

unit:10 000 yuan

损益及分配
Loss,profit and distrihution

#本年折旧 Depreciation at this year	固定资产净值年平均余额 Average balances net value of fixed assets	无形及递延资产合计 Total intangible assets and deferred assets	#无形资产 intangiel assets	资产总计 Total assets	流动负债合计 Total circulating liabilites
2 473	35 323	1 311	426	163 433	87 858
8 753	253 734	43 843	2 725	689 310	448 774
2 481	40 722	3 069	828	118 124	79 883
733	29 893	2 685	1 039	88 611	66 899
5 874	156 149	9 024	4 814	364 337	210 507
927	23 162	1 358	624	60 235	49 334
22 623	229 514	14 140	2 907	599 938	302 496
2 428	43 956	3 216	508	125 321	74 770
190	4 239	1 360	22	11 741	9 308
15 506	94 635	3 579	83	235 718	106 117
128 877	2 008 112	198 772	148 609	4 746 035	1 593 221
12 641	220 932	52 083	36 724	1 011 210	481 474
8 967	141 415	9 611	3	304 285	138 573
1 439	36 969	14 468	3 844	175 208	100 434
5 606	102 443	9 360	4 760	317 081	150 381
23 917	499 564	70 881	28 219	1 341 518	689 318
21 108	473 181	9 328	1 987	1 051 362	648 429
5 772	146 140	6 152	1 610	322 326	170 574
12 986	120 577	6 432	2 122	359 576	239 240
9 192	199 744	15 113	10 181	709 049	395 276
10 530	159 779	26 010	7 972	618 624	438 999
172 084	1 848 933	157 989	82 878	5 945 318	2 701 192
2 377	63 899	38	38	164 550	110 083
15 090	114 083	7 138	2 843	429 228	221 057
4 744	80 881	15 929	4 851	292 527	168 288
5 782	101 259	5 798	1 362	192 135	110 961
1 458	16 314	1 689	1 404	53 427	25 414
128 461	1 548 016	42 680	14 345	2 285 416	357 624
4 350	109 178	718	617	183 487	91 777
7 089	129 116	1 453	1 107	196 957	50 755

续表 5

单位:万元

		长期负债合计 long－term liabilites
总计	**Total**	**6 771 499**
按经济类型分	Gropwped by ownership	
国有经济	State owned	5 935 128
集体经济	Callective owned	308 535
私营经济	Individual	3 527
联营经济	Joint owned	6 389
股份制经济	Share holdng	200 926
外商投资经济	Foreign funded	210 407
中外合资经营企业	Joint venture	147 640
中外合作经营企业	Cooperative joint venture	17 590
外资企业	Sole investment	45 177
港、澳、台投资经济	Overseas chinese from Hong Kong Macaoand Taiwan funded	106 501
其他经济	Other	87
按轻重工业分	Gropwped by light and heavy industry	
轻工业	Light industry	1 028 438
重工业	Heavy industry	5 743 061
按企业规模分	Gropwped by size of enterprises	
大型企业	Large	4 964 331
中型企业	Medium	932 439
小型企业	Small	874 729
按工业行业分	Gropwped by sector	
煤炭采选业	Coal mining and processing	183 050
石油和天然气开采业	Petroleum and natural gas extraction	322 543
黑色金属矿采选业	Ferrous metals mining and processing	3 057
有色金属矿采选业	Nonferrous metals mining and processing	26 012
非金属矿采选业	Non metal minerals mining and processing	12 978
其他矿采选业	Other minerals mining and processing	6
木材及竹材采运业	Logging and transport of timber and bamboo	112 706
食品加工业	Food processing	63 912
食品制造业	Food manafacturing	121 315
饮料制造业	Beverage manufacturing	125 008

contined

unit:10 000 yuan

负债合计 Total liabilities	所有者权益合计 Owners rignts and interests	#股本 Capital stock	产品销售收入 Revenue of products sales	产品销售成本 Costof product sales
	损益及分配 Loss,profit and distrihution			
19 872 616	**8 507 896**	**941 054**	**12 070 670**	**9 876 871**
15 778 080	6 229 169	500 208	8 886 994	7 369 695
1 891 925	633 721	6 035	1 697 688	1 391 320
54 369	34 247		61 394	44 457
29 945	−1 845		8 001	7 216
948 722	925 229	398 865	680 281	483 818
842 384	615 125	35 451	573 640	454 965
695 971	552 519	35 451	525 282	410 087
50 610	17 316		17 367	15 583
95 803	45 290		30 991	29 295
325 535	71 904	496	162 056	124 872
1 656	347		616	529
4 842 661	1 830 146	328 506	2 615 194	2 017 876
15 029 955	6 677 751	612 548	9 455 476	7 858 994
12 245 572	5 787 061	648 185	7 722 728	6 405 667
3 292 870	1 103 928	172 603	1 490 113	1 153 904
4 334 174	1 616 907	120 266	2 857 829	2 317 300
486 816	311 113	394	215 278	173 601
1 029 454	467 492	650	442 636	349 398
17 367	9 692		10 695	7 626
69 933	64 896		53 527	38 804
54 920	25 212	148	56 424	44 365
3 415	453		744	494
427 640	293 373		358 088	235 293
663 914	144 076	8 861	418 522	378 123
391 850	34 744	4 565	181 686	148 667
518 105	209 963	23 546	273 092	179 836

单位:万元 续1

		长期负债合计 long－term liabilites
烟草加工业	Tobacco processing	16 931
纺织业	Textile industry	183 352
服装及其他纤维制品制造业	Garments and other fiber products	14 130
皮革、毛皮、羽绒及其制品业	Leather、furs、down and related products	14 802
木材加工及竹、藤、棕、草制品业	Timber processing bamboo cane pailm fiber and straw products	48 997
家具制造业	Furniture manufacturing	7 997
造纸及纸制品业	Papermaking and paper products	117 531
印刷业、记录媒介的复制	Printing and record pressing	18 992
文教体育用品制造业	Stationery educatioal and sports goods	995
石油加工及炼焦业	Petroleum processing and coking products	30 305
化学原料及化学制品制造业	Raw chemical materials and chemical procducts	1 954 991
医药制造业	Medical and pharmaceutical products	73 647
化学纤维制造业	Chemical fibers	54 186
橡胶制品业	Rubber products	84 612
塑料制品业	Plastic products	66 000
非金属矿物制品业	Nonmetal mineral products	288 860
黑色金属冶炼及压延加工业	Smelting and pressing of ferrous metals	89 831
有色金属冶炼及压延加工业	Smelting and pressing of nonferrous metals	63 034
金属制品业	Metal products	47 115
普通机械制造业	Ordinary machinery manufacturing	97 309
专用设备制造业	Special purpose equipment manufacturing	59 535
交通运输设备制造业	Transportation equipment manufacturing	1 345 437
武器弹药制造业	Weapon and ammunition manufacturing	17 216
电气机械及器材制造业	Eqlectric equipment and machinery	79 198
电子及通信设备制造业	Electronic and telecommunicutions	72 331
仪器仪表及文化、办公用机械制造业	Instruments meters、cultural and official machinery	43 278
其他制造业	Other manufacturing	17 975
电力、蒸汽、热水的生产和供应业	Electric power steam and hot water production and supply	853 303
煤气生产和供应业	Gas prochucts and supply	13 498
自来水的生产和供应业	Tap water produetion and supply	25 528

unit:10 000 yuan

负债合计 Total liabilities	所有者权益合计 Owners rignts and interests	#股本 Capital stock	产品销售收入 Revenue of products sales	产品销售成本 Costof product sales
	损益及分配 Loss,profit and distrihution			
104 788	58 644		97 397	52 304
640 794	48 516	13 433	205 551	177 507
94 186	23 938	2 188	73 386	63 677
82 513	6 098	426	22 771	19 414
260 202	104 135	490	179 285	151 766
57 410	2 825	179	45 378	42 265
420 093	179 845	55 384	187 288	160 348
94 161	31 161	143	68 800	54 294
10 307	1 434	1 052	6 057	5 104
136 422	99 296	2 000	271 615	216 568
3 551 938	1 194 097	346 101	1 603 928	1 340 844
556 542	454 668	148 818	343 142	181 060
192 759	111 526	39 970	134 522	107 566
185 054	−9 846	115	35 490	29 028
216 655	100 427	15 212	144 621	117 732
981 922	359 595	64 621	525 447	414 680
738 516	312 846	10 810	593 629	514 196
235 041	87 284	1 267	140 943	121 356
287 222	72 354	399	138 243	117 611
492 980	216 069	11 000	216 519	168 552
501 655	116 969	12 654	209 385	171 211
4 049 164	1 896 154	133 862	3 527 798	2 975 256
127 300	37 250		48 067	38 633
355 778	73 450	17 917	128 711	95 132
240 712	51 815	64	128 333	107 816
156 660	35 476	641	40 404	28 726
43 392	10 035	169	25 024	20 257
1 213 252	1 072 164	23 325	827 109	743 935
105 276	78 211		36 942	38 185
76 509	120 449	652	54 194	45 644

续表 6

单位:万元

		产品销售费用 expenses of products sales
总计	**Total**	**318 683**
按经济类型分	Gropwped by ownership	
国有经济	State owned	170 964
集体经济	Callective owned	55 793
私营经济	Individual	5 268
联营经济	Joint owned	683
股份制经济	Share holdng	37 881
外商投资经济	Foreign funded	33 452
中外合资经营企业	Joint venture	30 134
中外合作经营企业	Cooperative joint venture	1 171
外资企业	Sole investment	2 147
港、澳、台投资经济	Overseas chinese from Hong Kong Macaoand Taiwan funded	14 628
其他经济	Other	14
按轻重工业分	Gropwped by light and heavy industry	
轻工业	Light industry	147 352
重工业	Heavy industry	171 331
按企业规模分	Gropwped by size of enterprises	
大型企业	Large	140 966
中型企业	Medium	63 588
小型企业	Small	114 129
按工业行业分	Gropwped by sector	
煤炭采选业	Coal mining and processing	9 345
石油和天然气开采业	Petroleum and natural gas extraction	1 491
黑色金属矿采选业	Ferrous metals mining and processing	785
有色金属矿采选业	Nonferrous metals mining and processing	990
非金属矿采选业	Non metal minerals mining and processing	3 061
其他矿采选业	Other minerals mining and processing	22
木材及竹材采运业	Logging and transport of timber and bamboo	5 687
食品加工业	Food processing	10 820
食品制造业	Food manafacturing	13 841
饮料制造业	Beverage manufacturing	25 361

contined

unit:10 000 yuan

损益及分配 Loss profits and distribution					
产品销售税金及附加 produets sales and related	pre－tax payment	产品销售利润 products sales after－tax profits	管理费用 expenses of management	税金 Tax	财产保险费 property insurance	劳动待业保险费 employee insurance
264 153	**1 610 908**	**1 201 440**	**36 266**	**19 262**	**205 426**
207 681	1 138 639	907 272	25 495	13 885	187 557
29 209	221 324	156 908	6 600	1 976	8 728
1 384	10 285	6 608	272	72	72
263	－161	1 049	60	221	239
7 092	151 491	56 643	2 024	1 745	5 531
16 869	68 355	61 300	1 501	1 056	3 036
16 436	68 625	54 657	1 365	947	2 862
235	379	1 849	77	84	119
198	－650	4 793	59	25	55
1 648	20 909	11 572	314	307	261
7	67	89	1		
87 610	362 326	287 533	10 089	6 448	22 249
176 543	1 248 582	913 907	26 177	12 814	183 177
178 860	997 235	710 787	17 372	11 032	166 104
37 137	235 485	190 710	7 220	4 022	22 406
48 156	378 188	299 943	11 674	4 208	16 917
2 679	29 653	51 097	4 245	441	19 590
16 329	75 418	23 993	238	74	2 413
452	1 833	1 182	18	11	41
356	13 377	13 774	268	163	2 311
1 321	7 678	4 693	194	40	394
15	214	82	2	2	1
15 088	102 020	79 258	1 828	2 119	22 789
1 866	27 699	27 357	1 172	613	1 319
863	18 315	13 547	592	194	977
26 990	40 892	27 783	910	733	2 437

单位:万元 续1

		产品销售费用 expenses of products sales
烟草加工业	Tobacco processing	586
纺织业	Textile industry	5 153
服装及其他纤维制品制造业	Garments and other fiber products	1 491
皮革、毛皮、羽绒及其制品业	Leather、furs、down and related products	529
木材加工及竹、藤、棕、草制品业	Timber processing bamboo cane pailm fiber and straw products	7 960
家具制造业	Furniture manufacturing	1 655
造纸及纸制品业	Papermaking and paper products	3 150
印刷业、记录媒介的复制	Printing and record pressing	1 807
文教体育用品制造业	Stationery educatioal and sports goods	194
石油加工及炼焦业	Petroleum processing and coking products	1 724
化学原料及化学制品制造业	Raw chemical materials and chemical procducts	18 797
医药制造业	Medical and pharmaceutical products	56 715
化学纤维制造业	Chemical fibers	1 190
橡胶制品业	Rubber products	1 050
塑料制品业	Plastic products	4 181
非金属矿物制品业	Nonmetal mineral products	21 911
黑色金属冶炼及压延加工业	Smelting and pressing of ferrous metals	6 807
有色金属冶炼及压延加工业	Smelting and pressing of nonferrous metals	1 423
金属制品业	Metal products	3 821
普通机械制造业	Ordinary machinery manufacturing	8 002
专用设备制造业	Special purpose equipment manufacturing	6 508
交通运输设备制造业	Transportation equipment manufacturing	72 801
武器弹药制造业	Weapon and ammunition manufacturing	1 386
电气机械及器材制造业	Eqlectric equipment and machinery	5 730
电子及通信设备制造业	Electronic and telecommunicutions	2 215
仪器仪表及文化、办公用机械制造业	Instruments meters、cultural and official machinery	1 171
其他制造业	Other manufacturing	702
电力、蒸汽、热水的生产和供应业	Electric power steam and hot water production and supply	2 493
煤气生产和供应业	Gas prochucts and supply	3 104
自来水的生产和供应业	Tap water produetion and supply	3 023

unit:10 000 yuan

损益及分配 Loss profits and distribution					
产品销售税金及附加 products sales pre-tax and related payment	产品销售利润 products sales after-tax profits	管理费用 expenses of management	税金 Tax	财产保险费 property insurance	劳动待业保险费 employee insurance
35 983	8 523	12 193	65	143	765
827	22 064	24 619	1 318	434	1 649
530	7 688	10 225	282	110	1 296
194	2 634	3 532	94	74	300
2 114	17 446	20 196	911	337	1 279
1 067	390	3 219	98	83	116
1 340	22 450	26 520	807	1 174	4 020
843	11 855	11 904	417	116	1 279
72	688	882	16	11	65
23 847	29 476	19 860	304	1 098	9 702
39 210	205 077	183 169	4 633	2 053	33 139
4 140	101 228	42 192	1 415	1 149	2 191
573	25 192	12 460	570	368	937
1 454	3 958	5 969	236	115	647
1 407	21 301	14 528	488	274	848
6 170	82 679	58 541	2 554	900	6 018
3 311	69 315	49 593	1 748	307	9 836
517	17 648	12 307	283	349	485
1 298	15 514	16 477	386	197	1 504
3 248	36 718	34 762	1 014	395	4 446
1 075	30 590	29 510	1 057	192	2 790
55 270	424 471	269 759	5 028	3 343	57 995
493	7 556	11 441	174	74	3 085
1 017	26 813	23 911	452	205	2 105
553	17 750	14 604	438	122	1 262
321	10 187	11 574	378	47	1 487
467	3 598	2 964	279	58	121
9 796	70 885	15 746	952	574	2 820
232	−4 580	4 315	113	160	90
827	4 700	11 705	290	410	880

续表 7

单位:万元

		财务费用 financial expenses
总计	**Total**	**761 720**
按经济类型分	Gropwped by ownership	
国有经济	State owned	627 511
集体经济	Callective owned	61 047
私营经济	Individual	1 546
联营经济	Joint owned	897
股份制经济	Share holdng	26 163
外商投资经济	Foreign funded	28 533
中外合资经营企业	Joint venture	26 287
中外合作经营企业	Cooperative joint venture	860
外资企业	Sole investment	1 387
港、澳、台投资经济	Overseas chinese from Hong Kong Macaoand Taiwan funded	15 956
其他经济	Other	68
按轻重工业分	Gropwped by light and heavy industry	
轻工业	Light industry	150 174
重工业	Heavy industry	611 547
按企业规模分	Gropwped by size of enterprises	
大型企业	Large	531 848
中型企业	Medium	99 173
小型企业	Small	130 700
按工业行业分	Gropwped by sector	
煤炭采选业	Coal mining and processing	8 619
石油和天然气开采业	Petroleum and natural gas extraction	43 461
黑色金属矿采选业	Ferrous metals mining and processing	929
有色金属矿采选业	Nonferrous metals mining and processing	2 195
非金属矿采选业	Non metal minerals mining and processing	1 735
其他矿采选业	Other minerals mining and processing	43
木材及竹材采运业	Logging and transport of timber and bamboo	11 213
食品加工业	Food processing	23 338
食品制造业	Food manafacturing	17 326
饮料制造业	Beverage manufacturing	15 243

contined

unit:10 000yuan

损益及分配 Loss profits and distribution					
# 利息支出 interest expenditures	营业利润 Business profits	利润总额 After − tax profits	亏损企业亏损总额 Total loss of loss − making enterprises	利税总额 pre − tax profits	应交所得税 taxable in come
743 234	**−175 339**	**−72 413**	**499 293**	**802 069**	**103 722**
624 019	−247 006	−167 315	377 100	504 877	70 374
52 674	24 661	32 179	51 760	129 615	13 767
1 417	2 303	1 729	1 887	7 340	614
893	−2 034	−2 044	2 099	−1 382	11
25 427	73 354	83 739	17 812	134 401	18 399
25 512	−20 454	−17 618	35 095	19 127	−238
23 816	−11 500	−8 924	25 751	26 557	−293
416	−2 323	−2 132	2 352	−1 395	
1 280	−6 631	−6 562	6 992	−6 035	55
13 227	−6 078	−2 998	13 457	8 164	795
66	−84	−84	84	−72	
137 348	−55 339	−17 177	166 880	193 863	18 792
605 886	−120 000	−55 235	332 413	608 207	84 931
532 085	−112 518	−53 874	235 974	530 527	66 792
96 581	−36 065	−15 855	101 180	104 078	12 613
114 569	−26 757	−2 684	162 139	167 464	24 318
8 038	−25 267	−24 884	38 366	−7 850	816
46 133	13 963	10 602	153	73 406	3 393
659	−187	−166	776	864	185
1 951	−2 576	368	2 045	1 776	602
1 256	1 664	1 613	1 501	4 978	501
43	89	89		164	28
11 120	13 976	11 448		34 800	353
21 585	−19 120	−15 618	30 609	−8 851	1 203
15 602	−11 590	−8 806	17 707	−458	499
13 745	−2 545	−641	9 389	44 316	534

单位:万元 续1

		财务费用 financial expenses
烟草加工业	Tobacco processing	2 323
纺织业	Textile industry	16 507
服装及其他纤维制品制造业	Garments and other fiber products	2 763
皮革、毛皮、羽绒及其制品业	Leather、furs、down and related products	2 504
木材加工及竹、藤、棕、草制品业	Timber processing bamboo cane pailm fiber and straw products	7 233
家具制造业	Furniture manufacturing	2 028
造纸及纸制品业	Papermaking and paper products	12 876
印刷业、记录媒介的复制	Printing and record pressing	2 071
文教体育用品制造业	Stationery educatioal and sports goods	482
石油加工及炼焦业	Petroleum processing and coking products	3 603
化学原料及化学制品制造业	Raw chemical materials and chemical procducts	153 794
医药制造业	Medical and pharmaceutical products	16 838
化学纤维制造业	Chemical fibers	7 775
橡胶制品业	Rubber products	2 865
塑料制品业	Plastic products	7 424
非金属矿物制品业	Nonmetal mineral products	30 982
黑色金属冶炼及压延加工业	Smelting and pressing of ferrous metals	26 928
有色金属冶炼及压延加工业	Smelting and pressing of nonferrous metals	6 287
金属制品业	Metal products	7 066
普通机械制造业	Ordinary machinery manufacturing	16 773
专用设备制造业	Special purpose equipment manufacturing	12 859
交通运输设备制造业	Transportation equipment manufacturing	182 447
武器弹药制造业	Weapon and ammunition manufacturing	5 131
电气机械及器材制造业	Eqlectric equipment and machinery	12 162
电子及通信设备制造业	Electronic and telecommunicutions	6 141
仪器仪表及文化、办公用机械制造业	Instruments meters、cultural and official machinery	6 121
其他制造业	Other manufacturing	1 618
电力、蒸汽、热水的生产和供应业	Electric power steam and hot water production and supply	77 735
煤气生产和供应业	Gas prochucts and supply	3 040
自来水的生产和供应业	Tap water produetion and supply	1 245

unit:10 000yuan

损益及分配 Loss profits and distribution					
# 利息支出 interest expenditures	营业利润 Business profits	利润总额 After－tax profits	亏损企业亏损总额 Total loss of loss－making enterprises	利税总额 pre－tax profits	应交所得税 taxable in come
1 699	－4 977	－308	1 388	46 665	118
15 102	－18 703	－16 618	21 077	－10 390	858
2 609	－4 070	－3 542	5 660	－845	255
1 569	－2 940	－2 383	3 109	－1 627	55
6 604	－9 143	－7 024	15 810	2 308	15
1 733	－4 574	－4 317	4 842	－2 671	53
12 592	－16 191	－10 244	12 782	3 128	553
1 875	－1 727	－712	3 599	4 000	389
448	－627	－618	945	－316	42
3 465	6 564	6 126	1 367	41 730	2 048
153 175	－91 717	－93 943	104 959	17 773	6 635
15 122	44 976	53 657	11 637	84 422	10 734
7 774	4 995	5 066	2 349	12 446	1 136
2 671	－4 595	－5 313	6 166	－1 811	137
7 109	817	1 127	5 794	6 881	1 203
29 582	－2 177	－99	16 896	31 979	2 967
25 033	2 506	2 319	5 514	25 335	2 356
6 283	－728	－1 615	6 916	3 786	796
6 243	－6 177	－5 519	10 880	36	910
16 070	－13 057	－11 372	21 173	3 551	947
12 234	－8 103	－7 247	16 143	231	916
182 244	40 519	57 655	33 304	265 604	14 551
5 087	－8 682	－5 787	5 939	－3 354	2
11 445	－7 748	－7 129	13 080	542	1 785
6 379	－2 796	－252	3 745	5 091	422
6 010	－7 295	－4 763	6 116	－2 054	205
1 486	－987	－993	1 988	540	177
77 194	－9 617	32 326	40 112	134 857	45 299
3 038	－9 888	－7 946	8 292	－6 544	25
1 230	－7 604	－6 953	7 166	－2 369	20

续表 8

单位:万元

		损益及分配
		转作奖金的利润 Award from profits
总计	**Total**	**5 649**
按经济类型分	Gropwped by ownership	
国有经济	State owned	275
集体经济	Callective owned	4 801
私营经济	Individual	28
联营经济	Joint owned	1
股份制经济	Share holdng	103
外商投资经济	Foreign funded	230
中外合资经营企业	Joint venture	229
中外合作经营企业	Cooperative joint venture	
外资企业	Sole investment	1
港、澳、台投资经济	Overseas chinese from Hong Kong Macaoand Taiwan funded	211
其他经济	Other	
按轻重工业分	Gropwped by light and heavy industry	
轻工业	Light industry	1 369
重工业	Heavy industry	4 280
按企业规模分	Gropwped by size of enterprises	
大型企业	Large	150
中型企业	Medium	369
小型企业	Small	5 130
按工业行业分	Gropwped by sector	
煤炭采选业	Coal mining and processing	115
石油和天然气开采业	Petroleum and natural gas extraction	21
黑色金属矿采选业	Ferrous metals mining and processing	5
有色金属矿采选业	Nonferrous metals mining and processing	65
非金属矿采选业	Non metal minerals mining and processing	119
其他矿采选业	Other minerals mining and processing	
木材及竹材采运业	Logging and transport of timber and bamboo	
食品加工业	Food processing	245
食品制造业	Food manafacturing	222
饮料制造业	Beverage manufacturing	65
烟草加工业	Tobacco processing	
纺织业	Textile industry	151
服装及其他纤维制品制造业	Garments and other fiber products	16
皮革、毛皮、羽绒及其制品业	Leather、furs、down and related products	11
木材加工及竹、藤、棕、草制品业	Timber processing bamboo cane pailm fiber and straw products	226
家具制造业	Furniture manufacturing	
造纸及纸制品业	Papermaking and paper products	67
印刷业、记录媒介的复制	Printing and record pressing	48
文教体育用品制造业	Stationery educatioal and sports goods	5
石油加工及炼焦业	Petroleum processing and coking products	1
化学原料及化学制品制造业	Raw chemical materials and chemical procducts	110
医药制造业	Medical and pharmaceutical products	153
化学纤维制造业	Chemical fibers	
橡胶制品业	Rubber products	5
塑料制品业	Plastic products	77
非金属矿物制品业	Nonmetal mineral products	417
黑色金属冶炼及压延加工业	Smelting and pressing of ferrous metals	112
有色金属冶炼及压延加工业	Smelting and pressing of nonferrous metals	11
金属制品业	Metal products	76
普通机械制造业	Ordinary machinery manufacturing	71
专用设备制造业	Special purpose equipment manufacturing	50
交通运输设备制造业	Transportation equipment manufacturing	354
武器弹药制造业	Weapon and ammunition manufacturing	
电气机械及器材制造业	Eqlectric equipment and machinery	55
电子及通信设备制造业	Electronic and telecommunicutions	21
仪器仪表及文化、办公用机械制造业	Instruments meters、cultural and official machinery	6
其他制造业	Other manufacturing	9
电力、蒸汽、热水的生产和供应业	Electric power steam and hot water production and supply	2 743
煤气生产和供应业	Gas prochucts and supply	
自来水的生产和供应业	Tap water produetion and supply	1

contined

unit：10 000yuan

Loss profits and distribution		本年应交增值税 Added value tax payable	本年进项税额 Tax credif inthisyear	本年销项税额 Added Value taxin this year
应付利润 profits payable	#已分配股利 Dividend paid			
86 210	**16 292**	**610 329**	**1 602 044**	**2 169 815**
−1 500	1 084	464 511	1 359 792	1 786 486
12 500	194	68 227	117 316	185 016
1 152		4 227	3 539	7 660
18		399	847	1 258
63 272	13 603	43 571	59 087	101 041
4 684	939	19 875	47 549	66 186
4 623	939	19 045	42 977	60 958
		502	1 425	1 872
61		329	3 146	3 356
6 084	472	9 514	13 866	22 114
		5	50	54
63 541	11 554	123 430	241 307	359 932
22 670	4 737	486 899	1 360 737	1 809 882
11 128	1 495	405 541	1 254 358	1 619 489
44 091	9 521	82 796	136 826	219 058
30 992	5 275	121 992	210 860	331 268
1 056	124	14 354	17 857	32 444
808		46 475	41 944	70 225
126		578	842	1 023
128		1 052	2 883	3 101
789	9	2 045	1 204	3 106
14		60	28	106
1 580		8 265	16 287	24 181
3 878	225	4 901	21 735	23 830
5 045		7 486	13 773	21 172
658	74	17 968	20 557	38 626
190		10 990	11 290	22 354
935	827	5 401	26 283	31 062
331		2 167	9 352	11 680
32		562	2 160	2 711
2 359	508	7 218	10 632	17 059
30		579	945	1 541
5 391	570	12 031	19 438	30 951
221	3	3 869	5 651	9 375
12		230	292	475
821	256	11 757	29 554	45 191
−3 370	17	72 507	294 261	362 991
36 705	9 800	26 626	21 928	48 078
6 871		6 806	16 201	22 709
64		2 048	3 365	5 387
1 164	29	4 347	11 506	15 421
4 334	977	25 907	45 687	65 957
603	8	19 704	71 407	91 614
389		4 884	16 433	19 773
496	4	4 257	11 502	15 012
3 202	2	11 675	21 829	33 112
417	105	6 403	22 777	29 069
12 091	2 738	152 679	700 138	846 852
		1 940	4 607	5 893
855	12	6 653	14 761	21 389
60		4 790	15 182	19 975
38	4	2 388	3 453	5 826
223		1 065	1 938	3 162
5 081		92 736	67 639	158 039
−7 421		1 170	4 650	5 714
7		3 757	75	3 632

12-8 全部独立核算工业企业主要经济分析指标(1997)

单位:%

		企业亏损面 proportion of loss enterprises
总计	**Total**	**27.56**
按经济类型分	Growped by ownership	
国有经济	State owned	43.95
集体经济	Callective owned	21.33
私营经济	Individual	17.81
联营经济	Joint owned	50.00
股份制经济	Share holeling	33.64
外商投资经济	Foreign funded	50.98
中外合资经营企业	Joint venture	48.56
中外合作经营企业	Cooperative joint venture	58.06
外资企业	Sole investment	58.16
港、澳、台投资经济	Overseas chinese from Hong Kong Macaoand Taiwan funded	40.68
其他经济	Other	50.00
按轻重工业分	Growped by light and heavy industry	
轻工业	Light industry	31.65
重工业	Heavy industry	24.04
按企业规模分	Growped by size of enterprises	
大型企业	Large	30.95
中型企业	Medium	53.02
小型企业	Small	26.50
按工业行业分	Growped by sector	
煤炭采选业	Coal mining and processing	20.09
石油和天然气开采业	Petroleum and natural gas extraction	13.33
黑色金属矿采选业	Ferrous metals mining and processing	22.73
有色金属矿采选业	Nonferrous metals mining and processing	17.57
非金属矿采选业	Non metal minerals mining and processing	12.40
其他矿采选业	Other minerals mining and processing	0.00
木材及竹材采运业	Logging and transport of timber and bamboo	0.00
食品加工业	Food processing	29.35
食品制造业	Food manufacturing	29.37
饮料制造业	Beverage manufacturing	26.64
烟草加工业	Tobacco processing	22.22
纺织业	Textile industry	42.55
服装及其他纤维制品制造业	Garments and other fiber products	27.03
皮革、毛皮、羽绒及其制品业	Leather、furs、down and related products	34.93
木材加工及竹、藤、棕、草制品业	Timber procersing bamboo cnae palm fiber and straw products	22.68
家具制造业	Furniture manufacturing	36.52
造纸及纸制品业	Papermaycing and paper products	37.68
印刷业、记录媒介的复制	Printing and record pressing	30.74
文教体育用品制造业	Stationery educatioal and sports goods	24.10
石油加工及炼焦业	Petroleum processing and coking products	20.78
化学原料及化学制品制造业	Raw chem cal materials and chemical prochucts	26.06
医药制造业	Medical and pharmaceutical products	35.17
化学纤维制造业	Chemical fibers	25.00
橡胶制品业	Rubber products	25.76
塑料制品业	Plastic products	31.30
非金属矿物制品业	Nonmetal mineral products	20.69
黑色金属冶炼及压延加工业	Smelting and pressing of ferrous metals	25.37
有色金属冶炼及压延加工业	Smelting and pressing of nonferrous metals	26.87
金属制品业	Metal products	29.13
普通机械制造业	Ordinary machinery manufacturing	25.95
专用设备制造业	Special purpose equipment manufacturing	25.71
交通运输设备制造业	Transportation equipment manufacturing	27.79
武器弹药制造业	Weapon and ammunition manufacturing	50.00
电气机械及器材制造业	Electric equipment and machinery	31.71
电子及通信设备制造业	Electronic and telecommunicutions	34.67
仪器仪表及文化、办公用机械制造业	Instruments meters cultural and official machinery	40.20
其他制造业	Other manufacturing	29.11
电力、蒸汽、热水的生产和供应业	Electric power steam and hot water production and supply	39.88
煤气生产和供应业	Gas prochucts and supply	42.86
自来水的生产和供应业	Tap water produetion and supply	54.17

ECONOMIC INDICATORS OF OVERALL INDUSTRIAL ENTRPRISES WITH INDEPENDENT ACCUNTING SYSTEMS(1997)

unit：%

增加值率 net output value gross output value	产品销售率 sales rate of products	总资产贡献率 contribute rate of assets	资本保值增值率 added value rate of assets	资产负债率 ratio of assets liabilities
28.27	**95.98**	**5.44**	**116.02**	**70.02**
27.01	97.68	5.13	109.79	71.69
30.97	90.48	7.22	126.90	74.91
38.18	96.26	9.88	−4 947.54	61.35
20.84	95.70	−1.74	−57.34	106.57
38.38	92.91	8.53	197.69	50.63
24.94	91.97	3.06	102.06	57.80
24.36	93.29	4.03	97.83	55.75
27.80	77.54	−1.44	152.73	74.51
30.70	84.52	−3.37	170.37	67.90
27.29	97.90	5.38	83.16	81.91
28.97	79.78	−0.31	85.26	82.70
30.49	92.58	4.96	133.39	72.57
27.58	97.02	5.59	112.02	69.24
26.54	98.08	5.89	110.14	67.91
31.51	94.88	4.56	131.63	74.89
30.74	91.60	4.74	130.37	72.83
36.15	98.00	0.02	107.69	61.01
67.76	99.68	7.99	118.81	68.77
37.23	68.36	5.63	248.59	64.18
34.08	97.44	2.76	108.01	51.87
32.61	90.51	7.78	55.43	68.54
36.25	92.67	5.34	145.75	88.30
43.48	95.66	6.37	106.31	59.31
24.16	90.27	1.58	95.72	82.17
22.52	94.72	3.55	125.92	91.86
34.75	93.45	7.97	114.82	71.16
57.56	103.22	29.59	120.64	64.12
24.25	89.48	0.68	261.91	92.96
24.73	94.70	1.49	104.28	79.73
29.22	90.37	−0.07	117.74	93.12
29.25	92.43	2.45	123.84	71.42
31.04	90.06	−1.56	31.52	95.31
29.99	93.31	2.62	127.75	70.02
34.76	95.35	4.69	102.13	75.14
33.32	101.70	1.12	55.17	87.78
21.51	96.49	19.17	116.21	57.88
16.44	97.70	3.60	96.22	74.84
43.87	88.16	9.84	159.89	55.04
26.00	97.25	6.64	118.31	63.35
26.86	94.51	0.49	436.64	105.62
30.08	96.34	4.41	159.92	68.33
28.33	92.33	4.59	103.97	73.19
23.64	94.98	4.79	107.80	70.24
27.30	97.31	3.12	90.64	72.92
26.06	91.99	1.75	180.62	79.88
27.90	94.25	2.77	162.96	69.53
25.26	93.04	2.01	135.79	81.09
24.29	97.91	7.53	142.35	68.11
19.43	102.14	1.05	85.69	77.36
29.05	92.99	2.79	83.68	82.89
14.75	91.55	3.92	180.20	82.29
26.64	89.21	2.06	84.03	81.54
27.93	89.52	3.79	90.26	81.22
44.05	101.08	9.28	103.43	53.09
−0.01	103.49	−1.91	91.37	57.38
36.52	97.64	−0.58	102.60	38.85

12—8 续表

单位：%

		流动资产周转次数（次）turnover of circulating funds
总计	**Total**	**1.07**
按经济类型分	Growped by ownership	
国有经济	State owned	1.08
集体经济	Callective owned	1.26
私营经济	Individual	1.27
联营经济	Joint owned	0.63
股份制经济	Share holeling	0.79
外商投资经济	Foreign funded	0.94
中外合资经营企业	Joint venture	0.96
中外合作经营企业	Cooperative joint venture	1.49
外资企业	Sole investment	0.61
港、澳、台投资经济	Overseas chinese from Hong Kong Macaoand Taiwan funded	0.97
其他经济	Other	0.63
按轻重工业分	Growped by light and heavy industry	
轻工业	Light industry	0.86
重工业	Heavy industry	1.15
按企业规模分	Growped by size of enterprises	
大型企业	Large	1.18
中型企业	Medium	0.80
小型企业	Small	1.00
按工业行业分	Growped by sector	
煤炭采选业	Coal mining and processing	0.85
石油和天然气开采业	Petroleum and natural gas extraction	0.75
黑色金属矿采选业	Ferrous metals mining and processing	1.04
有色金属矿采选业	Nonferrous metals mining and processing	1.62
非金属矿采选业	Non metal minerals mining and processing	1.73
其他矿采选业	Other minerals mining and processing	0.27
木材及竹材采运业	Logging and transport of timber and bamboo	1.41
食品加工业	Food processing	1.12
食品制造业	Food manufacturing	0.92
饮料制造业	Beverage manufacturing	1.10
烟草加工业	Tobacco processing	1.13
纺织业	Textile industry	0.70
服装及其他纤维制品制造业	Garments and other fiber products	1.19
皮革、毛皮、羽绒及其制品业	Leather、furs、down and related products	0.49
木材加工及竹、藤、棕、草制品业	Timber procersing bamboo cnae palm fiber and straw products	1.11
家具制造业	Furniture manufacturing	1.62
造纸及纸制品业	Papermaycing and paper products	0.77
印刷业、记录媒介的复制	Printing and record pressing	1.13
文教体育用品制造业	Stationery educatioal and sports goods	1.14
石油加工及炼焦业	Petroleum processing and coking products	2.55
化学原料及化学制品制造业	Raw chem cal materials and chemical prochucts	1.31
医药制造业	Medical and pharmaceutical products	0.61
化学纤维制造业	Chemical fibers	1.16
橡胶制品业	Rubber products	0.59
塑料制品业	Plastic products	0.95
非金属矿物制品业	Nonmetal mineral products	0.93
黑色金属冶炼及压延加工业	Smelting and pressing of ferrous metals	1.21
有色金属冶炼及压延加工业	Smelting and pressing of nonferrous metals	1.20
金属制品业	Metal products	0.60
普通机械制造业	Ordinary machinery manufacturing	0.64
专用设备制造业	Special purpose equipment manufacturing	0.57
交通运输设备制造业	Transportation equipment manufacturing	1.22
武器弹药制造业	Weapon and ammunition manufacturing	0.62
电气机械及器材制造业	Electric equipment and machinery	0.53
电子及通信设备制造业	Electronic and telecommunicutions	1.03
仪器仪表及文化、办公用机械制造业	Instruments meters cultural and official machinery	0.61
其他制造业	Other manufacturing	0.89
电力、蒸汽、热水的生产和供应业	Electric power steam and hot water production and supply	1.96
煤气生产和供应业	Gas prochucts and supply	0.70
自来水的生产和供应业	Tap water produetion and supply	1.41

contined

unit:%

资金利税率 ratio of profit and tax to assets	成本利润率 ratio of profit to tolal cost	全员劳动生产率(元/人) overall labor productiving	销售收入利税率 ratio of pre tax profits to sales revenue	产成品可供销售天数(天) available days for sale about the finished products (days)
3.51	**−0.60**	**15 722**	**6.64**	**48**
2.89	−1.84	16 726	5.68	42
5.94	1.93	9 971	7.63	70
10.13	2.99	22 251	11.96	52
−5.18	−20.76	6 080	−17.27	93
8.73	13.85	29 624	19.76	61
1.58	−3.05	24 362	3.33	58
2.55	−1.71	25 244	5.06	50
−3.71	−10.95	22 008	−8.03	208
−4.57	−17.44	18 737	−19.47	108
2.38	−1.80	31 822	5.04	57
−4.65	−11.99	5 931	−11.76	292
3.61	−0.66	13 637	7.41	78
3.48	−0.58	16 583	6.43	39
3.75	−0.69	23 394	6.87	33
3.00	−1.05	11 749	6.98	75
3.22	−0.09	10 516	5.86	75
−1.09	−10.25	4 830	−3.65	43
5.38	2.53	76 949	16.58	15
3.67	−1.57	24 286	8.08	57
1.55	0.66	9 385	3.32	29
7.88	2.99	10 152	8.82	63
4.70	13.88	6 605	22.00	110
5.53	3.45	8 026	9.72	49
−1.34	−3.55	22 076	−2.11	84
−0.12	−4.55	11 995	−0.25	51
7.64	−0.26	18 593	16.23	45
38.32	−0.46	70 854	47.91	9
−1.90	−7.43	5 748	−5.05	134
−0.82	−4.53	5 528	−1.15	88
−2.14	−9.17	6 055	−7.14	170
0.73	−3.75	7 688	1.29	93
−5.22	−8.78	10 636	−5.89	74
0.66	−5.05	10 917	1.67	89
3.81	−1.02	7 278	5.81	62
−3.30	−9.27	4 621	−5.22	79
20.76	2.53	54 519	15.36	24
0.55	−5.54	20 001	1.11	28
10.81	18.08	30 725	24.60	105
4.84	3.93	19 300	9.25	36
−1.87	−13.65	6 005	−5.10	151
2.71	0.78	13 051	4.76	107
3.00	−0.02	9 670	6.09	66
2.63	0.39	16 422	4.27	32
1.44	−1.14	19 713	2.69	76
0.01	−3.81	7 272	0.03	105
0.66	−4.99	6 831	1.64	132
0.04	−3.29	7 636	0.11	89
5.60	1.65	30 151	7.53	36
−2.37	−10.23	5 338	−6.98	94
0.15	−5.21	8 700	0.42	116
2.47	−0.19	9 127	3.97	57
−1.23	−10.01	4 807	−5.08	102
1.21	−3.89	7 080	2.16	78
6.85	3.85	52 690	16.30	1
−4.03	−16.34		−17.71	
−1.41	−11.28	13 892	−4.37	

12－9 各市(州)全部独立核算工业企业主要财务指标(1997)
FINANCIAL INDICATORS OF INDUSTRIAL ENTERPRISES WITH INDEPENDENT ACCOUNTING SYSTEMS BY CITIES

单位:万元　　unit:10 000 yuan

市(州) cities perfecture	企业单位数(个) number of enter－prises	#亏损企业 number of loss making enter－prises	工业总产值(当年价新规定) gross output value of industry (current prices)	工业增加值(生产法) added value of industry	资本金合计 tolal of capital assets	年末资产总计 assets at year end	流动资产合计 total of circulat－ing funds	流动资产年平均余额 average balance cirulating funds	固定资产合计 total of fixed assets
长春市 Changchun	2 702	724	4 964 860	1 282 959	1 707 699	9 611 618	4 638 985	4 414 607	4 002 131
吉林市 Jilin	2 585	588	3 533 130	742 858	1 686 111	8 074 694	2 681 470	2 592 003	4 900 637
四平市 Siping	1 163	345	882 284	245 765	603 656	1 896 697	743 016	699 442	1 040 727
辽源市 Liaoyuan	730	195	354 877	106 285	202 185	959 635	430 151	417 118	467 072
通化市 Tonghua	1 349	350	951 515	302 432	469 084	1 966 631	959 515	877 691	899 795
白山市 Baishan	539	119	531 492	205 129	339 322	1 164 886	428 486	384 239	658 900
松原市 Songyuan	589	82	918 191	430 401	508 964	2 069 761	1 003 317	818 732	998 730
白城市 Baicheng	741	270	326 463	89 239	148 978	714 997	349 735	329 994	336 491
延边州 Yanbian	1 438	593	929 142	336 420	627 625	2 228 532	880 606	875 507	1 178 892

12－9 续表 1 continued

单位:万元　　unit:10 000 yuan

市(州) cities (perfecture)	固定资产原价 original value of fixed assets	固定资产净值年平均余额 average balances of fixed assets	流动负债年平均余额 total of circulating liabilities	长期负债合计 long term liabilities owners rights and interests	年末所有者权益 owners rights and interests	产品销售收入 revenue of products sales	产品销售成本 cost of products sales
长春市 Changchun	4 755 413	3 247 604	4 452 106	2 042 203	2 991 882	4 940 889	4 140 537
吉林市 Jilin	5 250 854	3 511 758	2 940 159	2 477 240	2 421 654	2 944 115	2 445 844
四平市 Siping	1 254 257	939 511	904 138	523 765	375 938	787 570	648 030
辽源市 Liaoyuan	588 670	431 438	513 581	175 265	240 119	297 187	237 579
通化市 Tonghua	1 088 032	734 927	981 519	270 135	645 226	896 549	694 352
白山市 Baishan	838 545	458 903	436 494	285 495	404 190	461 365	368 834
松原市 Songyuan	1 586 649	1 051 115	854 864	431 174	670 932	841 699	692 596
白城市 Baicheng	407 069	289 300	408 961	133 985	134 721	269 389	223 391
延边州 Yanbian	1 466 120	994 374	1 035 269	497 465	635 230	851 065	620 177

12—9 续表 2 continued 2

单位:万元 unit:10 000 yuan

市(州) cities perfeeture	产品销售费用 expenses of product sales	产品销售税金及附加 prochuet sales pre tax and related payments	产品销售利润 product sales after tax profits	管理费用 expenses of management	财务费用 expenses of finance	利润总额 after tax profits	利税总额 pre tax profits
长春市 Changchun	126 840	86 539	586 973	422 506	252 861	24 619	345 197
吉林市 Jilin	48 661	62 944	386 639	331 303	231 483	−111 233	90 546
四平市 Siping	36 102	16 799	86 639	84 661	79 915	−26 062	39 807
辽源市 Liaoyuan	8 373	5 322	45 914	41 539	18 560	−3 476	17 483
通化市 Tonghua	33 415	11 249	157 533	79 432	51 715	38 000	92 146
白山市 Baishan	14 601	10 270	67 660	59 408	22 879	−16 780	19 072
松原市 Songyuan	7 302	36 016	105 771	49 639	59 878	7 540	95 206
白城市 Baicheng	7 183	2 356	36 445	26 961	21 193	−8 679	6 075
延边州 Yanbian	40 632	37 811	152 445	124 130	43 157	824	88 256

12—10 各市(州)全部独立核算工业企业主要经济效益指标(1997) ECONOMIC RESULTS INDICATORS OF INDUSTRIAL ENTERPRISES WITH INDEPENDENT ACCOUNTING SYSTEM BY CITIES(1997)

市(州) cities perfecfure	总资产贡献率(%) contribute rate of assets	资本保值增值率(%) added value rate of assets	资产负债率(%) ratio of assets liabilities	流动资产周转次数(次) turnover of circulating funrds(time)	成本利润率(%) after tax profit—s / costs	全员劳动生产率(元/人) overall labour productiving	产品销售率(%) sales rate of produets
长春市 Changchun	6.16	137.08	68.87	1.12	0.50	19 637	95.94
吉林市 Jinlin	3.95	97.94	70.01	1.14	−3.64	14 719	98.35
四平市 Siping	6.10	108.34	80.18	1.13	−3.07	13 707	91.55
辽源市 Liaoyuan	3.66	98.42	74.98	0.71	−1.14	7 042	92.16
通化市 Tonghua	7.22	129.05	67.19	1.02	4.42	14 823	93.17
白山市 Baishan	3.52	117.31	65.30	1.20	−3.60	10 295	95.80
松原市 Songyuan	7.56	114.27	67.58	1.03	0.93	45 123	97.98
白城市 Baisheng	3.55	102.17	81.16	0.82	−3.11	8 677	92.30
延边州 Yanbian	5.82	121.33	71.50	0.97	0.10	11 098	96.33

12－11 全部独立核算国有工业企业主要经济指标(1997)

单位:万元

		企业单位数(个) Mumber of ente prises
总计	**Total**	**2 380**
按企业规模分	Growped by size of enterprises	
大型企业	Llarge	139
中型企业	Mmedium	354
小型企业	Ssmall	1 887
按轻重工业分	Growped by lingt and heavy industry	
轻工业	Llight industry	1 186
重工业	Hheavy industry	1 194
按工业行业分	Growped by sector	
煤炭采选业	Ccoal mining and processing	45
石油和天然气开采业	Petroleum and natural gas extraction	6
黑色金属矿采选业	Fferrous metals mining and processing	3
有色金属矿采选业	Nvonferrous metals mining and processing	26
非金属矿采选业	Nnonmetal minerals mining and processing	29
其他矿采选业	Oother mineral mining and processing	1
木材及竹材采运业	Llogging and transport of timber and bamboo	26
食品加工业	Food processing	216
食品制造业	Food manufacturing	137
饮料制造业	Beverage manufacturing	116
烟草加工业	Tobacco processing	7
纺织业	Texfile industry	90
服装及其他纤维制品制造业	Garments and other fiber products	28
皮革、毛皮、羽绒及其制品业	Leather、furs、down and related products	23
木材加工及竹、藤、棕、草制品业	Timber processing bamboo cane palm fiber and straw products	63
家具制造业	Furniture manufacturing	13
造纸及纸制品业	Papermaking and paper products	56
印刷业、记录媒介的复制	Printing and record pressing	123
文教体育用品制造业	Stationery educational and sports goods	7
石油加工及炼焦业	Petroleum processing and coking products	12
化学原料及化学制品制造业	Raw chemical materials and chemical products	139
医药制造业	Medical and pharmaceutical produets	130
化学纤维制造业	Chemica fibers	8
橡胶制品业	Rubber products	18
塑料制品业	Plastic products	44
非金属矿物制品业	Nonmetal mineral products	214
黑色金属冶炼及压延加工业	Serelting and pressing of ferrous metals	31
有色金属冶炼及压延加工业	Smelting and pressing of nonferrous metals	18
金属制品业	Metal products	62
普通机械制造业	Ordinary machinery manufacturing	116
专用设备制造业	Special purpose equipment manufacturing	98
交通运输设备制造业	Transportation equipment manufacturing	146
武器弹药制造业	Weapon and ammunition manufacturing	4
电气机械及器材制造业	Electric equipment and machinery	65
电子及通信设备制造业	Electronic and telecommunication	25
仪器仪表及文化、办公用机械制造业	Instruments meters cultural and official machinery	33
其他制造业	Other manufacturing	10
电力、蒸汽、热水的生产和供应业	Electric power steam and hot water production and supply	123
煤气生产和供应业	Gas production and supply	12
自来水的生产和供应业	Tap water production and supply	57

ECONOMIC RESULTS INDICATORS OF STATE-OWNED INDUSTRIAL ENTERPRISES WITH INDEPENDENT ACCOUNTING SYSTEMS(1997)

unit:10 000 yuan

亏损企业 Number of loss making ente prises	工业总产值（当年价格新规定） Gross output Value of industry (currentprices)	工业总产值（1990年不变价格新规定） Gross output Value of industry (at 1990 constant prices)	工业增加值（生产法） Added Value of industry	工业销售产值（新规定） Value of product sales
1 046	**9 404 789**	**6 993 234**	**2 540 606**	**9 187 041**
45	7 536 436	5 549 310	2 006 589	7 402 004
201	1 074 533	818 710	314 469	1 027 497
800	793 820	625 214	219 548	757 540
576	1 338 922	1 186 907	371 122	1 252 042
470	8 065 866	5 806 327	2 169 484	7 934 999
15	186 084	92 935	69 360	182 044
	443 763	140 652	305 165	443 933
2	2 233	1 671	499	2 221
8	48 601	28 231	16 826	47 040
14	11 337	8 838	4 365	8 526
	282	207	76	192
	382 960	268 995	166 531	366 338
101	265 957	160 427	55 227	245 203
54	51 233	42 452	8 662	46 125
50	83 695	63 337	27 579	79 673
1	92 987	149 876	53 545	96 099
56	157 540	138 196	32 897	147 516
15	20 594	20 393	3 143	20 641
9	9 060	9 542	2 636	8 621
23	22 054	18 456	5 156	21 325
7	15 181	14 934	4 720	15 103
29	104 282	90 121	33 445	95 034
59	31 329	26 766	11 735	29 865
2	804	548	64	848
5	255 408	92 945	53 297	247 706
51	1 866 089	1 164 948	289 081	1 843 362
63	129 301	144 144	39 906	109 533
4	46 944	49 611	9 299	44 812
10	22 939	24 665	5 247	21 899
21	26 841	25 005	6 277	25 962
78	274 830	196 099	77 082	263 509
15	399 718	241 530	92 255	396 917
5	110 172	85 717	27 840	109 080
31	31 118	22 917	7 150	29 834
52	103 880	91 660	23 730	100 256
39	136 995	112 587	25 491	130 524
54	3 069 175	2 748 827	722 356	3 011 794
2	48 596	39 347	9 441	49 636
32	86 727	84 185	25 293	79 565
11	100 148	158 860	16 839	98 800
23	33 821	35 227	7 839	29 589
5	19 719	26 655	3 836	16 871
58	617 712	335 950	275 696	626 534
5	36 979	21 289	−71	38 298
37	57 702	14 490	21 092	56 214

续表 1

单位:万元

		成品产销存
		年初库存价值 Stock of year begining
总计	**Total**	**908 217**
按企业规模分	Growped by size of enterprises	
大型企业	Llarge	495 603
中型企业	Mmedium	218 339
小型企业	Ssmall	194 275
按轻重工业分	Growped by lingt and heavy industry	
轻工业	Llight industry	285 040
重工业	Hheavy industry	623 177
按工业行业分	Growped by sector	
煤炭采选业	Ccoal mining and processing	19 095
石油和天然气开采业	Petroleum and natural gas extraction	6 778
黑色金属矿采选业	Fferrous metals mining and processing	157
有色金属矿采选业	Nvonferrous metals mining and processing	2 897
非金属矿采选业	Nnonmetal minerals mining and processing	2 922
其他矿采选业	Oother mineral mining and processing	109
木材及竹材采运业	Llogging and transport of timber and bamboo	40 968
食品加工业	Food processing	85 566
食品制造业	Food manufacturing	10 297
饮料制造业	Beverage manufacturing	14 550
烟草加工业	Tobacco processing	6 170
纺织业	Texfile industry	33 761
服装及其他纤维制品制造业	Garments and other fiber products	5 790
皮革、毛皮、羽绒及其制品业	Leather、furs、down and related products	2 806
木材加工及竹、藤、棕、草制品业	Timber processing bamboo cane palm fiber and straw products	7 381
家具制造业	Furniture manufacturing	513
造纸及纸制品业	Papermaking and paper products	20 818
印刷业、记录媒介的复制	Printing and record pressing	5 838
文教体育用品制造业	Stationery educational and sports goods	387
石油加工及炼焦业	Petroleum processing and coking products	11 294
化学原料及化学制品制造业	Raw chemical materials and chemical products	76 175
医药制造业	Medical and pharmaceutical produets	56 046
化学纤维制造业	Chemica fibers	9 680
橡胶制品业	Rubber products	8 212
塑料制品业	Plastic products	9 718
非金属矿物制品业	Nonmetal mineral products	36 679
黑色金属冶炼及压延加工业	Serelting and pressing of ferrous metals	32 648
有色金属冶炼及压延加工业	Smelting and pressing of nonferrous metals	19 275
金属制品业	Metal products	10 918
普通机械制造业	Ordinary machinery manufacturing	39 496
专用设备制造业	Special purpose equipment manufacturing	36 440
交通运输设备制造业	Transportation equipment manufacturing	234 050
武器弹药制造业	Weapon and ammunition manufacturing	12 613
电气机械及器材制造业	Electric equipment and machinery	20 310
电子及通信设备制造业	Electronic and telecommunication	11 512
仪器仪表及文化、办公用机械制造业	Instruments meters cultural and official machinery	8 181
其他制造业	Other manufacturing	1 701
电力、蒸汽、热水的生产和供应业	Electric power steam and hot water production and supply	1 644
煤气生产和供应业	Gas production and supply	4 772
自来水的生产和供应业	Tap water production and supply	53

contined

unit:10 000 yuan

Value sales and stock of finisbed drodosts			半成品在制品期末期初差额 Balance of semiproduts and producing at begining and end	对外加工费收入 Revenue of external processing	工业中间投入合计 Intermediate inputs
生产价值 Value of finishod	销售价值 Sales of finishod vroslusts	年末库存价值 Stock of finishod vroslusts			
9 109 548	**8 900 205**	**1 107 895**	**39 046**	**128 989**	**7 328 693**
7 342 618	7 223 168	614 521	15 787	82 590	5 905 700
1 024 692	981 951	254 338	10 497	18 274	814 211
742 237	695 087	239 036	12 762	28 125	608 782
1 300 344	1 222 698	344 522	9 138	27 190	1 019 294
7 809 204	7 677 507	763 373	29 908	101 799	6 309 399
164 933	158 495	25 301	5 144	1 343	129 312
434 907	433 999	7 686	548	8 303	182 235
2 233	2 138	252			1 890
47 014	44 515	5 395	454	866	32 643
10 770	8 298	5 404	452	37	7 400
282	192	199			207
369 033	353 910	56 091	1 673	6 877	224 686
258 237	235 637	106 717	427	5 875	212 717
50 007	44 416	13 464	368	492	44 091
80 191	76 289	18 253	274	517	60 676
91 791	94 836	3 124		1 196	50 435
155 224	150 358	37 047	717	1 232	128 374
18 259	18 867	5 191	123	1 041	17 609
7 619	7 331	3 081	531	879	6 524
21 463	20 450	8 376	235	368	17 808
15 046	15 093	591	122	11	10 568
103 882	94 948	20 226	45	33	76 472
24 813	24 245	6 527	1 137	4 965	21 312
752	748	391		52	810
254 804	242 722	23 565	261	627	213 209
1 862 114	1 839 679	98 498	1 231	1 637	1 639 709
123 172	105 740	72 699	3 203	3 251	94 199
46 461	44 804	11 337	−56	2	39 696
22 784	21 752	9 260	22	134	19 038
26 604	24 944	11 410	56	54	21 196
269 653	260 275	45 240	2 705	1 014	213 628
393 983	392 277	34 067	1 464	3 138	322 754
101 759	100 646	19 883	−216	8 561	84 997
27 468	25 657	12 653	2 505	586	24 972
93 392	90 123	41 640	2 163	7 120	86 458
130 622	125 387	41 176	2 921	3 181	114 672
3 025 785	2 973 981	297 933	3 300	39 292	2 482 530
40 947	43 932	9 628	1 881	5 439	41 095
83 935	78 337	25 622	1 261	580	65 608
96 873	98 368	10 255	2 586	817	87 651
29 539	26 748	9 768	1 511	2 771	27 710
19 719	16 871	4 549		6 011	16 304
509 187	510 359	344		10 608	428 973
36 979	37 195	4 809			38 213
57 313	55 646	245		79	40 314

续表 2

单位:万元

		本年应付工资总额 Total of payable wayes
总计	**Total**	**1 033 804**
按企业规模分	Growped by size of enterprises	
大型企业	Llarge	762 037
中型企业	Mmedium	153 549
小型企业	Ssmall	118 218
按轻重工业分	Growped by lingt and heavy industry	
轻工业	Llight industry	152 264
重工业	Hheavy industry	881 539
按工业行业分	Growped by sector	
煤炭采选业	Ccoal mining and processing	74 646
石油和天然气开采业	Petroleum and natural gas extraction	88 229
黑色金属矿采选业	Fferrous metals mining and processing	418
有色金属矿采选业	Nvonferrous metals mining and processing	12 865
非金属矿采选业	Nnonmetal minerals mining and processing	2 538
其他矿采选业	Oother mineral mining. and processing	80
木材及竹材采运业	Llogging and transport of timber and bamboo	87 611
食品加工业	Food processing	16 428
食品制造业	Food manufacturing	7 016
饮料制造业	Beverage manufacturing	9 674
烟草加工业	Tobacco processing	7 227
纺织业	Texfile industry	25 546
服装及其他纤维制品制造业	Garments and other fiber products	3 358
皮革、毛皮、羽绒及其制品业	Leather、furs、down and related products	1 311
木材加工及竹、藤、棕、草制品业	Timber processing bamboo cane palm fiber and straw products	3 685
家具制造业	Furniture manufacturing	457
造纸及纸制品业	Papermaking and paper products	12 507
印刷业、记录媒介的复制	Printing and record pressing	6 148
文教体育用品制造业	Stationery educational and sports goods	120
石油加工及炼焦业	Petroleum processing and coking products	8 820
化学原料及化学制品制造业	Raw chemical materials and chemical products	114 596
医药制造业	Medical and pharmaceutical produets	21 840
化学纤维制造业	Chemica fibers	5 808
橡胶制品业	Rubber products	4 492
塑料制品业	Plastic products	2 787
非金属矿物制品业	Nonmetal mineral products	38 132
黑色金属冶炼及压延加工业	Serelting and pressing of ferrous metals	40 188
有色金属冶炼及压延加工业	Smelting and pressing of nonferrous metals	11 077
金属制品业	Metal products	6 458
普通机械制造业	Ordinary machinery manufacturing	24 309
专用设备制造业	Special purpose equipment manufacturing	23 482
交通运输设备制造业	Transportation equipment manufacturing	224 092
武器弹药制造业	Weapon and ammunition manufacturing	10 351
电气机械及器材制造业	Electric equipment and machinery	10 845
电子及通信设备制造业	Electronic and telecommunication	8 781
仪器仪表及文化、办公用机械制造业	Instruments meters cultural and official machinery	8 628
其他制造业	Other manufacturing	973
电力、蒸汽、热水的生产和供应业	Electric power steam and hot water production and supply	89 689
煤气生产和供应业	Gas production and supply	6 349
自来水的生产和供应业	Tap water production and supply	12 244

contined

unit:10 000 yuan

本年应付福利费总额 Tatal of welfare costs	全部职工（从业人员）年平均人数（人） Staff and workers cannual average	资本金		
		合计 Total of capital assets	国家资本金 Stafe owed	外商资本金 Foreign funded
143 069	**1 518 959**	**4 297 840**	**3 939 045**	**137 268**
108 343	833 160	3 285 179	2 965 042	134 722
20 495	363 620	562 639	542 633	1 851
14 231	322 179	450 022	431 370	694
24 095	346 146	699 537	641 848	1 887
118 975	1 172 813	3 598 303	3 297 197	135 381
7 637	153 930	184 006	183 723	
10 306	40 621	336 528	323 146	
26	640	2 321	2 321	
1 569	18 813	30 418	28 875	
306	7 574	4 989	4 946	
5	182	2 259	2 259	
15 552	206 779	256 596	241 328	96
2 122	40 386	115 368	114 517	
884	24 689	37 211	35 860	107
1 294	27 422	35 926	34 730	
7 536	7 499	49 211	48 785	
2 387	73 612	69 008	68 277	
173	6 691	10 870	10 594	
115	5 865	5 173	4 152	
637	13 037	19 196	18 933	
28	3 295	1 895	1 895	
1 775	22 641	49 939	49 099	
755	17 195	13 856	13 629	25
14	1 275	1 168	1 168	
1 248	7 975	62 036	62 036	
16 148	126 980	734 145	615 306	14 829
2 073	35 340	75 547	69 462	
797	9 594	23 676	23 676	
446	8 210	8 321	8 260	
322	7 546	6 482	5 760	328
4 655	78 862	142 052	126 825	
5 190	49 163	169 474	168 526	
1 446	15 707	43 064	42 931	
677	18 909	26 006	25 848	
3 445	52 266	65 993	62 703	
3 403	48 588	54 500	54 415	
35 113	200 062	738 614	581 957	120 000
1 429	17 685	29 979	29 979	
1 333	23 510	35 379	30 377	1 755
1 263	14 009	36 619	35 959	128
885	20 634	27 021	26 941	
97	1 900	2 743	2 608	
7 961	52 574	634 921	622 200	
722	42 514	62 618	62 618	
1 293	14 785	92 714	92 423	

续表 3

单位:万元

		损益及分配
		流动资产合计 total circulating funds
总计	**Total**	**8 676 155**
按企业规模分	Growped by size of enterprises	
大型企业	Llarge	6 329 238
中型企业	Mmedium	1 341 364
小型企业	Ssmall	1 005 553
按轻重工业分	Growped by lingt and heavy industry	
轻工业	Llight industry	1 547 714
重工业	Hheavy industry	7 128 441
按工业行业分	Growped by sector	
煤炭采选业	Ccoal mining and processing	227 774
石油和天然气开采业	Petroleum and natural gas extraction	733 911
黑色金属矿采选业	Fferrous metals mining and processing	1 959
有色金属矿采选业	Nvonferrous metals mining and processing	29 903
非金属矿采选业	Nnonmetal minerals mining and processing	17 129
其他矿采选业	Oother mineral mining and processing	1 734
木材及竹材采运业	Llogging and transport of timber and bamboo	250 842
食品加工业	Food processing	294 388
食品制造业	Food manufacturing	64 660
饮料制造业	Beverage manufacturing	102 612
烟草加工业	Tobacco processing	80 802
纺织业	Texfile industry	211 819
服装及其他纤维制品制造业	Garments and other fiber products	22 481
皮革、毛皮、羽绒及其制品业	Leather、furs、down and related products	17 916
木材加工及竹、藤、棕、草制品业	Timber processing bamboo cane palm fiber and straw products	32 535
家具制造业	Furniture manufacturing	3 093
造纸及纸制品业	Papermaking and paper products	97 432
印刷业、记录媒介的复制	Printing and record pressing	32 390
文教体育用品制造业	Stationery educational and sports goods	1 367
石油加工及炼焦业	Petroleum processing and coking products	98 364
化学原料及化学制品制造业	Raw chemical materials and chemical products	1 111 627
医药制造业	Medical and pharmaceutical produets	205 433
化学纤维制造业	Chemica fibers	67 481
橡胶制品业	Rubber products	39 834
塑料制品业	Plastic products	36 568
非金属矿物制品业	Nonmetal mineral products	345 932
黑色金属冶炼及压延加工业	Serelting and pressing of ferrous metals	360 673
有色金属冶炼及压延加工业	Smelting and pressing of nonferrous metals	82 457
金属制品业	Metal products	62 253
普通机械制造业	Ordinary machinery manufacturing	279 778
专用设备制造业	Special purpose equipment manufacturing	224 211
交通运输设备制造业	Transportation equipment manufacturing	2 691 142
武器弹药制造业	Weapon and ammunition manufacturing	83 935
电气机械及器材制造业	Electric equipment and machinery	120 026
电子及通信设备制造业	Electronic and telecommunication	127 931
仪器仪表及文化、办公用机械制造业	Instruments meters cultural and official machinery	58 893
其他制造业	Other manufacturing	10 969
电力、蒸汽、热水的生产和供应业	Electric power steam and hot water production and supply	353 647
煤气生产和供应业	Gas production and supply	56 384
自来水的生产和供应业	Tap water production and supply	33 874

contined

unit:10 000 yuan

loss,profits and distribution

#存货 stock	产成品 finished products	流动资产年平均余额 average balance circulating funds	长期投资 long term investment	固定资产合计 fixed assets	固定资产原价合计 original value of fixed assets
2 749 444	**1 011 265**	**8 203 517**	**730 193**	**11 885 282**	**14 235 749**
1 921 945	614 446	5 988 802	639 482	9 219 806	10 992 881
476 577	226 803	1 250 954	69 008	1 613 499	1 984 924
350 922	170 017	963 762	21 704	1 051 978	1 257 944
603 110	282 874	1 478 659	74 485	1 414 003	1 696 088
2 146 334	728 391	6 724 858	655 708	10 471 280	12 539 661
56 979	17 064	219 417	11 514	476 795	621 318
57 921	10 582	580 898	21 989	664 280	1 084 976
878	427	1 492	45	9 578	10 263
11 628	3 692	25 855	2 920	82 378	103 999
4 686	3 411	15 842	1 121	19 633	21 322
553	198	1 727	68	380	442
88 932	47 993	252 838	29 114	418 668	570 871
139 767	66 664	253 171	7 346	220 872	277 609
22 917	10 794	90 590	3 059	67 601	82 005
41 351	15 790	101 358	3 226	98 307	109 861
12 673	2 436	86 152	5 956	75 010	80 931
83 567	48 475	203 154	14 334	219 855	250 435
11 003	5 180	18 685	596	16 534	21 564
6 993	3 060	16 569	734	16 127	17 827
11 361	7 271	31 555	2 371	45 465	51 336
1 660	554	3 163	3	5 340	6 440
53 248	20 387	90 023	1 877	120 451	161 116
11 911	5 654	31 293	1 257	28 801	39 346
588	161	1 347	43	1 814	2 659
29 778	14 718	92 031	2 588	96 269	162 232
289 158	90 861	1 060 316	48 991	2 998 234	2 674 931
81 808	46 921	203 682	5 499	110 594	141 546
27 897	10 214	59 644	928	75 436	91 367
16 422	8 882	41 353	6 264	84 307	90 694
14 252	10 114	35 310	597	28 162	35 202
106 616	45 153	326 041	12 305	389 919	466 619
115 611	30 841	347 562	7 380	442 896	528 461
44 308	20 538	83 834	5 323	149 492	175 977
27 266	12 681	58 083	2 051	102 319	115 979
149 975	43 878	201 332	9 294	195 324	224 468
85 465	35 052	218 300	1 908	148 262	204 841
949 710	311 954	2 650 414	475 893	2 104 547	2 494 330
35 284	12 368	77 330	11 733	68 843	102 979
38 546	19 163	111 012	10 264	91 929	97 162
44 610	15 093	104 392	11 204	88 381	97 799
20 191	8 886	53 712	2 251	108 955	120 408
3 528	1 524	10 873	48	10 672	11 600
43 446	2 549	358 696	2 307	1 743 632	2 579 238
4 660	17	52 836	5 352	116 882	130 817
2 301	68	31 636	443	142 341	174 782

续表 4

单位:万元

		损益及分配
		累计折旧 cumulative depreciation
总计	**Total**	**4 048 940**
按企业规模分	Growped by size of enterprises	
大型企业	Llarge	3 243 285
中型企业	Mmedium	520 013
小型企业	Ssmall	285 642
按轻重工业分	Growped by lingt and heavy industry	
轻工业	Llight industry	421 479
重工业	Hheavy industry	3 627 461
按工业行业分	Growped by sector	
煤炭采选业	Ccoal mining and processing	168 861
石油和天然气开采业	Petroleum and natural gas extraction	469 630
黑色金属矿采选业	Fferrous metals mining and processing	983
有色金属矿采选业	Nvonferrous metals mining and processing	28 577
非金属矿采选业	Nnonmetal minerals mining and processing	4 198
其他矿采选业	Oother mineral mining and processing	103
木材及竹材采运业	Llogging and transport of timber and bamboo	161 753
食品加工业	Food processing	63 428
食品制造业	Food manufacturing	19 499
饮料制造业	Beverage manufacturing	23 419
烟草加工业	Tobacco processing	12 696
纺织业	Texfile industry	58 491
服装及其他纤维制品制造业	Garments and other fiber products	5 945
皮革、毛皮、羽绒及其制品业	Leather、furs、down and related products	2 250
木材加工及竹、藤、棕、草制品业	Timber processing bamboo cane palm fiber and straw products	10 519
家具制造业	Furniture manufacturing	1 409
造纸及纸制品业	Papermaking and paper products	51 033
印刷业、记录媒介的复制	Printing and record pressing	12 120
文教体育用品制造业	Stationery educational and sports goods	869
石油加工及炼焦业	Petroleum processing and coking products	71 003
化学原料及化学制品制造业	Raw chemical materials and chemical products	600 217
医药制造业	Medical and pharmaceutical produets	37 031
化学纤维制造业	Chemica fibers	30 473
橡胶制品业	Rubber products	9 164
塑料制品业	Plastic products	9 341
非金属矿物制品业	Nonmetal mineral products	123 877
黑色金属冶炼及压延加工业	Serelting and pressing of ferrous metals	129 061
有色金属冶炼及压延加工业	Smelting and pressing of nonferrous metals	37 197
金属制品业	Metal products	24 303
普通机械制造业	Ordinary machinery manufacturing	70 494
专用设备制造业	Special purpose equipment manufacturing	65 185
交通运输设备制造业	Transportation equipment manufacturing	656 039
武器弹药制造业	Weapon and ammunition manufacturing	37 468
电气机械及器材制造业	Electric equipment and machinery	24 188
电子及通信设备制造业	Electronic and telecommunication	21 500
仪器仪表及文化、办公用机械制造业	Instruments meters cultural and official machinery	23 803
其他制造业	Other manufacturing	2 480
电力、蒸汽、热水的生产和供应业	Electric power steam and hot water production and supply	913 205
煤气生产和供应业	Gas production and supply	22 463
自来水的生产和供应业	Tap water production and supply	44 667

contined

unit:10 000 yuan

loss,profits and distribution					
本年折旧 depreciation at this year	固定资产净值年平均余额 average balances net value of fixed assets	无形及递延资产合计 total intangible assets and deferred assets	#无形资产 intangible assets	资产总计 total assets	流动负债合计 total liabilities circulating
654 278	**9 252 874**	**629 545**	**271 953**	**22 007 248**	**9 804 448**
547 977	7 051 636	406 925	225 664	16 624 756	6 613 082
71 490	1 280 050	154 164	28 812	3 205 283	1 843 730
34 811	921 189	68 456	17 478	2 177 209	1 347 636
52 860	1 153 235	136 866	35 785	3 208 079	2 106 528
601 418	8 099 640	492 679	236 168	18 799 169	7 697 920
14 564	450 191	35 002	38	752 318	271 798
76 993	540 911	3 168	286	1 423 416	665 778
347	8 089	191		11 773	3 246
3 193	73 212	1 765	58	117 479	34 695
253	17 326	885	89	40 102	21 283
	338	77		2 259	2 000
18 768	375 204	7 835	489	720 350	311 764
4 700	206 005	10 157	1 894	537 014	437 529
3 312	55 830	5 819	3 290	143 810	105 016
3 392	83 759	7 349	279	214 637	158 762
2 473	35 266	1 311	426	163 079	87 535
5 950	164 483	37 972	609	484 662	348 874
754	15 561	298	127	39 909	30 676
172	13 794	1 173	780	35 950	25 069
800	39 591	1 534	129	84 883	50 858
176	4 772	226	123	8 666	5 674
4 814	97 775	10 980	1 313	231 863	131 247
1 207	24 871	1 906	167	65 821	42 329
65	1 813	1 267	5	4 492	4 197
14 943	85 455	3 382		208 367	90 681
121 360	1 877 745	182 554	139 755	4 345 616	1 390 029
5 519	93 645	19 590	14 042	355 715	235 443
2 894	59 710	9 497	3	153 440	99 193
1 035	27 383	13 895	3 711	144 684	77 730
1 381	27 546	2 240	355	67 603	38 094
13 574	305 859	43 857	12 175	795 274	393 449
18 253	388 369	6 697	837	819 669	520 226
4 267	122 588	3 090	1 244	240 441	115 340
10 035	67 586	984	229	168 441	113 750
5 543	151 272	7 931	4 989	494 013	259 325
8 144	124 514	17 911	1 641	393 384	299 866
158 491	1 668 327	125 033	61 714	5 397 258	2 474 118
2 377	63 899	38	38	164 550	110 083
2 946	68 952	3 639	1 558	227 266	151 821
3 426	65 179	9 754	1 604	237 279	135 808
5 464	98 214	5 327	1 092	175 434	101 855
524	9 310	857	857	25 480	9 626
120 762	1 504 929	42 504	14 285	2 147 801	311 311
4 340	109 094	708	617	183 156	91 499
7 069	124 509	1 140	1 107	179 897	46 876

续表 5

单位:万元

		损益及分配
		长期负债合计 long term liabilities
总计	**Total**	**5 935 128**
按企业规模分	Growped by size of enterprises	
大型企业	Llarge	4 701 946
中型企业	Mmedium	804 688
小型企业	Ssmall	428 494
按轻重工业分	Growped by lingt and heavy industry	
轻工业	Llight industry	541 395
重工业	Hheavy industry	5 393 733
按工业行业分	Growped by sector	
煤炭采选业	Ccoal mining and processing	179 505
石油和天然气开采业	Petroleum and natural gas extraction	317 535
黑色金属矿采选业	Fferrous metals mining and processing	1 175
有色金属矿采选业	Nvonferrous metals mining and processing	25 040
非金属矿采选业	Nnonmetal minerals mining and processing	9 411
其他矿采选业	Oother mineral mining and processing	
木材及竹材采运业	Llogging and transport of timber and bamboo	112 694
食品加工业	Food processing	31 827
食品制造业	Food manufacturing	37 040
饮料制造业	Beverage manufacturing	33 962
烟草加工业	Tobacco processing	16 909
纺织业	Texfile industry	126 539
服装及其他纤维制品制造业	Garments and other fiber products	3 944
皮革、毛皮、羽绒及其制品业	Leather、furs、down and related products	7 705
木材加工及竹、藤、棕、草制品业	Timber processing bamboo cane palm fiber and straw products	21 415
家具制造业	Furniture manufacturing	1 443
造纸及纸制品业	Papermaking and paper products	60 806
印刷业、记录媒介的复制	Printing and record pressing	12 258
文教体育用品制造业	Stationery educational and sports goods	321
石油加工及炼焦业	Petroleum processing and coking products	27 042
化学原料及化学制品制造业	Raw chemical materials and chemical products	1 921 789
医药制造业	Medical and pharmaceutical produets	45 380
化学纤维制造业	Chemica fibers	38 060
橡胶制品业	Rubber products	82 634
塑料制品业	Plastic products	24 340
非金属矿物制品业	Nonmetal mineral products	206 553
黑色金属冶炼及压延加工业	Serelting and pressing of ferrous metals	70 490
有色金属冶炼及压延加工业	Smelting and pressing of nonferrous metals	54 410
金属制品业	Metal products	22 733
普通机械制造业	Ordinary machinery manufacturing	72 161
专用设备制造业	Special purpose equipment manufacturing	43 613
交通运输设备制造业	Transportation equipment manufacturing	1 256 460
武器弹药制造业	Weapon and ammunition manufacturing	17 216
电气机械及器材制造业	Electric equipment and machinery	41 248
电子及通信设备制造业	Electronic and telecommunication	71 189
仪器仪表及文化、办公用机械制造业	Instruments meters cultural and official machinery	42 430
其他制造业	Other manufacturing	12 762
电力、蒸汽、热水的生产和供应业	Electric power steam and hot water production and supply	847 492
煤气生产和供应业	Gas production and supply	13 498
自来水的生产和供应业	Tap water production and supply	24 101

contined

unit：10 000 yuan

loss,profits and distribution

负债合计 total liabilities	所有者权益合计 owners rights and interests	#股本 capital stock	产品销售收入 revenue of product sales	产品销售成本 cost of product sales
15 778 080	**6 229 169**	**500 208**	**8 886 994**	**7 369 695**
11 334 424	5 290 333	485 023	7 197 989	5 995 387
2 657 703	547 580	10 056	979 540	785 801
1 785 953	391 256	5 128	709 464	588 507
2 669 000	539 080	13 077	1 135 310	908 641
13 109 080	5 690 089	487 131	7 751 684	6 461 054
452 204	300 114	389	173 656	140 431
983 313	440 103		418 969	332 252
4 421	7 352		2 220	1 848
59 931	57 548		42 204	30 517
30 730	9 372	87	7 923	5 633
2 000	259		183	123
427 130	293 220		357 783	235 062
469 494	67 520	2 886	212 551	200 982
142 668	1 142	1 238	43 720	35 961
202 736	11 901	831	66 464	46 901
104 444	58 636		97 376	52 292
482 865	1 797	12	132 034	115 721
34 622	5 288		21 609	18 992
32 871	3 079	374	6 506	5 427
72 273	12 610		17 165	15 370
7 117	1 550		14 957	14 677
192 057	39 806		88 195	73 524
54 655	11 166	45	28 048	21 924
4 519	−27	11	744	594
117 723	90 643		245 610	193 363
3 313 454	1 032 163	345 886	1 397 365	1 171 554
280 829	74 886	7 026	92 209	61 446
137 253	16 187		42 976	33 455
160 366	−15 682		21 918	18 500
62 445	5 158		23 950	21 005
602 023	193 251	29 086	241 491	179 527
590 717	228 952		461 145	396 936
171 183	69 258		100 516	84 052
136 490	31 951		29 642	25 001
331 487	162 526	240	104 819	80 245
346 419	46 965	422	127 586	108 379
3 732 719	1 664 539	105 016	3 196 028	2 714 548
127 300	37 250		48 067	38 633
194 203	33 063	4 163	79 414	57 962
207 089	30 190		100 786	83 978
146 700	28 734		29 968	21 522
22 388	3 092	3	10 248	8 445
1 161 049	986 752	1 841	711 054	640 061
104 997	78 159		36 759	38 057
71 202	108 696	652	53 137	44 796

续表 6

单位:万元

		损益及分配
		产品销售费用 expenses of products sales
总计	**Total**	**170 964**
按企业规模分	Growped by size of enterprises	
大型企业	Llarge	109 718
中型企业	Mmedium	31 573
小型企业	Ssmall	29 673
按轻重工业分	Growped by lingt and heavy industry	
轻工业	Llight industry	43 052
重工业	Hheavy industry	127 913
按工业行业分	Growped by sector	
煤炭采选业	Ccoal mining and processing	7 612
石油和天然气开采业	Petroleum and natural gas extraction	1 486
黑色金属矿采选业	Fferrous metals mining and processing	408
有色金属矿采选业	Nvonferrous metals mining and processing	609
非金属矿采选业	Nnonmetal minerals mining and processing	424
其他矿采选业	Oother mineral mining and processing	14
木材及竹材采运业	Llogging and transport of timber and bamboo	5 661
食品加工业	Food processing	4 670
食品制造业	Food manufacturing	3 683
饮料制造业	Beverage manufacturing	4 106
烟草加工业	Tobacco processing	584
纺织业	Texfile industry	2 378
服装及其他纤维制品制造业	Garments and other fiber products	531
皮革、毛皮、羽绒及其制品业	Leather、furs、down and related products	102
木材加工及竹、藤、棕、草制品业	Timber processing bamboo cane palm fiber and straw products	1 108
家具制造业	Furniture manufacturing	36
造纸及纸制品业	Papermaking and paper products	1 544
印刷业、记录媒介的复制	Printing and record pressing	615
文教体育用品制造业	Stationery educational and sports goods	40
石油加工及炼焦业	Petroleum processing and coking products	1 227
化学原料及化学制品制造业	Raw chemical materials and chemical products	11 305
医药制造业	Medical and pharmaceutical produets	10 806
化学纤维制造业	Chemica fibers	539
橡胶制品业	Rubber products	668
塑料制品业	Plastic products	576
非金属矿物制品业	Nonmetal mineral products	12 069
黑色金属冶炼及压延加工业	Serelting and pressing of ferrous metals	4 284
有色金属冶炼及压延加工业	Smelting and pressing of nonferrous metals	831
金属制品业	Metal products	1 168
普通机械制造业	Ordinary machinery manufacturing	3 881
专用设备制造业	Special purpose equipment manufacturing	3 374
交通运输设备制造业	Transportation equipment manufacturing	68 832
武器弹药制造业	Weapon and ammunition manufacturing	1 386
电气机械及器材制造业	Electric equipment and machinery	3 154
电子及通信设备制造业	Electronic and telecommunication	1 629
仪器仪表及文化、办公用机械制造业	Instruments meters cultural and official machinery	901
其他制造业	Other manufacturing	180
电力、蒸汽、热水的生产和供应业	Electric power steam and hot water production and supply	2 465
煤气生产和供应业	Gas production and supply	3 094
自来水的生产和供应业	Tap water production and supply	2 985

contined

unit：10 000 yuan

loss profits and distribution

产品销售税金及附加 product sales pre－tax and related payments	产品销售利润 product sales after tax profits	管理费用 expenses of manegement	税金 tax	财产保险费 property insurame	劳动待业保险费 employee insuranue
207 681	**1 138 639**	**907 272**	**25 495**	**13 885**	**187 557**
167 230	925 656	656 515	16 114	9 438	158 263
30 591	131 575	146 139	5 575	2 843	19 947
9 861	81 408	104 619	3 807	1 604	9 348
57 042	126 561	153 752	5 030	3 140	14 038
150 639	1 012 078	753 520	20 464	10 744	173 520
1 821	23 792	47 911	3 900	420	19 402
15 766	69 466	22 384	110	68	2 363
82	−118	343	8		39
146	10 933	12 758	244	163	2 305
156	1 710	2 216	38	19	344
	46	30		1	1
15 071	101 989	79 233	1 828	2 119	22 789
549	6 335	17 929	648	408	1 113
275	3 801	7 593	379	111	889
9 017	6 440	9 228	517	229	800
35 980	8 520	12 177	65	143	765
436	13 499	18 226	789	313	1 175
82	2 003	3 447	32	9	1 031
18	959	1 468	41	35	199
450	237	4 780	117	92	791
13	232	412	4	3	9
493	12 634	10 359	341	509	1 721
235	5 273	5 967	118	65	932
9	101	274	10	4	12
23 649	27 370	18 315	227	1 072	9 690
37 437	177 069	161 456	3 969	1 700	30 434
695	19 263	19 356	387	310	1 687
164	8 819	6 008	318	285	147
1 298	1 452	4 051	165	82	619
111	2 259	2 825	119	51	317
1 933	47 962	35 132	1 353	533	4 529
2 626	57 300	35 970	1 422	262	9 506
311	15 322	10 163	251	343	478
121	3 352	6 046	83	56	944
1 975	18 719	23 083	543	250	4 068
404	15 428	20 880	855	172	2 520
47 378	365 270	230 574	4 055	2 622	55 221
493	7 556	11 441	174	74	3 085
451	17 847	14 577	200	149	1 489
432	14 747	10 503	333	112	888
242	7 303	9 100	350	34	1 437
60	1 564	1 070	216	33	44
6 273	62 255	14 087	901	480	2 810
232	−4 624	4 267	113	152	90
802	4 554	11 636	277	405	878

续表 7

单位:万元

		损益及分配
		财务费用 financial expenses
总计	**Total**	**627 511**
按企业规模分	Growped by size of enterprises	
大型企业	Llarge	498 113
中型企业	Mmedium	77 984
小型企业	Ssmall	51 414
按轻重工业分	Growped by lingt and heavy industry	
轻工业	Llight industry	74 902
重工业	Hheavy industry	552 609
按工业行业分	Growped by sector	
煤炭采选业	Ccoal mining and processing	7 228
石油和天然气开采业	Petroleum and natural gas extraction	42 344
黑色金属矿采选业	Fferrous metals mining and processing	261
有色金属矿采选业	Nvonferrous metals mining and processing	1 854
非金属矿采选业	Nnonmetal minerals mining and processing	853
其他矿采选业	Oother mineral mining and processing	16
木材及竹材采运业	Llogging and transport of timber and bamboo	11 213
食品加工业	Food processing	14 625
食品制造业	Food manufacturing	4 056
饮料制造业	Beverage manufacturing	5 126
烟草加工业	Tobacco processing	2 312
纺织业	Texfile industry	12 490
服装及其他纤维制品制造业	Garments and other fiber products	1 032
皮革、毛皮、羽绒及其制品业	Leather、furs、down and related products	672
木材加工及竹、藤、棕、草制品业	Timber processing bamboo cane palm fiber and straw products	2 400
家具制造业	Furniture manufacturing	71
造纸及纸制品业	Papermaking and paper products	5 799
印刷业、记录媒介的复制	Printing and record pressing	1 146
文教体育用品制造业	Stationery educational and sports goods	282
石油加工及炼焦业	Petroleum processing and coking products	3 366
化学原料及化学制品制造业	Raw chemical materials and chemical products	145 356
医药制造业	Medical and pharmaceutical produets	10 045
化学纤维制造业	Chemica fibers	4 680
橡胶制品业	Rubber products	2 082
塑料制品业	Plastic products	1 567
非金属矿物制品业	Nonmetal mineral products	20 230
黑色金属冶炼及压延加工业	Serelting and pressing of ferrous metals	19 519
有色金属冶炼及压延加工业	Smelting and pressing of nonferrous metals	5 253
金属制品业	Metal products	2 125
普通机械制造业	Ordinary machinery manufacturing	12 130
专用设备制造业	Special purpose equipment manufacturing	8 021
交通运输设备制造业	Transportation equipment manufacturing	172 324
武器弹药制造业	Weapon and ammunition manufacturing	5 131
电气机械及器材制造业	Electric equipment and machinery	7 077
电子及通信设备制造业	Electronic and telecommunication	6 019
仪器仪表及文化、办公用机械制造业	Instruments meters cultural and official machinery	5 892
其他制造业	Other manufacturing	1 118
电力、蒸汽、热水的生产和供应业	Electric power steam and hot water production and supply	77 536
煤气生产和供应业	Gas production and supply	3 039
自来水的生产和供应业	Tap water production and supply	1 223

contined

unit：10 000 yuan

loss profits and distribution

# 利息支出 interest expenditues	营业利润 bUsiness profits	利润总额 after tax profits	亏损企业亏损总额 total loss of loss making enterprises	利税总额 pre tax profits
624 019	**−247 006**	**−167 315**	**377 100**	**504 877**
500 701	−98 443	−48 670	210 813	494 413
76 051	−83 261	−64 819	91 745	19 920
47 267	−65 303	−53 826	74 541	−9 456
70 094	−90 982	−69 423	98 398	39 113
553 925	−156 024	−97 892	278 701	465 764
6 928	−26 381	−25 710	36 363	−11 301
45 455	10 737	7 366		66 770
261	−639	−642	648	−404
1 791	−3 684	−719	1 544	295
585	−808	−814	1 172	−230
16				1
11 120	13 971	11 434		34 763
13 634	−23 028	−21 284	26 148	−18 750
3 968	−7 301	−6 931	7 188	−5 136
4 928	−7 414	−5 333	5 855	8 243
1 689	−4 954	−285	1 365	46 689
11 480	−17 127	−16 159	16 757	−11 993
1 017	−2 284	−2 318	2 872	−2 078
670	−985	−532	996	−414
2 394	−6 761	−5 213	5 791	−3 854
70	−237	−143	239	−24
5 759	−3 238	−3 659	4 128	2 469
1 101	−1 670	−766	1 372	1 187
282	−449	−433	448	−354
3 252	6 151	5 637	888	40 384
145 567	−91 188	−93 838	97 470	6 299
8 849	−8 825	−3 262	8 768	2 238
4 679	−1 701	−2 300	2 349	−86
2 082	−4 413	−5 162	5 403	−2 519
1 549	−1 726	−1 712	1 989	−969
19 821	−3 386	−3 206	8 848	14 608
18 495	3 218	2 495	3 488	20 413
5 254	25	−978	4 843	1 998
2 037	−4 360	−4 076	4 325	−2 952
11 947	−15 657	−14 332	16 706	−6 050
7 736	−13 104	−12 518	13 823	−8 947
173 666	28 618	44 420	22 435	227 510
5 087	−8 682	−5 787	5 939	−3 354
6 657	−2 903	−2 616	4 004	2 009
5 980	−1 640	230	1 999	5 003
5 832	−7 502	−5 015	5 524	−3 045
1 098	−743	−762	967	−282
77 040	−19 392	22 559	38 998	115 789
3 038	−9 883	−7 943	8 288	−6 547
1 209	−7 664	−7 011	7 162	−2 505

续表 8

单位：万元

		损益及分配
		应交所得税 taxable income
总计	**Total**	**70 374**
按企业规模分	Growped by size of enterprises	
大型企业	Llarge	64 223
中型企业	Mmedium	4 227
小型企业	Ssmall	1 924
按轻重工业分	Growped by lingt and heavy industry	
轻工业	Llight industry	4 070
重工业	Hheavy industry	66 304
按工业行业分	Growped by sector	
煤炭采选业	Ccoal mining and processing	336
石油和天然气开采业	Petroleum and natural gas extraction	2 336
黑色金属矿采选业	Fferrous metals mining and processing	2
有色金属矿采选业	Nvonferrous metals mining and processing	222
非金属矿采选业	Nnonmetal minerals mining and processing	10
其他矿采选业	Oother mineral mining and processing	
木材及竹材采运业	Llogging and transport of timber and bamboo	352
食品加工业	Food processing	584
食品制造业	Food manufacturing	30
饮料制造业	Beverage manufacturing	140
烟草加工业	Tobacco processing	118
纺织业	Texfile industry	91
服装及其他纤维制品制造业	Garments and other fiber products	173
皮革、毛皮、羽绒及其制品业	Leather、furs、down and related products	24
木材加工及竹、藤、棕、草制品业	Timber processing bamboo cane palm fiber and straw products	154
家具制造业	Furniture manufacturing	
造纸及纸制品业	Papermaking and paper products	157
印刷业、记录媒介的复制	Printing and record pressing	91
文教体育用品制造业	Stationery educational and sports goods	
石油加工及炼焦业	Petroleum processing and coking products	1 747
化学原料及化学制品制造业	Raw chemical materials and chemical products	5 587
医药制造业	Medical and pharmaceutical produets	1 072
化学纤维制造业	Chemica fibers	
橡胶制品业	Rubber products	74
塑料制品业	Plastic products	86
非金属矿物制品业	Nonmetal mineral products	1 260
黑色金属冶炼及压延加工业	Serelting and pressing of ferrous metals	1 946
有色金属冶炼及压延加工业	Smelting and pressing of nonferrous metals	532
金属制品业	Metal products	11
普通机械制造业	Ordinary machinery manufacturing	285
专用设备制造业	Special purpose equipment manufacturing	182
交通运输设备制造业	Transportation equipment manufacturing	8 972
武器弹药制造业	Weapon and ammunition manufacturing	2
电气机械及器材制造业	Electric equipment and machinery	390
电子及通信设备制造业	Electronic and telecommunication	377
仪器仪表及文化、办公用机械制造业	Instruments meters cultural and official machinery	58
其他制造业	Other manufacturing	51
电力、蒸汽、热水的生产和供应业	Electric power steam and hot water production and supply	42 894
煤气生产和供应业	Gas production and supply	25
自来水的生产和供应业	Tap water production and supply	3

contined

unit:10 000 yuan

loss profits and distribution					
转作奖金的利润 award from profits	应付利润 profits paid	#已分配股利 dividend paid	本年应交增值税 added value tax payable in this year	本年进项税额 tax credit in this year	本年销项税额 added value tax in this year
275	**−1 500**	**1 084**	**464 511**	**1 359 792**	**1 786 486**
	−5 790	953	375 853	1 198 865	1 536 459
147	1 500		54 148	96 802	151 664
128	2 790	131	34 510	64 125	98 364
44	3 589	6	51 493	137 064	186 866
231	−5 089	1 078	413 017	1 222 728	1 599 620
	249	124	12 589	16 870	29 716
			43 638	41 768	67 212
			156	247	121
	17		868	2 692	2 529
	3		428	612	1 042
			1	2	21
	1 580		8 257	16 287	24 173
27	974	6	1 986	13 300	14 087
1	15		1 521	4 059	5 533
	147		4 560	6 776	11 436
	190		10 993	11 284	22 351
4			3 731	20 223	23 742
			158	2 056	2 211
	2		100	974	1 069
1	8		910	1 512	2 303
			107	136	241
			5 634	9 228	14 849
	39		1 718	2 618	4 281
	1		71	80	102
1	543		11 097	27 103	41 909
13	−3 763		62 701	271 215	330 171
	727		4 805	8 617	13 433
			2 051	5 743	7 569
			1 346	2 628	3 955
	17		633	2 589	2 817
109	1 310	953	15 881	29 302	38 979
70	57		15 291	54 433	70 989
10	328		2 665	12 170	13 273
	−37		1 004	4 443	4 844
8	277		6 308	11 760	17 728
2	59		3 168	17 062	20 072
	2 585		135 711	663 592	793 955
			1 940	4 607	5 893
11	46		4 174	10 202	14 399
10			4 342	12 705	17 074
5	33		1 727	2 714	4 449
	3		421	1 251	1 826
3	512		86 958	62 236	146 875
	−7 421		1 163	4 632	5 689
			3 704	67	3 571

12—12 国有独立核算工业企业主要经济效益指标(1997)

项目	Item	总资产贡献率(%) contribute rate of assets (%)
总计	**Total**	**5.13**
按企业规模分	Growped by size of enterprises	
大型企业	Large	5.99
中型企业	Medium	2.99
小型企业	Small	1.74
按轻重工业分	Growped by light and heavy industry	
轻工业	Light industry	3.40
重工业	Heavy industry	5.42
按工业行业分	Growped by sector	
煤炭采选业	Coal mining and processing	−0.58
石油和天然气开采业	Petroleum and natural gas extraction	7.88
黑色金属矿采选业	Ferrous metals minong and processing	−1.22
有色金属矿采选业	Non ferrous metals mining and processig	1.78
非金属矿采选业	Non metal minerals mining and processing	0.89
其他矿采选业	Other minerals mining and processing	0.75
木材及竹材采运业	Logging and transport of timber and bamboo	6.37
食品加工业	Food processing	−0.95
食品制造业	Food manufacturing	−0.81
饮料制造业	Beverage manufacturing	6.14
烟草加工业	Tobacco processing	29.66
纺织业	Textile industry	−0.11
服装及其他纤维制品制造业	Garments and other fiber products	−2.66
皮革、毛皮、羽绒及其制品业	Leather,furs,down and related products	0.71
木材加工及竹、藤、棕、草制品业	Timber processing bamboo cane palm fiber and straw products	−1.72
家具制造业	Funiture manufacturing	0.54
造纸及纸制品业	Papermaking and paper products	3.55
印刷业、记录媒介的复制	Printing and record pressing	3.48
文教体育用品制造业	Stationery educational and sports goods	−1.59
石油加工及炼焦业	Petroleum processing and coking products	20.94
化学原料及化学制品制造业	Raw chemical materials and chemical products	3.49
医药制造业	Medical and pharmaceutical products	3.12
化学纤维制造业	Chemical fibers	2.99
橡胶制品业	Rubber products	−0.30
塑料制品业	Plastic products	0.86
非金属矿物制品业	Nvonmetal mineral products	4.33
黑色金属冶炼及压延加工业	Smelting and pressing of ferrous metals	4.75
有色金属冶炼及压延加工业	Smelting and pressing of nonferrous metals	3.02
金属制品业	Metal products	−0.54
普通机械制造业	Ordinary machinery manufacturing	1.19
专用设备制造业	Special purposes equipment manufacturing	−0.31
交通运输设备制造业	Transportation equipment manufacturing	7.43
武器弹药制造业	Weapon and ammunition manufacturing	1.05
电气机械及器材制造业	Electric equipment and machinery	3.81
电子及通信设备制造业	Electric and telecommunications	4.63
仪器仪表及文化、办公用机械制造业	Intrument meters cultural and official machinery	1.59
其他制造业	Other manufacturing	3.20
电力、蒸汽、热水的生产和供应业	Electric power steam and hot water productroy and supply	8.98
煤气生产和供应业	Gas production and supply	−1.92
自来水的生产和供应业	Tap water production and supply	−0.72

ECONOMIC RESULTS INDICATORS OF INDUSTRIAL ENTERPRISES WITH INDEPEND ENT ACCOUNTING SYSTEMS(1997)

资本保值增值率 (%) added value rate of assets (%)	资产负债率 (%) ratio of assets to liabilities (%)	流动资产周转次数 (次) turnover of circulating funds (time)	成本利润率 (%) after tax profits / costs (%)	全员劳动生产率 (元/人) overall labour productivity (yuan/person)	产品销售率 (%) sales rate of products (%)
109.79	**71.69**	**1.08**	**−1.84**	**16 725.97**	**97.68**
113.25	68.18	1.20	−0.67	24 084.07	98.22
94.17	82.92	0.78	−6.22	8 648.29	95.62
93.05	82.03	0.74	−6.95	6 814.49	95.43
83.34	83.20	0.77	−5.88	10 721.53	93.51
113.20	69.73	1.15	−1.24	18 498.13	98.38
107.27	60.11	0.79	−12.65	4 505.95	97.83
111.88	69.08	0.72	1.85	75 125.03	100.04
4 059.75	37.55	1.49	−22.44	7 790.63	99.44
108.17	51.01	1.63	−1.57	8 943.97	96.79
26.07	76.63	0.50	−8.92	5 762.87	75.21
100.00	88.53	0.11	0.00	4 175.82	68.09
106.31	59.29	1.42	3.45	8 053.57	95.66
58.87	87.43	0.84	−8.94	13 674.76	92.20
−64.70	99.21	0.48	−13.51	3 508.40	90.03
35.45	94.46	0.66	−8.16	10 057.14	95.19
121.20	64.04	1.13	−0.42	71 402.19	103.35
38.27	99.63	0.65	−10.86	4 468.93	93.64
90.53	86.75	1.16	−9.66	4 697.06	100.23
−153.08	91.44	0.39	−6.93	4 493.78	95.15
73.84	85.14	0.54	−22.04	3 955.05	96.69
119.05	82.12	4.73	−0.94	14 325.34	99.49
32.46	82.83	0.98	−4.01	14 771.70	91.13
113.28	83.04	0.90	−2.58	6 824.48	95.33
46.13	100.60	0.55	−36.36	505.10	105.41
123.34	56.50	2.67	2.61	66 829.59	96.98
90.85	76.25	1.32	−6.30	22 765.84	98.78
106.86	78.95	0.45	−3.21	11 292.05	84.71
87.08	89.45	0.72	−5.15	9 692.62	95.46
201.62	110.84	0.53	−20.40	6 391.35	95.47
103.65	92.37	0.68	−6.59	8 318.71	96.73
87.23	75.70	0.74	−1.30	9 774.33	95.88
91.06	72.07	1.33	0.55	18 765.21	99.30
77.74	71.20	1.20	−0.97	17 724.33	99.01
354.40	81.03	0.51	−11.87	3 781.06	95.87
193.79	67.10	0.52	−12.01	4 540.29	96.51
92.90	88.06	0.58	−8.90	5 246.44	95.28
170.06	69.16	1.21	1.39	36 106.63	98.13
85.69	77.36	0.62	−10.23	5 338.25	102.14
68.69	85.45	0.72	−3.16	10 758.40	91.74
188.80	87.28	0.97	0.22	12 019.99	98.65
78.09	83.62	0.56	−13.40	3 798.92	87.49
89.93	87.86	0.94	−7.05	20 190.00	85.56
103.77	54.06	1.98	3.07	52 439.69	101.43
91.36	57.33	0.70	−16.39	−16.72	103.57
93.01	39.58	1.68	−11.56	14 265.74	97.42

交通运输和邮电通讯业 13

TRANSPORTATION, POSTAL AND TELECOMMUNICATIONS SERVICES

13—1 交通运输里程
LENGTH OF TRANSPORTATION ROUTS

单位：公里 unit：km

项目 Item		1996	1997
一、铁　路	Railway		
正线延展里程	Exteniton length of the trunk lines	3 809	3 811
营业里程	Length of railways in operation	3 479	3 479
二、公路通车里程	Lngth of highways	32 098	33 075
等 级 路	Paved highways	30 378	31 388
#汽车专用公路	#Highways specified	272	500
高速公路	Express Highways	133	312
一　级	First class highways	82	132
二　级	Second class highways	56	56
#一般公路	#Highways	30 106	30 888
二　级	Second class	1 888	2 204
三　级	Third class	8 476	3 959
四　级	Fourth class	19 741	19 725
等 外 路	Highway below class iv	1 719	1 687
三、内河通航里程	Length of navigable inland waterways	1 296	1 271
四、民　航	Civil aviation	72 398	76 344

13—2 客运量及旅客周转量
PASSENGER TRAFFIC AND KILOMETERS

项目 Item	客运量(万人) Passengers		旅客周转量(万人公里) Passenger－kilometer 10000 person－km	
	1996	1997	1996	1997
全社会总计 Total	**20 620**	**21 124**	**1 682 065**	**1 760 895**
铁　路 Railways	6 781	6 200	1 139 800	1 171 700
公　路 Highways	13 728	14 821	541 121	588 167
水　运 Waterways	52	47	1 144	1 028
民　航 Civil aviation	59	56		

13—3 货运量及货物周转量
FREIGHT TRAFFIC AND TON—KILOMETERS

项目 Item	货运量(万吨) Freight traffic (10000 tn)		货物周转量(万吨公里) Freight Ton—kilometers(10000 tn—km)	
	1996	1997	1996	1997
全社会总计 Total	**27 604**	**27 582**	**5 018 787**	**5 206 984**
铁　　路 Railways	6 154	6 483	4 223 000	4 413 182
公　　路 Highways	21 394	21 020	785 021	782 738
水　　运 Waterways	56	79	10 766	11 064

13—4 旅客运输平均运距
AVERAGE TRANSPORT DISTANCE OF PASSENGERS

单位:公里　　unit:km

项目 Item	1996	1997
全社会总计 Total	**81.57**	**82.89**
铁　　路 Railways	168.09	188.98
公　　路 Highways	39.42	39.68
水　　运 Waterways	22.00	21.87

13—5 货物运输平均运距
AVERAGE TRANSPORT DISTANCE OF FREIGHT

单位:公里　　unit:km

项目 Item	1996	1997
全社会总计 Total	**181.81**	**189.78**
铁　　路 Railways	686.22	680.73
公　　路 Highways	36.69	37.24
水　　运 Waterways	192.25	140.05

13－6 民用汽车拥有量
NUMBER OF CIVIL MOTOR VEHICLES OWNED

单位：辆 unit：coach

项目	Item	1996	1997
民用汽车合计	**Total**	**267 955**	**331 436**
载客汽车	Buses and cars	150 698	172 809
大 型	Large	15 477	12 469
小 型	Small	135 221	160 340
普通载货汽车	Ordinary Trucks	100 466	141 740
大 型	Large	55 960	77 662
小 型	Small	44 506	64 080
专用载货汽车	Trucks	4 673	3 810
其他专用汽车	Special purpose vehicles	5 416	11 478
特种汽车	Spcial type vehicles	6 702	1 599
在合计中：	**in total**		
私人汽车	**Private**	**52 090**	**27 834**
载客汽车	Buses and cars	32 139	23 064
大 型	Large	1 165	283
小 型	Small	30 974	22 781
普通载货汽车	Ordinary Trucks	19 700	4 677
大 型	Large	11 268	3 089
小 型	Small	8 432	1 588
专用载货汽车	Trucks	10	12
其他专用汽车	Special purpose vehicles	11	65
特种汽车	Special type vehicles	230	16

13－7 民用其他车辆拥有量
NUMBER OF CIVIL MOTOR VEHICLES OWNED

单位：辆 unit：coach

项目	Item	1996	1997
民用其他车辆	**other civil motor vehicles**		
轮胎式拖拉机	Tractors(rubber whells)	216 667	319 752
#手扶拖拉机	#mini－tractors	143 000	69 812
摩 托 车	Motorcycles	248 048	327 694
#两轮摩托车	#Motocycles(two whells)	151 436	261 659
其他机动车	Other vehicles	11 875	36 244
载货挂车	Trucks	2 182	2 152
在民用其他车辆中私人其他车辆	**private－owned**		
轮胎式拖拉机	Tractors (rubber whells)	195 000	311 452
#手扶拖拉机	#mini－tractor	128 700	69 812
摩 托 车	Motorcycles	151 309	37 766
#两轮摩托车	Motorcycles(two whells)	113 482	29 193
其他机动车	Other vehicles	6 635	653
载货挂车	Trucks	220	30

13—8 独立核算运输企业财务状况(1997)

单位:万元

		总 计 Total
企业个数(个)	Enterprises	219
#亏损企业	#Loss—making enterprises	75
资本金合计	Total capital assets	58 609
流动资产合计	Total circulating funds	56 299
#存货	#Stock	5 747
固定资产合计	Total fixed assets	116 615
固定资产原价合计	Total original value of fixed assets	162 439
#生产经营用	#Used in operation	114 593
累计折旧	Total depreciation	50 881
#本年折旧	#Depreciation in this year	7 532
资产合计	Total assets	185 182
流动负债合计	Total circulating liabilities	86 267
长期负债合计	Long—term liability	25 452
所有者权益合计	Owners rights and interests	73 463
负债合计	Total liabilities	111 720
#股本	#Capital stock	3 226
营运业务收入	Reuenue of business	65 777
营运业务成本	Cost of business	45 503
营运费用	Expenses of business	1 412
营运税金及附加	Pre—tax and related Payments	2 087
营运业务利润	After—tax profits	16 774
管理费用	Expenses of management	19 323
#税金	#Tax	592
劳动、待业保险金	Unemployment insurance	1 906
利润总额	Total after—tax profits	—2 721
应交所得税	Payable income tax	196
转作奖金的利润	Profits turrdinto award	2
应付利润	Payable profits	24
本年应付工资总额	Payable wages in this year	14 289
本年应付福利费总额	Payable welfare in this year	1 829

FINANCIAL INDICATORS OF TRANSPORTATION ENTERPRISES WITH INDEPENDENT ACCOUNTING SYSTEMS(1997)

unit:10 000 yuan

按经济类型分 Grouped by ownership			按专业类型分 Grouped by sector		
国有经济 State－owned	集体经济 Cellective－owned	其他经济 Other	公路运输 Highways	水上运输 Waterways	港口 Harbor
131	85	3	212	5	2
36	37	2	71	2	2
43 500	12 159	2 949	55 172	2 806	631
38 813	15 332	2 154	53 298	2 822	178
4 467	1 261	19	5 565	73	109
93 204	19 726	3 685	97 099	15 332	4 185
120 761	37 839	3 839	139 476	18 405	4 558
86 506	24 247	3 839	97 863	16 220	510
31 747	18 979	155	47 324	3 183	374
5 932	1 500	100	6 772	743	17
141 946	37 277	5 959	156 414	24 405	4 363
64 977	19 544	1 747	76 086	9 669	512
17 559	6 653	1 240	21 265	2 481	1 706
59 410	11 080	2 972	59 063	12 255	2 145
82 536	26 197	2 987	97 352	12 150	2 218
269	80	2 877	3 226		
50 047	15 277	453	62 269	3 383	125
33 286	11 803	414	42 432	2 920	151
1 017	395		1 412		
1 555	520	13	2 036	46	5
14 189	2 559	26	16 388	417	−31
15 123	4 167	33	18 654	418	252
438	154	1	581	11	
1 578	327	1	1 863	43	
−1 423	−1 287	−11	−1 900	−593	−228
160	36		196		
2			2		
10	14		24		
10 072	4 181	35	13 779	423	87
1 257	565	8	1 761	47	21

13—9 邮电业务总量
POSTAL AND TELECOMMUNICATION SERVICES

项目	Item	单位 unit	1996	1997
邮电业务总量	Business volume	万元 10 000 yuan	290 041	375 102
#订销报纸期发数	#Number of newspapers	万份 10 000 pcs	163	210
订销杂志期发数	Number of magazines	万份 10 000 pcs	139	203
邮政快件	Pieces of courier services	万件 10 000 pcs	764	510
特快专递	Pieces of express mail services	万件 10 000 pcs	139	114
邮政储蓄平均余额	Postal deposits balamce	亿元 100 000 000 yuan	59.2	63.5
集邮业务	Philately	万枚 10 000 pcs	6 957	12 504
中央国有本地电话用户	Local telephone subscribers incertral	万户 10 000 subscribers	137.59	164.49
#住宅电话用户	#Residencial telephone subscribers	万户 10 000 subscribers	112.69	136.35
地方国有本地电话用户	Local telephone subscribers inlocal	万户 10 000 subscribers	27.23	32.95
#住宅电话用户	#Residencial telephone subscribers	万户 10 000 subscribers	22.26	27.73
无线寻呼用户	Number of subscribers of pageing service	万户 10 000 subscribers	71.93	90.76
移动电话用户	Number of mobile telephones subscribers	万户 10 000 subscribers	15.60	31.13
数据通迅用户	Data telecommunication subscribers	户 subscribers	2 569	4 534
计算机互联网用户	Network of computers	户 subscribers	21	1 341

13—10 电信主要设备
TELECOMMUNICATIONS FACILITIES

项目	Item	单位 Unit	1996	1997
微波站	Microware station	个 unit	86	76
载报终端设备容量	Carrier	路 lines	2 643	2 565
长途自动交换机容量	Capacity of exchanyes of long—distance circuits	路端 lines	136 080	132 424
#程控交换机容量	Capacity of automatic circuits	路端 lines	136 080	132 424
本地电话交换机容量	Capacity of local telephone exchanges	门 lines	3 183 912	3 551 886
中央国有局用交换机容量	Capacity of central staterowned	门 lines	2 203 181	2 450 838
中央国有用户交换机容量	Capacity of central state owned telephone exchanges	门 lines	404 951	437 298
地方国有局用交换机容量	Capacity of local state owned exchanges	门 lines	515 649	603 828
地方国有用户交换机容量	Capacity of local state owned exchanges	门 lines	60 131	59 922
本地电话机总数	Number of telephones in local	部 unit	1 986 799	2 297 416
中央国有接入局用交换机的话机	Number of telephone central state owned—bureau use	部 unit	1 379 329	1 652 881
中央国有接入用户交换机的话机	Number of telephone central state owned	部 unit	294 822	277 475
地方国有接入局用交换机的话机	Number of telephone central local stateowned—bureau use	部 unit	272 719	329 173
地方国有接入用户交换机的话机	Number of telephone central local stateowned	部 unit	39 929	37 887

13－11 邮电通信网
NETWORK OF TELE COMMUNICATIONS

项目 Item		单位 unit	1996	1997
邮电局、所	Post and telecommunications	处 office	1 338	1 385
＃在农村的	＃Rural	处 office	917	910
邮路长度	Length of postal routes	公里 km	161 200	162 993
＃铁路邮路	＃Railway routes	公里 km	8 700	9 180
汽车邮路	Highway routes	公里 km	16 644	17 714
长话电路	Long distance telephone circuies	路 lines	35 325	43 126
电报电路	Telegram	路 lines	294	269

13－12 邮政主要设备和长途电信线路
TELECOMMUNICATIONS FACILITIES AND LONG DISTANCE CIRCUITS

项目 Item		单位 unit	1996	1997
火车邮箱	Postal trains	辆 coach	23	29
邮运汽车	Postal cars	辆 coach	610	694
长途光缆线路长度	Length circuits of optical cable	公里 km	3 793	4 493
本地长途光缆线路长度	Length of circuits of optical cable in local	公里 km	10 631	12 442
中央长途光缆线路长度	Length of circuits of optical cable in central	公里 km	470	1 066
地方长途光缆线路长度	Length of circuits of optical cable for local owned	公里 km	10 161	11 376

建 筑 业 14

CONSTRUCION

14—1 建筑施工企业概况
MATOR INDICATORS FOR CONSTRUCTION

年份 Year	施工企业 Construction enterprises	国有企业 State－owned	中央企业 Central	地方企业 Local	集体企业 Collective－owned	其它 other
企业单位数(个)						
Namber of enterprises						
1980	287	102			185	
1985	601	202	19	183	399	
1990	576	247	22	225	329	
1996	970	450	59	391	477	43
1997	766	385	53	332	328	53
平均人数(万人)						
Employment(10 000 persons)						
1980	20.64	15.04			5.6	
1985	28.11	17.67	4.30	13.37	10.44	
1990	32.97	22.60	1.86	20.74	10.37	
1996	39.70	27.65	7.08	20.57	10.50	1.55
1997	35.53	25.45	6.38	19.07	8.30	1.78
总产值(万元)						
Gross output Value(10 000 yuan)						
1980	90 092	71 145			18 947	
1985	192 227	133 295	26 739	106 556	58 932	
1990	397 151	296 646	73 466	223 180	100 505	
1996	1 396 758	1 060 731	341 919	718 812	271 535	64 492
1997	1 369 882	1 068 024	377 186	690 838	248 510	53 348

14—2 施工企业主要经济指标

		合 计 Total
施工企业单位数(个)	Construction Enterprises	970
全部职工年平均人数(万人)	Staffand Workers Fannual average(10 000 Persons)	39.70
年底自有固定资产原值(万元)	Fixed assets owned(original value)(10 000 Yuan)	642 406
年底自有固定资产净值(万元)	Fixed assets owned (nef Value)(10 000 Yuan)	471 468
年底自有机械设备台数(万台)	Machinery and egui Pmenf Ouned (10 000 set)	6.65
年底自有机械设备净值(万元)	Machinery and equipment ouned(net value)(10 000 yuan)	156 425
年底自有机械设备总功率(万千瓦)	Poner ofmaehinery and eguipment onneel (10 000 Kw)	187.82
总产值(万元)	Gross oufpnt value (10 000 Yuan)	1 396 758
增加值(万元)	Addedvalue (10 000 Yuan)	462 665
#本年固定资产折旧(万元)	Depreciafion on Fixed assets in this year(10 000 Yuan)	28 126
施工面积(万平方米)	Floor Space of buildings uneler construcfion(10 000 sp.m)	1 345.04
竣工面积(万平方米)	Floor space ofbuilding Completed (10 000 sp.m)	802.71
利润总额(万元)	Tofal profits (10 000 Yuan)	−7 297
利税总额(万元)	Per Tax profits (10 000 Yuan)	36 781
全员劳动生产率(元/人)	Overall labor Productivity (Yuan/Person)	
按总产值计算	In Terms of gross output value (Yuan/Person)	35 180
按增加值计算	In Terms of construction value−added (Yuan/Person)	11 653
技术装备率(元/人)	Per Captia Machinery Value (Yuan/Person)	3 940
动力装备率(元/人)	Per Captia Machinery Apacity (kw/Person)	4.7
房屋建筑面积竣工率(%)	Rate of bnildinys complefed (%)	59.68
工程质量优良品率(%)(按工程个数计算)	Rate of high Guality Proects (%) (according number of projects	35.23
产值利润率(%)	Rate of Profif/gross output value (%)	−0.52
产值利税率(%)	Rafe of Profitand taxe/Gross outpnfvalae (%)	2.63

MAJOR ECONOMIC INDICAIORS OF CONSTROCTION ENTERPRISES

1996		1997		
#国有经济 State－owned	#集体经济 Collective－owned	合计 Total	#国有经济 State－owned	#集体经济 Collecfive － owne
450	477	766	385	328
27.65	10.50	35.53	25.45	8.30
541 578	83 965	699 524	587 868	86 659
395 550	64 007	497 601	416 990	62 813
4.80	1.66	7.25	4.98	1.94
124 532	25 271	174 866	141 406	25 584
141.73	43.63	166.05	127.01	32.26
1 060 731	271 535	1 369 882	1 068 024	248 510
349 220	88 138	443 068	342 020	81 515
24 040	3 476	28 871	24 195	3 372
951.33	321.56	1 289.61	900.83	310.91
508.82	247.92	826.05	526.23	251.31
－17 926	1 975	－15 110	－15 579	－1 890
14 602	11 250	28 550	17 381	6 869
38 365	25 860	38 556	41 964	29 947
12 631	8 394	12 470	13 438	9 823
4 505	2 407	4 922	5 556	3 083
5.1	4.2	4.7	5.0	3.9
53.49	77.10	64.05	58.42	80.83
44.06	20.38	28.46	34.29	18.13
－1.69	0.73	－1.10	－1.46	－0.76
1.38	4.14	2.08	1.63	2.76

14—3 建筑业企业生产情况(1997)

		单位 unit	总 计 Total	#大中型 Uargearg Medium—size	按经济类型分 国有经济 State owned	中央企业 Cenfre
企业个数	Construction enterprises	个	766	50	385	53
建筑业产值	Total	万元10 000yuan	1 369 882	842 257	1 068 024	37 786
1.建筑工程	Construction outputyalue	万元10 000yuan	1 090 071	658 479	866 650	300 590
2.安装工程	Construction and in stallation	万元10 000yuan	246 115	173 801	186 491	75 009
3.房屋构筑物修理	Building repair and Main fenale	万元10 000yuan	25 509	3 631	7 267	747
4.非标准设备制造	Non—standard eguipment manufacture	万元10 000yuan	8 187	6 346	7 616	840
竣工产值	Value of builing Completed	万元10 000yuan	1 030 099	562 279	758 793	242 594
单位工程施工个数	Number of project Under Construcfion	个	10 463	3 960	7 002	2 714
#本年新开工	Now starting in this year	个	7 883	2 233	4 849	1 660
投标承包个数	Number for tender	个	2 532	1 352	1 890	1 007
房屋筑施工面积	Floor Space of building under construction	万平方米10 000sq. m	1 289.61	605.80	900.83	142
#本年新开工	Now starting in this year	万平方米10 000sq. m	832.73	305.77	537.97	65.76
投标承包	Floor space of tender	万平方米10 000sq. m	594.68	255.53	408.51	47.81
房屋建筑竣工面积	Floor spale of buileling completed	万平方米10 000sq. m	826.05	308.36	526.23	62.09
#优良工程面积	Floor spale of high gualieg	万平方米10 000sq. m	323.53	171.83	201.34	ر0.34
自有机械设备年末总台数	Machinery and equipment owned	台 unit	72 459	36 335	49 841	14 549
自有机械设备净值	Machinery and equipmenf Owned (net value)	万元10 000yuan	174 866	110 025	141 406	43 430
平均人数	Staff and Workers(annual averaye)	万人10 000persons	35.53	17.25	25.45	6.38

BASIC STATISTICS FORPRODUCTION OF CONSTRUCTION(1997)

Grouped by Owned			按行业类别分 Grouped by Sector							
地方企业 Local	城镇集体经济 Urban ollectine owned	其他经济 Ofhers	土木工程建筑业 Construction of civil engineering	房屋建筑业 Building	铁路公路隧道桥梁建筑业 Railways tumnels highways and bridges	其它土木工程建筑业 Other	线路管道设备安装业 Line and equipments installa — tion	线路管道安装业 Line installa — tion	设备安装业 Equipment installa — tion	建筑物装修装饰业 Building decoration
332	328	53	614	501	57	56	112	57	55	40
690 838	248 510	53 348	1 214 738	834 330	273 781	106 627	147 522	52 126	95 396	7 622
566 060	182 427	40 995	1 033 305	678 434	260 125	94 746	53 702	26 320	27 382	3 064
111 482	49 572	10 051	152 582	128 958	12 783	10 841	89 998	25 580	64 418	3 535
6 520	15 941	2 301	24 183	22 729	573	881	303	226	77	1 023
6 776	570	1	4 668	4 209	300	159	3 519		3 519	
516 199	228 732	42 574	887 212	637 420	196 519	53 273	136 117	40 652	95 465	6 770
4 288	3 035	426	8 002	5 573	1 762	667	2 256	1 387	869	205
3 189	2 656	378	5 722	4 231	1 004	487	1 974	1 273	701	187
883	548	94	2 347	1 466	822	59	171	105	66	14
759	310.91	77.87	1 215.01	1 121.27	66.08	27.66	70.71	25.39	45.32	3.89
472.21	247.45	37.31	764.21	726.39	25.81	12.01	65.35	23.36	41.99	3.17
360.70	151.16	35.01	569.04	543.05	19.92	7.07	24.98	9.92	15.06	0.66
464.13	251.31	48.51	754.28	723.21	18.35	12.72	67.79	24.24	43.55	3.98
181.00	93.79	28.4	277.12	267.96	8.22	0.94	45.97	9.75	36.22	0.44
35 292	19 411	6 207	64 721	50 273	5 282	1 300	7 110	2 501	4 609	628
97 976	25 584	7 876	156 537	94 847	39 151	22 539	17 346	6 987	10 359	983
19.07	8.30	1.78	32.30	25.74	3.88	2.68	2.97	1.20	1.77	0.26

14—4 建筑业企业财务状况(1997)

单位:万元

		总 计 Total	按经济类型分 国有经济 State — owhed
资本金合计	Total	344 040	259 964
固定资产原值年末合计	Total Assets(original Value)	699 524	587 868
资产年末合计	Total Assets	1 849 435	1 477 096
流动负债年末合计	Total of Circulatioy Funds	1 282 742	1 009 915
长期负债年末合计	Total of long—term	177 032	165 698
所有者权益合计	Ownership Rights and Interests	446 008	341 263
工程结算收入	Revenue of engineering Settle allounts	1 325 169	1 029 540
工程结算成本	Costs of engineering Settle allounts	1 156 606	896 953
工程税金及附加	Taxes and addea of engineering Setlle allounts	41 646	31 581
工程结算利润	Profits of engineering settle allounts	126 917	101 006
管理费用	Manag ement Costs	116 678	92 181
利润总额	Profits	—15 110	—15 579
应交所得税	Incomes payable	2 619	1 410
转作奖金利润	Award fransfered	511	440
应付利润	Profits Payable	1 519	430
本年应付工资总额	Wages Payable	200 516	149 141
本年应付福利费总额	Welfare Payahle	24 684	18 588
建筑业增加值	Addeel—value of Construction Enterprises	443 068	342 020
亏损企业个数(个)	Number of lossing enterprises	272	139

FINANCIAL INDICATORS OF CONSTRUCTION ENTERPRISES(1997)

unit 10 000 yuan

Ghuped byowned				按行业类别分 Grouped by Sector				
中央企业 Central enterprises	地方企业 Local enterprises	城镇集体经济 Urban collecfive — owned	其他经济类型 other	土木工程建筑业 Construction of Clvil engineering	#房屋建筑业 Building	线路管道设备安装业 Line and equipments Installation	线路管道安装业 Line installa — tion	设备安装业 Equipment decoration
71 494	188 470	63 825	20 251	296 966	215 159	41 151	16 993	24 158
180 870	406 998	86 659	24 997	617 170	417 348	78 748	33 081	45 667
450 231	1 026 865	255 796	11 654	1 631 848	1 181 650	201 687	75 408	126 279
304 072	705 843	185 400	87 427	1 089 619	884 217	126 234	46 515	79 719
136 973	28 725	8 499	2 835	169 697	34 779	6 683	2 310	4 373
113 598	227 665	69 312	35 433	372 532	262 655	68 771	26 584	42 187
362 642	666 898	242 624	53 005	1 182 507	806 365	135 105	44 319	90 786
307 352	589 601	214 461	45 192	1 036 170	717 001	114 141	36 829	77 312
11 653	19 928	8 252	1 813	37 745	26 581	3 628	1 122	2 506
43 636	57 370	19 911	6 000	108 592	62 783	17 336	6 368	10 968
30 039	62 142	19 344	5 153	100 011	69 804	15 662	5 957	9 705
2 158	−17 737	−1 890	2 359	−15 924	−17 950	946	279	667
418	992	638	571	2 069	1 585	476	179	297
97	343	42	29	419	280	91	90	1
309	121	151	938	1 428	1 079	66	40	25
46 249	102 892	42 759	8 616	177 707	139 296	21 876	7 913	13 963
6 344	12 244	5 069	1 027	22 089	16 892	2 499	785	1 714
120 964	221 056	81 515	19 533	391 481	278 131	49 116	17 910	31 206
14	125	110	23	220	183	35	12	23

批发零售贸易和餐饮业 15

WHOLESALE, RETAILSALES AND CATERING TRADE

15—1 历年社会消费品零售总额
TOTAL RETAIL SALES OF CONSUMER GOODS BY TIME

单位:万元 unit:10 000 yuan

年份 year	社会消费品零售总额 total	按城乡分 grouped by urban and rural		按行业分 grouped by sector				
		城镇 urban	乡村 rural	批发零售贸易业 wholesale and retail sales trade	餐饮业 catering trade	制造业 manufacturing	其他行业 other	#农民对非农业居民零售 to non peasants
1978	385 620	291 514	94 106	346 032	15 854	11 793	11 941	6 600
1979	453 079	316 707	136 372	388 943	18 937	19 068	26 131	14 900
1980	528 330	377 198	151 132	438 715	24 509	34 348	30 758	19 519
1981	592 590	430 405	162 185	481 611	29 934	42 249	38 796	25 787
1982	670 226	490 219	180 007	531 540	38 307	48 895	51 484	34 763
1983	755 406	555 884	199 522	589 343	46 380	55 575	64 108	46 086
1984	914 002	662 759	251 243	711 368	52 394	63 918	86 322	64 229
1985	1 119 958	843 468	276 490	862 671	65 462	74 616	117 209	89 726
1986	1 278 126	979 384	298 742	972 965	71 948	95 171	138 042	106 416
1987	1 454 974	1 131 042	323 932	1 086 680	81 881	116 283	170 130	131 456
1988	1 808 111	1 441 649	366 462	1 344 761	104 819	136 487	222 044	168 784
1989	1 982 953	1 592 980	389 973	1 479 969	112 779	135 131	255 074	194 313
1990	1 989 470	1 607 039	382 431	1 478 528	108 295	124 700	277 947	218 431
1991	2 236 919	1 840 771	396 148	1 666 612	117 840	132 724	319 743	260 283
1992	2 614 745	2 199 504	415 241	1 924 394	143 653	168 133	378 565	301 701
1993	3 254 677	2 787 690	466 987	2 359 630	200 252	199 894	494 901	383 039
1994	3 966 935	3 395 695	571 240	2 750 725	303 050	245 559	667 601	551 348
1995	4 815 374	4 176 082	639 292	3 262 315	382 543	256 673	913 843	822 335
1996	5 555 705	4 720 044	835 661	3 602 594	573 122	266 212	1 113 777	1 053 094
1997	6 196 934	5 298 436	898 498	3 943 234	567 372	284 341	1 401 987	1 328 178
长春市 Changchun	2 044 895	1 938 483	106 412	1 216 880	172 461	44 976	610 578	597 683
吉林市 Jilin	1 299 400	1 110 767	188 633	857 627	159 557	95 714	186 502	176 943
四平市 Siping	560 182	411 098	149 084	333 045	33 698	23 445	169 994	154 238
辽源市 Liaoyuan	201 593	175 869	25 724	125 508	21 801	7 277	47 007	35 012
通化市 Tonghua	444 313	330 042	114 271	342 259	39 374	23 338	39 342	33 935
白山市 Baishan	300 528	225 592	74 936	163 204	23 624	45 741	67 959	67 958
松原市 Songyuan	346 559	243 398	103 161	201 680	24 626	12 190	108 063	95 178
白城市 Baicheng	369 549	296 706	72 843	262 996	23 893	10 602	72 058	72 058
延边州 Yanbian	629 915	566 481	63 434	440 036	68 337	21 057	100 485	95 172

15－2 社会消费品零售总额
TOTAL RETALL SALES OF CONSUMER GOODS

单位：万元　　　　unit：10 000 yuan

项目	item	1996	1997
社会消费品零售总额	**Total**	**5 555 705**	**6 196 934**
(一)按销售地区分：	Grouped by region		
市的零售额	City	4 121 110	4 623 640
县的零售额	County	598 934	674 796
县以下的零售额	Below county	835 661	898 498
(二)按经济类型分：	Grouped by ownership		
国有经济	State owned	1 113 207	1 027 738
集体经济	Collective owned	487 002	503 435
私营经济	Private	129 780	173 862
联营经济	Joint owned	1 492	3 588
个体经济	Individual	2 380 519	2 751 127
股份制经济	Share holding	296 122	307 473
外商投资经济	Foregn funded	17 851	26 353
港澳台投资经济	Overseas chinese from HongKong Macao and Taiwan funded	70 866	66 440
其他经济	Others	1 058 866	1 336 918
(三)按行业分：	Grouped by sector		
批发、零售贸易业	Wholesales and retail sales trade	3 602 594	3 943 234
餐饮业	Catering trade	573 122	567 372
制造业	Manufacturing	266 212	284 341
其他	Others	1 113 777	1 401 987
＃农民对城镇居民零售	Peasants sell goods to non peasants	1 053 094	1 328 178

15—3 大中型批发零售贸易业商品购进总额(1997)
TOTAL PURCHASES IN WHOLESALE AND RETAIL TRADE(1997)

单位:万元 unit:10 000 yuan

	商品购进总额 total goods purchase	从生产者购进 from producer	#农副产品购进 farm and sideline products	从批发、零售贸易业购进 from wholesale trade	进口 import	其他 others
总计 Total	**2 592 055**	**1 553 336**	**258 935**	**943 871**	**79 732**	**15 116**
按经济类型分: Grouped by ownership						
国有经济 State－owned	1 813 464	1 125 112	246 104	631 574	47 675	9 103
集体经济 Collective－owned	376 937	130 063	9 203	213 018	31 950	1 906
私营经济 Private	5 974	4 907		1 067		
联营经济 Individual	10 838	10 838				
股份制经济 Share holding	328 009	235 833	2 241	87 962	107	4 107
外商投资经济 Foreign funded	5 972	4 180		1 792		
港澳台投资经济 Overseas chinese from HongKong Macao and Taiwan funded	50 861	42 403	1 387	8 458		
其他经济 Other						
按市(州)分: Grouped by city and prefecture						
长春市 Changchun	1 418 553	926 601	72 020	404 247	77 150	10 555
吉林市 Jilin	328 323	187 178	100 356	135 784	2 004	3 357
四平市 Siping	171 776	112 024	26 095	59 752		
辽源市 Liaoyuan	48 044	18 433	1 325	29 606		5
通化市 Tonghua	101 520	51 066	9 391	50 394		60
白山市 Baishan	54 755	36 747		16 792	214	1 002
松原市 Songyuan	139 872	77 074	15 750	62 661		137
白城市 Baicheng	95 977	54 342	12 460	41 635		
延边州 Yanbian	233 235	89 871	21 538	143 000	364	

15—4 大中型批发零售贸易业商品销售、库存总额(1997)
TOTAL SALES AND INVENTORY IN WHOLE AND RETAIL TRADE(1997)

单位:万元 unit:10 000 yuan

		商品销售总额 total sales	对生产经营单位批发 to producer management unit	对批发零售贸易业批发 to wholesale and retail sales	出口 export	对居民和社会集团商品零售 retail	年末库存 inventory (year end)
总　计	**Total**	**2 943 845**	**867 715**	**1 142 310**	**129 401**	**804 419**	**846 289**
按经济类型分:	Grouped by ownership						
国有经济	State owned	1 960 079	592 320	858 345	127 872	381 542	658 471
集体经济	Colective owned	487 720	236 299	205 569	992	44 860	101 803
私营经济	Private	14 584	508	2 090		11 986	4 570
联营经济	Joint owned	12 154	11 637			517	1 072
股份制经济	Share holding	394 155	26 951	76 306	75	290 823	70 045
外商投资经济	Foreign funded	13 226				13 226	2 979
港澳台投资经济	Overseas chinese from HongKong Macao and Taiwan funded	61 927			462	61 465	7 349
其他经济	Other						
按市(州)分:	Grouped by city and prefecture						
长春市	Changchun	1 638 386	481 788	564 440	125 611	466 547	350 383
吉林市	Jilin	376 019	100 780	163 817	794	110 628	126 331
四平市	Siping	214 924	98 306	87 025		29 593	107 185
辽源市	Liaoyuan	46 714	12 427	19 098		15 189	17 327
通化市	Tonghua	111 796	26 900	62 056		22 840	38 893
白山市	Baishan	62 007	6 756	32 974	198	22 079	9 293
松原市	Songyuan	142 301	43 785	66 282	66	32 168	41 076
白城市	Baicheng	125 155	56 729	47 218	1 431	19 777	31 721
延边州	Yanbian	226 543	40 244	99 400	1 301	85 598	124 080

15—5 大中型批发零售贸易企业商品销售、库存数量(1997) SALES VALUE AND INVENTORY IN LARGE AND MEDIUM WHOLESALE AND RETAIL COMPANCY(1997)

商品名称	item	单位 unit	销售量合计 total sales	批发 wholesale	#对生产经营者 to producer	#出口 export	零售 retail	年末库存 inventory (year end)
粮食	Grain	吨 tn	2 290 878	1 696 078	782 665	18 801	594 800	3 000 716
食用植物油	Edible vegetable oil	吨 tn	85 441	22 663	32	72	62 778	11 629
猪和猪肉	Pig pork	吨 tn	31 409	24 011	725	4 532	7 398	11 055
食糖	Sugar	吨 tn	30 082	28 857	4 921		1 225	4 475
棉花	Cotton	吨 tn	126	28	23		98	946
布	Cloth	百米100m	134 254	34 760	207	29 139	99 494	83 242
#棉布	Cotton cloth	百米100m	60 587	11 374	52	7 414	49 213	26 794
呢绒	Woollen goods	百米100m	42 995	19 345	13	4	23 650	16 951
绸缎	Silk	百米100m	19 027	4 048	84	1 417	14 979	44 141
各种服装	Clothing	百件100piece	235 264	201 314	18	200 933	33 950	17 525
鞋	Shoes	百双100piece	40 987	4 098	50	358	36 889	39 449
#皮鞋	Shoes polish	百双100piece	16 576	746	10	79	15 830	10 822
黄金饰品	Gold jewelry	千元1 000yuan	142 480	20 047			122 433	44 846
照相机	Camera	架 set	24 596	3 578	547		21 018	12 655
自行车	Bicycles	辆 coath	187 853	116 745			71 108	61 941
摩托车	Motorcycles	辆 coath	78 612	55 740			22 872	12 211
电视机	TV sets	台 set	294 476	136 589	65	2	157 887	68 084
#彩色电视机	Color TV sets	台 set	286 863	134 161	65	2	152 702	57 658
录音机	Recorders	台 set	83 197	25 614			57 583	37 326
#组合音响	Hi Fi systems	台 set	49 148	19 008			30 140	21 010
摄像机	Pickup camera	台 set	2 117	1 508	25		609	6 962
录像机	Videoregorders	台 set	14 873	4 079	4		10 794	5 284
影碟机	VCD	台 set	19 857	6 472			13 385	2 602
#进口影碟机	VCD from import	台 set	1 280	660			620	1 212
家用电脑	Private computer	台 set	3 001				3 001	1 431
家用电风扇	Electric fans	台 set	141 515	52 211	150	30	89 304	44 294
家用洗衣机	Washing machines	台 set	213 455	95 440	9		118 015	60 301
家用电冰箱	Refrigerators	台 set	201 639	112 065	12		89 574	52 603
房间空调器	Air conditioners	台 set	7 444	4 707			2 737	3 646
微波炉	Microwane stove	台 set	8 032	770			7 262	6 042
抽油烟机	Range hoods	台 set	48 171	19 917	29		28 254	26 538

商品名称	item	单位 unit	销售量合计 total sales	批发 wholesale	#对生产经营者 to producer	#出口 export	零售 retail	年末库存 inventory (year end)
化学肥料	Chemical fertilizers	吨 tn	2 004 741	2 004 741	1 058 661			398 262
化学农药	Chemical pesticides	吨 tn	7 254	7 254	2 821			3 652
农用塑料薄膜	Plastics	吨 tn	19 114	19 114	13 350			4 669
汽车	Motor vehicles	辆 coath	13 031	10 256	5 879		2 775	6 212
#轿车	Cars	辆 coath	4 055	1 793	246		2 262	268
生铁	Pigiron	吨 tn	552	552	552			50
钢材	Steel	吨 tn	90 324	90 324	55 963	276		24 605
铜	Copper	吨 tn	68	68	68			41
铝	Aluminium	吨 tn	10	10	5			3
铅	Lead	吨 tn	11	11	10			2
锌	Zine	吨 tn	34	34	22			18
锡	Tin	吨 tn	5	5	3			4
铜材	Copper product	吨 tn	24	24	10			27
铝材	Aluminium products	吨 tn	14	14	11			21
硫酸	Uulphuric acid	吨 tn	4 545	4 545	4 545			1 454
烧碱	Caustic soda	吨 tn	331	331	307			728
纯碱	Soda ash	吨 tn	1 017	1 017	970			1 425
天然橡胶	Natural rubber	吨 tn	87	87	84			10
合成橡胶	Synthetic rubber	吨 tn	370	370	292			22
水泥	Cement	吨 tn	83 746	83 699	83 699		47	55 968
平板玻璃	Plate glass	重量箱	82 031	82 031	82 031			7 404
原木	Wood	立方米	41 238	41 013		958	225	2 951
锯材	Timber	立方米	4 762	4 762	2 182	2 580		186
煤炭	Coal	万吨10 000 tn	100	85	79		15	23
焦炭	Coke	吨 tn	1 013	1 013	1 013			
原油	Crude oil	吨 tn	594	594	594			77
汽油	Gasoline	吨 tn	855 444	787 080	491 193	2 804	68 364	59 392
柴油	Diesel oil	吨 tn	446 682	429 766	193 855	1 152	16 916	30 069
煤油	Kerosene	吨 tn	540	540	493			783
燃料油	Fuel oil	吨 tn	104 416	104 416	104 416			6 427

15—6 批发零售贸易业商品销售、库存类值(1997)
SALES VALUE AND INVENTORY IN WHOLESALE AND RETAILSALE TRADE (1997)

单位:万元 unit:10 000 yuan

商品分类	item	大中型企业 large,mudium size enterprises					
		销售额合计 total sales	批发 wholesale trade	#对生产经营者 to producer management	#出口 export	零售 retail	年末库存 inventory (year end)
类值合计	**Total**	**2 943 845**	**2 139 426**	**867 715**	**129 401**	**804 419**	**846 289**
食品、饮料、烟酒类	Food beverage and tabacco	885 462	752 599	160 481	10 156	132 863	453 891
针、纺织品类	Textile products	78 334	14 339	101	9 879	63 995	25 657
服装、鞋帽类	Garments and shoes hats	217 695	98 399	66	96 728	119 296	23 264
化妆品类	Cosmetics	22 975	8 674	3		14 301	3 581
钟表、眼镜类	Clocks and watches glasses	12 512	826	1	77	11 686	2 849
日用品类	Daily use goods	66 366	12 606	77	436	53 760	15 571
五金、电工器具类	Flardware electrical tools	18 039	7 738	3 035	633	10 301	7 054
生活电器类	Electric equipment in household	144 033	58 707	181	70	85 326	37 914
音像器材类	Sound and picture facilities	45 954	6 375	25		39 579	10 095
自行车、摩托车类	Bicycles and motorcyckes	43 382	24 432	66		18 950	6 548
体育、娱乐用品类	Sport and amuse goods	7 791	438	1		7 353	2 270
文化、办公用品类	Coltured offical goods	44 796	16 595	8 772	49	28 201	11 112
金银珠宝类	Jewelry	17 504	2 015	1 110		15 489	5 899
家俱类	Funiture	10 944	168			10 776	3 252
中西药品类	Medicaland pharmaceu tical proluets	51 793	12 993	241	436	38 800	24 150
书报、杂志类	Mewspaper magazihe	89 333	42 983	36 375		46 350	6 488
汽车类	Motor vehicles	127 362	100 029	51 647	26	27 333	9 710
建筑材料类	Building material	9 761	7 696	6 735	496	2 065	5 048
木材类	Timber	2 935	2 803	567	1 951	132	1 002
化工材料及制品类	Raw chemical materials and it sproducts	389 358	386 112	198 773	663	3 246	72 837
黑色金属材料类	Ferrous metal material	44 269	43 179	32 512	741	1 090	7 889
有色金属材料类	Nonferrous metal material	4 682	3 308	371	2 786	1 374	272
机电设备类	Electric equipment and machinery	187 200	154 433	138 139	1 127	32 767	34 812
煤炭及制品类	Coal and itsproducts	12 761	4 624	4 608	12	8 137	1 788
石油及制品类	Petroleum and petraleum products	89 359	267 456	156 577	1 148	21 903	16 580
种子饲料类	Seed and forage	502	502		502		
棉麻、土畜产品类	Cotton and gunny livestock products	48 573	48 529	20 750	23	44	39 349
再生资源类	Resources	2 148	2 147	2 140		1	1 511
其他类	Others	68 022	58 721	44 361	1 462	9 301	15 896

续表
Continued

单位：万元　　　　unit：10 000 yuan

商品分类 item	小型企业 small size enterprises 销售额合计 total sales	批发 wholesals trade	零售 retail	年末库存 inventory (year end)
类值合计　Total	**2 400 606**	**1 442 776**	**957 830**	**1 583 365**
食品、饮料、烟酒类 Food beverage and tabacco	777 628	525 422	252 206	1 115 813
针、纺织品类　Textile products	94 033	52 612	41 421	21 348
服装、鞋帽类　Garments and shoes hats	78 462	28 280	50 182	22 168
化妆品类　Cosmetics	15 149	2 331	12 818	5 631
钟表、眼镜类　Clocks and watches glasses	5 114	477	4 637	2 281
日用品类　Daily use goods	74 329	15 009	59 320	26 494
五金、电工器具类　Flardware electrical tools	69 672	20 767	48 905	23 010
生活电器类　Electric equipment in household	52 273	15 512	36 761	23 655
音像器材类　Sound and picture facilities	21 895	8 867	13 028	7 777
自行车、摩托车类　Bicycles and motorcyckes	16 366	2 624	13 742	6 506
体育、娱乐用品类　Sport and amuse goods	14 240	9 818	4 422	3 588
文化、办公用品类　Coltured offical goods	27 534	8 758	18 776	10 051
金银珠宝类　Jewelry	10 114	1 653	8 461	5 167
家俱类　Fumiture	4 719	912	3 807	2 235
中西药品类　Medicaland pharmaceu tical proluets	74 459	30 904	43 555	40 800
书报、杂志类　Mewspaper magazihe	21 344	3 506	17 838	3 035
汽车类　Motor vehicles	60 321	30 551	29 770	16 656
建筑材料类　Building material	96 650	52 993	43 657	25 458
木材类　Timber	65 872	50 759	15 113	7 860
化工材料及制品类　Raw chemical materials and itsproducts	151 183	119 723	31 460	23 682
黑色金属材料类　Ferrous metal material	79 650	66 161	13 489	25 021
有色金属材料类　Nonferrous metal material	21 414	14 737	6 677	3 428
机电设备类　Electric equipment and machinery	106 799	70 367	36 432	34 694
煤炭及制品类　Coal and itsproducts	49 722	30 991	18 731	10 543
石油及制品类　Petroleum and petraleum products	76 564	35 100	41 464	12 846
种子饲料类　Seed and forage	37 893	34 471	3 422	11 379
棉麻、土畜产品类　Coton and gunny livestock products	70 188	58 715	11 473	13 699
再生资源类　Resources	34 029	27 540	6 489	6 429
其他类　Others	192 990	123 216	69 774	72 111

15—7 大中型零售贸易业财务状况(1997)
FINANCIAL INDICATORS OF RETAIL TRADE OF LARGE AND MEDIUM(1997)

单位:万元 unit:10 000 yuan

		合计 total	国有经济 state owned	集体经济 collective owned	股份制经济 share holding	"三资"经济 "san zi" owned	其他经济 other
一、资本金	**Capital**						
资本金合计	Total of capital	162 935	76 861	5 407	64 582	15 415	670
#国家资本金	State capital	108 197	76 162	3 226	27 240	1 569	
外商资本金	Foreign capital	11 286				11 286	
二、年末资产负债	**Assets and liabilities (year end)**						
资产总计	Total of assets	998 125	630 561	37 545	261 808	59 681	8 530
流动资产合计	Total of circulating funds	532 703	395 850	21 219	86 891	25 698	3 045
# 存货	Stock	250 584	190 555	10 740	39 713	9 359	217
固定资产合计	Total of fixed assets	414 487	216 574	14 476	147 937	31 256	4 244
固定资产原价	Wriginal value of fixed assets	443 532	282 222	15 742	102 204	38 348	5 016
累计折旧	Total depreciation	105 916	80 589	1 526	15 937	7 092	772
无形及递延资产合计	Total of intangible assets and deferred assets	27 394	12 978	1 224	10 107	2 588	497
流动负债合计	Total circulating liabilities	619 721	427 815	29 166	126 567	30 058	6 115
长期负债合计	Total long term liabilities	105 430	68 195	5 142	20 952	8 820	2 321
负债合计	Total liabilities	742 584	513 082	34 308	147 880	38 878	8 436
所有者权益合计	Total owners' right and interests	255 542	117 479	3 237	113 928	20 803	95
# 股本	Capital stock	49 987	2 400	143	47 444		
三、损益及分配	**Loss and profits distributed**						
商品销售(营业)收入	Revenue of business	728 188	403 533	37 441	222 063	62 586	2 565
商品销售净额	Net revenue of sale	721 905	399 683	37 060	220 074	62 523	2 565
商品销售(营业)成本	Cost of sales	622 040	342 295	33 395	191 491	52 755	2 104
经营费用	Cost of business	68 999	50 936	1 529	12 723	3 375	436
商品销售税金及附加	Taxes and added of sales	6 581	5 112	189	1 088	187	5
商品销售利润	Profits of sales	24 285	1 341	1 947	14 773	6 205	19
代购代销收入	Revenue of agency	83	18	7	58		
主营业务利润	Profits of major business	24 368	1 359	1 955	14 830	6 205	19
其他业务利润	Profits of others	13 112	3 331	113	8 690	23	955
管理费用	Cost of management	65 265	40 254	1 828	16 646	5 550	987
财务费用	Cost of finance	30 920	23 280	1 016	5 191	1 324	109
营业利润	Profits of business	−51 587	−51 727	−745	1 653	−646	−122
补贴收入	Subsidy	23 652	23 652				
利润总额	Total profits	−39 156	−39 211	−654	1 584	−753	−122
应交所得税	Payable income taxes	1 671	745	24	901		1

15—8 大中型批发贸易业财务状况(1997)
FINANCIAL INDICATORS OF WHOLESALES OF LARGE AND MIDIUM(1997)

单位:万元 unit:10 000 yuan

		合计 total	国有经济 state owned	集体经济 collective owned	股份制经济 share holding	其他经济 other
一、资本金	**Capital**					
资本金合计	Total of capital	215 564	174 646	24 976	14 940	1 002
# 国家资本金	State capital	191 024	167 205	16 647	6 420	752
外商资本金	Foreign capital	691	145	546		
二、年末资产负债	**Assets and liabilities (year end)**					
资产总计	Total of assets	2 362 234	1 946 917	320 551	89 075	5 691
流动资产合计	Total of circulating funds	1 894 214	1 567 272	274 793	47 334	4 815
# 存货	Stock	683 155	590 569	74 027	15 100	3 459
固定资产合计	Total of fixed assets	366 143	310 284	38 889	16 100	870
固定资产原价	Original value of fixed assets	435 462	373 029	43 854	17 534	1 045
累计折旧	Total depreciation	95 737	83 504	9 599	2 448	186
无形及递延资产合计	Total of intangible assets and deferred assets	33 362	28 560	1 824	2 972	6
流动负债合计	Total circulating liabilities	2 073 883	1 709 998	297 336	62 081	4 468
长期负债合计	Total long—term liabilities	194 711	183 424	4 582	6 442	263
负债合计	Total liabilities	2 268 594	1 893 422	301 918	68 523	4 731
所有者权益合计	Total owners'right and interests	2 293 719	1 906 116	315 506	66 406	5 691
# 股本	Capital stock	16 784	3 533	81	13 170	
三、损益及分配	**Loss and profits distributed**					
商品销售(营业)收入	Revenue of business	2 206 514	1 620 548	458 665	112 474	14 827
商品销售净额	Net revenue of sales	2 188 428	1 603 167	458 325	112 109	14 827
商品销售(营业)成本	Cost of sales	2 037 651	1 490 388	425 941	107 880	13 442
经营费用	Cost of business	112 755	91 463	17 347	3 240	705
商品销售税金及附加	Taxes and added of sales	2 648	2 228	194	216	10
商品销售利润	Profits of sales	35 373	19 088	14 843	772	670
代购代销收入	Revenue of agency	737	432	305		
主营业务利润	Profits of major business	36 110	19 520	15 148	772	670
其他业务利润	Profits of others	14 486	12 281	—194	2 399	
管理费用	Cost of management	91 368	73 813	13 540	3 603	412
财务费用	Cost of finance	136 766	118 396	15 515	2 686	169
营业利润	Profits of business	—176 210	—161 299	—11 419	—3 580	88
补贴收入	Subsidy	51 249	50 530	359	360	
利润总额	Total profits	—125 945	—110 474	—12 839	—2 723	91
应交所得税	Payable income taxes	6 344	5 826	377	106	35

15－9 大中型餐饮业财务状况(1997)
FINANCIAL INDICATORS OF CATERING OF LARGE AND MEDIUM(1997)

单位:万元 unit:10 000 yuan

		合计 Total	国有经济 State owned	集体经济 Coll－ective owned	"三资"经济 "San zi" owned	外商经济 Foreign funded	港澳台经济 HongKong Macao and TaiWan funded
一、资本金	**Capital**						
资本金合计	Total of capital	14 984	2 338	38	9 917	3 855	6 062
# 国家资本金	State Capital	6 028	1 811		4 217	1 463	2 754
外商资本金	Foreign capital	4 978			4 978	2 372	2 606
二、年末资产负债	**Assets and liabilities year end**						
资产总计	Total of assets	54 021	29 320	80	19 111	9 497	9 614
流动资产合计	Total of circulating funds year end	11 778	7 287	12	2 206	441	1 765
# 存货	Stock	1 340	930		373	129	244
固定资产合计	Total of fixed assets	37 330	20 316	48	13 898	8 934	4 964
固定资产原价	Original value of fixed assets	42 038	22 406	76	16 775	9 561	7 214
累计折旧	Total depreciation	5 016	2 098	28	2 877	627	2 250
无形及递延资产合计	Total of intangible assets and deferred assets	2 733	1 580		1 008	113	895
流动负债合计	Total circulating liabilities	23 268	10 542	29	10 252	2 790	7 462
长期负债合计	Toal long term liabilities	14 104	13 565		462		462
负债合计	Total liabilities	37 378	24 108	29	10 719	2 793	7 926
所有者权益合计	Total owners' right and interests	16 646	5 213	51	8 393	6 704	1 689
# 股本	Capital stock	49					
三、损益及分配	**Loss and profits distributed**						
商品销售(营业)收入	Revenue of business	17 498	10 859	291	3 882	982	2 900
商品销售净额	Net revenue of sales						
商品销售(营业)成本	Cost of sales	8 941	5 380	250	2 052	377	1 675
经营费用	Cost of business	5 660	3 357		1 809	411	1 398
商品销售税金及附加	Taxes and added of sales	843	575	4	210	49	161
商品销售利润	Profits of sales						
代购代销收入	Revenue of agency						
主营业务利润	Profits of major business	2 054	1 548	37	－190	144	－334
其他业务利润	Profits of others	19	7		12	14	－2
管理费用	Cost of management	4 549	1 740	38	2 456	899	1 557
财务费用	Cost of finance	576	186		289	2	287
营业利润	Profits of business	－3 099	－416	－1	－2 924	－743	－2 181
补贴收入	Subsidy	72	49	3	20		20
利润总额	Total profits	－2 913	－269	2	－2 888	－731	－2 157
应交所得税	Payable income taxes	54	27	2			

15—10 城乡集市贸易情况

项目 Item		单位 Unit	合 计 Total
一、商品交易市场总数	**Number of free markets**	**个**	**1 950**
(一)消费品市场	**Markets of consumer goods**	**个**	**1 826**
1.综合市场	Multiple markets	个	702
2.农副产品市场	Markets off faming subsidiary goods	个	758
3.工业消费品市场	Markets ofindustrial consumer goods	个	177
4.其 他	Other	个	189
(二)生产资料市场	**Markets of material of production**	**个**	**124**
1.综合市场	Multiple markets	个	48
2.工业生产资料市场	Markets of material of industry	个	34
3.农业生产资料市场	Markets of material agriculture	个	11
4.其 他	Other	个	31
二、商品交易市场成交额	**Total trade in market**	**万元10 000yuan**	**3 580 217**
(一)消费品市场	**Markets of consumer goods**	**万元10 000yuan**	**2 835 190**
1.综合市场	Multiple markets	万元10 000yuan	1 759 907
2.农副产品市场	Markets of faming and subsidiary goods	万元10 000yuan	231 762
3.工业消费品市场	Markets of industrial consumer goods	万元10 000yuan	517 477
4.其 他	Others	万元10 000yuan	326 044
(二)生产资料市场	**Markets of material of production**	**万元10 000yuan**	**745 027**
1.综合市场	Multiple markets	万元10 000yuan	1 043
2.工业生产资料市场	markets of material of industry	万元10 000yuan	388 043
3.其 他	Other	万元10 000yuan	355 941
在成交额中：	In trade：		
粮食油脂油料类	Grain and oil	万元10 000yuan	157 909
肉禽蛋类	Meat poultry and eggs	万元10 000yuan	531 019
水产品类	aquatic products	万元10 000yuan	168 626
蔬菜类	vegetables	万元10 000yuan	263 553
干鲜果类	Dried and fresh fruits	万元10 000yuan	139 975
大牲畜类	Large domestic animals	万元10 000yuan	34 169
其他类	Other	万元10 000yuan	2 284 966
三、集市贸易成交量	**Total trade in free narkets**		
粮食	Grain	吨 tn	361 774
食用植物油及料折油	Oil—bearing grops	吨 tn	108 852
猪肉	Pork	吨 tn	214 759
牛肉	Beef	吨 tn	81 490
羊肉	Mution	吨 tn	19 030
鲜蛋	Egg	吨 tn	93 076
家禽	Poultry	吨 tn	10 891
蔬菜	Vegetable	吨 tn	1 024 854
水产品	Aquatic products	吨 tn	175 883
干鲜果	Dried and fresh fruits	吨 tn	379 197

FREEMARKETS IN URBAN AND RURAL

1996		1997		
城市 Urban	乡村 Rural	合计 Total	城市 Urban	乡村 Rural
792	**1 158**	**2 040**	**887**	**1 153**
734	**1 092**	**1 893**	**820**	**1 073**
240	462	775	304	471
329	429	766	345	421
99	78	195	110	85
66	123	157	61	96
58	**66**	**147**	**67**	**80**
35	13	67	40	27
14	20	37	19	18
1	10	10	1	9
8	23	33	7	26
2 811 593	**768 624**	**3 996 787**	**3 136 340**	**860 447**
2 084 687	**750 503**	**3 106 002**	**2 258 584**	**847 418**
1 153 084	606 823	1 906 533	1 330 809	575 724
198 845	32 917	426 378	286 580	139 798
410 659	106 818	715 568	587 294	128 274
322 099	3 945	57 523	53 901	3 622
726 906	**18 121**	**890 785**	**877 756**	**13 029**
1 043		606 168	601 660	4 508
379 927	8 116	35 246	30 764	4 482
345 936	10 005	249 371	245 332	4 039
104 881	53 028	265 451	144 049	121 402
366 618	164 401	658 999	459 100	199 899
106 112	62 514	211 917	135 627	76 290
176 587	86 966	402 792	288 528	114 264
87 803	52 172	271 523	206 650	64 873
7 017	27 152	32 954	8 515	24 439
1 962 575	322 391	2 153 151	1 893 871	259 280
176 578	185 196	519 487	225 988	293 499
65 800	43 052	136 204	85 641	50 563
140 093	74 666	225 271	150 106	75 165
59 071	22 419	105 664	78 284	27 380
13 156	5 874	32 027	24 416	7 611
64 805	28 271	127 923	93 713	34 210
2 538	8 353	23 151	5 906	17 245
637 448	387 406	1 281 906	841 898	440 008
103 744	72 139	198 156	122 259	75 897
209 135	170 062	474 409	267 706	206 703

15－11 城乡个体工商户基本情况(1997)
BASIC STATISTICS FOR INDIVIDUAL ECONOMY BY URBAN AND RURAL(1997)

行业	Item	户数(户) House holds	从业人数(人) Employment	注册资金(万元) Registered funds	总产值(万元) Gross output	营业额(万元) Volue of business
合　计	**Total**	**1 113 768**	**1 713 920**	**814 175**	**1 058 759**	**5 251 644**
按城乡分	Grouped by vrban and rural					
城　镇	Urban	570 871	940 889	576 193	473 694	3 842 562
乡　村	Rural	542 897	773 031	237 982	585 065	1 409 082
按行业分	Grouped by sector					
农林牧渔业	Farming forestry animal husbandry and fishrey	341 093	447 816	94 448	536 017	297 059
采掘业	Excavation	2 448	7 380	4 323	67 710	
制造业	Mannfacturing	62 136	117 784	48 827	413 537	
建筑业	Construction	3 186	15 920	10 873	41 495	
交通运输、仓储业	Transportation storage postal and telecommunications services	102 159	131 272	153 296		540 059
批发零售贸易业	Whelesale retail trade and food services	477 369	817 662	397 974		3 425 370
社会服务业	Social services	110 922	153 412	98 201		604 560
其他行业	Others	14 455	22 674	6 233		384 596

15－12 城乡私营企业基本情况(1997)
BASIC STATISTICS FOR PRIVATE ENTERPRISES BY URBAN AND RURAL(1997)

		户数(户) House holds	雇工人数(人) Employee (person)	投资者人数(人) Investors (person)	注册资金(万元) Registered funds (10000 yuan)	总产值(万元) Gross output (10000yuan)	销售总额(万元) Volue of sale (10000yuan)
合　计	**Total**	**20 458**	**220 000**	**31 097**	**340 085**	**623 525**	**538 989**
按城乡分	Grouped by urban and rural						
城　镇	Urban	15 575	165 278	25 315	291 255	520 753	478 071
乡　村	Rural	4 883	54 722	5 782	48 830	102 772	60 918
按经济类型分	Grouped by sector						
独资企业	Foreign funded	14 033	141 189	14 033	156 573	318 724	376 753
合伙企业	Joint owned	2 186	23 340	6 056	31 458	53 095	67 374
有限责任公司	Company limited	4 239	55 471	11 008	152 054	251 706	94 862
按行业分	Grouped by sector						
农林牧渔业	Farming forestry animal husbandry and fishrey	1 673	18 205	1 980	16 452	18 180	7 607
采掘业	Excavation	636	8 048	783	9 029	45 405	
制造业	Mannfacturing	5 577	66 503	7 984	109 621	543 925	
建筑业	Construction	225	4 109	549	7 622	16 015	
交通运输、仓储业	Transportation storage postal and telecommun－ications services	129	1 735	177	5 704		13 606
批发零售贸易业	Whelesale retail trade and food services	10 329	104 652	15 869	166 818		455 644
社会服务业	Social services	1 238	10 843	1 910	15 348		48 273
其他行业	Others	651	5 905	1 845	9 491		13 859

对外经济贸易和旅游业 16

FOREIGN ECONOMY TRADE AND INTERNATIONAL TOURISM

16—1 进出口贸易总额
TOTAL VALUE OF IMPORTS AND EXPORTS

年份 Year	进出口总额（万美元） Total 10000 usd	出口总额 Exports	进口总额 Imports	进出口总额（万元） Total 10000 yuan	出口总额 Exports	进口总额 Imports
1978	3 704	2 357	1 347	6 372	4 055	2 317
1979	6 067	4 413	1 654	9 683	6 840	2 843
1980	11 108	6 625	4 483	16 024	9 344	6 680
1981	17 196	12 896	4 300	30 093	22 568	7 525
1982	17 753	13 207	4 546	34 172	25 422	8 750
1983	21 884	16 661	5 223	42 833	32 610	10 223
1984	34 046	24 972	9 074	75 048	55 046	20 002
1985	55 072	42 712	12 360	176 295	136 731	39 564
1986	71 716	52 515	19 201	266 855	195 408	71 447
1987	63 946	46 766	17 180	237 981	174 044	63 937
1988	70 766	53 214	17 552	263 363	198 041	65 322
1989	94 459	68 447	26 012	351 538	254 732	96 806
1990	95 272	75 172	20 100	449 821	354 920	94 901
1991	134 933	102 707	32 226	716 204	545 154	171 050
1992	192 278	130 678	61 600	1 095 985	744 865	351 120
1993	298 100	161 649	136 451	2 592 173	1 405 643	1 186 530
1994	361 209	202 247	158 962	3 052 216	1 708 987	1 343 229
1995	271 474	141 932	129 542	2 266 997	1 185 231	1 081 766
1996	283 725	150 440	133 285	2 354 918	1 248 652	1 106 266
1997	252 646	160 497	92 149	2 091 909	1 328 915	762 994

16—2 外贸部门进出口贸易总额
TOTAL VALUE OF IMPORTS AND EXPORTS IN SECTORS OF FOREIGN TRADE

单位:万美元 unit：$10 000

项目 Item	1996	1997
进出口总额 Total	**283 725**	**252 646**
出口额 Exports	150 440	160 497
进口额 Imports	133 285	92 149
出口额中： In exports		
农产品 Agricultural products	33 235	43 437
轻工产品 Light industrial products	44 705	66 458
重工产品 Heavy industrial products	72 500	50 602

16—3 实际利用外资情况
UTILIZATION OF FOREIGN CAPITAL

单位:万美元 unit:$10 000

		1996	1997
签订合同数(个)	**Number of signed contracts**	**419**	**1 081**
签订利用外资协议合同额	**Total value of foreign capital through signed contracts agreements**	**71 792**	**53 857**
对外借款	Foreign loans	5 515	2 361
外商直接投资	Direct foreign investments	65 420	48 783
外商其他投资	Other foreign investments	857	2 713
实际利用外资额	**Total value of foreign capital used**	**100 298**	**100 015**
对外借款	Foreign loans	55 143	49 497
外商直接投资	Diredt foreign investments	45 155	40 227
外商其他投资	Other foreign investments		10 291

16—4 各市(州)外商投资企业情况
BASIC STATISTLCS OF REGISTERED ENTERRRISES WITH FOREIGN CAPITAL BY CITIES

市(州) cities (prefacture)	1996		1997	
	企业数(个) enterprises	合同外资额(万美元) total value of foreign capital signed contracts	企业数(个) enterprises	合同外资额(万美元) total value of foreign capital signed contracts
长春市 Changchun	126	30 604	93	14 933
#开发区#developing area	52	20 672	33	8 791
吉林市 Jilin	26	3 949	35	5 116
四平市 Siping	14	1 864	44	3 002
辽源市 Liaoyuan	18	887	10	626
通化市 Tonghua	22	1 266	19	455
#梅河口市#Meihekou	8	677	4	60
白山市 Baishan	18	1 160	7	67
松原市 Songyuan	7	1 786	7	846
白城市 Baicheng	1	514	10	214
延边州 Yanbian	130	6 621	126	5 385
#珲春市#Hunchun	26	1 635	0	0
省直 Diectlyunder the province	45	16 769	44	18 139

16—5 旅游事业发展情况
TOURISTS AND FOREIGN EXCHANGE IN COME FROM TOURISM

项目 item		单位 unit	1996	1997
接待旅游总人数	**Foreign tourists**	**人 person**	**188 350**	**200 433**
外国人	Foreigners	人 person	175 898	180 872
华侨	Overseas chinese	人 person	58	770
港澳台同胞	HongKong Macao Taiwan chinese	人 person	12 394	18 791
接待的旅游人天数	**Foreign tourists(person days)**	**人天 person days**	**363 637**	**367 612**
外国人	Foreigners	人天 person days	338 958	334 750
华侨	Overseas chinese	人天 person days	120	1 611
港澳台同胞	HongKong Macao Taiwan chinese	人天 person days	24 559	31 251

16—6 旅游部门接待能力
BASIC STATISTICS FOR TOURIST HOTELS

项目 item		单位 unit	1996	1997
旅游管理机构	number of unit for tourism	个	21	32
全年平均职工人数	staff and workers	人 person	19 689	24 102
旅游涉外饭店	tourist hotels	个	77	99
#星级饭店	#star grades hotels	个	72	73
旅行社(一、二类)	hotol(1.2 grade)	个	21	24
客房数	number of room	间 room	9 373	10 616
客房床位数	beds	张 bed	20 489	21 731
旅游汽车	vehicles for tourism	辆 coath	430	482

金融和保险 17

BANKING AND INSURANCE

17—1 银行存款余额
BALANCE OF BANKING DEPOSITS

单位:万元 unit: 10 000 yuan

项目 Item		1996 绝对数 Value	1996 构成(%) Proportion	1997 绝对数 Value	1997 构成(%) Proportion
各项存款合计	**Deposits**	**10 378 342**	**100**	**12 068 171**	**100**
企业存款	Enterprises deposits	2 413 811	23.3	3 229 394	26.8
财政存款	Treasury deposits	235 722	2.3	295 847	2.4
机关团体存款	Deposits of government agencies and organization	167 064	1.6	152 369	1.3
城镇储蓄存款	Urban saving deposits	7 497 809	72.2	8 291 852	68.7
农村存款	Rural deposits	38 210	0.4	40 798	0.3
其他存款	Other deposits	25 726	0.2	57 911	0.5

17—2 银行贷款余额
BALANCE OF BANKING CREDITS

单位:万元 unit: 10 000 yuan

项目 Item		1996 绝对数 Value	1996 构成(%) Proportion	1997 绝对数 Value	1997 构成(%) Proportion
各项贷款合计	**Loans**	**16 088 401**	**100**	**19 136 137**	**100**
工业贷款	Industrial loans	4 279 288	26.6	4 998 644	26.1
商业贷款	Commercial loans	7 397 574	46.0	8 721 452	45.6
建筑企业贷款	Construction loans	208 453	1.3	283 161	1.5
个体工商业贷款	Iudividual industrial and commercial households loans	16 748	0.1	38 195	0.2
乡镇企业贷款	Township enterprises loans	263 125	1.6	294 303	1.5
农业贷款	Agricultural loans	593 335	3.7	709 828	3.7
中长期贷款	Fixed asset loans	2 347 166	14.6	2 715 663	14.2
其他贷款	Other loans	982 712	6.1	1 374 891	7.2

17—3 银行现金收入和支出
CASH REVENUE AND EXPENDITURES OF BANKING SYSTEM

单位:万元 Unit: 10 000 yuan

项目	Item	1996	1997
收人合计	**Total of revenue**	**32 576 734**	**38 235 845**
商品销售收入	Commodity sales	3 240 800	3 444 129
服务事业收入	Service trade	1 193 840	1 448 422
税款收入	Taxes	117 378	131 275
乡镇企事业收入	Township enterprises and nonprofits	125 669	115 281
信用收入	Rural credit cooperatives	403 207	332 359
城镇个体经营收入	Individual business	209 942	330 894
储蓄存款收入	Saving deposits	16 674 682	20 291 894
债券收入	Debts	243 149	501 407
其他收入	Other	10 368 067	11 640 184
支出合计	**Total of expenditures**	**34 409 260**	**40 209 078**
工资及对个人其他支出	Wages and other payments to individuals	3 557 229	3 955 660
农副产品采购支出	Purchases of agricultural sideline products	2 051 873	2 265 438
行政企事业管理费支出	Government and enterprises overhead	1 554 392	1 814 209
农村信用社支出	Rural credit cooperatives	498 295	445 389
乡镇企事业支出	Township enterprises nonprofit institutions	153 866	144 843
城乡个体经营支出	Individual businesses	238 842	336 709
储蓄存款支出	Savings deposits	15 292 198	19 058 144
其他金融机构支出	Other banking institutions	1 592 959	1 352 435
汇兑支出	Remittances	358 445	478 952
其他支出	Other	8 914 055	10 005 832
债券支出	Debts	197 106	351 467

17—4 农村信用社存贷款年末余额和现金收支
DEPOSITS AND LOANS BALANCES CASH REVENVE AND EXPENDITURES OF RURAL CRENDIT COOPERATIVES

单位:万元 Unit: 10 000 yuan

项目	Item	1996	1997
各项存款	**Total of deposits**	**1 131 051**	**1 465 307**
#企业存款	Agricultural deposits	55 135	3 283
储蓄存款	Saving deposits	1 075 916	1 367 041
各项贷款	**Total of loans**	**699 105**	**919 965**
#农业贷款	Agricultural loans	17 252	240 512
乡镇企事业贷款	Township enterprises loans	24 010	229 438
现金收入	**Total of cash revenue**	**4 278 974**	**5 200 206**
#个人存款收入	Revenue of individual saving deposits	2 914 704	3 457 121
现金支出	**Total of cash expenditure**	**4 440 244**	**5 690 087**
#个人存款支出	Expenditures of individual saving deposits	2 786 632	3 381 308

17—5 保险业务经济技术指标
ECONOMIC AND TECHNICAL INDICATORS OF INSURANCE BUSINESS

项目	Item	单位 unit	1996	1997
一、承保额	**Insurance value**	**万元10 000 yuan**	**16 492 638**	**30 466 151**
企业财产	Enterprises property	万元10 000 yuan	13 020 828	12 769 825
运输工具	Tran sportation equipment	万元10 000 yuan	1 812 525	16 619 918
家庭财产	Family property	万元10 000 yuan	1 659 285	1 076 408
二、业务收入	**Business revenue**	**万元10 000 yuan**	**123 717**	**157 156**
企业财产险	Enterprises property insurance	万元10 000 yuan	23 926	26 600
运输工具及责任险	Transportation equipment and responsibility insurance	万元10 000 yuan	42 632	53 567
家庭财产险	Family property insurance	万元10 000 yuan	5 053	4 713
养老金险	Pension insurance	万元10 000 yuan	2 466	8 798
人身意外伤害险	Accident insurance	万元10 000 yuan	13 759	10 829
储金性人身险	Simple personal insurance	万元10 000 yuan	12 829	33 064
农业险	Agriculturial insurance	万元10 000 yuan	3 801	2 188
货物运输险	Freight transport insurance	万元10 000 yuan	7 121	7 817
其他险	Others	万元10 000 yuan	12 130	9 580
三、赔案件数	**Insurance claim**	**件 piece**	**206 969**	**719 355**
已决	Settlements	件 piece	200 647	705 701
未决	Unsettled claim	件 piece	6 322	13 654
四、业务支出	**Business expenditures**	**万元10 000 yuan**	**91 354**	**57 398**
企业财产险	Enterprises property insurance	万元10 000 yuan	35 506	9 372
家庭财产险	Family property insurance	万元10 000 yuan	6 091	2 328
运输工具及责任险	Transportation equipment and resporsibility insurance	万元10 000 yuan	33 995	30 241
货物运输险	Freight transport insurance	万元10 000 yuan	2 591	2 043
人身意外伤害险	Accident insurance	万元10 000 yuan	7 059	5 139
人身险	Personal insurance	万元10 000 yuan	1 145	1 300
养老险	Pension insurance	万元10 000 yuan	457	292
农业险	Agriculturl insurance	万元10 000 yuan	3 223	1 488
其他险	Others	万元10 000 yuan	1 287	5 195

17—6 国内保险主要险种业务开展情况
BASIC STATISTICS ON MAIN DOMESTIC INSURNCE BUSINESS

项目 Item	单位 unit	1996	1997
财产保险　Property insurance			
保险金额　Insurance value	亿元100 000 000 yuan	2 378.2	3 537
储金余额　Saving	万元10 000 yuan	7 524	31 484
保费收入　Premiums	万元10 000 yuan	94 583	101 302
满期给付　Settlements	万元10 000 yuan	5 729	4 708
赔款　Compe4nsation	万元10 000 yuan	51 330	48 652
赔付率　Claim rate	%	54.3	48.0
人身保险　Personal insurance			
保险金额　Insurance value	亿元100 000 000 yuan	735.9	727.2
储金余额　Saving	万元10 000 yuan	2 069	1 551
保费收入　Premiums	万元10 000 yuan	27 857	107 603
满期给付　Settlements	万元10 000 yuan	3 019	13 418
赔款　Compensation	万元10 000 yuan	6 623	8 611
赔付率　Claim rate	%	35.7	8.0
农业保险　Agriculturial insurance			
保险金额　Insurance value	亿元100 000 000 yuan	54.4	33.0
保费收入　Premiums	万元10 000 yuan	3 801.4	2 188
赔款　Compensation	万元10 000 yuan	3 223	1 488
赔付率　Claim rate	%	84.8	68.0

教育、科技和文化事业 18

EDUCATION, SCIENCE AND CULTURE

18—1 各级各类教育基本情况
BASIC STATISTICS FOR EDUCATION BY LEVEL AND TYPE

		学校数(所) Number of schools		教职工数(人) Staff and workers		#专任教师数 Number of full time teacher	
		1996	1997	1996	1997	1996	1997
普通高等学校	Institutions of higher education	40	40	40 052	40 260	15 497	15 610
中等学校	Secondary schools	2 223	2 229	155 408	153 145	109 883	110 514
中等专业学校	Specialized secondary schools	120	119	17 622	17 588	8 703	8 810
中等技术学校	Technical secondary schools	97	96	14 325	14 253	6 930	7 042
中等师范学校	Teathers secondary schools	23	23	3 297	3 335	1 773	1 768
普通中学	Regular secondary schools	1 804	1 790	123 038	121 332	91 241	92 019
职业中学	Vocational schools	299	320	14 748	14 225	9 939	9 685
小学	Primary schools	10 112	10 029	180 892	176 739	153 537	149 396
盲、聋哑学校	Schools for the blind deaf and deafmute	25	25	1 548	1 526	955	993
幼儿园	Kinder gartens	4 361	4 897	33 182	28 686	22 844	18 935

		招生数(人) New student enrollment		在校学生数(人) Student enrollment		毕业生数(人) Graduates	
		1996	1997	1996	1997	1996	1997
普通高等学校	Institutions of higher education	33 531	33 259	105 026	110 167	29 110	27 526
中等学校	Secondary schools	533 762	544 601	1 568 163	1 584 860	470 881	485 133
中等专业学校	Specialized secondary schools	46 106	43 542	132 985	144 159	26 851	31 211
中等技术学校	Technical secondary schools	36 977	35 104	103 830	115 029	19 876	22 736
中等师范学校	Teathers secondary schools	9 129	8 438	29 155	29 130	6 975	8 475
普通中学	Regular secondary schools	429 471	433 372	1 287 092	1 289 973	388 570	392 394
高中	Senior middle schools	69 070	75 266	202 849	212 384	52 181	60 498
初中	Junior middle schools	360 401	358 106	1 084 243	1 077 589	336 389	331 896
职业中学	Vocational schools	58 185	67 687	148 086	150 728	55 460	61 528
小学	Primary schools	468 561	453 425	2 749 146	2 800 668	389 798	384 744
盲、聋哑学校	Schools for the blind deafmute	530	400	4 119	4 001	308	177
幼儿园	Kinder gartens	378 087	370 951	540 223	515 020		

18－2 各市(州)各级各类教育基本情况(1997) BASIC STATIS TICS FOR EDUCATION BY TYPE AND CITIES(1997)

市(州) Cities	学校数(所) Number of schools				专任教师数(人) Number of full time feachers			
	普通中学 Secondary school	职业中学 Schools	小学 Primary school	幼儿园 Kinder－gartens	普通中学 Secondary school	职业中学 Vocational Schools	小学 Primary school	幼儿园 Kinder－gartens
长春市 Changchun	422	118	1 919	1 026	24 582	1 924	39 258	3 707
吉林市 Jilin	282	49	1 649	1 119	14 949	1 437	23 465	4 298
四平市 Siping	191	17	1 277	388	10 240	945	16 885	1 353
辽源市 Liaoyuan	91	5	577	122	4 235	213	6 810	753
通化市 Tonghua	186	22	1 030	353	8 262	990	13 105	1 964
白山市 Baishan	110	18	583	235	4 945	703	8 186	1 040
松原市 Songyuan	167	25	1 228	254	8 606	1 180	15 046	740
白城市 Baicheng	153	32	981	231	6 310	1 395	11 975	1 198
延边州 YanBian	188	34	790	1 169	9 890	898	14 666	3 882

市(州) Cities	招生数(人) New students enrollment				在校学生数(人) Students enrollment			
	普通中学 Secondary school	职业中学 Vocational Schools	小学 Primary school	幼儿园 Kinder－gartens	普通中学 Secondary school	职业中学 Vocational Schools	小学 Primary school	幼儿园 Kinder－gartens
长春市 Changchun	110 546	25 984	123 110	98 559	328 106	47 256	738 583	134 044
吉林市 Jilin	72 790	8 734	70 575	78 127	226 660	21 912	425 784	111 136
四平市 Siping	51 835	4 919	58 115	39 931	152 267	10 326	365 607	46 756
辽源市 Liaoyuan	17 240	842	18 229	20 480	56 077	2 481	118 986	20 604
通化市 Tonghua	40 615	5 171	36 291	28 360	123 238	11 492	234 536	35 520
白山市 Baishan	21 407	4 971	22 306	18 490	62 087	10 753	134 602	23 721
松原市 Songyuan	44 755	8 405	56 558	29 523	123 579	21 953	342 914	31 643
白城市 Baicheng	33 090	5 276	34 811	29 325	95 445	16 897	210 841	41 379
延边州 YanBian	41 094	3 385	33 430	28 156	122 514	7 658	228 815	70 217

18－3 高等学校分科在校学生数(1997)
STUDENT ENROLLMENT INSTITUTIONS OF HIGHER EDUCATION BY FIELD OF STUDY(1997)

单位:人 unit:person

项目 Item		招生 New student enrollment 本科 Undergraduate	招生 New student enrollment 专科 College for professional training	在校生 Student enrallment 本科 Undergraduate	在校生 Student enrallment 专科 College for professional training	毕业生 Graduates 本科 Undergraduate	毕业生 Graduates 专科 College for professional training
总计	**Total**	**19 140**	**14 119**	**66 500**	**43 667**	**13 318**	**14 208**
哲学	Philosophy	51		136		35	
经济学	Economlic	1 650	2 698	5 542	7 561	864	2 918
法学	Law	669	470	2 057	1 433	276	344
教育学	Education	816	858	2 872	2 130	618	589
文学	Literature	2 123	2 106	7 108	5 888	1 399	1 465
历史学	History	446	239	1 510	933	360	58
理学	Science	2 428	983	8 702	3 619	1 898	926
工学	Engineering	8 732	5 242	29 381	16 924	6 092	5 992
农学	Agriculture	730	533	2 709	1 713	688	690
医学	Medicine	1 495	990	6 483	3 466	1 088	1 226

18－4 高等学校分科专任教师数(1997)
NUMBERS OF FULL TIME TEACHER BY FIEDE OF STUDY REGULAR HIGHER EDUCATIONAL INSTITUTIONS(1997)

单位:人 unit:person

项目 Item		合计 Total	正高级 Professor	副高级 Asso－prof	中级 Lecturers	初级 Assistants	无职称 Instructors
总计	**Total**	**15 610**	**1 382**	**4 308**	**5 759**	**3 566**	**595**
哲学	Philosophy	504	44	139	185	119	17
经济学	Economic	909	49	232	370	213	45
法学	Law	330	20	69	149	78	14
教育学	Education	914	42	226	380	211	55
文学	Literature	2 611	138	587	1 037	732	117
历史学	History	421	38	158	122	73	30
理学	Science	2 981	292	887	1 060	653	89
工学	Engineering	4 095	382	1 248	1 544	774	147
农学	Agriculture	969	84	215	346	267	57
医学	Medicine	1 876	293	547	566	446	24

18—5 各高等学校基本情况(1997)

单位:人

项目	Item	在校研究生数 Post graduates enrollment
大学、专门学院、专科学校	**University college and specialized school**	
总计	**Total**	**6 084**
#女	#Female	2 381
综合大学	Comprehensive university	2 558
吉林大学	Jilin university	2 150
延边大学	Yanbian university	408
长春大学	Changchun university	
理工院校	Science and engineering	1 668
吉林工业大学	Jinlin industry university	857
长春光学精密机械学院	Changchun optical and machinery instrument college	239
长春科技大学	Changchun science and technical uniuersity	370
东北电力学院	Northeast electric power college	112
长春邮电学院	Changchun post and telecommunication college	
吉林工学院	Jilin industrial college	90
吉林建筑工程学院	Jilin construction college	
吉林化工学院	Jilin chemical industry college	
吉林粮油食品高等专科学校	Jilin grain oil food higher specialized school	
长春工业高等专科学校	Changchun industry higher specialized school	
长春汽车工业高等专科学校	Changchun vehicle industry higher specialized shcool	
长春建筑高等专科学校	Changchun construction higher specialized school	
吉林电气化高等专科学校	Jilin electrification higher specialized school	
长春水利电力高等专科学校	Changchun water and power higher specialized school	
农业院校	Agriculture university or callage	120
吉林农业大学	Jilin agriculture university	120
吉林农垦特产高等专科学校	Jilin agriculture and special products higher specialized school	
林业院校	Forestry	

BASIC STATISTICS FOR INSTITUTIONS OF HIGHER EDUCATION(1997)

unit:person

本专科毕业生数 Graduates for university and college	本专科招生数 New students in university and college	本专科在校学生数 Students enrollment in university and college	教职工数 Staff and workers	#专任教师 Full time teachers	正高级副高级 Prof and asso. prof.	中级 Lecturers
26 920	**32 556**	**108 454**	**39 763**	**15 351**	**5 633**	**5 677**
9 448	13 155	42 708	15 652	6 048	1 504	2 609
4 544	5 622	19 235	8 346	3 053	997	1 099
1 843	2 100	7 495	4 190	1 186	483	406
1 747	2 432	7 981	3 201	1 453	396	543
954	1 090	3 759	955	411	118	150
11 025	12 879	42 690	14 884	5 335	2 082	2 051
1 975	2 264	7 569	3 362	1 006	432	459
990	1 295	4 574	1 410	466	202	127
1 245	1 500	4 645	2 199	862	399	303
836	860	3 676	1 245	412	217	95
565	829	2 643	900	268	85	133
1 332	1 430	4 957	1 244	503	183	159
575	710	2 573	748	312	117	103
440	500	1 968	741	286	91	95
361	450	1 180	390	185	44	76
681	890	2 401	386	214	66	109
221	90	365	514	234	61	136
596	720	2 040	524	202	64	74
613	770	2 077	644	194	70	89
595	571	2 022	577	191	51	93
1 144	1 262	3 859	2 667	761	213	287
892	969	3 137	2 265	586	193	227
252	293	722	402	175	20	60
640	680	2 251	863	255	93	96

18—5 续表

单位：人

项目	Item	在校研究生数 Post graduates enrollment
吉林林学院	Jilin forestry college	
医药院校	Medicine	717
白求恩医科大学	Norman Bethune medicine university	623
吉林医学院	Jilin medicine college	36
长春中医学院	Changchun chinese medicine college	58
长春医学高等专科学校	Changchun medicine higher specialized school	
师范学校	Teacher training	969
东北师范大学	Northeast teacher vniversity	969
吉林师范学院	Jinlin teacher college	
通化师范学院	Tonghua teacher college	
四平师范学院	Siping teacher college	
吉林职业师范学院	Jilin teacher training college	
长春师范学院	Changchun teacher college	
白城师范高等专科学校	Baicheng teacher higher specialized school	
财经院校	Economics and finance	38
长春税务学院	Changchun tax college	38
吉林财税高等专科学校	Jilin finance and tax higher specialized schools	
吉林商业高等专科学校	Jilin commerce higher specialized school	
长春金融高等专科学校	Changchun banking higher specialized school	
政法院校	Politics and law	
吉林公安高等专科学校	Jilin public security higher specialized school	
体育院校	Physical culture	
吉林体育学院	Jilin physical culture college	
艺术院校	Art intitutes	14
吉林艺术学院	Jilin art intitutes college	14

Continued

unit:person

本专科毕业生数 Graduates for university and college	本专科招生数 New students in university and college	本专科在校学生数 Students enrollment in university and college	教职工数 Statf and workers	#专任教师 Full time teachers	正高级、副高级 Prof. and asso. prof.	中级 Lecturers
640	680	2 251	863	255	93	96
1 943	2 040	8 288	3 799	1 812	808	557
780	840	3 892	2 216	1 067	570	254
365	480	1 906	631	341	81	132
398	400	1 470	653	271	121	102
400	320	1 020	299	133	36	69
4 842	7 183	23 419	6 645	2 983	1 066	1 104
1 597	1 950	7 057	2 788	1 112	507	407
812	1 140	3 278	819	390	80	167
412	650	1 938	482	249	60	103
898	1 380	4 300	1 011	426	180	131
508	685	2 297	556	281	77	102
377	620	2 371	529	278	113	111
238	758	2 178	460	247	49	83
2 110	2 130	6 458	1 709	732	240	312
616	601	2 278	750	297	122	141
614	600	1 587	346	144	26	70
560	570	1 516	339	175	37	58
320	359	1 077	274	116	55	43
200	220	668	266	90	17	43
200	220	668	266	90	17	43
220	275	713	191	84	42	26
220	275	713	191	84	42	26
252	265	873	393	249	75	102
252	265	873	393	249	75	102

18—6 各高等学校培养研究生情况(1997)

单位:人

项目	Item	在校研究生 Students enrollment
总计	**Total**	**6 084**
一、中央部委所属院校	University and college under the state ministries or commissions	5 358
1.国家教委所属院校	University under state education commission	3 119
东北师范大学	Northeast teacher university	969
吉林大学	Jilin university	2 150
2.其他部委所属院校	University and college under other ministries or commissions	2 239
白求恩医科大学	Norman Bethune Medicine University	623
吉林工业大学	Jilin industry university	857
东北电力学院	Northeast electric power college	112
长春光学精密机械学院	Changchun optical instrument college	239
长春科技大学	Changchun science and technical university	370
长春税务学院	Changchun tax college	38
二、地方所属院校	University and college under local goverment	726
1.教育部门所属院校	University under province education commission	408
延边大学	Yanbian university	408
2.其他部门所属院校	University and college under other department	318
吉林农业大学	Jilin agriculture university	120
吉林工学院	Jilin industrial college	90
吉林医学院	Jilin medicine college	36
长春中医学院	Changchun chinese medicine college	58
吉林艺术学院	Jilin art intitutes college	14

BASIC STATICS FOR POSTGRADUATES IN INSTITUTIONS OF HIGHER EDUCATION(1997)

unit:person

		毕业生数 Graduates		
博士学位 Doctor	硕士学位 Master		博士学位 Doctor	硕士学位 Master
1 092	**4 992**	**1 830**	**261**	**1 569**
1 075	4 283	1 642	255	1 387
572	2 547	1 056	142	914
131	838	403	42	361
441	1 709	653	100	553
503	1 736	586	113	473
144	479	146	37	109
228	629	232	51	181
	112	31		31
12	227	66	1	65
119	251	103	24	79
	38	8		8
17	709	188	6	182
9	399	100	2	98
9	399	100	2	98
8	310	88	4	84
8	112	46	4	42
	90	17		17
	36	6		6
	58	19		19
	14			

18－7 高等学校研究生情况
BASIC STATISTICS FOR POSTGRADUATES IN UNIVERSITY

单位：人　　unit：person

		研究生合计 Total postgraduates		博士学位 Doctor		硕士学位 Master	
		1996	1997	1996	1997	1996	1997
毕业生数	Graduates	1 819	1 830	150	261	1 669	1 569
招生数	New students enrollment	2 098	1 978	338	334	1 760	1 644
在学研究生数	Students enrollment	5 960	6 084	1 027	1 092	4 933	4 992
毕业班学生数	Students in graduating glass	1 773	1 883	255	373	1 518	1 510

18－8 高等学校分学科研究生情况
BASIC STATISTICS FOR POSTGRADUATES IN INSTITUTION OF HIGHER EDUCATION BY FIELD OF STUDY

单位：人　　unit：person

		研究生合计 Total postgraduates		博士学位 Doctor		硕士学位 Master	
		1996	1997	1996	1997	1996	1997
招生数	**New students enrollment**						
总计	**Total**	**2 098**	**1 978**	**338**	**334**	**1 760**	**1 644**
＃女	Female	846	831	83	105	763	726
哲学	Philosophy	41	34	18	10	23	24
经济学	Economic	239	191	32	27	207	164
法学	Law	227	217	28	27	199	190
教育学	Education	74	74	3	3	71	71
文学	Literature	185	180	4	6	181	174
历史学	History	85	89	14	21	71	68
理学	Science	437	418	119	106	318	312
工学	Engineering	517	496	76	93	441	403
农学	Agriculture	57	54	5	1	52	53
医学	Medicine	236	225	39	40	197	185
在校学生数	**Students enrollment**						
总计	**Total**	**5 960**	**6 084**	**1 027**	**1 092**	**4 933**	**4 992**
＃女	Female	2 279	2 381	192	245	2 087	2 136
哲学	Philosophy	114	109	34	34	80	75
经济学	Economic	773	674	86	86	687	588
法学	Law	594	600	64	75	530	525
教育学	Education	205	223	9	9	196	214
文学	Literature	465	516	20	15	445	501
历史学	History	262	251	48	54	214	197
理学	Science	1 199	1 252	340	361	859	891
工学	Engineering	1 495	1 551	307	331	1 188	1 220
农学	Agriculture	149	152	12	8	137	144
医学	Medicine	704	756	107	119	597	637

18-9 中等专业学校分类别基本情况
BASIC STATISTICS FOR SPECIALIZED SECONDARY SCHOOLS BY FIELD OF STUDY

		学校数(所) Number of school		招生数(人) New students enrollment		在校学生数(人) Students enrllment	
		1996	1997	1996	1997	1996	1997
合计	**Total**	**120**	**119**	**46 106**	**43 542**	**132 985**	**144 159**
工科	Engineering	26	26	12 610	11 667	34 505	38 575
农林	Agriculture and forestry	12	12	7 429	6 596	22 556	24 588
医药	Health	11	10	3 206	3 220	9 365	9 670
财经	Economic and finance	14	13	5 451	5 955	14 509	17 495
政法	Politics and law	5	5	1 479	807	2 511	2 313
体育	Physical culture	6	6	584	588	1 701	1 912
艺术	Art	2	2	1 191	1 201	4 076	4 396
师范	Teacher training	23	23	9 129	8 438	29 155	29 130
#幼师	#Preschool teacher	5	5	1 500	1 303	4 378	4 303
其他	Other	21	22	5 027	5 070	14 607	16 080

		毕业生数(人) Graduates		教职工数(人) Staff and worker		#专任教师数 Number of full time teather	
		1996	1997	1996	1997	1996	1997
合计	**Total**	**26 851**	**31 211**	**17 622**	**17 588**	**8 703**	**8 810**
工科	Engineering	6 565	7 235	4 570	4 572	2 230	2 207
农林	Agriculture and forestry	3 206	4 253	2 599	2 583	1 191	1 192
医药	Health	2 758	2 861	1 865	1 836	796	829
财经	Economic and finance	2 829	2 573	1 777	1 681	835	825
政法	Politics and law	823	938	504	486	231	227
体育	Physical culture	375	391	486	505	262	303
艺术	Art	610	929	262	261	161	162
师范	Teacher training	6 975	8 475	3 297	3 335	1 773	1 768
#幼师	#Preschool teacher	956	1 303	592	626	306	332
其他	Other	2 710	3 556	2 262	2 329	1 224	1 297

18—10 各级各类成人教育基本情况

单位：人

项目	Item	招生数 New students enrollment 1996	1997
一、成人高等学校	**Adult education college**	**33 078**	**34 449**
广播电视大学	Radio and TV universities	8 320	8 085
职工大学	Shcools of higher education for staff and workers	3 717	3 967
农民大学	Shcools of higher education for peasants	451	399
函授大学、夜大学	Correspondence or spartime college	17 955	19 123
管理干部学院	College for management cadres	2 016	2 124
教育学院	Pedagogical colleges	619	751
二、成人中等学校	**Specialized secondary schools for adults**	**2 406 600**	**2 031 407**
职工中等专业学校	Specialized secondary schools for staff and workers	11 785	8 801
干部中等专业学校	Specialized secondary schools for cadres	570	320
农民中等专业学校	Specialized secondary schools for peasants	8 090	11 263
教师进修学校	Teacher training schools	421	
成人中学	Middle schools for adults	4 901	10 630
广播电视和函授中等专业学校	Radio TV and corrspondence specialized secondary schools	6 158	5 724
成人技术培训学校	Technical training schools for adults	2 374 675	1 994 669
三、成人初等学校	**Primary schools for adults**	**115 304**	**189 835**
职工初等学校	Primary schools for staff and worker	660	29 745
农民初等学校	Primary schools for peasents	114 644	160 090
小学班	Primary schools for courses	92 614	148 464
扫盲班	Literacy courses	22 030	11 626

BASIC STATISTICS FOR ADULT SCHOOLS BY LEVEL AND TYPE

unit:person

在校生数 Student enrollment		毕业生数 Graduates	
1996	1997	1996	1997
95 832	**98 654**	**27 214**	**31 155**
17 888	19 604	6 046	5 705
13 226	13 769	3 842	4 573
999	859	389	400
56 710	57 879	13 938	17 922
5 112	4 504	2 512	1 987
1 897	2 039	487	568
1 461 083	**1 403 214**	**2 608 634**	**1 939 764**
28 650	26 872	8 561	9 575
989	893	244	415
19 003	25 925	2 215	4 624
1 413	89	493	
4 735	12 976	5 920	7 082
16 543	15 607	6 142	6 961
1 389 750	1 320 852	2 585 059	1 911 107
60 282	**123 942**	**93 208**	**140 618**
665	30 090	1 463	571
59 617	93 852	91 745	140 047
39 258	82 736	72 798	123 722
20 359	11 116	18 947	16 325

18－11 技工学校分行业基本情况
BASIC STATISTICS FOR VARIOUS TECHNICAL SCHOOLS BY SECTOR

单位：人　　unit：person

		招生数 New students enrollment		在校学生数 Students enrollmet	
		1996	1997	1996	1997
总计	**Total**	**24 004**	**21 046**	**66 547**	**63 600**
农、林、牧、渔、水利业	Farming forestry animal husbandry fishery and water conservancy	824	1 010	2 684	2 678
机械制造、加工业	Manufacturing and processing	3 929	3 598	13 463	11 753
地质矿产业	Geological prospecting and mineral mining	98	185	643	540
冶金工业	Metallurgical industry	312	306	1 260	1 300
煤炭工业	Coal industry	773	399	1 816	1 273
电力工业	Electric power industry	574	178	1 838	1 495
石油工业	Petroleum industry	815	623	2 466	1 687
化学工业	Chemical industry	1 158	1 179	3 681	4 455
有色金属工业	Nonferrous metal industry	135		535	
轻工业	Light industry	1 842	1 808	3 694	4 985
纺织工业	Textile industry	2 446	1 498	4 470	4 129
电子、仪器、仪表工业	Electronic instruments and meters industry	809	1 112	2 143	3 475
电工、电气	Electric equipment and machinery	1 045	443	3 250	1 692
医药、医疗	Medical and health care	87	190	296	332
建材、建工、城建	Construction	1 113	757	3 331	2 099
交通、运输	Transportation	1 504	1 048	2 740	3 165
邮电、通讯	Postal and telecommunication services	56		605	119
商业、饮食、旅游、服务业	Commerce food tourism services	3 303	2 992	9 062	8 195
其他	Other	3 181	3 720	8 570	10 228

		毕业生数 Graduates		生产实习指导教师 Practical training teachers	
		1996	1997	1996	1997
总计	**Total**	**28 771**	**27 014**	**1 036**	**981**
农、林、牧、渔、水利业	Farming forestry animal husbandry fishery and water conservancy	1 594	1 604	77	47
机械制造、加工业	Manufacturing and processing	5 134	4 913	275	239
地质矿产业	Geological prospecting and mineral mining	376	150	8	13
冶金工业	Metallurgical industry	926	693	14	20
煤炭工业	Coal industry	804	403	23	21
电力工业	Electric power industry	663	688	45	50
石油工业	Petroleum industry	670	566	33	42
化学工业	Chemical industry	1 055	1 471	60	63
有色金属工业	Nonferrous metal industry	234	42	11	6
轻工业	Light industry	1 253	2 037	50	57
纺织工业	Textile industry	2 388	1 847	37	58
电子、仪器、仪表工业	Electronic instruments and meters industry	861	1 300	49	44
电工、电气	Electric equipment and machinery	1 031	820	35	28
医药、医疗	Medical and health care	211	248	7	5
建材、建工、城建	Construction	1 957	1 491	45	35
交通、运输	Transportation	804	986	37	29
邮电、通讯	Postal and telecommunication services	158	227	28	28
商业、饮食、旅游、服务业	Commerce food tourism services	3 775	3 689	89	86
其他	Other	4 877	3 839	113	110

18—12 幼儿园基本情况
BASIC STATISTICS FOR KINDERGRATENS

		单位 unit	1996	1997
园数	Number of kindergartens	所 unit	4 361	4 897
在园幼儿数	Students enrollment	万人10 000 persons	54.02	51.50
教职工数	Staff and workers	人 person	33 182	28 686
#教师	#Teacher	人 person	22 844	18 935

18—13 盲、聋、哑学校基本情况
BASIC STATISTICS FOR THE BLIND DEAF AND DEAFMUTES

		单位 unit	1996	1997
学校数	Number of school	所 unit	25	25
招生数	New students enrollment	人 person	530	400
在校学生数	Students enrollment	人 person	4 119	4 001
毕业生数	Graduates	人 person	308	177
教职工数	Staff and workers	人 person	1 548	1 526
#专任教师数	Number fulltime teachers	人 person	955	993

18—14 小学学龄儿童入学率
PERCENTAGE OF SCHOOL AGE CHILDREN ENROLLED

		单位 unit	全省 total		城镇 urban		农村 rural	
			1996	1997	1996	1997	1996	1997
学龄儿童数	School age children	万人 10 000 person	265.08	273.63	126.81	126.76	138.28	146.87
入学儿童数	School age children enrolled in schools	万人 10 000 person	264.18	272.42	126.36	126.10	137.81	146.32
学龄儿童入学率	Enrallpment rate	%	99.66	99.56	99.65	99.48	99.66	99.63
#女儿童	Female chldren	%	99.69	99.62	99.65	99.57	99.73	99.67

18－15 各级学校教师负担学生数
STUDENT TEACHER RATIO BY LEVEL OF SCHOOL

单位：人　　　　unit：person

		1996	1997
高等学校	Institutions of higher education		
教师数	Number of teachers	15 497	15 610
每个教师负担学生	Student teacher radio	6.8	7.1
中等学校	Secondary school		
教师数	Number of teachers	109 883	110 514
每个教师负担学生	Student teacher ratio	14.3	14.3
小学	Primary school		
教师数	Number of teachers	153 537	149 396
每个教师负担学生	Student teacher ratio	17.9	18.7

18－16 平均每万人口在校学生数和大中小学学生构成
STUDENT ENROLLMENTPER 10000 POPULATION AND COMPOSITION OF STUDENTS ENROLLED

		单位 unit	1996	1997
各级学校在校学生数占全省人口的比重	Students as percentage of total papulation	%	17.1	17.3
平均每万人口中	Number of students per 10 000 population			
大学生	University students	人 person	40.7	42.4
中学生	Secondary school students	人 person	608	610
小学生	Primary school students	人 person	1 066	1 077
大中小学学生占学生总数比重	Students of different level as percentage Of tolal student			
大学生	University students	%	2.4	2.5
中学生	Secondary school students	%	35.5	35.2
小学生	Primary school students	%	62.2	62.3

18—17 县级和县级以上独立研究与技术开发机构情况
BASIC STATISTICS FOR INDEPENDENT RESEARCH AND DEVELOPMENT INSTITUTIONS ABOVE COUNTY LEVEL

		自然科学研究与技术开发机构 Natural science and technology		社会科研与开发机构 Social science and development institations		科学技术情报和文献机构 Scientific techical and literature institutions	
		1996	1997	1996	1997	1996	1997
机构数(个)	Iustitutions	141	141	20	19	11	11
专业技术干部(人)	Technical personnel(person)	16 718	15 898	640	635	284	275
#科学家、工程师	Scientists and engineers		11 320		487		208
经费支出总额(万元)	Expenditures of scientific and technological research funds(10 000 yuan)	111 474	123 286	3 063.1	4 887.2	595.3	669.4

18—18 独立自然科学研究机构课题开展和投入
PROJECTS AND INTPUT FOR INDEPENDENT RESEARCH INSTITUTIONS

		课题数(项) Projects (pcs)		投入人力(人/年) Intput (person)		课题经费内部支出(万元) Internal expenses (10000 yuan)	
		1996	1997	1996	1997	1996	1997
合计	**Total**	**1 930**	**1 956**	**5 981**	**6 101**	**12 646.3**	**16 193.4**
按课题类型分	Grouped by projects						
基础研究	Basic research	172	134	433	290	849.8	680.5
应用研究	Basic research	802	898	2 312	2 845	4 739.6	7 515.2
试验发展	Applied research	489	411	1 894	1 533	4 242.9	5 439.4
研究与试验发展成果应用	Test and development Achievements applied	303	334	871	895	2 070.8	1 870.4
科技服务	Science and technicalservices	141	135	414	415	622.6	494.3
生产性活动	Active of productive	23	44	57	123	120.6	193.6

18—19 三项专利申请受理量和授权量
THREE TYPES OF PATENT APPPLICATIONS EXAMINED AND CERTIFIED

单位:项　　unit:piece

		申请量 Number applications examined		授权量 Number applications certified	
		1996	1997	1996	1997
合计	**Total**	**1 626**	**1 672**	**681**	**679**
按种类分	Grouped by type				
发明	Creations and inventions	285	286	33	33
实用新型	Utility models	1 214	1 165	603	552
外观设计	Designs	127	221	45	94
按对象分	Grouped by object				
工矿企业	Enterprise	169	164	63	89
大专院校	University and college	41	40	25	18
科研单位	Research unstitutions	102	148	45	48
机关团体	Government agencies and organizations	16	14	21	10
个　　人	Indaividaul	1 298	1 306	527	514

18—20 大中型工业企业技术开发情况
BASIC STATISTICS FOR TECHNICAL DEVELOPMENT OF LARGE AND MEDIUM INDUSTRIAL ENTERPRISES

		技术开发机构(个) Technical development institutions		技术开发人员(人) Technical development personnel	
		1996	1997	1996	1997
总计	**Total**	**301**	**206**	**28 213**	**28 692**
按规模分：	Grouped by size				
大型企业	Large enterprises	160	113	21 771	22 286
中型企业	Medium enterprises	141	93	6 442	6 406
按隶属关系分：	Grouped by administrative relationship				
中央企业	Central enterprises	63	46	9 829	11 130
地方企业	Local enterprises	238	160	18 384	17 562
按经济类型分：	Grouped by ownership				
国有企业	State owned	267	173	26 336	25 494
集体企业	Callective owned	15	10	1 116	760
中外合资	Joint owned	2	22	126	1 493
其他	Others	17	1	635	945

		经费筹集额(万元) Funds of technical devepment		经费支出额(万元) Expenditures of technical davedopment	
		1996	1997	1996	1997
总计	**Total**	**87 874**	**78 339**	**88 157**	**75 381**
按规模分：	Grouped by size				
大型企业	Large enterprises	65 225	66 196	73 433	64 538
中型企业	Medium enterprises	22 649	12 143	14 724	10 843
按隶属关系分	Grouped by administrative relationship				
中央企业	Central enterprises	33 933	36 524	34 641	35 655
地方企业	Local enterprises	53 941	41 815	53 516	39 726
按经济类型分：	Grouped by ownership				
国有企业	State owned	73 896	71 989	81 287	69 389
集体企业	Callective owned	2 255	1 430	2 050	1 327
中外合资	Joint owned	2 123	3 875	1 340	3 620
其他	Others	9 600	1 045	3 480	1 045

18－21 各级计划项目进入技术市场情况
TRANSACTION VALUE IN TECHNICAL MARKET

		项目数(个) Projects		金额(万元) Amant of money	
		1996	1997	1996	1997
合计	**Total**	**914**	**740**	**12 272**	**8 731**
科研机构	Science research institutes	226	270	2 062	2 154
大中专院校	University,callege and specialized schools	100	140	1 487	1 588
工业企业	Industrial enterprises	125	35	2 850	335
技术贸易机构	Technical trade institutions	400	273	3 764	4 314
个人及个人合伙	Individual and partnerr	27	3	308	85
其他	Other	36	19	1 801	255
国家、部门计划项目合计	**Number of projects rlcmned by state and depart ment**	**136**	**161**	**2 601**	**2 045**
科研机构	Science reseach institutes	29	54	215	591
大中专院校	Unimersity callege and specialized schools	13	41	205	714
工业企业	Industrial enterprises	23	20	1 259	194
技术贸易机构	Technical trade institutions	60	45	785	528
个人及个人合伙	Individual and partner	8		122	
其他	Other	3	1	15	18

18－22 受让技术所服务的社会经济目标
SOCIAL AND ECONOMIC OBJECTIVE FOR TECHNICAL SERVICES

		项数(项) Projects		金额(万元) Amount of money	
		1996	1997	1996	1997
合计	**Total**	**6 234**	**5 278**	**76 492**	**85 793**
陆地、海洋和大气的开发与估价	Development and evaluation about land,sea and atmosphere	7	49	48	321
民用宇宙空间	Space development	22		129	
农业、林业和渔业的发展	Agriculture,forestry and fishery	203	311	2 705	4 832
促进工业发展	Industry	2 954	3 081	23 137	28 598
能源的生产、储存和分配	Energy	558	483	12 368	6 815
交通、通讯事业的发展	Transportation and telecommunication	767	453	13 179	8 550
教育事业的发展	Education	81	57	624	394
卫生事业的发展	Health care	98	101	1 023	1 067
社会发展和社会经济服务	Social and economic services	358	334	6 930	5 179
环境保护	Environment	313	120	1 432	1 300
知识的全面发展	Renew of knowledge	48	37	1 177	473
其他目标(民用)	Other objective(civil)	817	217	13 605	27 306
国防	National defence	8	35	135	958

18—23 从事科技活动人员
NUMBER OF PERSONS ENGAGED IN SCIENTIFIC AND TECHNOLOGICAL ACTIVITIES

单位：人　　unit：person

项目	Item	1996 合计 Total	1996 #科学家与工程师 Scientists and engineers	1996 技术人员 Technical personel	1997 合计 Total	1997 #科学家与工程师 Scientists and engineers	1997 技术人员 Technical personel
总计	**Total**	**77 451**	**46 904**	**17 737**	**77 172**	**58 777**	**4 509**
一、按单位类型分	Grouped by sector						
科学研究与技术开发机构	Scientific research and technical development institions	17 050	10 170	4 532	16 316	12 259	3 130
科技情报与文献机构	Scientific and technical information services	268	199	69	434	178	73
全日制普通高等学校	Institutes of higher ecadtion	30 641	17 505	13 136	30 929	28 425	1 306
大中型工业企业	Large and medium industrial enterprises	28 213	18 233		28 692	17 337	
大中型建筑企业	Large and medium construc－tion enterprises	1 279	797		801	578	
二、按隶属关系分	Grouped by adminstrative relationship						
中央	Central	26 883	17 546	5 718	35 121	28 191	1 395
地方	Local	50 568	29 358	12 019	42 051	30 586	3 114
#省属	#belong to province	34 172	17 546	10 248	27 326	21 994	1 821
三、按学科领域分	Grouped by field of study						
自然科学	Natural sciences	7 785	3 342	4 343	9 604	7 723	629
农业科学	Agricalture	6 264	3 208	2 619	5 202	4 686	502
医学科学	Medicine	10 700	7 193	3 416	9 408	7 585	1 521
工程与技术科学	Engineering	42 593	25 906	4 572	45 402	31 441	1 655
人文与社会科学	Humanities and social secinces	10 109	7 255	2 787	7 556	7 342	202

18－24 科技活动经费筹集与使用总额(1997)
RAISEAND USE FUNDING FOR SCIENTIFIC AND TECHNOLOGICAL ACTIVITIES(1997)

单位：万元　　unit：10 000 yuan

项目	Item	当年科技活动经费筹集总额 Total raise funds	#政府资金 Appop－riations	自筹资金 Raise funds	银行贷款 Loans funds	当年科技活动经费使用总额 Total of expen－ditures	#内部支出 Internal expenses
总计	**Total**	**249 514.7**	**78 734.7**	**83 161.1**	**30 185.0**	**255 231.9**	**252 073.6**
一、按单位类型分	Grouped by sector						
科学研究与技术开发机构	Scientific research and technical development institutions	152 454.4	61 508.6	23 134.7	21 141.8	164 520.2	163 655.2
科技情报与文献机构	Scientific and technical information services	679.2	243.7	83.5		696.0	696.0
全日制普通高等学校	Institutes of higher edcation	17 048.2	8 446.2	63.0		13 694.9	13 401.3
大中型工业企业	Large and medium indus－tricl enterprises	78 339.5	8 516.2	59 066.5	8 893.2	75 381.1	73 383.4
大中型建筑企业	Large and medium cons－truction enterprises	993.4	20	813.4	150.0	939.7	937.7
二、按隶属关系分	Grouped by adminstra－tive relationship						
中央	Central	101 768.2	30 322.3	31 052.0	12 301	104 882.2	104 097.0
地方	Local	147 746.5	48 412.4	52 109.1	17 884	150 349.7	147 976.6
#省属	#Belong to province	111 061.6	40 032.6	36 751.1	9 483.5	116 230.5	114 840.2

18—25 科技活动机构概况(1997)
BASIC STATISTICS FOR NATIONAL SCIENTIFIC AND TECHNOLOGICHL ACTIVITIES(1997)

项目	Item	机构数(个) Number of ins-titu-tions	从事科技活动人员(人) Number of persons	#科学家和工程师 Scientists and engineers	机构经费总支出(万元) Expendi-tures of research	机构课题数(项目)数(个) Number of prejects	技术性总收入(万元) Technical revenue
总计	**Total**	**539**	**34 669**	**20 025**	**187 522**	**2 810**	**19 382**
研究与开发机构小计	Research and deve-lopment institutes	528	34 235	19 847	186 826	2 785	19 382
科学研究与技术开发机构	Scientific reseach and technical development institutes	190	16 316	12 259	159 178	2 143	19 382
全日制普通高等学校属研究与发展机构	University college and institues	120	1 518	831	2 406	642	
大中型工业企业属研究与发展机构	Large and medium industrial ent-erprises and institutes	206	16 217	6 611	24 661		
大中型建筑企业属研究与发展机构	Large and medium constraction enterprises and institutes	12	184	146	581		
科技服务机构小计	Scientific and tec-hnical services institutions	11	434	178	696	25	

18—26 科技成果概况(1997)
BASIC STATISTICS OF MAJOR ACHIEVEMENTS IN SCIENCE AND TECHNOLOGY(1997)

项目	Item	发表科技论文(篇) Scientific thesis	出版科技著作(种) Acadmic treatise	获奖成果合计(项) Major achie-vments	#国家级奖 Natio-nal prizes	省、部级奖 Provi-ncial prizes	地、市级奖 Prefe-cture prizes
总计	**Total**	**15 966**	**1 028**	**876**	**59**	**345**	**472**
按单位类型分	Grouped by sector						
科学研究与技术开发机构	Scientific reseach and technical development institutions	3 132	98	292	36	108	148
科技情报与文献机构	Scientitutes and technical information services	84		2		1	1
全日制普通高等学校	Institutes of higher education	12 750	930	170	3	104	63
大中型工业企业	Large and medium indus-trial enterprises			396	19	121	256
大中型建筑企业	Large and medium construc-tion enterprises			16	1	11	4
按学科领域分	Grouped by field of study						
自然科学	Natural sciences	4 554	169	149	8	67	74
农业科学	Agricul ture	1 548	92	96	14	46	36
医药科学	Medicine	2 674	64	73		44	29
工程与技术科学	Engineering	2 787	106	466	22	170	274
人文与社会科学	Humanities and social sciences	4 403	597	92	15	18	59

18—27 群众文化事业基本情况
BASIC STATISTICS FOR MASS CULTURE

		1996	1997
机构数(个)	**Institutions**	**731**	**969**
群众艺术馆	Mass art centers	13	13
文化馆	Cultural centers	95	95
文化站	Cultural stations	623	859
从业人员数(人)	**Personnel**	**3 395**	**3 652**
文化活动情况	**Cultural activities**		
举办展览(次)	Number of exhibitions	1 397	1 372
举办讲座、报告会(次)	Public lecture		
组织文艺活动(次)	Art perfermances	3 888	4 942
举办训练班(班)	Training courses	4 849	2 377
放映录像(场)	Show video corder	22 988	17 720

18—28 公共图书馆、博物馆和文物保护单位基本情况
BASIC STATISTICS FOR PUBLIC LIBRARIES MUSEUMS AND CULTURAL RELIC AGENCIES

		单位 unit	1996	1997
公共图书馆	**Public libraries**			
单位数	Institutions	个 unit	58	59
从业人员数	Personnel	人 person	1 739	1 786
藏书	Callection books	万册/件 10 000volumes	938.1	966.7
阅览室座席	Seating capacity of reading room	个 unit	9 165	10 561
建筑面积	Floor space of building	平方米 sq. m	90 747	97 867
#阅览室	Reading room	平方米 sq. m	20 391	22 102
书库	Stock rooms	平方米 sq. m	27 141	27 806
借阅人次	Total number of cirulation	万人次10 000person—time	374.7	468
借阅册次	Number of books borrowed by the readers	万册次 10 000volume—times	313.0	449.8
博物馆	**Museums**			
单位数	Institutions	个 unit	16	17
从业人员数	Personnel	人 person	765	743
文物藏品	Number of callection	万件 10 000	13.3	13.8
举办陈列	Number of display	次 time	13	476
举办展览	Number of exhibitions	次 time	20	489
参观人次	Number of visitors	千人次 1 000person—times	5 369	1 263
文物保护单位	**Cultural relic agencies**			
单位数	Institutions	个 unit	41	41
从业人员	Personnel	人 person	271	253
藏品	Number of colleetion	万件10 000	1.2	1.3

18—29 文化事业活动单位机构和人员(1997)
NUMBER OF INSTITUTIONS AND PERSONNEL IN CULTURE(1997)

单位:个;人

		总计 total		文化部门 cultural departments		其他部门 other departments	
		机构数 institutions	人数 persons	机构数 institutions	人数 persons	机构数 institutions	人数 persons
电影事业	Film	1 283	6 121	218	3 517	1 065	2 604
艺术事业	Art	189	7 315	189	7 315		
文物事业	Cultural relics	62	1 102	62	1 102		
图书馆事业	Libraries	59	1 786	59	1 786		
群众文化事业	Mass culture	967	3 652	643	3 246	324	406
其他文化事业	Other culture	18	402	18	402		

18—30 电影事业基本情况
BASIC STATISTICS FOR FILM PRODUCTION

		1996	1997
机构(个)	Institution		
电影制片厂	Number of film studios	1	1
电影发行放映管理机构	Film renting units	60	53
电影放映单位	Film projection units	1 844	1 230
电影院和影剧院	Cinema and theatre	95	66
开放礼堂俱乐部和电影	Auditoriwn		
放映队	Film prjetion team	1 749	1 164
电影从业人员(人)	Personnel for film	7 548	6 121
放映场次合计(场)	Number of shows		40 457
观众人次(万人次)	Number of spectators(10 000 person time)		10 612

18—31 艺术事业基本情况
BASIC STATISTICS FOR ART TROUPES

		1996	1997
艺术表演团体	**Art performance**	**67**	**67**
机构数(个)	Institutions		
话剧团、儿童剧团	Drama children play troups	4	4
歌舞剧团	Opera and dance troups	5	5
文工团、文宣队	Cultural and performance troupes	16	16
戏曲剧团	Local opera troupes	38	38
#京剧	Local Beijing opera troupes	1	1
曲剧团、杂技团、木偶团	Recitation and Balled acrobatics and puppet troupes	3	3
乐团、合唱团	Song and muscic troupe	1	1
从业人员(人)	Personnel	4 839	4 816
演出场次(次)	Number of performance	10 356	8 774
#到农村演出	Performance to rural	5 881	4 742
观众人次(千人次)	Number of spectators (1 000 person time)	8 846	10 572
艺术表演场所	**Art centers**		
机构数(个)	Institutions	60	58
剧场音乐厅	Concert halls	60	58
从业人员(人)	Personnel	2 034	6 788
演出场次(场)	Number of performance	40 364	36 929
观众人次(千人次)	Number of spectators	3 631	3 431

18－32 图书出版
COMPOSITION OF BOOKS PUBLISHED

	种类(种) number of publications (kind)		总印数(万册) printed copies (10000 copies)	
	1996	1997	1996	1997
总计 Total	**3 330**	**3 251**	**15 274.40**	**12 657.28**
#本版 Editions	3 330	3 251	15 274.40	12 657.28
书籍 Books	3 330	3 251	15 274.40	12 657.28
#课本 Textbook	549	733	5 735.55	6 742.11

18－33 杂志出版
NUMBER OF MAGAZINES PUBLISHEDS

		种类(种) number of newspaper published (kind)		总印数(万册) total printed copies (10000 copies)		总印张(万印张) printed sheets (10000 sheets)	
		1996	1997	1996	1997	1996	1997
总计	**Total**	**204**	**199**	**5 570.76**	**5 247.73**	**15 815.78**	**14 539.77**
综合	General books	34	21	2 616.70	1 083.95	8 376.42	3 564.10
哲学、社会科学	Philosophy and social science	36	42	516.42	1 647.64	1 701.97	5 183.81
自然科学、技术	Natura science and technology	90	90	401.10	385.58	1 355.13	1 325.98
文化、教育	Culture and education	19	21	1 126.44	697.70	2 200.40	1 561.70
文学、艺术	Literature and arts	20	19	229.30	264.46	920.99	926.28
少年儿童读物	Children books	4	5	677.80	1 165.40	1 253.08	1 965.90
画刊	Pictuial	1	1	3.01	3.00	7.79	12.00

18－34 报纸出版
NUMBER OF NEWSPAPER PUBLISHEDS

		种类(种) number of newspaper published (kind)		总印数(万份) total printed copies (10000 copies)		总印张(万印张) printed sheets (10000 sheets)	
		1996	1997	1996	1997	1996	1997
总计	**Total**	**58**	**54**	**39 663**	**35 648**	**28 786.7**	**28 606.2**
综合报	General newspaper	24	26	27 170	24 476	21 332.8	21 590.0
专业报	Specialized newspaper	34	28	12 493	11 172	7 453.9	7 016.2
省级报纸合计	Total newposper of provincial level	29	28	18 392	18 302	15 693.5	16 311.6
综合报	General newspaper	5	6	12 577	8 784	11 945.0	10 228.4
专业报	Specialized newspaper	24	22	5 815	9 518	3 748.5	6 083.2
市级报纸合计	Total newspaper of municipal level	24	21	20 213	16 251	12 444.2	11 471.6
综合报	General newspaper	14	16	13 535	14 675	8 738.8	10 577.6
专业报	Specialized newspaper	10	5	6 678	1 576	3 705.4	894.0
县级报纸合计	Total new spaper of county level	5	5	1 058	1 095	649.0	823.0
综合报	General newspaper	5	4	1 058	1 017	649.0	784.0
专业报	Specialized newspaper		1		78		39.0

18—35 广播电台情况
BASIC STATISTICS FOR BROADCASTING STATIONS

		单位 unit	1996	1997
一、广播电台和广播情况	**Broadcasting station and programe**			
广播电台	Number of broad casting station	座 set	43	43
发射机	Transmitters	架 set	54	54
发射机功率	Power of transmitters	千瓦 kw	638.0	647.0
节目套数	Number of programe	套 set	51	51
平均每日播音时间	Broadcasting hours per day/me	时:分 hour	462:20	489:57
平均每日自办节目	Self produced programs perday	时:分 hour	325:20	350:52
广播覆盖率	Production of TV programs	%	88.94	91.61
二、广播节目制作情况	**Programme made**			
合计	General	小时 hour	77 787	88 547
新闻	News programe	小时 hour	9 327	10 122
文艺	Entertainment programe	小时 hour	16 768	38 009
专题	Special news	小时 hour	965	21 377
教育	Education programe	小时 hour	36 097	3 195
服务性	Services programe	小时 hour	14 630	15 844

18—36 电视台情况
BASIC STATISTICS ON TELEVISION STATIONS

		单位 unit	1996	1997
基本情况	**General**			
电视台	Television statione	座 set	43	43
发射机	Transmitters	架 set	1 148	999
发射机功率	Power of transmitters	千瓦 kw	261 980	256 530
节目套数	Number of programe	套 set	44	44
平均每周播出时间	Broad casting hours perweek	时:分 hour	2 230:48	2 083:25
平均每周自办节目播出时间	Self produced programsperweek	时:分 hour	1 050:21	1 226:43
电视覆盖率	Viewer rating	%	88.0	92.90
自制节目时间	Self produced programe	小时	9 521	10 212
电视节目制作情况	**Production of TV programe**			
合计	General	小时/年 hour	12 974	14 480
新闻	News programe	小时/年 hour	2 826	2 843
专题	Special programe	小时/年 hour	2 244	2 210
教育	Education programe	小时/年 hour	300	330
文艺	Art programe	小时/年 hour	4 009	4 926
服务性	Services programe	小时/年 hour	3 595	4 171

体育、卫生和其他事业 19

SPORTS, PUBLIC HEALTY AND OTHERS

19—1 体育场地情况(1997) BASIC STATISTICS ON STADIUMS AND GYMNASIUMS(1997)

单位:个

		合计 total	#体育场 stadiums	体育馆 gymnasiums	游泳池 swimming pools	有看台的灯光球场 illuminated field with fixed	小运动场 small sports ground	足球场 seating
全省	**Whole province**	**23 130**	**21**	**28**	**19**	**39**	**5 180**	**126**
#体委系统	Sport commissions	264	10	9	3	17	34	4

19—2 体委系统体育工作者 PERSONNE OF PHYSICAL CULTURE AND SPORTS COMMISSIONS

单位:人 unit:person

		1996	1997
合计	**Total**	**4 415**	**4 422**
专职教练员	Fulltime coaches	738	725
运动员	Athlets	676	663
管理干部	Administrative staff	1 315	1 220
专职教师	Full time teacher	187	216
科技人员	Scientific and technical personnel	44	60
医务人员	Medical personnel	47	44
工人及其他	Workers and other	1 408	1 494

19—3 举办运动会及"达标"情况 MASS SPORTS ACTIVITIES

		1996	1997
举办运动会(体委系统)	Sports meets held (sports commission)		
次数(次)	Number of sports meets held(time)	499	516
参加人数(人)	Athletes attending sports meets(person)	354 751	507 468
达标人数合计(万人)	Training program standards(10 000 persons)	2 863 891	3 132 178
中学	Secondary school	986 946	1 047 920
小学	Primary school	1 876 945	1 846 017
达标率(%)	Standard rate(%)		
中学	Secondary school	94	97
小学	Primary school	97	94

19－4 等级教练员、裁判员、运动员发展人数
CERTIFIED ATHLETES AND PEFEREES BY TYPE OF SPORTS

单位：人

		1996	1997
等级教练员合计	**Certified coaches**	**638**	**656**
高级教练员	Senior grade coaches	83	112
教练员	Coaches	262	252
助理教练员	Assistant coaches	293	292
等级裁判员合计	**Certified referees**	**1 512**	**1 355**
国家级裁判	National referees	7	
一级裁判员	First grade referees	99	98
二级裁判员	Secondary grade referees	439	502
三级裁判员	Tertiary grade referees	967	755
等级运动员合计	**Certified athletes**	**1 088**	**1 008**
国家级运动健将	National master athletes	5	
运动健将	Master athletes	10	
一级运动员	First garde athletes	54	15
二级运动员	Secondary grade athletes	143	217
三级运动员	Tertiary grade athletes	323	458
少年级运动员	Juvenile athletes	553	318

19—5 卫生机构、床位、技术人员数
HEALTHCARE INSTITUTIONS,BEDS AND PERSONNEL

项目	Item	卫生机构数（个）Health care institutions 1996	1997	卫生机构床位数（张）Beds 1996	1997	卫生技术人员数（人）Medical technical personnei 1996	1997
总计	**Total**	**3 720**	**3 663**	**94 942**	**95 023**	**134 158**	**135 088**
一.医院合计	Total number of hospitals	1 433	1 439	87 485	88 065	104 557	105 927
1.县级以上医院小计	Hospitals at county level and above	442	446	69 915	70 072	79 116	79 241
综合医院	Comprehensive hospitals	304	308	47 376	47 714	54 322	54 198
中医医院	Hospitals of chinese medicine	65	64	6 570	6 484	8 988	9 067
医学院校附属医院	Hospitals attached to medicol colleges	8	8	4 721	4 508	5 604	5 807
传染病院	Infections disease hospitals	7	7	1 222	1 214	955	997
精神病院	Mental hospitals	10	10	2 959	2 883	1 684	1 568
结核病院	Tuberculosis hospitals	7	7	1 902	1 912	1 043	908
妇幼保健院	Hospitals for maternity and child care	19	20	1 063	1 096	1 953	2 035
儿童医院	Children's hospitals	2	2	816	816	901	921
麻疯病院	Hospital for lepers	1	1	300	300	74	63
职业病院	Hospital for occupational diseases	1	1	192	300	127	133
肿瘤医院	Tumor hospitals	2	2	671	671	662	670
其他医院	Other specialized hospitals	16	16	2 123	2 174	2 803	2 874
2.区乡(镇)卫生院	Rural township hospitals	885	883	14 210	14 333	21 404	22 356
3.其它医院	Other hospital	106	110	3 360	3 660	4 037	4 330
二.疗养院、所	Sanatoriums	28	26	5 320	4 871	1 437	1 327
三.门诊部、所	Clinics	1 821	1 761	193	164	8 539	10 657
四.专科防治所、站	Specialized stations	63	63	100	110	1 287	1 338
五.卫生防疫站	Sanitation and disease control stations	113	113	8	24	6 970	7 179
六.妇幼保健所、站	Maternity and childcare centers	69	68	490	505	2 243	2 302
七.药品检验所、室	Medicines and chemical reagent test labs	56	56			861	935
八.医学科学研究机构	Institation of medical scienaes	5	5	463	463	608	608
九.其他卫生机构	Other health care institutions	67	69	883	821	1 788	1 941
十.高等医药院、校	Medical colleges	8	7			1 366	1 396
十一.中等医药学校	Medical school	57	56			1 508	1 478
十二.个体开业	Individual hospitals					2 994	
平均每万人口中有卫生技术人员(人)	Number of medical technical personnel per 10 000 population					52.0	52.0
平均每万人口中有医疗床位(张)	Number of beds personnel per 10 000 population			36.8	36.5		

19－6 卫生技术人员数(1997)
NUMBER OF MEDICAL TECHNICAL PERSONNEL(1997)

		合计 Total	医院 Hosp－itals	#县级以上 County and above	疗养院(所) Sana－torium	门诊部(所) Clinics	专科防治所(站) Speci－alized stations	其他 Other
总计	**Total**	**135 088**	**105 927**	**79 241**	**1 327**	**10 657**	**1 338**	**15 839**
一.医生	Doctor	56 296	41 577	30 476	444	5 009	667	8 599
西医	Western medicine	47 741	34 976	25 951	368	3 770	626	8 001
西医师	Doctors of western medicine	35 620	25 962	21 165	284	2 816	469	6 089
西医士	Junior doctors of western medicine	12 121	9 014	4 786	84	954	157	1 912
中医	Chinese medicine	8 190	6 346	4 336	75	1 170	41	558
中医师	Docturs of traditiond chin－ese medicine	6 556	4 954	3 515	58	1 030	34	480
中医士	Junior doctors of chinese medicine	1 477	1 254	730	17	135	7	64
其他中医	Other doctors of chinese medicone	157	138	91		5		14
中西医结合高级医师	Senior doctors who integrate traditional chinese thera－peutics withwdstern thera－peutics in practice	365	255	189	1	69		40
二.护理人员	Nursing staff	46 173	40 324	32 632	629	3 240	270	1 710
护师	Senior nurses	23 338	20 565	18 310	304	1 396	150	923
护士	Junior nurses	18 178	15 553	11 549	234	1 634	105	652
助产士	Midwives	1 008	880	466	1	80	2	45
护理员	Asssistant nurses	3 649	3 326	2 307	90	130	13	90
三.药剂人员	Pharmceists of medicine	2 872	10 286	7 457	86	1 026	87	1 387
中药剂师	Pharmceists of chinese medicine	2 332	1 828	1 430	23	148	9	324
西药剂师	Pharmacists of western medicine	5 064	3 879	3 276	30	312	34	809
中药剂士	Junior pharmacists of chinese medicine	1 531	1 259	753	4	193	4	71
西药剂士	Junior pharmacists of western medicine	2 571	2 111	1 416	22	272	27	139
中药剂员	Assistant pharmacists of chi－nese medicine	442	397	229		31	2	12
西药剂员	Assistant pharmacists of wes－tern medicine	932	812	353	7	70	11	32
四.检验人员	Laboratory techincal personnel	5 841	4 137	3 225	69	223	113	1 299
检验师	laboratory technicions	3 448	2 284	2 017	28	120	67	949
检验士	Junior laboratory technicians	1 752	1 344	962	39	76	26	267
检验员	Assistant laboratory technicians	641	509	246	2	27	20	83
五.其他	Others	13 906	9 603	5 451	99	1 159	201	2 844

19－7 按管理部门和性质分的卫生事业基本情况(1997)
BASIC STATISTICS ON HEALTHCARE BY SECTOR AND OWNERSHIP(1997)

部门	Item	卫生机构(个) Heal－thcare insti－tutions	机构床位数(张) Beds	卫生技术人员(人) Medical technical personnel	医生 Doctor	护理人员 Nurses	药剂人员 Pharm－acists of me－dicine	检验人员 Labor－atory tech－nicians	其他人员 Others
总计	**Total**	**3 663**	**95 023**	**135 088**	**56 296**	**46 173**	**12 872**	**5 841**	**13 906**
卫生部门	Healthcare depantment	1 236	58 182	85 871	36 195	28 130	8 102	3 976	9 468
工业及其他部门	Industrial and other depantment	1 999	29 260	33 708	13 324	13 842	2 932	1 489	2 121
集体单位	Collective owned units	408	7 051	12 172	5 029	3 392	1 519	357	1 875
私人开业	Private units	5	530	3 317	1 728	809	319	19	442

19－8 各类医院机构、床位和人员数(1997)
HEALTH CARE INSTITUTIONS BEDS AND PERSONNEL BY TYPE OF INSTITUTIONS(1997)

		机构数(个) Health care instit－utions	床位数(张) Beds	人员数(人) Pers－onnel	#卫生技术人员 Medical technical persornnel	#医生 Doctors	护理人员 Nurses
医院总计	**Total number of hospitals**	**1 439**	**88 065**	**135 761**	**105 927**	**41 577**	**40 324**
1.县及县以上医院	Hospital of county level and above	446	70 072	103 489	79 241	30 476	32 632
市	City level	410	63 010	92 780	70 794	27 532	29 397
县	County level	36	7 062	10 709	8 447	2 944	3 235
2.乡(镇)卫生院	Rural township hospitals	883	14 333	26 921	22 356	9 313	6 086
3.其它医院	Other hospitals	110	3 660	5 351	4 330	1 788	1 606
县及县以上医院中：	In hospital at county level and above						
结合医院	Comprehensive hospitals	308	47 714	69 959	54 198	20 311	23 151
中医医院	Hopitals of chinese medicine	64	6 484	11 482	9 067	3 893	2 825
传染病院	Infectious disease hospitals	7	1 214	1 464	997	324	396
精神病院	Mental hospitals	10	2 883	2 336	1 568	476	899
结核病院	Tuberculosis hospitals	7	1 912	1 699	908	272	461
妇幼保健院	Hospitals for maternity and child care	20	1 096	2 571	2 035	957	618
儿童医院	Children's hospital	2	816	1 334	921	289	471
肿瘤医院	Tumor hospitals	2	671	970	670	272	117
口腔医院	Stomatalogical hospital	3	105	499	369	178	97
医学院校附属医院	Hospital attached to medical colleges	8	4 508	7 624	5 807	2 440	2 362

19—9 县及县以上医院诊疗和病床使用情况
UTILIZATION OF HOSPITAL BEDS AT COUNTY LEVEL AND ABOVE

		单位 unit	1996	1997
诊疗情况	Patients treated			
诊疗人数	Total patients treated	万人次(10 000person—time)	3 188.42	3 179.75
#门诊	Out patients	万人次(10 000person—time)	2 997.73	2 492.05
入院人数	In patients	万人次(10 000person—time)	90.37	86.21
平均每月诊疗人数	Patients treated permonth			
门诊诊疗	Out patients	万人次(10 000person—time)	249.81	207.67
入院诊疗	In patients	万人次(10 000person—time)	7.53	7.20
病床使用情况	Utilization of hospital beds			
病人治愈率	Cure rate	%	71	69
病床周转次数	Turnover of beds	次(times)	14	13
病床使用率	Utilization of rate	%	62	57
病床工作日	beds in use	日(day)	227	207
出院者平均住院日数	Average hospitalization period	日(day)	15	14

19—10 农村村级卫生组织情况
BASIC STATISTICS ON RURAL TOWNSHIP HOSPITALS

单位:个,人 unit:person

		1996	1997
医疗费实行减免的村	Free expenses for medical care in village	425	695
无医疗点的村	Village which has not got medical station	655	633
村设置的医疗点	Village which has got medical station	11 121	11 217
村或群众集体办	Cooperation medical service	2 773	3 883
乡村医生和卫生员联合办	Joint rural doctors and nurese	2 107	1 502
乡卫生院设点	station of rurol township hospitals	792	616
个体办	Individual run medical units	5 412	5 146
其他	Others	37	70
乡村医生和卫生员人数	Personnel of rural doctors and nurese	21 714	22 438
乡村医生	Rural doctors	16 069	16 849
卫生员	Health workers	5 645	5 589
农村接生员	Rural midwife	5 167	4 767
平均每千农业人口有乡村医生	Rural doctors pero1 000 poputation	1.08	1.14

19—11 全额单位财务状况(1997)
FINANCIAL INDICATOR OF ADMINISTRATIVE DEPARTMENTS AND INSTITUTIONS FOR WHOLE AMOUNT(1997)

		单位数(个) Number of units	从业人员年末人数(人) Employment (person)	经费实际支出(万元) expenditures (10000 yuan)	#工资 Wages	补助工资 Subsidies and allowance	社会保障费 Pension and relief	公务费 Offair experses
总计	**Total**	**13 968**	**691 201**	**848 526**	**238 777.6**	**157 293**	**62 032.9**	**146 924.2**
1. 公共设施服务业	Public utilities services	138	13 952	18 508.5	4 417.3	3 286.3	1 291.5	3 620.7
2. 居民服务业	Resdents services	26	227	347.5	65.7	47	17.8	84.3
3. 旅馆业	Hotels services	4	130	109.4	40.6	11.4		16.3
4. 租赁服务业	Lease services							
5. 娱乐服务业	Amusement services	2	68	136.6	24.9	30.4	4	38.1
6. 信息、咨询服务业	Information and advice services	106	1 124	1 775.9	401.6	327.9	36.2	570.5
7. 计算机应用服务业	Computer serviaes	3	41	1 070.4	14.9	18	2.8	46.2
8. 卫生	Health care	414	19 999	23 471.5	6 231.1	4 752.4	1 646.8	2 426.6
9. 体育	Sports	47	2 246	6 728.1	753.2	2 102.4	199.3	1 161.3
10. 社会福利保障业	Social walfare	182	2 452	5 653.7	883.9	608.2	1 247.7	1 290.6
11. 教育	Education	5 076	389 427	374 125.3	124 751.1	85 070.4	34 137.3	42 566.1
12. 文化艺术业	Culture and art	412	7 578	8 962.1	2 380.8	1 996.4	774.5	1 234.4
13. 广播电影电视业	Radio and television	221	7 290	12 123.6	2 102	1 791.4	380.5	1 593.9
14. 科学研究业	Science and research	162	9 558	14 649.9	4 065.3	2 275.7	1 180.4	2 686.1
15. 综合技术服务业	Polytechnical services	264	6 885	9 924	2 548.8	1 745.1	657.9	1 902.7
16. 国家机关	Government agencies	5 829	212 591	328 385.6	82 328.3	49 295.7	17 991.6	73 772.3
17. 政党机关	Party agencies	746	13 847	34 526.2	5 894.3	3 132.5	1 873.1	11 596.4
18. 社会团体	Social organizations	336	3 786	8 027.7	1 873.8	801.8	591.5	2 317.7

续表(Continued)

		设备购置费 Expenses of facilities purchased	业务费 Official expenses	差额补助费 subsidies for different amount	预算外支出(万元) extra-budgetary expenditure (10000 yuan)	专用基金支出(万元) Expenditures for special funded (10000 yuan)	专项资金支出(万元) Expenditures for fandsd special purposes (10000 yuan)	年末固定资产原值(万元) Original value of fixed assets (10000 yuan)
总计	**Total**	**37 304.2**	**61 404.6**	**4 872**	**235 394.4**	**44 268**	**40 801.5**	**1 724 175.6**
按国民经济行业分组	Grouped by seetor							
1. 公共设施服务业	Public utilities services	353.9	1 805.2	140.4	687.9	166.2	3 049.7	15 644.9
2. 居民服务业	Resdents services	20.7	12.1		50.3	2.1	6.5	1 235.3
3. 旅馆业	Hotels services	0.1	2.6		148.1			249.5
4. 租赁服务业	Lease services							
5. 娱乐服务业	Amusement services				5.8	0.4	25.5	542.8
6. 信息、咨询服务业	Information and advice services	80.4	190.7	8.2	341.8	5.4	25.6	2 367.2
7. 计算机应用服务业	Computer services	13.6	17.9		0.9		1 366.9	385.6
8. 卫生	Health care	857.1	3 287	468.6	7 789	1 476.4	1 141	29 576.7
9. 体育	Sports	136.1	1 321.1	362.6	206.8	3 828.6	4.1	15 743.4
10. 社会福利保障业	Social walfare	167.1	348.3	2.4	179.1	115.2	106.5	10 421.9
11. 教育	Education	15 418	13 086.9	472.9	115 089.3	15 296.8	11 567.1	839 521.1
12. 文化艺术业	Culture and art	848.4	677	7.7	1 236.4	339.1	69.8	17 250.9
13. 广播电影电视业	Radio and television	1 051.9	3 739.5	4.6	9 106.1	1 222.6	877	32 764.5
14. 科学研究业	Science and research	904	1 499.7	34.8	692.3	989.2	752.7	42 760.1
15. 综合技术服务业	Polytechnical services	536.9	1 071.4	9.3	1 709.3	444.8	907.5	19 680.8
16. 国家机关	Government agencies	13 804	29 153.3	3 140.9	97 638.5	20 146.2	20 419	558 085.8
17. 政党机关	Party agencies	2 684	4 280.7	218.2	428.9	192.3	267.4	127 767.5
18. 社会团体	Social organizations	428	911.2	1.4	83.9	42.7	215.2	10 177.6

19—12 差额和自收自支事业单位财务状况(1997)
FINANCIAL INDICATORS OF ADMINISTRATIVE DEPARTMENTS AND INSTITUTIONS FOR DIFFERENCE AMOUNT(1997)

		单位数(个) Number of units	从业人员年末人数(人) Employment at the year end	业务活动收支情况(万元) Revenues and expenditures for business(10000 yuan)				
				上年结余(收益)结转本年数 Surplus for preceding year	本年收入合计 Revenues in this year	业务(事业)收入 Revnues for business	本年支出 合计 Expenditure in this year	业务(事业)支出 小计 Total
总计	**Total**	**3 923**	**219 503**	**1 945.2**	**468 020.4**	**373 036.7**	**518 753.3**	**440 493.5**
#差额单位	Units for diffenent amount	2 402	172 701	—787.3	360 855.1	291 579.2	416 362.4	359 224.4
1.公共设施服务业	Public utilities services	311	33 556	—3 139.8	32 270.5	18 357.9	38 813.6	32 312.6
2.居民服务业	Resdents services	62	2 000	55.4	4 311.3	3 818.9	4 285.8	4 006.3
3.旅馆业	Hotels services	47	3 509	—205.6	5 675.1	4 453.9	6 717.5	5 892
4.租赁服务业	Lease services	3	205	36.2	1 078.2	1 078.2	998.7	512.7
5.娱乐服务业	Amusement services	5	168	—5.9	220.4	68.5	180.7	154.7
6.信息、咨询服务业	Information and advice services	287	3 433	349.5	9 588.4	7 988.4	9 585.3	8 462
7.计算机应用服务业	Computer services							
8.卫生	Health care	1 285	111 045	6 551	269 457	237 505.5	296 711.3	253 234.5
9.体育	Sports	16	428	19	1 640.3	1 599.8	2 014.2	1 525.8
10.社会福利保障业	Social walfare	211	2 955	986.1	6 664.9	4 747.5	7 035.1	5 524.9
11.教育	Education	230	8 079	2 572.1	12 610	9 013	15 857.4	14 033.1
12.文化艺术业	Culture and art	229	8 889	753.5	21 015.8	15 368.3	25 640.7	16 288.3
13.广播电影电视业	Radio and television	203	4 549	—719.2	7 782	6 853.8	8 393.8	6 444.7
14.科学研究业	Science and research	69	10 317	1 080.1	24 996	12 461.1	30 758.5	29 756.4
15.综合技术服务业	Polytechnical services	347	10 153	564.8	18 279.7	13 087.6	22 060	18 810.6
16.国家机关	Government agencies	566	19 244	—7 070.3	51 197.7	35 923.8	47 943.1	41 895.3
17.政党机关	Party agencies	2	442	0.5	66.9	65.1	435.1	435.1
18.社会团体	Social organizations	50	531	117.8	1 166.2	645.4	1 322.5	1 204.5

续表 1（Continued）

		业务活动收支情况(万元) Revenues and experditures for business(10000 yuan)						
		本年支出 Expenditures in this year						
		业务(事业)支出 Expenditure for business						
		工资 Wages	补助工资 Subsi－dies and allow－ance	其他工资 Other wages	职工福利费 Welfare	社会保障费 Pension and relief	公务费 Official expe－nses	设备购置费 Purc－hase faci－lities
总计	**Total**	**81 972.8**	**52 858.2**	**6 671.3**	**9 831.1**	**19 575.2**	**34 804.7**	**24 865.1**
＃差额单位	Units for diffenent amount	62 885.8	45 561	4 967.5	7 117.2	16 505.9	21 812.3	19 207.4
1.公共设施服务业	Public utilities services	9 826.4	5 246.8	1 018.5	1 299.3	1 235.5	4 887.4	1 507.5
2.居民服务业	Resdents services	782.5	392.8	58.9	166.4	107.6	592.7	295
3.旅馆业	Hotels services	1 258.4	419.6	94.3	149.2	253.8	602.8	221.9
4.租赁服务业	Lease services	51.6	97.5		14.2	1.1	227.9	
5.娱乐服务业	Amusement services	93.7			6.4		39	1.5
6.信息、咨询服务业	Information and advice services	2 297.3	491.3	233.7	278.8	154.6	1 263.5	631.1
7.计算机应用服务业	Computer services							
8.卫生	Health care	38 935.6	33 471.1	2 877	4 143.9	9 424.3	7 119.9	13 715.2
9.体育	Sports	120.5	158.7	5	49.3	59.8	239.9	12
10.社会福利保障业	Social walfare	1 202.4	766.4	78.3	271	232.3	1 620.1	248.7
11.教育	Education	3 568.3	1 366.6	328.9	546.7	924.1	2 284.8	775.9
12.文化艺术业	Culture and art	3 910.9	1 687.5	174.9	427.6	1 164.2	1 667.9	767.4
13.广播电影电视业	Radio and television	1 353.4	698.3	68.3	171.7	162.9	1 061.2	812.2
14.科学研究业	Science and research	4 210.6	2 246.6	562.3	446.6	3 126.4	2 988.2	1 758.2
15.综合技术服务业	Polytechnical services	4 650.2	1 963.4	285.8	682.4	1 187.2	2 935.1	980.4
16.国家机关	Government agencies	9 374.6	3 578.8	861.6	1 142.5	1 487.9	6 885	3 024.6
17.政党机关	Party agencies	97.5	157.9	9.6	9.7	6.4	89	20
18.社会团体	Social organizations	238.9	114.9	14.2	25.4	47.1	300.3	93.5

续表 2 (Continued)

		业务活动收支情况(万元) Revenues and experditures for business(10000 yuan)					
		本年支出 Experditures in this year					
		业务(事业)支出 Expenditures for business			税金	上交上级支出 Expen-ditunes turnes over to state	其他支出 Other expend-itures
		修缮费 Expe-nses for repair	业务费 Official expenses	其他费用 Other expenses	Taxes		
总计	**Total**	**22 781.6**	**72 888**	**114 245.5**	**3 659.1**	**7 786.1**	**66 814.6**
#差额单位	Units for diffenent amount	18 807.4	60 845	101 514.9	1 768.1	2 632.1	52 737.8
1.公共设施服务业	Public utilities services	1 120.1	3 618	2 553.1	423.2	2 362.4	3 715.4
2.居民服务业	Resdents services	379.3	1 036.2	194.9	55.4	17.6	206.5
3.旅馆业	Hotels services	239.6	2 111.4	541	248	55.2	522.3
4.租赁服务业	Lease services	7.8	15.8	96.8		480	6
5.娱乐服务业	Amusement services	7		7.1	8.8	3.6	13.6
6.信息、咨询服务业	Information and advice services	331.4	1 274.8	1 505.5	332.2	125.4	665.7
7.计算机应用服务业	Computer services						
8.卫生	Health care	13 732.9	38 321.1	91 493.5	705.9	239.3	42 531.6
9.体育	Sports	70.3	104.2	706.1	13.1	427.3	48
10.社会福利保障业	Social walfare	235	535.9	334.8	35.1	99.4	1 375.7
11.教育	Education	816.6	1 164.3	2 256.9	116.5	299.2	1 408.6
12.文化艺术业	Culture and art	566.9	3 573.2	2 347.8	432	318.7	8 601.7
13.广播电影电视业	Radio and television	222.3	1 340.4	554	306.7	174.5	1 467.9
14.科学研究业	Science and research	704.9	11 233.4	2 479.2	258.9	37.1	706.1
15.综合技术服务业	Polytechnical services	500.2	3 343.7	2 282.2	443.4	509	2 297
16.国家机关	Government agencies	3 803.1	4 982.4	6 754.8	277.7	2 581.2	3 188.9
17.政党机关	Party agencies	10.2	2.9	31.9			
18.社会团体	Social organizations	34	230.3	105.9	2.2	56.2	59.6

续表 3（Contined）

		业务活动收支情况（万元）Revenues and expenditures for business（10000 yuan）		专用基金支出（万元）Expend－itures for special funded（10000 yuan）	专项资金支出（万元）Expend－iture for funded special purposes（10000 yuan）	固定资产情况（万元）Fixed assets（10000 yuan）		
		本年拨入的差额补助费 Appropr－iations from higher author－rities	业务（事业）收支结余 surplus for business			年末固定资产原值 Original value of fixed assets	#已提取折旧的固定资产原值 Original value of fixed assets depreciated	当年提取折旧 Deprec－iations in this year
总计	**Total**	**64 138.4**	**15 350.7**	**42 219.4**	**13 955.1**	**497 557.6**	**91 816.2**	**5 112.2**
#差额单位	Units for diffenent amounf	64 138.4	7 843.8	36 992.4	11 277	361 204.4	45 838.1	2 283.3
1.公共设施服务业	Public utilities services	6 726.2	－2 956.7	908.6	2 870.9	35 024.4	8 976.9	477.7
2.居民服务业	Resdents services	225.6	306.5	129.7	29.7	4 143.4	1 605	115.2
3.旅馆业	Hotels services	117.3	－1 130.7	44.3	47.4	18 933.6	12 420.5	385.1
4.租赁服务业	Lease services		115.7	2.9		328.7	73.5	6
5.娱乐服务业	Amusement services		33.8			5 402.8	5	
6.信息、咨询服务业	Information and advice services	301.1	653.7	271.1	63.1	5 948.5	2 471.1	191.6
7.计算机应用服务业	Computer services							
8.卫生	Health care	34 978.5	14 275.2	31 517	5 871.2	215 635.7	19 109.8	1 066.6
9.体育	Sports	455	100.1	1 080	696.1	1 790.3	20	0.1
10.社会福利保障业	Social walfare	435.2	1 051.1	1 102.1	141.9	17 105.7	1 800.8	136.3
11.教育	Education	1 977.6	1 302.3	565.9	85.8	18 983.4	6 549.1	77.8
12.文化艺术业	Culturre and art	5 712.7	1 841.3	401.9	512.6	29 735.9	13 099.6	837.2
13.广播电影电视业	Radio and television	330.5	－1 000.5	328.1	78.5	16 224.6	7 288.3	665.9
14.科学研究业	Science and research	8 558	3 875.6	2 474.7	1 395.5	53 415.6	3 477.1	206
15.综合技术服务业	Polytechnical services	2 697.5	－518	783.3	479.1	19 948.6	4 959.9	407.5
16.国家机关	Government agencies	1 140.9	－2 674.8	2 566	1 645.3	52 645.7	9 936.7	538.9
17.政党机关	Party agencies	337.4	－30.3	7.1	14	521.8		
18.社会团体	Social organizations	144.9	106.4	36.7	24	1 768.9	22.9	0.3

19—13 服务业企业和企业化管理的事业单位财务状况(1997)

		单位数(个) NumbCer of unit	从业人员年末人数(人) Emplo－yment at the year end	资本金合计(万元) Total capital assets (10000 yuan)
总计	**Total**	**1 379**	**112 361**	**381 234**
一、按经济类型分	Grouped by ownership			
1.国有经济	State owned	793	93 761	249 853.8
2.城镇集体经济	Urban collective－owned	422	10 555	7 457
3.联营经济	Joint owned	1	5	100
4.私营经济	Provate	49	798	6 893.9
5.股份制经济	Share holding	39	865	18 371.7
6.外商投资经济	Foreign funded	46	4 053	73 009.7
7.港、澳、台投资经济	Overseas chinese from HongKong Marco and taiwan funded	29	2 324	25 547.9
8.其他经济	Others			
二、按国民经济行业分	Grouped by sector			
1.公共设施服务业	Public utilities services	75	28 887	44 312.3
2.居民服务业	Resdents services	250	14 569	85 961.9
3.旅馆业	Hotels services	489	31 115	128 006.9
4.租赁服务业	Lease services	22	670	12 518.1
5.娱乐服务业	Amusement services	40	1 304	16 917.8
6.信息、咨询服务业	Information and advice services	157	2 911	9 330.7
7.计算机应用服务业	Computer services	26	628	1 592
8.卫生	Health care	29	5 241	3 483.3
9.体育	Sports	1	55	100
10.社会福利保障业	Social walfare	3	15	50
11.教育	Education	16	5 651	3 885.5
12.文化艺术业	Culturre and art	33	1 761	6 177.3
13.广播电影电视业	Radio and television	65	3 900	34 699.3
14.科学研究业	Science and research	21	3 410	2 231.4
15.综合技术服务业	Polytechnical services	140	9 941	30 411.9
16.国家机关	Govermment agencies	12	2 303	1 555.6
17.政党机关	Party agencies			
18.社会团体	Social organizations			

FINANCIAL INDICATORS OF SERVICE ENTERPRISE AND BUSINESS IN STITOTIONS(1997)

年末资产负债(万元) Total assets and liabilities at year end (10000 yuan)				
流动资产合计 Circulating fund	#存货 Stock	固定资产合计 Total fixed assets	固定资产原值 Original value of fixed assets	生产经营用 In production
336 291	**62 617.1**	**729 383.9**	**839 827.3**	**667 787**
277 551.3	52 196.5	500 277.6	588 053.4	452 550.7
11 284.8	2 139.2	10 014.6	11 705.5	10 314.2
59		576	861.4	861.4
513.7	154.4	1 258.1	1 653.7	1 567
9 105.1	1 863.4	30 094	30 115	26 508.3
22 258.9	4 230.1	151 684.1	162 490.5	139 518.1
15 518.2	2 033.5	35 479.5	44 947.8	36 467.3
54 640.1	6 043	77 118.6	103 334.8	80 438.6
64 802.4	3 071.8	126 538.3	141 691.4	131 148.4
65 461.3	9 782.1	312 554.8	336 155.4	280 564.9
5 365.7	550.9	24 996.4	27 306.8	26 461.8
5 982.8	1 434.3	24 358.9	26 991.5	14 052.8
19 969	1 599.3	11 601.1	15 233.4	12 699.2
4 155.4	1 240.2	2 049.3	2 406.5	2 101.4
5 136	1 137.1	22 634.2	29 374.2	28 334.9
86.6		29.5	29.5	2.5
5.8		73.6	73.6	73.6
2 450.3	48.5	31 409	33 950.7	28 723.4
42 077.6	20 340.4	8 026.6	8 296.2	6 321.2
10 787.1	4 971.8	25 287.7	30 855.9	29 398.2
12 197	1 502.1	19 667.5	31 949.8	6 492.7
28 166.5	1 771.3	35 273.9	42 927.7	18 288.6
15 007.4	9 124.3	7 764.5	9 249.9	2 684.8

续表 1

		年末资产负债(万元)
		累计折旧 Cumulative depreciation
总计	**Total**	**157 543.3**
一、按经济类型分	Grouped by ownership	
1.国有经济	State owned	127 470.1
2.城镇集体经济	Urban collective-owned	3 549.3
3.联营经济	Joint owned	285.4
4.私营经济	Provate	467.7
5.股份制经济	Share holding	2 271.7
6.外商投资经济	Foreign funded	11 218.7
7.港、澳、台投资经济	Overseas chinese from HongKong Marco and taiwan funded	12 280.4
8.其他经济	Others	
二、按国民经济行业分	Grouped by sector	
1.公共设施服务业	Public utilities services	28 949.3
2.居民服务业	Reselents services	25 240.3
3.旅馆业	Hotels services	40 768.5
4.租赁服务业	Lease services	3 280.6
5.娱乐服务业	Amusement services	3 256.7
6.信息、咨询服务业	Information and advice services	4 329.3
7.计算机应用服务业	Computer services	373.3
8.卫生	Health care	7 281.7
9.体育	Sports	
10.社会福利保障业	Social walfare	
11.教育	Education	3 892.6
12.文化艺术业	Culturre and art	2 143.1
13.广播电影电视业	Radio and television	6 442.2
14.科学研究业	Science and research	16 489.9
15.综合技术服务业	Polytechnical services	13 607.2
16.国家机关	government agencies	1 488.6
17.政党机关	Party agencies	
18.社会团体	Social organizations	

Continued

Total assets and liabilities at year end (10000 yuan)				
#本年折旧 Depreciation in thes year	无形及递延资产 Intangible and deferred assets	#无形资产 Intangible assets	资产总计 Total assets	流动负债合计 Circulating liabilities
30 290.8	**35 202.3**	**14 133.3**	**1 146 598.3**	**382 974.1**
19 521.6	10 045.2	3 030.9	808 282.5	255 571.4
593.6	805.7	175	22 491.8	10 875.6
83	14.6		649.6	180
45.4	27.7	27.7	1 820.3	155
989.1	1 766.4	958.2	42 836.5	16 189.3
5 983.5	20 566.1	9 119.3	216 815.6	70 497.9
3 074.6	1 976.6	822.2	53 702	29 504.9
4 181.2	1 038	845.3	136 348.7	87 170.7
2 968.9	957.2	185.8	193 760.9	14 802.4
11 420.9	22 000.4	7 507.1	425 559.6	121 548.6
779.1	95.4		30 566.3	9 659.8
1 489.3	5 821.8	2 709.8	39 066.9	15 861.7
1 294.1	1 437.1	856	37 820.7	26 479.2
104.6	221.4	165.8	6 685.9	3 869.5
1 291.3	102	100	28 062.2	6 348.7
	900.2		1 016.3	527.5
			79.4	
828.8	15.6	11.8	34 380.8	2 622.9
261.9	1 179.1	1 024.8	51 802.3	33 726.7
491.7	141.3	0.8	38 016.4	9 687.5
2 291.2	113	107.9	32 025.1	5 638.1
2 291.9	553.1	231.2	67 823.7	27 659.6
595.9	626.7	387	23 583.1	17 371.2

续表 2

		年末资产负债(万元)
		长期负债合计 Long — term liabilities
总计	**Total**	**157 498.3**
一、按经济类型分	Grouped by ownership	
1.国有经济	State owned	59 071.1
2.城镇集体经济	Urban collective—owned	2 671.9
3.联营经济	Joint owned	192
4.私营经济	Provate	66.6
5.股份制经济	Share holding	4 821.3
6.外商投资经济	Foreign funded	83 008.1
7.港、澳、台投资经济	Overseas chinese from HongKong Marco and taiwan funded	7 667.3
8.其他经济	Others	
二、按国民经济行业分	Grouped by sector	
1.公共设施服务业	Public utilities services	6 735.9
2.居民服务业	Reselents services	2 414
3.旅馆业	Hotels services	114 868.7
4.租赁服务业	Lease services	3 867.7
5.娱乐服务业	Amusement services	10 529.7
6.信息、咨询服务业	Information and advice services	3 491
7.计算机应用服务业	Computer services	703.6
8.卫生	Health care	6 233.3
9.体育	Sports	
10.社会福利保障业	Social walfare	
11.教育	Education	1 045.9
12.文化艺术业	Culturre and art	391.9
13.广播电影电视业	Radio and television	1 263.2
14.科学研究业	Science and research	2 080.1
15.综合技术服务业	Polytechnical services	3 446
16.国家机关	Government agencies	427.3
17.政党机关	Party agencies	
18.社会团体	Social organizations	

Continued

Total assets and liabilities at year end (10000 yuan)		损益及分配(万元) Protits and loss distributed(10000 yuan)			
负债合计 Total liabilities	所有者权益合计 Owner's right and interests	主营业务收入 Major business revenues	主营业务成本 Major business costs	营业费用 Operating expenses	业务税金及附加 Pre-tax and related payments
544 857.3	**601 741**	**319 749.5**	**174 181.4**	**66 947.2**	**12 824.1**
318 215.9	490 066.6	250 780.5	145 445.6	49 244.9	9 717.6
13 913.4	8 578.4	16 325.8	8 977.7	3 805.2	610.2
372	277.6	184	147.5		11
221.6	1 598.7	1 673.8	794.1	278.2	43.2
21 013.9	21 822.6	9 384.8	4 101	947.2	543
153 536.6	63 279	24 964.4	6 330.9	9 147	1 282.9
37 583.9	16 118.1	16 436.2	8 384.6	3 524.7	616.2
94 006.6	42 342.1	61 132.5	55 193.5	543.7	2 148.7
17 292	176 468.9	24 390.2	18 293.8	4 293	626.2
238 277.9	187 281.7	89 783.3	30 269.3	35 855.3	4 687.4
13 527.5	17 038.8	4 653.9	1 265.7	778.8	183.8
26 476.7	12 590.2	5 363.8	1 240.9	2 839.6	322.9
30 018.5	7 802.2	11 639.2	6 625.6	2 653.1	296.3
4 599.6	2 086.3	7 730.2	6 588.3	426.3	59.2
12 582	15 480.2	16 803.5	3 961.3	8 697.9	2.9
527.5	488.8	1 455.7		1 784.7	16.9
	79.4	23.1	21.1	0.1	0.4
3 668.8	30 712	10 372.9	451.1	317.7	39.4
35 856.4	15 945.9	27 153.7	17 725.7	1 252.2	494.6
10 984.4	27 032	7 458.3	4 612.6	875.5	249.8
7 821.5	24 203.6	2 032.5	3 310.8	27.1	23.4
31 419.4	36 404.3	39 074.7	19 024.2	6 504.5	1 809.1
17 798.5	5 784.6	10 682	5 597.5	97.7	1 863.1

续表 3

		损益及分配(万元)
		主营业务利润 Major business profits
总计	**Total**	**65 796.8**
一、按经济类型分	Grouped by ownership	
1. 国有经济	State owned	46 372.4
2. 城镇集体经济	Urban collective—owned	2 932.7
3. 联营经济	Joint owned	25.5
4. 私营经济	Provate	558.3
5. 股份制经济	Share holding	3 793.6
6. 外商投资经济	Foreign funded	8 203.6
7. 港、澳、台投资经济	Overseas chinese from HongKong Marco and taiwan funded	3 910.7
8. 其他经济	Others	
二、按国民经济行业分	Grouped by sector	
1. 公共设施服务业	Public utilities services	3 246.6
2. 居民服务业	Reselents services	1 177.2
3. 旅馆业	Hotels services	18 971.3
4. 租赁服务业	Lease services	2 425.6
5. 娱乐服务业	Amusement services	960.4
6. 信息、咨询服务业	Information and advice services	2 064.2
7. 计算机应用服务业	Computer services	656.4
8. 卫生	Health care	4 141.4
9. 体育	Sports	−345.9
10. 社会福利保障业	Social walfare	1.5
11. 教育	Education	9 564.7
12. 文化艺术业	Culturre and art	7 681.2
13. 广播电影电视业	Radio and television	1 720.4
14. 科学研究业	Science and research	−1 328.8
15. 综合技术服务业	Polytechnical services	11 736.9
16. 国家机关	Government agencies	3 123.7
17. 政党机关	Party agencies	
18. 社会团体	Social organizations	

Continued

Profits and loss distributed (10000 yuan)				本年应付工资（万元）Payable wages (10000 yuan)	本年应付福利费（万元）Payable welfare (10000 yuan)
管理费用 Managemert cost	劳动待业保险费 Unemployment insuranec	营业利润 Operation profits	利润总额 Total profits		
93 794	**5 939.8**	**−51 698.7**	**−54 079.7**	**78 368.5**	**11 455**
65 571.1	4 570	−14 270.2	−19 271.7	66 435.3	9 972.9
3 417	84.4	−31.4	−109.5	4 392.1	811.7
70.5	0.2	−45	−45	8.4	0.2
178.2	3.6	395.1	373	506.6	7.1
1 678.5	27.7	358.8	1 187.6	665.9	66.9
16 824.8	1 216.2	−34 694.2	−32 533.5	4 182	373.8
6 053.9	37.7	−3 411.8	−3 680.6	2 178.2	222.4
10 843.4	1 285.4	−9 199.3	−6 706.5	17 380	1 983.5
4 153	1 027.9	−3 069.5	−3 771	6 386.3	799.4
31 656.6	2 126.6	−41 167.3	−40 712.7	17 903.7	2 261
980.1	1.5	−866	283.5	299.7	37.6
3 598.6	25.2	−3 585.7	−1 917.5	805.2	96.4
3 095.9	29.7	−933.6	−917.5	1 740.2	208.8
790.1	9.3	695.6	−78.2	518.9	73.9
6 536.6	659.4	1 343.7	−389.4	5 842.5	2 695.5
60.5		−434.1	−511.3	724	
1.2		0.2	0.2	4.2	0.5
10 012.7	130.3	371.2	−1 789	6 570.1	920.2
4 805.3	64.5	3 545.7	3 737.9	1 780.6	349.4
3 091.5	120.4	−1 154.5	−763.3	1 960.1	342.7
2 633.8	0.2	−4 003.6	−4 113.4	4 622.8	407.2
9 711	424.2	2 843.6	2 698.5	8 519.8	1 192.9
1 823.7	35.2	3 914.9	870	3 310.4	86

19－14 民政事业费用支出情况
EXPENDITURE FOR CIVIL ADMINSTRATION

单位:万元　　　　unit:10000yuan

		1996	1997
全省总计	**Total**	**31 417**	**33 927**
(一)抚恤事业费	Funds for disable pension	7 311	8 130
(二)社会救济福利事业费	Funds for social welfare	7 716	8 656
(三)离退休退职费	Pension for retirement	2 973	3 429
(四)自然灾害救济费	Relief funds for natural disease	9 010	8 630
(五)其他民政事业费	Other funds for civil adminstration	4 407	5 082

19－15 享受救济补助人员情况
PERSONS RECEIVING SUBSIDIES OR RELIEF RUNDS

		单位 unit	1996	1997
农业人口中贫困户得到救济的	Persons in rural poor householeds receiving relief funds	人次 person－time	398 656	407 362
#得到国家定期定量救济	Persons receiving periodical and fixed government relief funds	人 person	9 585	8 706
农村散居五保户	Persons in rural households rec－eiving five－guarantees			
得到国家定期定量救济	Person receiving periodical and fixed government relief funds	人 person	1 075	504
得到集体供养的	Person receiving collective subsidies	人 person	37 854	35 661
非农业人口困难户得到救济的	Persons in urban poor househ－olds receiving relief	人次 person－time	186 002	79 296
#得到国家定期定量救济	Persons receiving periodical and fixed government redief funds	人 person	9 371	8 622
散居孤老残幼	Urban elderly and disabled chi－ldren receiving relief funds			
得到国家定期定量救济	Person receiving periodical and fixed government relief funds	人 person	6 732	9 336
精减在职老弱残职工得到救济	Laid－off retired elderly and disahled staff and workers receiving relief funds	人 person	11 586	11 330
残废人员40元救济	Persons receiving 40yuan of their original wages	人 person	6 122	6 052
定期定量救济	Persons receiving periodical and fixed governmert relief funds	人 person	5 464	5 278
本年双扶户数	Number of howseholdsin the poor househeld suppont program	户 households	114 658	124 500
本年脱贫户数	Households leaving the poor house hold suppont program	户 households	115 111	92 636

19—16 社会福利事业、企业单位数和工作人员
SOCIAL WELFARE INSTITUTIONS AND ENTERPRISES,STAFF AND WORKERS

		机构数(个) Institution or enterprises		工作人员(人) Staff and workers	
		1996	1997	1996	1997
全省总计	**Total**	**2 534**	**2 583**	**54 507**	**53 080**
社会福利事业单位	social welfare institution	1 078	1 081	10 119	9 840
城乡各种福利院	Urban and rural welfare homes	928	927	7 619	7 302
非收养性单位	Other welfare institution	150	154	2 500	2 538
社会福利企业单位	Social welfare enterprises	1 456	1 502	44 388	43 240
社会福利工厂	Social welfare factory	1 402	1 486	43 303	42 628
社会福利商业服务业	Social welfare commercial services	51	13	829	387
假肢厂(站)	Artificial limb factory	2	2	188	157
安置农场	Rural homes for the elderly	1	1	68	68

19—17 社会福利事业单位基本情况
BASIC STATISTICS ON SOCIAL WELFARE INSTITUTIONS

		院数(个) Homes		工作人员(人) Staff and worker		床位(张) Beds		年末收养人数(人) Persons housed	
		1996	1997	1996	1997	1996	1997	1996	1997
全省收养性事业单位	**Total social welfare institutions**	**928**	**927**	**7 619**	**7 302**	**43 364**	**42 477**	**32 393**	**31 956**
优抚事业单位	Convalescent institutions	11	11	658	673	1 398	1 400	1 161	1 135
优抚休疗养院	Convalescent homes	3	3	502	520	870	850	760	725
国家办光荣院	Civil administration social welfane homes	8	8	156	153	528	550	401	410
社会福利事业单位	social welfase institutions	917	916	6 961	6 629	41 966	41 077	31 232	30 821
各种福利院	Social welfare homes	21	21	1 708	1 744	5 323	5 343	4 726	4 771
社会办敬老院	Social homes for the elderly	896	895	5 253	4 885	36 643	35 734	26 506	26 050

19—18 律师、调节工作基本情况
BASIC STATISTICS ON LAW AND MEDIATION

		单位 unit	1996	1997
律师工作	**Lawyers**			
法律顾问处	Legal advisory offices	个	167	171
律师工作者	Lawyers	人(perspms)	2 028	2 283
#律师	Full-time lawyers	人(perspms)	972	1 014
聘请担任常年法律顾问的单位	Units with permanent legal advisors	个	3 530	3 635
民事代理	Civil action	件(cases)	9 123	10 656
刑事辩护	Criminal defense	件(cases)	7 248	6 378
非诉讼事件	Non-administrative actlon	件(cases)	6 081	7 017
#涉外法律事务	Foreign legal affairs	件(cases)	13	91
解答法律咨询	Legal advisory services	件(cases)	51 947	81 510
代写法律事务文书	Legal documents written on belalf of clients	件(cases)	13 514	18 963
人民调节工作	**People's mediation**			
专职司法助理员	Full time judical assistants	人(perspms)	1 270	1 386
人民调节委员会	people's mediation committees	个	19 784	19 964
调节人员	Mediators	人(perspms)	229 288	222 070
调节民间纠纷	Civil disputes mediated	件(cases)	142 912	136 694

19—19 婚姻登记情况
BASIC STATISTICS ON MARRIAGE REGISTRATIONS AND DIVORCES

		1996	1997
准予登记结婚(对)	Registered marriages(couples)	199 478	192 392
初婚(人)	First marriages(persons)	369 392	349 476
再婚(人)	Remarriages(persons)	29 564	35 308
男性	Male	16 915	18 414
女性	Female	12 649	16 894
恢复结婚(人)	Returned to marriages(persons)	2 557	3 114
申请离婚(对)	Apply for divoraes(couples)	29 801	31 759
#准予离婚	Divorces	23 748	25 600
涉外婚姻(对)	Concerning foreign marriages(couples)	3 998	4 869
准予登记结婚	Registered marriages	7 996	8 828
#国内公民(人)	Domestic resdents(persons)	3 998	4 421

19－20 公证工作基本情况
BASIC STATISTICS ON NOTARIZATIONS

		1996	1997
公证机构和人员	**Institutions and personnel**		
公证处(个)	**Nortarial offices**	**81**	**81**
公证人员(人)	**Nortarial personel**	**589**	**627**
#公证员	Public notaries	341	446
助理公证员	Assistant public notaries	65	54
办理公证(项目)总计(件)	Notarized documents	236 536	292 739
经济合同公证合计	**Notarized domestic buziness contscuts**	**53 924**	**48 066**
购销	Purchases and sales of industrial prodocts	336	792
建筑工程承包	Construction project contracts	162	75
联营	Joint business	43	137
拍卖	Auctions	113	652
财产租赁	Property lease	699	589
贷款	Loans	8 420	10 869
担保	Guarantees	5 826	5 333
科技协作	Scientific and technical contracts	5	8
招标、投标	Bidding	814	200
农林牧渔业承包	Farming forestry animel husbandry sideline production and fishery contracts	5 688	1 314
乡镇企业承包	Township enterprises contracts	168	141
供用电	Spply and use of electricity	18	12
企业租赁	Enterprises leases	94	64
资产经营责任制	Assets business contracts	145	211
工商服务业承包	Industrial and commcial service contracts	765	619
劳务合同	labor contracts	6 004	4 680
其他经济合同	Other business contracts	413	9 787
法人(代表人)资格	Legal person (agent)identification	137	103'
法人委托书	Legal person trust deeds	57	58
执行许可证明	Operating permits	160	92
其他	Other	16 326	8 709
民事公证合计	**Notarized document on civil lagal relations**	**64 768**	**60 341**
收养	Child adoption	126	139
解除收养	Adoption renouncemants	13	46
继承权	Rights of inheritance	972	1 381
遗嘱	Test ament	333	622
产权	Property right	102	275
亲属关系	Kinship confirmation	400	471
房屋买卖	Purchases and sales of house	11 777	9 516
房屋租赁	House leases	665	729
留学协议	Foreign study contracts	196	215
遗赠抚养协议	Donations and family fortering	115	41
其他民事协议	Other civil agreement	8 898	11 139
委托书	Trust deeds	783	870
赠与书	Presentation documents	2 047	2 404
声明书	Declarations	2 030	2 108
现场监督	Field superision	707	670
执行许可证明	Operating permits	72	
副本等与原本相符	Confirmation of copies and photo－offset copies to originals	1 199	619
宅基地使用权	Right to housing sits	2 760	2 168
证据保金	Evidence preser vation	133	200
计划生育	Birth control		1 999
身份证明	Identity card		
死亡	death certificates	24	157
其他	Other	18 718	17 813

19—21 火灾情况
BASIC STATISTICS ON FIRE

项目 Item	单位 unit	1996	1997
火灾数 Humber of fire	**起 case**	**4 132**	**9 299**
城市 Urban	起 case	2 231	5 118
农村 Rural	起 case	1 901	4 181
死亡人数 Deaths	**人 person**	**51**	**76**
城市 Urban	人 person	35	45
农村 Rural	人 person	16	31
受伤人数 Injuries	**人 person**	**60**	**127**
城市 Urban	人 person	45	59
农村 Rural	人 person	15	68
损失金额 Losses converted into cash	**万元 10 000 yuan**	**2 665**	**5 989**
城市 Urban	万元 10 000 yuan	1 351	3 811
农村 Rural	万元 10 000 yuan	1 314	2 178

19—22 交通事故情况
BASIC STATISTICS ON TRAFFIC ACCIDENT

	单位 unit	1996	1997
交通事故数 Traffic accident	**起 case**	**7 938**	**8 001**
城市 Urban	起 case	4 384	3 986
农村 Rural	起 case	3 554	4 015
机动车 Motor－driven vehicles	起 case	7 226	7 269
汽车 Automobiles	起 case	6 316	6 257
摩托车 Motorcycles	起 case	548	683
拖拉机 Tractors	起 case	198	164
其他 Other	起 case	164	165
非机动车 Non－motordriven vehicles	起 case	286	280
#自行车 Bicycles	起 case	251	227
行人、乘车人 Pedestrains and passengers	起 case	291	340
死亡人数 Deaths	**人 person**	**2 383**	**2 359**
城市 Urban	人 person	688	640
农村 Rural	人 person	1 695	1 719
受伤人数 Injuries	**人 person**	**3 675**	**3 651**
城市 Urban	人 person	1 574	1 510
农村 Rural	人 person	2 101	2 141
损失金额 Rural	**万元 10 000 yuan**	**3 223**	**3 507**
城市 Urban	万元 10 000 yuan	1 231	1 057
农村 Rural	万元 10 000 yuan	1 992	2 450

19－23 检察机关立案侦察经济案件情况(1997)
ECONOMIC CASES REGISTERED IN PROCURA TORIAL ORGANS(1997)

		侦察经济案件 Economic cases registered	#贪污 Graft	受贿 Corru－ption	行贿 Bribe	挪用公款 Misap－propria－tion of public funds	偷税抗税 Evad－etaxes	假冒商标 Imit－ations
一、受案(件)	Cases accepted	2 199	1 118	372	37	510	37	1
二、立案(件)	Cases registered	1 410	625	259	29	370	23	
#5－10万元	50 000～100 000 yuan	254	72	11	6	134	4	
10－50万元	100 000～500 000 yuan	236	71	6	3	125	10	
50－100万元	500 000～1 000 000 yuan	22	4		1	10	1	
100万元以上	over 1 000 000 yuan	27	7	1		9	4	
三、立案案犯构成(人)	Composition of convict	1 518	676	271	30	398	23	
机关工作人员	Officer	200	85	73		39	1	
国营企事业工作人员	Staff in state－owned units	931	414	165	10	269	7	
基层群众组织工作人员	Stoff in mass organizations	33	24	4	1	4		
集体经济组织工作人员	Staff in collective－owned units	223	106	19	7	62	5	
个体劳动者	Individual	33	3		8	5	10	
其他	Other	98	44	10	4	19		
四、结案	Cases settled							
件数(件)	Cases	1 288	564	253	23	333	23	1
人数(人)	persons	1 395	618	261	26	356	24	1
1、移送起诉	Cases prosecuted							
件数(件)	Cases	1 091	497	204	17	279	14	
人数(人)	Persons	1 189	547	212	19	298	15	
2、移送免予起诉	Exempt from cases prosecution							
件数(件)	Cses	106	25	29	4	35	5	
人数(人)	Person	112	29	29	5	36	5	
3、撤销案件	Cases withdrown							
件数(件)	Cases	91	42	20	2	19	4	1
人数(人)	Person	94	42	20	2	22	4	1
五、造成直接经济损失(万元)	Losses converded into cach	15 453.29	2 308.18	266.14	43.50	3 713.76	540.54	
六、挽回直接经济损失(万元)	Retrieve loss	16 334.05	2 290.54	520.63	34.14	4 152.40	233.84	

19－24 法院经济纠纷案件收案和结案情况(1997)
ECONOMIC CASES REGISTERED IN COURT(1997)

单位:件 unit:case

		收案 Cases accepted	结案 Cases settled	#调解 Mediated	判决 Judgment
合计	**Total**	**25 973**	**26 031**	**14 004**	**7 077**
经济合同纠纷(国内)	Disputes on economic contracts	23 786	23 816	13 173	6 441
涉外经济纠纷	Disputes on concerning foreign exonomic	39	45	27	6
经济损害赔偿纠纷	Disputes on loss of econonic	31	30	8	5
经济权属纠纷	Distputes on right and interes	15	13	2	10
企业破产	Bankrupt enterprises	223	266	14	9
交通运输经济纠纷	Disputes on transportation	80	76	46	18
海事海商经济纠纷	Maritime disputes				
其他经济纠纷	Other disputes	1 799	1 785	734	588

19－25 法院民事案件收案和结案情况(1997)
BASIC STATISTICS ON CIVIL DISPUTES MEDIATED FOR COURT(1997)

单位:件　　unit:case

		收　案 Cases acepped	结　案 Cases settled	#调解 Mediated	判　决 Judgment
合计	**Total**	**101 960**	**101 279**	**52 633**	**25 053**
婚姻家庭	Family disputes	59 757	59 429	33 244	11 763
#离婚	#Marriages	50 962	50 695	29 304	8 230
抚育	Family fostering	2 298	2 299	1 501	456
赡养	Family fostering	1 737	1 742	985	357
继承	Rights of in heritance	382	385	176	132
房屋	Housing	3 477	3 420	1 048	1 256
人身财产赔偿	Compensation for damages	10 063	9 896	3 904	4 100
债务	Debts	26 394	26 289	13 688	7 079
知识产权	Intellectual rights	46	18	7	7
人身权	Human rights	124	125	52	31
其他	Others	1 717	1 717	514	685

19－26 法院行政案件收案和结案情况(1997)
BASIC STATISTICS ON ADMINISTRATIVE CASES FOR COURT(1997)

单位:件　　unit:case

	收　案 Cases accepted	结　案 cases setfled	#维持 Maintain	撤销 Remove	变更 Change	撤诉 Withdrow	其他 Other
合计 Total	**2 564**	**2 479**	**240**	**281**	**23**	**1 304**	**631**
公安 Public seeurity	374	376	45	54	7	162	108
工商 Industry and commerce	46	45	7	4	1	21	12
卫生 Healthcare	30	31	4	2		13	12
文化 Culture	6	5		1		3	1
土地 Land	555	552	56	44	3	322	127
城建 Urban construction	422	436	60	58	2	241	75
环保 Environment Protection	149	147	4	2		43	98
专利 Patent	1	1					1
民政 Civil adminiserative	2	2	1	1			
税务 Tax	64	63	2			59	2
其他 Other	915	821	61	115	10	440	195

19－27 妇联组织情况
BASIC STATISTICS FOR THE WOMEN'S FEDERATION

		组织机构(个) Institutions		干部总数(人) Number of staff	
		1996	1997	1996	1997
合计	**Total**	**773**	**768**	**1 179**	**1 190**
#市(州)妇联	City level	9	9	132	142
县(市、区)妇联	County level	41	41	292	296
乡妇联	Tounship level	468	463	468	463
街妇联	Street level	255	255	255	255

县(市)主要经济指标排序

THE ARRANGEMENT OF THE MAIN SOCIAL AND ECONOMIC INDICATORS BY COUNTY(CITY)

县(市)主要经济指标排序

THE ARRANGEMENT OF THE MAIN SOCIAL AND ECONOMIC INDICATORS BY COUNTY(CITY)

1、1995～1997年县(市)经济实力排序结果

SEATING ARRANGEMENT OF ECONOMIC STRENGTH BY COUNTIES (CITIES) FROM 1995 TO 1997

县(市)名称 Counties cities	1997		1996		1995	
	综合分值 Synthesis score	位次 Seat	综合分值 Synthesis score	位次 Seat	综合分值 Synthesis score	位次 Seat
农安县 Nongan	10 000.00	1	10 000.00	1	9 533.50	2
德惠市 Dehui	9 061.01	2	9 007.73	4	8 346.57	8
榆树市 Yushu	9 048.03	3	9 397.87	2	9 527.85	3
延吉市 Yanji	8 790.56	4	9 077.09	3	10 000.00	1
公主岭市 Gongzhuling	8 654.15	5	8 046.87	7	8 435.20	6
前郭县 Qianguo	8 207.52	6	8 650.60	5	7 158.71	15
梅河口市 Meihekou	7 907.84	7	8 418.79	6	8 759.65	4
敦化市 Dunhua	7 634.06	8	7 889.21	9	8 316.11	9
桦甸市 Huadian	7 584.00	9	7 644.77	11	8 134.31	10
梨树县 Lishu	7 510.69	10	8 013.69	8	8 448.69	5
磐石市 Panshi	7 381.55	11	7 721.93	10	8 359.23	7
永吉县 Yongji	7 315.47	12	7 343.02	13	7 355.85	13
舒兰市 Shulan	7 312.40	13	7 267.09	14	7 629.77	11
九台市 Jiutai	7 139.66	14	7 464.53	12	7 621.73	12
扶余县 Fuyu	6 810.95	15	6 872.70	15		
双辽市 Shuangliao	6 748.57	16	6 443.46	24	6 732.03	22
蛟河市 Jiaohe	6 644.57	17	6 795.64	16	7 093.10	16
抚松县 Fusong	6 557.23	18	6 445.88	19	7 303.46	14
江源县 Jiangyuan	6 450.78	19	6 549.38	18		
图们市 Tumen	6 428.08	20	6 488.98	21	6 935.35	20
临江市 Linjiang	6 387.24	21	6 491.48	20	6 510.87	29
通化县 Tonghua	6 369.78	22	6 478.51	23	6 952.05	19
伊通县 Yitong	6 311.19	23	6 564.68	17	6 714.78	23
辉南县 Huinan	6 286.25	24	6 405.48	25	6 605.03	26
安图县 Antu	6 200.18	25	6 365.44	27	6 962.92	18
柳河县 Liuhe	6 198.09	26	6 205.92	31	6 453.95	30
珲春市 Hunchun	6 122.94	27	6 192.38	32	6 445.79	32
东丰县 Dongfeng	6 119.73	28	6 278.51	29	6 826.42	21
大安市 Daan	6 051.13	29	6 231.32	30	6 243.02	36
龙井市 Longjing	6 034.63	30	6 292.64	28	6 982.97	17
集安市 Jian	6 029.88	31	6 001.22	36	6 605.23	25
长岭县 Changling	6 004.62	32	698.92	26	6 664.68	24
和龙市 Helong	5 987.90	33	6 103.32	33	6 453.95	31
汪清县 Wangqing	5 941.70	34	6 094.00	34	6 590.14	27
乾安县 Qianan	5 885.55	35	6 480.26	22	6 439.90	33
洮南市 Taonan	5 836.10	36	6 057.03	35	6 404.23	34
东辽县 Dongliao	5 831.93	37	5 971.73	37	6 544.23	28
长白县 Changbai	5 831.30	38	5 932.37	38	6 330.78	35
镇赉县 Zhenlai	5 619.23	39	5 806.01	39	6 055.36	37
通榆县 Tongyu	5 568.77	40	5 718.53	40	5 912.05	38
靖宇县 Jingyu	5 487.22	41	5 435.91	41	5 764.58	39

2、县(市)工业综合经济实力排序
ECONOMIC STRENGTH FOR INDUSTRY BY COUNTY(CITY)

县(市)名称 County(city)	1997		1996		1995	
	综合分值 Systhesis	位次 Seat	综合分值 Systhesis	位次 Seat	综合分值 Systhesis	位次 Seat
通化县 Tonghua	10 000.00	1	10 000.00	1	7 569.86	4
延吉市 Yanji	9 888.21	2	8 535.06	2	10 000.00	1
公主岭市 Gongzhuling	8 716.49	3	7 545.60	3	7 441.19	5
珲春市 Hunchun	8 286.44	4	5 675.65	10	6 671.43	8
农安县 Nongan	7 794.24	5	7 363.27	4	6 944.55	6
梅河口市 Meihekou	6 591.14	6	6 812.76	5	6 755.45	7
前郭县 Qianguo	6 540.96	7	5 512.03	11	7 632.46	3
敦化市 Dunhua	6 495.10	8	6 183.57	6	5 640.46	25
临江市 Linjiang	6 397.32	9	5 682.88	9	6 013.49	19
榆树市 Yushu	6 234.81	10	5 704.95	8	6 619.19	9
龙井市 longjing	6 213.13	11	5 465.76	12	6 336.57	13
辉南县 Huinan	6 158.14	12	5 355.71	19	5 387.04	30
柳河县 Liuhe	6 133.72	13	4 915.69	30	5 469.34	28
东丰县 Dongfeng	6 047.47	14	5 445.12	13	6 353.64	12
安图县 Antu	6 001.51	15	5 440.08	14	6 252.31	15
桦甸市 Huadian	6 000.97	16	5 361.12	18	6 288.79	14
永吉县 Yongji	5 925.45	17	5 374.29	17	6 041.67	18
集安市 Jian	5 922.13	18	5 151.47	25	6 457.54	11
德惠市 Dehui	5 902.38	19	5 406.13	16	6 144.04	16
磐石市 Panshi	5 711.58	20	5 232.18	23	5 353.01	31
舒兰市 Shulan	5 657.27	21	5 338.26	20	4 364.38	39
梨树县 Lishu	5 619.31	22	5 288.35	21	5 763.96	22
汪清县 Wangqing	5 617.22	23	4 588.65	38	4 812.14	36
洮南市 Taonan	5 510.95	24	4 788.31	33	5 948.89	20
九台市 Jiutai	5 499.24	25	5 184.79	24	5 574.77	26
长白县 Changbai	5 446.88	26	6 005.56	7	7 845.76	2
蛟河市 Jiaohe	5 346.24	27	5 004.27	27	4 938.04	35
抚松县 Fusong	5 255.33	28	4 186.08	39	4 456.86	38
大安市 Daan	5 208.95	29	5 027.72	26	5 046.50	34
长岭县 Changling	5 205.20	30	4 957.28	29	5 513.90	27
江源县 Jiangyuan	5 142.67	31	4 654.40	35		
伊通县 Yitong	5 141.73	32	5 433.83	15	6 108.45	17
双辽市 Shuangliao	5 091.55	33	4 861.51	32	5 231.29	32
通榆县 Tongyu	5 056.18	34	4 056.86	41	5 686.31	24
图们市 Tumen	5 045.17	35	4 624.98	36	5 067.51	33
靖宇县 Jingyu	4 978.90	36	4 963.22	28	5 701.49	23
东辽县 Dongliao	4 928.03	37	4 590.47	37	5 464.05	29
扶余县 Fuyu	4 873.67	38	4 162.58	40	4 666.63	37
和龙市 Helong	4 778.25	39	5 287.88	22	4 303.05	40
乾安县 Qianan	4 705.05	40	4 894.96	31	6 502.07	10
镇赉县 Zhenlai	4 647.43	41	4 741.90	34	5 777.08	21

3、县(市)工业经济效益综合排序
ECONOMIC RESULTS FOR INDUSTRY BY COUNTY(CITY)

县(市)名称 County(city)	1997		1996		1995	
	综合分值 Systhesis	位次 Seat	综合分值 Systhesis	位次 Seat	综合分值 Systhesis	位次 Seat
临江市 Linjiang	10 000.00	1	9 301.62	3	9 068.88	6
农安县 Nongan	9 889.58	2	9 659.27	2	9 400.55	3
通化县 Tonghua	9 230.18	3	10 000.00	1	10 000.00	1
永吉县 Yongji	8 990.44	4	8 241.18	12	8 608.36	11
长白县 Changbai	8 870.37	5	8 844.42	6	9 255.87	4
舒兰市 Shulan	8 788.08	6	9 061.87	4	9 709.77	2
抚松县 Fusong	8 486.21	7	7 206.39	24	7 327.44	26
磐石市 Panshi	8 467.50	8	8 977.86	5	7 873.45	21
江源县 Jiangyuan	8 326.92	9	7 603.74	17		
扶余县 Fuyu	8 300.94	10	7 325.59	21	8 326.83	15
榆树市 Yushu	8 171.53	11	7 439.91	19	8 508.66	12
靖宇县 Jingyu	8 165.93	12	7 559.38	18	8 798.76	10
公主岭市 Gongzhuling	8 147.49	13	8 654.18	8	7 959.79	19
蛟河市 Jiaohe	8 134.85	14	8 807.33	7	8 833.68	9
延吉市 Yanji	8 105.85	15	8 471.97	9	8 377.18	13
辉南县 Huinan	8 026.80	16	7 114.43	28	7 800.01	22
大安市 Daan	7 871.55	17	7 200.44	25	6 816.73	32
敦化市 Dunhua	7 785.27	18	8 031.95	14	7 924.78	20
前郭县 Qianguo	7 762.73	19	7 759.45	16	9 168.90	5
九台市 jiutai	7 752.19	20	7 295.10	22	8 106.16	16
桦甸市 Huadian	7 506.18	21	8 362.31	10	8 995.03	7
德惠市 Dehui	7 200.41	22	8 314.60	11	6 933.18	29
梅河口市 Meihekou	7 013.17	23	8 132.93	13	8 862.64	8
集安市 Jian	6 997.45	24	7 401.78	20	6 100.21	37
伊通县 Yitong	6 978.19	25	7 234.58	23	7 206.29	28
图们市 Tumen	6 936.93	26	6 209.36	33	7 433.53	24
和龙市 Helong	6 893.69	27	5 216.54	36	6 462.08	35
柳河县 Liuhe	6 883.85	28	6 431.53	30	6 846.28	31
汪清县 Wangqing	6 881.03	29	7 768.24	15	8 007.25	18
梨树县 Lishu	6 714.42	30	7 147.99	27	8 357.56	14
东丰县 Dongfeng	6 637.04	31	7 192.06	26	7 498.79	23
珲春市 Hunchun	6 593.31	32	7 017.61	29	6 908.14	30
龙井市 longjing	6 481.26	33	6 320.24	32	6 682.49	33
双辽市 Shuangliao	6 436.49	34	6 393.66	31	8 050.34	17
镇赉县 Zhenlai	6 333.46	35	4 779.11	40	6 503.92	34
长岭县 Changling	6 310.14	36	4 835.12	39	5 169.91	40
东辽县 Dongliao	6 045.47	37	4 717.78	38	5 729.79	38
乾安县 Qianan	5 950.99	38	5 505.61	34	7 231.39	27
洮南市 Taonan	5 878.74	39	5 126.39	37	5 564.90	39
安图县 Antu	5 833.87	40	5 217.07	35	7 368.26	25
通榆县 Tongyu	5 717.98	41	3 363.59	41	6 315.19	36

县(市)主要经济指标排序
THE ARRANGEMENT OF THE MAIN SOCIAL AND ECONOMIC INDICATORS BY COUNTY(CITY)

4、总人口(户籍)
POPULATION

单位:万人 unit:10 000 person

序号 Ordinal number	县(市)名称 County(city)	1997
1	榆树市 Yushu	122.00
2	农安县 Nongan	109.65
3	公主岭市 Gongzhuling	102.06
4	德惠市 Dehui	89.65
5	梨树县 Lishu	85.07
6	九台市 Jiutai	83.67
7	永吉县 Yongji	76.49
8	扶余县 Fuyu	72.29
9	舒兰市 Shulan	67.08
10	梅河口市 Meihekou	62.98
11	长岭县 Changling	61.96
12	前郭县 Qianguo	53.56
13	磐石市 Panshi	52.77
14	敦化市 Dunhua	47.71
15	蛟河市 Jiaohe	46.50
16	伊通县 Yitong	46.38
17	桦甸市 Huadian	43.96
18	洮南市 Taonan	43.31
19	大安市 Daan	42.46
20	东丰县 Dongfeng	39.90
21	东辽县 Dongliao	39.57
22	双辽市 Shuangliao	39.20
23	延吉市 Yanji	37.64
24	柳河县 Liuhe	37.42
25	辉南县 Huinan	36.93
26	通榆县 Tongyu	34.05
27	镇赉县 Zhenlai	32.21
28	抚松县 Fusong	30.37
29	乾安县 Qianan	28.51
30	龙井市 longjing	26.99
31	江源县 Jiangyuan	26.84
32	汪清县 Wangqing	26.55
33	通化县 Tonghua	25.83
34	集安市 Jian	23.48
35	和龙市 Helong	22.92
36	安图县 Antu	21.84
37	珲春市 Hunchun	20.85
38	临江市 Linjiang	18.82
39	靖宇县 Jingyu	14.29
40	图们市 Tumen	13.86
41	长白县 Changbai	8.72

5、农业人口
AGRICULTURAL POPULATION

单位:万人 unit:10 000 person

序号 Ordinal number	县(市)名称 County(city)	1997
1	榆树市 Yushu	105.00
2	农安县 Nongan	92.17
3	德惠市 Dehui	74.89
4	公主岭市 Gongzhuling	67.20
5	扶余县 Fuyu	65.45
6	梨树县 Lishu	65.28
7	九台市 jiutai	63.84
8	永吉县 Yongji	62.62
9	梅河口市 Meihekou	60.45
10	长岭县 Changling	51.69
11	舒兰市 Shulan	46.38
12	前郭县 Qianguo	43.9
13	伊通县 Yitong	37.55
14	磐石市 Panshi	36.31
15	东辽县 Dongliao	32.08
16	东丰县 Dongfeng	29.44
17	蛟河市 Jiaohe	29.36
18	洮南市 Taonan	27.66
19	柳河县 Liuhe	27.45
20	大安市 Daan	27.19
21	双辽市 Shuangliao	25.49
22	桦甸市 Huadian	24.25
23	通榆县 Tongyu	24.04
24	敦化市 Dunhua	22.25
25	辉南县 Huinan	22.13
26	镇赉县 Zhenlai	21.65
27	乾安县 Qianan	20.65
28	通化县 Tonghua	18.03
29	集安市 Jian	15.57
30	汪清县 Wangqing	12.85
31	龙井市 longjing	12.41
32	抚松县 Fusong	11.62
33	安图县 Antu	11.07
34	和龙市 Helong	9.34
35	靖宇县 Jingyu	8.05
36	珲春市 Hunchun	7.62
37	临江市 Linjiang	7.46
38	江源县 Jiangyuan	6.84
39	延吉市 Yanji	5.25
40	长白县 Changbai	4.85
41	图们市 Tumen	3.64

6、非农业人口
NON-AGRICULTURAL POPULATION

单位:万人 unit:10 000 person

序号 Ordinal number	县(市)名称 County(city)	1997
1	公主岭市 Gongzhuling	34.86
2	延吉市 Yanji	32.39
3	敦化市 Dunhua	25.46
4	舒兰市 Shulan	20.70
5	江源县 Jiangyuan	20.00
6	九台市 jiutai	19.83
7	梨树县 Lishu	19.71
8	桦甸市 Huadian	19.79
9	抚松县 Fusong	18.75
10	农安县 Nongan	17.48
11	蛟河市 Jiaohe	17.14
12	榆树市 Yushu	17.00
13	磐石市 Panshi	16.46
14	洮南市 Taonan	15.65
15	大安市 Daan	15.27
16	辉南县 Huinan	14.80
17	德惠市 Dehui	14.76
18	龙井市 longjing	14.58
19	永吉县 Yongji	13.87
20	双辽市 Shuangliao	13.71
21	汪清县 Wangqing	13.70
22	和龙市 Helong	13.58
23	珲春市 Hunchun	13.23
24	临江市 Linjiang	11.36
25	安图县 Antu	10.77
26	镇赉县 Zhenlai	10.56
27	东丰县 Dongfeng	10.46
28	前郭县 Qianguo	10.27
29	长岭县 Changling	10.27
30	图们市 Tumen	10.22
31	通榆县 Tongyu	10.01
32	柳河县 Liuhe	9.97
33	伊通县 Yitong	8.83
34	集安市 Jian	7.91
35	乾安县 Qianan	7.86
36	通化县 Tonghua	7.80
37	东辽县 Dongliao	7.49
38	扶余县 Fuyu	6.84
39	靖宇县 Jingyu	6.24
40	长白县 Changbai	3.87
41	梅河口市 Meihekou	2.53

7、国内生产总值(当年价格)
GROSS DOMESTIC PRODUCTS(CURRENT)

单位:万元　　unit:10 000 yuan

序号 Ordinal number	县(市)名称 County(city)	1997
1	农安县 Nongan	609 937
2	榆树市 Yushu	547 798
3	德惠市 Dehui	474 809
4	公主岭市 Gongzhuling	466 418
5	前郭县 Qianguo	335 238
6	梨树县 Lishu	329 946
7	梅河口市 Meihekou	320 302
8	延吉市 Yanji	311 620
9	永吉县 Yongji	295 378
10	桦甸市 Huadian	293 369
11	舒兰市 Shulan	288 325
12	九台市 jiutai	274 825
13	磐石市 Panshi	261 584
14	扶余县 Fuyu	252 926
15	敦化市 Dunhua	249 832
16	蛟河市 Jiaohe	187 852
17	双辽市 Shuangliao	176 124
18	伊通县 Yitong	153 824
19	抚松县 Fusong	144 072
20	长岭县 Changling	142 292
21	江源县 Jiangyuan	135 814
22	柳河县 Liuhe	131 307
23	临江市 Linjiang	128 318
24	东丰县 Dongfeng	125 030
25	通化县 Tonghua	118 407
26	辉南县 Huinan	116 146
27	洮南市 Taonan	115 871
28	大安市 Daan	114 372
29	东辽县 Dongliao	111 712
30	安图县 Antu	106 452
31	集安市 Jian	100 085
32	龙井市 longjing	95 246
33	珲春市 Hunchun	93 439
34	乾安县 Qianan	88 700
35	图们市 Tumen	87 187
36	镇赉县 Zhenlai	87 107
37	通榆县 Tongyu	83 324
38	汪清县 Wangqing	80 981
39	和龙市 Helong	79 799
40	长白县 Changbai	62 762
41	靖宇县 Jingyu	34 873

8、第一产业增加值(当年价格)
ADDED VALUE IN PRIMARY INDUSTRY(CURRENT)

单位:万元 unit:10 000 yuan

序号 Ordinal number	县(市)名称 County(city)	1997
1	农安县 Nongan	327 368
2	榆树市 Yushu	302 632
3	公主岭市 Gongzhuling	256 518
4	德惠市 Dehui	208 323
5	梨树县 Lishu	185 502
6	扶余县 Fuyu	170 498
7	前郭县 Qianguo	139 302
8	舒兰市 Shulan	116 302
9	梅河口市 Meihekou	106 750
10	九台市 jiutai	100 692
11	长岭县 Changling	96 571
12	永吉县 Yongji	91 647
13	磐石市 Panshi	86 379
14	桦甸市 Huadian	76 825
15	伊通县 Yitong	74 928
16	蛟河市 Jiaohe	69 620
17	洮南市 Taonan	68 392
18	双辽市 Shuangliao	64 918
19	敦化市 Dunhua	61 754
20	柳河县 Liuhe	60 472
21	东辽县 Dongliao	57 802
22	东丰县 Dongfeng	55 187
23	通榆县 Tongyu	55 032
24	镇赉县 Zhenlai	54 578
25	抚松县 Fusong	45 790
26	大安市 Daan	44 546
27	通化县 Tonghua	35 390
28	集安市 Jian	28 759
29	临江市 Linjiang	27 377
30	安图县 Antu	26 851
31	乾安县 Qianan	24 178
32	辉南县 Huinan	24 146
33	龙井市 longjing	23 628
34	珲春市 Hunchun	20 344
35	汪清县 Wangqing	20 300
36	和龙市 Helong	20 260
37	江源县 Jiangyuan	19 538
38	长白县 Changbai	18 764
39	靖宇县 Jingyu	10 040
40	延吉市 Yanji	8 761
41	图们市 Tumen	5 330

9、第二产业增加值(当年价格)
ADDED VALUE IN SECONDARY INDUSTRY(CURRENT)

单位:万元 unit:10 000 yuan

序号 Ordinal number	县(市)名称 County(city)	1997
1	德惠市 Dehui	161 121
2	前郭县 Qianguo	140 556
3	延吉市 Yanji	133 386
4	农安县 Nongan	132 593
5	桦甸市 Huadian	119 354
6	敦化市 Dunhua	109 312
7	公主岭市 Gongzhuling	105 400
8	榆树市 Yushu	100 747
9	永吉县 Yongji	97 183
10	梅河口市 Meihekou	90 579
11	磐石市 Panshi	78 151
12	九台市 jiutai	69 877
13	舒兰市 Shulan	69 583
14	江源县 Jiangyuan	67 024
15	抚松县 Fusong	65 953
16	双辽市 Shuangliao	64 372
17	通化县 Tonghua	62 067
18	辉南县 Huinan	60 000
19	梨树县 Lishu	59 332
20	临江市 Linjiang	56 477
21	蛟河市 Jiaohe	44 326
22	安图县 Antu	41 903
23	珲春市 Hunchun	41 774
24	乾安县 Qianan	41 001
25	图们市 Tumen	40 880
26	大安市 Daan	40 181
27	伊通县 Yitong	37 963
28	集安市 Jian	37 710
29	龙井市 longjing	35 347
30	东丰县 Dongfeng	34 303
31	扶余县 Fuyu	32 760
32	汪清县 Wangqing	31 228
33	柳河县 Liuhe	31 211
34	和龙市 Helong	29 342
35	东辽县 Dongliao	23 433
36	长岭县 Changling	19 611
37	长白县 Changbai	18 002
38	洮南市 Taonan	17 086
39	镇赉县 Zhenlai	13 608
40	通榆县 Tongyu	12 343
41	靖宇县 Jingyu	11 693

10、工业增加值(当年价格)
ADDED VALUE IN INDUSTRY(CURRENT)

单位:万元 unit:10 000 yuan

序号 Ordinal number	县(市)名称 County(city)	1997
1	德惠市 Dehui	147 031
2	前郭县 Qianguo	131 658
3	农安县 Nongan	119 620
4	延吉市 Yanji	106 126
5	敦化市 Dunhua	98 316
6	公主岭市 Gongzhuling	92 463
7	桦甸市 Huadian	80 338
8	梅河口市 Meihekou	78 050
9	榆树市 Yushu	71 889
10	磐石市 Panshi	67 801
11	江源县 Jiangyuan	60 652
12	抚松县 Fusong	60 018
13	永吉县 Yongji	59 814
14	通化县 Tonghua	56 385
15	辉南县 Huinan	56 250
16	舒兰市 Shulan	53 200
17	梨树县 Lishu	47 744
18	双辽市 Shuangliao	47 235
19	临江市 Linjiang	46 114
20	九台市 jiutai	44 831
21	蛟河市 Jiaohe	38 947
22	图们市 Tumen	38 273
23	乾安县 Qianan	38 201
24	大安市 Daan	36 557
25	珲春市 Hunchun	35 419
26	安图县 Antu	34 839
27	集安市 Jian	33 881
28	伊通县 Yitong	32 157
29	龙井市 longjing	32 112
30	东丰县 Dongfeng	30 053
31	汪清县 Wangqing	28 841
32	柳河县 Liuhe	28 231
33	和龙市 Helong	26 539
34	扶余县 Fuyu	22 772
35	东辽县 Dongliao	20 507
36	长岭县 Changling	17 725
37	长白县 Changbai	15 935
38	洮南市 Taonan	12 816
39	镇赉县 Zhenlai	12 330
40	靖宇县 Jingyu	10 103
41	通榆县 Tongyu	6 942

11、第三产业增加值(当年价格)
ADDAD VALUE IN TERIARY INDUSTRY(CURRENT)

单位:万元 unit:10 000 yuan

序号 Ordinal number	县(市)名称 County(city)	1997
1	延吉市 Yanji	169 473
2	农安县 Nongan	149 176
3	榆树市 Yushu	144 419
4	梅河口市 Meihekou	122 973
5	永吉县 Yongji	106 548
6	德惠市 Dehui	105 365
7	公主岭市 Gongzhuling	104 500
8	九台市 jiutai	104 256
9	舒兰市 Shulan	102 440
10	桦甸市 Huadian	97 190
11	磐石市 Panshi	97 054
12	梨树县 Lishu	85 112
13	敦化市 Dunhua	78 766
14	蛟河市 Jiaohe	73 906
15	前郭县 Qianguo	55 380
16	扶余县 Fuyu	49 668
17	江源县 Jiangyuan	49 252
18	双辽市 Shuangliao	46 834
19	临江市 Linjiang	44 464
20	图们市 Tumen	40 977
21	伊通县 Yitong	20 933
22	柳河县 Liuhe	39 624
23	安图县 Antu	37 698
24	龙井市 longjing	36 271
25	东丰县 Dongfeng	35 540
26	集安市 Jian	33 616
27	抚松县 Fusong	32 328
28	辉南县 Huinan	32 000
29	珲春市 Hunchun	31 321
30	东辽县 Dongliao	30 477
31	洮南市 Taonan	30 393
32	和龙市 Helong	30 197
33	大安市 Daan	29 645
34	汪清县 Wangqing	29 453
35	长岭县 Changling	26 110
36	长白县 Changbai	25 996
37	乾安县 Qianan	23 521
38	通化县 Tonghua	20 950
39	镇赉县 Zhenlai	18 921
40	通榆县 Tongyu	15 949
41	靖宇县 Jingyu	13 140

12、人均国内生产总值(当年价格)
GROSS DOMESTIC PRODUCTS PER CAPITA(CURRENT)

单位:元 unit: yuan

序号 Ordinal number	县(市)名称 County(city)	1997
1	延吉市 Yanji	8 158
2	长白县 Changbai	7 195
3	临江市 Linjiang	6 758
4	桦甸市 Huadian	6 661
5	图们市 Tumen	6 279
6	前郭县 Qianguo	6 018
7	农安县 Nongan	5 569
8	德惠市 Dehui	5 316
9	敦化市 Dunhua	5 248
10	江源县 Jiangyuan	5 058
11	梅河口市 Meihekou	4 943
12	磐石市 Panshi	4 933
13	安图县 Antu	4 869
14	抚松县 Fusong	4 802
15	公主岭市 Gongzhuling	4 591
16	通化县 Tonghua	4 589
17	双辽市 Shuangliao	4 556
18	榆树市 Yushu	4 499
19	珲春市 Hunchun	4 453
20	舒兰市 Shulan	4 308
21	集安市 Jian	4 279
22	蛟河市 Jiaohe	4 042
23	梨树县 Lishu	3 914
24	永吉县 Yongji	3 869
25	扶余县 Fuyu	3 527
26	龙井市 longjing	3 519
27	柳河县 Liuhe	3 508
28	和龙市 Helong	3 444
29	伊通县 Yitong	3 345
30	九台市 jiutai	3 303
31	辉南县 Huinan	3 156
32	东丰县 Dongfeng	3 150
33	乾安县 Qianan	3 136
34	汪清县 Wangqing	3 042
35	东辽县 Dongliao	2 822
36	镇赉县 Zhenlai	2 710
37	大安市 Daan	2 694
38	洮南市 Taonan	2 683
39	通榆县 Tongyu	2 457
40	靖宇县 Jingyu	2 452
41	长岭县 Changling	2 311

13、全口径财政收入
TOTAL GOVERNMENT REVENUE

单位:万元 unit:10 000 yuan

序号 Ordinal number	县(市)名称 County(city)	1997
1	前郭县 Qianguo	37 717
2	延吉市 Yanji	31 947
3	农安县 Nongan	20 190
4	公主岭市 Gongzhuling	19 925
5	敦化市 Dunhua	19 740
6	辉南县 Huinan	19 611
7	榆树市 Yushu	16 972
8	梅河口市 Meihekou	16 139
9	德惠市 Dehui	15 019
10	通化县 Tonghua	14 745
11	双辽市 Shuangliao	13 967
12	九台市 jiutai	13 950
13	舒兰市 Shulan	13 755
14	磐石市 Panshi	12 784
15	永吉县 Yongji	12 172
16	大安市 Daan	11 490
17	梨树县 Lishu	11 376
18	桦甸市 Huadian	10 735
19	图们市 Tumen	10 023
20	抚松县 Fusong	9 888
21	柳河县 Liuhe	9 777
22	龙井市 longjing	9 428
23	蛟河市 Jiaohe	9 092
24	珲春市 Hunchun	8 810
25	东丰县 Dongfeng	8 479
26	安图县 Antu	7 922
27	镇赉县 Zhenlai	7 513
28	扶余县 Fuyu	7 466
29	集安市 Jian	7 263
30	汪清县 Wangqing	6 996
31	和龙市 Helong	6 909
32	洮南市 Taonan	6 542
33	伊通县 Yitong	6 526
34	临江市 Linjiang	5 865
35	江源县 Jiangyuan	5 749
36	乾安县 Qianan	5 628
37	东辽县 Dongliao	5 128
38	长岭县 Changling	4 798
39	通榆县 Tongyu	4 268
40	长白县 Changbai	4 228
41	靖宇县 Jingyu	4 036

14、地方财政收入
TOTAL REVENUE OF LOCAL GOVERMENT

单位:万元　　unit:10 000 yuan

序号 Ordinal number	县(市)名称 County(city)	1997
1	延吉市 Yanji	14 913
2	公主岭市 Gongzhuling	13 368
3	榆树市 Yushu	12 695
4	农安县 Nongan	11 015
5	德惠市 Dehui	10 217
6	九台市 jiutai	9 653
7	敦化市 Dunhua	9 399
8	前郭县 Qianguo	8 769
9	通化县 Tonghua	8 555
10	梅河口市 Meihekou	8 129
11	梨树县 Lishu	7 971
12	舒兰市 Shulan	7 463
13	抚松县 Fusong	7 160
14	柳河县 Liuhe	6 950
15	永吉县 Yongji	6 907
16	蛟河市 Jiaohe	6 659
17	双辽市 Shuangliao	6 469
18	磐石市 Panshi	6 059
19	扶余县 Fuyu	5 991
20	辉南县 Huinan	5 898
21	大安市 Daan	5 467
22	伊通县 Yitong	4 873
23	东丰县 Dongfeng	4 833
24	安图县 Antu	4 630
25	桦甸市 Huadian	4 579
26	图们市 Tumen	4 533
27	珲春市 Hunchun	4 303
28	和龙市 Helong	3 857
29	汪清县 Wangqing	3 849
30	龙井市 longjing	3 813
31	长岭县 Changling	3 805
32	洮南市 Taonan	3 751
33	镇赉县 Zhenlai	3 701
34	集安市 Jian	3 677
35	东辽县 Dongliao	3 659
36	江源县 Jiangyuan	3 558
37	临江市 Linjiang	3 311
38	通榆县 Tongyu	3 110
39	乾安县 Qianan	2 985
40	靖宇县 Jingyu	2 782
41	长白县 Changbai	2 700

15、农林牧渔业总产值(当年价格)
GROSS VALUE OF FARMING FORESTRY ANIMAL HUSBANDRY AND FISHERY

单位:万元 unit:10 000 yuan

序号 Ordinal number	县(市)名称 County(city)	1997
1	农安县 Nongan	519 534
2	榆树市 Yushu	442 922
3	公主岭市 Gongzhuling	398 094
4	德惠市 Dehui	353 122
5	梨树县 Lishu	319 315
6	扶余县 Fuyu	231 665
7	前郭县 Qianguo	189 992
8	舒兰市 Shulan	181 173
9	永吉县 Yongji	176 953
10	梅河口市 Meihekou	170 815
11	九台市 jiutai	168 512
12	长岭县 Changling	149 900
13	伊通县 Yitong	140 557
14	磐石市 Panshi	128 437
15	洮南市 Taonan	117 340
16	桦甸市 Huadian	111 288
17	蛟河市 Jiaohe	105 076
18	双辽市 Shuangliao	104 465
19	柳河县 Liuhe	99 172
20	通榆县 Tongyu	98 101
21	敦化市 Dunhua	93 314
22	东丰县 Dongfeng	93 310
23	镇赉县 Zhenlai	92 223
24	东辽县 Dongliao	92 041
25	大安市 Daan	85 414
26	抚松县 Fusong	67 889
27	通化县 Tonghua	58 932
28	辉南县 Huinan	52 359
29	乾安县 Qianan	49 450
30	集安市 Jian	45 894
31	临江市 Linjiang	41 393
32	安图县 Antu	40 865
33	龙井市 longjing	39 402
34	汪清县 Wangqing	32 091
35	和龙市 Helong	31 393
36	江源县 Jiangyuan	30 902
37	珲春市 Hunchun	29 688
38	长白县 Changbai	28 683
39	靖宇县 Jingyu	17 199
40	延吉市 Yanji	14 232
41	图们市 Tumen	8 263

16、牧业总产值(当年价格)
GROSS OF ANIMAL HUSBANDRY

单位:万元 unit:10 000 yuan

序号 Ordinal number	县(市)名称 County(city)	1997
1	农安县 Nongan	248 496
2	公主岭市 Gongzhuling	197 478
3	梨树县 Lishu	187 644
4	德惠市 Dehui	174 925
5	榆树市 Yushu	162 507
6	梅河口市 Meihekou	102 576
7	扶余县 Fuyu	78 506
8	前郭县 Qianguo	75 174
9	舒兰市 Shulan	73 894
10	伊通县 Yitong	65 970
11	九台市 jiutai	65 530
12	永吉县 Yongji	64 290
13	长岭县 Changling	60 538
14	柳河县 Liuhe	53 454
15	双辽市 Shuangliao	51 402
16	磐石市 Panshi	50 807
17	东丰县 Dongfeng	45 472
18	东辽县 Dongliao	45 101
19	镇赉县 Zhenlai	41 364
20	桦甸市 Huadian	40 811
21	大安市 Daan	40 279
22	洮南市 Taonan	39 218
23	蛟河市 Jiaohe	35 053
24	通榆县 Tongyu	31 183
25	敦化市 Dunhua	28 069
26	乾安县 Qianan	24 471
27	通化县 Tonghua	21 681
28	辉南县 Huinan	15 334
29	江源县 Jiangyuan	14 816
30	临江市 Linjiang	12 141
31	安图县 Antu	11 126
32	集安市 Jian	9 904
33	龙井市 longjing	9 629
34	抚松县 Fusong	9 285
35	和龙市 Helong	8 488
36	汪清县 Wangqing	8 479
37	珲春市 Hunchun	7 968
38	延吉市 Yanji	6 549
39	长白县 Changbai	5 703
40	靖宇县 Jingyu	5 682
41	图们市 Tumen	2 770

17、粮食总产量
OUTPUT OF GRAIN

单位:万吨　　unit:10 000 tn

序号 Ordinal number	县(市)名称 County(city)	1997
1	榆树市 Yushu	2 055 000
2	农安县 Nongan	1 957 067
3	公主岭市 Gongzhuling	1 393 985
4	扶余县 Fuyu	1 272 485
5	德惠市 Dehui	1 125 789
6	梨树县 Lishu	1 065 300
7	九台市 jiutai	742 211
8	长岭县 Changling	701 211
9	前郭县 Qianguo	70 182
10	洮南市 Taonan	640 000
11	永吉县 Yongji	590 979
12	伊通县 Yitong	581 483
13	舒兰市 Shulan	564 963
14	双辽市 Shuangliao	460 501
15	镇赉县 Zhenlai	365 351
16	东辽县 Dongliao	357 906
17	通榆县 Tongyu	355 440
18	梅河口市 Meihekou	350 023
19	东丰县 Dongfeng	345 192
20	磐石市 Panshi	342 069
21	桦甸市 Huadian	270 023
22	辉南县 Huinan	255 015
23	蛟河市 Jiaohe	251 919
24	乾安县 Qianan	222 344
25	柳河县 Liuhe	201 000
26	大安市 Daan	200 869
27	敦化市 Dunhua	167 000
28	通化县 Tonghua	126 212
29	龙井市 longjing	114 447
30	珲春市 Hunchun	84 000
31	和龙市 Helong	83 390
32	集安市 Jian	64 382
33	汪清县 Wangqing	60 091
34	安图县 Antu	60 034
35	抚松县 Fusong	51 098
36	临江市 Linjiang	44 186
37	靖宇县 Jingyu	40 154
38	江源县 Jiangyuan	25 634
39	长白县 Changbai	23 359
40	图们市 Tumen	18 830
41	延吉市 Yanji	17 799

18、每公顷粮食产量
OUTPUT OF GRAIN PER HECTARES

单位:公斤/公顷　　unit:kg/ha

序　号 Ordinal number	县(市)名称 County(city)	1997
1	公主岭市 Gongzhuling	8 537
2	榆树市 Yushu	7 729
3	舒兰市 Shulan	7 313
4	农安县 Nongan	7 159
5	辉南县 Huinan	6 905
6	伊通县 Yitong	6 762
7	桦甸市 Huadian	6 504
8	扶余县 Fuyu	6 266
9	德惠市 Dehui	6 181
10	梅河口市 Meihekou	5 974
11	蛟河市 Jiaohe	5 942
12	梨树县 Lishu	5 848
13	东辽县 Dongliao	5 705
14	永吉县 Yongji	5 678
15	磐石市 Panshi	5 589
16	洮南市 Taonan	5 365
17	九台市 jiutai	5 146
18	通化县 Tonghua	5 039
19	柳河县 Liuhe	4 934
20	东丰县 Dongfeng	4 920
21	临江市 Linjiang	4 792
22	双辽市 Shuangliao	4 749
23	江源县 Jiangyuan	4 723
24	珲春市 Hunchun	4 409
25	靖宇县 Jingyu	4 330
26	集安市 Jian	4 307
27	长岭县 Changling	4 225
28	抚松县 Fusong	4 202
29	龙井市 longjing	4 195
30	和龙市 Helong	4 158
31	镇赉县 Zhenlai	3 940
32	前郭县 Qianguo	3 729
33	长白县 Changbai	3 656
34	延吉市 Yanji	3 455
35	敦化市 Dunhua	3 556
36	通榆县 Tongyu	2 906
37	图们市 Tumen	2 792
38	大安市 Daan	2 711
39	安图县 Antu	2 614
40	乾安县 Qianan	2 241
41	江源县 Jiangyuan	2 041

19、人均粮食产量
OUTPUT OF GRAIN PRE CAPITA

单位:公斤　　　　unit:kg

序号 Ordinal number	县(市)名称 County(city)	1997
1	农安县 Nongan	1 785
2	扶余县 Fuyu	1 760
3	榆树市 Yushu	1 684
4	洮南市 Taonan	1 478
5	公主岭市 Gongzhuling	1 366
6	前郭县 Qianguo	1 307
7	德惠市 Dehui	1 256
8	伊通县 Yitong	1 254
9	梨树县 Lishu	1 252
10	双辽市 Shuangliao	1 174
11	镇赉县 Zhenlai	1 134
12	长岭县 Changling	1 132
13	通榆县 Tongyu	1 044
14	东辽县 Dongliao	904
15	九台市 jiutai	887
16	东丰县 Dongfeng	865
17	舒兰市 Shulan	842
18	乾安县 Qianan	780
19	永吉县 Yongji	773
20	辉南县 Huinan	691
21	磐石市 Panshi	648
22	桦甸市 Huadian	614
23	梅河口市 Meihekou	556
24	蛟河市 Jiaohe	542
25	柳河县 Liuhe	537
26	通化县 Tonghua	489
27	大安市 Daan	473
28	龙井市 longjing	424
29	珲春市 Hunchun	403
30	和龙市 Helong	364
31	敦化市 Dunhua	350
32	靖宇县 Jingyu	281
33	安图县 Antu	275
34	集安市 Jian	274
35	长白县 Changbai	268
36	临江市 Linjiang	235
37	汪清县 Wangqing	226
38	抚松县 Fusong	168
39	图们市 Tumen	136
40	江源县 Jiangyuan	95
41	延吉市 Yanji	47

20、油料总产量
OUTPUT OF OIL BEARING CROPS

单位:吨 unit:tn

序号 Ordinal number	县(市)名称 County(city)	1997
1	扶余县 Fuyu	34 435
2	通榆县 Tongyu	32 100
3	农安县 Nongan	28 060
4	洮南市 Taonan	9 082
5	长岭县 Changling	6 829
6	榆树市 Yushu	6 535
7	德惠市 Dehui	5 122
8	大安市 Daan	2 608
9	前郭县 Qianguo	2 355
10	永吉县 Yongji	2 152
11	镇赉县 Zhenlai	1 970
12	敦化市 Dunhua	1 838
13	磐石市 Panshi	1 540
14	双辽市 Shuangliao	1 293
15	九台市 jiutai	1 072
16	通化县 Tonghua	956
17	龙井市 longjing	884
18	安图县 Antu	773
19	临江市 Linjiang	696
20	蛟河市 Jiaohe	656
21	辉南县 Huinan	596
22	舒兰市 Shulan	568
23	集安市 Jian	484
24	抚松县 Fusong	413
25	和龙市 Helong	409
26	公主岭市 Gongzhuling	402
27	延吉市 Yanji	340
28	桦甸市 Huadian	280
29	图们市 Tumen	240
30	梅河口市 Meihekou	183
31	柳河县 Liuhe	153
32	伊通县 Yitong	137
33	汪清县 Wangqing	136
34	靖宇县 Jingyu	105
35	江源县 Jiangyuan	84
36	东丰县 Dongfeng	82
37	乾安县 Qianan	80
38	珲春市 Hunchun	67
39	长白县 Changbai	61
40	梨树县 Lishu	26
41	东辽县 Dongliao	12

21、肉类总产量
OUTPUT OF MEAT

单位:吨 unit:tn

序 号 Ordinal number	县(市)名称 County(city)	1997
1	农安县 Nongan	265 117
2	公主岭市 Gongzhuling	216 730
3	梨树县 Lishu	190 981
4	德惠市 Dehui	174 541
5	榆树市 Yushu	151 549
6	梅河口市 Meihekou	103 202
7	前郭县 Qianguo	63 572
8	永吉县 Yongji	63 298
9	双辽市 Shuangliao	61 915
10	伊通县 Yitong	57 704
11	舒兰市 Shulan	57 439
12	九台市 jiutai	55 725
13	长岭县 Changling	50 106
14	柳河县 Liuhe	49 397
15	磐石市 Panshi	47 394
16	东丰县 Dongfeng	44 966
17	扶余县 Fuyu	44 895
18	东辽县 Dongliao	38 725
19	桦甸市 Huadian	32 804
20	蛟河市 Jiaohe	31 863
21	大安市 Daan	31 501
22	镇赉县 Zhenlai	31 107
23	洮南市 Taonan	27 777
24	通榆县 Tongyu	27 021
25	敦化市 Dunhua	22 314
26	通化县 Tonghua	20 658
27	乾安县 Qianan	18 805
28	辉南县 Huinan	18 310
29	江源县 Jiangyuan	10 040
30	集安市 Jian	8 692
31	临江市 Linjiang	7 630
32	抚松县 Fusong	7 160
33	靖宇县 Jingyu	6 917
34	安图县 Antu	6 209
35	汪清县 Wangqing	5 617
36	龙井市 longjing	5 566
37	和龙市 Helong	5 173
38	珲春市 Hunchun	4 566
39	长白县 Changbai	4 218
40	延吉市 Yanji	3 724
41	图们市 Tumen	1 607

22、人均肉类产量
OUTPUT OF MEAT PER CAPITA

单位:公斤　　(按年平均总人口计算)　　unit:kg

序　号 Ordinal number	县(市)名称 County(city)	1997
1	农安县 Nongan	242
2	梨树县 Lishu	224
3	公主岭市 Gongzhuling	121
4	德惠市 Dehui	195
5	梅河口市 Meihekou	164
6	双辽市 Shuangliao	158
7	柳河县 Liuhe	132
8	榆树市 Yushu	124
9	伊通县 Yitong	124
10	前郭县 Qianguo	119
11	东丰县 Dongfeng	113
12	东辽县 Dongliao	98
13	镇赉县 Zhenlai	97
14	磐石市 Panshi	90
15	舒兰市 Shulan	86
16	永吉县 Yongji	83
17	长岭县 Changling	81
18	通化县 Tonghua	80
19	桦甸市 Huadian	75
20	大安市 Daan	74
21	通榆县 Tongyu	71
22	蛟河市 Jiaohe	69
23	九台市 jiutai	67
24	乾安县 Qianan	66
25	洮南市 Taonan	64
26	扶余县 Fuyu	62
27	辉南县 Huinan	50
28	长白县 Changbai	48
29	靖宇县 Jingyu	48
30	敦化市 Dunhua	47
31	临江市 Linjiang	41
32	江源县 Jiangyuan	37
33	集安市 Jian	37
34	安图县 Antu	28
35	抚松县 Fusong	24
36	和龙市 Helong	23
37	珲春市 Hunchun	22
38	汪清县 Wangqing	21
39	龙井市 longjing	21
40	图们市 Tumen	12
41	延吉市 Yanji	10

23、独立核算工业企业产品销售收入
REVENUE OF PRODUCTS SALES OF INDUSTRIAL ENTERPRISES WITH INDEPENDENT ACCOUNT SYSTEM

单位:万元 unit:10 000 yuan

序号 Ordinal number	县(市)名称 County(city)	1997
1	延吉市 Yanji	204 127
2	敦化市 Dunhua	198 573
3	公主岭市 Gongzhuling	181 362
4	磐石市 Panshi	147 609
5	农安县 Nongan	125 473
6	前郭县 Qianguo	124 921
7	双辽市 Shuangliao	113 076
8	图们市 Tumen	111 201
9	舒兰市 Shulan	105 358
10	抚松县 Fusong	101 868
11	桦甸市 Huadian	99 441
12	梅河口市 Meihekou	94 484
13	通化县 Tonghua	90 733
14	辉南县 Huinan	80 774
15	梨树县 Lishu	78 082
16	榆树市 Yushu	76 328
17	龙井市 longjing	75 019
18	江源县 Jiangyuan	74 408
19	安图县 Antu	74 042
20	珲春市 Hunchun	72 951
21	东丰县 Dongfeng	72 821
22	汪清县 Wangqing	64 723
23	临江市 Linjiang	64 511
24	德惠市 Dehui	54 976
25	柳河县 Liuhe	52 459
26	蛟河市 Jiaohe	51 959
27	和龙市 Helong	50 428
28	大安市 Daan	50 178
29	永吉县 Yongji	44 976
30	伊通县 Yitong	40 886
31	九台市 jiutai	40 774
32	集安市 Jian	38 852
33	洮南市 Taonan	38 724
34	扶余县 Fuyu	32 310
35	长岭县 Changling	20 774
36	通榆县 Tongyu	20 712
37	镇赉县 Zhenlai	19 992
38	东辽县 Dongliao	17 771
39	靖宇县 Jingyu	13 068
40	长白县 Changbai	12 247
41	乾安县 Qianan	11 634

24、独立核算工业企业资产总计
ASSETS OF INDUSTRIAL ENTERPRIAES WITH IRDEPENDENT ACCOUNT SYSTEM

单位:万元 unit:10 000 yuan

序号 Ordinal number	县(市)名称 County(city)	1997
1	延吉市 Yanji	503 493
2	敦化市 Dunhua	387 052
3	双辽市 Shuangliao	353 292
4	桦甸市 Huadian	350 745
5	公主岭市 Gongzhuling	349 410
6	珲春市 Hunchun	316 146
7	磐石市 Panshi	286 371
8	龙井市 longjing	278 474
9	图们市 Tumen	262 621
10	前郭县 Qianguo	261 594
11	通化县 Tonghua	255 201
12	舒兰市 Shulan	230 825
13	梅河口市 Meihekou	196 396
14	安图县 Antu	189 482
15	抚松县 Fusong	184 822
16	东丰县 Dongfeng	158 101
17	汪清县 Wangqing	152 274
18	辉南县 Huinan	150 400
19	梨树县 Lishu	149 908
20	德惠市 Dehui	147 734
21	和龙市 Helong	138 989
22	集安市 Jian	138 122
23	洮南市 Taonan	134 098
24	江源县 Jiangyuan	131 560
25	榆树市 Yushu	128 944
26	柳河县 Liuhe	127 583
27	农安县 Nongan	117 711
28	临江市 Linjiang	111 181
29	蛟河市 Jiaohe	92 458
30	大安市 Daan	84 557
31	九台市 jiutai	84 213
32	永吉县 Yongji	82 148
33	东辽县 Dongliao	79 823
34	长岭县 Changling	78 129
35	通榆县 Tongyu	64 150
36	伊通县 Yitong	56 558
37	镇赉县 Zhenlai	56 257
38	乾安县 Qianan	50 973
39	长白县 Changbai	37 954
40	扶余县 Fuyu	36 043
41	靖宇县 Jingyu	35 989

25、独立核算工业企业利税总额
PRE-TAX PROFITS OF INDUSTRIAL ENTERPRISES WITH INDEPENDENT ACCOUNT SYSTEM

单位:万元 unit:10 000 yuan

序号 Ordinal number	县(市)名称 County(city)	1997
1	延吉市 Yanji	43 178
2	敦化市 Dunhua	26 312
3	通化县 Tonghua	23 745
4	农安县 Nongan	17 011
5	抚松县 Fusong	11 362
6	公主岭市 Gongzhuling	11 259
7	双辽市 Shuangliao	10 990
8	辉南县 Huinan	9 803
9	桦甸市 Huadian	9 072
10	图们市 Tumen	7 861
11	梅河口市 Meihekou	7 754
12	磐石市 Panshi	7 156
13	临江市 Linjiang	6 806
14	珲春市 Hunchun	5 705
15	东丰县 Dongfeng	5 064
16	榆树市 Yushu	4 641
17	永吉县 Yongji	4 512
18	江源县 Jiangyuan	4 477
19	汪清县 Wangqing	3 397
20	和龙市 Helong	3 299
21	蛟河市 Jiaohe	3 058
22	德惠市 Dehui	2 869
23	梨树县 Lishu	2 559
24	大安市 Daan	1 736
25	长白县 Changbai	1 705
26	伊通县 Yitong	1 681
27	九台市 jiutai	1 495
28	集安市 Jian	1 476
29	靖宇县 Jingyu	1 391
30	乾安县 Qianan	1 225
31	东辽县 Dongliao	1 019
32	长岭县 Changling	308
33	安图县 Antu	121
34	镇赉县 Zhenlai	−36
35	柳河县 Liuhe	−213
36	扶余县 Fuyu	−298
37	通榆县 Tongyu	−789
38	龙井市 longjing	−1 617
39	洮南市 Taonan	−2 670
40	舒兰市 Shulan	−7 243
41	前郭县 Qianguo	−9 218

26、独立核算工业企业总资产贡献率
CONTRIBUE RATE TO ASSETS OF INDUSTRIAL ENTERPRISES WITH INDEPENDENT ACCOUNT SYSTEM

单位:% unit:%

序号 Ordinal number	县(市)名称 County(city)	1997
1	农安县 Nongan	16.99
2	双辽市 Shuangliao	12.82
3	通化县 Tonghua	10.68
4	延吉市 Yanji	10.23
5	辉南县 Huinan	9.89
6	敦化市 Dunhua	8.91
7	临江市 Linjiang	8.24
8	永吉县 Yongji	7.86
9	抚松县 Fusong	7.47
10	东丰县 Dongfeng	6.06
11	公主岭市 Gongzhuling	5.84
12	伊通县 Yitong	5.72
13	梅河口市 Meihekou	5.52
14	图们市 Tumen	5.52
15	长白县 Changbai	5.43
16	蛟河市 Jiaohe	5.32
17	江源县 Jiangyuan	5.11
18	榆树市 Yushu	5.02
19	靖宇县 Jingyu	4.86
20	九台市 jiutai	4.73
21	磐石市 Panshi	4.72
22	桦甸市 Huadian	4.70
23	大安市 Daan	4.53
24	和龙市 Helong	4.00
25	德惠市 Dehui	3.92
26	汪清县 Wangqing	3.91
27	梨树县 Lishu	3.89
28	集安市 Jian	3.58
29	东辽县 Dongliao	3.46
30	扶余县 Fuyu	3.31
31	柳河县 Liuhe	3.29
32	乾安县 Qianan	2.89
33	珲春市 Hunchun	2.61
34	镇赉县 Zhenlai	2.49
35	安图县 Antu	2.12
36	龙井市 longjing	1.93
37	洮南市 Taonan	1.58
38	长岭县 Changling	0.64
39	前郭县 Qianguo	0.34
40	通榆县 Tongyu	0.27
41	舒兰市 Shulan	−1.39

27、独立核算工业企业资本保值增值率
ADDED VALUE RATE OF ASSETS OF INDUSTRIAL ENTERPRISES WITH INDEPENDENT ACCOUNT SYSTEM

单位:% unit:%

序号 Ordinal number	县(市)名称 County(city)	1997
1	洮南市 Taonan	758.53
2	镇赉县 Zhenlai	609.27
3	东辽县 Dongliao	381.30
4	大安市 Daan	266.99
5	德惠市 Dehui	197.11
6	珲春市 Hunchun	168.71
7	长岭县 Changling	155.73
8	安图县 Antu	155.60
9	江源县 Jiangyuan	155.36
10	柳河县 Liuhe	155.09
11	榆树市 Yushu	153.67
12	临江市 Linjiang	144.62
13	通化县 Tonghua	140.64
14	靖宇县 Jingyu	138.08
15	农安县 Nongan	138.00
16	图们市 Tumen	130.79
17	敦化市 Dunhua	124.84
18	龙井市 longjing	121.91
19	集安市 Jian	120.81
20	永吉县 Yongji	119.19
21	前郭县 Qianguo	114.00
22	抚松县 Fusong	107.59
23	辉南县 Huinan	106.38
24	汪清县 Wangqing	106.06
25	延吉市 Yanji	105.66
26	舒兰市 Shulan	105.43
27	梅河口市 Meihekou	102.78
28	公主岭市 Gongzhuling	102.24
29	桦甸市 Huadian	101.74
30	和龙市 Helong	101.13
31	蛟河市 Jiaohe	100.25
32	梨树县 Lishu	98.86
33	东丰县 Dongfeng	96.30
34	九台市 jiutai	86.41
35	磐石市 Panshi	78.50
36	伊通县 Yitong	77.90
37	长白县 Changbai	77.34
38	乾安县 Qianan	73.96
39	扶余县 Fuyu	49.85
40	通榆县 Tongyu	−234.18
41	双辽市 Shuangliao	−717.34

28、独立核算工业企业全员劳动生产率
PRODUCTIVE OF INDUSTRIAL ENTERPRIAES WITH INDEPENDENT ACCOUNT SYSTEM

单位:元/人 unit:yuan/person

序号 Ordinal number	县(市)名称 County(city)	1997
1	前郭县 Qianguo	27 306
2	通化县 Tonghua	27 116
3	双辽市 Shuangliao	26 717
4	延吉市 Yanji	25 260
5	农安县 Nongan	21 424
6	集安市 Jian	15 245
7	图们市 Tumen	15 029
8	桦甸市 Huadian	14 805
9	公主岭市 Gongzhuling	14 333
10	伊通县 Yitong	13 690
11	临江市 Linjiang	12 771
12	梨树县 Lishu	12 447
13	靖宇县 Jingyu	12 101
14	榆树市 Yushu	11 850
15	柳河县 Liuhe	11 303
16	永吉县 Yongji	11 270
17	梅河口市 Meihekou	11 222
18	长白县 Changbai	11 116
19	磐石市 Panshi	11 114
20	辉南县 Huinan	10 805
21	扶余县 Fuyu	10 722
22	敦化市 Dunhua	10 499
23	抚松县 Fusong	10 080
24	蛟河市 Jiaohe	9 788
25	珲春市 Hunchun	9 760
26	东丰县 Dongfeng	9 726
27	德惠市 Dehui	9 290
28	东辽县 Dongliao	9 162
29	大安市 Daan	9 092
30	江源县 Jiangyuan	8 892
31	长岭县 Changling	8 751
32	龙井市 longjing	8 505
33	安图县 Antu	8 069
34	九台市 jiutai	8 031
35	乾安县 Qianan	7 259
36	通榆县 Tongyu	7 032
37	镇赉县 Zhenlai	6 781
38	汪清县 Wangqing	6 003
39	和龙市 Helong	5 900
40	洮南市 Taonan	5 842
41	舒兰市 Shulan	5 608

29、工业产品销售率
SALES RATE OF INDUSTRIAL PRODUCTS

单位:% unit:%

序号 Ordinal number	县(市)名称 County(city)	1997
1	扶余县 Fuyu	106.84
2	长白县 Changbai	99.78
3	和龙市 Helong	99.24
4	磐石市 Panshi	98.72
5	延吉市 Yanji	98.42
6	图们市 Tumen	98.16
7	安图县 Antu	97.93
8	公主岭市 Gongzhuling	97.52
9	榆树市 Yushu	97.48
10	前郭县 Qianguo	97.19
11	临江市 Linjiang	96.95
12	敦化市 Dunhua	96.82
13	辉南县 Huinan	96.33
14	桦甸市 Huadian	95.87
15	镇赉县 Zhenlai	95.81
16	大安市 Daan	95.75
17	通榆县 Tongyu	95.42
18	永吉县 Yongji	95.33
19	舒兰市 Shulan	94.99
20	靖宇县 Jingyu	94.94
21	九台市 jiutai	94.42
22	江源县 Jiangyuan	94.04
23	龙井市 longjing	92.83
24	集安市 Jian	91.93
25	抚松县 Fusong	91.75
26	汪清县 Wangqing	91.59
27	双辽市 Shuangliao	91.45
28	珲春市 Hunchun	91.18
29	农安县 Nongan	90.82
30	东辽县 Dongliao	89.54
31	长岭县 Changling	89.41
32	洮南市 Taonan	89.38
33	蛟河市 Jiaohe	88.49
34	通化县 Tonghua	86.90
35	梨树县 Lishu	86.08
36	梅河口市 Meihekou	85.82
37	伊通县 Yitong	83.89
38	东丰县 Dongfeng	83.50
39	乾安县 Qianan	82.76
40	柳河县 Liuhe	82.38
41	德惠市 Dehui	78.52

30、社会消费品零售总额
TOTAL RETAIL SALES OF CONSUMER GOODS

单位:万元 unit:10 000 yuan

序号 Ordinal number	县(市)名称 County(city)	1997
1	延吉市 Yanji	302 567
2	公主岭市 Gongzhuling	135 413
3	梅河口市 Meihekou	127 994
4	敦化市 Dunhua	97 313
5	永吉县 Yongji	96 026
6	梨树县 Lishu	95 873
7	前郭县 Qianguo	95 020
8	榆树市 Yushu	82 876
9	舒兰市 Shulan	82 325
10	九台市 jiutai	81 219
11	磐石市 Panshi	80 436
12	农安县 Nongan	79 070
13	长岭县 Changling	78 136
14	双辽市 Shuangliao	71 010
15	桦甸市 Huadian	70 014
16	柳河县 Liuhe	66 913
17	江源县 Jiangyuan	63 708
18	洮南市 Taonan	63 436
19	通榆县 Yitong	61 747
20	扶余县 Fuyu	60 968
21	蛟河市 Jiaohe	59 863
22	抚松县 Fusong	56 321
23	临江市 Linjiang	54 942
24	德惠市 Dehui	54 080
25	伊通县 Yitong	52 514
26	大安市 Daan	50 834
27	辉南县 Huinan	48 477
28	珲春市 Hunchun	44 753
29	汪清县 Wangqing	40 943
30	图们市 Tumen	39 929
31	集安市 Jian	39 505
32	东丰县 Dongfeng	39 180
33	和龙市 Helong	35 706
34	安图县 Antu	34 592
35	龙井市 Longjing	34 111
36	通化县 Tonghua	33 033
37	乾安县 Qianan	32 052
38	镇赉县 Zhenlai	31 883
39	靖宇县 Jingyu	21 509
40	东辽县 Dongliao	21 299
41	长白县 Changbai	17 068

31、全部职工平均工资
AVERAGE ANNUAL WAGE OF STAFF AND WORKERS

单位:元 unit: yuan

序号 Ordinal number	县(市)名称 County(city)	1997
1	延吉市 Yanji	6 332
2	长白县 Changbai	5 399
3	图们市 Tumen	5 348
4	珲春市 Hunchun	5 330
5	榆树市 Yushu	5 179
6	扶余县 Fuyu	5 109
7	德惠市 Dehui	5 065
8	九台市 jiutai	5 045
9	公主岭市 Gongzhuling	5 011
10	安图县 Antu	4 977
11	农安县 Nongan	4 866
12	前郭县 Qianguo	4 839
13	东辽县 Dongliao	4 763
14	磐石市 Panshi	4 595
15	桦甸市 Huadian	4 546
16	通化县 Tonghua	4 504
17	江源县 Jiangyuan	4 451
18	长岭县 Changling	4 436
19	东丰县 Dongfeng	4 427
20	集安市 Jian	4 227
21	双辽市 Shuangliao	4 178
22	伊通县 Yitong	4 177
23	舒兰市 Shulan	4 052
24	辉南县 Huinan	4 052
25	龙井市 longjing	3 977
26	敦化市 Dunhua	3 960
27	柳河县 Liuhe	3 900
28	蛟河市 Jiaohe	3 894
29	抚松县 Fusong	3 893
30	永吉县 Yongji	3 881
31	靖宇县 Jingyu	3 880
32	临江市 Linjiang	3 851
33	梨树县 Lishu	3 840
34	汪清县 Wangqing	3 771
35	镇赉县 Zhenlai	3 765
36	梅河口市 Meihekou	3 623
37	和龙市 Helong	3 582
38	洮南市 Taonan	3 531
39	乾安县 Qianan	3 427
40	通榆县 Tongyu	3 353
41	大安市 Daan	3 282

企业排名榜

ORDINAL NUMBEY OF ENTERPRISES

1997 年实现利税百强工业企业

A HUNDED－STRONG INDUSTRIAL ENTERPRISES ON TOTAL PRE－TAX PROFITS（1997）

名 次 Ordinal number	单位名称 name of unit		实现利税（千元） Total pre－tax profits（1000 yuan）
1	中国第一汽车集团公司	China FAW group corporation	2 008 964
2	吉林省油田管理局	Jilin oil field management bureau	653 350
3	长春电业局	Changchun electricity bureau	343 584
4	中国石化前郭炼油厂	China petrochemistry Qianguo oil refining plant	263 990
5	吉林电业局	Jilin electricity bureau	251 683
6	延吉卷烟厂	Yanji cigarette factory	250 630
7	长春摩托车集团有限公司	Changchun motorcycle group limited	211 465
8	通化钢铁集团有限责任公司	Tonghua steel group limited	190 589
9	吉林省延边敖东药业集团股份有限公司	Yanbian Aodong medicine group limited	150 430
10	长春客车厂	Changchun passenger train plant	145 990
11	通化东宝药业股份有限公司	Tonghua Dongbao medicine limited company	130 263
12	长春卷烟厂	Changchun cigarette factory	129 805
13	四平电业局	Siping electricity bureau	121 289
14	吉林化纤集团有限责任公司	Jilin chemical fibre group limited	119 866
15	吉林龙华热电股份有限公司	Jilin Longhua thermal power limited company	114 000
16	辽源矿务局	Liaoyuan mineral bureau	113 710
17	延边电业局	Yanbian electricity bureau	113 500
18	长春一汽四环汽车股份有限公司	China FAW group sihuang vehicle limited company	107 962
19	双辽发电厂	Shuangliao power plant	105 677
20	吉化集团公司	Jilin chemical group	99 026
21	黄龙食品工业有限公司	Huanglong food industry limited company	91 800
22	通化金马药业股份有限公司	Tonghua Jinma medicine limited company	90 879
23	通化电业局	Tonghua electricity bureau	76 791
24	白城电业局	Baicheng electricity bureau	68 908
25	吉林省四平卷烟厂	Siping cigarette factory	66 312
26	丰满发电厂	Fengman power plant	64 348
27	吉林热电厂	Jilin thermal power plant	63 150
28	巴斯金士百啤酒有限公司一厂	Bass ginsber beer limited company first branch	62 240
29	延边炼油厂	Yanbian oil refining plant	57 250
30	通化葡萄酒总公司	Tonghua grape nine corporation	54 926
31	吉林龙华热电股份有限公司龙潭热电厂	Jilin longtan thermal power plant of longhua limited	54 690
32	辽源市电业局	Liaoyuan electricity bureau	53 995
33	吉林华润啤酒有限公司	Jilin Huarun peer limited company	53 282
34	吉林炭素总厂	Jilin carbon general plant	52 300
35	一汽凯尔海斯汽车底盘有限公司	FAW－KELSEY－Hayes automobile chossis system co. Ltd	50 694
36	长春市农安石油化工厂	Changchun Nongan petrochemistry plant	49 210
37	石岘造纸厂	Shixian papermaking plant	48 110
38	通化白雪山药业股份有限公司	Tonghua baixueshan medicine limited company	41 847
39	白山发电厂	Baishan power plant	40 825
40	吉林市电力器材股份合作公司	Jilin power material jiont－stock corpsration	40 322
41	松原市石油化工有限责任公司	Songyuan petrochemistry limited company	39 652
42	吉林省白山市电业局	Baishan electricity bureau	38 588
43	通化方大制药有限公司	Tonghua fangda pharmacy limited company	38 345
44	长春热缩材料股份有限公司	Changchun thermal contract material limited company	36 994
45	通化神源药业股份有限公司	Tonghua shenyuan medicine limited company	36 377
46	长春康达医用器具股份有限公司	Changchun Kangda medical apparatus and instrument limited company	36 336
47	四平市巴斯金士百啤酒有限公司	Siping Bass ginsber beer limited company	34 180
48	吉林省敦化市华康制药总厂	Dunhua Huakang pharmacy general plant	33 730
49	农安县啤酒厂	Nongan beer factory	33 467
50	吉林省辉南长龙生化药业股份有限公司	Huinan changlong biochemical medicine limited company	32 146

续表 Continued

名次 Ordinal number	单位名称	name of unit	实现利税（千元）Total pre-tax profits (1000 yuan)
51	吉林京源石油开发有限责任公司	Jilin Jingyuan oil developing limited company	31 670
52	延吉凌龙冰川啤酒有限公司	Yanji linglong glacier beer limited company	30 230
53	三岔子林业局	Sanchazi forestry bureau	29 752
54	柳河县华龙集团总公司	Liuhe Hualong guoup corporation	29 523
55	珲春矿务局珲春煤炭工贸企业集团公司	Hunchun cool industry and trade group couporation	28 680
56	吉林省敦化林业局	Dunhua forestry bureau	28 330
57	吉林省白山市临江林业局	Baishan forestry bureau	27 993
58	吉林省红石林业局	Jilin hongshi forestry bureau	27 954
59	吉林省通化化工总公司	Tonghua chemical general company	27 328
60	四平金丰股份有限公司	Siping jinfeng limited company	26 533
61	吉林油田新大油气开发公司	Jilin oil field xinda oil and gas developing company	26 389
62	吉林天河实业有限公司	Jilin Tianhe industry limited company	25 877
63	吉林省白河林业局	Baihe forestry bureau	25 510
64	吉林镍业公司	Jijin nickel industry company	24 477
65	沈后工程安装大队	Shenhou construction and installalion team	24 254
66	吉林省银瀑啤酒厂	Yinpu peer factory of Jilin province	23 996
67	一汽杰克赛尔汽车空调有限公司	FAM JEXEL Climute control system Co. Ltd	23 687
68	通化市康威制药厂	Tonghua kangwui pharmacy factory	23 587
69	延边白头山实业有限公司	Yanbian baitoushan industry company	23 250
70	吉林省抚松县松江河林业局	Songjiang river forestry bureau	22 862
71	邮电部长春电话设备厂	Changchun telephone equipment factory	22 833
72	长春市灯泡电线厂	Changchun light lump and wire factory	22 723
73	吉林正大有限公司	Jilin Zhengda limited company	22 526
74	吉林省抚松县露水河林业局	Fusong Lushui river forestry bureau	22 484
75	一汽东光离合器厂	FAW dongguang clutch factory	20 724
76	长春双阳水泥(集团)有限公司	Changchun Shuangyang cement group limited	20 684
77	吉林铝业公司	Jilin aluminium limited company	20 576
78	吉林东光精密机械总厂离合器分厂	Jilin Dongguan fine machinery general plant	20 512
79	吉林省抚松县泉阳林业局	Fusong Quanyang forestry bureau	20 178
80	吉林化学工业公司长松化工厂	Changsong chemical plant of Jilin chemical group	19 178
81	深圳蛇口海生物工程有限公司长春公司	Changchun buanch of shenzhen marine biology engineering Ltd	13 957
82	敦化福敦木业有限公司	Dunhua Fudun timber limided company	18 480
83	吉林省力源药业有限公司	Jilin Liyuan medicine limited company	18 360
84	吉林省和龙林业局	Helong forestry bureau	17 980
85	首钢长白机械厂	Changbai machinery plant	17 925
86	吉林省八家子林业局	Bajiazi forestry bureau	17 850
87	吉林铁合金厂	Jilin ferroalloy plant	17 673
88	珲春东一针织有限公司	Hunchun Dongyi knitting limited company	17 260
89	吉林市半导体厂	Jilin semiconductor plant	17 017
90	吉林省松江水泥厂	Songjiang cement plant of jilin province	16 862
91	长春北华热电有限责任公司	Changchun Beihua thermal power limited company	16 000
92	吉林省上营森林经营局	Shangying forest business bureau	15 340
93	通化市人造毛皮联合公司	Tonghua artificial wool and leather coporation	15 259
94	吉林市制药集团	Jilin pharmacy group	15 160
95	长春三顺药业有限公司	Changchun sansun medicine limited company	15 035
96	长春合隆木业公司	Changchun Helong wood industry company	14 338
97	延吉铝业集团公司	Yanji aluminium group corporation	14 200
98	长春海拉车灯有限公司	Changchun haila vehicle lamp limiteed campany	14 033
99	吉林化学工业公司锦江油化厂	Jinjiang petroleum branch of Jilin chemical group	13 800
100	长春三佳化油器有限公司	Changchun sanjia chemical equipment company	13 175

1997年产品销售收入百强工业企业

A HUNDRED—STRONG INDUSTRIAL ENTERPRISES ON SALES REVENUE (1997)

名次 Ordinal number	单位名称	name of unit	产品销售收入(千元) Revenue for producte sales (1000 yuan)
1	中国第一汽车集团公司	China FAW group corporation	27 738 069
2	吉化集团公司	Jilin chemical group limited	12 593 291
3	吉林省油田管理局	Jilin field management bureau	4 110 290
4	通化钢铁集团有限责任公司	Tonghua steel group limited	3 542 318
5	长春客车厂	Changchun passenger train plant	1 783 530
6	中国石化前郭炼油厂	China petrochemistry Qianguo oil refining plant	1 554 710
7	双辽发电厂	Shuangliao power plant	827 156
8	吉林化纤集团有限责任公司	Jilin chemical fiber group limited	798 290
9	长春摩托车集团有限公司	Changchun motorcycle group limited	791 700
10	吉林热电厂	Jilin thermal power plant	754 640
11	吉林龙华热电股份有限公司	Jilin Longhua thermal power limited company	658 969
12	长山热电厂	Changshan thermal power plant	653 784
13	吉林铁合金厂	Jilin ferroally plant	611 513
14	吉林炭素总厂	Jilin carbon general plant	594 348
15	黄龙食品工业有限公司	Huanglong food industry limited company	565 440
16	石岘造纸厂	Shixian papermaking plant	540 450
17	吉林省白山市浑江发电厂	Baishan hunjiang power plant	533 650
18	辽源矿务局	Liaoyuan mineral bureau	520 910
19	长春一汽四环汽车股份有限公司	China FAW group sihuang vehicle limited company	511 876
20	吉林正大有限公司	Jilin zhengda limited company	485 639
21	吉林铝业公司	Jilin aluminium limited company	461 212
22	吉林纸业股份有限公司	Jilin papermaking group limited	460 371
23	延吉卷烟厂	Yanji cigarette factory	455 310
24	长春热电二厂	Changchun secondary thermal power plant	452 003
25	吉林长虹电子有限责任公司	Jilin changhong electronic limited company	429 862
26	延边炼油厂	Yanbian oil refining plant	352 850
27	吉林林宝铁合金有限公司	Jilin linbao ferroally limited company	349 802
28	长春拖拉机制造厂	Changchun tractor plant	330 958
29	巴斯金士百啤酒有限公司一厂	Bass ginsber beer limited company first branch	320 500
30	吉林省延边敖东药业集团股份有限公司	Yanbian Aodong medicine group limited	318 050
31	吉林省敦化林业局	Duhua forestry bureau	315 080
32	长春电业局	Changchun electricity bureau	313 863
33	吉林省白河林业局	Baihe forestry bureau	308 090
34	吉林龙华热电股份有限公司龙潭热电厂	Jilin longtan thermal power plant of Longhua limited	307 610
35	吉林电业局	Jilin electricity bureau	303 810
36	吉林省长山化肥厂	Changshan chemical fertilizer plant	303 156
37	国营开山化学纤维厂	Kaishantun chemical fibre plant	300 870
38	三岔子林业局	Sanchazi forestry bureau	300 710
39	一汽凯尔海斯汽车底盘有限公司	FAW KELSEY Hayes autombile chassis system Co. Ltd	300 344
40	吉林省白山市通化矿务局	Tonghua minneral bureau of Baishan city	290 270
41	长春市煤气公司	Changchun gas company	288 838
42	吉林省白山市临江林业局	Linjiang forestry bureau of Baishan city	288 588
43	吉林省长春银龙纺织(集团)有限公司	Jilin changchun yinlong group limited	282 111
44	白山发电厂	Baishan power plant	276 290
45	舒兰矿务局	Shulan mineral bureau	269 430
46	吉林省抚松县露水河林业局	Fusong Lushuihe forestry bureau	265 360
47	吉林化学工业公司长松化工厂	Changsong chemical plant of Joint chemical group	264 107
48	长春市农安石油化工厂	Nongan petrochemistry plant	263 503
49	长春市自来水公司	Changchun tap water company	260 396
50	中化四平联合化工总厂	China siping joint chemical gereral plant	258 716

续表 Continued

名　次 Ordinal number	单位名称 name of unit		产品销售收入(千元) Revenue for producte sales (1000 yuan)
51	吉林省抚松县松江河林业局	Fusong songjianghe forestry hureau	256 891
52	吉林镍业公司	Jilin nickel company	254 419
53	四平市联合收割机厂	Siping joint harvester plant	252 615
54	松原市石油化工有限责任公司	Songyuan petrochemistry limited company	252 190
55	吉林华润啤酒有限公司	Jilin Huaren beer limited company	247 961
56	长春卷烟厂	Changchun cigarette factory	237 973
57	吉林新源玉米开发有限公司	Jilin Xinyuan crop developing limited company	231 600
58	邮电部长春电话设备厂	Changchun telephone equipement facfory	230 359
59	长春市灯泡电线厂	Changchun light lump and wire factory	227 805
60	吉林省红石林业局	Hongshi forestry bureau	226 820
61	珲春发电厂	Hunchun power plant	223 050
62	吉林省白山市喜丰塑料股份有限公司	Baishan Xifeng plastics limited company	221 620
63	吉林省松江水泥厂	Songjiang cement plant of Jilin province	218 876
64	白城市纺织厂	Baicheng textile factory	214 356
65	吉林天河实业有限公司	Jilin Tianhe industry limited company	214 257
66	吉林市制药集团	Jilin pharmacy group	213 310
67	延吉纺织有限公司	Yanji textile limited company	210 990
68	长春双阳水泥(集团)有限公司	Changchun shuangyang cement group limited	208 950
69	通化东宝药业股份有限公司	Tonghua Dongbao medicine limited company	205 389
70	柳河县华龙集团总公司	Liuhe Hualong group corporation	201 800
71	吉林江北机械厂	Jilin Jiangbei machinery plant	196 519
72	吉林省通化化工总公司	Tonghua chemical general company	192 003
73	首钢长白机械厂	Changbai machinery plant	187 697
74	长春热电一厂	Changchun first thermal power plany	186 156
75	延吉铝业集团公司	Yanji aluminium group corporation	184 750
76	白城电业局	Baicheng electricity bureau	176 370
77	吉林化学工业公司锦江油化厂	Jilin oil refining plant of Jilin chemical group	175 861
78	吉林省大石头林业局	Dashitou forestry bureau	170 310
79	中国人民解放军第5704工厂	PLAman 5704 plant	170 030
80	吉林省通钢企业公司	Tonghua steal enterprise company	169 857
81	吉林省黄泥河林业局	Huangnihe forestry bureau	166 710
82	丰满发电厂	Fengman power plant	161 370
83	四平电业局	Siping electricity bureau	158 892
84	吉林化学工业公司联合化工厂	Joint chemical plant of Jilin chemical group	156 099
85	四平市巴斯金士百啤酒有限公司	Siping Bass ginsber beer limited company	153 600
86	吉林省汪清林业局	Wuangqing forestry bureau	152 840
87	吉林省和龙林业局	Helong forestry-bureau	150 320
88	珲春矿务局珲春煤炭工贸企业集团公司	Hunchun coal industry and trade group corporation	148 400
89	二道江发电厂	Erdaojiang power plant	148 097
90	通化电业局	Tonghua electricity bureau	147 819
91	吉林省敦化市华康制药总厂	Dunhua HuaKang pharmacy general plant	147 640
92	吉林市木业总公司	Jilin wood general company	141 911
93	通化金马药业股份有限公司	Tonghua Jinma medicine limited company	141 860
94	卫生部长春生物制品研究所	Changchun biological product office	141 331
95	吉林省八家子林业局	Bajiazi forestry bureau	141 150
96	公主岭市增鑫生化制品有限责任公司	Gongzhuling zheng xin biological product limited	139 862
97	长春市热力公司	Changchun thermal power company	139 632
98	吉林省制糖厂	Sugar refinery of Jilin province	136 226
99	吉林市第一粮油加工厂	Jilin first grain and oil processing factory	134 900
100	一汽杰克赛尔汽车空调有限公司	FAW JEXEL Climate control system Co. Ltd	133 562

1997年销售总额前30家综合批发贸易企业
THE FIRST THIRTY PLACES FOR AGGREGATE SALES IN WHOLESALE TRADE ENTERPRISES IN 1997

名次 ordinal number	单位名称 Name of a unit		销售额(万元) Total of sales (10000 yuan)
1	吉林省农业生产资料集团公司	Agricultural production mederial corporation of province	125 711
2	吉林省纺织品进出口公司	Textile products import and export company of Jilin province	95 557
3	吉林省邮电器材总公司	Post and telecommuniction meterial general corporation	60 111
4	吉林省卷烟经销公司	Cigaretle sale company of Jilin province	51 091
5	吉林省机电设备总公司	Machinery equipment general corporalion of Jilin province	51 039
6	公主岭市粮油购销公司	Gongzhuling grain and oil company	49 233
7	吉林省汽车工业贸易集团股份有限公司	Venicle trade group limited of Jilin province	39 934
8	吉林省新华书店	Xinhua bookshop of Jilin provine	36 241
9	中粮吉林粮油食品进出口公司	China Jilin grain and oil imporot and expont limited company	35 755
10	吉林省石油总公司长春分公司	Changchun buanch of Jilin oil general corporation	33 565
11	吉林省吉粮集团有限责任公司	Jilin grain group limiled	33 537
12	农安购销公司	Nongan purchase and sale company	33 474
13	吉林省震业物资经销公司	Zhenye material company of Jilin province	32 864
14	延边烟草销售供应公司	Yanbian cigarette company	28 996
15	吉林省吉林市烟草专卖局	Jilin city cigaratte monopaly bureau	25 325
16	公主岭市华生交电有限责任公司	Gongzhuling Huasheng hardware and metarial company	24 832
17	长春市农业生产资料总公司	Changchun production material general company	23 555
18	长春市农业机械公司	Changchun agricaltural equipment company	23 001
19	扶余县粮食局三岔河国家粮食储备库	Fuyu shanchalhe grain store house	22 600
20	中国石油销售公司吉林分公司	Jilin branch of China oil sale corporation	22 405
21	农安国家粮食储备库	Nongan grain store house	20 031
22	吉林省对外贸易进出口公司	Foreign trade company of Jilin province	19 087
23	吉林省吉林市粮油加工厂	Jilin city grain and oil processing plant	8 728
24	吉林省石油总公司吉林分公司	Jilin branch of oil general corporation of Jilin province	18 558
25	吉林市农业生产资料采购供应站	Jilin production material purchase and sale station	18 137
26	吉林省糖酒蔬菜副食品集团公司	Food,Beverage group corporation of Jilin province	17 865
27	榆树市农业生产资料公司	Yushu agriculturial production amterial company	17 635
28	德惠市农业生产资料公司	Dehui agriculturial production material company	17 396
29	吉林省农机总公司	Agricalturial machinery general company of Jilin province	17 125
30	公主岭市华生有限公司	Gongzhuling Huasheng limited company	15 390

1997年销售总额前30家综合零售贸易企业
THE FIRST THIRTY PLACES FOR AGGREGATE SALES IN RETAILSALES ENTERPRISES IN 1997

名 次 ordial number	单 位 名 称 Name of unit		销售额（万元）Total of sales（10000 yuan）
1	长春百货大楼集团股份有限公司	Changchun general store building group limited	66 154
2	长春国际贸易中心	Changchun international trade centre	59 349
3	长春欧亚集团股份有限公司	Changchun Eupope Asia group limited	58 783
4	长春中兴集团股份有限公司	Changchun zhongxiong group limited	24 445
5	延边天池股份有限公司	Yanbian Tianchi limited company	24 061
6	延边国际贸易大厦有限责任公司	Yanbian international trade building limited company	19 664
7	吉林市百货大楼	Jilin general store building	17 470
8	长春国际商业中心有限责任公司	Changchun international commerce centre	13 226
9	长春华联商厦	Changchun Hualian commerce building	11 616
10	长春亚细亚百货大厦有限责任分司	Changchun Asia general store building limited company	11 147
11	吉林市东方商厦股份有限公司	Jilin Dongfang commerce bulding limited company	10 663
12	长春同济商业大厦	Changchun Tongji commerce building	9 355
13	吉林省中百商厦股份有限公司	Zhongbai commerce buileling limiteed company of Jilin province	8 469
14	四平市广兴茂股份有限公司	Siping Guangxingmiao limited company	8 288
15	长春市一百股份有限公司	Changchun first general store limited company	7 999
16	吉林省白山市副食品商场	Baishan non－staple food store	7 011
17	农安县农安商场	Nongan bazaar	5 500
18	延吉市第四百货商店	Yang fourth general store	5 060
19	长春友谊商店	Changchun friendship store	4 703
20	扶余县购物中心	Fuyu buy of sell on credit centre	4 650
21	吉林省白山市合兴实业股份有限公司	Baishan Hexing indusry limited company	4 217
22	德惠市商贸大厦	Dehui commerae builaing	3 900
23	延吉市第二百货商店	Yanji secondary general store	3 720
24	辽源市民族商场	Liaoyuan natieonal bazaar	3 659
25	吉林市胜利商厦	Jilin shengli commerce building	3 514
26	敦化市秋林公司	Dunhua qinlin company	3 181
27	梅河口市百货大楼	Meihekou general store building	2 998
28	敦化市百货大楼	Dunhua general store building	2 946
29	九台市购物中心	Jiutai purchasing centre	2 600
30	长春商业大厦	Changchun commerce building	2 477

1997年建筑施工企业按施工产值前50名排名榜
THE FIRST 50TH PLACE IN CONSTRUCTION ENTERPRISE BY OUTPUT VALUE (1997)

名次 ordioal nubers	企业名称	Name of entrerprises	施工产值（千元） Output value (1000yuan)
1	铁道部第十三工程局	Ministry of railway 13th engineering bureau	1 353 810
2	吉化集团公司建设公司	Construction company of Jihua group corporation	798 156
3	吉林省公路工程局	The highway bureau of Jilin province	679 725
4	中国水利水电第一工程局	China water conservancy—electricity first engineering bureau	498 332
5	吉林省第一建筑公司	The first construction company of Jilin province	460 271
6	吉林省送变电工程公司	Songbiandian engineering company of Jilin province	260 080
7	沈阳铁路局吉林工程总公司	Jilin engineering campany of shenyang railway bureau	251 970
8	吉林省第二建筑公司	The second construction company of Jilin province	218 680
9	吉林油田安装公司	Jilin oil field installation company	209 445
10	吉林省火电第二工程公司	Jilin second thermal power engineering company	199 700
11	吉林化学公司华强建筑安装公司	Huaqiang installation company of Jilin chemical industry Group corporation	191 342
12	长春市市政工程公司	Changchun municipal engineering company	188 775
13	中国一汽建筑维修厂	China FAW construction and maintain plant	170 788
14	吉林化学工业公司江北建筑安装公司	Jiangbei construction and insallation company of Jilin chemical industry group corporation	162 018
15	吉林火电第一工程公司	Jilin first thermal power engineering company	160 400
16	长春建工集团总公司	Changchun construction engineering group corporation	159 560
17	吉林市第一建筑工程公司	The first construction company of Jilin city	149 671
18	吉林省水利水电工程局	Jilin water conservancy—electricity engineeing bureau	148 929
19	长春星宇集团股份有限公司	Changchun Xingyu group corporation	129 396
20	通化钢铁集团有限责任公司建安公司	Tonghua steel group construction and installation	124 095
21	通化市第一建筑公司	Tonghua first construction company	121 880
22	中国吉林森林工业(集团)总公司	China Jilin forest group corporation	118 826
23	延边建筑总公司	Yanbian construction group corporation	118 503
24	白城市公路工程处	Baicheng Highway engineering office	111 250
25	吉林省新生建筑工程公司	Xinsheng construction company of Jilin province	111 232
26	吉林省安装公司	Installment company of Jilin province	106 990
27	吉林省邮电工程局	Postal and telecommuucation bureau of Jilin province	102 817
28	吉林省火电第三工程公司	Jilin third thermal power engineering company	100 680
29	吉林省林业工程公司	Forest engineering company of Jilin province	99 056
30	吉林电力管道工程总公司	Jilin electric power and line installation company	96 010
31	吉林市丰满建安企业总公司	Jilin Fengman constuction and installation enterprise corporation	85 300
32	吉林市市政建设总公司	Jilin municipal engineering company	80 877
33	前郭县建设公司	Qianguo construction company	77 740
34	吉林市第二建筑工程公司	Jilin seoond contruction company	65 915
35	吉林市第四建筑工程公司	Jilin fourth construction company	65 666
36	长春市第四建筑安装工程公司	Changchun fourth construction and installation company	65 000
37	长春市公路工程处	Changchun highway engineerng office	59 078
38	吉林冶金建设公司	Jilin metallurgy construetion company	58 860
39	长春铁路分局工程段	Changchun railway bureau engineering secfion	58 810
40	吉林油田公路公司	Jilin oil field highway engineering company	56 760
41	吉林油田建设公司	Jilin oil field construction company	56 152
42	四平市道路桥梁工程处	Siping higway and bridge engineering office	53 390
43	通化市第二建筑公司	Tonghua second construction company	53 017
44	四平一建集团股份有限公司	Siping first construction group limited company	50 677
45	白山市建筑工程总公司	Baishan construction group corporation	49 193
46	吉林省能达电力工程公司	Nengda electric power company	49 000
47	吉林市第三建筑工程公司	Jilin third constructiou company	47 350
48	长春客车厂建筑公司	Changchun passenger train plant construction company	46 850
49	辽源市建筑公司	Liaoyuan constructiou company	46 224
50	舒兰矿务局建筑安装工程公司	Construction and installatiou company of Shulan mineral bureau	42 492

东北三省国民经济主要指标

MAIN INDICATORS OF NATIONAL ECONOMY FOR JILIN LIAONING HEILONGJIANG(TWO)

东北三省国民经济主要指标（1）
MAIN INDICAORS OFNAT TIONAL ECONOMY FOR JILIN LIAONING HEILONGJIANG(ONE)

(1997)

		单位 unit	吉林 Jilin	辽宁 Liaoning	黑龙江 Heilong jiang
人口和就业	population and employment				
年末总人口	population at year end	万人10 000 persons	2 600.15	4 077.1	3 751.0
从业人员	employment	万人10 000 persons	1 237.73	1 967.1	1 647.6
#职工总人数	staff and workers	万人10 000 persons	500.89	969.4	797.0
乡村劳动者	Rural laborers	万人10 000 persons	616.17	829.3	675.9
城镇个体劳动者	Individual laborers of urban	万人10 000 persons	96.87	100.4	134.0
国内生产总值	Gross Domestic product	亿元100 000 000 yuan	1 446.91	3 490.1	2 708.5
第一产业	primary industry	亿元100 000 000 yuan	368.16	485.4	484.8
第二产业	secondary industry	亿元100 000 000 yuan	575.43	1 743.9	1 449.3
第三产业	Tertiary industry	亿元100 000 000 yuan	503.32	1 260.8	774.4
全社会固定资产投资总额	Total investment in fixed assets	亿元100 000 000 yuan	364.51	953.7	669.8
#国有单位固定资产投资额	state－owned units	亿元100 000 000 yuan	295.12	573.8	531.0
#基本建设投资额	capital construction investment	亿元100 000 000 yuan	180.83	292.0	324.9
集体单位固定资产投资额	callective－owned units vestmert	亿元100 000 000 yuan	32.89	97.4	23.2
城乡个人建房投资额	Total investment of individual housings of urban and rural	亿元100 000 000 yuan	36.50	51.0	68.8
在总投资中:住宅投资	#investment of housings	亿元100 000 000 yuan	82.01	169.8	97.1
财政收支	Government revenues and expenditures				
地方预算收入	Local budgetary revenue	亿元100 000 000 yuan	82.85	228.2	150.6
地方预算支出	Local budgetary expenditure	亿元100 000 000 yuan	167.75	340.6	233.6
人民生活	People's livelhood				
职工平均货币工资额	Average wages of staff and workers	元 yuan	5 664	5 591	4 889
城镇居民人均可支配收入	Per capita income which could be spent as living cost of urban resitents	元 yuan	4 190.61	4 518.2	4 091.0
农村居民人均纯收入	Per capita net income of rural residents	元 yuan	2 186.29	2 301.5	2 308.0
城乡居民储蓄年末余额	Balance of saving deposits in urban and rural	亿元100 000 000 yuan	1 071.33	2 727.4	1 690.0
物　价(上年为100)	Price indices (preceding year＝100)				
零售物价总指数	General retil price index	%	101.8	101.0	102.2
居民生活费用价格总指数	General consumer price index	%	103.7	103.1	104.4
农副产品收购价格总指数	General farm and sideline products purchasing priceindes	%	96.0	92.7	99.8
农　业	Agriculture				
农林牧渔业总产值(现价)	Gross output value of farming,forestry anmal husbardry and fishery(current)	亿元100 000 000 yuan	584.81	920.5	844.6
农林牧渔业增加值(现价)	Added value of farming,forestry,an－imal husbardry and fishery(current)	亿元100 000 000 yuan	368.16	485.4	484.8
耕地面积	cultivated	万公顷10 000 ha	395.9	416.3	922.4
粮食产量	Grain and beans	万吨10 000 tn	1 808.3	1 313.5	3 104.5

东北三省国民经济主要指标（2）
MAIN INDICATORS OF NATIONAL ECONOMY FOR JILIN LIAONING HEILONGJIANG(TWO)

(1997)

		单位 unit	吉 林 Jilin	辽 宁 Liaoning	黑龙江 Heilong jiang
油料产量	Oil-bearing crops	万吨10 000tn	15.93	16.1	18.2
甜菜产量	Beet roots	万吨10 000tn	32.90	40.1	447.7
造林面积	Afforestation area	万公顷10 000ha	6.29	15.5	28.6
大牲畜年末存栏头数	Large animals at year end	万头10 000head	602.96	366.7	750.6
生猪年末存栏头数	Hogs at year end	万头10 000head	940.60	953.3	1 299.3
羊年末存栏头数	Sheep and goats at year end	万只10 000head	430.00	123.8	612.7
肉类产量	Meat	万吨10 000tn	211.50	200.7	192.5
#猪牛羊肉	Pork,beef and mutton	万吨10 000tn	150.00	126.8	153.4
水产品产量	Aquatic procuts	万吨10 000tn	13.20	285.1	32.3
牛奶产量	Cow milk	万吨10 000tn	12.95	17.1	192.5
工业	Industry				
全部工业总产值	Gross industrial output value	万元10 000yuan	1 596.77	6 498.8	2 703.1
#乡及乡以上	Town and over	万元10 000yuan	1 355.50	3 644.9	2 141.9
轻工业产值	Light industry	万元10 000yuan	342.07	815.2	610.2
重工业产值	Heavy industry	万元10 000yuan	1 013.43	2 829.7	1 531.7
主要工业产品产量	Output of major industrial products				
糖	Sugar	万吨10 000tn	6.06	5.3	36.2
化学纤维	Chemical fiber	万吨10 000tn	6.38	28.1	15.9
呢 绒	Woolen	万米10 000m	487	648.5	213.7
机制纸及纸板	Machine-made paper and paperboard	万吨10 000tn	45.42	84.2	58.1
电 视 机	TV sets	万台10 000set	4.30	73.2	65.1
#彩色电视机	Color TV sets	万台10 000set	4.30	68.1	65.1
原 煤	Coal	万吨10 000tn	2 676.86	5 883.8	8 518.0
原油	Crude oil	万吨10 000tn	405.10	1 504.1	5 609.0
发电量	Electricity	亿千瓦小时 100 000 000kw/h	280.03	615.2	432.9
生铁	Iron	万吨10 000tn	146.79	1 358.1	82.3
钢	Steel	万吨10 000tn	139.01	1 354.9	88.4
成品钢材	Steel products	万吨10 000tn	109.35	1 223.5	75.5
水泥	Cement	万吨10 000tn	627.12	1 829.0	709.7
木材	Timber	万立方米10 000cuom	565.47	163.1	1 152.4
汽车	Motor vehiele	万辆 coach	22.19	3.9	6.2
农用化肥	Chemical fertilizer	万吨10 000tn	27.53	84.7	44.6
全部独立核算工业企业财务指标	Financal indicators of irdustrial enterprises with independerdt accouting system				
工业增加值	Value added of industry	亿元100 000 000yuan	372.43	964.2	843.3

东北三省国民经济主要指标（3）
MAIN INDICATORS OF NATIONAL ECONOMY FOR JILIN LIAONING HEILONGJIANG(THREE)

(1997)

		单位 unit	吉 林 Jilin	辽 宁 Liaoning	黑龙江 Heilong jiang
流动资金年平均余额	Annjual average balance circulating funds	亿元100 000 000yuan	1 125.17	2 745.4	1 494.4
利税总额	Total pre－tax profits	亿元100 000 000yuan	80.21	231.8	325.8
＃利润总额	Total profits	亿元100 000 000yuan	－7.24	11.4	133.9
运输邮电	Transportation postal and telecommunications				
铁路：货运周转量	Railways：volume of freight traffic	亿吨公里100 000 000tn－km	441.32	1 041.0	801.3
客运周转量	volume of passenger traffic	亿人公里100 000 000person－km	117.17	271.5	151.9
公路：货运周转量	Highways：volumeof freight traffic	亿吨公里100 000 000tn－kn	78.27	297.5	136.0
客运周转量	volume of passenger traffic	亿人公里100 000 000person－km	58.82	145.5	173.0
邮电业务总量	Business revenue of postal and fole communications	亿元100 000 000yuan	37.50	88.4	58.0
年末电话机总数	Number of telephone sets	万部100 000 000line	229.74	620.5	277.9
国内外经济贸易	Domestic and foreign trade				
社会消费品零售总额	Total retail sahes of comsumer goods	亿元100 000 000yuan	619.69	1 450.6	880.2
城乡集市贸易成交额	Transaction value at urhan and rural trade market	亿元100 000 000yuan	399.68	1 087.3	508.4
外贸商品进口总额	Imports	亿美元＄100 000 000	9.21	40.7	15.8
外贸商品出口总额	Exports	亿美元＄100 000 000	16.05	88.9	20.0
实际利用外资额	Amount of foreigh funded actually utilized	万美元＄10 000	10.00	30.6	10.4
金　　融	Finance				
银行现金收入	cash income of bank	亿元100 000 000yuan	3 823.58	7 116.1	5 504.4
银行现金支出	cash expenditures of bank	亿元100 000 000yuan	4 020.91	7 116.9	5 639.8
教 育 科 技	Education and science and technology				
高等学校在校学生	Students enrollment in insti－tutions of higher edueation	万人10 000person	11.02	19.7	15.6
中等学校在校学生	Students enrollent in seeondary schools	万人10 000person	14.42	15.0	11.8
普通中学在校学生	Students enrollent in ordinary middle schools	万人10 000person	129.00	195.0	198.1
大中型工业企业技术开发人员	Engineers in large and middle of enterprises	万人10 000person	2.87	10.0	4.3
文化卫生	Culture and health care				
广播人口覆盖率	Listener rating	%	91.61	90.1	83.2
电视人口覆盖率	viewer rating	%	92.90	90.7	88.9
报纸出版	Number of newspapers issued	亿份100 000 000pcs	3.60	9.9	7.3
杂志出版	Number of magazines issued	亿册100 000 000valume	0.52	1.4	0.7
图书出版	Number of books published	亿册100 000 000valume	1.30	2.2	1.3
医疗卫生机构	Number of hospitals and clinic	个	3 663	6 749	7 676
＃医院	＃hospitals	个	1 439	2 174	1 999
医疗病床	Number of hospitals and clinic beds	万张10 000	9.50	19.9	12.1
＃医院	＃Hospitals	万张10 000	8.81	17.9	11.5
卫生技术人员数	Medical technical personnel	万人10 000person	13.51	23.6	17.8
＃医生	Doctors	万人10 000person	5.63	9.9	7.7

主要统计指标解释

EXPLANATORY NOTES ON MAIN STATISTICAL INDICATORS

主 要 统 计 指 标 解 释

自然资源

森林覆盖率 通常是指森林面积占土地总面积之比，一般用百分数表示。但国家规定在计算森林覆盖率时，森林面积还包括灌木林面积、农田林网树占地面积以及四旁树木的覆盖面积。森林覆盖率，是反映一个国家或地区森林资源和绿化水平的重要指标。计算公式：

$$森林覆盖率(\%)=\frac{森林面积}{土地总面积}\times 100\%$$

本《年鉴》内所列森林覆盖率是按有林地面积计算的。

森林蓄积量 指森林面积上生长着的林木树干材积总量。它是反映一个国家或地区森林资源总规模和水平的重要指标。

矿产保有储量 指探明的矿产储量（包括工业储量和远景储量）扣除已开采部分和地下损失量后的年末实有储量。它反映国家矿产资源的现状。

综 合

国内生产总值 是按市场价格计算的国内生产总值的简称。它是一个国家（地区）所有常住单位在一定时期内生产活动的最终成果。国内生产总值有三种表现形态，即价值形态、收入形态和产品形态。从价值形态看，它是所有常住单位在一定时期内所生产的全部货物和服务价值超过同期投入的全部非固定资产货物和服务价值的差额，即所有常住单位的增加值之和；从收入形态看，它是所有常住单位在一定时期内所创造并分配给常住单位和非常住单位的初次分配收入之和；从产品形态看，它是最终使用的货物和服务减去进口货物和服务。在实际核算中，国内生产总值的三种表现形态表现为三种计算方法，即生产法、收入法和支出法。三种方法分别从不同的方面反映国内生产总值及构成。

国民生产总值 是按市场价格计算的国民生产总值的简称。它是一个国家所有常住单位在一定时期内收入初次分配的最终成果。一国常住单位从事生产活动所创造的增加值在初次分配过程中主要分配给该国的常住单位，但也有一部分以劳动者报酬和财产收入等形式分配给该国的非常住单位，同时，国外生产所创造的增加值也有一部分以劳动者报酬和财产收入等形式分配给该国的常住单位。从而产生了国民生产总值概念，它等于国内生产总值加上来自国外的劳动者报酬和财产收入减去付给国外的劳动者报酬和财产收入。与国内生产总值不同，国内生产总值是一个生产概念，而国民生产总值则是个收入概念。

国民生产总值同社会总产值、国民收入的区别，从核算范围看，社会总产值和国民收入都只计算物质生产部门的劳动成果，而国民生产总值除计算物质生产部门劳动成果外，还计算非物质生产部门的劳动成果。从这三个指标的价值构成看，社会总产值计算了社会产品的全部价值；国民生产总值计算在生产产品和提供劳务过程中增加的价值，即增加值不计算中间产品和中间劳务投入的价值；而国民收入除了不计算中间产品价值外，还不包括固定资产折旧价值，即只计算净产值。

三次产业 根据社会生产活动历史发展的顺序对产业结构的划分，产品直接取自自然界的部门称为第一产业，对初级产品进行再加工的部门称为第二产业，为生产和消费提供各种服务的部门称为第三产业。它是世界上通用的产业结构分类，但各国的划分不尽一致。我国的三次产业划分是：

第一产业：农业（包括种植业、林业、牧业、副业和渔业）。

第二产业：工业（包括采掘工业、制造业、自来水、电力、蒸汽、热水、煤气）和建筑业。

第三产业:除第一、第二产业以外的其他各业。由于第三产业包括的行业多、范围广,根据我国的实际情况,第三产业可分为两大部分;一是流通部门,二是服务部门。具体又可分为四个层次:

第一层次:流通部门,包括交通运输业、邮电通讯业、商业、饮食业、物资供销和仓储业。

第二层次:为生产和生活服务的部门,包括金融、保险业,地质普查业,房地产、公用事业,居民服务业,咨询服务业和综合技术服务业,农、林、牧、渔、水利服务业和水利业,公路、内河(湖)航道养护业等。

第三层次:为提高科学文化水平和居民素质服务的部门,包括教育、文化、广播电视,科学研究、卫生、体育和社会福利事业等。

第四层次:为社会公共需要服务的部门,包括国家机关、政党机关、社会团体,以及军队和警察等。

支出法国内生产总值 指一个国家(或地区)所有常住单位在一定时期内用于最终,消费、资本形成总额,以及货物和服务的净出口总额,它反映本期生产的国民生产总值的使用构成。

最终消费 指常住单位在一定时期内对于货物和服务的全部最终消费支出,也就是常住单位为满足物质、文化和精神生活的需要,从本国经济领土和国外购买的货物和服务的支出它不包括非常住单位在本国经济领土内的消费支出。最终消费分为居民消费和政府消费。

(一)居民消费:指常住住户在一定时期内对于货物和服务的全部最终消费支出。居民关于货物的最终消费支出在货物的所有权发生变化时记录,关于服务的最终消费支出在服务提供的时候记录。居民消费支出按市场价格计算,即按居民支付的购买者价格计算,货物的购买者价格是购买者取得交货所支付的价格,它包括购买者支付的运输和商业费用。居民消费支出除了直接以货币形式购买的货物和服务的消费支出外,还包括以其他方式获得的货物和服务的消费支出,即所谓的虚拟消费支出。居民虚拟消费支出包括如下几种类型:单位以实物报酬及实物转移的形式提供给劳动者的货物和服务;住户生产并由本住户消费了的货物和服务,其中的服务仅指住户的自有住房服务;金融机构提供的金融媒介服务;保险公司提供的保险服务。

(二)政府消费:指政府部门为全社会提供的公共服务的消费支出和免费或以较低的价格向居民住户提供的货物和服务的净支出,前者等于政府服务的产出价值减去政府单位所获得的经营收入的价值,政府服务的产出价值等于它的经常性业务支出加上固定资产折旧;后者等于政府部门向居民住户提供的货物和服务的市场价值减去向居民住户收取的价值。

资本形成总额 指常住单位在一定时期内获得减去处置的固定资产和存货的净额,包括固定资产形成总额和存货增加两项。

(一)固定资产形成总额:指常住单位在一定时期内购置、转入和自产自用的固定资产价值,扣除固定资产的销售和转出后的价值。可分为有形固定资产形成总额和无形固定资产形成总额。有形固定资产形成总额包括一定时期内完成的建筑工程、安装工程和设备工器具购置(减处置)价值,以及土地改良、新增役、种、奶、毛、娱乐用牲畜和新增经济林木价值。无形固定资产形成总额包括矿藏的勘探、计算机软件、娱乐和文学艺术品原件等获得减处置。

(二)存货增加:指常住单位在一定时期内存货实物量变动的市场价值即期末价值减期初价值的差额。存货增加可以是正值,也可以是负值,正值表示存货上升,负值表示存货下降。它包括生产单位购进的原材料、燃料和储备物资等存货,以及生产单位生产的产成品、在制品和半成品等存货等。

人　口

人口数 指一定时点、一定地区范围内的有生命的个人的总和。年度统计的年末人口数是指每年 12 月 31 日 24 时的人口数。

出生率(又称粗出生率) 指在一定时期内(通常为一年)平均每千人所出生的人数的比率,一般用千分率表示。计算公式:

$$出生率=\frac{年出生人数}{年平均人数}\times 1000‰$$

出生人数是指活婴儿,即胎儿脱离母体时(不管怀孕月数),有过呼吸或其他生命现象。

年平均人数是年初、年底人口数的平均数,也可用年中人口数代替。

死亡率(又称粗死亡率) 指在一定时期内(通常为一年)一定地区的死亡人数与同期平均人数(或期中人数)之比,一般用千分率表示。计算公式为:

$$死亡率=\frac{年死亡人数}{年平均人数}\times 1000‰$$

人口自然增长率 指在一定时期内(通常为一年)人口自然增加数(出生人数减死亡人数)与该时期内平均人数(或期中人数)之比,一般用千分率表示。计算公式:

$$人口自然增长率=\frac{本年出生人数-本年死亡人数}{年平均人数}\times 1000‰$$

$$人口自然增长率=人口出生率-人口死亡率$$

从业人员和职工工资

从业人员 指从事一定社会劳动并取得劳动报酬或经营收入的人员。包括:

(1)全部职工

(2)再就业的离退休人员

(3)私营业主

(4)个体户主

(5)私营和个体从业人员

(6)乡镇企业从业人员

(7)农村从业人员

(8)其他从业人员(包括民办教师、宗教职业者、现役军人等)

这一指标反映了一定时期内全部劳动力资源的实际利用情况,是研究我国基本国情国力的重要指标。

各单位的从业人员是指在各级国家机关、政党机关、社会团体及企业、事业单位中工作,并取得劳动报酬的全部人员。包括职工、再就业的离退休人员、民办教师以及在各单位中工作的外方人员和港、澳、台方人员。

各单位的从业人员反映了各单位实际参加生产或工作的全部劳动力。

经济活动人口 指在16岁以上,有劳动能力,参加或要求参加社会经济活动的人口。包括:从业人员和失业人员。

城镇登记失业人员及失业率 指有非农业户口,在一定的劳动年龄内,有劳动能力,无业而要求就业,并在当地就业服务机构进行求职登记的人员。城镇登记失业率指城镇登记失业人数同城镇从业人数与城镇登记失业人数之和的比。计算公式为:

$$城镇登记失业率=\frac{城镇登记失业人数}{(城镇从业人数+城镇登记失业人数)}\times 100\%$$

职工工资总额 指各单位在一定时期内直接支付给本单位全部职工的劳动报酬总额。

工资总额的计算原则应以直接支付给职工的全部劳动报酬为根据。各单位支付给职工的劳动报酬以及其他根据有关规定支付的工资,不论是计入成本的还是不计入成本的,不论是按国家规定列入计征奖金税项目的,还是未列入计征奖金税项目的,不论是以货币形式支付的还是以实物形式支付的,均包括在工资总额内。

职工平均工资 指企业、事业、机关单位的职工在一定时期内平均每人所得的货币工资额。它表明一定时期职工工资收入的高低程度,是反映职工工资水平的主要指标。计算公式为:

$$职工平均工资=\frac{报告期实际支付的全部职工工资总额}{报告期全部职工平均人数}$$

职工平均实际工资 指扣除物价变动因素后的职工平均工资。计算公式为:

$$职工平均实际工资=\frac{报告期职工平均工资}{报告期城镇居民消费价格指数}$$

固定资产投资

全社会固定资产投资　固定资产投资是社会固定资产再生产的主要手段。通过建造和购置固定资产的活动，国民经济不断采用先进技术装备，建立新兴部门，进一步调整经济结构和生产力的地区分布，增强经济实力，为改善人民物质文化生活创造物质条件。这对我国的社会主义现代化建设具有重要意义。

固定资产投资额是以货币表现的建造和购置固定资产活动的工作量，它是反映固定资产投资规模、速度、比例关系和使用方向的综合性指标。全社会固定资产投资包括国有经济单位投资、城乡集体经济单位投资、其他各种经济类型的单位投资和城乡居民个人投资。按照我国现行计划管理体制，全社会固定资产投资总额分为基本建设、更新改造、房地产开发投资和其他固定资产投资四个部分；城乡集体经济单位投资包括城镇集体所有制单位投资和农村集体所有制单位投资；其他各种经济类型单位投资包括联营经济、股份制经济、中外合资经营、中外合作经营、外资与大陆合资经营、与大陆合作经营、港澳台独资及其他经济的单位投资。城乡居民个人投资包括城市、县城、镇、工矿区所辖范围内的个人建房和农村个人建房及购买生产性固定资产的投资。

基本建设投资　基本建设是企业、事业、行政单位以扩大生产能力或工程效益为主要目的的新建、扩建工程及有关工作。包括(1)列入中央和各级地方本年基本建设计划的建设项目，以及虽未列入本年基本建设计划，但使用以前年度基建计划内结转投资(包括利用基建设备材料)在本年继续施工的建设项目；(2)本年基本建设计划内投资与更新改造计划内投资结合安排的新建项目和新增生产能力(或工程效益)达到大中型项目标准的扩建项目，以及为改变生产力布局而进行的全厂性迁建项目；(3)国有单位既未列入基建计划，也未列入更新改造计划的总投资在5万元以上的新建、扩建、恢复项目和为改变生产力布局而进行的全厂性迁建项目，以及行政、事业单位增建业务用房和行政单位增建生活福利设施的项目。

更新改造投资　更新改造是指企业、事业单位对原有设施进行固定资产更新和技术改造，以及相应配套的工程和有关工作(不包括大修理和维护工程)。包括：(1)列入中央和各级地方本年更新改造计划的项目和虽未列入本年更新改造计划，但使用上年更新改造计划内结转的投资在本年继续施工的项目；(2)本年更新改造计划内投资与基本建设计划内投资结合安排的对企、事业单位原有设施进行技术改造或更新的项目，和增建主要生产车间、分厂等其新增生产能力(或工程效益)未达到大中型项目标准的项目，以及由于城市环境保护和安全生产的需要而进行的迁建工作；(3)国有企、事业单位既未列入基建计划也未列入更新改造计划，总投资在5万元以上的属于改建或更新改造性质的项目，以及由于城市环境保护和安全生产的需要而进行的迁建工程。

房地产开发投资　包括各种经济类型的房地产开发公司、商品房建设公司及其他房地产开发单位统一开发的包括统代建、拆迁还建的住宅、厂房、仓库、饭店、宾馆、度假村、写字楼、办公楼等房屋建筑物和配套的服务设施、土地开发工程，如道路、给水、排水、供电、供热、通讯、平整场地等基础设施工程的投资。包括非房地产企业实际从事房地产开发或经营活动，不包括单纯的土地交易活动。

其他固定资产投资　全社会固定资产投资中未列入基本建设、更新改造和房地产开发投资的建造和购置固定资产的活动。包括：

(1)国有单位按规定不纳入基本建设计划和更新改造计划管理，总投资在5万元以上的以下工程：a.用油田维护费和石油开发基金进行的油田维护和开发工程；b.煤炭、铁矿、森工等采掘采伐业用维简费进行的开拓延伸工程；c.交通部门用公路养路费对原有公路、桥梁进行改建的工程；d.商业部门用简易建筑费建造的仓库工程。

(2)集体经济单位固定资产投资：包括城镇集体经济单位和农村集体经济单位建造的购置固定资产计划总投资在五万元以上的项目。农村集体经济单位固定资产投资为农村抽样调查总队根据抽样调查资料推算。

(3)联营经济、股份制经济、外商投资经济、港澳台投资经济及其他经济类型的企、事业单位建造和购置固定资产其计划总投资在5万元以上的、未列入基本建设计划和更新改造计划的项目。

(4)城镇和工矿区私人建房投资和农村个人投资。城镇和工矿区私人建房包括市、县城、镇、工矿区所辖范围内的全部私人建房，不论其房主是否系本地的常住户口均应包括：农村个人投资包括农村个人建房及购置生产性固定资产的投资。农村个人固定资产投资为农村抽样调查总队根据抽样调查资料推算。

新增生产能力　指通过固定资产投资活动而增加的设计能力或工程效益，这是用实物形态表示的固定资产投资的成果。新增生产能力的计算，是以能独立发挥生产能力或效益的单项工程（或项目）为对象。当单项工程（或项目）建成，经有关部门鉴定合格，正式移交投入生产，即可计算新增生产能力。

新增生产能力或工程效益有以下几种表现形式：

（1）以建设项目或单位工程建成后的年产能力表示。如煤炭开采、石油开采等。

（2）以建设项目或单项工程建成后处理原料的能力表示。如选矿工程的年处理矿石能力，洗煤厂年洗原煤能力等。

（3）以新增的主要设备数量或容量表示。如棉纺锭枚数，发电机组容量等。

（4）以建筑物容积、容量、面积或长度表示。如水库容量、铁路公路里程等。

新增生产能力的数量一般按设计能力计算。设计能力是指设计文件中规定的在正常情况下能够达到的生产能力，而不论投产后的实际产量如何。以设备数量、建筑物容积、面积、长度等表示的新增生产能力（或效益），则按建成的实际数量计算。

施工和竣工房屋建筑面积　房屋建筑面积是从房屋外墙线算起的各层平面面积的总和，包括房屋结构（如柱、墙）占用的面积和地下室面积。多层建筑按各自然层面积总和计算，包括房屋内的楼隔层，突出墙面的眺望间、门斗、有柱雨罩的面积。不包括突出墙面结构的构件、艺术装饰等所占的面积，如台阶等。凹阳台、挑阳台按其水平投影面积一半计算建筑面积。

新增固定资产　指通过投资活动所形成的新的固定资产价值。包括已经建成投入生产或交付使用的工程价值和达到固定资产标准的设备、工具、器具的价值及有关应摊入的费用。它是以价值形式表示的固定资产投资成果的综合性指标，可以综合反映不同时期、不同部门、不同地区的固定资产投资成果。

固定资产交付使用率　指一定时期新增固定资产与同期完成投资额的比率。它是反映各个时期固定资产动用速度，衡量建设过程中投资效果的一个综合性指标。

能源和原材料消费

能源生产总量　指一定时期内全国（地区）一次能源生产量的总和，是观察全国（地区）能源生产水平、规模、构成和发展速度的总量指标。一次能源生产量包括原煤、原油、天然气、水电及其他动力能（如风能、地热能等）发电量。不包括低热值燃料生产量、生物质能、太阳能等的利用和由一次能源加工转换而成的二次能源产量。

能源消费总量　指一定时期内全国（地区）物质生产部门、非物质生产部门和生活消费的各种能源的总和，是观察能源消费水平、构成和增长速度的总量指标，能源消费总量包括原煤和原油及其制品、天然气、电力。不包括低热值燃料、生物质能和太阳能等的利用。能源消费总量分为三部分，即终端能源消费量、能源加工转换损失量和损失量。

（1）终端能源消费量 指一定时期内全国（地区）物质生产部门、非物质生产部门和生活消费的各种能源在扣除了用于加工转换二次能源消费量和损失量以后的数量。

（2）能源加工转换损失量 指一定时期内全国（地区）投入加工转换的各种能源数量之和与产出各种能源产品之和的差额。它是观察能源在加工转换过程中损失量变化的指标。

（3）能源损失量 指一定时期内能源在输送、分配、储存过程中发生的损失和由客观原因造成的各种损失量。包括各种气体能源放空、放散量。

财　政

财政收入　国家财政参与社会产品分配所取得的收入，是实现国家职能的财力保证。财政收入所包括的内容几经变化，目前主要包括：

（1）各项税收　包括增值税、营业税、消费税、土地增值税、城市维护建设税、资源税、城市土地使用税、印花税、固定资产投资方向调节税、个人所得税、企业所得税、关税、农牧业税和耕地占用税等。

(2)专项收入　包括征收排污费、征收城市水资源费收入,教育费附加收入等。

(3)其他收入　包括基本建设贷款归还收入、国家能源交通重点建设基金收入、国家预算调节基金等。

(4)国有企业计划亏损补贴　这项为负收入,冲减财政收入。

财政支出　国家财政将筹集起来的资金进行分配使用,以满足经济建设和各项事业的需要,主要包括:

(1)基本建设支出　指按国家有关规定,属于基本建设范围内的基本建设有偿使用、拨款、资本金支出以及经国家批准对专项和政策性基建投资贷款,在部门的基建投资额中统筹支付的贴息支出。

(2)企业挖潜改造资金　指国家预算内拨给的用于企业挖潜、革新和改造方面的资金。包括各部门企业挖潜改造资金和企业挖潜改造贷款资金,为农业服务的县办"五小"企业技术改造补助,挖潜改造贷款利息支出。

(3)地质勘探费用　国家预算用于地质勘探单位的勘探工作费用,包括地质勘探管理机构及其事业单位经费、地质勘探经费。

(4)科技三项费用　国家预算用于科技支出的费用,包括新产品试制费、中间试验费、重要科学研究补助费。

(5)支援农村生产支出　国家财政支援农村集体(户)各项生产的支出。包括对农村举办的小型农田水利和打井、喷灌等的补助费;对农村水土保持措施的补助费;对农村举办的小水电站的补助费;特大抗旱的补助费;农村开荒补助费;扶持乡镇企业资金;农村农技推广和植保补助费;农村草场和畜禽保护补助费;农村造林和林木保护补助费;农村水产补助费;发展粮食生产专项资金。

(6)农林水利气象等部门的事业费用　国家财政用于农垦、农场、农业、畜牧、农机、林业、森工、水利、水产、气象、乡镇企业的技术推广、良种推广(示范)、植物(畜禽、森林)保护、水质监测、勘探设计、资源调查、干部训练等项费用,园艺特产补助费,中等专业学校经费,飞播牧草试验补助费,营林机构、气象机构经费,渔政费以及农业管理事业费等。

(7)工业交通商业等部门的事业费　国家预算支付给工交商各部门用于事业发展的经费。包括勘探设计费、中等专业学校经费、技术学校经费、干部训练费。

(8)文教科学卫生事业费　国家预算用于文化、出版、文物、教育、卫生、中医、公费医疗、体育、档案、地震、海洋、通讯、电影电视、计划生育、党政群干部训练、自然科学、社会科学、科协等项事业的经费支出和高技术研究专项经费。主要包括工资、补助工资、福利费、离退休费、助学金、公务费、设备购置费、修缮费、业务费、差额补助费。

(9)抚恤和社会福利救济费　国家预算用于抚恤和社会福利救济事业的经费,包括由民政部门开支的烈士家属和牺牲病残人员家属的一次性、定期抚恤金,革命伤残人员的抚恤金,各种伤残补助费、烈军属、复员退伍军人生活补助费、退伍军人安置费,优抚事业单位经费,烈士纪念建筑物管理、维修费,自然灾害救济事业费和特大自然灾害后重建补助费等。

(10)国防支出　国家预算用于国防建设和保卫国家安全的支出,包括国防费、国防科研事业费、民兵建设以及专项工程支出等。

(11)行政管理费　包括行政管理支出,党派团体补助支出,外交支出,公安安全支出,司法支出,法院支出,检察院支出和公检法办案费用补助。

(12)价格补贴支出　经国家批准,由国家财政拨给的政策性补贴支出,主要包括粮食加价款,粮、棉、油差价补贴,棉花收购价外奖励款,副食品风险基金,市镇居民的肉食价格补贴,平抑市价肉食、蔬菜价差补贴等以及经国家批准的教材课本、报刊新闻纸等价格补贴。

物　价

零售价格指数　是反映城乡商品零售价格变动趋势的一种经济指数。零售物价的调整变动直接影响到城乡居民的生活支出和国家的财政收入,影响居民购买力和市场供需平衡,影响消费与积累的比例。因此,计算零售价格指数,可以从一个侧面对上述经济活动进行观察和分析。

居民消费价格指数　是反映一定时期内城乡居民所购买的生活消费品价格和服务项目价格变动趋势和程度的相对数。是综合了城市居民消费价格指数和农民消费价格指数计算取得。利用居民消费价格指数,可以观察和分析消费品的零售价格和服务价格变动对城乡居民实际生活费支出的影响程度。

城市居民消费价格指数 是反映城市职工及其家庭所购买的生活消费品和服务项目价格变动趋势及其程度的相对数。编制城市居民消费价格指数,可以观察和分析消费品的零售价格和服务项目价格变动对职工货币工资的影响,作为研究职工生活和确定工资政策的依据。

农村居民消费价格指数 是反映农村居民家庭所购买的生活消费品的价格和服务项目价格变动趋势和程度的相对数。用它可以观察农村消费品的零售价格和服务项目价格变动对农村居民生活消费支出的影响,直接反映农民生活水平的实际变化情况,为分析和研究农村居民生活问题提供依据。

农产品收购价格指数 是反映国有商业、集体商业、个体商业、外贸部门、国家机关、社会团体等各种经济类型的商业企业和有关部门收购农产品价格的变动趋势和程度的相对数。农产品收购价格指数可以观察和研究农产品收购价格总水平的变化情况,以及对农民货币收入的影响,作为制订和检查农产品价格政策的依据。计算指数所选的商品有 11 个大类、包括 276 种农副土特产品。采用加权倒数平均公式(即按报告期实际收购金额加权综合法)计算。

农村工业品零售价格指数 是反映农村市场工业品零售价格水平变动趋势和程度的相对数。通过农村工业品零售价格指数,可以观察工业品零售价格变动对农民货币支出的影响。

工业品出厂价格指数 是反映全部工业产品出厂价格总水平的变动趋势和程度的相对数。其中除包括工业企业售给商业、外贸、物资部门的产品外,还包括售给工业和其他部门的生产资料以及直接售给居民的生活消费品。通过工业生产价格指数能观察出厂价格变动对工业总产值的影响。

固定资产投资价格指数 是反映固定资产投资额价格变动趋势和程度的相对数。固定资产投资额是由建筑安装工程投资完成额、设备、工器具购置投资完成额和其他费用投资完成额三部分组成的。编制固定资产投资价格指数应首先分别编制上述三部分投资的价格指数,然后采用加权算术平均法求出固定资产投资价格总指数。

编制固定资产投资价格指数可以准确地反映固定资产投资中涉及的各类商品和取费项目价格变动趋势和变动幅度,消除按现价计算的固定资产投资指标中的价格变动因素,真实地反映固定资产投资的规模、速度、结构和效益,为国家科学地制定、检查固定资产投资计划并提高宏观调控水平,为完善国民经济核算体系提供科学的,可靠的依据。

人民生活

城镇居民家庭就业人口 指城镇居民从事社会劳动并取得劳动报酬或经营收入的人口。就业人口包括通过国家统筹规划和指导由劳动部门介绍就业,自愿组织起来就业和自谋职业等方式,在国有制、集体所有制、中外合资、中外合作、外资在华独资的企事业单位和私营企业单位工作或从事个体劳动的有固定性职业或临时性职业的人口。被聘用和留用的离退休人员也计入就业人口。本指标可以反映城镇居民的就业情况,是计算就业面、负担系数的重要资料。

城镇居民家庭全部收入 指被调查城镇居民家庭全部的实际现金收入,包括经常或固定得到的收入和一次性收入。不包括周转性收入,如提取银行存款、向亲友借入款、收回借出款以及其他各种暂收款。

城镇居民家庭可支配收入 指被调查的城镇居民家庭在支付个人所得税之后,所余下的实际收入。

城镇居民家庭消费性支出 指被调查的城镇居民家庭用于日常生活的全部支出,包括购买商品支出和文化生活、服务等非商品性支出。不包括罚没、丢失款和缴纳的各种税款(如个人所得税、牌照税、房产税等),也不包括个体劳动者生产经营过程中发生的各项费用。

城镇居民家庭购买商品支出 指被调查的城镇居民家庭购买商品的全部支出,包括从商店、工厂、饮食业、工作单位食堂、集市以及直接从农民购买各种商品的开支。共分九类:食品、衣着品、日用品、文化娱乐用品、书报杂志、药及医疗用品、房屋及建筑材料、燃料、其他商品。不论自用的或赠送亲友的都包括在内。

农村居民家庭纯收入 指农村常住居民家庭总收入中,扣除从事生产和非生产经营费用支出、缴纳税款和上交承包集体任务金额以后剩余的,可直接用于进行生产性、非生产性建设投资、生活消费和积蓄的那一部分收入。它是反映农民家庭实际收入水平的综合性的主要指标。农民家庭纯收入,既包括从事生产性和非生产性的经营收入，又包括取自在外人口寄回带回和国家财政救济、各种补贴等非经营性收入；既包括货币收入，又包括自产自用的实物收入。但不包括向银行、信用社和向亲友借款等属于借贷性的收入。

农村居民家庭整半劳动力 指农村常住居民家庭成员中有劳动能力并经常参加实际劳动的人员。是生产的基本要素指标之一，是发展生产增加农民家庭收入的重要源泉。按规定，农村男 18 周岁至 50 周岁、女 18 周岁至 45 周岁为整劳动力；男 16 周岁到 17 周岁、51 周岁到 60 周岁，女 16 周岁到 17 周岁、46 周岁到 55 周岁为半劳动力。农民家庭整半劳动力，既包括在上述规定劳动年龄内和在劳动年龄以外有劳动能力并经常参加实际劳动的男女整半劳动力；也包括农民家庭常住人员中属于职工的劳动力。但不包括在劳动年龄内已丧失劳动能力的人员。

农村居民家庭生活消费支出 指农村常住居民家庭年内用于日常生活的全部开支。它是用来反映和研究农民家庭实际生活消费水平高低的重要指标。农民家庭生活消费支出，包括用于吃、穿、住、烧、用等生活消费品开支和文化、生活服务费用开支两大部分。

农村居民家庭商品性生活消费支出 指农村常住居民家庭用其货币收入，在市场上购买食品、衣着、家庭用家具器皿、日用杂品、燃料、耐用消费品、以及文教卫生用品等生活消费总量。包括向国有商店、集体商店和集市贸易市场以及其他流通渠道购买的全部生活消费品。农民家庭商品性生活消费支出，是农民家庭生活消费支出的一个重要组成部分，是用来反映和分析农民家庭生活消费水平的商品化程度，及其由自给性经济向商品经济发展趋势的重要指标，也是研究和预测农民家庭对市场消费品需求，制定商品供应计划的重要依据。

城乡居民储蓄存款余额 城乡居民储蓄存款，包括城镇居民储蓄存款和农民个人储蓄存款两部分。不包括居民的手存现金和工矿企业、部队、机关团体等集团存款。储蓄存款余额，是指城乡居民存入银行及农村信用社储蓄的时点数(存入数扣除取出数的余额)，如月末、季末或年末数额。

市政公用事业

年底自来水生产能力 指年底城建部门管理的自来水厂和自备水源的社会单位取水、净化、送水、出厂输水干管等环节的实际生产能力。

年底供水管道长度 指从送水泵到用户水表之间所有管道的长度。

全年供水总量 指公用自来水厂和自备水源的社会单位全年的供水总量，包括有效供水量及损失水量。

生活用水量 指居民日常生活与公共福利设施的用水量。包括居民、饮食店、旅馆、医院、理发店、浴池、洗衣店、游泳池、商店、学校、机关、部队等单位的用水量。

城市人口用水普及率 指城市用水的非农业人口数(不包括临时人口和流动人口)与城市非农业人口总数之比。计算公式：

$$用水普及率=(城市用水的非农业人口数\div城市非农业人口数)\times100\%$$

人工煤气生产能力 指城市煤气厂制气、净化、输送等环节的综合实际生产能力。

输气管道长度 指由压缩机、鼓风机、储气罐的出口到用户立管之间的全部管道长度。

全年供气总量 指全年售给各类用户的全部煤气量。包括工业用量、家庭用量和其他用量。

城市用气普及率 指使用煤气(包括人工煤气、液化石油气、天然气)的城市非农业人口数(不包括临时人口和流动人口)与城市非农业人口总数之比。计算公式：

$$城市煤气普及率=\frac{城市用气的非农业人口}{城市非农业人口总数}\times100\%$$

城市供热能力 指热电厂、热力公司和达到标准的集中采暖锅炉房向城市输送的供热源的设计能力。每小时向城市输送的蒸汽、热水能力。

城市供热总量 指热电厂、热力公司和达到标准的集中采暖锅炉房全年向城市输送的全部蒸汽、热水量。

城市供热管道长度 指热电厂、热力公司和达到标准的集中采暖锅炉房管理的集中供热热源到用户之间的全部供气、供热水的管道长度。

年底实有铺装道路长度 指除土路外，路面经过铺装宽度在 3.5 米以上的道路，包括高级、次高级道路和普通道路。

城市桥梁 指城市范围内,修建在河道上的桥梁和道路与道路立交、道路跨越铁路的立交桥,以及人行天桥。包括永久性桥和半永久性桥,不包括临时性桥、铁路桥、涵洞。

城市下水道总长度 指所有排水总管、干管、支管及暗渠、检查井、连接井进出水口等长度之和。

城市污水日处理能力 指污水处理厂每昼夜处理污水量的设计能力。

年末实有公共汽(电)车 指年底可参加营运的全部车辆数,包括年底营运车辆数和库存查封未参加营运的车辆,不包括非营运车辆,如架线车、油罐车、工程车、货车及其他专用车辆和借入客运车辆。

营运线路长度 指设置的固定营运线路长度,包括郊区营运线路长度。不包括临时行驶的线路长度。

城市园林绿地面积 指城市公共绿地、专用绿地、生产绿地、防护绿地、郊区风景名胜区的全部面积。

公共绿地 指供游览休息的各种公园、动物园、植物园、陵园以及花园、游园和供游览休息用的林荫道绿地、广场绿地。不包括一般栽植的行道树及林荫道的面积。

农　业

农林牧渔业总产值 是以货币表现的农、林、牧、渔业全部产品的总量,它反映一定时期内农业生产总规模和总成果。

农、林、牧、渔业的统计范围包括国有经济的各种专业农(农、林、牧、渔)场以及国家各级机关团体学校、部队、集体所有制的乡、镇、村各级办农场;工矿企业经营的农、林、牧、渔业,农村各种经济组织和农户经营的农林牧渔业和农民家庭兼营的商品性工业等。

(1)农业 包括种植业和其他农业。

种植业 包括谷物、豆类、薯类、棉、油料、糖料、麻类、烟叶、蔬菜、药材、瓜类和其他农作物的种植,以及茶园、桑园、果园的生产经营。

其他农业 包括采集野生植物的果实、纤维、树胶、树脂、油料以及柴草、野生药材、菌类以及农民家庭兼营的商品性工业。

(2)林业 包括林木的栽培(不包括茶园、桑园和果园的栽培、管理和收获等活动)、林产品的采集和村及村以下合作经济组织和农户的竹木采伐。

(3)牧业 包括除渔业养殖以外的一切动物饲养和放牧以及野生动物的捕猎和饲养。

(4)渔业 包括水生动物和海藻类植物的养殖和捕捞。

农业总产值的计算方法通常是按农林牧渔业产品及其副产品的产量分别乘以各自单位产品价格求得,少数生产周期较长,当年没有产品或产品产量不易统计的,则采用间接方法匡算其产值,然后将四业产品产值相加即为农业总产值。

1957年以前的农业总产值中包括了厩肥和农民自给性手工业(如农民自制衣服、鞋、袜、自己从事粮食初步加工等)。1958年及以后的农业总产值,林业中增加了村及村以下竹木采伐产值;牧业中取消了厩肥产值;副业中取消了农民自给性手工业产值,增加了村及村以下办的工业产值;渔业中增加了海洋捕捞水产品产值。1980年及以后的农业总产值,在副业中增加了农民家庭兼营工业商品部分的产值。从1984 年起村及村以下办工业产值划归工业。从1993年起,取消副业。将野生动物的捕猎划入牧业,野生植物采集和农民家庭兼营商品性工业划归农业。

粮食产量 指全社会的产量。包括国有经济经营的、集体统一经营的和农民家庭经营的粮食产量,还包括工矿企业办的农场和其他生产单位的产量。粮食除包括稻谷、小麦、玉米、高粱、谷子及其他杂粮外,还包括薯类和豆类。其产量计算方法,豆类按去豆荚后的干豆计算;薯类(包括甘薯和马铃薯,不包括芋头和木薯)1963年以前按每4公斤鲜薯折1公斤粮食计算,从1964年开始及以后改为按5公斤鲜薯折1公斤粮食计算。城市郊区作为蔬菜的薯类(如:马铃薯等)按鲜品计算,并且不做为粮食统计。其他粮食一律按脱粒后的原粮计算。

油料产量 指全部油料作物的生产量。包括花生、油菜籽、芝麻、向日葵籽、胡麻籽(亚麻籽)和其他油料。不包括大豆,也不包括木本油料和野生油料。花生以带壳干花生计算。

水产品产量 指人工养殖的水产品和天然生长的水产品的捕捞量。包括海水的鱼类、虾蟹类、贝类和藻类以及内陆水域的鱼类、虾蟹类和贝类，不包括淡水生殖物。

猪、牛、羊肉产量 指当年出栏并已屠宰后除去头蹄下水后带骨肉(即胴体重)的重量。

耕地面积 指年初可以用来种植农作物、经常进行耕锄的田地，除包括熟地、当年新开荒地、连续撂荒未满三年的耕地和当年的休闲地(轮歇地)外，还包括以种植农作物为主并附带种植桑树、茶树、果树和其他林木的土地，以及沿海、沿湖地区已围垦利用的“海涂”、“湖田”等面积。但不包括属于专业性的桑园、茶园、果园、果木苗圃、林地、芦苇地、天然或人工草地面积。

农作物播种面积 指实际播种或移植有农作物的面积。凡是实际种植有农作物的面积，不论种植在耕地上还是种植在非耕地上，均包括在农作物播种面积中。在播种季节基本结束后，因遭灾而重新改种和补种的农作物面积，也包括在内。

有效灌溉面积 指具有一定的水源，地块比较平整，灌溉工程或设备已经配套，在一般年景下当年能够进行正常灌溉的耕地面积。

农用化肥施用量 指本年内实际用于农业生产的化肥数量。包括氮肥、磷肥、钾肥和复合肥。化肥施用量要求按折纯量计算数量。折纯法化肥施用量是把氮肥、磷肥和钾肥分别按含氮、含五氧化二磷、含氧化钾的百分之一百成份折算后的数量。复合肥按其所含主要成分折算。

农业机械总动力 指主要用于农、林、牧、渔业的各种动力机械的动力总和。包括耕作机械、排灌机械、收获机械、农用运输机械、植物保护机械、牧业机械、林业机械、渔业机械和其他农业机械〔内燃机按引擎马力折成瓦(特)计算，电动机按功率折成瓦(特)计算〕。不包括专门用于乡、镇、村、组办工业、基本建设、非农业运输、科学试验和教学等非农业生产方面的动力机械与作业机械。

农林牧渔业劳动力 指直接参加农林牧渔业生产劳动的劳动力。

期初(末)畜禽存栏头(只)数 指本期期初(末)农村各种合作经济组织和国营农场、农民个人、机关、团体、学校、工矿企业、部队等单位以及城镇居民饲养的大牲畜、猪、羊、家禽等畜禽的存栏头(只)数。

谷物 指籽实主要供作粮食的作物。这类作物包括稻谷、小麦、玉米、谷子、高粱和其他谷物，不包括豆类和薯类作物。

工　业

工业 指从事自然资源的开采，对采掘品和农产品进行加工和再加工的物质生产部门。具体包括：(1)对自然资源的开采，如采矿、晒盐、森林采伐等(但不包括禽兽捕猎和水产捕捞)；(2)对农副产品的加工、再加工，如粮油加工、食品加工、轧花、缫丝、纺织、制革等；(3)对采掘品的加工、再加工，如炼铁、炼钢、化工生产、石油加工、机器制造、木材加工等，以及电力、自来水、煤气的生产和供应等；(4)对工业品的修理、翻新，如机器设备的修理、交通运输工具(包括小卧车)的修理等。

1984 年以前农村的村及村以下办工业归属农业，1984 年以后划归工业。

国有经济工业(即过去的全民所有制工业或国营工业) 指生产资料归国家所有的一种经济类型。包括中央和地方各级国家机关、部队、科研机构、学校、 人民团体和国有经济企事业单位等举办的国有经济工业。1957 年以前的公私合营和私营工业，后均改造为国营工业，1992 年改为国有工业，这部分工业的资料不单独分列时，均包括在国有工业内。

集体经济工业 指生产资料归公民集体所有的一种经济类型，是社会主义公有制经济的组成部分。包括城乡所有使用集体投资举办的企业，以及部分个人通过集资自愿放弃所有权并依法经工商行政管理机关认定为集体所有制的企业。

其他经济类型工业 指除国有经济、集体经济、私营经济、个体经济、联营经济以外的其他经济类型工业企业(单位)。包括股份制经济(股份有限公司，有限责任公司)；外商投资经济(中外合资经营、中外合作经营、外资企业)；港、澳、台投资经济(与大陆合资经营、与大陆合作经营、港、澳、台独资企业)及其他经济类型的工业。

轻工业 指主要提供生活消费品和制作手工工具的工业。按其所使用的原料不同，可分为两大类：(1)以农产品为原料的轻工业，是指直接或间接以农产品为基本原料的轻工业。主要包括食品制造、饮料制造、烟草加工、纺织、缝纫、皮革和毛皮制作、造纸以及印刷等工业；(2)以非农产品为原料的轻工业，是指以工业品为原料的轻工业。主要包括文教体育用品、化学药品制造、合成纤维制造、日用化学制品、日用玻璃制品、日用金属制品、手工工具制造、医疗器械制造、文化和办公用机械制造等工业。

重工业 是指为国民经济各部门提供物质技术基础的主要生产资料的工业。按其生产性质和产品用途，可以分为下列三类：(1)采掘(伐)工业，是指对自然资源的开采，包括石油开采、煤炭开采、金属矿开采、非金属矿开采和木材采伐等工业；(2)原材料工业，指向国民经济各部门提供基本材料、动力和燃料的工业。包括金属冶炼及加工、炼焦及焦炭化学、化工原料、水泥、人造板以及电力、石油和煤炭加工等工业；(3)加工工业，是指对工业原材料进行再加工制造的工业，以及为农业提供的生产资料如化肥、农药等工业。

根据上述划分原则，修理业中以重工业产品为修理作业对象的划为重工业，反之划为轻工业。

工业总产值 是以货币表现的工业企业在一定时期内生产的已出售或可供出售工业产品总量，它反映一定时间内工业生产的总规模和总水平。它包括：在本企业内不再进行加工，经检验、包装入库(规定不需包装的产品除外)的成品价值，工业性作业价值，自制半成品、在产品期末期初差额价值。工业总产值采用"工厂法"计算，即以工业企业作为一个整体，按企业工业生产活动的最终成果来计算，企业内部不允许重复计算，不能把企业内部各个车间(分厂)生产的成果相加。但在企业之间、行业之间、地区之间存在着重复计算。

轻重工业总产值的划分也是按"工厂法"计算的，即一个工业企业在正常情况下生产的主要产品的性质属于轻工业，则该企业的全部总产值作为轻工业总产值；一个工业企业生产的主要产品的性质属于重工业，则该企业的全部总产值作为重工业总产值。

工业增加值 是指工业行业在报告期内以货币表现的工业生产活动的最终成果。

固定资产原价 固定资产原价指企业在建造、购置、安装、改建、扩建、技术改造某项固定资产时所支出的全部货币总额。它一般包括买价、包装费、运杂费和安装费等。

固定资产净值 是指固定资产原价减去历年已提折旧额后的净额。

流动资产 流动资产是指可以在一年或者超过一年的一个营业周期内变现或者耗用的资产，包括现金及各种存款、短期投资、应收及预付货款、存货等。

利税总额 指企业利润总额、产品销售税金及附加和应交增值税之和。

资金利税率 指在一定时期内已实现的利润、税金总额与同期的资产(固定资产净值和流动资产)之比。计算公式：

$$\text{资金利税率}(\%)=\frac{\text{报告期累计实现利税总额}}{\text{固定资产净值平均余额}+\text{流动资产平均余额}}\times 100\%$$

资金利税率反映每单位(通常是每万元)资金所提供的利润税金额。它是考察和评价部门或企业资金运用的经济效益，分析资金投入效果的主要分析指标。

工业成本费用利润率 指在一定时期内实现的利润与成本费用之比，是反映工业生产成本及费用投入的经济效益指标，同时也是反映降低成本的经济效益的指标。计算公式：

$$\text{工业成本费用利润率}(\%)=\frac{\text{利润总额}}{\text{成本费用总额}}\times 100\%$$

工业增加值率 指在一定时期内工业增加值占同期工业总产值的比重，反映降低中间消耗的经济效益。计算公式：

$$\text{工业增加值率}(\%)=\frac{\text{工业增加值(现价)}}{\text{工业总产值(现价)}}\times 100\%$$

流动资金周转次数 指在一定时期内流动资产完成的周转次数，反映流动资产的周转速度。计算公式：

$$\text{流动资金周转次数}=\frac{\text{产品销售收入}}{\text{全部流动资产平均余额}}$$

产品销售率 指一定时期内销售产值与同期全部工业总产值之比，反映工业产品生产已实现销售的程度。计算公式：

$$\text{工业产品销售率}(\%)=\frac{\text{报告期现价工业销售产值}}{\text{报告期现价工业总产值}}\times 100\%$$

产品销售收入 指企业销售产品的销售收入和提供劳务等主要经营业务取得的业务总额。

产品销售成本 指企业销售产品和提供劳务等主要经营业务的实际成本。

产品销售税金及附加 指企业销售产品和提供工业性劳务等主要经营业务应负担的城市维护建设税、消费税、资源税和教育费附加。

产品销售利润 指企业销售产品和提供工业性劳务等主要经营业务收入扣除其成本、费用、税金后的利润。

利润总额 指企业实现的利润。

应交增值税 指企业在报告期内应交纳的增值税额。

产值利税率 指报告期已实现的利润、税金总额(包括利润总额、产品销售税金及附加和应交增值税)占同期全部工业总产值的百分比,计算公式为:

$$产值利税率(\%)=\frac{利税总额}{工业总产值}\times 100\%$$

全员劳动生产率 指根据产品的价值量指标计算的平均每一个职工在单位时间内的产品生产量。是考核企业经济活动的重要指标,是企业生产技术水平、经营管理水平、职工技术熟练程度和劳动积极性的综合表现。目前我国的全员劳动生产率是将工业企业的工业增加值除以同一时期全部职工的平均人数来计算的。计算公式:

$$全员劳动生产率=\frac{工业增加值}{全部职工平均人数}$$

资本金 指企业在工商行政管理部门登记的注册资金合计。企业资本金按投资主体可分为国家资本金、法人资本金、个人资本金和外商资本金等。资本金合计包括企业各种投资主体注册的全部资本金。

总资产 指企业拥有或控制的全部资产。包括流动资产、长期投资、固定资产、无形及递延资产、其他长期资产、递延税项等,即为企业资产负债表的资产总计项。

(1)流动资产 指企业可以在一年内或者超过一年的一个生产周期内变现或耗用的资产合计。包括现金及各种存款、短期投资、应收及预付款项、存货等。

(2)固定资产 指企业固定资产净值、固定资产清理、在建工程、待处理固定资产损失所占用的资金合计。

(3)无形资产 指企业长期使用而没有实物形态的资产。包括专利权、非专利技术、商标权、著作权、土地使用权、商誉等。

总负债 指企业承担并需要偿还的全部债务。包括流动负债和长期负债、递延税项等,即为企业资产负债表的负债合计项。

(1)流动负债 指企业在一年内或者超过一年的一个营业周期内需要偿还的债务合计,其中包括短期借款,应付及预收款项、应付工资、应交税金和应交利润等。

(2)长期负债 指企业在一年以上或者超过一年的一个生产周期以上需要偿还的债务合计,其中包括长期借款、应付债务、长期应付款项等。

所有者权益 指企业投资人对企业净资产的所有权。企业净资产等于企业全部资产减去全部负债后的余额,其中包括投资者对企业的最初投入,以及资本公积金、盈余公积金和未分配利润,对股份制企业即为股东权益。

交通运输和邮电通讯业

铁路营业里程 又称营业长度,指办理客货运输业务的铁路正线总长度。凡是全线或部分建成双线及以上的线路,以第一线的实际长度计算;复线、站线、段管线、岔线和特殊用途线以及不计算运费的联络线都不计算营业里程。铁路营业里程是反映铁路运输业基础设施发展水平的重要指标,也是计算客货周转量、运输密度和机车车辆运用效率等指标的基础资料。

铁路正线延展里程 是正线第一线、第二线、第三线和其他正线建筑里程之和,不包括站线、段管线、岔线及特殊用途线的延展里程。它是作为计算铁路线上钢轨、枕木及路基砂石需要量的主要依据。

公路里程 指在一定时期内实际达到《公路工程技术标准 JTJ01－88》规定的等级公路,并经公路主管部门正式验收交付使用的公路里程数。其计算单位为:km。它包括大中城市的郊区公路以及通过小城镇街道部分的公路里程，也包括桥梁、渡口的长度，但不包括大中城市的街道、厂矿、林区生产用道和农业生产用道的里程。两条或多条公路共同经由一路段，只计算一次，不得重复计算里程长度。公路里程是反映公路建设发展规模的重要指标，也是计算运输网密度等指标的基础资料。

内河航道里程　也称“内河通航里程”，是反映内河水运网规模、水平和发展情况的主要指标；是指在一定时期内，能通航运输船舶及排筏的天然河流、湖泊水库、运河及通航渠道的长度。包括全年季节性通航累计三个月以上的航道，但不包括仅供零散流放竹、木排的河道。

民用航空航线里程　指民航运输定期班机飞行的航线长度的总和。航线长度按机场之间的距离计算，通常有两种计算方法：将每条航线长度相加称为重复计算航线里程；如将两条或两条以上航线经过同一区段里程，只计算一次航线长度称为不重复计算航线里程。一般常用的是后者，它能确切反映民航运输网的规模，表明民航事业为国民经济服务和方便人民生活程度的主要指标。

货(客)运量　指在一定时期内，各种运输工具实际运送的货物(旅客)数量。是反映运输业为国民经济和人民生活服务的数量指标，也是制定和检查运输生产计划，研究运输发展规模和速度的重要指标。货运按吨计算，客运按人计算。货物不论运输距离长短，货物类别，均按实际重量统计；旅客不论行程远近或票价多少，均按一人一次作为客运量统计。半价票、小孩票也按一人统计。

货物(旅客)周转量　指在一定时期内，由各种运输工具运送的货物(旅客)数量与其相应运输距离的乘积之总和，是反映运输业生产总成果的重要指标，也是编制和检查运输生产计划，计算运输效率、劳动生产率以及核算运输单位成本的主要基础资料。通常以吨公里和人公里为计算单位。计算货物周转量通常按发出站与到达站之间的最短距离，也就是计费距离计算。

邮电业务总量　指以货币表现的邮电部门用于传递信息和提供其他邮电服务的总数量。它综合反映了一定时期邮电工作的总成果，是研究邮电业务量构成和发展趋势的重要指标。根据邮电管理体制不同，分为中央国营业务总量和地方国营业务总量。它用各种邮电分类业务量，如函件件数、电报份数、长话张数、市内电话和农村电话的年均户数、订销报刊累计份数等，分别乘以相应的平均单价(不变价)，加总后再加上出租电路和设备的收入、代用户维护电话交换机和线路等设备的收入、其他业务收入求得。

市内电话　指接入县城(包括个别城镇)及县以上城市的市内电话网上，并按市内电话进行经营管理的电话。按计费办法分为包月制和计次制两种。

(1)住宅电话　指话机装在居民住宅里的电话。它包括私人付费、公费和免费三个部分。

(2)私人付费电话　指住宅居民自费安装并自己缴纳通话费的电话。

无线寻呼电话用户　指携带小型寻呼机，接收市话用户通过无线寻呼中心，在规定范围内向其发出声音、数字或文字显示信息的用户。目前在邮电部门办理登记手续的无线寻呼电话用户，每一部寻呼机按一户计算。

移动电话用户　指在邮电部门登记，通过移动电话交换机进入移动电话网、占有移动电话号码的电话用户。用户数量以实际办理登记手续进入邮电部门移动电话网的户数进行计算，一部或一台移动电话统计为一户。

建筑业

建筑业总产值(即自行完成施工产值)　指建筑业企业或附营建筑施工单位自行完成的按工程进度计算的建筑安装生产总值。建筑业产值包括：

①　建筑工程产值：指列入建筑工程预算内的各种工程价值。

②　设备安装工程产值：指设备安装工程价值。

③　房屋、构筑物修理产值：指房屋、构筑物修理所完成的价值，但不包括被修理房屋、构筑物本身的价值和生产设备的修理价值。

④　非标准设备制造产值：指加工制造没有定型的、非标准的生产设备的加工费和原材料价值，不论是现场还是附属加工厂为本单位承建工程制造的非标准设备的价值，都应计算产值。

房屋建筑施工面积　指在报告期内施工的全部房屋建筑面积。包括本期内新开工的、上期施工跨入本期继续施工、上期停建本期复工的房屋建筑面积；不包括上期开工后又停工，本期未施工的房屋建筑面积。

房屋建筑竣工面积　指在报告期内，按照设计所规定的工程内容全部完成，达到了设计规定的交工条件，经有关部门检查验收鉴定合格的房屋建筑面积。

自有机械设备年末总台数　指归本企业（或单位）所有，属于本企业固定资产的生产性机械设备年末总台数。包括施工机械、生产设备、运输设备以及其他设备。

自有机械设备年末总功率　指本企业（或单位）自有施工机械、生产设备、运输设备以及其他设备等列为在册固定资产的生产性机械设备年末总功率，按设定能力或查定能力计算。包括机械本身的动力和为该机械服务的单独动力设备，如电动机等。计算单位用千瓦，动力换算可按1马力＝0.735千瓦折合成千瓦数。电焊机、变压器、锅炉不计算动力。

工程结算收入　指企业（或单位）按工程的分部分项自行完成的建筑产品价值并已与甲方在报告期内办理结算手续的工程价款收入，以及向甲方收取的除工程价款以外的按规定列作营业收入的各种款项，如临时设施费、劳动保险费、施工机械调迁费等以及向甲方收取的各种索赔款。

工程结算利润　指已结算工程实现的利润。如为亏损以"－"号表示。其计算公式为：

工程结算利润＝工程结算收入－工程结算成本－工程结算税金及附加

企业总收入　指与企业生产经营直接有关的各项收入，包括工程结算收入和其他业务收入，即：

企业总收入＝工程结算收入＋其他业务收入

批发零售贸易和餐饮业

社会消费品零售额　指各种经济类型的批发零售贸易业、餐饮业、制造业和其他行业对城乡居民和社会集团的消费品零售额。这个指标反映通过各种商品流通渠道向居民和社会集团供应的生活消费品来满足他们生活需要，是研究人民生活，社会消费品购买力、货币流通等问题的重要指标。社会消费品零售额包括：(1)售给城乡居民作为生活用的商品和修建房屋用的建筑材料；(2)售给机关、团体、学校、部队、企业、事业单位的职工食堂和旅店（招待所）附设专门供本店旅客食用，不对外营业的食堂的各种食品、燃料；企业、单位和国营农场直接售给本单位职工和职工食堂的自己生产的产品；(3)售给部队干部、战士生活用的粮食、副食品、衣着品、日用品、燃料；(4)售给来华的外国人、华桥、港澳台同胞的消费品；(5)居民自费购买的中、西药品、中药材及医疗用品；(6)报社、出版社直接售给居民和社会集团的报纸、图书、杂志、集邮公司出售的新、旧纪念邮票、特种邮票、首日封、集邮册、集邮工具等；(7)旧货寄售商店自购、自销部分的商品；(8)煤气公司、液化石油气站售给居民和社会集团的煤气灶具和罐装液化石油气；(9)农民售给非农业居民和社会集团的商品。不包括售给国民经济各部门企业、事业单位（包括国有经济的农场）生产经营用的各种原材料、燃料、设备、工具等和售给批发零售贸易业、餐饮业作为转卖用的商品、旧货寄售商店受托寄售卖出的商品、服务业的营业收入、邮局出售邮票的收入、自来水、电力、煤气生产（供应）单位的产品供应收入，也不包括农民之间的商品销售。

批发零售贸易业商品购、销、存总额　指以各种经济类型的批发、零售贸易业（不包括个体）为总体的商品购、销、存。

商品购进总额　指从本企业（单位）以外的单位和个人购进（包括从国外直接进口）作为转卖或加工后转卖的商品。这个指标反映批发零售贸易业从国内、国外市场上购进商品的总量。商品购进总额包括：(1)从工农业生产者购进的商品；(2)从出版社、报社的出版发行部门购进的图书、杂志和报纸：(3)从各种经济类型的批发零售贸易企业（单位）购进的商品；(4)从其他单位购进的商品，如从机关、团体、企业、单位购进的剩余物资，从餐饮业、服务业购进的商品，从海关、市场管理部门购进的缉私和没收的商品，从居民收购的废旧商品等；(5)从国（境）外直接进口的商品。不包括企业（单位）为自身经营用，和未通过买卖行为而收入的商品以及销售退回、商品升溢等。

商品销售总额　指对本企业（单位）以外的单位和个人出售（包括对国（境）外直接出口）的商品。这个指标反映批发零售贸易业在国内市场上销售商品以及出口商品的总量。商品销售总额包括：(1)售给城乡居民和社会集团消费用的商品；(2)售给工业、农业、建筑业、运输邮电业、批发零售贸易业、餐饮业、服务业等作为生产、经营使用的商品;(3)售给批发零售贸易业作为转卖或加工后转卖的商品;(4)对国(境)外直接出口的商品。不包括:出售本企业(单位)自用的废旧包装用品,未通过买卖行为付出的商品,经本单位介绍,由买卖双方直接结算,本单位只收取手续费的业务,购货退出的商品以及商品损耗和损失等。

批发零售贸易业年末库存 指年末各种经济类型的批发零售贸易企业(单位)已取得所有权的商品。它反映各地区、各批发零售贸易企业(单位)的商品库存情况,和对市场商品供应的保证程度。期末库存包括:(1)存放在批发零售贸易业经营单位(如门市部、批发站、经营处)仓库、货场、货柜和货架中的商品;(2)挑选、整理、包装中的商品;(3)已记入购进而尚未运到本单位的商品,即发货单或银行承兑凭证已到而货未到部分;(4)寄放他处的商品,如因购货方拒绝承付而暂时存放在购货方的商品和已办完加工成品收回手续而货未提回的商品;(5)委托其他单位代销(未作销售或调出)尚未售出的商品;(6)代其他单位购进尚未交付的商品。不包括所有权不属于本单位的商品、拨付除批发零售贸易业以外的其他行业所属独立核算加工厂等加工生产尚未收回成品的商品、代国家物资储备部门保管的商品等。期末库存总额计算方法是:农副产品采购单位按购进价计算,批发单位按进货价计算,零售单位按什么价格核算就按什么价格计算。

城乡集市贸易成交额 指在农村集市和城市集市上买卖双方(包括农民、非农业居民、机关、团体、工商企业、个体商贩)成交的全部商品金额,是反映集市贸易规模的综合性指标。

对外经济贸易和旅游业

利用外资 指我国各级政府、部门、企业和其他经济组织通过对外借款、吸收外商直接投资以及用其他方式筹措的境外现汇、设备、技术等。

对外借款 是我国利用外资的主要部分。包括我国通过外国政府贷款,国际金融组织贷款,外国银行商业贷款,出口信贷以及对外发行债券,股票等方式,从境外筹措的资金。

外商直接投资 是指外国企业和经济组织或个人(包括华侨、港澳台胞以及我国在境外注册的企业)按我国有关政策、法规、用现汇、实物、技术等在我国境内开办外商独资企业、与我国境内的企业或经济组织共同举办中外合资经营企业、合作经营企业或合作开发资源的投资(包括外商投资收益的再投资)以及经政府有关部门批准的项目投资总额内,企业从境外借入的资金。

旅游人数 指来我国参观、访问、旅行、探亲、访友、休养、考察、参加会议和从事经济、科技、文化、教育、体育、宗教等活动的外国人、华侨、港澳和台湾同胞的人数。不包括外国在我国的常驻机构,如使领馆、通讯社、企业办事处的工作人员;来我国常驻的外国专家、留学生以及在岸逗留不过夜人员。

国际旅游(外汇)收入 指入境旅游的外国人、华侨、港澳台同胞在中国大陆旅游过程中发生的一切旅游支出,对于国家来说就是国际旅游(外汇)收入。

进出口总额 海关进出口总额指实际进出我国国境的货物总金额。包括对外贸易实际进出口货物,来料加工装配进出口货物,国家间、联合国及国际组织无偿援助物资和赠送品,华侨、港澳台同胞和外籍华人捐赠品,租赁期满归承租人所有的租赁货物,进料加工进出口货物,边境地方贸易及边境地区小额贸易进出口货物(边民互市贸易除外),中外合资经营企业、中外合作经营企业、外商独资经营企业进出口货物和公用物品,到、离岸价格在规定限额以上的进出口货样和广告品(无商业价值、无使用价值和免费提供出口的除外),从保税仓库提取在中国境内销售的进口货物,以及其他进出口货物。进出口总额用以观察一个国家在对外贸易方面的总规模。我国规定出口货物按离岸价格统计,进口货物按到岸价格统计。

金融和保险

存款 企业、机关、团体或居民根据可以收回的原则,把货币资金存入银行或其他信用机构保管并取得一定利息的一种信用活动形式。根据存款对象的不同可划分为企业存款、财政存款、机关团体存款、基本建设存款、城镇储蓄存款、农村存款等科目。它是银行信贷资金的主要来源。

贷款 银行或其他信用机构根据必须归还的原则，按一定利率，为企业、个人等提供资金的一种信用活动形式。我国银行贷款分为流动资金贷款、固定资产贷款、城乡个体工商户贷款以及农业贷款等科目。

承保额 又叫保险金额。它是保险人对被保险人负担损失补偿或约定给付的金额。它是保险合同上的最高责任额，也是计算保费的依据。

保费 又叫保险费。是保险人根据保险合同的有关规定，为被保险人取得因约定危险事故发生所造成的经济损失补偿(或给付)权利，付给保险人的代价。包括财产险和人身险储金收入。

赔款 保险事故发生后，经查证确属保险责任范围以内的保险标的损失，保险人根据保险合同的规定履行赔偿义务，给予被保险人的款项叫做赔款。赔款可分为已决赔款和未决赔款两种。

教育、科技和文化事业

普通高等学校 指按照国家规定的设置标准和审批程序批准举办，通过国家统一招生考试，招收高中毕业生为主要培养对象，实施高等教育的全日制大学、独立设置的学院和高等专科学校、短期职业大学。

成人高等学校 指按照国家有关规定审批，招收通过全国成人高教统一招生考试的具有高中毕业或同等学历的在职从业人员利用脱产、半脱产、业余或函授等多种形式对其实施高等学历教育，培养高等教育专科或本科毕业水平的专门人才，修业年限、课程设置和总学时数均按高等学历教育要求付诸实施的学校。包括广播电视大学、职工高等学校、农民高等学校、管理干部学院、教育学院、独立设置的函授学院等。

小学学龄儿童入学率 指调查范围内已入小学学习的学龄儿童占校内外学龄儿童总数(包括弱智儿童在内，但不包括盲聋哑儿童)的比重。计算公式：

$$\text{小学学龄儿童入学率}=\frac{\text{已入学的小学学龄儿童数}}{\text{校内外小学学龄儿童总数}}\times 100\%$$

独立研究与开发机构 指有明确的任务和研究方向，有一定学术水平的业务骨干和一定数量的研究人员，具有研究、开发、开展学术工作的基本条件，主要进行科学研究与技术开发活动，并且在行政上有独立的组织形式财务上独立核算盈亏，有权与其他单位签订合同，在银行有单独户头的单位。包括国务院各部门、中国科学院、中国社会科学院和各省、自治区、直辖市以及地(市)以上〔含地(市)〕各部门所属的国有独立的科学研究与技术开发机构。

独立研究与开发机构职工 指在科学研究与技术开发机构工作，并由其支付工资的各种人员。包括长期职工和临时职工，不包括编制以外的离休、退休人员和停薪留职人员，但包括招聘人员。

研究与发展经费支出 指报告期内用于研究与实验发展课题活动(基础研究、应用研究、实验发展)的全部实际支出。包括用于研究与发展课题活动的直接支出，还包括间接用于研究与发展活动的一切支出(院、所管理费、维持院、所正常运转的必需费用和与研究发展有关的基本建设支出)。

科学家和工程师 指具有大学本科及以上学历的和不具备上述学历但有高、中级职称的人员。

其他科技人员 指大专、中专毕业和具有初级职称的从事科技活动人员。

发明 指专利法及其实施细则所称的发明，指对有关产品、方法或其改进所提出的新的技术方案。

实用新型 指专利法及其实施细则所称的实用新型，指对产品的形状、构造或者其结合所提出的适于实用的新的技术方案。

外观设计 专利法及其实施细则所称的外观设计是指对产品的形状、图案、色彩或者其结合所作出的富有美感并适于工业上应用的新设计。

文化事业机构 指从事专业文化工作和为专业文化工作服务的独立建制的单独核算的单位。不包括这些单位另外举办独立核算的其他机构和各部门的业余文化组织。

艺术表演团体 指从事戏曲、音乐、舞蹈、杂技等专业艺术表演，有独立帐户，实行单独核算的团体。不包括半工半艺、半农半艺和民间职业剧团。

电影放映单位 指具有放映机器设备、固定或不固定的放映场所与专职或兼职的放映技术人员，经有关部门登记批准，经常为一定的观众对象放映电影的机构。包括经批准对外开放进行营业，并与电影发行放映管理机构分帐的专用放映单位和军委系统租片单位。

艺术表演观众人数(人次) 指售票、包场演出或民族地区免费演出的艺术表演观众人次数。不包括彩排审查和内部观摩演出的观看人次数。

体育、卫生和其他事业

等级运动员人数 指经考核正式批准授予等级运动员称号的人数。运动员等级分为国际级运动健将、运动健将、一级运动员、二级运动员、三级运动员、少年级运动员。

等级裁判员人数 指经考核正式批准授予等级裁判员称号的人数。裁判员等级分为国际裁判、国家级裁判、一级裁判、二级裁判、三级裁判。

体育场 指有400米跑道(中心含足球场),有固定道牙,跑道6条以上,并有固定看台的室外田径场地。以看台容纳观众人数分:甲级25000人以上,乙级15000—25000人,丙级5000—15000人,丁级5000人以下。

体育馆 指有固定看台,可借篮球、排球、羽毛球、乒乓球、体操等项目训练比赛活动用的室内运动场地。以看台容纳观众人数分:甲级6000人以上,乙级4000—6000人,丙级2000—4000人,丁级2000人以下。

医院 指名称为医院,设有固定床位能收容病人住院并能为病人提供医疗、护理服务的医疗机构。包括县及县以上医院、农村乡卫生院、其他医院三部分。按所属性质分为卫生部门、工业及其他部门,集体经济单位三类。其中县及县以上医院按业务性质分为综合医院和专科医院。

卫生技术人员 指卫生事业机构支付工资的全部固定职工和合同制职工中现任职务为卫生技术工作的专业人员。包括中医师、西医师、中西医结合高级医师、护师、中药师、西药师、检验师、其他技师、中医士、西医士、护士、助产士、中药剂士、西药剂士、检验士、其他技士、其他中医、护理员、中药剂员、西药剂员、检验员,其他初级卫生技术人员。

医生 指经卫生部门审查合格,从事医疗工作的专业人员。分为中医医生和西医医生。包括卫生技术人员中的中医师、西医师、中西结合高级医师、中医士、西医士和其他中医。

社会福利事业单位 指集中收养社会孤老、残、幼的机构。包括由民政部门管理的社会福利院、儿童福利院、精神病人福利院和城镇集体办的福利院,以及农村集体举办的敬老院。

社会福利事业单位收养人数 包括民政部门管理的和城镇及农村集体举办的社会福利事业单位中收养的老人、少年儿童、缺乏生活自理能力的残疾人员和精神病人。

社会福利企业单位 指以安置城镇有一定劳动能力的盲、聋、哑和肢体残疾人员就业为目的,享受国家减免税待遇的国有或集体经济性质的企业。包括福利工厂、福利商业服务业、假肢厂和安置农场等单位。

律师 指受聘参加法律顾问处工作,担任法律顾问、刑(民)事代理人、刑事辩护人,办理非诉讼事件、解答法律询问,代写法律事务文书等主要从事律师业务的专职法律工作者和兼职律师。

公证人员 指在国家公证机关依法办理公证事务的司法人员。包括公证员、助理公证员和在公证处工作的其他人员。

办理公证文书 指公证处在一定时期内办结的公证文书件数。公证文书系按司法部规定或批准的格式制作。包括国内公证和涉外公证两部分。其中国内公证分为经济合同公证和民事法律关系公证两大类。

调解人员 在人民调解委员会担负调解民间一般民事纠纷和轻微违法行为所引起的纠纷的工作人员。包括调解委员会的委员和调解小组的调解员。

调解民间纠纷 指调解委员会依照法律规定,根据自愿原则,用说服教育的方法调解民间发生的有关民事权利和义务的争执,促成当事双方达到协议和谅解,解决纠纷。包括婚姻家庭纠纷,财产权益纠纷等。不包括法院受理调解的民事案件数。

离休、退休、退职人员 指正式办理了离休、退休、退职手续,并享受相应的离休、退休、退职待遇的人员。

保险福利费用 指企业、事业、机关单位在工资以外实际支付给职工和离休、退休、退职人员个人以及用于集体的劳动保险和福利费用。

(1)职工保险福利费用具体包括:

①医疗卫生费　指实行公费医疗企业的职工及其供养的直系亲属的医疗费、医务经费、职工因工负伤就医路费以及住院伙食补助费等；卫生部门开支的事业及机关单位职工的公费医疗经费；未参加公费医疗的企业、事业和机关单位职工的医药费。

②丧葬抚恤救济费　指职工死亡的丧葬费、丧葬补助费和所遗供养直系亲属的抚恤费、救济费、生活补助费以及职工供养直系亲属死亡时的丧葬补助费等。

③生活困难补助　指对生活困难的职工实际支付的定期补助和临时性补助。

④文体宣传费　指企业、事业和机关单位实际支付的文体宣传费。不包括学习费。

⑤集体福利事业补贴费　指对职工浴室、理发室、洗衣房、哺乳室、托儿所等集体福利设施各项支出与收入相抵后的差额补助费。

⑥集体福利设施费　指按照国家规定开支的集体福利设施费用。如职工食堂炊事用具的购置费、修理费、职工宿舍的修缮费用。不包括由企业、事业、机关单位自筹经费开支的职工福利设施的基本建设费用。

⑦计划生育补贴　指发给职工独生子女的补贴费和保健费。

⑧其他　指上述费用以外，单位支付给职工的保险福利费。

(2)离休、退休、退职人员保险福利费用具体包括：

①离休金　指发给离休人员的工资和按1982年国务院发布的"关于老干部离职休养制度的几项规定"发给符合规定的离休干部相当于1－2个月标准工资的生活补贴和国务院〔1989〕82、83号文件规定提高离休人员的待遇所增加的费用及粮油价格补贴等。

②退休金　指按照国家有关规定发给退休人员的退休费和国务院〔1989〕82、83号文件规定提高退休人员的待遇所增加的费用及粮油价格补贴等。

③退职生活费　指按照1978年国务院《关于工人退休、退职的暂行办法》规定定期发给退职人员的生活费用和国务院〔1989〕82、83号文件规定提高退职人员的待遇所增加的费用及粮油价格补贴等。

④医疗卫生费　离休、退休、退职人员的医疗费、住院费以及住院伙食补助等费用。

⑤护理费　因工致残、饮食起居需人扶助的离休、退休人员的护理费以及因病不能自理的离休人员的护理费。

⑥生活补贴　按照1985年国务院《关于发给离休退休人员生活补贴费的通知》规定，发给离休、退休人员的生活补贴费。

⑦交通费补贴　指按月发给离休人员的交通费补贴。

⑧丧葬抚恤救济费　指离休、退休、退职人员死亡的丧葬费、丧葬补助费和所遗供养直系亲属的抚恤费、救济费、生活补助费以及供养直系亲属死亡时的丧葬补助费等。

⑨其他　包括易地安置的离休、退休、退职人员的安家补助费；离休、退休、退职人员的生活困难补助费、书报费、洗理费、副食品价格补贴、房租价格补贴、水电补贴、少数民族补贴以及老干部活动经费开支的旅游费用等。

工业废水排放量　指经过企业厂区所有排放口排到企业外部的工业废水量。包括生活废水、外排的直接冷却水、超标排放的矿井地下水和与工业废水混排的厂区生活污水，不包括外排的间接冷却水（清污不分流的间接冷却水应计算在内）。

工业废水排放达标量　指各项指标都达到国家或地方排放标准的外排工业废水量，包括未经处理外排达标的和经过处理后外排达标的两部分。国家排放标准见GB8978－88。

工业废水处理量　指报告期内各种水治理设施实际处理的工业废水量，包括处理后外排的和处理后回用的工业废水量。虽然处理但未达到国家或地方排放标准的废水量也应计算在内。计算时，如遇有车间和厂排放口均有治理设施，并对同一废水分级处理时，不应重复计算工业废水处理量。

工业废气排放量　指企业厂区内燃料燃烧和生产工艺过程中产生的各种排入空气的含有污染物的气体的总量，以标准状态〔273K，101325Pa〕计。

二氧化硫排放量　指企业在燃料燃烧和生产工艺过程中排入大气的二氧化硫量。

工业烟尘排放量　指企业厂区内的燃料燃烧产生的烟气中夹带的颗粒物的量。

工业粉尘排放量　指企业在生产工艺过程中排放的颗粒物重量。如钢铁企业的耐火材料粉尘、焦化企业的筛焦系统粉尘、烧结机的粉尘、石灰窑的粉尘、建材企业的水泥粉尘等。不包括电厂排入大气的烟尘。

工业固体废物产生量　指企业在生产过程中产生的固体状、半固体状和高浓度液体状废弃物的总量，包括危险废物、冶炼废渣、粉煤灰、炉渣、煤矸石、尾矿、放射性废物和其他废物等；不包括矿山开采的剥离废石和掘进废石（煤矸石和呈酸性或碱性的废石除外）。酸性或碱性废石是指采掘的废石其流经水、雨淋水的pH值小于4或pH值大于10.5者。

环境污染与破坏事故　指由于违反环境保护法规的经济、社会活动与行为，以及意外因素的影响或不可抗拒的自然灾害等原因，致使环境受到污染，国家重点保护的野生动植物、自然保护区受到破坏，人体健康受到危害，社会经济和人民财产受到损失，造成不良社会影响的突发性事件。

Explanatory Notes on Main Statistical Indicators

ADMINISSTRIVE DIVISION AND NATURAL RESOURCE

Forest Coverage－Rate refers to the ratio of area of afforested land to total area of land (measured in percentage). According to regulations of the government , calculating forest coverage－rate, in addition to afforested land, the area of bush forest, the area of forest land inside farmland and the area of trees planted by the side of farm houses and along the roads, rivers andfields should be included in the area of afforested land in the calculation of the forest coverage －rate. This indicator shows the forest resources and afforestation progress of a country or a region. The formula for calculating forest coverage－rate is as follows:

$$\text{Forestry Coverage－rate}(\%)=\frac{\text{Area of Afforested Land}}{\text{Area of Total Land}}\times 100\%$$

Stock Volume of Forest refers to total stock volume of woodgrowing in forest area, which showsthe total size and level of forest resources of a country or a region.

Ensured Mineral Reserves refer to the actual mineral reserves, which equal to the proven mineralreserves (including industrial reserves and prospective reserves) minus extracted parts andumderground losses. This indicator shows the current condition of the mineral resources of a country.

GENERAL SURVEY

Gross Domestic Product refers to gross domestic product calculated at market prices, which isthe final products of all resident units in a country (or region) during a certain period of time. Gross domestic product is expressed in three different forms, i. e. value added, income, andproducts respectively. The form of value added refers to the total value of all products andsuervices produced by all resident units during a certain period of time minus total value of inputof materials and services of the nature of non－fixed assets or the summation of the value added ofall resident and non－resedent units; the form of products refers to allfinal goods and servicesminusimports of goods and services. In the practice of national accounting, gross domestic product iscalculated with three approaches, i. e. product approach, income approach, and expenditure approachrespectively to reflect gross domestic product and its composition from different aspects.

Gross National Producy refers to gross national product calculated at market price, which isthe final result of the primary distribution of the income created by all the resident units of acountry during a certain period of time. The value added created by the resident units of a countryengaged in production activities is mainly distributed to the resident units of that country whilea part of it is distributed to the non－resident units of the country in the form of remunerationfor the labourers and property income. Simultaneously a part of the value added created abroad isdistributed to the resident units of the country in the form of remuneration for rhe labourers andproperty income. Thus the concept of gross national product is formed, which equals to gross do-

.nesticproduct plus overseas incomeas remuneration for the labourers andproperty income minus paymentabroad as remuneration for the labourers and property income. Unlike gross domestic product which isa comcept of production,gross national product is a concept of income.

The difference among gross national product and total value of society and notional income isthat the total value of society and national income only take into account products of material-production sectors, while the gross national product, in addition to products of material productionsectors, also takes into account of products of non —material production sectors. in terms of thevalue composition of the three conceptions, the total value of society includes the total value ofall products of the society; the gross national product includes only the newly created value in theprocess of producing goods and services, i. e. the value added and excludes the value of the input ofintermediate goods and services; National income excludes both the intermediate input anddepreciation of fixed assets and includes only the net value of output.

Three Industries Industry structure has been classified according to the historical sequence ofdevelopment. Primary industry refers to estraction of natural resources; secondary industry involvesprocessing of primary products ;and tertiary industry provides services of various kinds forproduction and consumption. The above classification is universal although it varies to some extentform country to country. Industry in China comprises:

Primary industry: agriculture (including farming, forestry, animal husbandry, sidelineproduction and fishery).

Secondary industry: industry (including mining and quarrying, manufacturing, water supply, electricity generation and supply, ateam ,hot water, gas) and construction.

Tertiary industry: all other industries not included in primary or secondary.

Due to the fact that tertiary industry involves in a large variety of industries in China, itis divided into two sectors: circulation sector and service sector and further into four levels:

The first level: circulation sector, including transportation, postal and telecommunications, services, commerse, catering trade, material supply and marketing, and storage.

The second level: service sector providing services for production andconsumption, includingbanking, insurance, geological survey, real estatea, puglic utilities, service for residents, consultancy service, and comprehensive technical services, and service for agriculture, forestry, animal husbandry, fishery, water conservancy, and maintenance of roads and inland water ways, etc.

The third level :service sector for upgrading scientific, educationaland cultural level of thepeo0ple, including education, culture, broadcasting, televiseon, scientific research, public health, sports, and social welfare, etc.

The fourth level: sector ptoviding services for public needs, including government agencies, political and party organizations, social organizations, armies, and policemen.

GDP Calculated With Expenditure Approach refers to total expenditure on final comsumption, totalcapital formation and net export of goods and services by resident units of a country in a certainperiod of time. It reflects the composition of GDP by its use.

Final Consumption refers to the total expenditure of resident units on final consumption of-goods and services in a certain period, namely the expenditure oftheresident units for purchases ofgoods and services from domestic economic territory and abroad to meet the requirements of material, cultural and spiritual life. It excludes the expenditure of non—resedent units on consumption inthe economic territory of the country. The final consumption is classified into residentconsumption and government consumption.

(1)Resident consumption refers to the total expenditure ofresident housenolds on the final-consumption of goods and services in a certain period of time. The expenditure of residents onfinal consumption of goods is recorded when the change of the ownership of goods happens. The-expenditure of residents on final consumption of services is recorded when the services are provided. The expenditure of the residents on consumption is calculated at market prices, namely thepurchasers'privices which the residents pay; the purchasers'prices of goods are the prices theresedents pay when they obtain the goods, including the transport and commercial expenses paided bythe residents. Inaddition to the expenditure on consumption of goods and services bought by theresidents directly with money, the expenditure on goods and services obtained by the residents inother ways, i. e. the so — called fictitious expenditure on consumption, is also included in theexpenditure of the residents on consumption. The fictitious expenditure of the residents onconsumption includes the following types: (a) the goods and services provided to the residenrs bythe units in the form of payment in kind and transfer in kind; (b) the goods and services producedand consumed by the households themselves, in which the services refer only to the servicesprovided by the residential buildings owned by the households; (c) the services of financial-intermediary provided by the fiancial institutions; (d) the insurance services provided by theinsurance companies.

(2) Government consumption refers to the expenditure on the consumption of the public servicesprovided by the government to the whole society and the net expenditure on the goods and servicesprovided by the government to the households free charge or at lower prices. The former equals tothe output value of the govenment services minus the value ofoperating in come obtained by thegovernment departments. (The output value of the government serveces equals to its currentoperating expenditure plus depreciation of fixed assets). The latter equals to the market value ofthe goods and services provided by the government to the households minus the value received by thegovernment from the households.

Total Capital Formation refers to the net amount of the fixed assets and stock acquired minusthose disposed, including the total fixed assets formation and the increase in stock.

(1)Total Fixed Capital Formation refers to the value of fixed assets purchased, transferred inby the resident units and those produced and used by themselves in a certain period deducting thevalue of fixed assets sold and thansferred out. It can be classified into total tangible assetsformation and total intangible assets formation. The total tangible assers formation include thevalus of the construction projects, installation projects completed and the equipment, apparatusand instruments purchased as well as the value of land improved, the value of draught animals, breeding stock, milk, wool and recreational animals and the newly increased economic forest in acertain period. The total intangible assets formation includes the prospecting of minerals, theacquisition of computer softwares, the originals of recreational works and works of literature andarts minus the disposal of them.

(2) Increase in stock refers to market value of the change in a certain period, i. e. thedifference of value between the begining and the end of the period. The increase in stock can beposi-tive. A positive valus indicates the increase in stock while a negative value indicates thedecrease in stock. The stock includes the raw materials, fuels and reserve materials purchased bythe production units as well as the stock of finished products, semi —finished products, work— in —progress, etc.

POPULATION

Total Population refers to the total number of people alive at a certain point of time within a-given area.

The annual statistics on total population is taken at midnight, the 31st of December.

Birth Rate (or Crude Birth Rate) refers to the ratio of the number of births to the average-population during a certain period of time(usually a year), which is often expressed in ‰. The-following formula is used:

$$\text{Birth Rate} = \frac{\text{Number of Births}}{\text{Average Number of Population}} \times 1000‰$$

Number of Births refers to live births, i. e. the births when babies had showed any vitalphenomena regardless of the length of pregnancy.

Annual Average Number of Population is the average of the number of population at the baginningof the year and that at the end of the year. sometimes it is substituted for with the mid — yearpopulation.

Death Rate (or Crude Death Rate) refers to the ratio of the number of deaths to the average-population (or mid—year population) during a certain period of time(usually a year), which is of-tenexpressed in ‰. The following formula is used:

$$\text{Birth Rate} = \frac{\text{Number of Deaths}}{\text{Annual Average Numger of Population}} \times 1000‰$$

Natural Growth Rate of Population refers to the ratio of natural increase in population (numberof births minus number of deaths) in a certain period of tine (usually a year) to the aver-agepopulation (or mid—year population) of the same period, which is often expressed in ‰. Thefollowing formulas are applied:

$$\text{Natural Growth of Population} = \frac{\text{Number of Births} - \text{Number of Deaths}}{\text{Average Number of Population}} \times 1000‰$$

$$\text{Natural Growth Rate of Population} = \text{Birth Rate} - \text{Death Rate}$$

EMPLOYMENT AND WAGE

Employed Persons refers to the persons who are engaged in social labour and receiveremuneration payment or earn business income,including:

(1) total staff and workers,

(2) re—employed retirees,

(3) employers of private enterprises,

(4) employers of individual economy,

(5) employed persons in private enterprises and individual economy,

(6) employed persons in the enterprises in the urban areas,

(7) employed persons in the rural areas,

(8) other employed persons (including teachers in the schools run by the local people engagedin religious profession and the servicemen,etc.)

This indicator reflects the actual utilization of total labour force during a certain period oftime and is often used for the research on China's economic affairs and national power.

Persons employed in various units refer to all the persons working in government agencies ofvarious levels, political and party organizations, social organizations, and enterprises andinstitutions and reciving payment, including staff and workers, reemployed retirees, teachers inschools run by the local people, foreigners, and Chinese compatriots from Hong Kong, Macao, andTaiwan working in various units. This indicator reflects the total number of laborers actuallyengaged in production or other operations in various units.

Economically Active Population refers to the population, the members of which are aged 16 andover,capable to labour, participating in or desitous to participate in the social and economicactivities,including employed persons and unemployed persons.

Registered Unemployed Persons And Registered Unemployent Rate in Urban Areas: The registeredunemployed persons in urban areas refer to the persons who are registered as permanent residents inthe urban areas engaged in non—agricultural activities, aged within the range of working age,capable to labour, unemployed but desirous to be employed and have been registered at the localemployment service agencies to apply for a job. Registered unemployment rate in persons and theregistered unemployed persons. The formula is as follows:

Registered unemployment rate in urban areas=the number of the registered unemployed persons÷(the number of employed persons+the number of the registered unemployed persons)× 100%。

Total Wages of Staff And Workers refer to the total remuneration payment to staff and workersin various units during a certain period of time.

The calculation of total wages is based on the total remuneration payment to the staffand workers. Therefore, all the wages and salaries and other payments to staff and workers areincluded in the total wages regardless of their sources, category, and forms(in kind or cash).

Average Wage of Staff And Workers refers to the average wage in money terms per person during acertain period of time for staff and workers in enterprises,insitutions, and government agencies,which reflects the general level of wage income during a certain period of time and is calculatedas follows:

$$\text{Average wage of staff and workers} = \frac{\text{Total Wages of Staff and Workers in Reference Period}}{\text{AverageNumber of Staff and Workers in Reference Period}}$$

Average Real Wage of Staff and Workers refers to average wage of sraff and workers afterremoving the effects of price changes,whichis calculated as follows:

Average Real Wage of Staff and Workers = Average Wage of Staff and Workers in Reference Period ÷ Consumer Price Index of Urban Residents in Reference Period

INVESTMENT IN FIXED ASSETS

Total Investment in Fixed Assets in the Whole Country: Investment in fixed assets is theessential means for social reproduction of fixed assets. By means of construction and purchase offixed assets, more advanced technologies and equipment are adopted in the national economy, and newsectors are established, which promote the adjustment of economic structure and the regionaldistribution of productive forces and enhance the economic strengths so as to provide the materialconditions for improving people's livelihood. This is significant for speeding up the drive ofsocialist modernization in China.

Amount of investment in fixed assets refers to the volume of activities in construction andpurchases of fixed assets in monetary terms. It is a comprehensive indicator which shows the size, pace, proportional relations and use orientation of the investment in fixed assets. Total investmentin fixed assets in the whole country includes the invesrment by the state owned units, theinvestment by the the urban and rural collective units, the investment by the units of other typesof ownership and the investment by the individuals in the urban and rural areas. According toChina's current planning management system, the investment in fixed assets in the whole country isclassified into the following four parts: investment in capital construction, investment ininnovation, investment in real estates development and other investment in fixed assets. Theinvestment by the urban and rural collective units includes the investment by the urban collectiveunits and the investment by the rural collective units. The investment by the units of other typesof ownership includes the investment by the units of joint—owned economy, share— holding economy, sino—foreign joint economy, Sino— foreign cooperative economy, economy exclusevely with foreigninvestment, Mainland—Hong Kong or Mainland— Macao or Mainland —taiwan joint economy, Mainland— HongKong or Mainland—Macao or Mainland — taiwan cooperative economy, and economy exclusively withinvestment of Hong Kong or Macao or taiwan. The investment by the individuals in the urban andrural areas includes the investment in personal house building in the areas under the jurisdictionof city, county, town and special industrial and mining areas as well as the investment in personalhouse building and purchase of productive fixed assets in the rural areas.

Investment in Capital Construction: Capital construction refers to the new construction-projects or extension projects and the related work of the enterprises, institutions oradministrative units mainly for the purpose of expanding production capacity or improving projecteffi-ciency. It includes: (1) projects listed in the capital construction plan of the current year ofthe central government and the local government at various levels as well as the projects, thoughnot listed in the capital construction plan of the current year, but continued to be constructed inthis year, using the investment listed in the plan of capital construction of previous years andcarried forward to this year (also using the equipment and materials kept in stock of the capitalcon-struction); (2) new construction projects arranged both in the plan of capital construction andthe plan of innovation;extension projects with the newly increased production capacity (or projectef-ficiency) up to the standard of a large and medium—sized project; and the projects of moving thewhole factory to a new site so as to improve the distribution of productive forces; (3) new-construction projects, extension projects or restoration projects with the total investment morethan 50 thousand RMB yuan by the state—owned units,though listed neither in the plan of capitalconstruction nor in the plan of innovation;the projects in the state— owned units of moving thewhole factory to a new site so as to improve the distribution of productive forces;and the pro-jectsof building additional business houses by the administrative units and institutions and build-ingwelfare facilities by the administrative units.

Investment in Innovation: Innovation refers to the renewal of fixed assets and technological-innovation of the original facilities by the enterprises and institutions as well as thecorresponding supplementary projects and the related work (excluding major overhaul and maintenanceprojects). It includes: (1) projects listed in the innovation plan of the current year of the centralgovernment and the local governments at variors levels as well as the projects, though not listedin the innovation plan of the current year, but continued to be constructed in this year, using theplan of innovation of previous years and carried forward to this year; (2) projects of technologicalinnovation or renewal of the original facilities, arranged both in the plan of innovation and inthe plan of capital construction; exetension projects(main workshops of abranch of the factory) withthe newly increased production capacity (or project efficiency) not up to the standard of a largeand medium—sized rojects of moving the whole factory to a new site so as to meet the requirementsof urban environmental protection or safe production; (3)projects of reconstruction or technologicalinnovation with the total investment more than 50 thousand RMB yuan by the state—owned units, thoughlisted neither in the plan of capital construction nor in the plan of innovation; the projects inthe state—owned units of moving the whole factory to a new site so as to meet the requirements ofurban environmental projection or safe production.

Investment in Real Estate Devolpment: It includes the investment by the real estate developmentcompanies, commercial buildings construction companies and other real estatedevelopment units ofvarious types of ownership in the constuction of house buildings, suchasresidential builings, factorybuildings, warehouses, hotels, guesthouses, holiday villages, office buildings, and thecomplementary service facilities and land development projects, such as roads, water supply, waterdrainage, power supply, heating, telecommunications, landlevellingandotherprojectsof infrastructure. Itcovers theactivitiesofthenon— realestatecompaniesin realestate development or management, butexcludes the activities in simple land transactions.

Other Investment in Fixed Assets refers to the construction andpurchasesof fixedassetsnot listedin the investment in capital construction, investment in innovation and investment in real estatedevelopment. It includes:

Ⅰ. The following projects of the state—owned units with the total invesment more than 50 thousandyuan, which are not included in the plan of capital construction and the plan of innovation: (1)projects of oil fields maintenance and exploitation with the oil fields maintenancd funds andpetroleum development funds; (2)opening and extending projects with the maintenancd funds in coal, iore and other mining enterprises and logging enterprises; (3) project of reconstruction of theoriginal highways and bridges with the highway maintenance funds in the highway maintenance fundsin the department of communication; (4)projects of construction of warehouses with the funds ofsimple construction in the commercial department.

Ⅱ. The investment in fixed assets by the collective units: including the projects of constructionand purchases of fixed assets by the urban and rural collective units with the planned totalinvestment more than 50 thousand yuan. The investment in fixed assets by the rural collective unitsare estimated by the Rural Socio— economic Survey Organixation, SSB on the basis of the datacollected by the sample survey.

Ⅲ. The projcets of construction and purchases of fixed assets by the enterprises or institutionsof joint—owned economy, share— holding economy, foreign— funded economy, economy funded by theentrepreneurs from Hong Kong, Macao and Taiwan and other economy with the planned total investmentmore than 50 thousand yuan, which are not included in the plan of capital construction and the planof innovation.

Ⅳ. The private investment in house construction in the urban areas and industrial and miningareas as well as the individual investment in the rural areas: The private house construction in theurban areas and industrial and mining areas includes all the private house construction under thejurisdiction of cities, counties, towns and industrial and mining areas, no matter whether the houseis registered as the permanment resident in the locality or not. The individual investment in therural areas includes the investment in house construction and purchase of producitive fixed assetsby the individuals in the rural areas. The individual investment in fixed assets in the rural areasis estimated by the Rural Socio—economic Survey Onganization, SSB on the basis of the data collectedby the sample survey.

Newly Increased Production Capacity refers to the increase of designed capacity and projectefficiency through investment in fixed assets, which reflects the accomplishment of investment infixed assets in kind. The calcuation of newly increased production capacity is based on individualprojects which operate independently. When an individual project is completed and checked andaccepted and put into production, it is counted as newly increased production capacity.

The newly increased production capacity and project efficienty are usually expressed in one ofthe follwing forms:

(1) annual production capactiy, such as extraction of coal and petroleum;

(2) raw material processing capacity, such as ore dressing capacity of ore dressing projects,

thedressing capacity of a coal washery;

(3) number or capacity of major equipment increased, such as the number of cotton spindlesincreased and the capacity of generating sets increased;

(4) physical measures of construction, such as volume, capacity, area, and length, for instance, the capacity of reservoirs, the length of railways or highways.

Newly increased production capacity in terms of quantity is calcuated in designed capacity ingeneral, which refers to the production capacity of a project under normal conditions designed inconstruction documents regardless of the actual output.

Floor Space of Buildings Under Construction and Completed refers to total floor space in eachstory of buildings calculated from the outside line of building walls, including the space occupiedby constructions like pillars or walls and basemints. Thefloor space of multi— story buildingincludes the total floor space of cach story, including area occupied by separating walls, watchingrooms, doorways, and pillars, but excluding protruding wall structures, artistic decoration, etc. (forexample, flight of steps). The space ofrecessed verand and tantilevered balcony is counted by halfof the projection area.

Newly Increased Fixed Assets refer to the newly increased value of fixed assets through investment, including the value of projects completed and put into production, the value of equipment, tools, and vessels considered as fixed assets, as well as the relevant expenses as investment in fixedassets. This is a comprehensive indicator of investment in fixed assets, reflecting the achievementsof investment in fixed assets in different periods, different sectors, and different regions.

Rate of Projects of Fixed Assets Completed and Put Into Operation refers to the ratio of thenewly increased fixed assets to the total investment made in the same period. This is acomprehensive indicator, reflecting the speed of the employment of fixed assets and the investmentefficiency.

ENERGY AND MATERIAL

Total Eneray Production refers to the total production of primary energy by all energy producingenterprises in the country (region) in a given period of time. It is a comprehensive indicator toshow the capacity, scale, composition and development of energy production of the country (region) . The production of primary energy includes that of coal, crude oil, natural gas, hydro — power andelectricity generated by other means such as wind power and geothermal power. However, it excludesthe production of fuels of low calorific value, bioenergy, solar energy and the secondary energyconverted from the primary energy.

Total Domestic Energy Consrmpionrefers to the total consumption of nergy of various kinds bymaterial production sectors, non—material production sectors and nouseholds in the country(region)in a given period of time. It is a comprehensive indicator to show the scale, composition anddevelopment of energy consumption. The total energy consumption includes that of coal, crude oiland their products, natural gas and electricity, However, it excludes the consumption of fuel of lowcalorific value, bioenergy and solar energy. Total domestic energy consumption can be divided intothree parts1:

(1) Final Energy Consumption: It refers to the total energy consumption by material productionsectors, non—material production sectors and households in the country(region) in a given period oftime, but excludes the consumption in conversion of the primary energy into the secondary energyand the loss in the process of energy conversion.

(2) Loss During the Process of Energy Conversion: It refers to the total input of various kindsof energy for conversion, minus the total output of various kinds of energy in the country in agiven period of time. It is an indicator to show the loss that occurs during the process of energy-conversion.

(3) Loss: It refers to the total of the loss of energy during the course of energy transport, distribution and storage and the loss caused by any objective reason in a given period of time. Th-eloss of vareous kinds of gas due to gas discharges and stocktaking is excluded.

PUBLIC FINANCE

Government Revenue refers to the revenue of the government finance by means of participating inthe distribution of the social products, which is the financial resources for ensuring thegovernment to function. The contents of government revenue haue been changed several times. Now itincludes the following main items:

(1) Various tax revenues, including value added tax, business tax, consumption tax, land valueadded tax , tax on city maintenance and construction, resources tax, tax on use of urban land, stamptax, tax on adjustment of the orientation of investment in fixed assets, personal income tax, enterprise income tax, tariff, tax on agriculture and animal husbandry and tax on occupancy ofcultivated land etc.

(2) Special revenues, including revenue collected from imposing fee on sewage treatment, revenuecollected from imp0osing fee on urban water resources, and extra—charges for education, etc.

(3) Other revenues, including revenue fron the repayment of capital construction loan, the fundsfor the state key construction projects in energy industry and transportation, and the funds foustate budget adjustment, etc.

(4)Planned subsidies for the losses of the state—owned enterprises. This is an item of negativerevenue, used to eat up part of the government revenue.

Government Expenditure refers to the distribution and use of the funds the government financehas raised, so as to meet the needs of economic construction and various causes. It includes thefollowing main items:

(1) Expenditure for capital construction: It refers to the non —gratuitous use and appropriationof funds for capital construction in the range of capital construction, outlay of capital as wellas the loans on capital construction approved by the government for special purpose or policy-purpose and the expenditure with discount paid in an overall way within the amount of the fundsappropriated to the departments for capital construction.

(2) Innovation funds of the enterprises: They refer to the funds appropriated from the governmentbudget for the enterprises to tap the latent power, upgrade the technology and carry out innovation, including the innovation fund of the departments, loan of the enterprises for innovation, subsidies on the innovation of the small fertilizer plant, small cement plant, small coal mines, small machinery plant and small steel plant, the expenditure of interest for the loan for innovation.

(3) Geological prospecting expenses: They refer to the expenses appropriated from the governmentbudget to the geological prospecting units for the expenditure of the prospecting: work, includingthe expenditures of the administrative agencies for geological prospecting and their institutionalunits as well as the geological prospecting expenditure.

(4) Expenditures for science and technology promotion: They refer to the expenses appropriatedfrom the government budget for the scientific and technological expenditure, including new productsdevelopment expenditure, expenditure for intermediate trial and subsidies on important scientificresearches.

(5) Expenditure for supporting rural production: It refers to the expenditures appropriated fromthe government budget for supporting the various expenditures of the rural collective units orhouseholds for production, including the subsidies to the small water conservancy projects and welldrilling, sprinkling irrigation projects run by the villages; subsidies on the rural water and soilconserving measures; subsidies to the small power stations run by the villages; subsidies to theexpenditure for fighting against particularly severe draughts; subsidies on the rural waste landexclamation; fund for supportin the township enterprises; subsidies to he expenditure forpopularization of the agricultural technologies and plant protection in the rural areas; subsidiesto the expenditure for the protection of grasslands and cattle and rowls; subsidies onafforestation and forest protection in rural areas; subsidies on the rural aquatic products industry; special fund for developing grain prodrction.

(6) Operating expenses of the departments of farming, forestry, water conservancy and meteorologyetc.: Ther refer to the expenses apprlpriated fron the government budget for the expenditures ofagricultural exclamation, farms, agriculture, animal husbandry, agricultural machinery, forsetry, timber industry, k water conservancy, aquatic products industry, meteorology, technologypopularization in township enterprises, popularization (demonstration) of improved varieties, plant(cattle and fowls, forest) protection, water quality monitoring, prospecting and designing, resources investigation, cadres training, subsidies to horticulture gardens, expenditures ofafforestation agencies and meteorology agencies, expenses for fishery administration and operatingexpenses for agricultural administration, etc.

(7) Operating expenses of the departments of industry, transport and commerce: They refer to theexpenses appropriated form the government budget to the departments of industry, transport andcommerce for the expenditure of buseness development, including expenses for prospecting anddesigning, expenditures of specialized secondary schools, expenditures of the technical trainingschools and expenditures for cadres training, etc.

(8) Operating expenses of the departments of culture, education, science and public health:

Theyrefer to the expenses appropriated from the government budget for the expenditures of the causes ofculture, publication,k cultural relics, education, public health,traditional Chinese medical science, free medical services, sports,archives, earthquake, ocean, communications, broadcasting, film andtelevision, family planning; expenditure for training of cadres of government, party and massorganization; expenditures for natural sciences, social sciences, associations for science andtechnology and the special expenditure for the high —tech researches. They include mainly wages,extra wages, welfare funds, pension for the retirees, stipend, expenses for official business,expenses for equipment purchases, expenses for repairs, business expenses and subsidies to theunits which are unable to support their expenditures by their own earnings.

(9)Pension for the disabled or for the families of the bereaved and relief funds for socialwelfard: They refer to the funds appropriated from the government budget for the expenditures ofpenseon for the disabled or for the families of the bereaved and relief funds for social welfare,including the lump—sum or regular pinsion paid by the departments of civil affairs to the membersof martyrs' families and families of those who died for the public interest, pension to therevolutionary disabled, subsidies for permanent disability of various kinds, subsidies to themilitary martyrs' dependents and the demobilized armymen, expenditure for settling down thedemobilized armymen, operating expenses of the consoling institutions, expenses for management andrepair of the commemorative buildings for the martyrs,the expenses managed by the departments ofcivil affairs for the retirees and those who have quitted their work, expenses for social relief inrural and urban areas, operating expenses for providing relief to the areas of matural calmity andsubsidies on the reconstruction after the particularly severe natural calamities, etc.

(10) Expenditures for national defence: They refer to the funds appropriated form the governmentbudget for the expenditures for building up national defence and safeguarding national security,including expenses fo national defence, expenses of scientific researches on national defence,expenses for building up people's militia and expenditure for special projects, etc.

(11) Administrative expenses: They include expenditrue for administration , subsidies to theparties and mass organizations ,diplomatic expenditure, expenditure for public security, judicialexpenditure,law court expenditure, procuratorial expenditure and srbsidies to the expenses fortreating the cases by the public security departments, procuratorial organs and law courts.

(12) Expenditure for price subsidies: It refers to the expenditure appropriated, with theapproval of the government, form the government budget for the policy subsidies to price adjustment, including the fund for the increase of grain prices, the subsidies to the difference between theselling prices and purchasing prices of grain ,cotton and edible oil, awards in addition to thepurchasing prices of cottom, risk fund for mom—staple food, siubsidies on the prices of meat andmeat products, subsidies on the price difference for curbing the high market prices of meat, meatproducts and vegetables and the subsidies approved by the government on the prices of textbooks andnewaprint of newspapers and perodicals.

PRICE

Retail Price Index reflects the general change in retail prices of commodities. The change an-dadjustment in retail prices directly affect the living expenditure of urban and rural residents,gov-ernment revenue, purchasing power of resedents and the equilibrium of market supply and de-mand,amd the ratio of consumption to accumulation. Therefore,the clalculation of retail price in-dex isuseful to analyze the changes of the above economic acivities.

Consumer Price Index reflects the relative change in prices of consumer goods and service-spurchased by urban and rural resedents, and is a composite index derived from the urban con-sumerprice index and the rural consumer price index. Consumer price index can be used to analyze theimpact of consumer price change on actual expenditure for living cost of urban and rural resi-dents.

Urban Consumer Price Index reflects the relative change in prices of consumer goods and ser-vicespurchased by urban and staff and worders and their families and can be used to observe and analyzethe impact of price changes in consumer goods and services on money wages of staff and workers, andprovide bases for policy making concerning the living cost and wages of staff and workers.

Rural Consumer Price Index reflects the relative change in prices of consumer goods and ser-vicespurchased by rural households and can be used to observe the impact of change in prices of consumergoods and services on living expenditure and actual change in peasants' living cost. It providesbases for analysis and research on peasants'living cost and welfare.

Index of Purchasing Prices of Farm Products reflets the relative change in purchasing prices of farm products purchased by state—owned,collective— owned, and individual commercial en-teprises,foreign trade sectors, government agencies, social orgazinations and other units of vari-ous types of ownership. It is used to observe the impact of change in purchasing prices of farm products on money income of peasants and is calculated with the method of weighted harmonic mean , taking theamount of purchases during a given period as the weight. Number of products involved in the currentcalculation totalled 276 in 11 categories.

Retail Price Index of Rural Industrial Products reflects the relative change in prices ofindus-trial prodrcts in rural market and can be used to observe the impact of the price change onfarmers' money expenditure.

Ex—factory Price Index of Industrial Products reflects the change in general ex—factory prices ofall industrial products, including sales of industrial products to commercial enterpeises, foreigntrade sectors, materials supplying and distributing sectors as well as sales of production means toindustry and other sectors and sales of consumer goods to residents. It can be used to an-alyze theimpact of ex—factory prices on gross industrial output value.

Price Index of Investment in Fixed Assets reflects the change in prices of investment in fixedassets. The investment in fixed assests consists of three components, namely the investment inconstruction and installation, the investment in purchases of equipment and instrument, and theinvestment in other items. Price index of investment in fixed assets in calculated as the weightedarithmetic mean of the price indices of the three components of investment in fixed assets.

Price index of investmint in fixed assets reflects the changes of prices in various goods andservices involved in investmetn in fixed assets and therefore can be used og observe the actual size, speed ,structure, and efficiency of investment in rixed assets and provides reliable andscientific data for government planning, management,decision making , and further improving thecurrent national accounting system.

PEOPLE'S LIVELIHOOD

Employed Population in Urban Householdsfefers to urban residnts engagd in certain work andreceiving payment for their labour or income from their business operation, including those whowork in state—owned or collective units ,joint ventures, foreign—owned units and private units withpermanent or temporary jobs. The self—employed individuals and reemployed retirees are also included. This indicator refolects the situation of urban employment and is the basic data for calculatingemployment rate and dependency ratio.

Total Income of Urban Households refers to the total actual cash income of the sameholds, including regular or fixed income and occasional income. The income of a circulating nature such aswithdrawal from band deposits, loans borrowed from relatives or friends, repayment of loansreceived and various temporary collection of money is excluded.

Disposable Income refers to the income of the sample horseholds which can be used for dailyexpenses, i. e. total income minus income tax.

Expenditure For Consumption refers to total expenditure of the sample hoseholds for consumptionin daily life, including expenditure for various commodities and expenses for non— commodity itemssuch as culture and service, etc. ,but excluding fines and confiscation, loss ,tax payments (such asincome tax,license tax,real estates tax,etc.) and various espenses by individual laborers forbusiness purposes.

Expenditure For Purchases of Commodities refers to total expenses of the sanple households forthe purchases of commodities from shops,factories,catering trade,canteens,mardets and the peasants. This expenditure is classified into nine itims: food ,clothing, daliy— life necessities, culturaland recreational articles, newspapers and magazines, medicines and medical appliances, housing andbuilding materials, fuels and other commodities. No matter whether the commodities are purchasedfor their own consumption or for gifts to relatives and friends, they are all included.

Net Income of Rural Households refers to the total income of the permanet residents of the ruralhouseholds during a year after the deduction of the expenses for productive and non— productivebusiness operation,the payment ofr taxes and the payment for collective units for their contractedtaskd. The net income can be spent for investments in productive and non— productive construction,for consumption in daily life and for savings deposit. It is a comprehensive indicator to show theactual level of the income of the peasants' household. The net income of the rural householdaincludes not only the income from the productive and non—productive business opyeration, but alsothe income from the non—business operation, such as the money remitted or brought back by themimbirs of the bousehold who are in other places, the government relief payment and varioussubsidies. It includes not only the money income, but also the income in kind. But the income fronborrowing from banks, friends and relatives is excluded.

Able—bodied and Semi—Ablebodied Laborers of Rural Households refer to permanent residents ofrural horseholds who are able to work and actually engaged in social labour, which are one factorof production and sources of rural household income. According to the relevant regulations, maleaged 18—50, female aged 18—45 are considered as able—bodied laborers; male aged 16— 17 and actuallyengaged in social labour are also considered as able—bodiedorsemi—ablebodied laborers, while thosewho are within the above ahe range but unaboe to work are not counted as able— bodied or seni—ablebodied laborers.

Expenditure of Rural Households For Consumption refers to total expenses of rural households ondaily life, including expenses on food, clthing, housing, fuel, articles for daily use, and expecnseson cultural life and services. This endicator in rsed to show the actual consumption level ofpeasants.

Expenditure of Rural Households on Commodities referstototalexpensesofthe permanent residents of therural households on purchases of food, clothing, furniture, household appliances, articles for dailyuse, fuels, durable foodes, and cultural, educational andmedicinal articles, including purchasesfromstate—owned shops, collective shops, free mardets, and etc. Expenditure of peasants for purchaseofcommodities is an important partofpeasants'consumption expenditure, whichreflects the extentofcommercialization of peasants'consumption andthe developing-processfromself—sufficienteconomy towardcommodity economy. It provides basisforthe analysis andresearch ofpeasants'marketdemandand for theformulation of the plan of commodity supply.

The Outstanding Amount of Savings Deposits of Urban and Rural Residents includes two parts: theband savings deposit of urban residents and the band savings deposit of rural residents. The cashhold by residents and the deposits of organizations such as enterprises, etc. are not included. Theoutstanding amount of saving deposits is the amount of saving deposits at a certain point of timesuch as the end of month, quarter, or year.

General Survey of Cities (Prefecture)

Production Capacity of Tap Water at The Year—End refers to the actual comprehensive productioncapacity of the waterworks administered by the urban construction department and those owned byenterprises or institutions, taking the capacity of the main links, such as water inflow, purification, conveyance and outflow of the trunk pipelines into account.

Length of Water Supply Pipelines at The Year—end refers to the total length of all the pipelines between the water pumps and the users'water meters.

Annual Volume of Water Supply refers to the total volume of water supplied by the public water—works and those owned by individual enterprises and institutions during tye whole year, includingboth the effective water supply and loss during the water supply.

Consumption of Water For Residental Use refers to the water consumption of householes for daily life and the water consumption of public welfare facilities, including the consumption of restaurants, hotels, hospitals, barber shops, public bathhouses, laundries, swimming pools, shops, schools, institutions, army units and other units.

Percentage of Urban Population With Access to Tap Water refers to the ratio of the urban non—agricultural population (excluing temporary and mobile population) with access to tap water to thetotal urban non —agricultural population. The formula is:

$$\text{Percentage of Population with Access to Tap Water} = \frac{\text{Urban Non—agrecultural Population with Access to Tap Water}}{\text{Urban Non—agricultural Population}} \times 100\%$$

Production Capacity of Gaswork Gas refers to the actual comprehensive production capacity of theurban gasworkd in gas generation, purification and delivery.

Length of Gas Pipelines refers to the total pipeline length between the outlet of the compressor, blower or gas tank and the shaft pipe of users.

Volume of Gas Supply refers to the total volume of gas sold to users in a year, including thevolume for industrial use, residential use and other uses.

Percentage of Urban Population With Access Gas refers to the ratio of the urban non— agricrlturalpopulation with access to gas (including gas, liquefied petroleum gas and natural gas) to the urbannon —agricultural population (excluding temporary and mobile population). The formual is:

$$\text{Percentage of Population with Access to Gas} = \frac{\text{Urban Non—agriculotural Population with Access to Gas}}{\text{Urban Non—agricultural Population}} \times 100\%$$

Heating Capacity in Urban Area refers to the capacity of hourly supply of steam and hot water tocities by thermal power plants, beating corporations and centralized neating boiler rooms which meetcertain standard.

Feating Volume in Urban Area refers to the total volume of steam and hot water supplied to citiesevery year by thermal power plants, heating corporations and centralized heating boiler rooms whichmeet certain standard.

Length of Heating Pipelines refers to the total length of pipelines for centralized supply ofsteam and hot water from the thermal power plants, heating corporations and centralized heatingboiler rooms which met certain standard to the users.

Length of Paved Roads at The Year —end refers to the length of roads with a paved surface, andwith a width of more than 3. 5 meters, including high—quality, medium—quality and ordinary roads.

Urban Bridges refer to bridges over river courses, great separated junctions and overpasses inurban areas. Permanent bridges and semi — permanent bridges are included. Temporary bridges, railwaybridges and culverts are excluded.

Length of Urban Sewage Pipes refers to the total length of general drainage, trunks. branch andblind drainage, inspection wells,connection wells, inlets and outlets, etc.

Daily Disposal Capacity of Urban Sewage refers to the designed 24 — hour capacity of sewagedisposal at the sewage treatment works.

Number of Public Vehicles (Buses and Trolley—Buses) at The Year—end refers to the total number ofoperational buses available at the year —end, including the year— end operational vehicles andvehicles in stock. Non—operational vehicles such as stringing cars, tank cars, machine — shop cars,trucks and other special vehicles and the borrowed passenger vehicles are excluded.

Length of Routes in Operation refers to the length of designated regular routes in operation, including the length of suburban routes in operation. The length of temporary operational lines ismot included.

Area of Urban Gardens and Green Areas refers to the total area of urban public green land, specialgreen land, production green land,protection green land and suburban scenic spots.

Public Green Area refers to green areas of varions parks, zoos, botanical gardens, cemeterise,amusement parks, tree—flanked boulevards green—land squares for tourism and relaxing. Areas withtrees planted along—side the streets and boulevards are excluded.

AGRICULTURE

Gross Output Value of Farming,Forestry,Animal Husbandry and Fishery refers to the total volume of products of farming,forestry,animal husbandry and fishery in value terms,which reflects the totalscale and total result of anricultural production during a hiven period of time. The statistical coverage of farming, forestry, animal husbandry and rishery are as follows: In terms of ownership, China's agriculture includes specialized state farms (farming, forestry,animal husbandry, fishery), farms managed by various government agencies, organezations, schools,research institutions, and army;farms managed by rural collective organizatons at levels of township,town, and village; farming, forestry, animal husbandry, fishery run by various rural collectiveorganizations and individual farmers.

(1) Farming includes cultivation of farm crops and other agricultural activities. Cultivation includes the cultivation of grain crops, beans, tubers,cotton,oil—bearing crops, sugarcrops, fiber crops tobacco, vegetables, medicinal herbs, melons and gourds, and cultivation andmanagement of tea plantations,mulberry ficlds and orchards. Other agricultural activities includes gathering fruits, fiber, gum and resin of wild plants, oil—bearing plants, grass, wild medicinal herbs, fungus plants,and commodity industries of the ruralhouseholds.

(2) Forestry refers to planting trees of various kinds (excluding tea plantations, mulberryfields and orchards), gathering of forest products, and cutting and felling of bamboo and trees byvillages and other cooperative organizations under villages. (3) Animal husbandry refers to raising and grazing of all animals except fishery and aquaculture,and hunting and raising of wild animals.

(4) Fishery refers to cultivation and catching of fish and other aquatic animals and cultivatio-

nand collection of seaweed and other aquatic plants. Gross output value of agriculture is obtained by first multiplying the output of each product orby—product by its price, resulting in the output value of each single item. For a small number ofproducts, annual output of which is mot available or difficult to get due to the longproduction/growing process involved, the output value is estimated through an indirect approach. Thesum of output value of all products of farming, forestry, animal husbandry, and fishery is thenequal to the gross output value of agriculture.

Prior to 1957, China's gross agricultural output value included barnyard menure and handicraftproducts for self—con—sumption (clothes,shoes, stockings,and initial grain processing undertaken bypeasants). Since 1958, cutting and felling of bamboo and trees by villages and other cooperativeorganizations under villages have been included in forestry; value of barnyard manure has beenexcluded from animal husbandry; self— consumed handicrafts has been excluded from sidelineoccupations, while the output value of industries rum by villages and cooperative orhanizationsunder village had been included in sideline occupations and the output value of fish catches bymotou fishing boats has been added to fishery. Since 1980, the value of handicraft products made forsale by individuals in households nad been added to sideline occupations. Since 1984,industries runby villages and cooperative organizations under villages haue been included in the sector ofindustry. Since 1993, the subdivision of sideline occupations has been canceled, and the hunting ofwild animals has been classified into animal husbandry, and the gathering of wild plants andcommodity industry run by rural househole have been included in farming.

Grain Yield refers to the yield in the whole country including grains produced by state farms, collectine units, indrstrial enterprises and mines. Grain includes rice, wheat, corn, sorghum, milletand other miscellaneous grains as well as tubers and beans. Output of beans refers to dry beanswithout pods. The output of tubers (sweet potatoes and potatoes, not including taros and cassava) wasconverted into that of grain at the ratio 4:1 ,i. e. four dilograms of fresh tubers was equivalentto one kilogram of grain up to 1963. Since 1964 the ratio for conversion has been 5: 1. Tuberssupplied as vegetables(such as potatoes) in cities and suburbs are calculated as fresh vegetablesand their output is mot included in the output of grain. Ouptut of all other grains refers tohusked grain.

Yield of Oil—Bearing Crops refers to the total yield of oil— bearing crops of various kinds, including peanuts,(dry, inshell) rapeseeds,sesame, sunflower seeds, flax seeds, and other oil—bearing crops. Ssybeans, oil—bearing woody plants,and wild oil—bearing crops are not included.

Output of Aquatic Products refers to catches of both artificially cultured and naturally grownaquatic products, including fish, shrimps,crabs and shellfish in sea and inland water as well asseaweed. Freshwater plants are not included.

Output of Pork, Beef and Mutton refers to the meat of slaughtered hogs, cattle, sheep and goatswith head, feet, and offal taken away.

Cultivated Area (Area Under Cultivation) refers to farmland which is plowed constantly forgrowing crops, including cultivated land, newly cultivated land in the current year, farmland leftwithout cultivation for less than three years and fallow land in the current year, rotation land,rotation land of grass and crops, farmland with some fruit trees,mulberry trees and other trees and-cultivated seashore land, lake land, and etc. The land of mulberry fields, tea plantations, orchards, nurseries of young plants, forest land, reed land, natural and man—made grassland and other landare not included in cultivated land.

Sown Area of Crops refers to area of land sown or trans planted with crops regardless of being incultivated area of non—cultivated area. Area of land resown due to natural disasters is also included.

Irrigated Area refers to areas that are effectively irrigated, i. e. level land which has watersource and complete sets of irrigation facilities to lift and move adequate water for irrigationpurpose under normal conditions.

Consumption of Chemical Fertilizers in Agriculture refers to the quantity of chemical fertilizersapplied in agriculture in the year, including nitrogenous fertilizer, phosphate ferttilizer, potashferilier, and compound fertilizer. The consumptiohn of chemical fertilizers is required incalcration to convert the gross weight into weight containing 100% effective component (eg. 100%nitrogen content in nitrogenous fertilizer, 100% phosphorous pentoxide contern in phosphatefertilizer, 100% potasium oxide content in potash fertilizer). Compound fertilizer is convertedwith its major compoment.

Total Power of Farm Machinery refers to total mechanical power of machinery used in farning, forestry, animal husbandry, and fishery, including ploughing, irrigation and drainage, harvesting, transport, plant protection, stock breeding, forestry and fishery. The power of internal combustionengines is required to convert horsepowers into watts and the power of electric motors is requiredto be converted into watts. Machinery employed for non—agricultural purposes, such as the machinesused in township—run and village—run industry, construction, non —agricultural transport, scientificexperiments and teaching, is excluded.

Laborers Engaged in Farming, Forestry, Animal Husbandry And Fishery refers to the total laborers who are directly engaged in production of farming, forestry, animal husbandry and fishery.

Number of Livestock or Poultry on Hand at Teh Beginning (or end) Of The Reference Perild refersto the total number of large animals, pigw, sheep, fowls, ets. raised by rural cooperativeorganizations, state farms, rural individuals, government agencies, schools, industrial and miningenterprises, army, and urban residents at the beginning (or end)of the reference period.

Cereals refer to seeds of various kinds of crops which are used mainly for grain. Cereals includepaddy, wheat, maize, millet, Chinese sorghum, etc. ,escept beans and tubers.

INDUSTRY

Industry refers to the material production sector which is engaged in extraction of naturalresources and processing and reprocesseing of minerals and agricultural products, including (1)extraction of natural resources, such as mining, salt production, logging (but not includinghunting and fishing); (2) processing and reprocessing of farm and sideline produces, such as ricehusking, flour milling, wine making, oil pressing, cotton ginning, silk reeling, spinning and weaving, and leather making; (3) manufacture of industrial products, such as steel making, iron smelting, chemicals manufacturing,petroleum processing,machine building, timber processing; water and gasproduction and electricity generation and supply; (4) repairing of industrial products such as therepairing of machinery and means of transport (including cars).

Prior to 1984, the rural industry run by villages and cooperative organizations under village wasclassified into agriculture. Since 1984, it has been grouped into industry.

State—Owned Industry refers to industrial enterprises where the means of production or income areowned by the state. Joint state—private industries and private industries which existed before 1957have been transformed into state industries. Statistics on these enterprises has been included inthe state— owned industries since 1957 when separation of data was on longer nesessary.

Collective Owned Industry refers to industrial enterprises where the means of production areowned collectively, including urban and rural enterprises invested by collectives and someenterprises which were formerly owned privately but have been registered in industrial andcommercial administration agency as collective units through raising fund from the public.

Industry of Other Types of Ownerships refers to industrial enterprises (units) of the ownershipsother than the state—owned economy, collective economy, private economy, individual economy andjoint—owned economy. They include the enterprises of share—holding economy (companies limited byshares and companies limited with liabilities.), foreign—funded economy (Sino—foreign joint ventures,Sino—foreign cooperative enterprises and foreign ventures exclusively with their owninvestment) ,economy funded by the entrepreneurs from Hong kong, Macao and Taiwan (joint ventures andcooperative enterprises with the mainland as well as ventures exclusively with their own investment) and other types of ownership.

Light Industry refers to the industry which produces consumer goods and hand tools. It consistsof two categories, depending on the materials used:

(1) Industries using farm products as raw materials. These are branches of light industry whichprocessing, textile, clothing, fur and leather manufacturing, paper making, printing, etc.

(2) Industries using non—farm products as raw materials. These are branches of light industrywhich use manufactured goods as raw materials, including the manufacture of cultural, educationalarticles and sports goods, chemicals,synthetic fiber, chemical products for daily use, glassproducts for daily use,metal products for daily use,hand tools, medical apparatus and instruments,and the manufacture of cultural and clerical machinery.

Heavy Industry refers to the industry which produces capital goods,and provides various sectorsof the national economy with necessary material and technical basis. It consists of the followingthree branches according to the purpose of production or the use of products:

(1) Mining, quarrying and logging industry refers to the industry that extracts natural resources, including extraction of petroleum,coal, metal and non—metal ores and logging.

(2) Raw materials industry refers to the industry that provides various sectors of the nationaleconomy with raw materials, fuels and power. It includes smelting and processing of metals, cokingand coke chemistry, chemical materials and building materials such as cement, ply-

wood, and power, petroleum refining and coal dressing.

(3) Manufacturing industry refers to the industry that processes raw materials. It includes-machine—builiding industry which equips sectors of the national economy, industries of metal-structure and cement products, industries producing means of agricultural production, such as-chemical fertilizers and pesticides.

According to the above principle of classification, the rpeairing trades which are engagedprimarity in repairing products of heavy industry are classified into heavy industry while theseengaged in repairing products of light industry are classified into light indrstry.

Gross Industrial Output Value is the total volume of indrstrial products sold or available forsale in value terms which reflects the total achievements and overall scale of industrialproduction during a given period. It includes the value of the finished products, which are not tobe further processed in the enterprises and have been inspected, packed and prt in storage, thevalue of industrial services rendered to other units and the changes in the value of the semi—finihed products and products in process between the behinning and closing of the period(only theenterprises with long ptoduction cycle are required to calculatc the changes). The gross industrialoutput value is calculated with "factory method". Nodouble calculations are to be made within thesameenterprise. However, double counting does occur among different enterprises.

Outputvalue of light and heavyindustries is also classified with the "factory" method. Under-normal conditions, if the major products of an industrial enterprise belong to light industryproducts, the gross output value of that enterprise is classified whohhy into light industry; thesame principle applies to heavy industry.

Value Added of Industry refers to the final results of industrial production of the industrial-trade in money terms during the reference pereod.

Original Value of Fixed Assets refers to the original value of all fixed assets owned byindustrial enterpreses, calculated at the cost paid at the time of purchase, installation, reconstruction, expansion, and technical innoivation and transformation of the said assets, whichincludes expenses on purchase, k package, transportation, and installation, etc.

Net Value of Fixed Assets is obtained by deducting depreciation over years from the original-value of fixed assets.

Working Capital (Circulating Assets) refers to assets which can be cashed in or spent or consumedin an operating cycle of one year or over one year, which includes cash, various deposits, shortterm investment, and receivable payments, and advance payments, stock, etc.

Total Value of Profit and Tax (Pre—Tax Profits) refers to the sum of the total profits, productssales tax and surcharges and the value added tax payable of industrial enterprises. It in alsocalled pre—tax profits.

Ration of Pre—Tax Profits to Assets refers to the ration of pre—tax profits realized in a givenperiod to total assets (net fixed assets plus working capital), which reflects the economicefficiency of the assets utilization and is calculated as follows:

$$\text{Ratio of Pre-tax Profits to Assets}(\%)=\frac{\text{Pre-tax Profits in Reference Period}}{\text{Average Net Fixed Asses}+\text{Average Balance of Working Capital}}\times 100\%$$

Ration of Profits to Total Industrial Costs refers to the ratil of profits realized in a givenperiod to the total costs in the same period, which reflects the economec efficiency of input costand is calculoated as follows:

$$\text{Ratio of Profits to Total Industrial Cost }(\%)=\frac{\text{Total Profits}}{\text{Total Costs}}\times 100\%$$

Value Added Rate of Industry refers to the ratio of value added of industry in a given period ofthe gross output value in the same period, which reflects the economic efficiency of cutting downthe intermediate input and is calculated as follows:

$$\text{Value added Rate of Industry}(\%)=\frac{\text{Calue Added of Industry (at Current Prices)}}{\text{Gross Output Value (at Current Prices)}}\times 100\%$$

Number of Times of The Turnover or Working Capital refers to the number of times of turnover ofworkin capital in a given period of time, which reflects the speed of the turnover of workingcapital and is calculated as follows:

$$\text{Turnover of Working Capital }(\%)=\frac{\text{Sales Revenue of Products}}{\text{Average Balance of total Working Capital}}\times 100\%$$

Sales Rate of Industrial Products refers to the ratio of total sales in a given period to thegross output value in the same period, which reflects the extent of industrial output sold and iscalculated as follows:

$$\text{Sales Rate of Industrial Products}(\%)=\frac{\text{Total Sales (at Current Prices)}}{\text{Gross Output Value (at Current Prices)}}\times 100\%$$

Sales Revenue of Industrial Products refers to the revenre from the sales of products byindustrial enterprises and the revenre from services provided and etc.

Sales Cost of Industrial Products refers to the actual cost of products of industrialenterprises and industrial enterprises and industrial services provided, etc.

Tax and Extra Charger on Sales of Products refer to the tax on city maintenance and construction, consumption tax, resources tax and extra charges for education, which should be borne by theenteprises in selling products and providing industrial services.

Sales Profit of Products refers to the profit gained by the enteprises by deducting cost, chargesand taxes from the business income of the enterprises obtained in selling products and providingindustrial services.

Total Profits refer to the profits gained by the enterprises.

Value Added Tax Payable refers to the amount of the value added tax which should be paid by theebterprises in the reporting period.

Ratio of Per—Tax Profits to Gross Output Value refers to the ratio of the total amount of pre—tax profits gained (including total profits, sales tax and extra charges of products as well as thevalue added tax payable) in the reporting period to the gross output value in the samd period (theratio is expressed in percentage). The formula is as follows:

$$\text{Ratio of Pre-tax Profits to Gross Output Value}(\%)=\frac{\text{Total Amount of Pre-tax Profits}}{\text{Gross Output Value}}\times 100\%$$

Overall Labour Productivity of Industrial Enterprises refers to the average output per staff andworker in industrial enterprises in value terms. At present, the value added and the average numberof staaf and workers of an industrial enterprises in a given period are used to calculate theoverall labour productivity. The formula used is:

$$\text{Overall Labour Productivity} = \frac{\text{Value Added of Industry}}{\text{Average Number of Staff and Workers}}$$

For the purpose of comparison of the overall labour productivity among different years, the dataon the overall labour productivity of the years prior to 1990 have beeh adjusted on the bases of1990 constant prices.

Capital refers to the corporation's capital registered in the departments of administration forindustry and commerce. According to the different nature of investors, corporations' capital can bedivided into state capital, legal person's capital, personal capital, foreign capital, etc. Totalcapital includes total registered capital of all investors in the corporation.

Total Assets refer to all assets which are owned or controlled by enterprises, includingcirculating assets, long-term investmint, fixed assets, intangible assets and deferred assets, otherlong-term assets, and dererred taxes, etc. The summation of above items is equal to total assetsshown in the balance sheets of the enterprises.

(1) Circulating assets (working capital) refer to assets which can be cashed in or spent orconsumed in an operating cycle of one year or over one year, including cash, all kings of deposits, short term investmint, receivables, advance payment, stock, etc.

(2) Fixed assets refer to the net value of fixed assets, clearance of fixed assets, project underconstruction, fised assets losses in suspense. These are corporations' fund holdings.

(3) Intangible assets refer to the assets without matereial form used by enterprises over a longtime, such as patints, non-patent technolohies, trade marks, copyright, land use right, businessreputation, etc.

Total Liabilities refer to the debts that enterprises are responsible for repayment, includingliquid liabilitier, long-term liabilities and deferred taxes, etc. Total liabilities correspond tothe summation item of liabilities shown in the balance sheets of rhe enterprises.

(1) Liquid liabilities (also called quick liabilities or immediate liabilities) refer toenterprises total debt payable within an operating cycle of one year or over one year, includingshort term loans, payables and advance payments, wages payable, taxes payable and profit payable, etc.

(2) Long-term liabilities refers to total debt payable within an operating cycle of one year orover one yera, including long-tern loans, payable liabilities, long-term payables, etc.

Creditors' Equity refers to investors' ownership of net assets of the enterprise. It is equal tothe total assets of the enterprise minus its total liabilities, including the primary input frominvestors, capital accumulation fund, surplus accumulation fund and undistributed profit. It is thestock nolders' equity in stock companies.

TRANSPORTATION, POSTAL AND TELECOMMUNICATIONS SERVICES

Length of Railwaus in Operation refers to the total length of the trunk line under passenger andfreight transportation. The calculation is based on the actual length of the first line even ifthis line has a full or partial double track or more tracks, excluding double tracks, stationsidings, tracks under the charge of stations, branch lines, specialpurpose lines and the non— payablecon-necting lines. The length of railways in operation is an important indicator to show thedevelop-ment of the intra—structure for the railway transport, and also the essential data tocalculate vol-ume of passenger freight transport, traffic density and utilization efficiency of thelocomotives and carriages.

Extention Length of Trunk Lines refers to the sum of the first, the second, the third lines andother constructed length of the trunk railways, excluding the extention length of the station lines, lines under the jurisdiction of depots, sidings and lines for special purpose. It providesim-portant information for the calculation of the needs for rails, sleepers, sand and stone for thecon-struction of railways.

Length of Highways refers to the length of highways which are built in conformity with the gradesspecified by the bighway engineering standard formulated by the Ministry of Communica-tions, andhave been formally checked and accepted by the departments of highways and put into use. The lengthof highways includes that of the suburb highways at large and medium—sized cities, highways passingthrough streets at small cities and towns, and also the length of bridges and ferries. It does notinclude the length of streets in big and medium—sixed cities and highways built for the productionpurpose at factories, mines, forest areas and agricultural areas. If two or more highways go the semesaction of the way, the length of the section is only calculated for once and on duplication isallowed. The length of highways is an important indicator to show the devel-opment of the highwayconstruction and to provide essential information to calculate the transport network density.

Length of Navigable Inland Waterways refers to the length of the natural rivers, lakes, reser-voirs, canals, and ditches open to navigation during a given period, which enables the transport byships and rafts. It includes the channels open to navigation for over 3 months accumulatively in ayear, yet this does not include the river courses which are only used to float odd logs and bam-boorafts.

Length of Civil Aviation Routes refers to the length of all routes for regular civil aviation-flights. There are usually two ways to calculate the distance between airports connected by ther-oute length: One is to put the length of all air routes together, called duplicated calculation ofthe length of the routes; the other is not to allow the duplication in calculation when two or moreroutes passing the same section. The latter is usually used, as it can precisely show the size ofthe civil aviation network and indicate the extent of civil aviation serving the national econo-myand the people.

Freight (Passenger) Traffic refers to the volume of freight (passenger) transported with variousmeans. Freight transport is calculated in tons and passenger traffic is calculated in the number ofpersons. Despite the type of freight and travelling distance, the freight transport is calculatedin the actual weight of the goods; and despite the travelling distance and ticket price, theapassenger traffic is calculated by the principle that one person can be counted only once in onetravel. The passenger who travel with a half—price ticket or a child ticket is also calculated asalso calculated as one person. The freight (passenger)traffic provides a quantitative measure toshow how the transport industry serves the national economy and people, and is also an importantindicator for planning the transport industry and for studying the development scale and speed ofthe transport industry.

Freight Ton —Kilometers(Passenger—Kilometers) refer to the sum of the products of the volume oftransported cargo(passengers)multiplying ty the transport distance, usually using ton — kilometerand passenger—kilometere as units for measurmement. Normally, the shortest distance between thedeparture station and the desination station (i. e. ,the payable distance) is the basis to calculatethe freight ton —kilometers. This is an important indicator to show the total results of thetranspor industry, to prepare and examine the transport plan and to measure the efficiency, thelabour productivity and the unit cost of transport.

Business Volume of Post and Telecommunications refers to the information delivered and other postand telecommunications services provided by the post and telecommunications departments for thecustomers. It is derived by first multiplying busindss volume of different types, such as number ofletters,telegrams, long distance calls, city and rural telephone subscribers and accumulated numberof newspapers and jounals subscribed and sold, etc. by their respective average unit price (fixedprice) and then adding these products together; plus the income from maintenance of telephoneexchanges and lines,and the income from other business operations. The business volume of post andtelecommunitations indicates the total achievements made ty the post and telecommunicationsdeparment during a given period of time in a comprehensive way, and is an important indicator tostudy the composition and development of the post and telecommunications business.

Local (Urban)Telephone refers to telephones connected to urban telephone network (at and abovework (at and above county level). The telephone charge is either monthly fixed rate or numerical rate.

(1)Resident telephones refer to telephones installed in resident dwellings, including those withtelephone charges paid by individuals, by public units and free of charge.

(2)Personal telephones refer to telephones instlled and paid at one's own expense.

Subscriber of Pagding Services refer to subscribers who carry small size pagers and receive audiosignals, digital signals or literal signals sent out by city telephone through wireless pagingcenter within assigned area. Each pager is counted as a subscriber.

Mobile Thlephone Subscribers rerfer to the persons who own mobile belephone number connected withthe mobile telephone communicaiton network and registered by post and telecommunicationsorganization. The number of subscribers is calculated only when the subscribers who bave gonethrough all the register formalities and entered into the mobile telephone network. One mobiletelephone is treated as a subscriber.

CONSTRUCION

Gross Output Value of Construction (Output Value of Projeots Under Construction) refers to thegross output value of construction and installation projects that are undertaken by constructionenterpreses or affiliated constructing units, calculated in line with the planned schedule. Itincludes;

(1) Output value of construction projects, that is the value of projects covered by the projectbudgets;

(2) Output value of installation projects, thyat is the value of the installation of equipment;

(3) Output value of repair of buidings and structures, that is the value created through therepairs of buildings or structures, but does not include the value of buildings or structures beingrepaired and the value of the repair of production equipmint;

(4) Output value of manufactured non—standard equipment, that is the value of non— standardproduction equipment (including raw materials and manufacturing cost) made for the constructionproject, irrespective of whether the equipment is manufactured on the construction site or bysubsidiary owrkshops.

Floor Space of Buildings Under Construction refer to floor space of building under constructionduring the reference period, in cluding newly started buildings, buildingsstarted earlier andcontinued during the reference period, and buildings suspended earlier but restarted during thereference period. Excluded are buildings started and then suspended earlier that have not beenrestarted during the reference time.

Floor Space of Buildings Completed refers to the floor space of buildings that are completed inthe reference period in accordance with the requirements of the design, up to the standard forputting them into use, and have been checked and accepted by concerned departments as qualified ones.

Total Number of Machinery and Equipment Owned by The Construction Enterprises (or Units) By TheEnd of Year refers to the number of machines and equipment owned by the enterprises (or units, andlisted as the fixed assets of theenterprises (or units) by the end of the year, including machineryand equipment for construction, production and transportation.

Total Power of Machinery and Equipment Owned By The Construction Enterprises (Or Untits) By The End of Year refers to the total power of machinery and equipment owned by the enterprises (or nuits), and listed as the fixed assets of the enterprises (of units) by the end of the year, includingmachinery and equipment for construction, production and transportation. The power of the machineryis calculated on basis of the designed or verifide capacity, covering the power of themachinery/equipment and the separate power equipment serving the machinery/equipment (such aselectric motors), but excluding welders, transformers and boilers. The unit used for the calcuationof power is kilowatt, with horsepower converted to kilowatt by 1 horsepower=0. 735 kilowatt.

Income From Settlement of Projects refers to the income received by the constructio-nenterprise/unit from the commpleted portion of the project through settlement procedures with thecontractee during the refercnce preiod, and other charges to the contractee as operational costs, such as facility fee, labour insurance premium, moving cost of construction unit, as well as varioustypes of claims to the contractee.

Profit From Settlement of Projects refers to profit realized through settled projects. It iscal-culated with the following formula:

Profit from Settlement of Projects = Income from Settlement of Projects − Sttled Cost − Settled Taxes and Other Cost

Total Revenys of Enterprises refers to the sum of income from production and operation ofen-terprises, including income from settoement of projects and other operational income, namely:

Total Revenue of Enterprises = Income from Settlement of Projects + Other Operational Income

WHOLESALE, RETAIL SALES AND CATERING TRADE

Total Retail Sales of Consumer Goods refer to the sum of retail sales of consumer goods by theestablishments in wholesale trade, retail sale trade, catering trade, manufacturing industry an-dother industries of different types of ownership, to urban and rural residents and social groups. This indicator is used to show the supply of consumers goods through various channels to house-holdsand institutions to meet their demands, and is therefore very important for the study of the issueson people's livelihood, on the purchasing power of consumer goods and on the circulation of money. The retail sales of consumer goods include: (1) commodities sold to urban and rural resi-dents forresidential use and building materials sold to them for the construction of repair of hous-es; (2)food and fuels sold to canteens of institutions, enterprises, schools, military units and to canteensof hotels and hostels that only serve their guests, and commodities produced by enter-prises, institutions of state farms and sold directly to their employees of their canteens; (3) grain andnon— staple food, clothing, daily articles and fuels sold to military personnel; (4) cosumer goodssold to foreigners, overseas Chinese, and Chinese compatriots from Taiwan, Hong Kong and Macaoduring their stay in the mainland of China; (5) Chinese and western medicines, herbs and medicalfacilities purchased by residents; (6) newspapers, books and magazines directly sold to residentsand social groups by publishers, new and old commemorative stamps, special stamps, first— day covers, stamp albums and other stamp—collection articles sold by stamp companies; (7) consumer goodspurchased and then sold by second—hand shops; (8)stoves and other heating facilities and liquifiedgas sold by gas companies to households and institutions; and (9) commodi-ties sold by farmers to non— agricultural residents and social groups. Excluded under this head-ing are: raw materials, fuels, epuipment, tools sold to enterprises, institutions and state farms for production purpose; commodities sold to trade establishments for re— selling; commissioned sales at second— hand shops; operational income of urban public utilities; stamps sold at post of-fices; income of water, power, gasproduction and supply establishmets from the supply of their products; and sales of commoditiesamong farmers.

Pruchase, Sales and Stock of Commodities by Wholesale and Retail Trade refer to the purchase,sales and stock of commodities by wholesale and retail estabilshments of different ownership (excluding individual sellers).

Total Purchasses of Commodities refer to the purchases of commodities by the establishments fromother establishments or individuals (including direct import from abroad)for the purpose of re —selling, either with or without further processing of the commodities purchased.

This indicator isused to show the total value of purchases of commodities by wholesale and retail establishmentsfrom domestic and overseas markets. The total purchases include: (1) agricultual and industrialproducts purchased from producers; (2) books,magazines and newspapers purchased from distributiondepartments of the publishers; (3) commodities purchased from wholesale and retail establishments;(4) commodities purchased from other units, such as surplus materials purchased from govermnentagencies, enterprises or institutions, commodities purchased from catering and serviceestablishments, confiscated goods purchased from customs authorities or market management agencies,second—hand goods and wastes purchased from residents; and (5) commodities directly imported fromabroad. Excluded are commodities purchased by establishments (units) for use in their own businessoperation, commodities obtained without buying or selling procedures, rejected commodities, etc.

Total Sales of Commodities refer to selling of commodities by the establishments to otherestablishments and individuals (including direct export). This indicator is used to show the totalvalue of sales of commodities at domestic markets and export. The total sales include: (1)commodities sold to urban and rural residents and social groups for their consumption; (2)commodities sold to establishments in industry, agriculture, construction, transportation, post andtelecommunications, wholesale and retail trades, catering trade and public utility for theirproduction and operation; (3)commodities sold to wholesale and retail establishments for re —selling, with or without further processing; and (4) commodities for direct to other countries. Excluded areselling of waste packaging materials used by the establishments (units) themselves, commoditiestransferred without buying of selling procedures,commission income from brokerage in transcationswhose settlement is directly handled by buyers and sellers, rejected commodities in the purchase,loss in commodities, etc.

Commodity Stock of Wholesale and Retail Enterprices at Year— End refers to total commoditiespossessed by wholesale and retail enterprises (units) of various types of ownership, which reflectsthe commodity stock level of various wholesale and retail enterprises and the potential for marketsupply. It includes: (1)commodites located in storage,garages, counters, and shelves of operatingunits (such as sale stores,wholesale centers, and operating offices) of wholesale and retailenterprises; (2)commodities in the process of selecting, sorting, and packing; (3) commodities notarrived but recorded as purchase in the account, i. e. commodities not arrived but payment receiptsfor the commodities from the sellers or the banks arrived; (4) commodities deposited in oter placesrather than places mentioned above,for instance:commodities in the hold of purchasers temporarilydue to the refusal of payment and commodities not taken back after going through the formalities; (5)commodities entrusted entrusted to other units to sell but not sold yet; (6) commodities purchasedfor other units but not delivered yet. Commodities not included as stock are those not owned by theenterprises (units), those allocated to financially independent factories rather than wholesale andretail enterprises for processing but not taken back yet, and finally those put in stock bywholesale and retail enterprises on behalf of the state material reserves units. In the calculationof the value of commodities stock at the end of period, the value is calculated at purchasingprices in agricultural goods purchasing units and wholesale units, and at the accunting prices inretail units.

Volume of Business (Transaction Value) at Urban and Rural Free Market refers to the value of allgoods changed hands between sellers and buyers, includiug farmers, non— agricultural residents, institutions, organizations, enterprises and private, at urban and rural free markets. It is a-comprehensive indicator used to show the size of the transaction at the free trade markets.

FOREIGN ECONOMY TRADE AND INTERNATIONAL TOURISM

Utilization of Foreign Capital refers to remittance, equipment and technology financed from abroad, by loans, foreign direct investment and other forms undertaken by the Chinese governments atalllevel, by various departments, enterprises and other economic units.

Foreing Loans a major part of China's utilization of foreign capital, refer to funds borrowed fromabroad, including loans of foreign governments, loans of international financial institutions, commercial loans of foreign bands, export credit, and funds raised by Chinese bonds and shares issuedabroad.

Direct Investment By Foreing Entrepreneurs refers to the investments inside China by foreignenterprises and economic organizations or individuals (including overseas Chinese, compatriots fromHong Kong and Macao, and Chinese enterprises registered abroad), following the relevant policies andlaws of China, for the establishment of ventures exclusively with foreign own investment, Sino —foreign joint ventures and cooperative enterprises or for co— operative exploration of resourceswith enterprises or economic organizations in China . It includes the re—investment of the foreignentrepreneurs with the profits gained from the investment and the funds that enterprises borrowform abroad in the total investment of projects which are approved by the relevant department ofthe government.

Number of Tourists refers to the number of foreigners, overseas Chinese, and compatriots from HongKong, Macao and Taiwan coming to China for sightseeing, visits, tours, family reunions, vacations, studytours and other activities of an economic, scientific and technological, cultural, physical cultureand religious nature. This does not include the number of employees of foreign organizationsstationed in China such as embassies, consulates, news agencies, the offices of corporations andenterprises and foreign experts and students residing in China and the persons staying briefly inChina but not for passing the night.

Foreing Exchange Earnings From International Tourism refer to the total expenditures of theforeigners, overseas Chinese, compatriots from Hong Kong, Macao and Taiwan in the process of theirtourism in the mainland of China. Their expenditures mentioned above are foreign exchange earningsto China.

Total Imports and Exports at Customs refer to the value of commodities imported into and exportedfrom the boundary of China. They include the actual imports and exports through foreign trade, imported and exported goods under the processing and assembling trades and materials, supplies andgifts as aid given gratis between governments and by the United Nations and other internationalorganizations, and contributions donated by overseas Chinese, compatriots in Hong Kong and Macao andChinese with foreign citizenship, leasing commodities owned by tenant at the expiration of leasingperiod, the imported and exported commodities processed with imported materials, commodities tradingin border areas(excluding mutual exchange goods), the imported and exported commodities and articlesfor public use of the Sino—foreign joint ventures, cooperatioe enterprises and ventures exclucivelywith foreign own investment. Also included are import or export of samples and advertising goods forwhose CIF or FOB value are beyond the permitted ceiling(excluding goods of no trading or use valueand free commodities for export), imported goods sold in China from bonded warehoues and otherimported or exportde goods. The indicator of the total imports and exports at customs can be used toobserve the total size of external trade in a country. In accordance with the stipulation of theChinese government, imports are calculated at CIF, while exports are calculated at FOB

BANKING AND INSURANCE

Deposit is a form of credit by which enterprises, institutions, organizations or residents can putmoney into banks and other credit institutions for safekeeping and interest earning under theprinciple of free withdrawal. According to different depositors, deposits are divided into enterprisedeposits, treasury deposits, deposits of govenment agencies and organizations, capital constructiondeposits, urban savings deposits, rural deposits and other deposits. Deposits are major sources of thecredit funds of bands.

Loan is a form of credit by which banks and other credit institutions provide funds at certaininterest rate to enterprises and individuals in the light of the principle of unconditionalrepayment. Loans from Chinese banks include circulating capital loans, fixed assets loans, loans tourban and rural individuals engaged in industrial and commercial business and agricultural loans.

Amount Insured refers to the amount of compensation for the loss or agreed sum of money to bepaid by the insurer to the insurant. It is the maximum amount of liabilities written in theinsurance contract and is also used as a basis to calculate the premium.

Premium is the fee paid by the insurant based on a proportion of the benefit he or she may getfrom the insurance plus the insurance value. It includes the income from the deposit of propertyinsurance and presonal insurance.

Settled Clain is the compensation paid by the insurer to the insurant in accordance with the insurance contract for the loss which has been checked and found to be in the range of liability of the insurance after an accident has happened to the insured property or to a person who has insured his life. It is further divided into settled and unsettled claim.

EDUCATION ,SCIENCE AND CULTURE

Regular Institutions of Hegher Learning refer to educational establishments set up according tothe government evaluation and approval procedures ,enrolling graduates from senior secondary schoolsand providing higher education courses and training for senior professionals. They include full— timeuniversities ,colleges, high professional schools and short—term professional universities.

Institutions of Higher Learning For Adults refer to educational establishments, set up in linewith relevant rules approved by the government, enrolling staff and workers with senior secondaryschool or equivalent education, and providing higher education courses in many forms of full— time ,part—time, spare—time, or correspondence for adults. professionals thus trained receive aqualification equivalent to graduates studying regular courses at regular universities ,colleges andprofessional colleges. Institutions of higher learning for adults include Radio and TV universities, schools of high education for staff and workers and peasants, colleges for management cadres ,pedagogical colleges ,independent correspondence colleges.

Proxlment Rrte of Primary School — Age Children refers to the proportion of school — age childrenenrolled at schools to the total number of school — age children both in and outside schools (including regarded children, but excluding blind, deaf and mute children). The formula is:

$$\text{Enrollment Rate of Primary School—age Children} = \frac{\text{Total Primary School—age Children at Schools}}{\text{Total Primary school—age Children Both at and Outside Schools}} \times 100\%$$

Independent Research and Development Institutions refer to the state — owned insitutions which havederect mission and research purpose, a certain number of core member with higher research level anda certain number of research personnel, favorable conditions for R & D and engaging in scientificresearch and technological development. The institutions also have their own independentorganization and finance, authority to sign contracts with other units, with their own accounts inbands. Independent research and development institutions include the institutions attached tocentral governmert agencies, Chinese Academy of Sciences. Chinses Academy of Social Sciences andthe institutions attached to local governments.

Presonnel of Independent Research and Development Institutions refers to the persons who work andreceive payment in research and development institutions. It includes regular full— time andtemporary staff and workers, but excludes retirees and persons who leave their work temporarilywithout payment but still retain their posts.

Total Expenditure on Research and Development refers to all actual expenditure made for R & D (basic research, applied research and experimental development) in reference period. It includesdirect expenditure on R & D and indirect expenditure on R & D (including management expenses ,administrative expense and investment in capital construction ralating to R & D.

Scientists and Engineers refer to persons who have completed university or higher education orobtained titles of senior and middle—level professional positions.

Other Technical Personnel refers to persons involved in science and technology with secondaryspecialized education or three—year college education and persons with junior professional titles.

Inventions refer to the inventions as specified by the patent law and its detailed rules andregulations for implementation. They refer to the new technical proposals to the products ormethods or their modifications.

Utility Models refer to the utility models as specified by the patent law and its detailed rulesand regulations for implementation. They refer to the practical and new technical proposals on theshape and structure of the product or the combination of both.

Desings refer to the designs as specified by the patent law and its detailed rules and regulationfor implementation. They refer to the aesthetics and industry—applicable new designs for the shape, pattern and color of the product, of their combinations.

Cultural Institutions refer to units which have their own organizatinal system and independentaccounting system and specialize in or serve cultural development. They exclude other establishmentsrun by these cultural institutions and amateur cultural groups established by various departments.

Art Troupe refers to the troupe which is engaged in drama, opera, music, dance, acrobatics orother art performance, opens independent accounts with banks annd has self— supporting accountingsystem; excluding the troupes which are engaged partly in industrial or agricultural activities, partly art performance and the professional troupes organized by the people.

Film Projection Units refer to units with film projection equipment, full or part— timeprojectionists, permanent or non—permanent places, approved by related administrative departments toshow films regularly for certain groups of audience, includinng those film projection units whichhave been approved to give commercial shows and run business with independent accounting system aswell as those film—renting units of the military system.

Number or Spectators at art Performance refers to the number of attendants at commercial shows, completely booked shows or free shows given in minority national areas, and does not include thenumber of spectators at rehearsals for examination and internal shows for study.

SPORTS, PUBLIC HEALTY AND OTHERS

Number or Athletes in Grades refers to the number of athletes who have been given titles throughexamination. The titles of athletes include international masters of sports, masters of sports, first —grade, second—grade and third—grade sportsmen and young athletes.

Number of Referees in Grades refers to the number of referees who have been given titles afterexamination. They are classified as international referees, national referees and referees of thefirst, second and third grades.

Stadiums refer to stadiums for track annd field events with six—lane 400— meter tracks aroundsoccer felds, permanent tuack marks and permanent bleachers. stadiums are classified according toseating capacity. They inclrde Class A stadiums seating 25000 people each. Class B stadiums seating15000 to 25000 people each. Class C stadiums seating 5000 to 15000 people each,and Class D stadiumsseating fewer than 5000 people.

Gymnasiums refer to indoor sports grounds with permanent seats in which basketball, volleyball. badminton,tabble tennis and gymnastics competitions can be held. Gymnasiums are classified accordingto seating capacity. They include Class A gymnasiums seating over 6000people. Class B gymnasiumsseating 4000 to 6000 people. Class C gymnasiums seating 2000 to 4000 people,and Class D gymnasiumsseating fewer than 2000 people.

Hospitals refer to medical institutions named as"hospital"with permanent hospital beds, which areable to take in patients and provid them with medical and nursing services. Hospitals are classifiedinto three categories;hospitals at or above the county level,hospitals of rural townships, and otherhospitals. According to their ownership,hospitals can be classified into three categories: hospitalsunder the public health departments, hospitals under industrial and other departments and collective—owned hospitals. Hospitals at or above county level are divided into comprehensive and specializedhospitals.

Medical Technical Personnel refers to all permanent medical staff and workers employee bymedical institutions, including doctors of Chinese and Western medicine, senior doctors whointegrate traditional Chinese thrapeutics with Western thrapeutics in practice, senior nurses,pharmacists of Chinese and Western medicine, laboratory specialists, other specilists, paramedicsof Chinese and Western medicine, nurses, midwives, druggists in Chinese and Western medicine, laboratory technicians,other technieians,other practitioners of Chinese medicine, nursing attendants, pharmacological workers of Chinese and Western medicine, laboratory workers, and other primarymedical personnel.

Doctors refer to qualified professional medical workers approved to practice by public healthdepartments. They are classified into doctors of Chinese medicine, doctors of Western medicine,seniordoctors who integrate traditinal Chinese thrapeutics with Western thrapeutics in practice,paramedics of Chinese medicine and Western medicine, annd other specialists of Chinese medicine.

Social Welfare Institutions refer to institutions taking care of old people without children, handicapped people and orphans. They include social welfare institutions run by civil affairsdepartments, children's welfare institutions, social welfare institutions for mental patients, andcollective—owned old people's homes in rural areas.

Number of People Taken in By Social Welfare Institutions refers to the number of old people,children, totally dependent handicapped people and mental patients taken in by scoial welfare institutions run by civil affairs departments and those run by collective units in urban and ruralareas.

Social Welfare Enterprises are collective—owned enterprises which employ the blind, deaf—mute, and other handicapped people who are able to work in cities and towns and enjoy exemption from state taxes, including welfare plants,welfare commercial services, artificial limb plants annd farms,etc.

Lawyers are legal workers who are employed full—time by legal counseling firms to act as legal advisers, agents in criminal or civil lawsuits, or defenders in criminal lawsuits, or to handle non—litigious legal affairs, to advise on matters of law or to write legal papers for others. Both full—time and part—time lawyers are included.

Notary Personnes refers to judicial workers of the state notary offices handling notarization work according to law. They include notaries, assistant notaries, and other people working for notary offices.

Notarized Documents refer to the documents settled by notary offices in a year. The notarial documents are drawn up in accordance with the regulations of the Ministry of Justice, including domestic documents and foreign—related documents. Domestic documents are divided into two major categories, documents on economic contracts and documents on civil legal relati ons.

Mediators refer to workers on people's mediation committees responsible for mediating in civil disputed and cases of slight infraction of the law. They include members of the mediation committees and mediators of mediation groups.

Mediation of Civil Disputes refers to mediation committees' work in mediating in civil disputes concerning civil rights and duties through persuasion and education in accordance with thep-rovisions of law on a voluntary basis, so as to solve disputes by helping the parties involvedcome to an agreement and understanding. These disputes include divorce cases and disputes overprop-erty ownership, but exclude the civil cases to be handled by the court.

Retired or Restgned Personnel refers to the persons who have formally gone through thefor-malities for their retirement or quitting work and enjoy the corresponding treatments.

Insurance and Welfare Funds refers to labour insurannce andwelfare fund paid by entrprises, oranizations and institutions to their staff and worders as well as retired and resigned personsin addition to their wages and salaries.

(1) **Insurance and Welfare Funds For Staff and Workess** include:

① Medical Care Allowance: It refers to the cost of medical care of staff and workers and theirdependent family members who are covered by the medicare system of enterprises, travellig expensesof injured employees to hospital and their per diem subsidies during hospitalization, cost ofmedical care of employees who are covered by the medicare system of institutions annd organizations, as well as cost of medicine of employees of enterprises and institutions who are not covered bythe medicare system.

② Funeral Expenses and Pensions for family of the Deceased: They refer to funeral expenses ofstaff and workers, and pensions and allowance for their dependent family members, as well ass-bsidies to funeral expenses of staff and workers' dependent family members.

③ Subsidies for Living Expenses: They refer to regular or ab hoc subsidies to staff and wordersswho have difficulties in making ends meet.

④ Expenses for Recreational, Sports and Pubilcity Acitivities: They refer to actual payment madeby enterprises and institutions in recreational, sports and publicity activities, excluding-training cost.

⑤ Subsidies to Collective Welfare Undertakings: They refer to subsidies to the operation ofwelfare undertakings that can not fully cover their cost, such as public bathrooms, barber shops, laundries, nurseries and kindergartens.

⑥ Expenses for Collective Welfare Facilities: They refer to expenses for collective welfarefacilities that are spent in line with state regulations, such as the purchase and repair of cookingutensils for canteens, and repair of living quarters of staff and workers, but excluding theexpenses for welfare projects that are constructed with self—raised funds.

⑦ Family Planning Subsidy: It refers to subsidy and health allowance paid to the one—childfamily of staff and workers.

⑧ Others: They refer to other insurance and welfare funds paid to staff and workers.

(2) **Insurance and Welfare Funds For Retired and Resigned Staff and Workers**

① Pensions for retired veteran cadres: They refer to pensions and other subsidies paid toretired in line with relevant government documents.

② Pensions for retirement: They refer to living allowance and other subsidies paid to retiredstaff and workers in line with the relevant government documents.

③ Resignation Allowances for Living Expenses: They refer to living allowance and subsidies paidto resigned staff and workers in line with relevant government instructions.

④ Expenses for Medical Care: They refer to the costs for medical treatment, hospetalization andfood subsidies in hbospitals for retired and resigned staff and workers.

⑤ Nursing Cost: It refers to cost for nursing retired or resigned staff and workers who areunable to take care of themselves and need the help from nurses.

⑥ Living Subsidy: It refers to living subsidy paid to retired employees in line with theinstructions in a 1985 State Council document.

⑦ Traffic Subsidy: It refers to the monthly traffic subsidy paid to senior retired staff.

⑧ Funeral Expenses and Pensions for Family of the Deceased: They refer to the funeral expensesof retired staff and workers, and pensions and allowance for their dependent family members, as wellas subsidies to funeral expenses of retired staff and workers'dependent family members.

⑨ Others: They refer to other expenses, including moving and settlement allowance, allowance fordifficult families, book and newspaper allowance, subsidy for non— staple foods, housing subsidy, water and electricity subsidy, special allowanec for staff and workers of national minorities, travelling cost for senior retired staff, etc.

Volume of Industrial Waste Water Discharged refers to the volume of industrial waste waterdischarged, through all outlets, to the outside of industrial enterprises, including waste waterproduced, direct—cooling water, underground water from mines that does not meet the standard ofdischarge, and the domestic sewage mixed up with industrial waste water when discharged, butexcluding discharged indirect—cooling water.

Volume of Waste Water up to The Standard For Discharge refers to the volume of dischargedindustrial waste water that, with or without treatment, has come up to the national or localstandards for discharge.

Volume of Treated Industrial Wasth Water refers to the volume of industrial waste water afterbeing treated and purified through various water treatment facilities in the reference period, including the volume discharged or recovered after being treated. The volume of waste water that-fails to meet the national or local standards after treatment is also included. If there aretreatment facilities both at the outlets of workshops and at the outlets of the factory, and thesame volume of waste water has been treated twice, duplication should be avoided in the calculationof the volume of treated industrial waste water.

Volume of Wasth Gas Emission refers to waste gas emitted from burning of fuels and fromproduction process in the area of the factory, and is measured by 10000 standard cubic metres eachyear under normal condition.

Volume of Sulphur Dioxide Discharged refers to the volume of sulphur dioxide discharged to theair in the process of fuel burning or in the production process.

Volume of Industrial Soot Dischargedrefers to the volume of solid soot in the smoke dischargedin the process of fuel burning in the area of the factory.

Industrial Dust Discharged refers to the total weight of solid dust discharged by industrialenterprises in the production process, such as dust of refactory materials from iron plants, dust-from coke—screening system or from sintering machines of coking plants, dust from lime kilns, cementdust from building material enterprises, etc., but excluding smoke and dust discharged by powerplants.

Volume of Industrial Solid Wastes Produced refers to the total volume of solid, semi— solid orhighconcentration liquid residue produced by industrial enterprises in their production process, including dangerous wastes, residues from melting, slag, powdered coal ash, gangue, chemical-residues, tailings, radioactive residues and other residues, but excluding stripped or dug stones inmining (except gangue and acid or alkali stones which are stones washed or soaked by water with apH value smaller than 4 or larger than 10.5.)

Accidents of Environment Pollution and Destruction refer to sudden accidents, due to economic andsocial behavior or activities in contrast with environment protection legislation, unexpectedfactors or irresistible natural disasters, that cause the pollution of environment, the destructionof natural protectionzones, wild plants and animals, the danger to the health of people, and theloss in the property of the society and people.

吉林省1997年县(市)综合经济实力排序前15强

农安县

县委书记：张俊先

县　　长:张树明

农安县史称黄龙府。全县幅员面积5400平方公里，辖14个镇、17个乡。总人口109.6万人。改革开放以来,农安县呈现出两个文明齐头并进、社会各业迅速发展的良好势头。农村经济实现突破性发展。粮食总产量在近十年间持续攀升，1995年一举突破20亿公斤大关，成为全国第一产粮大县，1996年继续保持了全国第一产粮大县的地位。多种经营、畜牧业、乡镇企业不断壮大。1996年，被省委、省政府命名为粮食生产大县、畜牧业大县、多种经营大县、乡镇企业大县和综合经济实力强县，成为全省唯一获得“四大一强”称号的县份。

工业经济持续增长。1997年乡及乡以上工业企业实现利税1.70亿元，是五年前的2.9倍。骨干企业的支撑作用不断增强，已有2户企业进入我省国有大中型企业经济效益50强行列，有6户企业进入全省中型企业行列。

城乡基础设施建设取得长足发展。近五年间共开发建设商品住宅楼242栋,94.6万平方米。县城第二水源一期工程完工，使县城日供水能力由原来的5000吨增加到2.5万吨。连续五年在长春市组织的创建文明卫生城评比中名列榜首。1994年实现农村乡乡通油路。1997年末，县城电话拥有量达到20450门，农村乡镇全部实现了电话程控化。

财政实力显著增强，1997年县级财政收入列全省第三位，综合经济实力连续两年居全省之首。

精神文明建设和各项社会事业取得显著成果。连续11年被评为全省精神文明建设先进县。1997年被中宣部确定为文明村镇建设示范点。计划生育“三结合”工作受到国家计生委领导和外国人口专家的一致好评，被确定为全国计划生育优质服务6个试点县之一。

县委书记：张俊先
县　　长：张树明
地　　址：农安县兴华路325号
电　　话：0431—3223775
传　　真：0431—3223665
邮　　编：130200

吉林省1997年县(市)综合经济实力排序前15强

德　惠　市

德惠市位于吉林省中北部，松辽平原腹地，幅员面积3435平方公里，耕地面积21.3万公顷，辖14个镇，9个乡，4个街道办事处，307个行政村，2827个村民小组，总人口90万人，其中农业人口75万人，有汉、满、回、朝鲜等15个民族。德惠市自然条件较好，地势平坦，土质肥沃，属世界著名黑土带，适宜多种粮食作物生长和发展畜牧业。境内有“一江四河”即松花江、饮马河、沐石河、雾开河、伊通河。交通便捷，京哈铁路、京哈公路从境内穿过，市级公路和乡级公路连接成网，实现了市乡间、乡乡间晴雨通车。

市委书记：钟振明

几年来，德惠市牢牢把握“抓住机遇、深化改革、扩大开放、促进发展、保持稳定”的方针，以经济建设为中心，立足资源，依靠科技，积极推进农业产业化进程，全面发展社会各项事业，成绩突出。1997年，全市国内生产总值达到28亿元，工农业总产值实现61.3亿元，第三产业增加值达到7亿元，财政收入实现1.58亿元，农民人均收入达到2165元，外贸出口创汇 7000万美元。1996年，在全省县(市)综合经济实力排序中位列第四，1997年跃居第二位。几年来，先后获得省菜蓝子产品生产先进县(市)；计划生育工作一类县(市)；交通建设文明县(市)；全国农防林工程建设优质工程银奖；平原绿化先进县(市)；粮食生产先进县(市)；农村能源工作先进县(市)；科技创先先进县(市)；体育工作先进县(市)。

市　　长：王振华

在党的十五大精神鼓舞下，德惠市确立了跨世纪发展的宏伟目标，决心高举邓小平理论伟大旗帜，全面实施龙型经济战略、改革攻坚战略、开放带动战略和科教兴市战略，发扬德惠人“勤奋、创新、务实、图强”精神，努力建设经济强乡(镇)、强村、强企业，促进全市国民经济和社会发展在全省越级升位，努力把德惠建设成为富裕、文明、开放的新兴城市。争取到2002年，国内生产总值实现56亿元，五年平均递增14.9%；工农业总产值实现82.5亿元，五年平均递增6.2%；农民人均收入达到4000元，五年平均递增13.1%；财政收入达到3.3亿元，五年平均递增15.8%；第三产业增加值实现14亿元，五年平均递增14.9%。到本世纪末，把德惠建设成粮食生产大市、畜牧业生产大市、农畜产品加工大市、农畜加工产品创汇大市和经济强市。

市委书记：钟振明
市　　长：王振华
地　　址：德惠市中央大街
电　　话：0431—7222186
传　　真：0431—7222653
邮　　编：130300

吉林省1997年县(市)综合经济实力排序前15强

榆　　树　　市

榆树市地处长春、吉林、哈尔滨、松原四市中心，地势平坦，土质肥沃，幅员面积4722平方公里，辖41个乡(镇、街)，388个村，总人口122万人，是国家重点商品粮基地之一，素以盛产玉米和大豆蜚声中外。

改革开放，招商引资，极大地激发了榆树经济发展的活力，国民经济和各项社会事业快速、协调发展。粮食生产逐年跃上新台阶，总产量和商品量一直名列全国县(市)前列。1997年，全市国民生产总值达54.8亿元，粮食总产量达到20.55亿公斤。工业形成以粮食和农副产品加工为主的淀粉、饲料、制药、酿酒等十大产业链。

榆树被国家授予全国科技工作先进县(市)，被省委、省政府授予农村综合经济实力强县(市)、粮食生产大县(市)、多种经营大县(市)、乡镇企业大县(市)、精神文明先进(县)市等称号。榆树公路四通八达，铁路连接京哈线、哈大线。光缆程控电话快捷的通讯设备随时准备为您与世界各地架起友谊的桥梁。真诚欢迎国内外有识之士来榆树做客、投资、兴办企业，榆树将为您提供优惠政策，优质的服务，保证让您满意。

市委书记：马玉伦
市　　长：于林忠
地　　址：吉林省榆树市华昌路东段
电　　话：0431—3622123
传　　真：0431—3621254
邮　　编：130400

市委书记：马玉伦

市　　长：于林忠

玉　　米

猪

酿酒有限责任公司

吉林省1997年县(市)综合经济实力排序前15强

延　　吉　　市

市委书记：许赫

市　　长：西门顺基

延吉市位于吉林省东部，长白山脉北麓，是延边朝鲜族自治州的首府城市，全市面积1350平方公里，总人口37.6万人，有朝鲜、汉、满、回、蒙等13个民族，其中朝鲜族占总人口的59.2%。延吉市辖9个街道、4个乡、2个镇。

延吉市具有较强的经济实力，1997年全市实现国内生产总值31.2亿元，人均国内生产总值8158元，财政收入5.7亿元，工业总产值27.1亿元，社会消费品零售总额30.3亿元，第三产业增加值为16.9亿元，占国内生产总值54.4%，"三资"企业累计批办325户。累计利用外资1.31亿美元。

延吉市是一个新兴的工贸城市。目前，延吉市工业已初步形成了卷烟、纺织、医药、化工、啤酒饮料和玻璃制造、机械和金属制品加工等支柱产业，并成为延吉工业经济的主要增长点，其产值占全市乡以上工业总产值的67.8%，利税额占全市工业利税额的75.5%。

延吉市第三产业非常发达，其内部结构呈"三足鼎立"格局，全市批发零售贸易餐饮业增加值占38.3%，其他服务占35.2%，交通、运输、邮电，通信占17.2%，金融保险占6.5%，房地产业占3.1%。

延吉市是一个美丽的边疆城市，与朝鲜、俄罗斯相邻，与日本隔海相望，旅游资源非常丰富。公路、铁路、民航四通八达，邮电通信处于国内领先地位，城市供水、供电充足，各种生产和生活设施及旅游服务设施发达，有星级宾馆8座。

延吉市是一个具有朝鲜族特色的文化城市，传统的朝鲜族文化艺术独具特色，民族文化教育事业发达，境内有列人"211"工程的大学—延边大学和门类齐全的中等专业技术教育体系。

延吉是一个正在建设中的城市，随着改革的不断深化，延吉人作为东北亚地区经济重镇，商贸旅游圣地等 优势将进一步发挥，未来的延吉将以她繁荣的经济文化和独特的民族风情令世人瞩目。

市委书记：许赫

市　　长：西门顺基

地　　址：延吉市解放路91号

电　　话：0433—2512348

传　　真：0433—2561042

邮　　编：133000

吉林省1997年县(市)综合经济实力排序前15强

★ 延 吉 市 ★

延吉市

风貌

延吉机场

延吉铝业集团

延吉鸟瞰

帽儿山森林公园

吉林省1997年县(市)综合经济实力排序前15强

公 主 岭 市

公主岭市白万人民在市委，市政府的正确领导下，发扬“团结、自强、务实、争先”的公主岭精神，努力拼搏，开拓进取，全市经济建设和各项事业取得了显著成绩。

截止1997年末，全市国内生产总值实现46.6亿元，比1992年增长228.2%；工农业总产值实现73亿元，比1992年增长187.1%；财政收入达到20474万元，比1992年增长177%；城乡居民储蓄存款余额达到22.9亿元，比1992年增长189.9%，城乡人均收入均有大幅度提高。全市城市面貌焕然一新，公主岭市整洁、美丽、堪称花园式城市。

市委书记：栗振国

市　长：许景珊

农村经济步入快车道，农、牧、渔各业齐头发展，特别是招商引资，使乡镇企业异军突起，分布在全市各乡镇，各村落的企业，如雨后春笋，茁壮成长。1997年农业总产值达到39.8亿元，粮食总产达10.5亿公斤，农村人均收入超过了2000元。

乡镇企业实现总产值62.6亿元，安置闲散农村劳动力11.9万人，为农村致富开辟了新的通道，招商引资也使工业在逆境中向前发展，使一些停产半停产企业有了生机和活力。1997年独立核算工业企业实现利税11259万元，比1992年增长115.4%，交通运输，邮电等业借招商引资的东风，更是竟相发展。

城乡贸易活跃，市场繁荣，招商引资使社会消费品零售总额大增，达到13.5亿元，比1992年增长96%，个体经济占全市社会消费品零售总额的34.5%随着中国北方温州商城的全面启动，公主岭的城乡贸易将向东北乃至全国一展雄姿。

可以断言：公主岭市三年省内站排头，五年国内进百强的宏伟目标一定实现。

市委书记：栗振国

市　　长：许景珊

地　　址：公主岭市东正阳街2号

电　　话：0434—6213534

传　　真：0434—6213744

邮　　编：136100

吉林省1997年县(市)综合经济实力排序前15强

★ 公　主　岭　市 ★

1997年，公主岭市乡及乡以上工业总产值共完成19.2亿元，比1996年增长22.8%，其中轻工业总产值完成10.6亿元，比1996年增长41.8%，重工业总产值完成8.6亿元，比1996年增长5.6%，固定资产原值18.8亿元，比1996年增长15.4%，固定资产净值15.0亿元，比1996年增长9.7%，实现现价工业总产值21.6亿元，现价工业销售总产值21.1亿元，产品产销率为98.1%。预算内工业实现利税1580万元，比1996年增长68.8%，其中利润亏损758万元，比1996年减亏184万元。全口径(剔除中省直企业)实现利润6399万元，比1996年增长43.3%。

中韩合资企业

按照产权清晰，权责明确，政企分开，管理科学的总要求，对市磷肥厂等16户市直企业进行了改制，使这些企业迅速成为适应市场的法人和竞争主体。到1997年末全市共转制45户工业企业。

1997年市直工业企业共招商67项，总投资1.9亿元，到位资金1.2亿元，这些项目当年全部开工并全部投产，

1997年全市重点技术改造在建项目3项，当年完成投资额2308万元，占总工作量83%，新产品试生产40种，实现新产品产值6930万元，创利税729万元。

总装车间

吉林省1997年县(市)综合经济实力排序前15强

公　主　岭　市

近年来，公主岭市从本地实际出发，通过大力招商引资，大上龙头项目，改造传统农业，调整产业结构，从而出现了把本地经济优势扬长，把乡镇企业短腿接长，把产业链条拉长的可喜局面，加速了农业产业化的进程。

基地规模不断扩大。粮食产量稳步提高。1996年全市粮食总产突破历史最高水平，达20.5亿公斤。畜牧业发展迅猛。1997年全市猪、牛、禽分别发展到201.6万头、51.5万头和4087.6万只。现有年出栏500头以上的规模养猪场35个，年出栏500头以上的规模养牛场10个，年出栏5000只以上的规模养鸡场63个。多种经营基地特色明显。全市蔬菜面积2.1万公顷，其中大棚蔬菜700公顷，有各种果树5600多公顷。

龙头带动功能不断增强。全市初步形成了五条龙。一是粮食生产、加工、销售一条龙。全市有粮食大小加工企业338个，年可加工转化粮食12亿公斤。二是生猪繁育、加工、销售一条龙。120万头生猪工程建设速度快，市里的祖代猪繁育场已建成，120万头生猪屠宰加工厂今年可正式投产，120个二级繁育场 和1万户饲养大户正在建设中。此工程全部建成投产后，年可创产值30亿元、利税2.5亿元。三是肉牛繁育、加工、销售一条龙。现有2个屠宰厂、1 个骨胶厂、1个牛皮服装加工厂。四是蛋鸡孵化、饲养、销售一条龙。全市现有种鸡场15个，孵化场48个，年孵化能力5000万只 。五是蔬菜生产、保鲜、加工一条龙。最近准备投资6000万元建一座蔬菜脱水保鲜加工企业，它将带起3000公顷无公害蔬菜。

市场辐射范围不断拓展。全市在原有91个各级各类市场的基础上，又新建了“中国北方温州商城”，目前一期开发已经完成，二期开发正在建设中。为农业产业化发展必将起到巨大推动作用。

组织化程度不断提高。在实施农业产业化中，层层实施“一把手”工程，市直机关实行主动服务、超前服务、跟踪服务、全程服务、免费服务，对项目审批实行“一站式”办公、“一条龙”服务。并且建立了协调调度机制、督促检查机制和奖励处罚机制，从而较好地推进了全市农业产业化进程。两年来，在推进农业产业化进程中，全市共引进项目1260多个，投资总额56.6亿元，全部投产后，年可创产值80亿元，等于再造一个公主岭。

吉林省1997年县（市）综合经济实力排序前15强

★ 公　主　岭　市 ★

公主岭市地处吉林省中西部，位于长春、四平之间，全市幅员面积4058平方公里，人口102万，是长春市的卫星城，是一个正在开发、崛起中的新兴城市。

1996年下半年，公主岭市发起了一场全民动员、全民参与、规模空前的招商引资运动。提出了“视投资者为上帝，视引荐者为功臣，机关干部甘当公仆”的响亮口号，真正为投资者创造和提供了“全国最优惠的政策，全国最优良的环境，全国最优质的服务”，把公主岭变成了招商引资热土。截止1998年6月，全市招商引资开工项目已达1854项，计划投资总额65亿元，到位资金33亿元，项目全部投产后可实现产值92.6亿元，利税14.6亿元，安排劳动力16万人。现已投产项目1495个，其中1000万元以上项目52个，已安排6万人就业。

公主岭鸟瞰

为推进招商引资，实现“以商兴市”，公主岭市于1997年开始建设“中国北方温州商城”。商城总规划占地50万平方米，建筑面积100万平方米，可容纳10万人坐店经商。全部建成后将成为中国北方最大的商品集散地和物资交流中心，成为中国北方最大的批发市场。商城一期开发建设的5.5万平方米造型美观、新颖别致的经营商厦，已于1997年10月1日开始营业，吸引了全国27个省市和日本、韩国、台湾、香港等国家和地区近万名客商来此坐店批发经营。正在开发建设的25万平方米的二期工程。可于1998年8月末交付使用。

公主岭人正以前所未有的胆识、气魄和力度，朝着“三年省内站排头，五年国内进百强”的奋斗目标阔步前进。

温州商城今貌

吉林省1997年县(市)综合经济实力排序前15强

★ 公　主　岭　市 ★

在大黑山北麓，东辽河东岸，有一座人在花中，花在城中，高楼林立，绿树成荫，花园般美丽的城市——公主岭。

1997年，公主岭市城乡建设全口径投资3.3亿元。其中基础设施投资2733万元，新建楼房72栋，面积33.5万平方米。新修柏油路14.3万平方米，拓宽胜利路2660平方米，完成解放路沥混封面3.7万平方米，铺设排水管线4432延长米，支线868延长米，新挖检查井172座，雨水井135座，出水口明沟458延长米，涵洞362延长米，安装路灯2237盏，新建停车场3处，新建中型桥梁3座，高标准、高质量地完成了城建四件大事：

公主岭街景

突出抓了公主岭大街西段道路延伸工程。

按时完成了“中国北方温州商城”一期工程5.5万平方米的建设任务。

启动社会资金，修建了27条近5万平方米的城市区间次干道的路面硬化工程。

结合旧城改造加快了主要街路两侧的楼群建设和风貌设计，提高了城市标准，改变了城市景观。

公主岭城夜色

吉林省1997年县(市)综合经济实力排序前15强

前郭尔罗斯蒙古族自治县

县委书记：孙亚珍

县　　长：乌日图

前郭尔罗斯蒙古族自治县(简称前郭县)是1956年中央人民政府批准成立的自治县，全县幅员7119平方公里，辖10个镇、16个乡、17个国有农林牧渔场，246个行政村，591个自然屯。总人口56.2万人，有蒙、汉、回、朝、锡伯等19个民族，其中蒙古族3.9万人，占全县总人口的7%。前郭县地处松原市腹地，县城处于松原市政治、经济、文化的中心位置。长白铁路贯穿南北，松嫩两江航道畅通，铁路、公路、水路相互配套，形成了独具特色的交通优势，与全国各地相通。前郭县境内有国家电力工业部所属的长山热电厂，吉林省长山化肥厂，东北输油管理局三、五号泵站和吉林省油田管理局的五个采油厂；有东北四大灌区之一的前郭灌区。现有耕地320万亩，土质肥沃、平坦连片，盛产玉米、水稻、高粱、大豆、葵花、蓖麻等粮食作物和经济作物；有草原270万亩，盛产羊草等约130个草品种，年产优质干草15万吨；到1997年底，全县牛发展到14万头、羊发展到61万只、猪发展到56万头、禽发展到995.3万只；全国十大淡水湖之一的查干湖位于我县北部，面积60万亩；已勘察发现各类矿藏30余种，尤以石油、矽砂、膨润土、紫砂陶、天然气为主。1997年，前郭县国内生产总值实现19.39亿元，城乡集市贸易额40亿元，社会消费品零售总额9.5亿元，外贸商品收购总值9500万元。城镇职工人均工资4839元，农民人均纯收入1220元，城乡储蓄存款余额14.8亿元。全口径财政收入实现3.75亿元。先后被确定为国家商品粮基地县、良种细毛羊基地县、黄牛生产基地县、草原建设基地县、“三北”防护林工程基地县、吉林省渔业生产基地县和芦苇基地县。1988年被国务院列为对外开放县，1993年被省委、省政府确定为经济强县的重点培育县，1994年被国务院评为民族团结进步模范自治县，被吉林省委、省政府评为民族团结进步先进县。

辽阔草原

东北细毛羊郭尔罗斯系种羊群

县委书记：孙亚珍
县　　长：乌日图
地　　址：前郭县前郭镇乌兰大街24号
电　　话：0438—2122016
传　　真：0438—2122026
邮　　编：131100

骏马奔腾

吉林省1997年县(市)综合经济实力排序前15强

★ 梅　河　口　市 ★

市　　长：姜忠贤

1997年，梅河口市以建设经济强市为目标，坚持“以贸易为先导，贸工农相结合”的发展战略，加快改革开放步伐，加大结构调整力度，积极推进两个根本性转变，国民经济取得了较快的发展，综合经济实力不断增强，国内生产总值实现32亿元，人均国内生产总值实现5009元，财政收入1.62亿元；城镇居民人均可支配收入达到3519元，农民人均纯收入1896元；年末城乡居民储蓄存款余额21.9亿元。1997年加快了产业化结构调整，加大科技投入力度，狠抓农田水利建设，确保农业增产，农民增收，全年实现农业增加值10.7亿元，虽遇旱灾，粮食产量仍然达到35万吨，畜牧业保持了快速发展势头，以“鸡、猪、牛”为主体的基础群基本建立，全年实现畜牧业增加值6.2亿元。

工业生产以市场为导向，以资源为依托，积极培养壮大支柱产业和骨干企业，食品、造纸成为两大支柱产业。全年完成工业增加值7.8亿元，乡及乡以上独立核算工业企业实现利税0.77亿元，百万利税以上大户有11户，全年完成工业技术改造项目9项，开发新产品19种，新产品产值达0.9亿元。

几年来，先后投资兴建了具有现代化水平的商贸大楼、百货大楼、国贸大厦、五交化大楼等一批购物中心和商业街，形成了布局合理，经营门类齐全的商贸设施群体，五大商品批发市场已形成了较大规模，在周边地区具有较强的辐射力，特别是果仁和大米市场在全省乃至全国都有较高的知名度，年成交额在亿元以上，1997年，全市社会消费品零售总额实现12.8亿元，比上年增长10.6%，全市个体企业发展2.9万户，从业人员达到7万人，非公有制经济已经成为我市国民经济的重要组成部分。

市　　长：姜忠贤
副 市 长：付帮成、赵铁志、张德义、关恒云、张占华、刘艳梅(女)
地　　址：梅河口市西大街35号
电　　话：0448—4222106
传　　真：0448—4222226
邮　　编：135000

吉林省1997年县(市)综合经济实力排序前15强

★ 敦　　　化　　　市 ★

敦化市地处吉林省东部、长白山腹地，以森林资源丰富闻名遐迩。境内自然景观独具长白山特色，夏季山水旖旎、清凉宜人，冬季雪野皑皑、景色清丽。早在公元698年，粟末部靺鞨族首领大祚荣在此建立"震国"。公元713年，唐玄宗册封其为忽汗州都督、渤海郡王，史称渤海国，建都于忽汗城。1882年(清光绪11年)设治立县，取《四书·中庸》中"小德川流，大德敦化，此天地之所以为大也"一节，定名为敦化。

敦化依托雄厚的自然资源和农业基础，经过近几年的艰苦努力，经济实力迅速扩展，城市设施配套，功能完备，通讯发达，交通便利，市场兴旺，人民生活水平较高。1997年，敦化经济实力进入吉林省十五强县市行列。

敦化是省级经济开发区，享受充分的优惠政策，被国务院批准为对外国人开放城市，拥有直接对外进出口经营权。已列为国家星火密集区、电气化试点市、综合改革试点市、商品粮基地、烟叶基地、黄牛繁育和黄牛加工基地，被省委、省政府命名为精神文明建设先进城市。

敦化是一个开放的城市，以其健全的城市基础、优惠的投资政策和高效优质的社会服务，广纳四海投资。敦化人视投资者为上帝，引资者为功臣，期待着更多的外地客商到敦化观光、游览、投资、建厂，互惠互利，共同发展，创造敦化美好的未来。

市委书记：周化辰
市　　长：刘贵锋
地　　址：敦化市新华路3号
电　　话：0433-6225081　6222563
传　　真：0433—6223183
邮　　编：133700

市委书记：周化辰

市　　长：刘贵锋

吉林省1997年县(市)综合经济实力排序前15强

敦　化　市

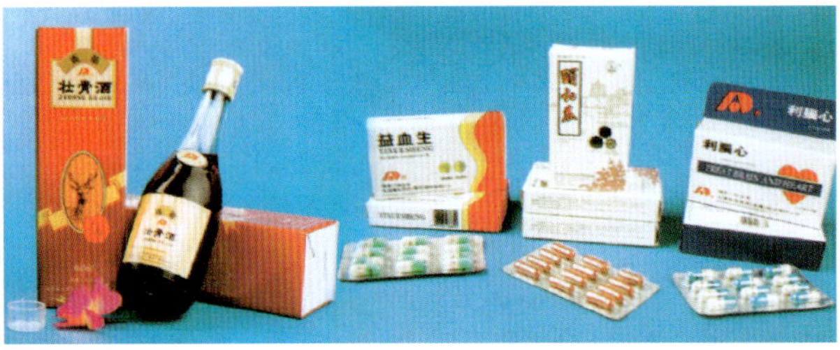

敖东车间

吉林敖东药业(集团)股份有限公司是国家二级企业，中国500家最大工业企业之一。公司生产八十剂型六十多种中成药，效益居全国同行业前列。

力源制药车间(一)

力源制药集团

力源制药车间(二)

华康药业集团

华康制药车间

吉林省1997年县(市)综合经济实力排序前15强

敦　化　市

野生动植物资源

野生植物资源种类繁多，共有1463种。其中，长白山特有的人参、刺五加、五味子、木通、细辛、灵芝等名贵中药材240多种。人参产量居东北之首。蕨菜、薇菜、黑木耳、榛蘑、榆黄蘑等特色食用野生植物近百种，产量可观。野生动物有76种。其中，鹿茸产量居全国之首。

吉林省1997年县（市）综合经济实力排序前15强

★ 敦 化 市 ★

敦化是国家重点林区。现有林地面积82.57万公顷，森林覆盖率达69%，林木蓄积量10599万立方米，约占全国1/40，年采伐量120万立方米。主要树种有红松、白松、落叶松、紫椴、水曲柳、核桃楸等30多种。

草场资源

敦化草场总面积20万公顷，林下草场80万公顷。载畜量可达92万羊单位，发展畜牧业的潜力巨大。

吉林省1997年县(市)综合经济实力排序前15强

桦　　甸　　市

市委书记：闫中和

市　　长：杨顺东

桦甸，是一座美丽的新兴工业城市。以冶金、橡胶、电力、木材闻名于东北三省；又以山青水秀的自然景观、得天独厚的物产资源、历史悠久的文物古迹而饮誉关东大地。

桦甸市位于吉林省东南部，松花江上游，幅员面积6250平方公里，人口43.96万，辖21个乡镇(街道)。桦甸市资源十分丰富，以镶嵌在松花江上游的两颗明珠——白山发电厂、红石发电厂为首的境内11座大、中、小型发电站，犹如闪烁的群星，形成四通八达的输电网络。以金、铜、铁、霞石、油母页岩为主的20余种矿产资源分布广、品位高、储量大，被誉为"长白山下黄金国"。茂密的森林覆盖着桦甸68.2%的土地，成为吉林省的木材主要产区。桦甸土质肥沃，盛产的大豆、玉米、人参、鹿茸、山野菜远销国际国内市场。

桦甸市景色秀丽宜人。炎夏山青水碧，隆冬银装素裹。源于长白山天池的松花江流经桦甸境内80余公里，两岸群山巍峨嶙峋，松花湖、红石湖、白山湖"三湖连珠"，恰似一幅天然画卷，展示了大自然赋予人类的绝好风光，是旅游观光的最佳去处。

桦甸市基础设施日臻完善。烟白铁路犹如一条大动脉横贯东西，连接吉林、长春；公路、水路四通八达；连接世界180多个国家和地区的电话和无线传呼业务，形成便捷的通讯网络；总投资近2亿元的热电厂项目和桦甸防护大堤除险加固工程建设已经竣工。

改革开放给桦甸带来了勃勃生机，经济建设稳步发展，已经形成了包括采矿、黄金冶炼、橡胶制品、木材加工、电力、化工制药、食品等门类比较齐全的工业体系，并获得了外贸进出口经营权。科教文卫等项事业和精神文明建设成果显著，先后被国家和省命名为全国科技工作先进市、全国文化先进地区、精神文明建设先进市、基础教育先进市和省级卫生城市。目前，桦甸经济持续发展，城乡市场日益繁荣，社会事业不断进步，基础设施日臻完善，城市面貌日新月异，投资环境越来越好，一座美丽的新兴工业城市正矗立在关东大地上。

市委书记：闫中和
市　　长：杨顺东
地　　址：吉林省桦甸市桦甸大街37号
电　　话：0432—6228947、6231018
传　　真：0432—5223451
邮　　编：132400

白山发电厂

吉化轮胎厂

吉林省1997年县(市)综合经济实力排序前15强

梨　　树　　县

县委书记、代县长：赵连友

梨树县总人口85.1万人，幅员面积4209平方公里，耕地面积18.6万公顷，辖16乡、16镇。1997年国内生产总值18.99亿元，人均国内生产总值3914元，全口径财政收入1.16亿元。社会消费品零售总额9.59亿元。

农村经济以产业化为方向，呈现整体推进的良好态势。1997年梨树县虽遭受百年不遇的特大自然灾害，但全县粮食总产量仍达到10.65亿公斤，畜牧业生产有较大幅度的增长，全县猪、牛、羊、禽饲养量分别达到195万头、32万头、15万只和2200万只；园艺特产业成效显著，总产值达到8.6亿元；乡镇企业产值4.12亿元(按新统计口径计算)。工业经济以提高效益为中心，保持了稳步增长的势头。1997年县营工业总产值达到8.03亿元，地方产品销售收入达到3.14亿元，实现利税3500万元。财贸经济以增加收入为重点、运行平稳 。1997年全县商业网点达到8440个，集市贸易额4亿元。基础设施建设以改变城乡面貌和人民生活为重点，建设步伐不断加快。1997年全县共投资5467万元，新建供热楼28栋，建筑面积9.1万平方米；重点完成了梨树镇内1690米街路的维修、改建工程，完成了4条主要街路人行路硬面的铺装工程，对镇内9条巷路进行了砂石整修，总长度4000米，总面积2.4万平方米。主要街道亮化普及率达到90%以上。公路状况得到进一步改善，主要完成了四桑线梨榆段5公里改建工程，四叶线13座涵洞和开山削坡基础工程，刘土线沈洋段7公里沥青路面新建和梨郭穿越线2公里改建工程。完成48公里乡级砂石路新建工程。邮电事业发展迅速，实现了传输数字化，32个乡镇全部开通了程控电话，电话总数达到2.3万门。电力部门不断扩大服务范围，积极进行电网改造，投资700多万元，完成了梨东变电所一期工程，结束了梨树镇及周边乡镇冬季拉闸限电的历史。与此同时以“两手抓、两手都要硬”为方针，教育、文化、科技、体育、卫生等各项社会事业都取得了很大成绩。

梨树镇朝阳大路

建设中的梨树县三万吨无水酒精厂

县委书记、县长(代)：赵连友

地　　址：梨树县向阳街2号

电　　话：0434—5223845

传　　真：0434—5222251

邮　　编：136500

吉林省1997年县(市)综合经济实力排序前15强

★ 磐石市 ★

市委书记：于国华

磐石市位于吉林省中南部，光绪八年(1882年)议准设磨盘山巡检，光绪二十八年(1902年)设县称“磐石县”，1995年8月撤县设市。全市幅员面积3960平方公里，现辖3街9乡14镇、163个居民委、286个村、966个自然屯，总人口53万人。

磐石市地处长白山区向松辽平原过渡地带，土地肥沃，水资源充足，是全国商品粮基地县(市)之一。森林覆盖率为43.7%，木材蓄积量1000多万立方米。以养牛、养猪、养羊、养禽为主的畜牧业已形成规模，以生产人参、食用菌、鹿茸为主的特产业已建成基地。境内矿产资源丰富，现已探明有色金属矿藏有金、铁、锑、镍等11种，非金属矿藏有石墨、硅灰石、方解石、花岗石、白云石等22种，其中硅灰石储量占全国四分之一。以此为依托，工业经济在改革中快速发展，已初步形成了以采掘、建材、冶金、化工、食品、纺织等行业为主的工业经济体系。

市　　长：李茂林

磐石市交通便利，沈吉、烟白铁路、202国道及支线公路构成密集的交通网。被誉为北国奇葩的官马溶洞与毗邻的黄河水库风景区、吊水湖自然保护区相融互映，现已辟为省级森林公园，每年前往观光的游客达2万余人。

1997年，全市国内生产总值达到26.16亿元，其中第三产业增加值实现9.71亿元。城乡市场日益繁荣，城镇建设日新月异，城市基础设施周全齐备，精神文明建设也取得丰硕成果。全市人民正围绕国民经济和社会发展总体规划，争取在“九五”期间和未来15年里，把磐石建设成“经济繁荣、生活富足、社会进步、环境优美”的经济强市。磐石具有巨大的开发潜力和价值，将以优惠的政策、周到的服务，竭诚欢迎海内外各界朋友和有识之士来磐石投资发财、兴商办企，携手共创新的辉煌。

市委书记：于国华
市　　长：李茂林
地　　址：磐石市磐石镇人民路23号
电　　话：0432—5222322
传　　真：0432—5233284
邮　　编：1323600

吉林鸿运啤酒有限公司

鸿运啤酒

吉林省1997年县(市)综合经济实力排序前15强

永　　吉　　县

永吉县幅员面积4614平方公里，耕地11.5万公顷，辖26个乡镇，总人口76万人。1997年，永吉县经济建设取得显著成绩。国内生产总值实现18.2亿元，比上年增长12.1%。农业总产值实现9.85亿元，比上年增长6.5%；粮食总产量在遭受较大的自然灾害的情况下，仍达到59.1万吨；农民人均纯收入2176元，工业总产值实现19.3亿元，比上年增长8.4%；固定资产投资8061万元。社会消费品零售额实现9.6亿元，比上年增长11.3%。全口径财政收入达到1.25亿元，比上年增长7.7%。城市建设如期完成了“引松入口”工程，使县城供水能力达到2万吨，比引松前增长了3倍；交通实现村村晴雨通车，全县三级水泥乡路里程达到24.5公里；全县26个乡镇全部进入市话程控网，实现光缆传输；城镇和乡村人均住房面积分别达到8平方米和14平方米。永吉县连续两年被省政府授予“农村综合经济实力强县”，均在全省县(市)乡镇企业产值、利税10强县中列第四名。

永吉经济之所以发展迅速，得益于县委、县政府确定了符合县情的“开放、开发型城郊经济”的发展思路。1997年全县引进资金4.3亿元，通过招商引资推进了产业化进程，调整了工业经济结构，培育了财税增长点，使经济发展步入快车道。

永吉人民将在县委、县政府的正确领导下，继续坚持“开放、开发型城郊经济”发展思路，深化改革，扩大开放，为招商引资提供最优惠政策，最优良环境，最优质服务，不断加快县域经济发展。

县委书记：徐洪山
县　　长：于海铭
地　　址：吉林省永吉县永吉大街24号
电　　话：0432—4222395
传　　真：0432—4222676
邮　　编：132200

县委书记：徐洪山

县　　长：于海铭

正大永吉实业有限公司

吉林省1997年县(市)综合经济实力排序前15强

舒　兰　市

舒兰市地处吉林省东北部，其东北部同黑龙江省五常市搭界，南与蛟河市、永吉县接壤，西隔松花江与九台市相望，西北与德惠市毗连，北与榆树市为邻。

市委书记：朴春模

舒兰市地理位置优越，地势由东南向西北倾斜，属中纬度大陆性季风气候，四季分明，气候宜人。全市共辖5街9镇22乡，幅员面积4557平方公里，人口67.1万人。其中市区面积164.4平方公里，人口19.6万人。

舒兰市矿产资源丰富，全市已探明可供开采的矿产资源有褐煤、粘土、硅石、泥炭等20多种。褐煤储量近6亿吨，素有“百里煤海”之称，是国家重要的煤炭生产基地。舒兰是一座年轻的工业城市，目前已形成门类齐全的工业生产体系。特别是医药、机械、食品、纺织、能源、建材等已初具规模。舒兰是国家商品粮基地，盛产水稻、玉米、大豆，粮食年产量稳定在50万吨左右。

市　　长：吴晓光

全市1997年实现国内生产总值28.8亿元，其中第三产业增加值10.2亿元。全市财政收入1.38亿元，农民人均纯收入2350元。

市委书记：朴春模

市　　长：吴晓光

地　　址：吉林省舒兰市舒兰大街101号

电　　话：0432—8222351

传　　真：0432—8224177

邮　　编：132600

吉林省1997年县(市)综合经济实力排序前15强

★ 九　　台　　市 ★

市委书记：韩国荣

市　　长：李瑛

九台市位于吉林省中部，长春、吉林两市之间。1988年8月经国务院批准撤县设市。现辖13个乡、12个镇、5个街道，幅员3100平方公里。总人口83万人，除汉族外，还有满、回、朝等13个少数民族。

九台市资源丰富。年产粮食100万吨左右，是全国重要的商品粮基地之一。境内森林覆盖率为21.4%，森林中有经济价值较高的野生动植物500余种。境内有松花江、饮马河等大小河流30多条，有石头口门水库等大小水库20余座。境内的煤炭、膨润土、大理石、伊利石、珍珠岩、石英石、莹石、火山岩、矿泉水、沸石、黄金、白银等矿物质储量大、品位高，开采前景可观。

九台市交通便捷。乡乡通了油路，长图铁路、长吉公路(北线)从境内腹地穿过；长吉高速公路有三分之二在九台境内穿过；即将兴建的长春国际机场就座落在九台西部。

改革开放给九台市的经济发展带来了生机和活力。近年来，九台市农村经济全面发展，在建设粮食生产基地的同时，还初步建起了猪、牛、禽、鱼、菜、果、药、烟八大生产基地；乡镇企业总户数发展到3.2万户，从业人员发展到10.7万人。地方工业已形成了机加、轻工、建材、煤炭、食品饮料、有机化工为主体的六大工业体系，工业产品已发展到360多种，其中有40多种工业品先后荣获国际、国家、省和长春市级优质产品称号。开发区建设步伐加快，境内西南部的卡伦镇进入了全省综合经济十强镇行列，并被确定为全国小城镇综合改革试点镇。

随着长吉两大城市一体化的融合，将极大地加快九台工业化建设进程，不久的将来，九台市将以新型工业城市的形象展现在世人面前，成为吉林省中部的一颗璀灿夺目的明珠。

市委书记：韩国荣

市　　长：李　瑛

地　　址：九台市九台大街31号

电　　话：0431—2324520

传　　真：0431—2325121

邮　　编：130500

卡伦湖度假村

九台市啤酒厂

吉林省1997年县(市)综合经济实力排序前15强

★ 扶　余　县 ★

扶余县地处吉林、黑龙江两省交汇处，西临松原市，东临榆树市，南靠德惠市，北接双城市，境内有松花江、拉林河穿行而过，京哈铁路、102国道穿越县城左右，地理位置优越，水陆交通发达。全县幅员面积4673平方公里，辖8个镇，18个乡，1个国营农场，2个灌区，398个行政村，总人口71万人。

扶余设治悠久，几经变迁，于1995年7月20日经国务院批准恢复县制，县政府驻地东移到三岔河镇。

扶余县农业发达，土地肥沃，全县耕地面积22.3万公顷，是全国重点商品粮基地、玉米出口基地和畜牧业发展基地。粮食总产量自1982年以来一直列于全国县级前5名，其中1984年粮食总产量全国排名第一，现已初步建成以玉米、高粱、水稻、花生为主导产品的四条农业商品经济带；以及林果、畜禽、渔业等为主的十大多种经营基地。大地林网全部构成，城乡绿化发展迅速，森林覆盖率达到13.85%，先后被评为全国平原绿地、造林绿化和治沙造林先进单位。工业生产初具规模，全县基本形成了以机械、铸造、建材、化工、医药、皮革、粮食、食品、印刷、饲料、服装等11大行业为支柱的产业结构合理、适应市场经济发展的工业布局。商贸流通活跃，仅三岔河镇就有10大专业市场，占地面积达194万平方米，联结城乡，幅射全国，商贾云集，购销两旺，年成交额15万元。

1996年全县国民生产总值实现23.7亿元，工农业总产值实现32.9亿元，粮食总产量156万吨，农民人均纯收入2196元，社会消费品零售总额5亿元，财政收入1亿元。

全县人民决心继续发扬“团结拼搏、负重自强、艰苦奋斗、争创一流”的扶余精神，携手共创扶余新的辉煌。

县委书记：赵万弟
县　　长：李恩国
地　　址：三岔河镇东北街
电　　话：0438—5865548
传　　真：0438—5865517
邮　　编：131200

县委书记：赵万弟

县　　长：李恩国

扶余立交桥

建设中的扶余新区

吉林省首次农业普查圆满成功

中国粮食及农业统计中心长春分中心

第一次全国农业普查，是党中央、国务院为进一步繁荣农村社会经济而作出的具有战略意义的重大决策。

我省农业普查工作在各级政府的直接领导下，用两年时间完成了组建机构，人员选调与培训，宣传发动，普查试点，经费筹集，物资、设备配备等各项前期准备工作。用半年时间完成了现场调查登记工作。用二年半完成农普的数据处理、分析研究、工作总结和表彰等后期工作。由于在农普工作中我们始终坚持实事求是，以质量为宗旨的指导思想，加上严密的组织管理和科学的工作方法，所以普查取得的结果是真实的，是符合我省实际的，作为各级党委和政府指导、规划农业的基础也是可靠的。这次普查所取得的成果是极其丰富的。一是查清了农业和农村社会经济的底数，为党和政府研究产业政策，制订农业规划提供了科学、全面、真实的基础数据；二是为完善农村统计体系，建立与国际标准接轨的农村社会经济统计制度打下了牢固的基础；三是培养、造就了一支特别能战斗的普查队伍；四是增强了全民的统计意识和农业意识；五是推进了农村统计调查工作的现代化。

首次农业普查的圆满成功，必将为我省快步迈向“三大一强”，进而实现经济强省发挥积极作用。

主　　任：马国志

副 主 任：李文昌　孟令德

地　　址：长春市文化街10号7层

电　　话：0431—8987340

传　　真：0431—8968379

邮　　编：130061

常务副省长、省农业普查领导小组组长王国发参加全国暨全省农业普查电视电话会议，并发表重要讲话。

刘淑莹副省长在全省农业普查动员电话会议上发表重要讲话。

联合国粮农组织农业普查专家尼考拉依先生来我省考察农业普查工作，与省统计局局长袁玉岫亲切交谈。

吉林省首次农业普查圆满成功

中国粮食及农业统计中心长春分中心

省农普办举办农业普查知识竞赛

杨庆才副省长深入农安县检查指导农业普查工作。

农普宣传队走上街头宣传农业普查。

省统计局副局长、农普办主任谭波深入基层与调查户亲切交谈。

吉林社会经济行业精英

中国建设银行吉林省分行

中国建设银行吉林省分行是办理本外币存款、贷款；国内外结算；票据贴现；代理发行金融债券；代理发行、代理兑付、销售政府债券；买卖政府债券；代理收付款项、代理保险以及总行授权和中国人民银行批准其他业务的国有商业银行。自1954年成立以来，经过四十多年的发展，特别是党的十一届三中全会以后二十年的改革开放，中国建设银行吉林省分行不断发展壮大。到1997年末，该行已拥有员工一万多人，存贷款余额均超过二百亿元。该行支持的吉化公司、吉林油田、长春一汽以及交通、邮电等重点行业和企业，都在我省国民经济建设中发挥了重要作用。

行长：袁明

党的十五大以来，该行不断解放思想，更新观念，深化改革，强化管理，加快向商业银行转轨的步伐。同时，立足当前，着眼长远，制定了三年发展规划，力争使各项工作迈上一个新台阶，以全新的姿态跨入二十一世纪。

领导班子成员

行　　长：袁明
地　　址：中国吉林省长春市长春大街142号
电　　话：0431-8972339
传　　真：0431-8972329
邮　　编：130041

中国建设银行吉林省分行办公大楼

贷款支持的白山水电站

贷款支持的前郭炼油厂

吉林社会经济行业精英

中国吉林森林工业集团

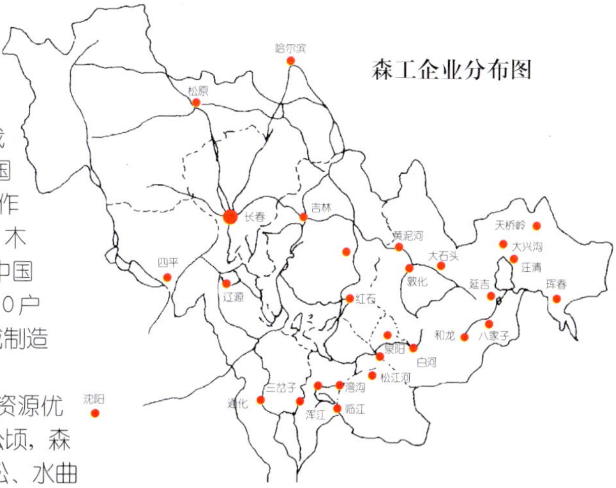

中国吉林森林工业集团是中国57户大型试点企业集团之一。近年来先后荣列中国脊梁一国有企业500强的第196位和营业额逾九亿元的中国大型工业企业集团第104位。经国家有关部门批准，我集团已享有对外进出口业务经营权、临时因公出国审批和对外来华邀请权、对外工程承包和劳务合作权。是中国从事森林采伐、林木培育、林产加工、木材经营销售的特大型专业集团。集团核心企业是中国森林工业(集团)总公司。现有13户紧密层企业和10户核心层企业，其中；森工局8个，木材加工、机械制造等其它企业5个，固定资产净值19.38亿元。

中国吉林森林工业集团具有得天独厚的自然资源优势。经营面积139.5万公顷，有林地面积116.1万公顷，森林活立木总蓄积量1.56亿立方米。盛产红松、白松、水曲柳、柞木、椴木、桦木、楸木等80多种有经济价值的针阔叶树木，木材产量居全国第二位。此外，还有丰富的旅游资源和金、铁、镁、宝石、硅藻土、大理石、矿泉水等矿产资源。还有以人参、鹿茸、貂皮东北三宝为代表的野生动植物资源3900多种。

中国吉林森林工业集团经济技术实力雄厚。有工程技术及管理人员一万余人，年锯材生产能力65.8万立方米，刨花板生产能力13万立方米，年产中密度纤维板1.5万立方米，纤维板2.2万立方米，胶合板14.55万立方米，细木工板7.3万立方米，三层油漆复合地板、实木地板、实木油漆地板、刨切单板、集成材、家具及部件等产品，林产加工业可生产21个系列420多个品类的千余种商品。现已同20多个国家和地区建立了经济技术合作关系和贸易关系，集团紧密层企业中就有中外合资企业26个，并在德国汉堡、日本东京、香港、赤道几内亚等建立了办事机构和森林采伐公司。目前，拉美、南太平洋地区的森林采伐项目正在积极进行中。

在互惠互利的基础上，为寻求共同发展，我们真诚欢迎海内外的公司、朋友在海外工程承包、木材深加工、矿产资源开发、森林培育等方面开展双边经济技术合作。

总 经 理：公丕兴
地　　址：中国长春市人民大街114号
电　　话：0431—8972211—2211、2207
传　　真：0431—8914393
邮　　编：130021

吉林社会经济行业精英

★ 吉林轻工集团股份有限公司 ★

公司董事长、党委书记：王铁男

公司副董事长、总经理：唐忠民

吉林轻工集团股份有限公司的前身是于1985年成立的吉林省轻工业进出口公司，公司创业之初是以贸易经营起步的，并逐步依靠贸易的积累向实业发展。1992年公司率先进行了股份制改造，成为吉林省首批股份制试点企业。1993年12月15日，经国家证监会批准，公司股票在深交所挂牌上市，公司成为东北地区首批上市公司之一。经过十几年的发展壮大，公司已经发展成为集科、工、贸为一体，拥有对外贸易经营权、劳务出口经营权、跨行业、跨地区、跨国际、多元化经营的大型企业集团。公司于1990年、1997年连续两次被吉林省工商局评为“重合同、守信用”单位，1993年被吉林省金融机构评为AAA级企业，一九九五年被省政府评为吉林省明星企业，1996年4月经吉林省公大无形资产评估，事务所审核评估公司无形资产仅商誉一项价值达1.74亿元。截止1997年末，公司资产总额已达8.67亿元，净资产3.93亿元，总股本16950万股，九七年实现利润5669万元，净利润4055万元，每股收益0.239元，每股净资产2.32元，净资产收益率10.94%。公司为了发展的需要，分别在北京、大连、深圳、珠海、海口、北海、银川等地设立了二十几家子公司、分公司，同时在日本东京、韩国汉城和德国的法兰克福设立了办事机构。公司现有职工人数2058人，其中各类管理人员269人，已初步培养形成一支结构合理、素质优良、作风高效、精明强干的职工干部队伍。

公司经过十几年的发展，现在生产经营中已初步形成贸易、工业、房地产、证券投资四大产业体系和经营特色。公司的企业精神是：勤奋、务实、高效、创新；企业的经营策略是：向规模要效益、向高科技要效益、向管理要效益、向时间要效益、向人才要效益。吉林轻工集团股份有限公司的发展目标是：实现实业化、集团化、国际化，创建一流的上市公司。在实现这一目标过程中，要坚持以科技为主导，以工业为主体，以工促贸、以贸养工，科、工、贸并举，发展成为跨地区、跨部门、跨行业、跨国界的集科、工、贸为一体，实现多元化经营的大型现代化企业集团。

法人代表：王铁男

公司地址：中国吉林省长春市建设街81号

电　　话：0431—8523480　8523481

传　　真：0431—8522149

邮　　编：130061

吉林社会经济行业精英

长春汽车经济贸易开发区

长春汽车经济贸易开发区(原长春汽车贸易城)1993年1月18日经长春市人民政府批准兴建，1994年10月7日被中华人民共和国国内贸易部批准为全国性汽车批发市场，1996年7月17日经吉林省人民政府正式批准转制为开发区。

近年来，开发区的建设得到了国家部委、省市领导及海内外客商的关注，并得到了社会各界的大力支持，使开发区的各项事业蓬勃发展。开发区内的五个汽车专业市场，现已形成了具有显著价格优势和专业特色批发经营格局。几年来，累计实现社会总值73.42亿元人民币(其中1997年30.8亿元)，已成为长春市新的经济增长点。经过几年的建设，我区现已呈现出多功能、现代化新区的英姿，并拥有完备的道路、供水、电力、通讯系统和配套服务的办公、商业、居住、娱乐设施，为中外客商提供了良好的投资环境。

主任：张长生

世纪之交，为开发区提供了广阔的发展前景。“九五”期间国家把汽车工业作为国民经济的支柱产业重点发展。长春作为具有年产80万辆的汽车工业生产基地，为我区的发展提供了雄厚的产业基础。根据这些制定了自己的发展战略，力争用五年的时间把长春汽车经济贸易开发区建成一个以汽车及汽车零部件贸易、汽车及汽车零部件相关产业开发、汽车及汽车零部件市场开发建设为主体的综合型、开放型、现代化的新型开发区。

值此，作为一个可信赖的合作伙伴，长春汽车经济贸易开发区真诚欢迎国内外各界人士前来投资，广泛进行经济、技术、文化等方面的交流与合作!

主　　任：张长生

地　　址：长春市正阳街84号

电　　话：0086-0431-7635132

传　　真：0086-0431-7635189

邮　　编：130011

宏伟壮观的机动车配件市场

吉林社会经济行业精英

★ 梅河口市电化铝厂 ★

梅河口市电化铝厂是电化铝烫印箔专业生产厂，引进日本、英国先进生产设备及技术生产MK系列电化铝烫印箔、转印箔、激光全息烫印箔、真空镀铝膜及纸塑、塑塑、铝箔等复合包材料，多次被部、省评为优秀、优质产品和吉林省名牌产品。销售于全国二十六个省市自治区。

该厂“重合同、守信誉”产品实行包退、包换、包服务，用户购买放心，用起来安心。

电化铝烫印箔主要品种、用途如下：

型号	规　格	用　途	质量标准	颜色
M4	0.64 × 120m	柒布、木材、塑料	GB10456-89	金、银、红、绿、兰、黑、紫、橙等
M5	0.64 × 120m	PVC塑料	GB10456-89	
M6	0.64 × 120m	烟标、细字烫金	GB10456-89	
M7	0.64 × 120m	普通油墨商标	GB10456-89	
M8	0.64 × 120m	大面积烫金	GB10456-89	

厂　　长：汤玉林

地　　址：梅河口市新兴西街28号

电　　话：0448-3222479　3237911

传　　真：0448-3215744

邮　　编：135000

中国统计出版社最新资料书简目

中国统计年鉴－1998(汉英)
中国统计摘要－1998
国际统计年鉴－1998
中国农村统计年鉴－1998
中国城市统计年鉴－1998
中国市场统计年鉴－1998
中国劳动统计年鉴－1998(汉英)
中国人口统计年鉴－1998
中国科技统计年鉴－1998
中国能源统计年鉴－1998
中国建筑业统计年鉴－1998
中国工业经济统计年鉴－1998
中国对外经济统计年鉴－1998
中国固定资产投资统计年鉴－1998
中国物价及城镇居民家庭
　收支调查统计年鉴－1998
北京统计年鉴－1998(汉英)
天津统计年鉴－1998
河北经济年鉴－1998
山西统计年鉴－1998
内蒙古统计年鉴－1998
辽宁统计年鉴－1998
吉林统计年鉴－1998(汉英)
黑龙江统计年鉴－1998
上海统计年鉴－1998(汉英)
江苏统计年鉴－1998(汉英)
浙江统计年鉴－1998(汉英)
安徽统计年鉴－1998
福建统计年鉴－1998
江西统计年鉴－1998
山东统计年鉴－1998
河南统计年鉴－1998
湖北统计年鉴－1998
湖南统计年鉴－1998
广东统计年鉴－1998(汉英)
广西统计年鉴－1998
海南统计年鉴－1998
重庆统计年鉴－1998(汉英)
四川统计年鉴－1998
贵州统计年鉴－1998
云南统计年鉴－1998
西藏统计年鉴－1998
陕西统计年鉴－1998
青海统计年鉴－1998
宁夏统计年鉴－1998
新疆统计年鉴－1998
保定经济统计年鉴－1998
石家庄统计年鉴－1998
唐山统计年鉴－1998
邯郸统计年鉴－1998
衡水统计年鉴－1998
廊坊统计年鉴－1998
呼和浩特统计年鉴－1998
长春统计年鉴－1998
延吉统计年鉴－1998
哈尔滨统计年鉴－1998
延边统计年鉴－1998
四平统计年鉴－1998
双鸭山统计年鉴－1998
杭州统计年鉴－1998
苏州统计年鉴－1998
无锡统计年鉴－1998
常州统计年鉴－1998
宁波统计年鉴－1998
绍兴统计年鉴－1998
嘉兴统计年鉴－1998
金华统计年鉴－1998
舟山统计年鉴－1998
温州统计年鉴－1998
南昌统计年鉴－1998
济南统计年鉴－1998
青岛统计年鉴－1998
泰安统计年鉴－1998
潍坊统计年鉴－1998
德州统计年鉴－1998
徐州统计年鉴－1998
台州统计年鉴－1998
三门峡统计年鉴－1998
洛阳统计年鉴－1998
开封统计年鉴－1998
武汉统计年鉴－1998
宜昌统计年鉴－1998
海口统计年鉴－1998
广州统计年鉴－1998
惠州统计年鉴－1998
珠海统计年鉴－1998
东莞统计年鉴－1998
南宁统计年鉴－1998
西安统计年鉴－1998
西宁统计年鉴－1998
成都统计年鉴－1998
新疆生产建设兵团统计年鉴－1998
乌鲁木齐统计年鉴－1998
巴音郭楞统计年鉴－1998
吐鲁番统计年鉴－1998
齐齐哈尔经济社会统计年鉴－1998
九江经济统计年鉴－1998
深圳统计信息年鉴－1998
桂林经济社会统计年鉴－1998
桂林地区统计年鉴－1998
柳州地区社会经济统计年鉴－1998
上海浦东新区统计年鉴－1998(汉英)
大理统计年鉴－1998
甘肃年鉴－1998
沈阳年鉴－1998
福州年鉴－1998
宝山年鉴－1998
昌吉统计年鉴－1998
河北农村统计年鉴－1998
福州经济开发区马尾区年鉴－1998
黑龙江垦区统计年鉴－1998
厦门经济特区年鉴－1998
中国黄金海岸年鉴－1998
广安统计年鉴－1998
